ŒUVRES
DE
WALTER SCOTT,

TRADUITES

PAR M. LOUIS VIVIEN,

AVEC TOUTES LES NOTES, PRÉFACES, INTRODUCTIONS ET MODIFICATIONS
AJOUTÉES PAR L'AUTEUR A LA DERNIÈRE ÉDITION D'ÉDIMBOURG;

ET

DE NOUVELLES NOTES HISTORIQUES ET LITTÉRAIRES PAR LE TRADUCTEUR.

TROISIEME ÉDITION.

Tome Huitième.

—

LE PIRATE.

PARIS:

Chez LEFÈVRE, Editeur, rue de l'Éperon, 6.

POURRAT FRÈRES, Éditeurs, | DAUVIN et FONTAINE, Libraires,
Rue des Petits-Augustins, 5. | Passage des Panoramas, 35.

1840.

OEUVRES

DE

WALTER SCOTT.

TOME VIII.

IMPRIMERIE DE BEAULÉ, RUE FRANÇOIS MIRON, 8.

OEUVRES
DE
WALTER SCOTT

TRADUITES

PAR M. LOUIS VIVIEN,

AVEC TOUTES LES NOTES, PRÉFACES, INTRODUCTIONS ET MODIFICATIONS AJOUTÉES PAR L'AUTE
A LA DERNIÈRE ÉDITION D'ÉDIMBOURG;
ET DE NOUVELLES NOTES HISTORIQUES ET LITTÉRAIRES PAR LE TRADUCTEUR.

TROISIÈME ÉDITION.

TOME HUITIÈME.

LE PIRATE.

Paris,

Chez LEFÈVRE, Éditeur, rue de l'Éperon, 6 ;
DAUVIN et FONTAINE, Libraires, passage des Panoramas, 35 ;
POURRAT FRÈRES, Éditeurs, rue des Petits-Augustins, 5.

1840.

INTRODUCTION.

Il y avait une fois un vaisseau, dit-il.

CETTE courte préface peut commencer comme le conte du *Vieux Matelot*, car c'est à bord d'un vaisseau que l'auteur a recueilli, fort imparfaitement sans doute, des renseignements et des connaissances locales sur le peuple et les événements qu'il a essayé de mettre en scène dans l'ouvrage suivant.

Pendant l'été et l'automne de 1814, l'auteur fut engagé à se joindre à des commissaires du service des phares dans les provinces du Nord, qui se proposaient de faire un voyage le long des côtes d'Écosse et de parcourir ses nombreux groupes d'îles, principalement dans le but d'inspecter plusieurs phares placés sous leur direction, objets d'une grande importance, qu'on les considère sous un point de vue politique ou philanthropique. Les sheriffs de chacun des comtés de l'Écosse baignés par la mer ont de droit une place à bord avec les commissaires chargés de cette branche essentielle du service public. Les fonctions de ces employés sont d'ailleurs entièrement gratuites; seulement on met à leur disposition un yacht armé et toujours à leurs ordres, lorsqu'ils veulent visiter les phares. Un excellent ingénieur, M. Robert Stevenson, est attaché à l'expédition, pour l'éclairer de ses lumières toutes pratiques. L'auteur fit partie de cette excursion en amateur : car, bien qu'il fût sheriff du comté de Selkirk, comme cette province, ainsi que le royaume de Bohême dans l'histoire du caporal Trim, n'a pas un seul port dans tout son circuit, son premier magistrat n'a pas non plus de place à bord du bâtiment des commissaires ; circonstance fort indifférente, puisque ces messieurs étaient tous de vieux et intimes amis élevés dans la même profession, et disposés à avoir les uns pour les autres toutes les complaisances possibles.

Au travail important, objet principal de cette tournée, se joignait l'agrément de visiter des lieux éminemment dignes de la curiosité du voyageur : car les promontoires déserts, ou les écueils formidables qui demandent à être indiqués par un phare, sont généralement à peu de distance des plus beaux sites offerts par la mer, les grottes et les rochers; notre temps, d'ailleurs, était tout à notre disposition, et comme pour la plupart nous étions des marins d'eau douce, nous pouvions en toute occasion faire un bon vent d'un mauvais, et courir, au gré de la brise, à la recherche de quelque objet intéressant vers lequel elle nous poussait.

Ce fut donc dans cette double vue d'utilité publique et d'amusement personnel, que nous quittâmes, le 26 juillet 1814, le port de Leith. Nous longeâmes la côte orientale de l'Écosse, dont nous visitâmes les différentes curiosités ; puis nous dépassâmes les îles Schetland et les Orcades, où nous fûmes quelque temps retenus par les merveilles d'un pays qui renfermait tant d'objets nouveaux pour nous. Après avoir vu ce que contenait de plus intéressant l'*Ultima Thule* des Anciens, où le soleil semble, dans cette saison, dédaigner de se coucher, tant son lever est matinal, nous doublâmes l'extrémité septentrionale de l'Écosse et visitâmes rapidement les Hébrides, où nous trouvâmes plusieurs de nos bons amis. Là, pour qu'il ne fût pas dit que l'honneur d'un danger avait été refusé à notre petite expédition, nous fûmes assez heureux pour nous trouver en vue de ce qu'on nous dit être un croiseur américain, et nous pûmes réfléchir un instant sur la jolie figure que nous eussions faite, si le voyage se fût terminé par une captivité aux États-Unis. Après avoir visité les bords romantiques de Morven et les environs d'Oban, nous fîmes une pointe sur les côtes d'Irlande et parcourûmes la Chaussée des Géants, que nous pûmes ainsi comparer aux grottes de Staffa, que nous avions visitées dans notre course. Enfin, vers le milieu de septembre, notre voyage se termina dans les eaux de la Clyde, au port de Greenock [1].

Ce fut ainsi que s'accomplit cette charmante excursion, dont notre manière de voyager aplanit singulièrement les difficultés, car avec les hommes du vaisseau, indépendamment de ceux qu'il fallait laisser à bord, on pouvait monter une grande chaloupe, ce qui nous per-

---

[1] On trouvera une relation complète et détaillée de ce voyage pittoresque et poétique dans les *Mémoires biographiques* de sir Walter Scott, qui se publient en ce moment à Londres, par les soins de son gendre Lockhart, et dont la traduction sera jointe à cette édition des œuvres du grand romancier. (L. V.)

mettait de prendre terre partout où nous poussait notre curiosité; je puis ajouter, en reportant un instant ma pensée vers cette heureuse époque de ma vie, que parmi les six ou sept amis qui effectuèrent ensemble ce voyage, et dont plusieurs différaient sans doute de goûts et d'idées, on ne vit pas s'élever, pendant plusieurs semaines qu'ils passèrent ensemble dans l'enceinte étroite d'un petit bâtiment, la plus légère dispute ni la moindre mésintelligence, tant chacun paraissait disposé à faire le sacrifice de sa volonté à celles de ses compagnons. Grâce à cette complaisance réciproque, le but de notre petite expédition fut complétement atteint, et pendant quelque temps nous eussions pu prendre pour devise ces vers de la belle chanson de mer d'Allan Cunningham :

« Le monde des eaux était notre demeure, et nous étions joyeux ! »

Mais pourquoi faut-il que des pensées de douleur viennent se mêler aux souvenirs les plus purs du plaisir. Au retour du voyage qui m'avait procuré tant de jouissances, je trouvai le pays en deuil; le sort lui avait enlevé subitement une femme faite pour embellir le haut rang qu'elle occupait dans la société, et qui, depuis longtemps, avait daigné m'accorder une part dans son amitié. Cet événement fut bientôt suivi de la perte d'un des camarades de notre expédition, de l'ami le plus intime que j'eusse au monde; événement douloureux qui jette encore une sombre teinte sur des souvenirs qui, sans ces malheureuses circonstances, auraient tant de charmes pour moi.

Je ferai remarquer en passant que, dans ce voyage, mon but, si toutefois on pouvait dire que j'en eusse un, était de chercher quelques renseignements locaux que je pusse utiliser dans le *Lord des îles,* poëme dont alors je menaçais le public, et qui, depuis, a été publié sans un bien remarquable succès; mais, comme à la même époque l'ouvrage anonyme intitulé *Waverley* se frayait une route à la popularité, je rêvais déjà la possibilité d'une seconde tentative dans cette branche de littérature, et les îles sauvages des Orcades et des Schetland m'offraient une foule de données faites, selon moi, pour exciter à un haut degré l'intérêt, si l'on prenait un jour ces îles pour être le théâtre des épisodes d'un roman. J'appris l'histoire de Gow le pirate, d'une vieille sorcière [1] résidant à Stromness, dont les princi-

---

[1] *Voyez* la note C, a la fin du volume.

pales ressources consistaient dans le commerce des vents favorables qu'elle vendait aux matelots. Rien au monde n'est plus touchant que la bonté et l'hospitalité des petits gentilshommes des îles Schetland, qui me témoignèrent d'autant plus de bienveillance, que plusieurs d'entre eux avaient été les amis et les correspondants de mon père.

J'ai dû remonter à une ou deux générations en arrière, pour trouver des matériaux qui m'aidassent à peindre la physionomie du vieil udaller norvégien : la noblesse écossaise ayant, en général, pris la place de cette race primitive, et son idiome, ainsi que ses mœurs originales, ayant entièrement disparu, la seule différence à observer aujourd'hui entre la noblesse de ces îles et celle de l'Écosse en général, c'est que la fortune et la propriété sont divisées plus également chez nos compatriotes du Nord, et que, parmi les propriétaires résidant dans le pays, on ne trouve pas de ces gens d'une très-grande opulence dont le luxe fait plus vivement sentir aux autres leurs privations et leur misère. Par suite de la même cause, de cette égale division des fortunes, et du bon marché de la vie, qui en est la conséquence naturelle, j'ai vu des officiers du régiment des vétérans, en garnison au fort Charlotte de Lerwick, bouleversés à l'idée d'être rappelés d'un pays où leur paie, bien que loin d'être en proportion avec les dépenses d'une capitale, suffisait néanmoins pleinement à tous leurs besoins; et il était vraiment singulier d'entendre des enfants de la Joyeuse Angleterre se désoler en voyant approcher le moment où ils quitteraient les tristes îles de l'*Ultima Thule*.

Telles sont les circonstances assez insignifiantes qui se rattachent à l'origine de cette publication, dont la date est postérieure de plusieurs années au voyage agréable qui lui a donné naissance.

L'imagination est nécessairement pour beaucoup dans les peintures de mœurs dont j'ai semé le roman; elles sont cependant fondées, jusqu'à un certain point, sur de faibles données, et on a cru pouvoir, avec quelque raison, juger de ce qu'avait dû être autrefois le ton de la société dans ces îles reculées, mais si intéressantes, d'après l'examen de son état actuel.

Sous un certain rapport on m'a jugé, peut-être, un peu légèrement, lorsque la critique a décidé que le personnage de Norna était calqué sur celui de Meg Merrilies. Que je n'aie pas bien rendu ce que je prétendais exprimer, c'est ce dont je ne puis douter, car autrement on ne se serait pas, à un tel point, mépris sur mes intentions ; mais je ne puis croire qu'une personne qui prendra la peine de lire le *Pirate* avec quelque attention, puisse ne pas trouver dans le caractère de Norna, victime du remords et de la démence, dupe de sa propre imposture, dans cette imagination imbue de la littérature sauvage et des superstitions extravagantes du Nord, quelque chose qui diffère essentiellement de la bohémienne du comté de Dumfries, dont les prétentions à un pouvoir surnaturel ne dépassent pas ceux d'une prophétesse de Norwood. Peut-être ne serait-il pas impossible de retrouver les éléments d'un pareil type ; mais il est certain que l'échafaudage qu'il a fallu y ajouter ne repose pas sur une base aussi solide, sans quoi ces remarques seraient inutiles. Il y a également peu de vraisemblance dans la peinture du pouvoir surnaturel de Norna, et dans la facilité avec laquelle elle fait partager aux autres cette foi en une mission surnaturelle, qui troublait sa propre raison. Cependant on aurait peine à croire quel ascendant peut prendre, sur une population crédule et ignorante, un imposteur qui est en même temps un enthousiaste. C'est peut-être le cas de citer le couplet qui nous assure

> Qu'être trompé plaît autant
> Que de tromper soi-même.

D'ailleurs, comme je l'ai fait observer quelque part, l'explication *ex professo* d'un récit où l'on rapporte à des causes naturelles des incidents qui paraissent avoir un autre caractère, présente souvent, dans le développement de la narration, autant d'invraisemblance qu'un conte de fées pur et simple. Le génie même de mistress Radcliffe n'a pas toujours vaincu cette difficulté.

ABBOTSFORD, 1er mai 1831.

AVERTISSEMENT.

Le but de la narration suivante est de faire connaître d'une manière exacte et détaillée plusieurs événements remarquables dont les îles Orcades ont été le théâtre, et à l'égard desquels les traditions fort imparfaites et les documents incomplets du pays n'ont pu nous apprendre que les particularités incertaines que l'on va lire :

Au mois de janvier 1724 ou 25, le vaisseau *la Vengeance*, armé de vingt-six pièces de canon, dont vingt de gros calibre, sous le commandement de John Gow, ou Goffe, ou Smith, se présenta dans les Orcades ; on ne tarda pas à le reconnaître pour un pirate, à différents actes de violence et de brigandage commis par l'équipage. Toutefois pendant quelque temps il fallut se soumettre, car les habitants de ces îles reculées n'avaient ni armes ni moyens de résistance, et telle était la hardiesse du capitaine de ces bandits, que non-seulement il descendait à terre et donnait des bals dans le village de Stromness, mais qu'avant la découverte de son véritable état, il sut même inspirer un tendre sentiment à une jeune personne jouissant de quelque fortune, qui lui engagea sa foi. Animé d'un sentiment de patriotisme, James Fea, cadet de Clestrom, conçut le dessein de s'emparer du forban, et y réussit par un mélange de courage et d'adresse, et grâce surtout à cette circonstance que le vaisseau de Gow mouillait près du havre de Calfsound, dans l'île d'Eda, à peu de distance de l'habitation de M. Fea. Dans les divers stratagèmes par le moyen desquels il parvint enfin à faire tous les pirates prisonniers (non sans exposer sa vie, car ils étaient tous déterminés et bien armés), il fut puissamment aidé par M. James Laing, grand-père de feu Malcolm Laing, esquire, l'historien spirituel et ingénieux de l'Écosse au XVIIe siècle.

Gow et une partie de son équipage, par sentence de la haute cour de l'amirauté, subirent la peine que depuis si longtemps leur avaient méritée leurs crimes ; Gow montra une grande audace en présence de la cour, et s'il faut ajouter foi à une relation de l'affaire transmise par un témoin oculaire, il paraît qu'on le soumit à des rigueurs inusitées pour le forcer à répondre ; voici les termes dont on se sert : « John Gow ne « voulait pas répondre, c'est pourquoi on l'amena à la barre, et le juge « ordonna que deux hommes lui serreraient les pouces avec du fouet

« jusqu'à ce qu'il rompît ; qu'alors la ficelle serait doublée, jusqu'à ce
« qu'elle rompît de nouveau, et qu'enfin elle serait triplée et que les
« exécuteurs tireraient de toutes leurs forces, laquelle sentence Gow
« endura avec une grande fermeté. » Le lendemain matin (27 mai 1727),
lorsqu'il vit les terribles apprêts de sa mort, son courage l'abandonna,
et il dit au maréchal de la cour qu'il ne leur aurait pas causé tant
d'embarras s'il eût été sûr de n'être pas pendu avec des chaînes ; il
fut alors jugé, condamné et exécuté avec ses compagnons.

On dit que la jeune fille qui avait engagé sa foi à Gow se rendit
à Londres pour avoir une entrevue avec lui avant sa mort, et qu'étant
arrivée trop tard elle eut le courage de demander qu'il lui fût permis
de voir son cadavre. On ajoute que touchant alors la main glacée du
pirate, elle reprit régulièrement et dans les formes voulues la parole
de fiancée qu'elle lui avait donnée.

D'après les idées superstitieuses du pays, si elle avait négligé
d'accomplir cette formalité elle n'aurait pu échapper à la visite de l'âme
du défunt, dans le cas où elle eût accordé à quelque prétendant
vivant la foi qu'elle avait jadis engagée au mort. Cette partie de la légende peut servir de commentaire curieux à la belle ballade écossaise
qui commence ainsi :

« Un spectre se présenta à la porte de Marguerite. »

La plupart des relations de cet événement ajoutent que M. Fea,
l'homme courageux dont les efforts abrégèrent la carrière d'iniquité
de Gow, fut si loin d'être récompensé par le Gouvernement, qu'il ne
put même obtenir une protection efficace contre une multitude de
procès iniques qui lui furent intentés par les procureurs de Newgate,
agissant au nom de Gow et du reste de l'équipage du pirate ; les frais,
les poursuites vexatoires et les diverses autres conséquences judiciaires
dans lesquelles l'entraîna sa généreuse expédition, anéantirent sa
fortune et ruinèrent sa famille : exemple mémorable pour tous ceux
qui seraient tentés à l'avenir d'arrêter des pirates de leur propre autorité.

Il est à supposer, pour l'honneur du gouvernement de Georges Ier,
que cette dernière circonstance est inexacte, ainsi que le sont les dates
et les autres particularités transmises par la chronique populaire
puisqu'elles ne pourraient en aucune façon se concilier avec la relation suivante, relation véridique extraite de matériaux dans lesquels il n'a été donné de puiser qu'à

L'AUTEUR DE WAVERLEY.

LE PIRATE.

Tout en lui de la mer annonce les ravages.
La Tempête.

CHAPITRE PREMIER.

> L'orage a cessé de faire entendre ses lugubres rugissements, les vagues se heurtent moins bruyantes ; mais quelle voix, sur le rivage désert de Thulé, s'écrie : Ai-je brûlé ma harpe pour toi ?
> MACNIEL.

ETTE île longue, étroite et irrégulière, communément nommée le continent[1] des îles Schetland, parce qu'elle surpasse en grandeur toutes celles de cet archipel, se termine, comme le savent les marins habitués à parcourir les mers orageuses qui entourent la Thulé des Anciens, par un rocher d'une immense hauteur qui forme la pointe de l'île du côté du sudest. Le Sumburgh-head, c'est ainsi qu'on l'appelle, oppose son front nu et ses flancs dépouillés à la masse effrayante des lames. Le promontoire escarpé est éternellement battu par une marée furieuse qui prend naissance entre les Orcades et les îles Schetland, et se précipite avec une violence qui ne le cède qu'à celle du détroit de Pentland ; on l'appelle le Roost de Sumburgh, du nom de la pointe que nous venons de décrire, et du mot (*roost*) qui, dans ces îles, sert à désigner les courants de même nature.

Du côté de la terre, le promontoire est couvert d'une herbe courte, et descend rapidement jusqu'à un petit isthme où les envahissements de la mer forment des criques qui, s'avançant des deux côtés, gagnent peu à peu du terrain et semblent devoir bientôt, en se rejoignant, faire une île du Sumburgh-head. Alors ce qui est maintenant un cap deviendra un îlot escarpé et solitaire, séparé de la terre ferme qu'il termine aujourd'hui.

Néanmoins cet événement avait paru jadis éloigné ou invraisem-

[1] *Mainland.*

blable : car, à une époque reculée, un chef norvégien, ou, suivant une autre tradition, et comme le nom d'*Iarlshof*[1] semble l'indiquer, un ancien comte des Orcades, avait choisi cette langue de terre pour y établir un manoir depuis longtemps désert, et dont on a peine à reconnaître les traces; car les sables mouvants apportés par les ouragans de ces régions orageuses ont recouvert et presque enseveli les ruines des bâtiments; mais, à la fin du dix-septième siècle, une partie du château du comte était encore entière et habitable. C'était un grossier édifice en pierres brutes, où rien ne flattait l'œil et ne parlait à l'imagination; un de ces antiques manoirs longs et étroits, au toit rapidement incliné, couvert de dalles de pierre grisâtre, serait peut-être ce qui pourrait en donner l'idée la plus juste à un lecteur moderne. Les fenêtres rares et très-basses étaient distribuées le long du bâtiment avec un mépris complet pour la régularité. Contre le principal corps de logis étaient appuyées autrefois de petites constructions accessoires, contenant les offices ou les dépendances nécessaires aux domestiques du comte et aux personnes employées à son service. Mais elles étaient tombées en ruines : on avait enlevé les poutres pour faire du feu ou pour d'autres usages; les murs s'étaient écroulés en plusieurs endroits; et, pour couronner cette œuvre de dévastation, le sable avait déjà pénétré au milieu des débris et encombré, jusqu'à la hauteur de deux ou trois pieds, l'ancien emplacement des chambres.

Au milieu de cette désolation, les habitants d'Iarlshof avaient trouvé moyen, par un travail et une attention soutenus, de se ménager quelques perches de terre que l'on avait encloses pour en faire un jardin, et qui, abritées par les murs du manoir contre les rafales continuelles, fournissaient les produits que comportait le climat, ou plutôt auxquels le vent de la mer permettait de se développer : car ces îles souffrent moins de la rigueur du froid que le continent de l'Écosse; mais, dépourvues de murs ou de toute autre espèce d'abri, on peut à peine y faire croître les légumes de l'usage le plus ordinaire. Quant aux arbres ou arbustes, il n'y faut pas songer, tant y sont impétueux les vents de l'Océan.

A peu de distance du manoir et près du rivage, précisément à l'endroit où la crique forme une espèce de port irrégulier, où stationnaient trois ou quatre barques de pêcheurs, on voyait quelques chétives chaumières servant de demeures aux habitants et vassaux de la juridiction d'Iarlshof, à qui tout ce district était affermé par le seigneur à des conditions telles qu'on en faisait alors aux individus de cette classe, c'est-à-dire passablement dures. Le seigneur lui-même résidait dans une propriété qu'il possédait dans un emplacement plus

[1] Baie du comte. (L. V.)

commode sur un autre point de l'île, et visitait rarement son domaine de Sumburgh-head. C'était un brave et digne gentleman schetlandais, quelque peu absolu, conséquence nécessaire d'un entourage de subordonnés; donnant un peu trop dans les excès de la table, peut-être parce qu'il avait trop de temps à lui; au demeurant ouvert et généreux avec ses gens, bienveillant et hospitalier envers les étrangers. De plus, il descendait d'une ancienne et noble famille de Norvége, circonstance qui le rendait populaire parmi les classes inférieures, dont la plupart sont de la même race; tandis que les lairds ou propriétaires, ordinairement Écossais d'origine, étaient encore, à cette époque, considérés comme des étrangers et des intrus. Magnus Troil, qui se vantait de descendre en ligne directe du comte fondateur supposé de Iarlshof, était surtout de cette opinion.

Les habitants actuels d'Iarlshof avaient éprouvé en mainte occasion les dispositions bienfaisantes et amicales de leur seigneur. Lorsque M. Mertoun, — c'est ainsi qu'on appelait celui qui habitait alors le vieux manoir, — était arrivé pour la première fois dans l'île, quelques années avant le commencement de cette histoire, il avait été reçu chez M. Troil avec la chaleureuse et cordiale hospitalité qui distingue ces insulaires. Personne ne lui demanda d'où il venait, où il allait, dans quel but il visitait ce coin isolé du royaume, ou quel terme il comptait mettre à son séjour. Il arrivait sans être connu de personne, et pourtant il fut à l'instant accablé d'une foule d'invitations; et dans chaque maison qu'il visita, il put rester aussi longtemps qu'il le voulut bien, et vivre comme un membre de la famille, sans exciter une attention qu'on n'exigeait pas de lui, jusqu'à ce qu'il jugeât convenable de choisir une autre demeure. Cette apparente indifférence pour le rang, le caractère et les qualités de leur hôte, n'était pas chez ces braves gens l'effet de l'apathie, car ils avaient leur bonne part de la curiosité naturelle à tous; mais, dans leur délicatesse, ils auraient cru violer les lois de l'hospitalité, en faisant des questions auxquelles il aurait pu lui être difficile ou désagréable de répondre; et, au lieu de chercher, comme c'est l'usage dans les autres pays, à tirer de lui des communications qui auraient pu lui coûter, les Schetlandais, en personnes discrètes, se contentaient de recueillir avec empressement les lambeaux de renseignements qu'ils pouvaient arracher dans le cours de la conversation.

Mais le roc des déserts de l'Arabie ne donne pas de l'eau avec plus de peine que M. Basil Mertoun n'était avare de toute espèce de confidence, même accidentelle; et à coup sûr la politesse de la bonne société schetlandaise n'avait jamais été mise à une plus rude épreuve que lorsqu'elle sentait que le savoir-vivre lui enjoignait de s'interdire toute espèce d'enquête sur la position d'un personnage si mystérieux.

Tout ce qu'on savait alors de lui pouvait se résumer en peu de mots. M. Mertoun était arrivé à Lerwick, qui commençait à prendre quelqu'importance, sans être encore reconnue pour la principale ville de l'île, sur un bâtiment hollandais, accompagné seulement de son fils, beau garçon d'environ quatorze ans. Il pouvait lui-même avoir quarante et quelques années. Le patron hollandais le présenta à quelques bons amis avec lesquels il avait coutume d'échanger du genièvre et du pain d'épice contre de petits taureaux schetlandais, des oies fumées et des bas de laine; et bien que tout ce qu'il pouvait dire fût que — « Meinheer Mertoun have bayé son bassage comme un chentilhomme, et have donné de blus un dollar à l'équipage, » cette introduction valut à son passager un cercle respectable de connaissances, qui s'étendit peu à peu à mesure que l'on reconnut dans l'étranger un homme doué de connaissances peu communes.

Il fallut presque qu'on lui fît violence pour qu'il se laissât pénétrer à cet égard; car Mertoun n'avait pas moins de répugnance à s'entretenir de choses générales que de ses propres affaires. Mais il se trouvait parfois engagé dans des discussions qui révélaient, comme en dépit de lui-même, l'homme instruit et l'homme du monde; et dans d'autres occasions, comme en retour de l'hospitalité qu'on lui accordait, il semblait s'astreindre, contre ses habitudes, à se mêler à la conversation de la société qui l'entourait, surtout quand elle prenait un ton grave, mélancolique ou satirique, le mieux approprié à la tournure de son esprit. Dans ces circonstances, les Schetlandais s'accordaient à reconnaître qu'il devait avoir reçu une excellente éducation, négligée seulement sur un point remarquable : c'est que M. Mertoun distinguait à peine dans un vaisseau l'avant de l'arrière, et que pour la conduite d'une barque, une vache ne pouvait être plus novice. Il semblait étonnant qu'une si grossière ignorance dans l'art le plus nécessaire à la vie, au moins aux îles Schetland, pût se concilier avec ses connaissances sur tant d'autres objets; mais il en était ainsi.

A moins qu'il ne fût provoqué, comme nous venons de le dire, les manières de Basil Mertoun étaient sombres et concentrées. Une gaieté bruyante le faisait fuir à l'instant; et même l'enjouement modéré d'un petit cercle d'amis avait pour effet invariable de le jeter dans une tristesse encore plus profonde que celle qu'il laissait paraître d'ordinaire

Les femmes sont toujours plus jalouses que d'autres de pénétrer un mystère et de soulager la mélancolie, surtout lorsque ces circonstances se trouvent réunies à la force de l'âge et à la beauté. Il n'est donc pas impossible que parmi les filles de Thulé, aux yeux bleus et à la blonde chevelure, le mystérieux et pensif inconnu en eût pu trouver quelqu'une qui eût entrepris de le consoler, s'il eût montré la moindre disposition à accepter ces soins officieux; mais, loin d'en agir ainsi, il semblait au contraire éviter la présence du sexe près duquel, dans nos souffrances de corps ou d'esprit, nous revenons toujours chercher du soulagement et de la pitié.

A ces singularités M. Mertoun en joignait une autre, qui était particulièrement désagréable à son hôte et principal patron, Magnus Troil. Le magnat schetlandais, issu, du côté de son père, ainsi que nous l'avons déjà dit, d'une ancienne famille norvégienne par le mariage d'un de ses aïeux avec une Danoise, avait la ferme opinion qu'un verre de genièvre ou d'eau-de-vie était un spécifique infaillible contre tous les soucis et toutes les afflictions du monde. C'étaient là des remèdes auxquels M. Mertoun n'avait jamais recours ; il ne buvait que de l'eau, de l'eau pure, et ni arguments, ni prières, ne pouvaient le décider à goûter d'un breuvage plus relevé que n'en fournissaient les fontaines de l'île. Voilà ce que Magnus Troil, ne pouvait souffrir ; c'était un défi porté aux anciennes lois de la table dans le Nord, lois que pour son compte il observait si religieusement que, sans avoir jamais été se coucher ivre, ainsi qu'il l'affirmait dans le sens large qu'il attachait à ce mot, on n'aurait pu non plus prouver qu'il se fût livré au sommeil dans un état absolu de sobriété. Peut-être, d'après cela, demandera-t-on ce que cet étranger apportait dans la société pour compenser le déplaisir causé par sa tempérance et ses mœurs austères. D'abord il avait cette dignité de manières qui dénote un personnage de quelque importance : et bien qu'on ne lui supposât pas une grande fortune, ses dépenses prouvaient d'une manière certaine qu'il n'était pas non plus tout à fait pauvre. De plus, les ressources qu'offrait sa conversation, lorsqu'il voulait bien les déployer dans les occasions dont nous avons parlé, et la manière excentrique dont il exprimait sa misanthropie ou son aversion pour les affaires et les relations de la vie commune, passaient à Lerwick pour de l'esprit, faute de mieux. Surtout, le secret de M. Mertoun paraissait impénétrable, et sa présence offrait tout l'intérêt d'une énigme que l'on aime à lire et à relire, parce qu'on ne peut parvenir à en trouver le mot.

Malgré ces titres à l'intérêt, Mertoun différait de son hôte dans des points si essentiels, qu'après l'avoir eu quelque temps pour commensal dans sa principale résidence, Magnus Troil fut agréablement surpris, quand un soir, qu'ils étaient restés ensemble assis pendant deux heures dans un silence absolu, à boire de l'eau-de-vie et de l'eau — c'est-à-dire Magnus buvant l'alcool et Mertoun l'élément inoffensif, — ce dernier demanda à son hôte la permission d'habiter comme locataire le manoir désert d'Iarlshof, à l'extrémité du territoire appelé Dunrossness et situé précisément au-dessous du Sumburgh-head. — Voilà un bon moyen de m'en débarrasser, pensa Magnus, et ce visage ennemi de la joie ne viendra plus arrêter la circulation de la bouteille.

Cependant son départ pourra me ruiner en citrons, car un seul de ses regards suffisait pour acidulér tout un océan de punch.

Néanmoins le brave et digne Schetlandais remontra consciencieusement à M. Mertoun l'isolement et les inconvénients de toute espèce auxquels il allait se condamner. — A peine trouverez-vous, lui dit-il, les meubles les plus indispensables dans cette vieille habitation; — point de société à plusieurs milles à la ronde; — quant aux provisions, le principal article serait du poisson salé; — pour toute compagnie, des mouettes et des orfraies.

— Mon digne ami, répliqua Mertoun, vous ne pouviez indiquer une circonstance qui fût plus de nature à déterminer ma préférence pour cette habitation, qu'en me disant que les recherches du luxe et la société des hommes seront bannies de ma demeure : un abri contre les injures du temps pour ma tête et celle de mon fils, voilà tout ce que je demande. Ainsi, M. Troil, dites-moi vos conditions pour la rente et souffrez que je sois votre locataire à Iarlshof.

— La rente? répondit le Schetlandais; ma foi! il n'y a pas grand loyer à demander pour une vieille maison où personne n'a demeuré depuis la mort de ma mère, — que Dieu lui fasse paix! — Quant à un abri, les vieux murs sont assez forts et supporteront encore plus d'une rafale. Mais, au nom du Ciel, M. Mertoun, songez à ce que vous voulez faire! Vivre à Iarlshof serait déjà un parti bien extrême pour un de nous; mais vous qui n'êtes pas du pays, Anglais, Écossais ou Irlandais, ce que personne ne peut dire.....

— Et ce qui ne fait rien à l'affaire, interrompit Mertoun assez brusquement.

— Oh! pas une écaille de hareng, reprit le laird, si ce n'est que je vous en aime mieux pour n'être pas Écossais, et j'espère bien que vous ne l'êtes pas. Ils se sont abattus ici comme une volée d'oies sauvages; — chaque chef de couvée a amené une bande de son nom et de sa race, et, à ce que je puis voir, ils y sont perchés pour longtemps; — reprenez-les à retourner dans leurs Highlands ou dans leurs Lowlands pelées, maintenant qu'ils ont goûté de notre bœuf schetlandais et vu nos beaux *voes*[1] et nos lacs d'eau douce. Non, monsieur (ici Magnus continua en s'animant de plus en plus et en humant par intervalles quelques gorgées d'eau-de-vie mélangée d'eau, exercice qui excitait sa colère contre les envahisseurs, et, en même temps, le soutenait contre les réflexions mortifiantes que cette pensée lui inspirait), — non, monsieur, les anciens jours et les mœurs primitives de ces îles sont passés; — les vieux noms des Patersons, des Feas, des Schlagbrenners, des Thornbiorns, ont fait place aux Giffords, aux Scotts, aux Monats, tous gens dont les noms seuls disent assez qu'eux ou

[1] Lac d'eau salée. W. S.)

leurs ancêtres sont étrangers au sol habité par nous autres Trolls, bien avant le temps de Turf-Einar [1], qui le premier apprit aux naturels du pays à brûler de la tourbe, service transmis à la postérité reconnaissante avec le nom auquel se rattache cette découverte.

C'était là un sujet sur lequel le seigneur d'Iarlshof était ordinairement très-diffus, et Mertoun le vit avec plaisir s'y engager, sûr qu'il n'aurait pas besoin de mettre du sien dans la conversation et qu'il aurait tout le temps de se livrer à son humeur taciturne, tandis que le Schetlandais-Norvégien déclamait sur le changement des mœurs et des habitants. Mais à l'instant même où Magnus arrivait à cette triste conclusion que, suivant toute probabilité, il resterait à peine, au bout d'un siècle, un *merk* ou même une *ure* de terrain dans la possession des habitants Norses, les vrais *Udallers* [2] des îles Schetland, il se rappela la position de son hôte vis-à-vis de lui et s'arrêta aussitôt. — Ce que j'en dis, M. Mertoun, ajouta-t-il en s'interrompant, n'est pas que je sois fâché de vous voir vous établir dans ma propriété; — mais pour ce qui est d'Iarlshof, — le lieu est bien désert. N'importe d'où vous venez, je réponds que vous direz, comme les autres voyageurs, que vous venez d'un climat meilleur que le nôtre, car c'est ainsi que vous parlez tous. Et cependant vous songez à une retraite qui effraie les naturels eux-mêmes. Ne voulez-vous pas prendre votre verre? — (Ces derniers mots étaient dits par forme de parenthèse.) — Alors à votre santé!

— Mon cher monsieur, répondit Mertoun, tous les climats me sont indifférents; pourvu qu'il y ait assez d'air pour alimenter mes poumons, peu m'importe que ce soit le souffle de l'Arabie ou celui de la Laponie.

— Oh! pour de l'air, reprit Magnus, vous en aurez assez ; ce n'est pas là ce qui manque; — quelque peu humide, à ce que trouvent les étrangers, mais à cela nous connaissons un correctif. — A votre santé, M. Mertoun! — Il faut vous habituer à faire comme nous et à fumer une pipe; et alors, comme vous le dites, vous ne trouverez pas de différence entre l'air des Schetland et celui de l'Arabie. Mais avez-vous vu Iarlshof?

— Non, répondit l'étranger.

— Alors, continua Magnus, vous n'avez aucune idée de ce que vous entreprenez. Si vous croyez trouver un lieu commode comme celui-ci, avec une maison située sur un lac d'eau salée dans l'intérieur des terres, qui amène les harengs à votre porte, vous vous trompez, mon cœur. A Iarlshof, vous ne verrez autre chose que des vagues furieuses qui se brisent contre les rochers nus, et le Roost de Sumburgh courant à raison de quinze nœuds à l'heure.

---

[1] Einar de la Tourbe. (L. V.)

[2] Les *Udallers* sont les propriétaires *allodiaux* des îles Schetland ; ils possèdent leurs terres en vertu de l'ancienne loi norvégienne et non d'après le régime féodal importé d'Écosse. (W. S.)

— Au moins ; répliqua Mertoun, je ne verrai pas le flux des passions humaines.

— Et vous n'entendrez rien autre chose que le fracas des brisants et le cri aigu des mouettes, depuis le point du jour jusqu'au coucher du soleil.

— Je m'en consolerai, pourvu que je n'entende pas le caquetage des langues de femme.

— Ah ! dit l'homme du Nord, c'est parce que vous venez d'entendre mes petites Minna et Brenda chanter dans le jardin avec votre fils Mordaunt. Pour moi, j'aime mieux écouter leurs douces voix que celle de l'alouette, dont j'ai autrefois entendu le chant à Caithness, ou celle du rossignol, dont on parle dans les livres. — Que feront les pauvres filles quand elles n'auront plus leur compagnon de jeu, Mordaunt ?

— Elles en changeront, répondit Mertoun ; jeune ou vieille, une femme saura toujours trouver des compagnons de jeu ou des dupes. — Mais pour revenir à la question, M. Troil, voulez-vous me louer ce vieux manoir d'Iarlshof ?

— Avec plaisir, puisque vous voulez absolument vivre dans ce triste désert.

— Et quelle en sera la rente ? continua Mertoun.

— La rente ? hum ! — voyons ! Il vous faut le morceau de *plaintie-cruive* [1], ce qu'on appelait autrefois un jardin, un droit dans le *Scathold*, et un petit *merk* de terre pour que les habitants puissent bêcher pour vous : — huit *lispounds* [2] de beurre et huit shellings sterling par an, est-ce trop ?

M. Mertoun accéda à des conditions si raisonnables, et dès-lors il établit son domicile principal dans la retraite solitaire que nous avons décrite au commencement de ce chapitre, non-seulement se résignant sans se plaindre, mais trouvant même une sorte de plaisir mélancolique à toutes les privations qu'un lieu si sauvage et si désolé imposait nécessairement à ceux qui l'habitaient.

---

[1] Portion de terrain destiné à la culture des légumes. Les coutumes libérales du pays permettent à tout individu qui peut profiter de cet avantage, de choisir dans les terres vagues et marécageuses un morceau de terrain qu'il entoure d'un mur de pierres sèches et qu'il cultive comme un jardin potager, jusqu'à ce que le sol s'épuise à force de produire ; alors il l'abandonne pour en prendre un autre. Loin que cette tolérance préjudicie aux droits respectifs du propriétaire et du fermier, un Schetlandais n'a pas de formule de mépris plus expressive pour un avare, que de dire qu'il ne voudrait pas tenir de lui un *plaintie-cruive*. (W. S.)

[2] Un *lispound* vaut environ trente livres anglaises, et le docteur Edmonston l'évalue à dix shellings sterling. (W. S.)

CHAPITRE II.

> Là seulement n'est pas toute la scène. — Dans ces déserts sauvages, dans ces vagues qui roulent avec fracas, il y a pour l'homme, Anselme, certaines harmonies que lui refusent de plus beaux points de vue et des mers plus tranquilles.
> *Ancienne Tragedie.*

La petite population du hameau d'Iarlshof s'était émue d'abord en apprenant qu'un personnage d'une classe supérieure à la sienne venait résider dans l'habitation délabrée qu'ils appelaient encore le château. Dans ce temps-là (car aujourd'hui les choses sont bien améliorées) la présence d'un supérieur dans une pareille position amenait presque immanquablement un surcroît de charges et de vexations pour lesquelles, sous un prétexte ou sous un autre, les coutumes féodales fournissaient mille excuses. Grâce à un abus de ce genre, une partie des gains précaires, si péniblement acquis par les tenanciers était détournée au profit de leur puissant voisin et seigneur, le *tacksman*¹, comme on l'appelait. Mais les habitants s'aperçurent bientôt qu'ils n'avaient aucune oppression de ce genre à craindre de la part de Basil Mertoun. Étendus ou restreints, ses moyens suffisaient au moins pleinement à ses dépenses, extrêmement modérées pour tout ce qui touchait à ses habitudes de vie. Quelques livres, quelques instruments de physique qu'il faisait venir de Londres, quand il en trouvait l'occasion, étaient tout son luxe, et laissaient supposer un degré d'aisance peu commun dans ces îles; mais, d'un autre côté, les dépenses de table et d'intérieur à Iarlshof n'excédaient pas le budget du plus modeste propriétaire schetlandais.

Les tenanciers du hameau s'inquiétèrent fort peu de ce qu'était leur nouveau seigneur, dès qu'ils virent que sa présence était de nature à améliorer leur position, plutôt qu'à la rendre pire; et une fois délivrés de la crainte d'être tyrannisés par lui, ils se liguèrent pour l'exploiter en lui faisant payer tout plus cher. D'abord l'étranger parut se résigner avec l'indifférence la plus philosophique à ces extorsions et à ces petites rouéries. Mais un incident survint qui, en montrant son caractère sous un nouveau jour, déjoua tous les efforts qu'on aurait pu tenter à l'avenir pour lever sur lui des impôts abusifs.

Une altercation s'était élevée dans la cuisine du château entre une vieille gouvernante, qui faisait l'office de ménagère auprès de M. Mer-

---

¹ Terme qui revient à celui d'homme armé, de chevalier. (L. V.)

toun, et Sweyn Erickson, le plus brave Schetlandais qui eût jamais manié la rame pour la pêche en pleine mer. Cette dispute, comme c'est l'usage en pareil cas, était soutenue de part et d'autre avec une telle chaleur et un tel crescendo de vociférations, qu'elle arriva enfin aux oreilles du maître, comme on l'appelait. Il était alors enfermé dans une tourelle solitaire, et fort occupé à examiner le contenu d'un nouveau ballot de livres arrivé de Londres, et qui, après une longue attente, était enfin parvenu à Hull, puis venu de Hull à Lerwick sur un baleinier, et de là à Iarlshof. Dans un accès d'indignation plus vive encore que celle qui anime toujours les caractères indolents, lorsqu'une nécessité importune les force à se mettre en mouvement, Mertoun descendit sur le théâtre de la querelle, et là en demanda la cause d'un ton si bref, si absolu, si pressant, que les parties, après avoir essayé vainement d'éluder la question, ne purent dissimuler plus longtemps le sujet de leur différend. La vérité était qu'ils ne pouvaient s'entendre relativement à leurs intérêts respectifs dans une petite exagération d'environ cent pour cent, sur un marché de morue achetée par l'honnête femme de charge au non moins honnête pêcheur, pour l'usage de la famille à Iarlshof.

Lorsque la chose fut bien dûment reconnue et avouée, M. Mertoun fixa sur les coupables un regard où le plus profond mépris semblait le disputer à une colère mal retenue. Écoute, vieille sorcière, s'écria-t-il enfin, décampe à l'instant de chez moi, et sache bien que si je te renvoie, ce n'est ni pour tes mensonges, ni pour tes vols, ni pour ton ingratitude, — car ce sont là des attributs aussi propres à votre sexe que le nom même de femme, — mais pour avoir osé dans ma maison souffler un mot plus haut que l'autre. — Et pour toi, coquin, qui as cru que tu pouvais traiter un étranger comme les baleines que tu dégraisses, sache que je suis au courant des droits qu'en ma qualité de représentant de ton maître, Magnus Troil, je puis exercer sur toi selon mon bon plaisir. Que tes provocations atteignent un certain degré, et tu apprendras à tes dépens que je puis troubler ton repos aussi facilement que tu interromps mon loisir. Je connais les priviléges de *Scat*, de *Wattle*, de *Hawkhen*, de *Hagalef* et autres, dont vos seigneurs se sont de tout temps prévalus pour vous faire plier les épaules; et je vous déclare que vous regretterez tous le jour où, non contents de me voler mon argent, vous serez venus me rompre la tête par vos atroces hurlements du Nord, aussi discordants que les cris aigus d'une bande de mouettes de vos mers arctiques.

Sweyn ne trouva rien de mieux à répondre à cette mercuriale que de prier humblement Son Honneur de vouloir bien accepter la morue sans rétribution, et de ne plus parler de l'affaire; mais pendant ce temps la colère de M. Mertoun était montée au point qu'il n'en fut plus le maître : d'une main il jeta l'argent à la tête du pêcheur, et de l'autre, se faisant une arme du poisson même, objet de la querelle, chassa le pauvre diable hors de la chambre et finit par lancer sa morue après lui.

Il y avait en ce moment dans les manières de l'étranger une violence si terrible et si effrayante, que Sweyn, sans s'arrêter à ramasser ni son poisson ni son argent, courut à pas précipités jusqu'au hameau raconter à ses camarades que s'ils s'avisaient de provoquer davantage maître Mertoun, ils trouveraient en lui un nouveau Pate Stewart[1], aussi absolu que le premier, qui les enverrait pieds et poings liés à la potence sans jugement ni merci.

La ménagère congédiée arriva à son tour pour consulter ses voisins et ses parents (car elle était aussi native du village) sur les moyens de reconquérir la position regrettable dont elle venait de se voir si brusquement expulsée. Le vieux ranzellaar du village, dont la voix était prépondérante dans les délibérations de la communauté, après avoir appris ce qui s'était passé, décida que Sweyn Erickson avait été trop loin en surfaisant ainsi à M. Mertoun, et que, quel que fût le prétexte que ce dernier avait pris pour donner cours à sa colère, le seul véritable tort avait été d'exagérer le prix de la morue d'un penny au lieu d'un demi-penny par livre ; en conséquence, il exhorta tous ceux qui l'écoutaient à ne jamais élever leurs prétentions à l'avenir au delà de trois pence de surcharge par schelling ; moyennant ce prix, le maître du château ne pourrait se plaindre raisonnablement : car, puisqu'il paraissait disposé à ne pas leur nuire, il était naturel de penser qu'il ne devait pas être éloigné non plus de leur laisser quelques profits modérés. — Et trois sur douze, ajouta le ranzellaar expérimenté, est un gain honnête et raisonnable, et ne peut manquer d'attirer sur vous la bénédiction de Dieu et de saint Ronald.

Prenant pour base le tarif qui leur était si judicieusement recommandé, les habitants d'Iarlshof se contentèrent à l'avenir de tromper Mertoun sur le pied modeste de vingt-cinq pour cent ; taux auquel devraient se soumettre tous les nababs, fournisseurs, spéculateurs sur les fonds publics et autres, qu'un récent et rapide succès a mis à même de s'établir splendidement dans le pays, car, pour eux, ce traitement, de la part de leurs rustiques voisins, doit paraître bien modéré. Mertoun, du moins, parut être de cette opinion, car il ne s'inquiéta plus désormais de tout ce qui avait rapport aux dépenses de son ménage.

Les pères conscrits d'Iarlshof, ayant ainsi réglé leurs propres intérêts, prirent ensuite en considération l'affaire de Swertha, la matrone renvoyée du château, alliée utile et expérimentée qu'ils désiraient

---

[1] C'est probablement une allusion à Patrick-Stewart, comte des Orcades, mis à mort dans le commencement du dix-septième siècle pour divers actes de tyrannie et d'oppression exercés contre les insulaires. (W. S.)

vivement réintégrer, s'il y avait moyen, dans ses fonctions de femme de charge. Mais comme leur sagesse échoua dans cette entreprise, Swertha au désespoir eut recours à l'intercession officieuse de Mordaunt Mertoun, dont elle avait gagné les bonnes grâces en lui chantant de vieilles ballades norvégiennes et en lui racontant les contes effrayants qu'elle savait sur les trows ou drows (nains des Scaldes) dont la superstitieuse antiquité avait peuplé mainte caverne solitaire, mainte sombre vallée à Dunrossness et dans toutes les autres parties des îles Schetland. — Swertha, dit le jeune homme, je puis peu pour vous, mais vous pouvez faire quelque chose par vous-même. La colère de mon père ressemble à la fureur de ces antiques champions, de ces berserkars dont parlent vos chansons.

— Oui! oui! poisson de mon cœur, reprit la vieille avec un soupir pathétique, les berserkars étaient des champions qui vivaient avant les jours bienheureux de saint Olave et qui se précipitaient comme des furieux au-devant des épées, des lances, des harpons, des mousquets, et qui les mettaient en pièces, comme une baleine ferait d'un filet à harengs; puis, quand leur accès était passé, ils redevenaient faibles et impressionnables comme l'onde [1].

— Voilà justement la chose, Swertha; mon père n'aime pas à songer à sa colère dès qu'elle est passée; il ressemble tellement à un berserkar, que quel que soit aujourd'hui son emportement, demain il n'y pensera plus. Ainsi il ne vous a pas remplacée dans l'administration du château : depuis votre sortie, il n'y a pas eu un plat chaud servi sur la table, pas un morceau de pain mis au four; mais nous avons vécu de mets froids qui se trouvaient sous notre main. Je vous garantis donc que si vous voulez rentrer hardiment au château et reprendre l'exercice de vos fonctions comme à l'ordinaire, vous n'entendrez jamais dire un mot de tout ce qui s'est passé.

Swertha hésita d'abord à suivre ce hardi conseil. Elle dit qu'à son avis M. Mertoun, quand il était en colère, ressemblait plutôt à un démon qu'à un berserkar même; que ses yeux lançaient des éclairs, que ses lèvres se couvraient d'écume; qu'enfin ce serait tenter la Providence que de s'exposer de nouveau à un tel danger.

Mais, sur les encouragements que lui donna le fils, elle se détermina enfin à affronter encore la présence du père, et reprenant son costume habituel de ménagère, car Mordaunt lui avait particulièrement recommandé ce point, elle se glissa dans le château, reprit

---

[1] Les sagas des Scaldes sont pleines de descriptions relatives à ces champions, et ne nous permettent pas de douter que les berserkars, ainsi nommés parce qu'ils combattaient sans armure, avaient recours à des moyens physiques pour s'exciter à la frénésie pendant laquelle ils possédaient toute la force et l'énergie que donne l'aliénation mentale. On sait que les guerriers indiens arrivent au même résultat à force d'opium et de coups. (W. S.)

immédiatement les nombreuses et diverses occupations qui lui étaient dévolues, et parut aussi préoccupée des soins du ménage que si elle n'avait jamais interrompu son service.

Le premier jour de sa réinstallation, Swertha ne se montra pas à son maître, espérant qu'après trois jours d'un régime de viandes froides, un plat chaud, préparé avec toute l'habileté que comportaient ses connaissances bornées en cuisine, parlerait puissamment en sa faveur. Lorsque Mordaunt lui eut rapporté que son père n'avait pas pris garde au changement de cuisine, et lorsqu'elle-même eut observé que sa présence, quand au besoin elle passait et repassait devant lui, ne produisait pas la moindre impression sur cet homme singulier, elle commença à croire que M. Mertoun avait oublié toute l'affaire, et reprit ses travaux comme par le passé. Elle ne fut enfin convaincue du contraire, qu'un jour où, étant venue à élever un peu la voix dans une dispute avec une autre servante, son maître, qui passait en ce moment près du lieu de la querelle, lui lança un regard significatif et prononça ce seul mot : *Souviens-toi!* d'un ton qui apprit à Swertha à retenir sa langue pendant plusieurs semaines.

Si Mertoun était original dans sa manière de gouverner sa maison, il ne semblait pas l'être moins dans le plan d'éducation qu'il suivait à l'égard de son fils. Il donnait au jeune homme peu de témoignages d'affection paternelle; et pourtant, quand il était dans son état d'esprit ordinaire, le perfectionnement de l'éducation de Mordaunt paraissait être la pensée dominante de sa vie.

Il trouvait assez de ressources dans ses livres et dans ses propres lumières pour le diriger lui-même dans les études ordinaires; il s'acquittait de ces fonctions avec régularité, avec sang-froid, et se montrait strict, pour ne pas dire sévère, à exiger de son élève l'attention nécessaire à ses progrès. Mais la lecture de l'histoire, qui occupait souvent leurs loisirs, et l'étude des auteurs classiques, amenaient parfois des faits et des réflexions dont le résultat sur l'esprit de Mertoun était instantané, et qui le jetaient soudainement dans ce que Swertha, Sweyn et même Mordaunt appelaient ses mauvaises heures. Ordinairement il les sentait venir et se retirait alors dans un appartement plus éloigné, où nul, pas même son fils, ne pouvait entrer. Il s'y tenait renfermé pendant des jours et même pendant des semaines, ne paraissant qu'à des intervalles irréguliers pour prendre la nourriture qu'on avait soin de tenir à sa portée, et dont il consommait extraordinairement peu. Dans d'autres moments, et spécialement à l'époque du solstice d'hiver, temps où presque tout le monde égaie, dans l'intérieur des habitations, par des banquets et des fêtes, la tristesse de la saison, ce personnage mélancolique s'enveloppait dans un manteau de marin d'une couleur sombre et aimait à errer le long de la mer orageuse ou sur la bruyère désolée, promenant ses rêveries solitaires et misanthropiques sous un ciel âpre et sombre comme elles, sûr de n'avoir à craindre ni rencontre ni remarque importunes.

A mesure que Mordaunt grandissait, il apprenait à reconnaître les signes particuliers qui précédaient ces attaques de noire mélancolie, et à prendre les précautions convenables pour que son malheureux père ne fût pas interrompu mal à propos, ce qui ne manquait jamais de le mettre en fureur; en même temps, on s'occupait de pourvoir à sa subsistance. Mordaunt s'aperçut que, dans ces occasions, les accès d'humeur noire de son père se prolongeaient considérablement, s'il venait s'offrir à ses regards pendant le cours de ces accès. Aussi, par respect pour lui, autant que pour satisfaire le besoin d'activité et d'amusement naturel à son âge, Mordaunt avait pris l'habitude de s'absenter souvent du manoir d'Iarlshof et même du district; bien convaincu que si Mertoun recouvrait sa sérénité dans l'intervalle, il s'inquiéterait peu de savoir comment son fils avait disposé de son temps, pourvu qu'il ne le soupçonnât pas d'avoir épié ses moments de faiblesse; sujet sur lequel il se montrait singulièrement susceptible.

Ainsi, en de telles occurrences, le jeune Mertoun pouvait profiter de toutes les occasions de plaisir que lui offrait le pays, et, dans le loisir que lui laissaient ses études, il était à même de donner un libre essor à toute l'énergie de son caractère décidé, actif et entreprenant. Il se trouvait souvent engagé, avec les jeunes gens du hameau, dans ces divertissements dangereux auprès desquels le « métier périlleux de ceux qui récoltent le fenouil marin [1] » est comme une promenade sur un terrain uni. — Il se joignait souvent aux excursions nocturnes sur des rochers à la pente étourdissante, pour dénicher les œufs ou les petits des oiseaux de mer; et, dans ces courses aventureuses il déployait une adresse, une présence d'esprit et une vigueur, qui, dans un si jeune homme étranger au pays, étonnait les plus vieux chasseurs [2].

Quelquefois aussi, Mordaunt accompagnait Sweyn et les autres pêcheurs dans leurs longues et périlleuses expéditions en pleine mer, apprenant sous leur direction l'art de conduire une barque, art dans lequel ils égalent, s'ils ne les surpassent pas, tous les marins des trois royaumes. Cet exercice avait des attraits pour Mordaunt, indépendamment de la pêche en elle-même.

---

[1] Phrase de Shakspeare dans le Roi Lear. Le fenouil marin ou criste marine est une plante de rochers qui croît sur les bords de la mer. (L. V.)

[2] Cependant il arrive quelquefois de funestes accidents. Lorsque je visitai ces îles, en 1814, un pauvre jeune homme de quatorze ans était mort d'une chute du haut des rochers, environ une quinzaine avant notre arrivée Ce malheur eut lieu presque sous les yeux de sa mère, qui ramassait de la tourbe non loin de là. Le corps tomba dans la mer et disparut; mais, aux yeux des insulaires, c'est là une mort honorable; et comme les enfants s'habituent de très-bonne heure à gravir les rocs, ces accidents sont plus rares qu'on ne pourrait s'y attendre. (W. S.)

CHAPITRE II.

A cette époque, les vieilles sagas norvégiennes vivaient encore dans la mémoire des pêcheurs, qui les redisaient souvent et conservaient par tradition l'antique idiome norse, langue de leurs aïeux. Dans la sombre poésie de ces récits scandinaves, il y avait au plus haut degré de quoi séduire une jeune imagination. Aux yeux de Mordaunt, les fables classiques de l'antiquité étaient égalées au moins, sinon éclipsées, par ces bizarres légendes des berserkars, des rois de la mer, des nains, des géants, des sorciers, qu'il entendait de la bouche des naturels schetlandais. Souvent les lieux qui l'entouraient étaient désignés comme le théâtre des épopées sauvages qui, moitié récitées, moitié chantées par des voix aussi rauques et presque aussi bruyantes que les flots sur lesquels ils voguaient, attachaient à chacune des baies situées sur leur passage le souvenir d'un combat sanglant. Les monceaux de ruines à peine visibles qui couronnaient la pointe avancée des caps étaient le fort ou le château de quelque chef puissant ou de quelque pirate redouté; la pierre grise qui s'élevait au loin sur la lande solitaire marquait la tombe d'un héros; la caverne déserte où la mer s'engouffrait sans rompre ses pesantes et vastes lames, était le repaire d'une sorcière fameuse [1].

L'Océan aussi avait ses mystères, dont l'effet était augmenté par le sombre crépuscule dans lequel il était plongé pendant plus de la moitié de l'année. Ses abîmes sans fond et ses antres mystérieux renfermaient, au dire de Sweyn et de ses compagnons, versés dans la science des légendes, des merveilles au récit desquelles le navigateur moderne sourit avec dédain. Aux calmes rayons de la lune, dans la rade où les vagues à peine ridées venaient mollement expirer le long de la plage, sur un lit de sable fin parsemé de coquillages, on voyait encore la sirène glisser au milieu des ondes; souvent on l'entendait, mêlant sa voix aux soupirs de la brise, chanter les prodiges cachés sous les flots ou prophétiser les événements futurs. On supposait que le kraken, le plus monstrueux des êtres vivants, remplissait les gouffres de l'Océan septentrional; et souvent, lorsqu'un banc de brouillard couvrait la mer à quelque distance, l'œil exercé des nautonniers apercevait les cornes de l'énorme Leviathan paraître et disparaître, en se balançant au milieu d'une ceinture de brume; alors, ils s'éloignaient de toute la force des rames et des voiles, de peur que l'absorption soudaine occasionnée par la descente de cette masse au fond des eaux n'entraînât leur frêle esquif à la portée de ses mille bras. On citait aussi le serpent de mer qui, se dressant des profondeurs de l'Océan, allonge jusqu'aux cieux son col démesuré, couvert d'une crinière semblable à celle d'un coursier belliqueux, et d'une hauteur égale à celle d'un grand mât, et qui semble plonger ses yeux étincelants sur sa proie et sur ses victimes.

---

[1] *Voyez* note A, à la fin du volume.

Mainte histoire prodigieuse touchant ces monstres marins, et beaucoup d'autres moins connues étaient alors généralement reçues parmi les Schetlandais, et leurs descendants sont loin d'avoir abandonné ces oyances [1].

Toutes les nations ont des contes populaires du même genre ; mais l'imagination en est bien plus puissamment affectée dans ces profondes et dangereuses mers du Nord, au milieu des précipices et de promontoires de plusieurs centaines de pieds de hauteur, — parmi ces tourbillons et ces courants périlleux, — ces récifs profonds au-dessus desquels l'Océan impétueux écume et bouillonne, — ces sombres cavernes au fond desquelles nul être humain ne poussa jamais son esquif, — parmi ces îles solitaires et quelquefois inhabitées, et de temps à autre ces ruines des antiques forteresses bâties par les hommes du Nord, à peine visibles à la faible clarté des hivers du pôle. L'imagination romanesque de Mordaunt trouvait dans ces superstitions un aliment dont il aimait à se repaître, tandis que moitié doutant, moitié disposé à croire, il prêtait l'oreille aux chants qui célébraient ces créations fantastiques, ces êtres enfants de la crédulité, dans le langage rude mais énergique des anciens Scaldes.

Mais il y avait pour Mordaunt des passe-temps plus doux et mieux assortis à son âge que ces récits sauvages et ces rudes exercices. La saison de l'hiver, alors que la brièveté des jours rend le travail impossible, est, dans les îles Schetland, le temps des plaisirs, des fêtes et des amusements. Tout ce que le pêcheur avait pu amasser pendant l'été s'en allait alors en dépenses quelquefois folles, destinées à faire régner dans sa maison une joyeuse hospitalité; tandis que les propriétaires et les seigneurs de l'île, donnant un double essor à leur goût pour les réceptions et les festins, peuplaient leur logis de convives et oubliaient la rigueur de la température, grâce aux entretiens joyeux, aux gais refrains, à la danse et à la bouteille.

Au milieu des plaisirs de cette rude mais joyeuse saison, personne ne mettait mieux en train et les jeux et la danse que le jeune étranger Mordaunt Mertoun. Lorsque la situation d'esprit de son père autorisait ou plutôt exigeait son absence, il visitait tour à tour chaque maison, toujours le bienvenu partout où il allait, la voix toujours prête au chant et les pieds à la danse. Une barque, ou si le temps, comme il arrivait le plus souvent, lui interdisait ce moyen, un de ces poneys dont les bandes nombreuses errent dans les vastes landes et qu'on dit être à la disposition du premier qui peut s'en saisir, le portait de la demeure hospitalière d'un Schetlandais à un autre manoir. Nul ne le surpassait à la danse des épées, espèce d'amusement guerrier emprunté aux habitudes des anciens Norses. Il jouait sur le

---

[1] *Voyez* note B, à la fin du volume.

CHAPITRE II.

gue[1] et sur le violon ordinaire les mélodies tristes et pathétiques du pays, et il savait en varier la monotonie en exécutant avec beaucoup de verve les airs plus gais du nord de l'Écosse. Lorsqu'une de ces mascarades appelées en Écosse *guizards* se mettait en route pour aller visiter quelque laird ou riche udaller du voisinage, on n'augurait bien de la partie qu'autant que Mordaunt Mertoun consentait à devenir le *skudler* ou chef de la bande. Dans ces occasions, plein de bonne humeur et de folle gaîté, il menait sa troupe de maison en maison, portant en tous lieux la joie, et laissant le regret après lui; c'est ainsi que Mordaunt était partout connu, partout aimé parmi les habitants dont se composait la communauté patriarcale de la grande île; mais c'était à l'habitation du propriétaire et patron de son père, de Magnus Troil, que ses visites s'adressaient le plus fréquemment et le plus volontiers.

Ce n'était pas exclusivement l'accueil franc et cordial du digne vieillard, ni la reconnaissance des services qu'il pouvait avoir rendus à son père, qui l'attiraient aussi souvent dans cette maison. La poignée de main de la bienvenue était, à la vérité, reçue par lui d'aussi bon cœur qu'elle était donnée par le vieil udaller, lorsque se levant de son large fauteuil garni à l'intérieur de peaux de veaux marins, et dont le bois de chêne massif avait été sculpté par le grossier ciseau de quelque charpentier hambourgeois, il fêtait l'arrivée du jeune homme par une exclamation digne, dans d'autres temps, de saluer le retour de *Ioul*, la plus grande des solennités religieuses des peuples gothiques[2]. Il y avait là pour lui un aimant encore plus attractif, et de jeunes cœurs dont l'accueil, s'il était moins bruyant, n'était pas moins sincère que celui du jovial udaller. Mais c'est là un sujet qui ne doit pas être traité à la fin d'un chapitre.

---

[1] Violon norvégien. (L. V.)

[2] La fête de *Ioul* ou du nouveau soleil répondait à notre fête de Noel, qui l'a remplacée et en a même conservé le nom. (L. V.)

CHAPITRE III.

> O Bessy Bell et Mary Gray, c'étaient deux bonnes et jolies filles! Elles ont bâti une maison là bas, à Burn-Braes [1], et l'ont couverte de joncs.
> Hier soir j aimais la charmante Bessy Bell, et croyais ne devoir jamais changer ; mais les yeux agaçants de Mary Gray ont renversé tous mes projets.
>
> *Ballade écossaise.*

Nous avons déjà parlé de Minna et de Brenda, les deux filles de Magnus Troil. Leur mère était morte depuis plusieurs années, et c'étaient alors deux jolies filles, dont l'aînée, âgée seulement de dix-huit ans, pouvait être d'une ou deux années plus jeune que Mordaunt Mertoun ; la seconde en avait environ dix-sept. Elles étaient la joie de leur vieux père, dont l'œil se ranimait à leur vue, et, quoique gâtées à un point qui aurait pu compromettre son repos et le leur, elles payaient son affection par un amour dans lequel, malgré cette indulgence aveugle, ne s'était glissé aucun manque de respect, aucun caprice de femme. Leurs caractères, aussi bien que leurs traits, offraient un contraste frappant, qui s'alliait cependant, comme c'est l'ordinaire, avec une certaine ressemblance de famille.

La mère de ces jeunes filles était une dame écossaise des Highlands du Sutherland, orpheline d'un noble chef banni de son pays à la suite des troubles du dix-septième siècle, et réfugié dans ces îles paisibles qui, dans leur isolement et leur pauvreté, avaient du moins eu l'avantage de ne ressentir ni la contagion des discordes civiles ni les réactions qui en sont la suite. Le père, qui s'appelait Saint-Clair, soupirait toujours après sa vallée natale, son clan, sa tourelle féodale et son autorité déchue ; sa mort suivit de près son arrivée aux îles Schetland. La beauté de la jeune orpheline, en dépit de son extraction écossaise, toucha le cœur grossier de Magnus Troil. Il offrit ses vœux et fut agréé ; elle devint son épouse, mais au bout de cinq ans de mariage elle mourut en lui laissant le regret d'un bonheur domestique sitôt écoulé.

Minna avait reçu de sa mère une taille noble, des yeux noirs, des

---

[1] Burn Braes, près de Lednock, dans le Perthshire, servit d'asile, lors de la peste de 1645, aux deux jeunes filles que l'on vient de nommer. L une avait pour père le laird de Kinvaid et l'autre celui de Lednock Leurs noms, rapprochés par l'amitié, le furent encore par un trépas commun, et revivent dans la ballade d Allan Ramsay, très populaire en Écosse C est ce qu'a ignoré un précédent traducteur, qui fait de Burn Braes « une terre ravagée par le feu et couverte de cendres. » (L. F.)

cheveux de jais et des sourcils admirablement dessinés qui montraient qu'elle était, d'un côté du moins, étrangère au sang de Thulé. Sa joue, de celles dont on a dit :

« Appelez-la belle, et non point pâle ! »

était si légèrement et si délicatement nuancée de rose, qu'au dire de quelques-uns les lis dominaient trop dans son teint. Mais dans cette prédominance de la fleur la plus pâle, il n'y avait rien de languissant ni de maladif ; c'était la vraie couleur naturelle de la santé, et ce teint s'alliait merveilleusement au caractère de sa physionomie, qui semblait faite pour exprimer la rêverie et les pensées élevées. Quand Minna Troil entendait raconter un malheur ou un trait d'injustice, c'est alors que son sang refluait à ses joues, montrant ainsi qu'il battait avec chaleur dans ses veines, malgré les habitudes généralement froides et sérieuses que semblait annoncer son maintien. Si les étrangers pouvaient croire un moment que ce visage gracieux était obscurci par une tristesse peu d'accord avec son âge et sa position, un examen plus attentif les rassurait bientôt. On voyait alors que la véritable cause de sa gravité était la douceur et la quiétude de son naturel, et l'énergie morale d'un caractère qui prenait peu d'intérêt aux circonstances vulgaires de la vie ; et en apprenant que cette mélancolie n'avait pas sa source dans un chagrin réel et n'était que l'aspiration d'une âme tendue vers des objets plus importants que ceux qui l'entouraient, la plupart des hommes, tout en lui souhaitant ce qui pouvait ajouter à son bonheur, eussent été peu portés à désirer que, gracieuse comme elle l'était dans son sérieux naturel et dépourvu d'affectation, elle changeât cet extérieur pour un air plus gai. Bref, malgré notre désir d'éviter la comparaison banale avec un ange, nous ne pouvons nous empêcher de dire que la beauté sévère de son aspect, l'aisance mesurée mais naturellement élégante de ses mouvements, la mélodie de sa voix et l'inaltérable sérénité de son regard, semblaient ranger Minna Troil dans une classe supérieure et au-dessus de la terre, qui paraissait un monde indigne d'elle et où elle ne séjournait qu'en passant

Presque aussi belle, non moins aimable, également innocente, Brenda, cependant, différait autant de sa sœur par les traits que par le caractère, le goût et l'expression. Sa chevelure abondante était de ce brun pâle qu'un rayon du soleil éclaire d'un reflet doré, mais qui reprend sa teinte foncée dès que la lumière s'en éloigne. Son œil, sa bouche, ses belles dents que, dans son innocente vivacité, elle laissait souvent apercevoir, la fraîcheur et l'éclat tempéré de son teint, symptômes de la santé, qui dessinaient leur incarnat sur un fond de neige, tout en elle annonçait sa pure origine scandinave. Une jolie taille, moins élevée que celle de Minna, mais d'une délicatesse encore plus exquise et d'une proportion plus parfaite, — une démarche légère, insouciante et presque enfantine, — un œil qui semblait s'arrêter sur chaque objet avec plaisir, par suite d'une bonne humeur naturelle et d'une inaltérable sérénité de caractère, tous ces charmes attiraient une admiration plus générale encore que ceux de sa sœur, quoique les sentiments inspirés par celle-ci pussent avoir quelque chose de plus intense et de plus respectueux.

Les dispositions naturelles de ces aimables sœurs ne différaient pas moins que leurs traits. Dans les affections du cœur, on ne pouvait dire que l'une surpassât l'autre, tant elles aimaient leur père, tant elles s'aimaient entre elles. Mais l'amabilité de Brenda se mêlait aux détails journaliers de la vie et s'épanchait avec une grâce inépuisable. Sa sœur, moins expansive, semblait apporter dans la société la bonne volonté de se plaire et de s'intéresser à ce qui s'y passait, mais elle cédait plutôt à l'impulsion du plaisir et de la gaîté qu'elle n'était disposée à y mettre du sien pour l'exciter. Elle tolérait la joie plutôt qu'elle ne s'y associait, et elle aimait de préférence les jouissances graves et solitaires. Les connaissances qu'on puise dans les livres étaient hors de sa portée. Les îles Schetland offraient à cette époque peu de facilités pour étudier les leçons transmises

« A l'humanité par ceux qui ne sont plus, »

et Magnus Troil, tel que nous l'avons décrit, n'était pas un homme dans la maison duquel on pût rencontrer de semblables moyens d'instruction. Mais devant Minna s'ouvrait le livre de la nature, ce livre, le plus noble de tous, où nous trouvons toujours de nouveaux sujets de surprise et d'admiration, même quand il ne nous est pas donné de le comprendre. Les plantes de cette région pittoresque, les coquillages semés sur ses bords, les innombrables variétés de ces clans ailés qui peuplent les aires de ses rocs, étaient aussi familiers à Minna qu'aux chasseurs les plus consommés. Sa puissance d'observation était merveilleuse et rarement distraite par des émotions d'un autre genre. Les notions que lui procuraient ses habitudes d'investigation patiente se gravaient d'une manière ineffaçable dans sa mémoire heureusement douée. Elle sentait vivement la grandeur sauvage et mélancolique des scènes au milieu desquelles elle se trouvait placée. L'Océan, dans toutes ses formes variées de sublimité et de terreur, — les rochers effrayants incessamment battus par les vagues retentissantes, et résonnant du cri aigu des oiseaux de mer, avaient toujours le même charme pour Minna, malgré les divers aspects sous lesquels le changement des saisons les lui présentaient. Avec l'enthousiasme propre à la race exaltée dont sa mère était issue, l'amour de la nature était chez elle une passion capable non-seulement de préoccuper, mais parfois aussi d'agiter son âme. Les scènes que sa sœur regardait avec un sentiment passager d'émotion ou de terreur, mais qui s'effaçaient de sa mémoire au retour, continuaient longtemps de remplir l'imagination de Minna, soit dans la solitude et dans le silence de la nuit, soit même dans les heures données à la société. Souvent lorsque, assise comme une belle statue, elle tenait sa place dans le cercle réuni près du foyer domestique, sa pensée absente errait au loin sur le rivage désert ou dans les sauvages montagnes de ses îles natales. Mais quand, rappelée à la conversation, elle s'y mêlait avec intérêt, personne ne savait mieux qu'elle en relever les charmes aux yeux de ses amis ; et si, malgré sa jeunesse, il y avait quelque chose dans ses manières qui forçait de mêler du respect à l'affection qu'elle inspirait, sa sœur si aimable et si gaie n'était cependant pas plus universellement chérie que la sérieuse et pensive Minna.

Les deux charmantes sœurs faisaient donc à la fois les délices de leurs amis et l'orgueil de ces îles, dont les habitants d'un certain rang étaient unis par les liens d'une amitié commune, grâces à leur isolement et à leurs habitudes hospitalières. Un poëte errant, musicien à besace, qui après diverses aventures était revenu vivre tant bien que mal et finir ses jours dans ses îles natales, avait célébré les filles de Magnus dans un poëme intitulé par lui : *la Nuit et le Jour;* et dans sa description de Minna, il semblait avoir deviné, sauf la différence d'une esquisse grossière avec un tableau achevé, les beaux vers de lord Byron :

« Elle marche dans sa beauté, comme une de ces belles nuits étoilées sous un ciel sans nuages ; tout ce qui flatte dans l'alliance de la lumière et de l'obscurité revit dans son aspect et dans ses yeux : tel est le charme de ce doux éclat que le ciel refuse aux splendeurs du jour. »

Leur père avait pour toutes deux une telle tendresse, qu'il eût été difficile de dire celle qu'il préférait. Peut-être la plus grave lui plaisait-elle mieux à la promenade, et la plus enjouée au coin du feu ; peut-être désirait-il la société de Minna lorsqu'il était triste, et celle de Brenda dans ses moments de bonne humeur ; ou, ce qui était à peu près la même chose, Minna avant midi, et Brenda le soir, lorsque la bouteille avait circulé.

Mais ce qui était encore plus extraordinaire, c'est que l'affection de Mordaunt Mertoun semblait flotter avec la même impartialité que celle de leur père entre les deux aimables sœurs. Dès son enfance, comme nous l'avons dit, il avait fréquenté la résidence de Magnus à Burgh-Westra, bien qu'elle fût à environ vingt milles de Iarlshof. Le pays qui s'étendait entre ces deux points semblait impraticable, couvert, comme il l'était, d'inégalités de terrain, semé de sables mouvants et de fondrières, souvent entrecoupé et comme dentelé par les laques que formaient les bras de mer et par des courants et lacs d'eau douce; tels étaient les obstacles qui rendaient le voyage difficile et même périlleux pendant la mauvaise saison; néanmoins, dès que son père tombait dans un de ces accès qui exigeaient son éloignement, en dépit de tous les dangers et à travers les difficultés de toute espèce, on était bien sûr de voir arriver Mordaunt le lendemain à Burgh-Westra, et la distance était franchie en moins de temps que n'en eût mis peut-être le plus agile Schetlandais.

Il va sans dire que la voix publique de l'île le désignait comme l'amant d'une des filles de Magnus; et lorsque l'on considérait la prédilection du vieil udaller pour le jeune homme, personne ne doutait qu'il ne pût aspirer à la main de l'une de ces deux beautés, avec une aussi bonne dot que des îlots, des rocs et des marais, et le produit de la pêche sur le rivage, pouvaient en constituer pour un enfant chéri; de plus avec la perspective et l'espoir de posséder un jour la moitié des domaines de l'ancienne maison de Troil, lorsque leur propriétaire actuel n'existerait plus. Rien ne semblait plus raisonnable que cette supposition, et en théorie du moins on pouvait la trouver mieux fondée que tant d'autres, qui ont cours dans le monde comme des faits incontestables. Mais, hélas! toute la finesse d'observation que l'on employait à épier l'attitude des parties intéressées échouait sur ce point capital, à savoir, de déterminer laquelle des deux jeunes personnes était, de la part de Mordaunt, l'objet d'une attention plus particulière. Il les traitait en général comme un bon et tendre frère eût traité deux sœurs si également chéries qu'un souffle suffisait pour faire pencher, tantôt d'un côté, tantôt de l'autre, la balance de l'affection. Et si parfois, ce qui arrivait assez souvent, l'une des deux semblait attirer son attention d'une manière plus spéciale, cela paraissait tenir uniquement à ce que les circonstances appelaient ses talents et son aptitude naturelle à se produire d'une manière plus immédiate.

Toutes deux excellaient dans la musique simple du Nord, et l'on voyait Mordaunt, qui les accompagnait, et quelquefois leur donnait des leçons, quand elles se livraient à cet art favori, tantôt aider Minna à retenir ces mélodies d'une majestueuse simplicité sur lesquelles les anciens scaldes et les ménestrels célébraient les hauts faits des héros, tantôt également empressé à faire exécuter à Brenda la musique plus vive et plus savante que le complaisant Magnus faisait venir des capitales de l'Écosse ou de l'Angleterre pour l'usage de ses filles. Et dans ses relations avec elles, Mordaunt, qui mêlait une sensibilité profonde et un ardent enthousiasme à la bonne humeur et à la fougueuse vivacité de la jeunesse, se prêtait avec une égale facilité aux capricieuses et poétiques visions de Minna comme au babil animé et souvent spirituel de sa compagne plus enjouée. Bref, il paraissait si peu aimer l'une à l'exclusion de l'autre, qu'il lui arriva de dire plus d'une fois que Minna ne lui paraissait jamais si aimable qu'alors qu'elle oubliait un moment sa gravité habituelle, entraînée par la légèreté contagieuse de sa sœur ; ou Brenda si charmante, que lorsque, assise et attentive, elle se laissait subjuguer et gagner à son tour par la sensibilité profonde de Minna.

La curiosité publique était donc, comme disent les chasseurs, complétement en défaut ; et après avoir longtemps hésité entre les deux jeunes filles, on était forcé de s'en tenir à cette dernière conclusion, que le jeune homme épouserait certainement l'une des deux ; mais laquelle ? c'est ce qu'on ne saurait qu'à l'époque prochaine de sa majorité, ou lorsque l'autorité paternelle du vieil udaller interviendrait pour sommer maître Mordaunt Mertoun d'expliquer ses sentiments. On terminait ordinairement par cette réflexion, qu'il serait plaisant qu'un étranger, un inconnu, sans moyens d'existence apparents, osât hésiter ou se donner les airs d'avoir le choix entre les deux plus belles héritières des îles Schetland. « Si l'on était à la place de Magnus Troil, on irait bien vite au fond de l'affaire » — et autres remarques du même genre. Mais on avait soin de les faire tout bas, car on savait que le descendant des anciens Norses avait la tête chaude comme ses ancêtres, et qu'il ne serait pas sûr de se mêler, sans y être invité, de ses affaires de famille. Telle était la position de Mordaunt Mertoun, vis-à-vis des habitants de Burgh-Westra, lors des incidents qui vont suivre.

CHAPITRE IV.

> Ce n'est pas là une matinée de pèlerin ; — voyez ce brouillard grisâtre qui plane sur la colline et la vallée, sur la campagne et la forêt, comme le voile sombre d'une veuve d'un jour ; et, par ma foi, quoique j'aie un cœur sensible, j'aimerais mieux entendre cette veuve pleurer et soupirer, me dire les vertus du bien-aimé défunt, que d'être en butte à la fureur de la tempête, quand elle élève sa voix puissante.
> *La double Noce.*

Le printemps était près de finir, lorsque après une semaine passée au sein des fêtes et de la joie à Burgh-Westra, Mordaunt Mertoun fit ses adieux à la famille, alléguant le besoin de son retour à Iarlshof. Cette résolution fut combattue par les jeunes filles, et plus vivement encore par Magnus lui-même : il ne voyait à ce départ aucune espèce de nécessité. Si son père désirait le voir, ce que par parenthèse Magnus ne croyait pas, M. Mertoun n'avait qu'à se jeter dans la barque de Sweyn, où à se confier à un poney s'il préférait un voyage par terre ; et il verrait, outre son fils, une vingtaine de connaissances qui seraient flattées d'apprendre qu'il n'avait pas tout à fait perdu l'usage de sa langue pendant sa longue réclusion. Du reste, il faut avouer, ajoutait le digne udaller, que, lorsqu'il vivait parmi nous, personne ne s'en servait moins.

Mordaunt reconnut la justesse de ces observations en ce qui concernait la taciturnité de son père et son éloignement pour la société; mais il déclara en même temps que la première circonstance rendait son retour immédiat plus nécessaire, puisqu'il était le canal de communication ordinaire entre son père et les autres, et que la seconde rendait cette obligation plus impérieuse encore, car, M. Mertoun n'ayant pas d'autre société au monde que son fils, c'était une puissante raison pour que celui-ci retournât près de lui sans retard. Quant à espérer que son père viendrait à Burgh-Westra, on pouvait tout aussi bien s'attendre, disait-il, à voir arriver le cap Sumburgh.

— Et ce serait un hôte un peu embarrassant, dit Magnus. Mais vous nous resterez au moins à dîner aujourd'hui? Nous attendons les Muness, les Quendale, les Thorslivoe, et je ne sais plus qui encore; et indépendamment des trente personnes que nous avions ici cette bienheureuse nuit, nous en aurons d'autres en aussi grand nombre que pourront en tenir chambres et hangars, granges et remises, ou que nos lits et notre paille pourront en coucher; — et vous renonceriez à tout cela!

— Et nos joyeuses danses de ce soir? ajouta Brenda d'un ton moitié piqué, moitié grondeur. Et les jeunes gens de l'île de Paba, qui doivent danser le pas des épées? Qui aurons-nous à leur opposer, pour l'honneur de Mainland?

— Il y a plus d'un bon danseur dans l'île, Brenda, répondit Mordaunt, quand même je ne devrais plus tendre le jarret. Et où l'on trouve de bons danseurs, Brenda Troil aura toujours le meilleur partner. Les landes de Dunrossness seront ce soir ma salle de danse.

— Ne parlez pas ainsi, Mordaunt, dit Minna, qui, durant cette conversation, avait regardé d'un air inquiet à travers la fenêtre; ne songez pas à traverser, aujourd'hui du moins, les landes de Dunrossness.

— Et pourquoi pas aujourd'hui, Minna, reprit Mordaunt en souriant, aussi bien que demain?

— Oh! voyez là-bas le brouillard du matin s'appesantir sur ce groupe d'îles. Depuis le point du jour, il n'a pas laissé apercevoir le Fitful-Head, ce promontoire escarpé qui termine cette chaîne lumineuse de montagnes. Les oiseaux dans leur vol rasent le rivage; et à travers la brume, le canard sauvage paraît aussi gros que le scart[1]. Regardez : les goëlands mêmes et les mouettes fuient vers les rochers pour y chercher un abri.

---

[1] Le cormoran. On voit souvent ces oiseaux parcourir dans leur vol irrégulier les

— Et pourtant, dit le père, ces oiseaux soutiennent un coup de vent mieux qu'une frégate royale ; c'est mauvais signe quand leur vol est ainsi saccadé.

— Restez donc avec nous, dit Minna à son ami : l'orage sera terrible ; mais il sera beau à voir de Burgh-Westra, si nous n'avons pas d'ami exposé à sa fureur. Voyez, l'air est lourd et accablant, quoique la saison soit encore si peu avancée, et le vent si calme, que pas un brin d'herbe ne s'agite sur la bruyère. Restez avec nous, Mordaunt : la tempête que ces signes annoncent sera terrible.

— Raison de plus pour partir promptement, conclut le jeune homme, car il ne pouvait contester ces symptômes qui n'avaient pas échappé à son œil exercé. Si le temps est trop mauvais, je passerai la nuit à Stourburgh.

— Quoi ! dit Magnus, vous nous quitteriez pour le tacksman écossais du nouveau gouverneur, qui veut nous enseigner de nouveaux systèmes, à nous autres sauvages Schetlandais ? Faites à votre tête, mon garçon, si vous chantez sur cet air.

— Oh ! mon Dieu ! dit Mordaunt, j'aurais seulement quelque curiosité de voir les nouveaux instruments qu'il a apportés.

— Oh oui ! un rien fait tourner la tête d'un fou. Je voudrais bien savoir si sa nouvelle charrue entamera les rocs schetlandais ?

— Je ne pourrai me dispenser d'entrer à Stourburgh, dit le jeune homme, se prêtant aux préjugés qu'avait son hôte contre les innovations, si ce ciel menaçant amène une tempête ; mais s'il se résout en pluie, comme c'est probable, je ne fondrai pas pour être un peu mouillé.

— Vous n'en serez pas quitte pour de la pluie, reprit Minna ; voyez les nuages qui s'amoncellent et s'abaissent de plus en plus, et ces bandes d'un rouge pâle qui sillonnent par intervalles le ciel gris de plomb.

— Je vois toutes ces choses, mais elles me disent seulement que je n'ai pas de temps à perdre. Adieu, Minna, je vous enverrai des plumes d'aigle, si l'on peut trouver un aigle dans les îles de Fair ou de Foulah. Adieu, ma jolie Brenda ! et pensez à moi, quand même les jeunes gens de Paba danseraient aussi bien.

— Prenez garde à vous, puisque vous voulez partir, dirent à la fois les deux sœurs.

Le vieux Magnus les gronda fort de supposer qu'une bourrasque de printemps pût effrayer un jeune homme robuste, soit sur mer, soit sur terre ; cependant, il finit par ajouter aussi son mot d'avis, et conseilla sérieusement à Mordaunt de différer son voyage ou au moins

---

courants et les lacs des îles Schetland, et plus souvent encore perchés en file sur le bord de quelque rocher, comme un régiment des chasseurs noirs de Brunswick en 1815. (W. S.)

de s'arrêter à Stourburgh.—Car, dit-il, les secondes idées sont toujours les meilleures, et puisque la hutte de l'Écossais se trouve sur votre passage, ma foi! dans une tempête, tout port est bon. Mais ne comptez pas trouver la porte fermée au loquet, pour peu que l'orage dure· ils ont en Écosse des barres et des verrous qui, grâces à saint Ronald, sont inconnus ici; nous n'avons que cette grande serrure du vieux château de Scalloway, que tout le monde va voir. — Au reste, c'est peut-être là encore un de ses perfectionnements. Mais partez, Mordaunt, puisque vous le voulez. Je vous offrirais le coup de l'étrier, si vous aviez trois ans de plus; mais les jeunes gens ne doivent boire qu'après dîner. Je le boirai pour vous, de peur que les bons usages ne se perdent ou qu'il ne vous arrive malheur. A votre santé, mon garçon! — En disant ces mots, il avala une énorme rasade de brandy avec autant de facilité que si c'eût été de l'eau pure.—Emportant ainsi les regrets et les conseils de tout le monde, Mordaunt prit congé de la famille hospitalière, et jetant un regard sur les douceurs qui l'entouraient, sur l'épaisse fumée qui s'échappait le long du toit, il ne put s'empêcher de songer à l'aspect désert et solitaire de Iarlshof; puis, comparant au caractère sombre et mélancolique de son père la cordiale amitié de ceux qu'il quittait, il ne put retenir un soupir aux pensées que ce parallèle fit naître involontairement en lui.

Les préludes de la tempête ne tardèrent pas à justifier les prédictions de Minna. Mordaunt avait à peine marché trois heures, que le vent si calme le matin commença à gémir comme pour déplorer d'avance les maux qu'il devait causer dans sa fureur, ainsi que fait un fou dans l'état de sombre abattement qui précède ses accès de violence; puis croissant par degrés, il s'anima, hurla, mugit avec toute la fureur d'une tempête du Nord. Il était accompagné d'ondées de pluie mêlées de grêle qui bondissait avec une violence toujours nouvelle contre les montagnes et les rocs au milieu desquels cheminait notre voyageur. En dépit de tous ses efforts, ces obstacles venaient distraire son attention et rendaient fort difficile pour lui l'obligation de se diriger dans un pays où il n'y a ni chemins, ni la moindre trace pour guider les pas de celui qui s'égare, où de plus on est souvent arrêté par des ruisseaux, des mares, des lacs et des lagunes. Toutes ces eaux intérieures roulaient agitées en nappes écumantes, dont une partie, emportée par la fureur de l'ouragan, se mêlait à son cours et s'élançait loin des vagues dont elle avait fait partie; d'un autre côté, la saveur salée des gouttes qui fouettaient sa figure prouvait à Mordaunt que des jaillissements de l'Océan, plus éloigné et poussé hors de ses bornes par la tempête, se mêlaient aux courants et aux eaux de l'intérieur des terres.

Au milieu de cette affreuse convulsion des éléments, Mordaunt Mertoun tenait bon comme un homme habitué à lutter contre eux et aux yeux de qui les efforts nécessaires pour résister à leur violence n'étaient qu'une occasion d'exercer sa résolution et sa mâle vigueur. Il sentait même, comme il arrive à ceux qui subissent de rudes épreuves, que l'énergie déployée pour en triompher est elle-même une espèce de triomphe. Apercevoir et distinguer son chemin, lorsque les bestiaux étaient chassés des montagnes et les oiseaux eux-mêmes du firmament, était une preuve décisive de sa supériorité. — Il ne sera pas dit, pensa-t-il, qu'on parlera de moi à Burgh-Westra comme de la barque du vieux Ringan Ewenson qui coula à fond entre la rade et le quai. Je suis d'une trempe trop dure pour craindre le feu ou l'eau, la mer agitée ou les terrains mouvants. — C'est ainsi qu'il luttait corps à corps avec l'orage, suppléant aux signes ordinaires qui servaient aux voyageurs à retrouver leur route (lacs, rocs, montagnes et caps étaient confondus dans le brouillard et dans l'obscurité), à l'aide de cette sagacité instinctive avec laquelle une longue habitude de ces lieux sauvages lui avait appris à remarquer minutieusement chaque objet qui pouvait en pareil cas lui servir d'indice. C'est ainsi, disons-nous, qu'il luttait en avançant toujours, excepté quand la bourrasque était par trop violente : alors il s'arrêtait un moment ou même se couchait par terre ; puis, quand elle était un peu apaisée, il marchait contre elle et tâchait d'avancer en sens contraire, ou lorsque la chose était impossible, il imitait la manœuvre d'un vaisseau qui cherche, en virant de bord, à se mettre sous le vent, mais sans céder jamais un pouce du terrain qui lui avait tant coûté à conquérir.

Cependant, malgré toute son expérience et sa résolution, sa position était désagréable et même périlleuse. Nous ne parlons pas de l'humidité qui avait traversé sa jaquette et son pantalon de matelot, costume de voyage de tous les jeunes gens de l'île : c'était là un inconvénient qui, en aussi peu de temps, et dans un jour ordinaire, eût pu avoir lieu tout aussi bien dans ce climat humide ; mais ce qui constituait un danger réel, c'est qu'en dépit de tous ses efforts, sa marche était retardée à chaque instant par les torrents débordés, par les marais noyés dans un double déluge, qui rendaient dangereux les passages ordinaires, et obligeaient souvent le voyageur à faire un circuit considérable, inutile en d'autres temps. Ainsi repoussé à plusieurs reprises, malgré sa force et sa jeunesse, Mordaunt, après avoir soutenu une lutte désespérée contre le vent, la pluie et la fatigue d'un long voyage, fut enfin fort heureux de reconnaître, après plus d'une méprise, la maison de Stourburgh ou d'Hafra : car on donnait indifféremment ces deux noms à la résidence de M. Triptolème Yellowley, l'homme de confiance du gouverneur des Orcades et des îles Schetland, esprit spéculateur qui voulait, par l'organe de Triptolème, introduire dans l'*Ultima Thule* des Romains des perfectionnements à peine connus, dans ces temps reculés, de l'Écosse elle-même.

A la fin, et à grand'peine, Mordaunt atteignit la maison de ce digne agriculteur, seul refuge contre l'orage qu'il pût espérer de rencontrer dans l'espace de plusieurs milles ; et se dirigeant droit vers la porte avec la ferme confiance qu'il obtiendrait entrée immédiatement, il ne fut pas peu surpris de la trouver fermée non-seulement au loquet, ce que le temps pouvait justifier, mais encore au verrou, précaution presque inconnue dans l'archipel, comme l'avait dit Magnus. Frapper, appeler, et enfin battre la porte avec son bâton, puis à coups de pierre, tels furent les moyens auxquels le jeune homme eut naturellement recours, dans l'impatience où le mettaient et la violence de la tempête et l'obstacle inattendu qui s'opposait à son admission instantanée. Cependant, comme on le laissa pendant quelques minutes exhaler son impatience en bruit et en clameurs, nous allons en profiter pour informer le lecteur de ce qu'était Triptolème Yellowley et des circonstances qui lui avaient valu ce nom singulier.

Le vieux Gaspard Yellowley, père de Triptolème, quoique né au pied de Roseberry Topping, avait été la dupe d'un noble comte écossais trop malin même pour un habitant de l'Yorkshire[1] : ce dernier lui avait fait accepter une ferme dans les Mearns, où, comme on peut s'en douter, il trouva les choses tout autres qu'il ne s'y attendait. Ce fut en vain que le robuste fermier se mit courageusement à l'œuvre pour contre-balancer, à force d'adresse, les obstacles que lui opposaient un terrain froid et un climat humide. Peut-être en fût-il venu à bout ; mais son voisinage des monts Grampiens l'exposait perpétuellement à certaines visites de la part de la gentilhommerie en plaids des environs, qui fit du jeune Norval un guerrier et un héros, mais ne servit qu'à ruiner le pauvre Gaspard Yellowley. Il est vrai que, par forme de compensation, ses joues fleuries et ses formes robustes eurent le bonheur de faire impression sur miss Barbara Clinkscale, fille du feu laird et sœur du laird actuel de Clinkscale.

Cette union passa dans le voisinage pour choquante et monstrueuse, attendu que la maison de Clinkscale avait reçu de la nature une aussi bonne part au moins de la fierté écossaise que de la parcimonie du pays, et qu'elle réunissait à un haut point ces deux qualités nationales. Mais miss Babie jouissait d'une jolie fortune de deux mille livres d'Écosse ; c'était une femme de tête, majeure et *sui juris*, comme l'affirmait le notaire rédacteur du contrat, depuis vingt ans révolus ; aussi, en dépit des conséquences et des commentaires, elle épousa le digne fermier de l'Yorkshire. Son frère et ses parents plus riches s'éloignèrent d'elle avec dédain, et désavouèrent presque leur parente mésalliée. Mais la maison de Clinkscale était alliée, comme plus d'une famille écossaise de ce temps, à un nombreux parentage moins scru-

---

[1] Les habitants de l'Yorkshire passent en Angleterre pour être très-rusés. (L. V.)

puleux,—cousins au dixième et seizième degrés, qui, non-seulement ne méconnurent pas leur cousine Babie après son mariage avec Yellowley, mais encore voulurent bien manger avec son époux ses pois et son lard, malgré l'aversion égale à celle des Juifs que les Écossais avaient alors pour ce dernier mets; peut-être même n'auraient-ils pas été éloignés de cimenter leur amitié en lui empruntant quelques petites sommes d'argent, si la bonne dame, qui entendait finesse aussi bien qu'aucune femme des Mearns, n'eût coupé court par un refus formel à ces essais d'intimité plus étroite. Au reste, elle trouvait bien moyen de faire payer au jeune Deilbelicket, au vieux Dougald Baresword, au laird de Bandybrawl et aux autres, l'hospitalité qu'elle jugeait à propos de leur accorder, en se servant d'eux dans ses négociations avec les jeunes montagnards aux mains légères d'au delà du Cairn, qui, voyant la victime de leurs récentes déprédations alliée maintenant à des « gens notables, connus à l'église et au marché, » consentirent, moyennant une contribution annuelle modérée, à cesser leurs déprédations.

Cet éminent succès réconcilia Gaspard avec l'empire que sa femme commençait à prendre sur lui, empire qui devint encore plus absolu lorsqu'elle se trouva,—voyons,—comment dire la chose convenablement? — en bon chemin d'avoir de la famille[1]. Dans cette occasion, mistress Yellowley eut un songe remarquable, comme il arrive d'ordinaire aux mères prêtes à donner le jour à quelque illustre rejeton. Elle rêva, racontait son mari, qu'elle était heureusement accouchée d'une charrue traînée par trois paires de bœufs du comté d'Angus; et comme elle se piquait de savoir interpréter de semblables présages, elle convoqua, sous sa présidence, un cercle de matrones, pour aviser à éclaircir la chose. L'honnête Gaspard se hasarda, après beaucoup d'hésitation, à émettre son opinion : suivant lui, cette vision se rapportait plutôt au passé qu'au futur, et pouvait avoir été occasionnée par la rencontre qu'avait faite sa femme dans la laiterie, près de la maison, de sa grande charrue traînée par six bœufs, dont il était si fier, rencontre qui avait un peu ébranlé les nerfs de madame. Mais les bonnes commères répondirent à cette ouverture par une telle clameur de réprobation, que Gaspard n'eut plus qu'à s'enfuir au plus vite de la chambre en se bouchant les oreilles.

— Écoutez-le, dit une vieille virago whig, — écoutez-le avec ses bœufs, dont il s'est fait une idole comme du veau de Béthel! Non, non! ce n'est pas une charrue selon la chair que doit diriger le bras de ce joli garçon, — car ce sera un garçon! — C'est une charrue selon l'esprit; — et j'espère bien le voir un jour agiter sa tête au-dessus

---

[1] On sait quelle est la délicatesse anglaise pour exprimer certaines idées ou désigner certaines choses naturelles. (L. V.)

des bords d'une chaire, ou mieux encore, prêcher sur la montagne.

— Au diable votre whiggisme! s'écria la vieille lady Glenprosing; voudriez-vous voir le bel enfant de notre commère agiter la tête hors de ses épaules, comme votre révérend James Guthrie, dont vous faites tant d'histoires? Non, non! il suivra une carrière plus sûre et sera un bon ministre; — et quand il deviendrait évêque! — quel mal y aurait-il? — Le gant jeté ainsi par une des vieilles sibylles fut ramassé par une autre, et la controverse entre le presbytérianisme et l'épiscopat s'échauffa, tonna ou plutôt éclata en cris assourdissants, car l'eau de cannelle qu'on fit circuler produisit seulement l'effet de l'huile sur la flamme, jusqu'au moment où Gaspard entra dans la salle, un bâton de charrue à la main, et, par la crainte de sa présence et la honte de rendre « l'étranger » témoin de leurs disputes, imposa quelque trêve aux parties belligérantes.

Soit impatience de mettre au jour un être appelé à de si hautes destinées, quoique controversées encore; soit révolution causée par le tapage fait en sa présence, la pauvre dame Yellowley ressentit des douleurs subites; et contrairement à la phrase usitée en pareil cas, on la dit bientôt « beaucoup plus mal qu'on ne devait s'y attendre. » Elle profita de l'occasion (car sa présence d'esprit ne l'abandonnait pas) pour arracher deux promesses à son sensible époux: d'abord qu'il donnerait à l'enfant dont la naissance allait peut-être lui coûter si cher un nom de baptême qui rappellerait la vision dont elle avait été favorisée; et de plus, qu'il serait élevé pour être ministre. Le rusé fermier, pensant qu'elle avait pour le moment toute espèce de droit à dicter sa volonté en pareille matière, souscrivit à tout ce qu'elle demandait. Telles furent les conditions qui précédèrent la naissance d'un enfant mâle; mais pendant plusieurs jours l'état de la mère ne lui permit pas de s'enquérir jusqu'à quel point elles avaient été exécutées. Lorsqu'elle commença à entrer en convalescence, on l'informa qu'on avait jugé convenable de baptiser immédiatement l'enfant, et qu'on lui avait donné le nom de Triptolème. Le ministre, homme quelque peu versé dans l'antiquité classique, avait pensé que ce nom mythologique renfermait une heureuse allusion à la charrue du songe et à la triple paire de bœufs. Mistress Yellowley ne fut pas très-enchantée de la manière dont on avait obtempéré à sa requête; mais comme les plaintes étaient aussi inutiles que lors de la fameuse aventure de Tristram Shandy, il fallut qu'elle se contentât de ce sobriquet païen, et elle s'efforça de combattre les effets qu'il aurait pu produire sur le caractère et les sentiments de celui qui le portait, par une éducation qui pût détourner de son esprit jusqu'à la moindre idée de socs ou de manches de charrue, de coutres et de fumier, ou de tout ce qui tenait en quoi que ce fût à l'ignoble appareil du labourage.

Gaspard, en homme avisé, riait sous cape, pensant bien que le jeune Trippie serait un digne rejeton de la vieille souche, et qu'il tiendrait plutôt du jovial fermier de l'Yorkshire, que du sang noble, mais tant soit peu *aigre*, de la maison de Clinkscale. Il remarqua, avec une secrète satisfaction, que l'air qui réussissait le mieux à l'endormir était celui du « Sifflet du Laboureur, » et que les premiers mots que l'enfant apprit à bégayer furent les noms des bœufs; bien plus, le marmot préférait, à la bière écossaise de deux sous, l'ale brassée dans la ferme, et ne quittait jamais la cannette avec plus de répugnance que quand Gaspard, à l'aide de quelque ruse sortie de son cerveau, avait trouvé moyen de doubler la dose de drêche que dans ses plus grands jours de libéralité admettait la ménagère parcimonieuse. Enfin, lorsqu'il avait épuisé tous les autres moyens pour mettre un terme aux cris de l'enfant, son père observa qu'on obtenait toujours le silence en faisant résonner une bride à son oreille. Tous ces symptômes lui faisaient jurer à part lui que ce serait un véritable enfant de l'Yorkshire, et qu'il y aurait en lui fort peu du sang de sa mère et de ses parents maternels.

Un an après la naissance de Triptolème, mistriss Yellowley mit au monde une fille nommée comme elle Barbara, en qui, dès sa plus tendre enfance, on put reconnaître le nez pincé et les lèvres minces, signes particuliers à la famille Clinkscale parmi les habitants des Mearns; et, à mesure qu'elle avançait en âge, l'avidité qu'elle mettait à se saisir des jouets de Triptolème et la ténacité avec laquelle elle les gardait, jointes à un certain penchant pour mordre, pincer et égratigner à la moindre provocation ou même sans provocation, tous ces symptômes étaient considérés par les observateurs attentifs comme une preuve que miss Babie serait « tout le portrait de sa mère. » Les mauvaises langues ne manquaient pas d'ajouter que l'acrimonie du sang de Clinkscale ne paraissait pas, en cette circonstance, avoir été tempérée et adoucie par celui de la vieille Angleterre; que le jeune Deilbelicket était bien souvent à la maison, et qu'il eût été bien extraordinaire que mistress Yellowley, qui, au su de tout le monde, ne donnait rien pour rien, fût si attentive à garnir l'assiette et à remplir le verre d'un fainéant et d'un vaurien pareil. Mais quand une fois on avait examiné l'extérieur revêche et l'air prude de la respectable dame, on ne pouvait s'empêcher de rendre plus de justice à sa vertu et au bon goût de Deilbelicket.

Cependant le jeune Triptolème avait reçu toute l'instruction que le ministre pouvait lui donner; car, bien que dame Yellowley fût restée fidèle à la secte persécutée, son honnête mari, édifié par les robes noires et les livres de prières, se conformait encore au rite de l'église établie. Lorsque le temps en fut venu, on envoya le jeune homme terminer ses études au collége de Saint-André. Il partit, à la vérité, mais ce fut avec un regard de tristesse et de regret vers la charrue, les crêpes et l'ale paternelles, pour lesquelles la petite bière du collége, à laquelle en style d'écolier on donnait le nom de « passe-vite, » n'était qu'un pauvre dédommagement. Néanmoins il avançait dans ses études; mais l'on observait en lui une prédilection marquée pour les auteurs anciens qui s'étaient occupés d'agriculture. Les Bucoliques de Virgile obtenaient grâce à ses yeux; — il savait par cœur les Géorgiques; — mais pour l'Énéide, il n'y put jamais mordre; il se montrait particulièrement sévère à l'endroit du vers fameux qui exprime une charge de cavaliers, parce que le mot *putrem*[1], comme il l'entendait, indiquait que les combattants, dans leur ardeur inconsidérée, galopaient sur un champ nouvellement fumé et labouré. Caton le Censeur était, de tous les héros et philosophes classiques, celui qu'il aimait le mieux, non à cause de sa moralité sévère, mais pour son traité *De Re rusticâ*[2]. Il avait toujours à la bouche la phrase de Cicéron : *Jam neminem antepones Catoni*[3]. Il faisait cas de Palladius et de Térentius Varron, mais Columelle était son *vade-mecum*. A ces anciennes autorités il ajoutait Tusser, Hartlib et autres écrivains modernes qui ont traité de l'économie rurale, sans oublier les travaux du « Berger de la plaine de Salisbury[4] » et autres philomathes mieux instruits, qui, au lieu de charger leurs almanachs de vaines prédictions politiques, avaient la prétention de déterminer quelles semences lèveraient ou ne lèveraient pas, et de diriger l'attention de leurs lecteurs vers le système de culture le plus propre à faire prédire en toute assurance de bonnes récoltes; modestes sages, qui, insoucieux de l'élévation et de la chute des empires, se contentent d'indiquer le temps favorable pour recueillir et semer, avec de bonnes prédictions sur la température probable de chaque mois de l'année. Grâces à eux, nous savons que, s'il plaît à Dieu, nous aurons de la neige en janvier; et l'auteur est assez hardi pour risquer sa réputation en affirmant que, tout bien considéré, on aura du soleil en juillet. En somme, le recteur de Saint-Léonard était fort content du caractère tranquille et laborieux de Triptolème Yellowley; à tout prendre, il ne le jugeait pas indigne de porter un nom de quatre syllabes à terminaison latine[5]; mais il n'était pas aussi satisfait de l'attention exclusive qu'il donnait à ses auteurs favoris. Il ne convenait pas, disait-il, que l'esprit d'un homme fût toujours attaché au sol, fumé ou non; cela sentait trop la terre, sinon quelque chose

---

[1] *Quadrupedante putrem sonitu quatit ungula campum.* « Le sabot des coursiers frappe d'un quadruple bruit la campagne poudreuse. »

[2] De l'Économie rurale.

[3] Vous devez préférer Caton à tous les autres.

[4] Espèce de manuel populaire, dans le goût de notre **Mathieu Lansberg**. (L. V.)

En anglais, comme en latin, on dit Triptolemus. (L. V.)

de pire ; et c'est en vain qu'il lui recommandait l'histoire, la poésie et la théologie comme des objets plus dignes de l'occuper.

Triptolème suivait opiniâtrément ses idées : la bataille de Pharsale ne l'intéressait pas dans ses rapports avec la liberté du monde, il songeait principalement à la riche moisson que les champs Émathiens avaient dû produire la saison suivante. Pour la poésie anglaise, on put à peine lui en faire lire une seule strophe, à l'exception du vieux Tusser déjà cité, dont il savait par cœur les « Cent commandements du Bon Laboureur. » Quant à la « Vision de Pierre le Laboureur », séduit par le titre, il l'avait achetée avec empressement à un colporteur ; mais, après en avoir lu les deux premières pages, il la jeta au feu comme un impudent libelle politique au titre menteur. Quand on lui parlait de théologie, il répondait à tout en rappelant à ses maîtres que travailler la terre et gagner son pain à la sueur de son front était le lot imposé à l'homme après sa chute ; et, pour sa part, il était résolu à remplir de son mieux un devoir d'une nécessité si absolue pour l'existence, laissant aux autres le soin d'approfondir les obscurs mystères du dogme.

Avec un esprit renfermé si exclusivement dans les détails de la vie rurale, on pouvait douter que les progrès de Triptolème dans ses études, ou l'usage qu'il ferait de ses connaissances acquises, répondissent pleinement aux destinées ambitieuses que rêvait la tendresse de sa mère. Il est vrai qu'il n'exprimait pas de répugnance à embrasser la profession ecclésiastique, qui convient assez à l'indolence naturelle de certains caractères spéculatifs. A parler franchement, il se proposait (et il serait à regretter que tous les ministres eussent à cet égard les mêmes idées) de cultiver la *glèbe*[1] six jours de la semaine, de prêcher régulièrement le septième, et de dîner avec quelque gros franklin ou laird campagnard ; après le dîner viendrait la pipe et le pot de bière, puis enfin de longues et confidentielles dissertations sur ce texte inépuisable :

Quid faciat lætas segetes [2].

Or, ce plan, outre qu'il ne touchait en rien au nœud de l'affaire, supposait nécessairement la possession d'un presbytère, et cette possession supposait elle-même l'adhésion aux doctrines de l'épiscopat et autres énormités du temps. On pouvait se demander si la *manse*[3], la *glèbe*, la dîme en nature et en argent seraient des considérations capables de prévaloir sur les préventions de la bonne dame en faveur

---

[1] Terrain dépendant du presbytère. (L. V.)

[2] « Comment se procurer des moissons abondantes. » Début des Géorgiques de Virgile. (L. V.)

[3] Presbytère. (L. V.)

du presbytérianisme ; mais son zèle ne fut pas mis à une si rude épreuve. Elle mourut avant la fin des études de son fils, laissant son époux tout juste aussi inconsolable qu'on devait s'y attendre. Le premier acte de l'administration indivise du vieux Gaspard fut de retirer son fils de Saint-André pour s'en faire un aide dans ses travaux domestiques. On pouvait supposer que notre agronome, appelé à mettre en pratique l'art dont il avait étudié avec amour la théorie, serait, pour nous servir d'une comparaison qu'*il* aurait trouvée d'excellent goût, comme une vache lâchée dans un champ de trèfle. O désappointement ! ô vanité des espérances humaines !

Un philosophe ironique, Démocrite moderne, comparait une fois, dans une dissertation morale, la vie de l'homme à une table percée d'un certain nombre de trous dont chacun a une épingle qui lui correspond exactement ; mais comme on se hâte de placer ces épingles sans réflexion, le hasard amène inévitablement de déplorables méprises. Et l'orateur terminait par cette péroraison pathétique : « Aussi combien de fois n'a-t-on pas vu une tête ronde placée dans un trou carré ! » Cette nouvelle démonstration des caprices de la fortune excita un fou rire parmi tous les assistants, à l'exception d'un gros alderman qui vit là une personnalité, et déclara la plaisanterie déplacée en semblable matière. Cependant la figure est bonne, et nous nous en emparons : or, il est évident que l'épingle de Triptolème était sortie du sac au moins cent ans trop tôt. S'il avait paru sur la scène du monde au siècle où nous vivons, s'il avait fleuri dans ces dernières trente ou quarante années, il n'aurait pas manqué d'être nommé vice-président de quelque célèbre société d'agriculture, et en aurait dirigé les travaux sous les auspices de quelque noble duc ou lord, qui saurait ou ne saurait pas distinguer un coursier d'un cheval de charrette. Un tel honneur ne pouvait lui manquer, car il possédait une science profonde dans tous ces détails inutiles pour la pratique, mais de nature à constituer en grande partie la qualité de connaisseur dans un art quelconque, et spécialement en agriculture. Mais, hélas ! nous le répétons, Triptolème était venu au monde un siècle trop tôt ; car, tandis qu'il aurait siégé dans un fauteuil, le marteau de président à la main et le verre de Porto devant lui, portant le toast « A l'éducation, dans toutes ses branches ! » son père lui donna la charrue et les bœufs à conduire, les bœufs dont il se fût borné de nos jours à célébrer la beauté, dont il n'eût pas aiguillonné mais découpé les flancs ! Cependant le vieux Gaspard n'était pas content : quoique son savant Tolème, c'est ainsi qu'il avait coutume de l'appeler, parlât d'or sur la vaine pâture et les pâturages, le blé et la navette, les jachères et les clos, pourtant du diable ! ajoutait notre Sénèque, nous n'y gagnons rien ! — nous n'y gagnons rien ! Ce fut encore pis quand, au bout de quelques années, Gaspard, se faisant vieux et infirme, fut obligé

CHAPITRE IV.

de remettre les rênes du gouvernement au néophyte académique.

Comme si la nature l'avait pris en grippe, il se trouvait à la tête de la ferme la plus difficile et la plus intraitable des Mearns, et il avait affaire à un sol qui produisait tout, excepté ce que voulait l'agriculteur : force chardons, ce qui indique une terre sèche ; beaucoup de fougères, symptôme de la profondeur du terrain ; des orties, qui ont l'avantage de montrer par où l'engrais a passé ; puis c'étaient de profonds sillons dans les endroits les moins propres au labourage, ce qui indiquait que le pays avait été autrefois cultivé par les Peghts[1], comme le rapportait la tradition populaire. Il y avait aussi assez de pierres pour tenir la terre chaude, suivant le système de quelques fermiers, et un grand nombre de sources pour la tenir fraîche et en sève, suivant la théorie des autres. Mais c'était en vain que le pauvre Triptolème, se fondant tour à tour sur chacune de ces opinions, s'efforçait de tirer parti des vertus qu'elles supposaient dans le sol. Jamais beurre battu à la ferme ne venait engraisser son pain, et son malheur égalait celui du vieux Tusser, à qui ses « Cent commandements du Bon Laboureur, » si utiles aux cultivateurs de son temps, ne valurent jamais cent pence[2].

Dans le fait, sauf un enclos de cent acres auquel le vieux Gaspard avait senti de bonne heure la nécessité de borner ses travaux, il n'y avait pas dans toute la ferme un seul coin de terre bon à autre chose qu'à briser le soc de la charrue et à tuer les bestiaux. Quant à la partie dont la culture pouvait présenter quelque profit, les frais de l'établissement de Triptolème et son goût pour les expériences en dévorèrent bientôt les produits. Bêtes et gens, disait-il avec un soupir, en parlant de ses garçons et de ses chevaux, bêtes et gens font tout et mangent tout ! Conclusion qui résumerait bien les livres de plus d'un *gentilhomme cultivateur*[3].

Aujourd'hui les affaires de Triptolème seraient bien vite arrivées à une solution quelconque. Il se serait fait faire crédit par un banquier, aurait mis en émission ses billets hypothéqués sur les brouillards de l'Écosse, puis aurait opéré sur une grande échelle, et bientôt aurait vu ses moissons et ses bestiaux saisis par le shérif ; mais en ce temps-là il n'était pas si facile à un homme de se ruiner. Toute la classe des paysans d'Écosse était au même niveau de pauvreté, de sorte qu'on avait beaucoup de peine à se faire une position telle qu'on pût, en tombant, avoir la chance de se casser le cou avec quelque éclat. Ils

---

[1] Les *Pictes* des auteurs latins. (L. V.)

[2] C'est ce que le pauvre poëte laboureur reconnaît lui-même : « Depuis ce temps ma « musique a été la charrue, et le souci est venu se mêler à mon travail ; peu de gain, « beaucoup de peine, voilà ce qui m'a fait chanter sur un autre ton. » (W. S.)

[3] *Gentleman farmer*, titre d'un livre manuel d'agriculture, célèbre en Angleterre. (L. V.)

étaient à peu près dans la situation de gens qui, manquant absolument de crédit, peuvent bien mourir de faim, mais sont dans l'impossibilité de faire banqueroute. De plus, malgré le peu de succès des essais de Triptolème, il y avait, pour balancer la dépense, le produit des économies prodigieuses de sa sœur Barbara; et en vérité, ses efforts en ce genre étaient merveilleux. Elle aurait réalisé, si la chose avait été possible, l'utopie de ce savant philosophe, qui déclarait que le sommeil était un besoin factice, le manger une pure habitude, et qui parut y avoir renoncé, jusqu'au moment où par malheur on découvrit son intrigue avec la cuisinière, qui lui donnait accès au garde-manger et une place dans son lit. Mais Barbara Yellowley n'avait pas recours à de semblables subterfuges. Elle se levait tôt, se couchait tard, et au dire des servantes, objets de sa perpétuelle surveillance et accablées de besogne, dormait aussi peu que le chat de la maison. Pour la nourriture, l'air semblait lui en tenir lieu, et elle aurait volontiers mis tout son monde au même régime. Son frère, un peu paresseux de sa personne et d'un appétit assez développé, eût volontiers mangé de temps à autre un morceau de viande, ne fût-ce que pour voir comment ses troupeaux étaient nourris; mais la proposition de manger un enfant n'eût pas fait jeter de plus hauts cris à mistress Barbara, et Triptolème, docile et débonnaire, s'habitua à l'idée d'un carême perpétuel, trop heureux quand il pouvait attraper un morceau de beurre pour mettre sur son pain d'avoine, ou (comme ils vivaient sur les bords de l'Esk) échapper à la nécessité de manger du saumon six jours sur sept, qu'on fût ou non dans la saison.

Mais quoique mistress Barbara mît fidèlement au fonds commun toutes les épargnes que pouvaient réaliser ses talents extraordinaires en économie, et que le douaire de leur mère eût déjà en partie été dépensé pour subvenir à des cas pressants, le moment approchait où il paraissait impossible qu'ils luttassent plus longtemps contre ce que Triptolème appelait sa mauvaise étoile, ou contre les conséquences naturelles de ses absurdes spéculations, comme disaient les autres. Fort heureusement, dans ce moment de crise, un Dieu, comme par un coup de théâtre, sortit de la machine et vint à leur secours. Pour nous expliquer plus clairement, le noble lord, propriétaire de leur ferme, arriva au château situé près de là, dans un carrosse à six chevaux, précédé de ses coureurs et dans toute la splendeur du dix-septième siècle.

Ce gentilhomme était le fils de celui qui avait tiré le vieux Gaspard du fond de l'Yorkshire; c'était, comme son père, un homme à imaginations et à projets. Cependant, il avait fait une bonne spéculation en obtenant, au milieu des crises politiques de l'époque, l'administration des Orcades et des îles Schetland, moyennant une certaine rente, avec le titre de lord chambellan et le droit de tirer parti, comme il l'entendrait, des revenus et des possessions de la couronne dans ces contrées lointaines¹. Or, sa seigneurie avait appris, ce qui était vrai, qu'on pouvait augmenter beaucoup les avantages de cette concession en améliorant la culture des terres de la couronne aux Orcades et aux îles Schetland ; et connaissant un peu notre ami Triptolème, il avait pensé (et en ceci il avait rencontré beaucoup moins juste) que c'était l'homme qu'il lui fallait pour réaliser ses plans. Il le fit mander dans la grande salle du château, et fut si édifié des idées qu'il lui entendit développer sur tous les points de l'économie rurale, que, sans perdre de temps, il crut devoir s'assurer la coopération d'un si précieux auxiliaire, et son premier soin fut de le décharger de l'onéreux fardeau de sa ferme actuelle.

Les conditions furent réglées tout à fait au gré de Triptolème, qui, sans rien rabattre de l'opinion qu'il avait de sa capacité, avait dû à l'expérience de plusieurs années l'idée vague et confuse qu'il valait mieux que les inconvénients et les risques de son exploitation fussent à la charge d'un autre. De fait, les avantages qu'il fit envisager à son patron étaient si considérables que celui-ci exclut toute idée d'associer son délégué à la moindre partie des profits qu'il espérait ; car tout arriérée qu'était alors l'agriculture en Écosse, elle était encore bien supérieure aux procédés connus et appliqués dans les îles du Nord, et Triptolème Yellowley s'estimait bien plus versé dans les profondeurs de la science agricole qu'aucun des fermiers des Mearns. Ainsi, les améliorations étaient doublement probables, et le lord chambellan voulait en garder tous les bénéfices, sauf un salaire honnête pour son intendant Yellowley, avec un logement convenable, une ferme et tout ce qu'il fallait pour l'entretien de sa famille. Le cœur de mistress Barbara fut transporté de joie à cet heureux dénouement, qui terminait d'une si heureuse manière les embarras inquiétants du bail de Cauldacres.

— Si nous ne pouvons pas soutenir notre maison, quand tout y entrera et qu'il n'en sortira rien, dit-elle, il faut que nous soyons pires que des mécréants !

Triptolème fut pendant quelque temps l'homme le plus affairé, le plus important du monde, mangeant et buvant dans chaque maison où l'on changeait son argent, et faisant provision d'instruments aratoires, à l'usage futur des pauvres Schetlandais menacés d'une révolution formidable dans leurs habitudes. Ces instruments paraîtraient fort étranges

---

¹ *Gouvernement des îles Schetland.* A cette époque, les comtes de Morton avaient la concession des Orcades et des îles Schetland, donnée primitivement en 1643, confirmée en 1707, et rendue définitive en 1742. Ce privilége valut à la famille beaucoup de biens et d'autorité : ils se faisaient représenter par des facteurs, nommés *chambellans*. En 1766, le comte de Morton d'alors vendit ses droits a sir Laurence Dundas, et son fils lord Dundas en jouit encore aujourd'hui. (W. S.)

à une société moderne d'agriculture ; mais tout est relatif, et le pesant appareil que nos pères décoraient du nom de charrue d'Écosse paraîtrait moins singulier à un fermier écossais d'aujourd'hui que les corselets et les casques des soldats de Cortez à un de nos régiments modernes. Pourtant Cortez conquit le Mexique, et nul doute que les importations de Triptolème ne dussent faire faire un grand pas à la science de l'agriculture dans les îles Schetland.

Nous n'avons jamais pu savoir pourquoi le nouvel intendant aima mieux fixer sa résidence dans ce pays qu'aux Orcades. Peut-être regardait-il les habitants de ce premier archipel comme les plus simples et les plus dociles des deux peuples frères ; ou bien trouvait-il la situation de la maison et de la ferme assez confortables qu'il devait occuper, comme plus avantageuse que ce qu'il aurait pu trouver à Pomone, nom de la plus grande des Orcades. Harfra ou Stourburgh, comme on l'appelait quelquefois à cause des restes d'un ancien fort bâti par les Pictes près de ce manoir, fut donc l'endroit où s'établit le facteur dans la plénitude de son autorité, déterminé à faire honneur au nom qu'il portait, par ses nobles efforts, à civiliser les Schetlandais par ses leçons et par son exemple, et à perfectionner leurs notions restreintes dans le premier des arts utiles à l'humanité

CHAPITRE V.

> Un vent piquant soufflait du nord-est, il soufflait jusque dans la chambre. Le bonhomme dit à sa ménagère : « Lève-toi et ferme la porte. »
>
> « Bonhomme, tu vois bien que j'ai la main dans le panier. Quand elle devrait rester ouverte cent ans, ce n'est pas moi qui la fermerai ! »
> Vieille Ballade.

Nous aimerions à croire que le lecteur bienveillant n'a pas trouvé la dernière partie du chapitre précédent trop ennuyeuse ; quoi qu'il en soit, son impatience peut à peine égaler celle que ressentait le jeune Mordaunt Mertoun. Tandis que les éclairs se succédaient sans interruption, que les vents déchaînés soufflaient de toutes parts au gré de l'ouragan furieux, et que des torrents de pluie fouettaient son visage, il continuait d'ébranler à coups de marteau la porte du vieux manoir d'Harfra, criant, appelant, tempêtant, impatient d'être admis, et ne comprenant pas comment un étranger pouvait être laissé dehors, surtout par un si horrible temps. A la fin, voyant que son tapage et ses vociférations étaient également inutiles, il se retira du devant de la maison aussi loin qu'il le fallait pour apercevoir les cheminées ; et au milieu de la tempête et de l'obscurité, il découvrit, à son grand désappointement, que bien qu'il fût près de midi, heure du dîner dans ces îles, il ne sortait des tuyaux aucune fumée qui indiquât des preparatifs dans l'intérieur.

La colère et l'impatience de Mordaunt se changerent alors en inquiétude ; accoutumé depuis si longtemps à l'hospitalité empressée des îles Schetland, il fut aussitôt amené à supposer que la famille avait été frappée de quelque malheur étrange et inexplicable. Il se mit donc à chercher de quel côté il pourrait forcer l'entrée, afin de s'assurer à la fois du sort des habitants et d'un abri contre l'orage toujours croissant. Mais son anxiété présente était aussi gratuite que ses bruyantes clameurs avaient été inutiles. Triptolème et sa sœur avaient entendu tout le vacarme du dehors, et s'étaient déjà vivement querellés sur la question de savoir s'ils devaient ouvrir la porte.

Mistress Baby, avec le caractère que nous lui connaissons, ne se piquait pas d'observer scrupuleusement les lois de l'hospitalité. A leur ferme de Cauldacres, dans les Mearns, elle était l'effroi et l'épouvantail de tous les porte-besace, colporteurs, bohémiens et autres mendiants de profession ; et il n'y en avait pas un d'assez adroit, comme elle le disait avec orgueil, pour se vanter d'avoir entendu le bruit de son loquet. Aux îles Schetland, où ces nouveaux colons n'étaient pas encore habitués aux mœurs simples et honnêtes de toutes les classes, le soupçon et la crainte se joignaient à l'avarice dans le désir qu'avait dame Barbara d'exclure tous les hôtes errants d'un caractère équivoque ; et le second de ces motifs agissait aussi sur Triptolème, qui, sans être soupçonneux ou avare, savait que les bonnes gens étaient rares, les bons fermiers encore plus, et avait sa large part de cette philosophie qui regarde la conservation de soi-même comme la première loi naturelle. Ces observations peuvent servir de préliminaires au dialogue suivant qui s'établit entre le frère et la sœur.

— Allons, dit Triptolème qui feuilletait du pouce un vieil exemplaire de son Virgile de collége, avec la grâce de Dieu, voici un bon jour pour nos orges ! — Le sage poëte de Mantoue savait bien ce qu'il disait : — *ventis surgentibus*[1] — et puis les gémissements des montagnes, et les rivages au loin retentissants ; — mais où sont les forêts, Baby ? Dites-moi, je vous prie, sœur Baby, où trouverons-nous le *nemorum murmur*[2] dans notre nouvelle demeure ?

— Qu'y a-t-il ? Encore une de vos folies ? dit Baby, dont la tête surgit tout à coup d'un coin noir de la cuisine, où elle était occupée de je ne sais quels soins domestiques.

Son frère, qui lui avait adressé la parole plus par habitude qu'avec intention, ne vit pas plus tôt son nez rosé, ses yeux gris et perçants, et ses traits anguleux à l'avenant, ombragés par les barbes flottantes de

[1] Lorsque les vents s'élèvent
[2] Le murmure des forêts

son *toy* [1] tombant de chaque côté de sa physionomie rechignée, qu'il songea aussitôt en lui-même que sa question était assez mal adressée : il eut donc à essuyer une nouvelle bordée avant de pouvoir reprendre le même sujet de conversation.

— Je vous demande, M. Yellowley, dit la sœur Baby en s'avançant au milieu de la chambre, ce que vous avez à m'appeler ainsi, quand je suis au milieu de mes travaux du ménage?

— Rien, rien du tout, Baby, répondit Triptolème ; je me disais seulement que nous avons ici la mer, le vent et la pluie à discrétion ; mais le bois, Baby ! où est le bois? Répondez à cela.

— Le bois? Si je n'en étais pas plus ménagère que vous, mon frère, bientôt il n'y aurait pas plus de bois à la résidence que sur la tête à perruque qui est sur vos épaules, Triptolème. Si vous voulez parler des débris de naufrage que les garçons de ferme ont apportés hier, il y en a six onces de parties pour cuire votre *parritch* [2] de ce matin ; quoiqu'un homme économe eût pris du *drammock*, s'il fallait absolument qu'il déjeunât, et n'aurait pas gaspillé dans la même matinée du bois et de la bonne chère.

— C'est-à-dire, Baby, reprit Triptolème, qui faisait quelquefois le plaisant à sa manière, que quand nous avons du feu nous ne devons pas avoir à manger, et que quand nous avons à manger nous ne devons pas avoir de feu, attendu que ce sont deux choses trop précieuses pour en jouir le même jour ! Il est fort heureux que vous ne nous fassiez pas mourir de froid et de faim *unico contextu* [3]. Mais je vous le dis franchement, de ma vie vous ne me ferez avaler votre farine d'avoine crue détrempée dans de l'eau. Appelez cela drammock ou crowdie, comme vous voudrez, il faut que mes aliments passent par l'eau et le feu.

— Vous n'en êtes que plus fou. Ne pourriez-vous pas, puisque vous êtes si délicat, vous passer le dimanche de votre brose [4] chaude et vous contenter de la prendre froide le lundi? Il y a de plus belles faces que la vôtre qui se lèchent les barbes après un pareil régal.

— Bon Dieu, ma sœur ! à ce compte c'est fait de moi. — Je n'ai plus qu'à dételer la charrue et à me coucher en attendant le coup de la mort. Il y a dans cette maison de quoi nourrir tout le pays pendant un an, et voilà que vous me reprochez un plat de parritch chaud, à moi qui ai tant de peine !

---

[1] Sorte de bonnet écossais, serrant la tête, sans dentelles ni garniture, avec de longues barbes qui recouvrent le cou et une partie des épaules. (L. V.)

[2] Ce mot, ainsi que ceux de *drammock* et de *crowdie*, désigne une sorte de pudding écossais en gruau ou farine d'avoine. Mais le premier est chaud et les autres sont froids. (L. V.)

[3] Tout à la fois.

[4] Sorte de potage écossais, que l'on fait en versant de l'eau bouillante ou du bouillon sur de la farine qu'on agite en même temps. (L. V.)

CHAPITRE V.

— Chut! — Retenez votre maudite langue! dit Baby en jetant autour d'elle un regard inquiet. — Vous êtes un homme prudent de parler ainsi de ce qu'il y a dans la maison, et vous seriez bien habile à la conduire! — Écoutez! Aussi vrai que je vis de pain, j'entends frapper à la porte!

— Eh bien! allez l'ouvrir, Baby, dit son frère satisfait d'un incident qui promettait de faire diversion à la dispute.

— Allez l'ouvrir, dit-il! répéta Baby moitié en colère, moitié effrayée, et en partie aussi triomphante de la supériorité de son intelligence sur celle de son frère. — Allez ouvrir, dit-il, vraiment! — Est-ce pour mettre les voleurs à même de dévaliser la maison?

— Des voleurs! répéta à son tour Triptolème; il n'y a pas plus de voleurs dans cette île que d'agneaux à Noël. Je vous le répète, pour la centième fois, nous n'avons pas ici de ces pillards d'Highlanders [1]. Ce pays est l'asile du repos et de l'honnêteté. *O fortunati nimium* [2]!

— Et quel bien peut vous faire saint Rinian, Tolème? dit sa sœur prenant la citation de Virgile pour une invocation catholique. D'ailleurs, s'il n'y a pas de Highlanders, il y a peut-être des gens qui ne valent pas mieux. J'ai vu hier passer par ici une troupe de six ou sept jeunes vauriens d'aussi mauvaise mine que ceux qui nous venaient de derrière Clochnaben; ils avaient à la main de grands vilains outils qu'ils appellent des couteaux à baleine, mais qui ressemblent à des dagues et des épées comme un morceau de fer ressemble à un autre. Des honnêtes gens ne portent point de ces outils-là.

Ici, les coups frappés par Mordaunt et ses cris devinrent de plus en plus distincts entre chaque redoublement de l'horrible tempête qui grondait au dehors. Le frère et la sœur se regardèrent entre eux, véritablement embarrassés et tremblants. — S'ils ont entendu parler d'argent, c'est fait de nous, dit Baby, dont le nez, par l'effet de sa frayeur, passa du rouge au bleu.

— Qui parle maintenant, quand il faudrait tenir sa langue? dit Triptolème. Allez vite à la fenêtre et voyez combien ils sont, tandis que je vais charger cette vieille canardière espagnole; — allez comme si vous marchiez sur des œufs frais pondus.

Baby se glissa tout doucement jusqu'à la fenêtre et annonça qu'elle ne voyait qu'un jeune homme criant et tempêtant comme un sourd. Mais combien il pouvait y en avoir de cachés, c'est ce qu'elle ne pouvait dire.

— Cachés! — Quelle folie! dit Triptolème, tandis que sa main tremblante mettait de côté la baguette dont il allait se servir pour charger son arme. S'ils étaient cachés on ne les entendrait pas. — C'est

---

[1] Montagnards écossais. (L. V.)
[2] O trop heureux mortels!

quelque pauvre diâble surpris par l'orage, qui demande l'abri de notre toit et de quoi se restaurer. Ouvrez la porte, Baby; c'est une œuvre de chrétien.

— Mais est-ce le fait d'un chrétien d'entrer par la fenêtre? s'écria Baby avec une clameur douloureuse, au moment où Mordaunt Mertoun, après avoir forcé un des battants, sautait dans la chambre, ruisselant d'eau comme un dieu marin. Triptoleme en grand émoi présenta le canon de l'arme qu'il n'avait pas encore chargée à l'intrus qui s'écria : Arrêtez, arrêtez! — à quoi diable pensez-vous de barricader votre porte par un temps comme celui-ci, et d'ajuster les gens avec votre fusil comme si c'étaient des veaux marins?

— Et qui êtes-vous, l'ami? Que demandez-vous? dit Triptolème en baissant le canon vers la terre et recouvrant ainsi l'usage de ses bras.

— Ce que je demande, s'écria Mordaunt; je demande bien des choses : — je demande à manger, à boire, du feu, un lit pour la nuit, et demain matin un cheval pour me conduire à Iarlshof.

— Et vous dites qu'il n'y a ici ni mendiants ni maraudeurs? dit Baby au fermier d'un ton chagrin. Avez-vous jamais entendu un gueux déguenillé du Lochaber s'expliquer avec plus d'impudence. — Allez, allez, l'ami, ajouta-t-elle en s'adressant à Mordaunt, prenez vos pipeaux [1] et passez votre chemin; c'est ici la maison du facteur de sa seigneurie et non un lieu de refuge pour les vauriens et les vagabonds.

Mordaunt lui rit au nez en entendant cette requête naïve. — Laisser des murs de pierre, par un temps comme celui-là! Pour qui me prenez-vous? — Pensez-vous que je sois une mouette ou un cormoran, pour espérer qu'en criant et en battant des mains comme une folle vous me ferez quitter l'abri pour la tempête?

— Ainsi donc, jeune homme, dit gravement Triptolème, vous vous proposez de rester chez moi *volens nolens* — c'est-à-dire, que je le veuille ou non

— Que vous le vouliez ou non! Quel droit avez-vous d'avoir une volonté là-dessus? N'entendez-vous pas le tonnerre? N'entendez-vous pas la pluie? Ne voyez-vous pas les éclairs? Et ignorez-vous que c'est ici la seule maison que je puisse trouver à je ne sais combien de milles à la ronde? Allons, mes braves gens! votre plaisanterie serait peut-être bonne en Écosse, mais elle sonne mal à des oreilles schetlandaises. — Comment! votre feu est éteint, et mes dents claquent de froid comme si elles dansaient une gigue; mais j'aurai bientôt remédié à tout cela.

Il saisit les pincettes, remua les cendres encore chaudes du foyer, ralluma la tourbe qui, selon les calculs de la ménagère, devait encore conserver pendant plusieurs heures les germes du feu, sans le laisser-

---

[1] *Put up your pipes*, prenez votre chalumeau. Expression familière, comme chez nous, *prenez votre sac et vos quilles.* (L. V.)

s'enflammer ; puis regardant autour de lui, avisa dans un coin la provision de bois, débris de naufrages, que Baby n'employait qu'once par once. Il en entassa deux ou trois morceaux à la fois dans la cheminée, qui, peu habituée à une telle prodigalité, envoya par le tuyau des bouffées de fumée telles que Harfra n'en avait pas vu depuis longtemps.

Tandis que cet hôte non invité se mettait ainsi à son aise, Baby ne cessait de harceler le facteur et de l'exciter à renvoyer l'intrus. Mais Triptolème Yellowley ne se sentait ni cœur ni courage pour une telle entreprise, et les apparences ne promettaient pas une conclusion favorable au débat où il pourrait s'engager avec le jeune étranger. Les formes robustes, quoique gracieuses, de Mordaunt Merloun se dessinaient avec avantage dans son simple costume de marin ; et son œil noir et brillant, sa belle tête, ses traits animés, ses cheveux épais, noirs et bouclés, son regard plein d'assurance et d'audace, formaient un contraste frappant avec celui dont il s'était de force fait l'hôte. Le disciple de Cérès était un petit homme mal bâti, à jambes de canard, dont le nez retroussé, à l'extrémité couperosée, semblait annoncer qu'à l'occasion il n'était pas ennemi de Bacchus. La lutte n'eût probablement pas été égale entre personnes de taille et de force si disproportionnées, et la différence de vingt ans à cinquante ne rétablissait pas l'équilibre en faveur du plus faible. De plus, le facteur était au fond un bon et honnête homme, et satisfait de voir que son hôte n'avait d'autres vues que celles d'obtenir un refuge contre le mauvais temps, il aurait été le dernier à refuser un service si naturel et si nécessaire à un jeune homme d'un extérieur aussi prévenant. Il réfléchissait donc à la manière dont il pourrait passer avec le plus d'aisance du rôle de défenseur rigoureux de ses foyers domestiques contre une usurpation hardie, à celui de maître de maison hospitalier, lorsque Baby, qui était restée stupéfaite d'une telle familiarité de conduite et de langage, prit la parole à son tour.

— Sur ma foi ! jeune homme, vous n'êtes pas honteux de faire un pareil feu, et avec le meilleur bois, encore ! — Ce n'est pas de la mauvaise tourbe ; ce sont de bons morceaux de chêne qu'il vous faut, à vous !

— Ce bois ne vous a pas coûté cher, bonne dame, repartit Mordaunt sans s'émouvoir, et vous ne devriez pas envier au feu ce que la mer vous donne pour rien. Ces bons quartiers de chêne ont fini leur service sur la terre et sur l'océan, lorsqu'ils ont cessé de pouvoir porter plus longtemps les braves marins qui les montaient.

— Cela est vrai, dit la vieille femme en s'adoucissant. — Voilà un mauvais temps pour ceux qui sont sur mer. Asseyez-vous et chauffez-vous, puisque le bois est au feu.

— Oui, oui ! dit Triptolème. C'est un plaisir de voir une bonne flamme comme celle-ci. — Cela ne m'était pas arrivé depuis que j'ai quitté Cauldacres.

— Et cela n'arrivera pas de sitôt, ajouta Baby, à moins que le feu ne prenne à la maison, ou qu'on ne découvre une mine de charbon.

— Et pourquoi n'en découvrirait-on pas? dit le facteur d'un air triomphant. — Je vous demande pourquoi l'on ne découvrirait pas une mine de charbon dans les îles Schetland, aussi bien que dans le comté de Fife, maintenant que le lord chambellan a sur les lieux un homme capable et prudent pour se livrer aux recherches nécessaires? Ne sont-ce pas tous deux des rendez-vous de pêche?

— Je vous dis ce qui en est, Tolème Yellowley, répliqua sa sœur, qui avait de bonnes raisons pour craindre les faux calculs de son frère; si vous fourrez toutes ces folies dans la tête de mylord, nous ne serons pas plus tôt établis ici qu'il nous en faudra déloger et que nous nous retrouverons sur le pavé, comme auparavant. Si quelqu'un venait vous parler d'une mine d'or, je sais bien qui lui promettrait de remplir sa poche de doublons avant la fin de l'année.

— Et pourquoi non? Vous ne savez peut-être point qu'il y a aux Orcades une terre nommée Ophir ou quelque chose d'approchant; n'est-il pas probable que c'est là que Salomon, le sage roi des Juifs, a envoyé des vaisseaux et des esclaves pour en rapporter quatre cent cinquante talents? Il savait bien apparemment ce qu'il faisait et où il envoyait, et je pense que vous avez foi à la Bible, Baby.

Cet appel à l'Écriture, quelque mal à propos qu'il fût placé, imposa silence à Baby, qui se contenta de murmurer entre ses dents un hum! d'incrédulité ou de dédain, tandis que son frère continua en s'adressant à Mordaunt : — Oui, vous verrez tous quel changement opérera l'argent monnayé, même dans un pays aussi peu civilisé que le vôtre. Je suis sûr que vous ne connaissez ici ni mines de cuivre ni mines de fer? — Mordaunt répondit qu'il avait entendu parler de mines de cuivre près des rochers de Konigsburg — Oui, reprit Triptolème, et l'on a trouvé aussi des traces de cuivre dans le lac de Swana, jeune homme. Mais le plus jeune de vous autres croirait sans doute en savoir autant que moi!

Baby, qui pendant tout ce temps avait observé minutieusement et de près la personne du jeune étranger, intervint en ce moment d'une manière qui étonna fort Triptolème. — Vous ferez bien mieux, M. Yellowley, de donner à ce jeune homme des habits secs et de voir à lui trouver quelque chose pour manger, que de rester à l'ennuyer de vos longues histoires, comme si le temps n'était pas déjà assez ennuyeux. Peut-être accepterait-il un peu de *bland*[1] ou quelque chose de semblable, si vous lui faisiez l'honnêteté de lui en offrir.

---

[1] Lait caillé.

CHAPITRE V.

Triptolème n'était pas encore revenu de la surprise que lui causait une telle proposition, en raison de la bouche d'où elle sortait, lorsque Mordaunt répondit que sûrement il serait bien aise d'avoir des habits secs, mais qu'il les priait de l'excuser s'il ne buvait qu'après avoir mangé quelque chose.

En conséquence, Triptolème le conduisit dans une autre chambre, et après lui avoir donné des habits de rechange, revint à la cuisine, fort en peine de s'expliquer l'étrange accès d'humeur hospitalière dont sa sœur avait été prise. Il faut qu'elle soit *fey* [1], se dit-il; en ce cas, elle n'a pas longtemps à vivre, et quoique je sois son héritier, j'en serais fâché; car après tout, c'est une bonne ménagère — tenant parfois la sangle un peu serrée, mais la selle n'en est que plus solide.

En rentrant à la cuisine, il trouva tous ses soupçons confirmés, car, dans sa prodigalité désespérée, sa sœur avait été jusqu'à mettre au pot une oie fumée qui était restée longtemps suspendue, avec plusieurs de ses compagnes, dans la vaste cheminée. En même temps, elle marmottait dans ses dents : Puisqu'il faut la manger un jour ou l'autre, pourquoi ce pauvre jeune homme n'en profiterait-il pas?

— Qu'est ceci, ma sœur? dit Triptolème. Quoi! le pot et la tourtière à la fois! C'est donc un grand jour pour vous!

— Oui, Billie Triptolème, un jour tel que les Israélites en eurent un lorsqu'ils emportèrent les vases d'Égypte; mais vous ne soupçonnez guère quel est celui que vous avez dans votre maison en ce jour de bénédiction.

— Non, ma foi! pas plus que je ne reconnaîtrais un poulain que je n'aurais jamais vu. Je l'aurais pris pour un jagger [2], si ce n'est qu'il a trop bonne mine et n'a pas de balle.

— En vérité, mon frère, vous n'en savez pas plus long que vos bœufs noirs. S'il vous est inconnu, connaissez-vous Tronda Dronsdaughter?

— Tronda Dronsdaughter! Comment ne le connaîtrais-je pas, moi qui lui donne par jour deux sous d'Écosse pour travailler dans la maison? Et encore, travaille-t-il comme si l'ouvrage lui brûlait les doigts. J'aimerais mieux donner un groat d'argent à une fille d'Écosse.

— Et voilà le mot le plus sensé que vous ayez prononcé de toute la bienheureuse matinée! — Eh bien! Tronda connaît ce jeune garçon, elle m'a souvent parlé de lui. On appelle son père l'homme silencieux de Sumburgh, et l'on dit que c'est un *uncanny* [3].

---

[1] Lorsqu'une personne change soudainement de caractère, par exemple quand un avare devient libéral, ou qu'un bourru s'humanise, on dit en Écosse que cette personne est *fey*, c'est-à-dire prédestinée à une mort prochaine, dont ces révolutions morales passent pour des symptômes assurés. (W. S.)

[2] Colporteur. C'est un terme écossais. (L. V.)

[3] Je conserve ce terme écossais, faute d'équivalent. *Uncanny* est un homme auquel on suppose un pouvoir surnaturel. (L. V.)

— Taisez-vous ! — sottises, sottises ! — Ils ont des ottes histoires de ce genre, quand vous exigez d'eux un jour de travail. — Ils ont marché sur une mauvaise herbe, ou ils ont rencontré quelque *uncanny*, ou bien ils ont tourné le devant de leur barque du côté du soleil, et ce jour-là on ne peut rien tirer d'eux.

— C'est bon, c'est bon, mon frère ! On sait que vous vous êtes nourri de latin à Saint-André ; voilà pourquoi vous êtes si savant. Et votre sagesse pourrait-elle me dire ce que ce jeune homme porte autour du cou ?

— Un mouchoir de Barcelone, mouillé comme une lavette, et je viens de lui prêter une de mes cravates.

— Un mouchoir de Barcelone ! s'écria Baby ; puis baissant tout à coup la voix, comme si elle avait peur d'être entendue, elle ajouta : Je vous dis, moi, que c'est une chaîne d'or !

— Une chaîne d'or !

— Oui, en vérité, mon cher frère. Que dites-vous de cela ? On prétend ici, comme Tronda me l'a rapporté, que c'est le roi des Drows qui l'a donnée à son père, l'homme silencieux de Sumburgh.

— Je voudrais que vos discours eussent le sens commun, ou que vous fussiez aussi la femme silencieuse. Le résumé de tout ceci, c'est que ce jeune homme est le fils du riche étranger, et que vous lui faites honneur de l'oie que vous comptiez garder jusqu'à la Saint-Michel ?

— Sans doute, mon frère ; il faut bien faire quelque chose pour l'amour de Dieu et pour avoir des amis. D'ailleurs, ajouta Baby (qui n'était pas entièrement au-dessus des préventions de son sexe en faveur d'un extérieur avenant), ce garçon a une jolie figure.

— Vous auriez laissé bien des jolies figures se morfondre à la porte, n'eût été la chaîne d'or.

— Sans doute, sans doute ; voudriez-vous que j'allasse gaspiller notre avoir pour le premier mendiant ou vagabond qui se présentera à notre porte par un jour de pluie ? Mais ce jeune homme est connu et aimé dans le pays, et Tronda assure qu'il doit se marier avec l'une des filles du riche udaller Magnus Troil : le jour du mariage sera fixé lorsqu'il aura fait son choix entre les deux jeunes filles. Vous voyez bien que notre réputation et notre repos sont intéressés à le bien recevoir, quoiqu'il vienne sans être invité.

— Il n'y a pas au monde, dit Triptolème, de meilleure raison pour laisser un homme chez soi que de ne pas oser lui dire de s'en aller. Néanmoins, puisqu'il s'agit d'un personnage important, je vais lui faire voir qui je suis et à qui il a affaire. Puis, avançant vers la porte, il s'écria : « *Heus tibi, Dave*[1] ! »

— *Adsum*[2], répondit Mordaunt en entrant dans la chambre.

[1] Holà, Davus !
[2] Me voici.

— Ah! ah! dit alors l'érudit Triptolème, l'on n'est pas sans avoir fait ses humanités, à ce que je vois. Je veux pousser l'épreuve plus loin.
— Vous connaissez-vous en agriculture, mon jeune gentleman?

— Ma foi, non, monsieur, répondit Mordaunt; j'ai été élevé à labourer la mer et à moissonner sur les rochers.

— Labourer la mer! s'écria Triptolème : c'est un sillon qui n'a guère besoin de la herse; et quant à votre moisson sur les rochers, je suppose que vous voulez parler de ces *scowries*, ou n'importe comment vous les appelez. C'est une sorte de récolte que le Ranzellaer devrait défendre par une loi; rien n'offre plus de chances de briser les os d'un honnête homme. J'avoue que je ne puis deviner le plaisir qu'on trouve à pendiller au bout d'une corde entre le ciel et la terre. Pour ma part, j'aimerais autant que l'autre bout de la corde fût attaché à un gibet, — je serais sûr de ne pas tomber, au moins.

— Eh bien! je vous conseillerais seulement d'en essayer, reprit Mordaunt. Croyez-moi, il y a au monde peu de sensations plus vives que celles de l'homme ainsi suspendu au milieu des airs entre un pic sourcilleux et la mer retentissante, alors que la corde qui vous soutient paraît à peine plus forte qu'un fil de soie, et qu'un de vos pieds pose sur une pierre à peine assez large pour qu'un milan puisse s'y percher. — Savoir et sentir tout cela, avec la pleine confiance que votre agilité et votre force de tête peuvent vous faire sortir de là sain et sauf, comme si vous possédiez les ailes du faucon, — c'est être vraiment presque indépendant de la terre que vous foulez aux pieds!

Triptolème resta ébahi à cette peinture enthousiaste d'un amusement qui avait si peu de charmes pour lui; tandis que sa sœur, voyant comme le jeune homme aventureux se redressait et comme son œil brillait pendant cette description, ne put s'empêcher de s'écrier : Sur mon âme! vous êtes un brave garçon!

— Un brave garçon! répéta Yellowley; — dites un brave oison, de se faire ainsi ballotter au gré du vent, quand on peut rester sur la *terra firma!* Mais à propos d'oies, en voici une qui viendra plus à propos, lorsqu'elle sera bien bouillie. Donne-nous les assiettes et le sel, Baby; — mais de vrai ce sera assez salé, — c'est un morceau d'un goût relevé. — Je gage qu'il n'y a au monde que les Schetlandais qui songent à courir de tels dangers pour attraper des oies et les faire bouillir ensuite.

— Il est certain, reprit sa sœur (c'était la première fois de la journée qu'elle se trouvait d'accord avec lui), il est certain qu'une ménagère du comté d'Angus ou des Mearns serait bien étonnée si elle entendait parler de faire bouillir une oie, tant qu'il y aura des broches au monde. — Mais qu'est-ce qu'il y a encore? ajouta-t-elle en regardant vers la porte d'un air courroucé. Sur ma foi! ouvrez la porte, et les chiens entrent. — Qui est-ce qui a ouvert la porte à celui-là?

— Eh ! c'est moi, répondit Mordaunt ; vous ne voudriez pas rester sourds à un pauvre diable qui frappe chez vous par un temps comme celui-ci ? — Et de plus, voici de quoi faire aller le feu, continua-t-il, en arrachant la traverse de bois de chêne qui servait à barricader la porte, et en la jetant dans le foyer, d'où elle fut aussitôt retirée par dame Baby, qui s'écria tout en colère :

— C'est un madrier comme il n'y en a guère ici, et il le traite comme si c'était une méchante planche de sapin ! — Et qui êtes-vous, s'il vous plaît ? ajouta-t-elle en se tournant vers le nouveau venu ; — un batteur de pavé, ou mes yeux me trompent bien.

— Je suis colporteur, pour vous servir, madame, répliqua le nouvel intrus, petit homme trapu, à figure commune, qui, en effet, à en juger par ses vêtements grossiers, pouvait passer pour un de ces marchands forains appelés *jaggers* aux îles Schetland. — Je n'ai jamais voyagé par un temps plus affreux, ni désiré plus vivement de trouver un abri. — Mais Dieu soit loué ! voici un toit et du feu.

En parlant ainsi, il approcha un escabeau de la cheminée, et s'installa sans plus de cérémonie. Dame Baby le regardait avec des yeux d'épervier, et cherchant à lui manifester son indignation plus chaudement que par des paroles, le pot qui était au feu lui paraissait tout à fait propre à cet emploi, lorsqu'une vieille servante famélique, — cette Tronda dont il a été question tout à l'heure, et l'aide de Barbara dans les travaux du ménage, — qui s'était tenue jusque-là dans quelque coin isolé de la maison, entra en boitant dans la chambre, et laissa échapper des exclamations qui supposaient quelque nouveau sujet d'alarmes.

— O maître ! ô mistress ! Tels furent pendant quelque temps les seuls sons qu'elle put articuler. Enfin, elle ajouta : — Le meilleur de la maison, — oui ! tout ce qu'il y a de meilleur, — rassemblez tout cela, et il y en aura à peine assez : — voici la vieille Norna de Fitful-Head, la femme la plus redoutable de toutes les îles

— Où peut-elle aller ? dit Mordaunt, qui sembla partager la surprise, sinon les craintes de la vieille domestique ; mais il est inutile de le demander, — plus le temps est mauvais, plus on est sûr de la trouver en route.

— Qu'est-ce que cette autre coureuse ? s'écria Baby hors d'elle-même, car cette succession d'hôtes non interrompue avait de quoi la rendre presque folle. J'aurai bientôt mis un terme à son vagabondage, je vous en réponds, si mon frère a un peu de cœur et s'il y a un carcan à Scalloway.

— Le fer qui lui serrera le cou n'a jamais été forgé sur une enclume, dit Tronda. La voici, — la voici ! — Au nom du ciel parlez-lui doucement et avec prudence, ou nous aurons à débrouiller un vilain fuseau !

En ce moment une femme d'assez haute taille pour que son bonnet touchât presque le haut de la porte, s'avança dans la chambre en faisant le signe de la croix, et prononçant ces mots d'une voix solennelle : « Que la bénédiction de Dieu et de Saint-Ronald soit sur le seuil hospitalier, et qu'ils maudissent comme moi celui qui est fermé au voyageur! »

— Et qui êtes-vous, vous qui distribuez vos bénédictions et vos malédictions dans la maison des autres? Quel pays est-ce donc que celui-ci, où l'on ne peut être tranquille une heure, servir Dieu et conserver le peu de bien qu'on a, sans qu'un tas de vagabonds et de mendiants viennent s'abattre chez vous, comme une volée d'oies sauvages?

Le lecteur intelligent n'aura pas eu de peine à mettre cette sortie sur le compte de mistress Baby : et quel effet produisit-elle sur l'étrangère? c'est ce qu'on ne peut apprécier que par conjecture, car la vieille servante et Mordaunt se réunirent pour apaiser son ressentiment, la première lui adressant d'un ton suppliant quelques mots en langue norse, et Mordaunt lui disant en anglais : Ce sont des étrangers, Norna, qui ne connaissent ni votre nom ni votre qualité; ils sont peu familiers avec les usages du pays, et il faut les excuser de leur manque d'hospitalité.

— Je n'ai pas manqué aux devoirs de l'hospitalité, jeune homme; *miscris succurrere disco* [1]. — L'oie destinée à rester pendue dans la cheminée jusqu'à la Saint-Michel est maintenant à bouillir dans le pot, à votre intention, mais en eussions-nous vingt, je vois que nous eussions trouvé des bouches pour chacune de leurs plumes. — C'est à cela qu'il faut mettre ordre.

— Mettre ordre à quoi, vil esclave? dit Norna en se tournant tout à coup vers lui avec une expression qui le fit tressaillir. A *quoi* faut-il mettre ordre? Apporte ici, si tu veux, tes coutres, tes bêches et tes herses de nouvelle sorte; change les instruments de nos aïeux, depuis la charrue jusqu'à la souricière : mais sache que tu es sur une terre conquise autrefois par les champions du Nord à la blonde chevelure, et laisse-nous du moins leur hospitalité, pour montrer que nous descendons d'une race noble et généreuse. Songes-y bien, je te le dis : — tant que Norna, du haut du Fitful-Head, plongera son regard sur l'immensité des mers, Thulé ne sera pas sans défense. Si ses enfants ont cessé d'être des hommes et de préparer des banquets aux vautours, les femmes n'ont pas oublié l'art qui leur valut autrefois les titres de reines et de prophétesses.

Celle qui venait de prononcer cette singulière tirade était aussi extraordinaire dans son aspect que superbe et emphatique dans ses prétentions et dans son langage. Elle aurait pu, pour les traits, la voix et la stature, représenter dignement sur le théâtre la Bonduca ou Boadicée des Bretons, l'inspirée Velléda, ou Aurinia, ou quelque autre de ces anciennes pythonisses qui guidaient au combat les hordes des

---

[1] J'ai appris à secourir les malheureux.

Goths. Ses traits fiers et réguliers auraient été beaux sans les ravages du temps et les intempéries du climat. L'âge et peut-être les chagrins avaient en partie éteint le feu de ses yeux, dont l'azur foncé approchait du noir, et blanchi sa chevelure, dont les tresses s'échappaient de son bonnet, détachées par la violence de l'ouragan. Son vêtement de dessus, ruisselant de pluie, était d'une étoffe sombre et grossière, appelée *wadmaal*, alors d'un usage général aux îles Schetland, comme en Islande et en Norvége. Lorsqu'elle ôtait de ses épaules cette espèce de manteau, on apercevait une courte tunique de velours bleu foncé, parsemée de dessins bizarres, et à laquelle correspondait un corsage cramoisi, orné d'une broderie d'argent fanée. D'autres ornements d'argent, représentant les signes planétaires, garnissaient sa ceinture; — son tablier bleu, brodé dans le même goût, couvrait un jupon de la couleur du corsage. Une forte chaussure de voyage, en cuir demi-tanné du pays, s'attachait sur des bas d'écarlate avec des bandelettes semblables à celles du cothurne romain. A sa ceinture était suspendue une arme d'un caractère équivoque, et qui pouvait passer pour un couteau de sacrifice ou pour un poignard, selon que l'imagination du spectateur préférait attribuer à celle qui le portait le caractère de prêtresse ou celui de sorcière. Elle tenait à la main un bâton carré, sur chaque face duquel étaient gravés des caractères et des figures runiques, un de ces calendriers perpétuels et portatifs dont se servaient les anciens Scandinaves, et qui à des yeux superstitieux pouvait paraître une baguette divinatoire.

Tels étaient les traits, le costume et l'extérieur de Norna de Fitful-Head, que les habitants de l'île regardaient, les uns avec respect, les autres avec crainte, presque tous avec une sorte de vénération. En Écosse, il aurait fallu beaucoup moins de circonstances suspectes pour l'exposer aux recherches des cruels inquisiteurs délégués par le Conseil privé pour persécuter, torturer et faire périr dans les flammes les malheureux accusés de sorcellerie. Mais les superstitions de cette nature passent par deux périodes avant de s'effacer tout à fait. Dans les premiers âges de la société, ceux qu'on suppose doués d'un pouvoir surnaturel sont l'objet d'une espèce de culte. A mesure que la religion et les lumières font des progrès, ils commencent par exciter la haine et l'horreur; et l'on finit par ne voir en eux que des imposteurs. L'Écosse en était à la seconde de ces phases : il y régnait une grande crainte pour la sorcellerie et une haine profonde pour ceux qui en étaient soupçonnés. Les îles Schetland formaient alors à elles seules un petit monde, où parmi les classes inférieures et moins éclairées subsistait la trace des anciennes superstitions du Nord : aussi l'on y avait conservé pour ceux qui affectaient des connaissances extraordinaires et un pouvoir mystérieux sur les éléments, cette ancienne vénération qui constituait une partie essentielle des vieilles croyances scandinaves. Mais au moins les naturels de Thulé, s'ils admettaient qu'une classe de magiciens s'alliait avec Satan pour consommer ses maléfices, croyaient aussi sincèrement que d'autres étaient en rapport avec des esprits d'une nature différente et moins odieuse, les Nains d'autrefois, nommés trows ou drows aux îles Schetland, les fees plus modernes et autres êtres fantastiques.

Parmi ceux qu'on supposait ligués avec des génies incorporels, on citait surtout Norna comme issue et représentante d'une famille qui avait longtemps prétendu à de semblables priviléges. Aussi, le nom qu'elle portait, celui de l'une des fatales sœurs qui ourdissent la trame des destinées humaines, lui avait été donné en raison de son pouvoir surnaturel. Elle et ses parents avaient pris grand soin de cacher le nom sous lequel elle avait été baptisée; car la superstition attachait à cette découverte des conséquences fatales. Dans ces temps, le doute ne portait que sur le point de savoir si cet empire prétendu était acquis par des moyens légitimes. De nos jours, on se serait demandé si elle en imposait, ou si son imagination était assez fortement frappée par les mystères de sa science supposée, pour qu'elle pût jusqu'à un certain point avoir foi dans les connaissances occultes auxquelles elle prétendait. Ce qu'il y a de certain, c'est qu'elle jouait son rôle avec une telle assurance, une telle dignité dans le regard et dans le geste, et déployait en même temps un langage et une force de résolution si énergiques, qu'il eût été difficile au plus sceptique, tout en souriant des prétentions auxquelles son exaltation la conduisait, de révoquer en doute la sincérité de son enthousiasme.

CHAPITRE VI.

> Si, par votre art, vous avez fait mugir ainsi les ondes déchaînées, apaisez-les.
> *La Tempête.*

L'ORAGE avait quelque peu diminué de violence précisément avant l'entrée de Norna; autrement il lui aurait été impossible de voyager pendant sa plus grande force. Mais à peine était-elle venue aussi à l'improviste grossir le nombre des étrangers réunis par le hasard sous le toit de Triptoleme, que la tempête reprit soudainement sa première intensité, et gronda autour de la maison avec une fureur qui les rendit tous insensibles à toute autre chose qu'à la crainte de voir le vieux manoir s'écrouler sur leurs têtes.

Mistress Baby exhala ses alarmes en exclamations bruyantes. Que le Seigneur nous protége! — Voici certainement notre dernier jour.

— Quel pays de guisards¹ et de sorcières est celui-ci! — Et vous, misérable sot que vous êtes, ajouta-t-elle en se tournant vers son frère (car toutes ses boutades avaient un fond d'aigreur), d'avoir quitté la bienheureuse terre des Mearns pour celle-ci, où l'on n'a dans sa maison que vagabonds, mendiants, paresseux, et au dehors la colère du Ciel!

— Je vous dis, sœur Baby, répondit Yellowley à cette apostrophe insultante, que tout sera réformé et amendé, — excepté, ajouta-t-il entre ses dents, l'humeur grondeuse d'une femme acariâtre, près de laquelle la tempête elle-même paraît douce!

Pendant ce temps la vieille servante et le colporteur s'épuisaient auprès de Norna en supplications auxquelles le maître de la maison ne comprenait rien, car elles étaient faites en langue norse.

Elle les écoutait d'un air impassible et hautain; enfin, elle répondit tout haut et en anglais: — Je ne veux pas. Quand cette maison s'écroulerait avant demain matin, écrasant dans sa chute l'insensé réformateur et la vieille avare qui l'habitent, qu'est-ce que le monde y perdrait? Puisqu'ils sont venus pour changer les habitudes du pays, qu'ils nous disent ce qu'ils pensent d'un orage schetlandais. Que ceux qui ne veulent pas périr abandonnent cette maison!

Le colporteur saisit son petit ballot, et se hâta de le charger sur son dos; la vieille Tronda jeta son manteau sur ses épaules, et tous deux parurent disposés à quitter la maison au plus vite.

Triptolème Yellowley, un peu ému par ces préparatifs, demanda à Mordaunt, d'une voix entrecoupée par la crainte, s'il pensait qu'il y eût quelque danger, — c'est-à-dire, un si grand danger?

— Je ne puis le dire, répondit le jeune homme. J'ai rarement vu une semblable tempête. Norna, mieux que tout autre, peut nous dire quand elle s'apaisera; car personne dans ces îles ne se connaît au temps comme elle.

— Et crois-tu que ce soit là tout ce que Norna sait faire? dit la sibylle; tu apprendras que sa science n'est pas renfermée dans de si étroites limites. Écoute-moi, Mordaunt, enfant d'une terre étrangère, mais dont le cœur est généreux; — vas-tu quitter ce lieu condamné avec ceux qui se préparent en ce moment à en sortir?

— Non, je ne le quitterai pas, Norna; j'ignore pour quel motif vous voulez m'éloigner, et je ne laisserai pas, pour des menaces obscures, le toit sous lequel j'ai été accueilli avec bienveillance dans un moment comme celui-ci. Si ceux qui l'habitent ignorent nos pratiques d'hospitalité illimitée, je ne leur en ai que plus d'obligation de s'être relâchés de leurs habitudes en ma faveur et de m'avoir ouvert leur porte.

— C'est un brave garçon, s'écria mistress Baby, dans l'esprit de qui

---

¹ En Écosse on nomme *guisards* ou *gysards* des gens *déguisés*, et, par extension, des masques qui vont chanter de maison en maison, à Noël et au nouvel an, pour recevoir quelque argent. (L. V.)

les menaces de la prétendue sorcière avaient réveillé des sentiments superstitieux, et qui, à son humeur revêche, à ses vues étroites et intéressées, alliait, comme tous ceux qui possèdent un caractère fortement trempé, quelques germes de sentiments plus nobles qui la faisaient sympathiser avec les idées généreuses, tout en pensant qu'elles coûtaient trop cher pour en faire les frais elle-même ; — c'est un brave garçon, répéta-t-elle, et qui mérite bien dix oies, si je les avais à faire bouillir, ou même rôtir pour lui. Je le garantis fils de gentilhomme, et non de sang vulgaire.

— Écoutez-moi, Mordaunt, reprit Norna, et quittez cette maison. Le ciel vous appelle à de hautes destinées ; — vous ne resterez pas dans cette cabane pour être enseveli sous ses indignes ruines avec les restes de ses habitants encore plus indignes, dont la vie importe aussi peu au monde que la végétation de cette joubarbe qui croît sur leur chaume, et dont les débris se mêleront bientôt à ceux de leurs membres mutilés.

— Je — je — je vais sortir, dit Yellowley, qui, en dépit de ses prétentions à l'érudition et à la sagesse, commençait à redouter le dénouement de cette aventure ; car le manoir était vieux, et l'ouragan en ébranlait violemment les murs.

— Et pourquoi? dit sa sœur. J'espère que le prince des génies de l'air n'a pas encore un tel empire sur ceux qui sont faits à l'image de Dieu, qu'une bonne maison tombe sur nos têtes, parce qu'il plaît à une femme de mauvais augure (ici elle lança un hardi regard sur la pythonisse) de venir nous braver par ses clameurs, comme si nous étions autant de chiens prêts à ramper devant elle à son commandement !

— Je voulais seulement, reprit Triptolème, honteux de son premier mouvement, aller voir nos orges qui doivent avoir été couchées par la tempête ; mais si cette honnête femme veut rester avec nous, je pense qu'il vaudrait mieux nous asseoir tranquillement tous ensemble, jusqu'à ce que le temps redevienne beau.

— Honnête femme! répéta Baby. — Une voleuse et une sorcière ! — Éloigne-toi, coquine! ajouta-t-elle en s'adressant directement à Norna ; sors d'une maison honnête, ou, sur mon honneur, je vais te jeter mon battoir [1] à la tête.

Norna lança sur elle un regard où se peignait le plus souverain mépris ; puis, s'avançant vers la fenêtre, elle sembla profondément absorbée dans la contemplation du ciel, tandis que la vieille Tronda, se serrant auprès de sa maîtresse, la suppliait en ces termes : — Pour l'amour de tout

---

[1] C'était l'instrument dont, au lieu du procédé moderne, se servaient les ménagères écossaises pour battre le linge nouvellement blanchi, sur une pierre plate nommée pour cette raison pierre à battre (*beetling-stone*.) (W. S.)

ce que l'homme et la femme ont de plus cher, ne provoquez pas Norna de Fitful-Head! Vous n'avez pas une femme comme elle sur tout le continent d'Écosse; — elle peut aller à cheval sur ces nuages aussi aisément qu'un homme sur un poney.

— J'espère vivre assez pour la voir à cheval sur la fumée d'un baril de goudron, dit mistress Baby: ce sera une monture digne d'elle.

Norna fixa de nouveau sur son adversaire furieuse un de ces regards d'un indicible mépris, que ses traits hautains savaient si bien exprimer, et se dirigeant vers la croisée qui donnait du côté du nord-ouest, d'où le vent paraissait souffler en ce moment, elle se tint quelque temps les bras croisés, regardant le ciel couleur de plomb, obscurci encore par les épais tourbillons qui, se succédant tour à tour sur les ailes de la tempête, laissaient de lugubres et terribles intervalles d'attente entre le coup de vent qui expirait et celui qui allait suivre.

Norna contemplait cette lutte des éléments comme quelqu'un à qui ce spectacle est familier; cependant la sombre sérénité de son regard avait quelque chose de redoutable et d'imposant. C'est ainsi que le magicien doit envisager l'esprit qu'il évoque et qu'il sait soumettre à ses enchantements, mais dont l'aspect intimide encore un être de chair et d'os. Les autres personnages gardaient chacun une attitude différente, exprimant les divers sentiments dont ils étaient agités. Mordaunt, sans braver le péril, avait cependant plus de curiosité que de crainte. Il avait entendu parler du pouvoir qu'on attribuait à Norna sur les éléments, et attendait maintenant l'occasion de juger par lui-même si ce pouvoir était réel. Triptolème était confondu de ce qui semblait dépasser les bornes de sa philosophie, et, s'il faut dire la vérité, le digne agriculteur était beaucoup plus effrayé de ce qu'il voyait, que désireux d'en apprendre la cause. Sa sœur n'avait pas la moindre envie de la connaître; mais il était difficile de dire si c'était la colère ou la crainte qui dominait dans ses regards perçants et comprimait ses lèvres minces. Le colporteur et la vieille Tronda, convaincus que la maison ne tomberait pas tant que son toit abriterait la puissante Norna, se tenaient prêts à fuir à l'instant où elle s'éloignerait.

Après avoir quelque temps regardé le ciel dans une attitude immobile et dans le plus profond silence, Norna, par un mouvement soudain, mais lent et majestueux, étendit sa baguette de chêne noir vers le point d'où l'ouragan soufflait avec le plus de violence; et au milieu de la fureur des éléments, chanta une invocation norvégienne qui s'est conservée dans l'île de Vist sous le nom de chant de la Reim-Kennar, et qu'on appelle aussi le chant de la Tempête. Nous en donnons ici une traduction libre, car il est impossible de rendre littéralement une foule de termes elliptiques et métaphoriques, particuliers à l'ancienne poésie du Nord.

CHAPITRE VI.

I.

« Aigle redoutable des régions lointaines du nord-ouest,
            Toi qui portes la foudre dans tes serres,
    Toi qui, du battement de tes ailes, remues l'Océan jusqu'à la fureur,
        Exterminateur des troupeaux, destructeur des flottes,
            Toi qui renverses les tours :
                Au milieu de tes cris de rage,
                Au milieu de ton vol rapide,
    Bien que ton cri retentisse comme le cri de mort de tout un peuple,
    Bien que la secousse de tes ailes ressemble au rugissement de dix mille vagues,
        Écoute néanmoins, dans ta colère et dans ton essor,
            Écoute la voix de la Reim-Kennar.

II.

« Tu as rencontré sur ton passage les sapins de Drontheim;
    Leurs têtes verdâtres gisent abattues auprès de leurs tiges déracinées;
            Tu as rencontré la dominatrice des mers,
            La haute et forte barque du corsaire sans peur,
            Et elle a baissé devant toi son pavillon
    Qui n'était pas descendu devant une royale Armada ;
    Tu as rencontré la tour dont le sommet s'élevait jusqu'aux cieux,
        La tour massive et crénelée du Jarl des anciens jours,
            Et le couronnement de la tour
            S'est écroulé sur son foyer hospitalier ;
    Mais toi aussi tu t'abaisseras, orgueilleux tyran des nuages,
            Quand tu entendras la voix de la Reim Kennar.

III.

« Il est des chants qui peuvent arrêter le cerf dans les forêts,
    Oui, même quand le noir limier se précipite sur ses traces;
    Il est des chants qui peuvent rendre au milieu des airs le faucon immobile,
        Comme s'il portait encore le chaperon et les liens,
        Ou comme s'il entendait le sifflet aigu du chasseur.
    Toi qui peux rire aux cris de mort du marin qui se noie,
            Au craquement de la forêt dévastée,
            Aux gémissements de la foule écrasée,
            Quand l'église s'écroule au milieu de la prière,
        Il est pourtant des sons que toi aussi tu dois écouter,
Lorsqu'ils sont modulés par la voix de la Reim-Kennar

IV.

« Assez de malheurs sur l'Océan ont été ton ouvrage :
            Les veuves se tordent les mains sur la grève;
        Tu as causé assez de maux sur la terre :
            Le laboureur se croise les bras de désespoir.
            Arrête le mouvement de tes ailes,
        Laisse l'Océan reposer dans sa sombre puissance :
            Voile l'éclair de tes regards,
    Laisse le tonnerre dormir dans l'arsenal d'Odin :
    Sois docile à ma voix, coureur invisible du ciel du nord-ouest,
            Dors à la voix de Norna la Reim-Kennar! »

Nous avons dit que Mordaunt aimait naturellement la poésie et les situations romantiques : on ne s'étonnera donc pas de l'intérêt avec lequel il écouta l'apostrophe sauvage adressée au plus indomptable des éléments, d'un ton si plein de hardiesse et d'enthousiasme. Mais, malgré tout ce qu'il avait entendu dire des chants runiques et des sortiléges du Nord, dans le pays qu'il habitait depuis si longtemps, il n'était pas assez crédule pour s'imaginer que la tempête qui tout à l'heure encore grondait avec violence, et qui commençait alors à décroître, cédât en cette occasion aux invocations magiques de Norna. Ce qui est certain, c'est que les vents parurent se calmer, et que le danger qu'on redoutait ne fut bientôt plus à craindre ; mais il n'était pas improbable que ce dénouement n'eût été depuis quelque temps prévu par la pythonisse, d'après des indices de l'atmosphère imperceptibles pour ceux qui n'avaient pas une longue habitude du climat, ou qui n'avaient pas donné aux phénomènes météorologiques l'attention d'un strict et scrupuleux observateur. Il ne doutait pas de l'expérience de Norna, et cela pouvait expliquer, en grande partie, ce qui semblait surnaturel dans sa conduite. Cependant sa noble physionomie à demi voilée par sa chevelure en désordre, la majesté avec laquelle, d'un ton de menace et de commandement à la fois, elle s'adressait au génie invisible de la tempête, tout l'entraînait fortement à croire à l'ascendant des arts occultes sur les puissances de la nature ; car si jamais femme parut sur la terre, à qui un semblable empire sur les lois ordinaires de l'univers pût être dévolu, Norna de Fitful-Head, à en juger par son maintien, sa taille et sa figure, était prédestinée à cette haute mission.

Les autres assistants furent plus promptement convaincus. D'abord, la chose ne fut pas difficile à l'égard de Tronda et du colporteur, qui, depuis longtemps, croyaient à la toute-puissance de Norna sur les éléments. Mais Triptolème et sa sœur jetaient l'un sur l'autre des regards effarés et tremblants, surtout lorsque le vent commençait à décroître d'une manière sensible, comme on put le remarquer à chacune des pauses que Norna faisait entre chaque strophe de son invocation. Un long silence suivit le dernier vers, jusqu'au moment où Norna reprit son chant, mais en adoucissant l'expression et la mélodie.

« Aigle de la mer lointaine du nord-ouest,
   Tu as entendu la voix de la Reim-Kennar ;
A son commandement tu as reployé tes vastes ailes,
   Qui maintenant reposent immobiles a tes côtés.
   Que ma bénédiction soit sur ta trace qui s'éloigne !
   Quand tu seras descendu des hautes regions du ciel,
Puisses-tu sommeiller en paix dans les cavernes mystérieuses de l'Océan,
   Et reposer jusqu'a ce que le destin te réveille.
Aigle du nord-ouest, tu as entendu la voix de la Reim-Kennar. »

— Ce serait un beau secret qu'une chanson comme celle-là pour empêcher le grain, de se perdre au moment de la moisson, dit l'agronome à sa sœur; parlons-lui doucement, Baby, — peut-être nous donnera-t-elle sa recette pour une centaine de livres d'Écosse.

— Une centaine de têtes de fous! s'écria Baby. — Offrez-lui cinq marcs d'argent comptant ; je n'ai jamais connu de ma vie une sorcière qui ne fût pauvre comme Job.

Norna se tourna vers Yellowley et sa sœur, comme si elle eût deviné leurs pensées, et peut-être les devinait-elle en effet. Puis elle passa devant eux avec un air de souverain mépris, et, se dirigeant vers la table où mistress Barbara avait déjà disposé les apprêts d'un frugal repas, elle remplit une écuelle de bois de cette liqueur aigrelette, nommée bland, faite avec la partie séreuse du lait, et qui était contenue dans une cruche de terre. Elle rompit un seul morceau d'un gâteau d'orge, et après avoir bu et mangé, revint vers ses deux hôtes :—Je ne vous remercie pas, dit-elle, pour ce que je viens de prendre, car vous ne me l'avez pas offert, et les remerciements adressés à des avares sont comme la rosée du ciel sur les rochers de Foulah, où elle ne trouve rien à vivifier. Je ne vous remercie pas, répéta-t-elle.—Puis, tirant de sa poche une grosse bourse de cuir qui semblait assez lourde, elle ajouta :— Je vous paie avec ce que vous estimez plus que la reconnaissance de tous les habitants de Hialtland. Qu'il ne soit pas dit que Norna de Fitful-Head a bu dans votre coupe, mangé de votre pain, et vous a laissé le regret de vous avoir été à charge. — En parlant ainsi, elle jeta sur la table une petite pièce de monnaie d'or antique, portant l'effigie grossière et à demi effacée de quelque ancien roi du Nord.

Triptolème et sa sœur se récrièrent avec véhémence contre cette libéralité; le premier protestant qu'il ne tenait pas une auberge, et l'autre s'écriant : Cette vieille est-elle folle? A-t-on jamais entendu dire que dans la noble maison de Clinkscale on ait donné à manger pour de l'argent?

— Ou par charité? murmura son frère ; attrape cela, sœur.

— Que marmottez-vous là, vieux fou? dit l'aimable Barbara qui pénétrait sa pensée; rendez à madame sa belle pièce de monnaie et réjouissez-vous d'en être débarrassé : — demain matin ce ne serait plus qu'un morceau d'ardoise ou quelque chose de pire.

L'honnête facteur prit la pièce pour la rendre, mais à la vue de l'empreinte il parut frappé de surprise, et sa main trembla en la passant à sa sœur.

— Oui, reprit la pythonisse, comme si elle lisait dans la pensée du couple stupéfait, vous avez déjà vu cette monnaie; — prenez garde à l'usage que vous en ferez! Elle ne profite pas aux âmes basses et sordides; — acquise au prix de glorieux périls, elle doit être dépensée avec une honorable libéralité. Le trésor enfoui sous la plaque du foyer doit un jour, comme le talent caché, porter témoignage contre ses avares possesseurs.

Cette dernière et obscure allusion sembla exciter au plus haut point l'étonnement et l'alarme de mistress Baby et de son frère. Le dernier tâcha de balbutier à Norna quelque chose qui ressemblait à une invitation de rester toute la nuit, ou du moins de prendre part au dîner : ce fut le mot dont il se servit d'abord ; mais ensuite, regardant la compagnie et se rappelant le modeste contenu de la marmite, il corrigea sa phrase et exprima le souhait « qu'elle voulût bien manger avec eux *un morceau* qui allait être mis sur la table, le temps de dételer une charrue. »

— Je ne mange pas ici — je ne dors pas ici, répondit Norna, je ne vous délivre pas seulement de ma présence, mais je vais congédier vos hôtes si mal accueillis. — Mordaunt, ajouta-t-elle en s'adressant au jeune Mertoun, l'orage est passé et votre père vous attend ce soir.

— Retournez-vous de ce côté? demanda Mordaunt. Je ne fais que manger un morceau, et puis, ma bonne mère, je vous assisterai dans votre voyage. Les ruisseaux doivent être débordés et la route dangereuse.

— Nos chemins sont différents, répondit la sibylle, et Norna peut se passer d'un bras mortel pour l'aider dans sa marche. Je suis appelée au loin, vers l'est, par ceux qui sauront bien aplanir devant moi les obstacles. — Pour toi, Bryce Snailsfoot [1], continua-t-elle en s'adressant au colporteur, hâte-toi de gagner Sumburgh ; — le Roost te vaudra une riche moisson qui te récompensera de ta peine. Il y a maintenant de bonnes marchandises qui cherchent un nouveau maître, et le marin le plus soigneux dort trop profondément dans les abîmes de l'Océan pour s'inquiéter des ballots et des caisses échoués sur le rivage.

— Allons, allons ! bonne mère, répondit Snailsfoot, je ne désire pas la mort d'un homme pour mon avantage particulier, et je remercie la Providence qui a bien voulu bénir mon petit commerce. Mais tout le monde sait que la perte de l'un est le gain de l'autre ; et il est bien juste que ces tempêtes qui détruisent tout sur terre envoient par mer quelque chose pour nous dédommager. Aussi, je prendrai, comme vous, la liberté d'emprunter un morceau de pain d'orge et une gorgée de bland, puis je vais souhaiter le bonjour à ce bon monsieur et à cette bonne dame, et, en vous remerciant du conseil, pousser jusqu'à Iarlshof.

— Oui, répliqua la pythonisse, — là où est le carnage, les vautours s'assembleront ; et quand il y a eu un naufrage sur la côte, le jagger [2] est aussi empressé à ramasser son butin, que le requin à se gorger de cadavres.

Ce reproche, si telle était l'intention de celle qui venait de parler, sembla au-dessus de l'intelligence du marchand ambulant ; tout oc-

---

[1] Littéralement, *pied d'escargot*. (L. V.)

[2] Colporteur, marchand ambulant. (L. V.)

CHAPITRE VI.

cupé de la bonne aubaine qu'on lui promettait, il prit sa balle et l'aune qui lui servait de canne, et demanda à Mordaunt, avec la familiarité permise dans ces contrées peu civilisées, s'ils ne feraient pas route ensemble.

— Je reste pour dîner avec M. Yellowley et mistress Baby, répondit le jeune homme, et je ne partirai que dans une demi-heure.

— Alors, je mangerai un morceau sur le pouce, reprit le colporteur. En effet, il murmura une bénédiction, et sans se gêner le moins du monde, s'empara des deux tiers du pain, ou au moins de ce qui parut tel aux yeux de son avare hôtesse, avala un long trait de bland, saisit une poignée des petits poissons nommés sillocks, au moment où la servante les mettait sur la table, et sortit de la chambre sans plus de cérémonie.

— Sur mon âme, s'écria la triste mistress Baby, voilà bien la soif du colporteur[1] et sa faim aussi, comme dit le proverbe. Si c'est ainsi que les lois contre les vagabonds sont exécutées..... Ce n'est pas, reprit-elle en regardant Mordaunt, que je veuille fermer ma porte aux personnes honnêtes, surtout par un temps qui ressemble au jugement dernier. Mais je vois que l'oie est servie, pauvre bête !

Elle prononça ces mots d'un ton d'intérêt pour l'oie fumée qui cependant avait longtemps été suspendue sans vie dans la cheminée, et plaisait beaucoup plus à mistress Baby dans cet état, que lorsqu'elle faisait retentir les nuages de ses cris. Mordaunt ne put s'empêcher de rire et prit un siége, puis se retourna pour voir où était Norna ; mais elle avait disparu de la chambre pendant la scène avec le colporteur.

— Je suis bien aise que cette vieille obstinée soit partie, dit mistress Baby, quoiqu'elle nous ait laissé une pièce d'or qui sera pour nous un éternel sujet de reproche.

— Chut ! maîtresse ! pour l'amour de Dieu, dit Tronda Dronsdaughter : qui sait où elle peut être en ce moment ? Nous ne sommes pas sûrs qu'elle ne nous entende pas, quoique nous ne puissions la voir.

Mistress Baby jeta autour d'elle un coup d'œil rapide, et se remettant aussitôt, car la nature l'avait faite aussi courageuse que violente, elle reprit : — Je lui ai dit de s'en aller et je le lui dis encore, qu'elle me voie ou qu'elle m'entende, qu'elle soit sur le cairn[2] ou dans la plaine. — Et vous, pauvre peureux, qu'avez-vous à regarder ainsi ? — *Vous*, un élève de l'université de Saint-André ! — *vous*, qui avez étudié les sciences, et le latin, et les humanités, comme vous dites, vous voilà

---

[1] La *soif du colporteur* est proverbiale en Écosse, parce que ces marchands ambulants avaient l'habitude de demander modestement un verre d'eau, lorsqu'au fond ils voulaient obtenir un repas. (W. S.)

[2] On nomme *cairn*, en Ecosse, un monticule formé de pierres entassées en mémoire de quelque personne ou de quelque événement public ou privé (L. V.)

tout étourdi du radotage d'une vieille femme criarde! Allons, dites de votre mieux votre *benedicite* du collége, et, sorcière ou non, moquons-nous de ses menaces et mangeons notre dîner. Quant à la valeur de sa pièce d'or, on ne dira jamais que j'ai mis son argent dans ma poche. Je le donnerai à quelque pauvre, — c'est-à-dire, dans mon testament [1] : jusqu'à ce jour, il restera comme un jeton dans ma bourse, et ce n'est pas là ce qu'on appelle se servir de l'argent dans le sens de le dépenser. Dites votre *benedicite*, je vous le répète, et mettons-nous à table.

— Vous feriez bien mieux de dire un *oraamus* à saint Ronald, maître, ajouta Tronda, et de jeter un sixpence par-dessus votre épaule gauche [2].

— Pour que vous le ramassiez, vieille bavarde, dit l'implacable mistress Baby ; vous seriez longtemps à gagner légitimement cette somme.

— Asseyez-vous donc, Triptolème, et ne songez plus aux paroles de cette folle.

— Folle ou sage, répondit Yellowley fort déconcerté, elle en sait plus que je ne voudrais. C'était une chose effrayante de voir tomber le vent ainsi à la voix d'une femme de chair et d'os comme nous. — Et ce qu'elle a dit au sujet de la pierre du foyer, — je ne puis m'empêcher de penser.....

— Si vous ne pouvez vous empêcher de penser, interrompit vivement mistress Baby, vous pouvez au moins vous empêcher de parler.

L'agriculteur ne répliqua point et s'assit à la table frugale dont il fit, avec une cordialité qui ne lui était pas ordinaire, les honneurs à son hôte, le premier venu et le dernier parti de tous ceux qui s'étaient introduits chez lui. Les sillocks eurent bientôt disparu; l'oie fumée, avec ses accessoires, s'en alla de même, et si vite, que Tronda, qui devait nettoyer les os, trouva sa tâche accomplie, ou à peu près. Après le dîner, l'amphitryon exhiba sa bouteille de brandy ; mais Mordaunt, dont les habitudes étaient généralement aussi sobres que celles de son père, ne profita que fort peu de cet effort extraordinaire d'hospitalité.

Pendant le repas, ils en apprirent tant sur le compte du jeune Mordaunt et de M. Mertoun, que Baby elle-même combattit le désir qu'il témoigna de reprendre ses vêtements mouillés, et le pressa (au risque d'ajouter aux dépenses de la journée un souper dispendieux) de rester

---

[1] Faire l'aumône par testament; esprit de charité posthume que beaucoup de gens partagent avec la bonne dame Baby. (W. S.)

[2] Quoique les Schetlandais aient embrassé de bonne heure la religion réformée, quelques anciennes pratiques superstitieuses du catholicisme ont longtemps subsisté parmi eux. Dans la tempête, un pêcheur vouait un oremus à saint Ronald, et acquittait son vœu en jetant une petite pièce d'argent dans les vitraux d'une chapelle en ruines. (W. S.)

avec eux jusqu'au lendemain matin. Mais les paroles de Norna le rendaient impatient de rentrer à la maison, et, quelque large dérogation qu'on eût faite en sa faveur à l'ordinaire de Stourburgh, ce lieu n'avait pas d'assez puissants attraits pour l'engager à y rester plus longtemps. Il consentit donc à conserver les habits du facteur, avec promesse de les renvoyer en faisant reprendre les siens; puis il prit congé poliment de son hôte et de mistress Baby, qui, tout affectée qu'elle était de la perte de son oie, ne put s'empêcher de penser en elle-même que la dépense, puisque après tout il fallait en faire, ne pouvait être mieux employée que pour un si beau et si joyeux jeune homme.

CHAPITRE VII.

> L'Océan furieux ne fait pas les choses à demi : engouffrant ceux qu'il suffoque, ses vastes entrailles offrent aux marins qui l'affrontent la mort et un tombeau tout à la fois.
>
> *Ancienne Comédie.*

Il y avait dix bons milles d'Écosse entre Stourburgh et Iarlshof; et quoique notre jeune voyageur ne rencontrât pas tous les obstacles qui entravèrent la marche de Tam O'Shanter [1], — car dans un pays où il n'y a ni haies ni clôtures de pierre, il ne peut y avoir ni « brèches dans les murailles, ni barrières, » — néanmoins le nombre et la nature des « eaux et des marais » qu'il avait à traverser sur son passage suffisaient pleinement pour balancer l'absence des autres inconvénients, et pour rendre sa course aussi pénible et non moins dangereuse que le fut pour Tam O'Shanter la fameuse retraite d'Ayr. Ni lutin ni sorcière ne barra le chemin à Mordaunt; cependant les jours étaient déjà fort longs, et il arriva sain et sauf à Iarlshof vers onze heures du soir. L'ombre et le silence régnaient autour du manoir, et il fut obligé de siffler deux ou trois fois sous la fenêtre de Swertha avant qu'elle répondit à ce signal.

Le premier coup de sifflet lui rappela en rêve le tendre souvenir d'un jeune pêcheur de baleines qui, quelque quarante ans auparavant, avait coutume de s'annoncer ainsi sous la fenêtre de sa cabane; au second elle se réveilla et se souvint que Johnnie Fea dormait depuis maintes années au fond des ondes glacées du Groenland, et qu'elle était la gouvernante de M. Mertoun à Iarlshof; au troisième elle se leva et ouvrit la fenêtre.

---

[1] Paysan écossais dont Burns a raconté les tribulations dans un de ses contes les plus populaires. Plusieurs des passages qui suivent renferment des allusions à ce conte de Burns. (L. V.)

— Qui est là, demanda-t-elle, à une pareille heure de la nuit?

— C'est moi, répondit le jeune homme.

— Et qui vous empêche d'entrer? La porte n'est fermée qu'au loquet; il y a un reste de tourbe sous les cendres, et une lampe à côté; — vous pouvez allumer votre chandelle.

— C'est bien; mais je voudrais savoir comment va mon père.

— Comme à son ordinaire, mon bon gentleman. — Il a demandé après vous, maître Mordaunt; vous allez bien loin et vous rentrez bien tard dans vos promenades, mon jeune gentleman.

— Ainsi son accès est passé, Swertha?

— Oui, maître Mordaunt, et votre père est en assez bonne disposition pour lui, le pauvre homme! Je lui ai parlé deux fois hier sans qu'il m'eût adressé la parole. La première fois, il m'a répondu aussi honnêtement que vous pourriez faire, et la seconde il m'a engagée à ne pas l'ennuyer. Ensuite, je me suis dit que le nombre trois portait bonheur; je lui ai parlé pour voir l'effet, et il m'a appelée vieille bavarde du diable, mais c'était d'une manière tout à fait civile.

— Assez, assez, Swertha. Maintenant lève-toi et cherche-moi quelque chose à manger, car j'ai fait un bien pauvre dîner.

— Alors, vous avez été chez les nouvelles gens de Stourburgh, car il n'y a pas d'autre maison dans les îles où l'on ne vous eût donné la meilleure part de ce qu'on aurait eu de meilleur. Avez-vous vu Norna de Fitful-Head? Elle a été ce matin à Stourburgh et est revenue le soir à la ville.

— Revenue! — Elle y est donc! Comment a-t-elle pu faire trois lieues et plus en si peu de temps?

— Qui sait comment elle voyage? Je l'ai entendue de mes propres oreilles dire au ranzelman qu'elle voulait dans ce jour aller à Burgh-Westra pour parler à Minna Troil, mais que ce qu'elle avait vu à Stourburgh (elle s'est servie du nom d'Harfra, car elle n'emploie jamais l'autre) l'avait fait revenir dans notre ville. Allons! Entrez et vous trouverez de quoi faire un bon souper; — notre garde-manger n'est pas vide et encore moins fermé : car notre maître, quoique étranger, ne tient pas les cordons de sa bourse trop serrés, comme dit le ranzelman.

Mordaunt se dirigea donc vers la cuisine, où, grâces aux soins de Swertha, un souper abondant, quoique peu recherché, lui fit oublier la maigre cuisine de Stourburgh.

Le lendemain matin, Mordaunt, un peu fatigué, resta au lit plus tard que de coutume; de sorte que, contre l'ordinaire, il trouva son père dans la pièce où ils prenaient leurs repas, et qui leur servait à toutes fins, excepté de chambre à coucher et de cuisine. Le fils salua sans rien dire, et attendit que son père lui adressât la parole.

— Vous étiez absent hier, Mordaunt, dit-il enfin. — L'absence du jeune homme avait duré plus de huit jours, mais il avait souvent remarqué que M. Mertoun semblait étranger à tout ce qui s'était passé pendant ses accès de noire mélancolie. Il répondit affirmativement.

— Et vous avez été à Burgh-Westra, je pense?

— Oui, monsieur.

Mertoun se tut pendant quelque temps, et parcourut l'appartement dans un profond silence et avec un air de sombre réflexion qui pouvait faire craindre qu'il ne retombât dans sa sombre humeur. Tout à coup, cependant, il se tourna vers son fils et ajouta d'un ton interrogatif:

— Magnus Troil a deux filles? — ce doivent être des femmes, maintenant. On les trouve jolies, sans doute?

— C'est l'opinion générale, monsieur, reprit Mordaunt assez surpris de voir son père s'occuper de personnes appartenant au sexe dont il se souciait si peu en général; et son étonnement ne fit que s'accroître à la question suivante, faite aussi brusquement que la première. — Laquelle trouvez-vous la plus jolie?

— Moi, mon père? répondit le fils toujours surpris, mais sans embarras. — Je ne puis réellement pas en juger, — je n'ai jamais songé à examiner laquelle des deux est la plus belle. Ce sont l'une et l'autre de charmantes personnes.

— Vous éludez ma question, Mordaunt; j'ai peut-être des raisons particulières pour désirer savoir votre goût sur ce point. Je n'ai pas l'habitude de perdre mes paroles sans motif. Je vous demande de nouveau laquelle des filles de Magnus Troil vous trouvez la plus jolie?

— Véritablement, monsieur, — vous ne voulez que plaisanter en me faisant une pareille question.

— Jeune homme répliqua Mertoun, dont l'œil commençait à rouler et à étinceler d'impatience, je ne plaisante *jamais*. Je veux une réponse à ma question.

— Eh bien donc, sur ma parole, monsieur, il n'est pas en mon pouvoir d'asseoir un jugement entre les deux jeunes personnes. — Elles sont toutes deux très-bien, mais sans se ressembler en rien. Minna est brune et plus grave que sa sœur, — plus sérieuse, mais sans froideur et sans monotonie.

— Hum! reprit son père. Votre éducation a été grave aussi, et cette Minna, je suppose, est celle qui vous plaît davantage?

— Non, monsieur; réellement je ne saurais lui donner la préférence sur sa sœur Brenda, vive comme un jeune chevreau dans une matinée de printemps. — Elle est moins grande que sa sœur, mais si bien prise dans sa taille et si bonne danseuse....

— Quelle est la plus propre à amuser un jeune homme dont l'intérieur est triste et le père morose? interrompit M. Mertoun.

Jamais rien dans la conduite de son père n'avait étonné autant Mordaunt, que cette obstination à insister sur un sujet aussi éloigné de la tournure ordinaire de ses idées et de ses habitudes de conversation;

il se contenta de répondre encore une fois que les deux jeunes filles étaient également belles, mais qu'il n'avait jamais songé à être injuste envers l'une, en la mettant au-dessous de l'autre. — D'autres, ajouta-t-il, se décideraient entre elles, suivant la préférence qu'ils donneraient au sérieux ou à la gaieté, aux brunes ou aux blondes ; mais moi, je ne puis découvrir dans l'une une perfection qui ne soit balancée par quelque autre également séduisante dans sa sœur.

Il est possible que le sang-froid même avec lequel Mordaunt venait de s'expliquer n'eût pas donné lieu à son père d'être satisfait de l'interrogatoire ; mais en ce moment Swertha entra avec le déjeûner, et le jeune homme, malgré son souper de la veille, fit honneur à ce repas avec un appétit qui fit penser à son père que c'était là pour son fils un objet plus important que la conversation qu'ils venaient d'avoir, et que sur ce sujet il n'avait rien à ajouter aux réponses qu'il avait déjà faites. Mertoun porta la main à son front, et resta longtemps à contempler le jeune homme tout occupé de son repas du matin. Ses mouvements n'annonçaient ni distraction ni soupçon d'être observé ; tout en lui était franc, naturel et ouvert.

— Il a le cœur libre, murmura Mertoun en lui-même ; — si jeune, si vif, avec une imagination comme la sienne et un extérieur aussi séduisant, il est bien étrange qu'à son âge, dans les circonstances où il se trouve placé, il ait évité des pièges où se laissent prendre tous les autres hommes !

Quand le déjeûner fut fini, Mertoun, au lieu de proposer, comme d'ordinaire, à son fils, qui attendait ses ordres, de s'occuper d'une des diverses branches de ses études, prit sa canne et son chapeau, et dit à Mordaunt de l'accompagner sur le haut du rocher de Sumburgh-Head, pour observer l'état de la mer qui devait être encore agitée de la tempête de la veille. Mordaunt était à cet âge où l'on préfère un exercice actif à des travaux sédentaires ; aussi s'empressa-t-il gaiement d'accéder à la demande de son père, et au bout de quelques minutes ils gravissaient ensemble la hauteur qui, s'élevant du côté de la terre par une pente longue, raide et couverte d'herbe, formait, du côté de la mer, un précipice effrayant.

La journée était délicieuse ; il y avait tout juste assez de mouvement dans l'air pour chasser les nuages légers comme des flocons de neige épars sur l'horizon : à mesure qu'ils passaient devant le soleil, le paysage se colorait de cette alternative d'ombre et de lumière qui souvent donne, pour quelque temps du moins, aux terrains nus et sans accidents, une espèce de charme qui approche de la variété d'un pays boisé et cultivé. Mille nuances claires et obscures se jouaient sur la surface des marais, des rocs, des îlots, et s'élevant toujours de plus en plus, décrivaient autour de chaque objet de plus vastes circuits.

Mertoun s'arrêtait fréquemment et regardait autour de lui ; son fils crut d'abord que c'était pour jouir des beautés de la scène ; mais comme ils approchaient de la partie la plus élevée de la montagne, il remarqua que son haleine devenait entrecoupée, ses pas pénibles et incertains, et s'aperçut bientôt, non sans un sentiment d'inquiétude, que les forces de son père étaient épuisées, et qu'il trouvait la montée plus difficile et plus fatigante qu'à l'ordinaire. Se rapprocher de lui et lui offrir en silence l'appui de son bras était un acte de déférence tout naturel de la part d'un jeune homme envers une personne d'un âge plus avancé, en même temps qu'un devoir de piété filiale ; et Mertoun sembla d'abord l'accepter comme tel, car il profita sans rien dire du secours qui lui était offert.

Mais au bout de deux ou trois minutes, le père cessa de s'appuyer sur son fils. A peine avait-il monté encore une centaine de pas, qu'il repoussa loin de lui Mordaunt avec une brusquerie qui tenait de la rudesse, et, comme si une réminiscence soudaine fût venue stimuler son activité, il se mit à gravir la hauteur à grands pas et avec tant de précipitation, que Mordaunt, à son tour, eut peine à le suivre. Il connaissait la singularité du caractère de son père ; il avait pu se convaincre, par plusieurs circonstances légères, qu'il ne l'aimait pas, malgré tous les soins qu'il donnait à son éducation, et lors même qu'il paraissait n'avoir pas d'autre objet d'affection sur la terre. Mais cette conviction ne s'était jamais présentée à lui avec plus de force et de puissance, qu'en voyant la précipitation et presque la dureté avec laquelle Mertoun refusait de lui une assistance que la plupart des personnes âgées acceptent volontiers des jeunes gens même avec lesquels les unissent les liens les plus légers, comme un service également agréable à rendre et à recevoir. Cependant Mertoun ne parut pas s'apercevoir de l'effet que sa rudesse avait produit sur l'esprit de Mordaunt. Il s'arrêta enfin sur une espèce de terrasse unie qu'ils venaient d'atteindre, et il adressa la parole à son fils d'un ton d'indifférence qui ne semblait pas exempt d'affectation.

— Puisque vous avez si peu de raisons, Mordaunt, de tenir à ces îles sauvages, je suppose que vous avez formé quelquefois le désir de voir un peu le monde ?

— Sur ma parole, monsieur, je ne puis dire que j'aie jamais eu une idée à ce sujet.

— Et pourquoi pas, jeune homme ? Il n'y aurait rien là que de naturel, à votre âge. A votre âge, le climat si beau et si varié de la Grande-Bretagne ne me suffisait pas ; — encore moins me serais-je contenté d'une espèce de tourbière entourée d'eau.

— Je n'ai jamais songé à quitter les îles Schetland, monsieur, répliqua Mordaunt. Je me trouve heureux ici ; j'y ai des amis. Vous-même, monsieur, pourriez regretter mon absence, à moins que....

— Quoi ! interrompit son père avec quelque vivacité. Voudriez-vous me persuader que vous restez ici et que vous y voudriez rester pour l'amour de moi?

— Et pourquoi non, monsieur? répondit Mordaunt avec douceur. C'est mon devoir, et je me flatte de l'avoir rempli jusqu'ici.

— Ah! oui! répéta Mertoun du même ton. — Votre devoir — votre devoir! C'est le devoir du chien de suivre le valet qui le nourrit.

— Et n'est-ce pas aussi ce qu'il fait, monsieur?

— Oui! répondit le père en détournant la tête, mais il ne fait amitié qu'à ceux qui le caressent.

— J'espere, monsieur, que vous ne m'avez pas trouvé en faute?

— Pas un mot de plus, — pas un mot de plus là-dessus, s'écria brusquement Mertoun; nous avons tous deux rempli nos devoirs l'un envers l'autre, et nous allons bientôt nous quitter. — Que ce soit là notre consolation, — si en nous séparant nous avons besoin de consolation.

— Je suis prêt à obéir à vos volontés, reprit Mordaunt, qui n'était pas fâché de trouver une occasion de voir un peu le monde. Votre intention est, je suppose, que je commence mes voyages par une saison passée à la pêche de la baleine?

— La pêche de la baleine! Voilà en effet un bon moyen pour voir le monde! Mais vous parlez comme on vous a instruit. Assez sur ce sujet pour le moment. Dites-moi où vous avez trouvé un abri pendant l'orage d'hier.

— A Stourburgh, chez le facteur nouvellement venu d'Écosse.

— Un homme à projets, pédant, rêveur, visionnaire; — et qui avez-vous vu là?

— Sa sœur, et la vieille Norna de Fitful-Head.

— Quoi! la reine des enchantements? continua Mertoun avec un sourire moqueur; — celle qui change la direction des vents en mettant sa coiffe de côté, comme le roi Érick en tournant son bonnet? La dame voyage loin de son logis. — Que devient-elle? S'enrichit-elle en vendant des vents favorables aux navigateurs retenus dans le port*?

— Je n'en sais vraiment rien, monsieur, répondit Mordaunt, que certains souvenirs empêchaient de se prêter aux plaisanteries de son père.

— J'entends! vous trouvez la matière trop sérieuse pour vous permettre d'en plaisanter, ou peut-être sa marchandise vous paraît chose de trop peu de poids pour mériter l'attention, continua Mertoun, avec le même ton de sarcasme qui était chez lui ce qui ressemblait le plus à la gaieté. Mais si l'on veut approfondir la question, on voit que tout se vend et s'achète ici-bas. Pourquoi n'en ferait-on pas de même du vent, si le marchand peut trouver des acheteurs? La terre est affermée depuis sa surface jusqu'aux mines cachées dans ses profondeurs; — le feu et les

---

* Voyez note C, à la fin du volume.

matières propres à l'entretenir sont l'objet d'un commerce public ; — les pauvres diables qui balaient de leurs filets la mer en fureur achètent le droit de s'y noyer. A quel titre l'air échapperait-il à ce trafic universel ? Tout, sur terre, a son tarif, ses vendeurs et ses acheteurs. Dans beaucoup de pays, — dans tous les pays, veux-je dire, les prêtres vous vendront une portion du ciel ; — dans tous aussi les hommes sont prêts à sacrifier leur santé, leur fortune, la paix de leur conscience, pour acheter une large part de l'enfer. Pourquoi Norna ne vendrait-elle pas des vents ?

— Je ne vois pas ce qui l'en empêcherait ; seulement je voudrais qu'elle les débitât à moins fortes doses. Hier elle a fait le commerce en gros ; — ceux qui ont traité avec elle en ont eu pour leur argent.

— C'est vrai, dit son père en s'arrêtant sur le bord du promontoire escarpé à l'extrémité duquel ils se trouvaient, et où le rocher à pic plonge sur le vaste Océan ; l'on en voit encore les effets.

Le front sourcilleux de ce rocher est formé d'une pierre molle et friable, nommée pierre à sablon, qui, se décomposant peu à peu, et cédant à l'action de l'atmosphère, se fend en larges masses qui restent quelque temps suspendues sur le bord du précipice, puis, détachées par la violence des tempêtes, tombent souvent avec fracas dans l'abîme, dont les vagues tourmentées fouettent le pied du roc. Un grand nombre de ces énormes fragments gisent au-dessous du rocher d'où ils ont été précipités, et la lame écumante se brise contre eux avec une fureur particulière à ces latitudes.

Au moment où Mertoun et son fils regardaient du haut du précipice, la mer soulevée se ressentait encore de l'agitation de la veille, car la tempête avait remué trop violemment l'Océan, pour qu'il s'apaisât sitôt. Aussi la marée s'avançait sur le cap avec une fureur étourdissante pour l'oreille, éblouissante à la vue, et menaçant d'une destruction immédiate tout ce qui pourrait se rencontrer sur son passage. L'aspect de la nature, dans sa magnificence ou dans ses terreurs, a de tout temps un intérêt puissant que l'habitude même n'affaiblit qu'à peine ; et le père ainsi que son fils s'assirent sur le rocher pour contempler ces convulsions effrénées de l'Océan, qui roulait au pied du précipice ses vagues irritées.

Tout à coup Mordaunt, dont les yeux étaient plus perçants et l'attention probablement plus éveillée que celle de son père, se leva en s'écriant : — Dieu du ciel ! Il y a un vaisseau dans le Roost.

Mertoun regarda vers le nord-ouest, et au milieu de l'agitation du flux distingua un objet. — Il ne montre aucune voile, observat-il ; et immédiatement il ajouta, après avoir regardé avec sa longue-vue : Il flotte sur la mer comme une carcasse démâtée.

— Il est poussé vers Sumburgh-Head, s'écria Mordaunt avec terreur, et sans aucuns moyens d'éviter le cap !

— Il ne fait rien pour cela. Probablement son équipage l'a abandonné.

— Et par un jour comme celui d'hier, où nulle barque découverte ne pouvait tenir la mer, fût-elle montée par les meilleurs rameurs qui aient jamais manié l'aviron, — ils doivent avoir tous péri.

— C'est extrêmement probable, dit Mertoun, avec le plus grand sang-froid; et ne devaient-ils pas tous périr plus tôt ou plus tard? Qu'importe que le faucon à qui rien n'échappe les ait étreints à la fois d'un seul coup sur les débris de leur navire, ou qu'il les ait saisis un à un, à mesure que le hasard les faisait tomber dans ses serres? Qu'importe cela? — Le pont d'un vaisseau, le champ de bataille, nous sont à peine plus funestes que notre table et notre lit, et nous n'échappons à l'un que pour traîner une vie de découragement et d'ennui, jusqu'à ce que nous succombions à l'autre. — Que n'est-elle venue pour moi, — cette heure que la raison nous ferait désirer, si la nature ne nous avait inspiré pour elle une si indomptable horreur ! De pareilles réflexions vous étonnent, continua-t-il, parce que vous êtes encore nouveau dans la vie. Avant que vous ayez atteint mon âge, ces pensées deviendront familières à votre esprit.

— Sûrement, monsieur, un tel dégoût de la vie n'est pas la conséquence nécessaire d'un âge avancé?

— Pour tous ceux au moins qui l'estiment ce qu'elle vaut. — Quant aux hommes qui, comme Magnus Troil, sont assez dominés par les instincts matériels pour trouver leur bonheur dans les plaisirs sensuels, il est possible que pour eux, comme pour les animaux, l'existence seule soit un bonheur.

Mordaunt ne goûtait ni la doctrine ni l'exemple. Il pensait qu'un homme qui remplissait aussi bien que le bon vieux udaller ses devoirs envers les autres méritait mieux une fin paisible comme le soir d'un beau jour, que s'il avait cherché le calme dans l'insensibilité. Mais il laissa tomber ce sujet de conversation; car les discussions avaient toujours pour effet d'irriter son père. Il tourna de nouveau son attention vers le naufrage. La carcasse du navire, car c'était à peu près tout ce qu'il en restait, flottait maintenant en plein courant et était poussée avec violence vers le pied du rocher sur lequel étaient placés les deux spectateurs. Mais il se passa un assez long espace de temps avant qu'ils pussent apercevoir distinctement l'objet qui leur avait apparu d'abord comme un point noir au milieu des eaux, puis, de plus près, comme une baleine qui tantôt laisse paraître son dos au-dessus des vagues, tantôt expose à la vue son large flanc noirâtre. Mais alors ils pouvaient distinguer la forme d'un vaisseau, car les énormes vagues qui le poussaient vers la plage le soulevaient parfois sur leur surface, pour le replonger ensuite au fond du sillon creusé dans la mer. C'était, autant qu'on en pouvait juger, un bâtiment de deux à trois cents tonneaux, disposé pour la défense car on pouvait voir ses sabords. Il avait probablement été démâté par la tempête de la veille, et flottait sur les eaux, en butte à leur violence. Il paraissait certain que l'équipage, ne pouvant plus ni diriger la course du vaisseau, ni l'alléger au moyen des pompes, s'était jeté dans les chaloupes et l'avait abandonné à son sort. On pouvait donc mettre de côté toute crainte, au moins en ce qui concernait la perte immédiate des passagers; et néanmoins ce ne fut pas sans un vif sentiment de terreur que Mordaunt et son père virent le vaisseau, — ce chef-d'œuvre de l'art par lequel le génie de l'homme aspire à dompter l'Océan et à lutter contre les vents,—sur le point de devenir leur proie.

La masse noire s'avançait toujours, grandissant à mesure qu'elle approchait. Enfin, une lame terrible, sur la crête de laquelle était porté le navire, roula en avant sans se briser et se précipita contre le roc avec son fardeau; le triomphe des éléments sur l'œuvre des mains de l'homme fut alors complet. La vague qui l'avait soulevé, comme nous venons de le dire, avait laissé voir un moment toute la coque du bâtiment naufragé avant de la pousser contre le roc. Mais lorsque cette vague se retira, il avait cessé d'exister, et le reflux ne remporta qu'une multitude de poutres, de planches, de tonnes et autres objets semblables, qui furent entraînés dans son mouvement rétrograde, pour revenir avec le flot suivant se briser de nouveau contre le pied du rocher.

En ce moment, Mordaunt crut apercevoir un homme flottant sur une planche ou sur un tonneau, qui, allant en dérive du courant principal, semblait sur le point de prendre terre sur un petit banc de sable, où il y avait peu d'eau et où les vagues venaient se briser plus mollement. Voir le danger et s'écrier: — Il vit et l'on peut encore le sauver! — fut le premier mouvement de l'intrépide Mordaunt. Le second, après un regard rapide en avant du rocher, fut d'entreprendre, en s'aidant des moindres fentes, des saillies et des crevasses, une descente si rapide que le spectateur pouvait la prendre pour une chute, et si périlleuse qu'elle semblait un acte de démence.

— Arrête, je te l'ordonne, téméraire enfant! s'écria Mertoun; cette tentative est une mort certaine. Arrête, et prends à gauche un sentier plus sûr. — Mais déjà Mordaunt était complétement engagé dans sa périlleuse entreprise.

— Pourquoi le retiendrais-je? dit son père, réprimant son inquiétude à l'aide de cette philosophie dure et insensible dont il s'était fait un principe. S'il mourait maintenant, au milieu de son généreux héroïsme, dans son ardeur pour la cause de l'humanité, fier de sentir sa force et de déployer son activité; — s'il mourait aujourd'hui, n'échapperait-il pas à la misanthropie, aux remords, à la vieillesse, au sentiment de sa décadence physique et morale? — Et pourtant je ne veux pas le regarder ; — je ne le regarderai point. — Je ne saurais voir cette jeune lumière s'éteindre si vite.

Il se détourna donc du précipice, et prenant à la hâte vers la gauche un chemin d'un quart de mille environ, il se dirigea vers une fente du rocher, ou *riva*, comme on disait dans le pays, formant un sentier nommé Erick's Steps (les Pas d'Érick), peu praticable et peu sûr, mais le seul dont se servissent habituellement les habitants d'Iarlshof quand ils voulaient, dans un but quelconque, arriver au pied du rocher.

Mais longtemps avant que Mertoun eût atteint seulement l'entrée de ce passage, l'aventureux Mordaunt avait consommé sa tentative désespérée. En vain des obstacles qu'il n'avait pas aperçus d'en haut étaient venus l'empêcher de descendre en droite ligne ; — les détours auxquels ils l'obligèrent n'avaient fait qu'allonger sa route sans l'interrompre. Plus d'une fois, de larges blocs auxquels il allait confier le poids de son corps avaient cédé devant lui et s'étaient précipités avec le bruit du tonnerre dans l'Océan refoulé ; à deux ou trois reprises, d'autres fragments du roc s'étaient détachés après lui comme pour l'entraîner dans leur chute. Une âme intrépide, un œil sûr, une main vigoureuse et un pied ferme le menèrent à bout de sa téméraire entreprise ; et dans l'espace de sept minutes, il se trouva au bas du roc, le flanc duquel il venait d'accomplir sa périlleuse descente.

Le lieu où il se trouvait maintenant était une petite langue de terre mêlée de sable et de gravier qui s'étendait un peu avant dans la mer, et touchait à droite le pied même du roc escarpé, tandis que sur la gauche elle n'en était séparée que par une étroite portion de baie creusée par les vagues, qui s'avançait jusqu'au pied du défilé d'Erick's Steps, par où le père de Mordaunt se proposait de descendre.

Au moment où le navire avait été mis en pièces, l'Océan avait englouti tout ce qu'on avait vu flotter sur les vagues lors du premier choc, excepté quelques débris, tonneaux, caisses ou autres objets semblables, qu'un remous impétueux formé par le reflux avait jeté sur la terre ferme, si le sol mouvant sur lequel se tenait maintenant Mordaunt méritait ce nom. Au milieu de ces débris, son œil perçant découvrit ce qui avait d'abord attiré son attention et ce qu'il reconnut alors de plus près pour être en effet un homme, mais dans un état des plus tristes. Ses bras serraient encore d'une étreinte convulsive la planche à laquelle il s'était attaché au moment du choc ; mais le sentiment et le mouvement l'avaient abandonné, et de la manière dont la planche se trouvait placée, partie posant sur le sable, partie soulevée par la mer, il y avait tout à craindre qu'elle ne fût de nouveau balayée loin de la côte, et en ce cas la mort était inévitable. Au moment même où il venait de faire ces remarques, Mordaunt vit s'avancer une large vague, et se hâta d'interposer son aide avant qu'elle ne fondît sur la

CHAPITRE VII.

malheureuse victime que le reflux ne pouvait manquer d'entraîner sans retour.

Il se jeta à la mer et saisit le corps avec une ténacité semblable, quoique inspirée par un sentiment tout différent, à celle du limier qui happe sa proie. La force de la vague qui se retirait fut encore plus grande qu'il ne l'avait cru, et ce ne fut pas sans avoir à lutter pour sa propre vie, aussi bien que pour celle de l'étranger, que Mordaunt résista au mouvement de reflux qui l'entraînait en arrière; sans quoi, tout habile nageur qu'il était, la violence du courant l'eût brisé contre les écueils ou emporté en pleine mer. Cependant il tint bon, et, avant le retour d'un autre flot, il parvint à tirer à sec sur un petit amas de sable et le corps et la planche auxquels il restait invinciblement attaché. Mais comment le sauver? comment ranimer en lui la force et la vie prêtes à l'abandonner? comment enfin transporter dans un lieu plus sûr le mourant, hors d'état d'aider lui-même à son salut? C'étaient autant de questions que Mordaunt s'adressait en vain.

Il regarda en haut du rocher sur lequel il avait laissé son père, et l'appela à grands cris à son aide; mais ses yeux ne purent l'apercevoir, et le cri aigu des oiseaux de mer répondit seul à sa voix. Il examina de nouveau celui qu'il venait d'arracher aux flots. Un habit richement brodé à la mode du jour, du linge fin, des anneaux aux doigts, indiquaient un personnage d'un rang supérieur; et ses traits annonçaient la grâce et la jeunesse, tout pâles et défigurés qu'ils étaient. Il respirait encore, mais si faiblement, que son haleine était presque imperceptible, et la vie semblait tenir si peu à son corps, qu'on pouvait craindre que le souffle ne s'en éteignît tout à fait, s'il n'était ranimé au plus vite. Desserrer la cravate qui entourait son cou, lever sa tête du côté où soufflait la brise, le soutenir dans ses bras, ce fut tout ce que Mordaunt put faire pour le secourir, tout en regardant avec anxiété s'il ne viendrait pas quelqu'un qui l'aidât à traîner ce malheureux vers un lieu plus sûr.

En ce moment, il aperçut une forme humaine qui s'avançait lentement et avec précaution le long de la baie. Il espéra d'abord que c'était son père, mais il se rappela aussitôt que ce dernier n'avait pas eu le temps de parcourir la descente sinueuse par où il devait nécessairement avoir pris : d'ailleurs, l'homme qui approchait était de plus petite taille.

Quand cet homme fut plus près de lui, Mordaunt n'eut pas de peine à reconnaître le colporteur avec lequel il s'était trouvé la veille à Harfra, et qui lui était connu de longue main pour l'avoir vu en diverses occasions. Il cria le plus fort qu'il put : — Bryce, holà! Bryce, par ici! — Mais le marchand, fort occupé à recueillir quelques dépouilles du naufrage et à les tirer hors de la portée des flots, fit pendant quelque temps peu d'attention à ses cris.

Lorsqu'enfin il se rapprocha de Mordaunt, ce ne fut pas pour lui prêter son assistance, mais pour lui reprocher sa témérité d'entreprendre cette œuvre charitable. — Êtes-vous fou, lui dit-il, vous qui vivez depuis si longtemps aux îles Schetland, de vous hasarder à sauver un homme qui se noie? Ne savez-vous pas que si vous le rendez à la vie, il ne peut manquer de devenir votre ennemi mortel?[1] — Allons, maître Mordaunt, donnez-moi un coup de main pour quelque chose de plus utile. Aidez-moi à tirer sur le rivage un ou deux de ces coffres, avant que d'autres ne viennent; nous partagerons en bons chrétiens ce que Dieu nous envoie, et nous le remercierons.

Mordaunt n'ignorait pas cette superstition inhumaine, accréditée dans ces temps déjà éloignés parmi les classes inférieures des îles Schetland, et d'autant plus généralement adoptée peut-être, qu'elle servait d'excuse pour refuser assistance aux malheureuses victimes d'un naufrage, tandis qu'on s'emparait de leurs dépouilles. Quoi qu'il en soit, cette opinion, que sauver un homme qui se noyait était courir le risque de recevoir un jour de lui quelque injure, formait un étrange contraste dans le caractère de ces insulaires : hospitaliers, généreux, désintéressés, ce préjugé barbare les poussait souvent à refuser leur secours dans ces périlleuses extrémités si fréquentes sur leurs côtes fécondes en écueils et en tempêtes. Nous sommes heureux d'ajouter que les exhortations et l'exemple des propriétaires ont effacé jusqu'aux traces de cette croyance inhumaine, dont le souvenir subsiste encore dans la mémoire de quelques-uns des habitants. Il est étrange que le cœur de l'homme se soit si souvent fermé à la pitié devant une infortune à laquelle il était constamment exposé lui-même; mais peut-être que le spectacle fréquent et l'expérience personnelle d'un danger tendent à en émousser le sentiment, soit pour nous, soit pour les autres.

Cette ancienne superstition était enracinée chez Bryce d'une manière toute spéciale, peut-être parce que l'approvisionnement de sa balle dépendait moins des magasins de Lerwick et de Kirkwall que des suites d'un vent du nord-ouest tel que celui de la veille; événement pour lequel, dévot comme il l'était à sa manière, il manquait rarement d'adresser au ciel l'effusion de sa reconnaissance. On disait de lui que s'il eût employé à secourir les naufragés le temps qu'il avait passé à piller leurs ballots et leurs coffres, il aurait sauvé bien des personnes et perdu bien des marchandises. Il ne fit aucune attention aux prières réitérées de Mordaunt, quoiqu'il se trouvât alors sur la même langue de sable que lui. Bryce connaissait bien cet endroit pour être celui où la marée devait amener les débris que rejetterait l'Océan; et, afin de profiter du moment favorable, il s'occupait exclusivement de saisir et de s'approprier les objets qui lui semblaient les plus

---

[1] *Voyez* note D, à la fin du volume.

précieux et les plus portatifs. A la fin Mordaunt vit l'honnête colporteur jeter son dévolu sur un grand coffre à l'usage des voyageurs sur mer, fait de quelque bois des Indes, doublé solidement de plaques de cuivre, et qui semblait de fabrique étrangère. La serrure solide résista à tous les efforts de Bryce pour l'ouvrir, jusqu'à ce que, du plus grand sang-froid, il tira de sa poche un marteau et un ciseau propres à cet usage, et se mit à forcer les charnières.

Cette impassibilité fit perdre patience à Mordaunt : il se saisit d'une planche qui se trouvait à sa portée; et posant doucement son fardeau sur le sable, il s'approcha de Bryce avec un geste menaçant et s'écria :
— Misérable sans entrailles et sans pitié ! Viens à l'instant m'aider à sauver cet homme et à le mettre hors de la portée des vagues, ou je t'assomme sur la place, et j'informe Magnus Troil de ton pillage, afin qu'il te fasse fouetter jusqu'à mettre à nu tes os, et te bannisse ensuite de Mainland !

Au moment où le jeune homme saluait de cette rude apostrophe les oreilles de Bryce, le couvercle du coffre venait de sauter, et l'intérieur offrit à sa vue le spectacle séduisant d'une garde-robe complète de terre et de mer; des chemises unies et d'autres ornées de manchettes en dentelle, une boussole d'argent, une épée à poignée de même métal, et autres objets précieux, dont le marchand était sûr de trouver un bon débit. Il fut tenté de se relever, de tirer l'épée du fourreau et d'engager la bataille, plutôt que de lâcher prise et de souffrir l'interruption dont il était menacé. Trapu, et robuste malgré sa petite taille, encore dans la force de l'âge et mieux armé que son adversaire, il aurait pu lui faire un plus mauvais parti que ne méritait sa générosité chevaleresque.

Déjà, comme Mordaunt lui répétait avec véhémence l'injonction de laisser là son butin et de venir au secours du mourant, Bryce répondait d'un air de défi : — Ne jurez pas, monsieur, ne jurez pas ! — Je ne souffrirai point qu'on jure en ma présence, et si vous me touchez du bout du doigt, parce que je m'empare de la dépouille des Égyptiens, je vous donnerai une leçon dont vous vous souviendrez jusqu'à Noël.

Mordaunt allait mettre le courage du colporteur à l'épreuve, lorsqu'une voix s'écria tout à coup derrière lui : — Arrête ! — C'était la voix de Norna de Fitful-Head; pendant le fort de la querelle, elle s'était approchée d'eux sans être aperçue. — Arrête ! répéta-t-elle; et toi, Bryce, rends à Mordaunt le service qu'il te demande. Cela te rapportera plus, et c'est moi qui te le dis, que tout ce que tu pourrais gagner aujourd'hui.

— C'est de la première qualité, dit Bryce en maniant l'une des chemises, de cet air connaisseur dont les matrones et les experts s'assurent de la bonté d'une étoffe; — c'est de la première qualité, et forte comme de la toile à voile. Cependant, mère, il faut faire ce que vous voulez;

et j'aurais cédé de même à l'invitation de M. Mordaunt, ajouta-t-il, quittant le ton de la menace, et prenant l'accent doucereux dont il se servait pour enjôler ses pratiques, s'il n'avait proféré des jurons profanes qui me faisaient venir la chair de poule et sont cause que j'ai failli m'oublier. Alors il tira une gourde de sa poche et s'approcha du naufragé. — C'est de la meilleure eau-de-vie, continua-t-il, et si cela ne le guérit pas, je ne sais ce qui pourrait le guérir. En même temps il en avala lui-même une gorgée par forme de préliminaire, et comme pour montrer la qualité de la liqueur, et il allait l'approcher des lèvres du moribond, lorsque tout à coup, retirant la main, il regarda Norna : — Vous m'assurez contre tout danger de sa part, si je lui prête mon assistance ? — Vous savez bien vous-même ce que l'on dit, mère ?

Pour toute reponse, Norna lui prit des mains la gourde et se mit à frotter avec le contenu les tempes et la gorge du naufragé, en même temps qu'elle montrait à Mordaunt comment il devait lui soutenir la tête pour lui faire dégorger l'eau de mer qu'il avait avalée pendant son immersion.

Le colporteur resta inactif un moment, et dit ensuite : — Pour sûr il n'y a plus le même danger à lui donner des soins, maintenant qu'il est hors de l'eau et à sec sur la plage; et, pour sûr, le principal danger est pour ceux qui l'ont touché les premiers; mais, pour sûr, c'est pitié de voir comme ces bagues serrent et ont fait enfler les doigts de cette pauvre créature, — elles ont rendu sa main bleuâtre comme le dos d'un crabe avant qu'il ne soit cuit. En même temps il saisit une des mains froides du noyé, dont les mouvements légèrement convulsifs indiquaient déjà le retour à la vie, et commença l'œuvre charitable de retirer les bagues qui semblaient de quelque valeur.

— Arrête, si tu tiens à la vie, dit Norna d'un ton sévère, ou je vais jeter sur toi un sort qui ruinera ton commerce dans toute l'étendue des îles.

— Allons, mère, pour l'amour de Dieu, n'en dites pas davantage, je ferai toujours ce qui vous plaira, et comme vous l'entendrez. J'ai ressenti hier un rhumatisme dans l'épaule, et ce serait bien dur pour un pauvre homme comme moi d'être arrêté dans mon petit commerce ambulant, — gagnant honnêtement quelques sous et profitant de ce que la Providence envoie sur nos côtes.

— Alors tais-toi, dit la vieille; — tais-toi, si tu veux t'épargner un repentir, et charge cet homme sur tes larges épaules; sa vie est précieuse, et tu seras récompensé.

— Cela m'est bien dû, répondit Bryce, en regardant d'un air piteux le coffre découvert et les autres dépouilles semées sur le sable, car il est venu se jeter à la traverse entre moi et un butin qui aurait fait de moi un homme pour le reste de mes jours; et maintenant tout cela va

CHAPITRE VII.

rester ici jusqu'à ce que la prochaine marée le balaie dans le Roost après ceux qui en étaient les propriétaires hier matin.

— Rassure-toi, dit Norna : ces effets serviront à l'usage de l'homme. Regarde ; voici des oiseaux de proie dont l'odorat est aussi fin que le tien.

Elle disait vrai ; car un grand nombre des habitants du hameau de Iarlshof arrivaient à la hâte le long de la baie pour avoir leur part du butin. Le colporteur poussa un profond gémissement. — Oui, oui, dit-il, voici les gens de Iarlshof ; ils feront place nette ; ils sont connus pour experts à ce métier, et ne laisseront pas la valeur d'une planche pourrie ; et ce qu'il y a de pire, c'est qu'il n'y en a pas un parmi eux qui ait assez d'honnêteté et de sens pour remercier le Ciel des biens qu'il leur envoie. Voici le vieux ranzelman, Neil Ronaldson, qui ne peut faire un mille lorsqu'il s'agit d'entendre le ministre, mais qui en fera dix, s'il s'agit d'un vaisseau échoué.

Cependant Norna semblait avoir sur lui un ascendant si absolu, qu'il n'hésita pas plus longtemps à charger sur ses épaules l'homme qui maintenant donnait de plus fréquents signes de vie ; sans autre observation, et assisté de Mordaunt, il s'avança le long de la côte avec son fardeau. Avant qu'on ne l'emportât, l'étranger indiqua d'un geste le coffre et essaya d'articuler quelque chose ; Norna le comprit : — Soyez tranquille, lui dit-elle, on en aura soin.

Comme ils avançaient vers le sentier d'Erick's Steps par où ils devaient remonter le rocher, ils rencontrèrent les habitants de Iarlshof qui accouraient dans la même direction. Hommes et femmes, en passant, faisaient place à Norna et la saluaient : on pouvait même lire sur quelques visages une expression de crainte. Elle les dépassa de quelques pas, puis, se retournant, appela à haute voix le ranzelman, qui, plus fidèle à l'usage qu'à la légalité, accompagnait le reste du hameau dans son expédition déprédatrice. — Neil Ronaldson, dit-elle, fais attention à mes paroles. Il y a là-bas un coffre dont le couvercle a été forcé. Songe à le faire porter chez toi à Iarlshof, dans l'état où il est. Prends garde qu'un seul objet en soit touché ou détourné. Malheur à celui qui s'aviserait seulement d'en regarder le contenu ! Je ne parle pas en vain et ne souffre pas la désobéissance.

— Il sera fait selon votre plaisir, mère, répondit Ronaldson. Nous ne toucherons à rien, puisque c'est votre volonté.

Bien loin derrière les autres, venait une vieille femme, marmottant entre ses dents et maudissant sa décrépitude qui la faisait arriver la dernière ; mais néanmoins pressant le pas autant qu'elle le pouvait, pour avoir sa part des dépouilles.

Lorsque Mordaunt la rencontra, il reconnut avec surprise la vieille femme de charge de son père. — Comment, dit-il, c'est vous, Swertha ? Qui vous amène si loin de la maison ?

— J'étais seulement sortie pour chercher après mon vieux maître et après Votre Honneur, répondit Swertha du ton d'un coupable pris en flagrant délit ; car plus d'une fois M. Mertoun avait exprimé une improbation formelle des expéditions de cette nature.

Mais Mordaunt était trop préoccupé pour remarquer qu'elle était en faute. — Avez-vous vu mon père ? lui demanda-t-il.

— Je l'ai vu, répondit Swertha ; — le bon gentleman allait s'engager dans le passage d'Erick Steps, où il serait resté, car il n'a pas du tout le pied montagnard. Je l'ai décidé à rentrer à la maison, — et je vous cherchais pour que vous alliez le rejoindre ; car, à mon idée, il est loin d'être bien.

— Mon père est malade ? s'écria Mordaunt, se rappelant les symptômes de faiblesse qu'il avait laissés paraître au commencement de leur promenade du matin.

— Il est loin d'être bien, — il est loin d'être bien, murmura Swertha en secouant la tête d'un air dolent ; — blanc comme une mouette, — blanc comme une mouette. — Et songer à descendre le sentier !

— Retournez chez vous, Mordaunt, dit Norna qui avait entendu ce qui s'était passé. Je veillerai à ce qu'on fasse tout ce qui sera nécessaire pour le soulagement de cet homme, et vous le trouverez chez le ranzelman, quand vous voudrez le voir ; vous avez fait pour lui tout ce que vous pouviez faire.

Mordaunt sentit qu'elle avait raison, et ordonnant à Swertha de le suivre sur-le-champ, il s'avança dans la direction de Iarlshof.

Swertha marcha à regret et d'un pas incertain sur les traces de son jeune maître, jusqu'à ce qu'elle l'eût perdu de vue, au moment où il entrait dans la fente du rocher ; alors elle revint précipitamment sur ses pas en disant entre ses dents : — Courir à la maison, en vérité ? — courir à la maison, et perdre la plus belle chance que j'aie eue depuis dix ans de me procurer un mantelet neuf et un beau mouchoir ? — Non, sur ma foi, je n'irai pas. — Le bon Dieu envoie trop rarement sur nos côtes de semblables aubaines. — Il n'y en a pas eu de pareille depuis que *le Jacques et Jenny* échoua, du temps du roi Charles.

En parlant ainsi, elle fit son possible pour doubler de vitesse, et son impatience lui donnant des forces, elle déploya une merveilleuse agilité pour participer à la curée. Elle arriva bientôt à la baie, où le ranzelman, tout en bourrant ses poches, exhortait les autres à partager loyalement et en bons voisins, et à faire la part des vieillards et des pauvres ; ce qui, ajoutait-il charitablement, attirerait sur leurs côtes la bénédiction divine et leur ferait venir d'autres naufrages avant l'hiver [1].

---

[1] *Voyez* la note E, à la fin du volume.

CHAPITRE VIII.

> C'était, en vérité, un aimable jeune homme. La panthère du désert n'avait pas plus de grâce; et le dauphin des mers du tropique, lorsqu'il veut s'égayer et s'ébattre, ne montra jamais tant de vivacité. WORDSWORTH.

Le pied agile de Mordaunt Mertoun l'eut bientôt transporté à Iarlshof. Il entra dans la maison avec une précipitation inquiète, car ce qu'il avait observé lui-même le matin coïncidait, jusqu'à un certain point, avec les idées qu'avait voulu éveiller Swertha. Cependant il trouva son père se reposant de sa fatigue; et sa première question lui prouva que la bonne dame avait eu recours à une petite ruse pour se débarrasser de l'un et de l'autre.

— Où est le moribond pour l'amour duquel vous avez si prudemment risqué de vous rompre le cou? demanda Mertoun à son fils.

— Norna s'en est chargée, répondit celui-ci : elle s'entend à ces sortes de cures.

— Elle est donc empirique aussi bien que sorcière? — A la bonne heure! — c'est un embarras de moins. Mais sur ce que m'avait dit Swertha, je m'étais hâté de rentrer à la maison pour chercher de la charpie et des bandages, car, à l'entendre, il ne s'agissait de rien moins que d'os brisés.

Mordaunt garda le silence, sachant bien que son père n'insisterait pas sur ses questions relatives à un tel sujet, et ne voulant ni nuire à la vieille gouvernante, ni jeter son père dans un des accès de colère auxquels il était sujet, lorsque, contrairement à ses habitudes, il se mêlait de contrôler la conduite de ses domestiques.

Le jour était avancé quand Swertha revint de son expédition, toute harassée et portant un paquet assez volumineux qui semblait contenir sa part du butin. Mordaunt l'alla prouver sur-le-champ pour lui reprocher les mensonges dont elle l'avait abusé ainsi que son père; mais la matrone accusée avait ses réponses toutes prêtes.

— Sur mon âme, dit-elle, j'ai cru que c'était le cas d'engager M. Mertoun à rentrer au logis et à préparer des bandages, quand je vous ai vu de mes deux yeux descendre le long du rocher comme un chat sauvage. — On pouvait croire que cela finirait par des os brisés, et alors on aurait été bien heureux de trouver des bandages. — Et en vérité, je pouvais bien vous dire que votre père n'était pas bien, et qu'il était blanc comme une mouette (car, dussé-je mourir! ce sont les propres mots dont je me suis servie); et qui pourrait nier que ce ne soit vrai, même en ce moment?

— Mais, Swertha, répliqua Mordaunt dès que cette bruyante justification lui laissa le temps de parler à son tour, comment se fait-il que vous, qui deviez être occupée du ménage et de votre rouet, vous vous trouviez ce matin à Erick's Steps pour vous donner tant de peine inutile sur mon père et sur moi? — Et que renferme ce paquet, Swertha? Je crains bien que vous n'ayez manqué à l'ordre, et que vous ne soyez sortie pour prendre part au pillage.

— Que votre aimable visage soit béni, et que les grâces de saint Ronald descendent sur vous! dit Swertha d'un ton moitié flatteur et moitié de plaisanterie; voudriez-vous empêcher une pauvre créature de faire son petit profit de si bonnes choses gisant sur le sable tout exprès pour être ramassées? — Voyez-vous, maître Mordaunt, un vaisseau échoué, c'est un spectacle qui ferait abandonner au ministre sa chaire au beau milieu de son sermon : comment voulez-vous qu'une vieille femme ignorante y résiste, et ne laisse pas là sa quenouille et son rouet? D'ailleurs, je n'ai pas tant gagné dans ma journée. — Quelques chiffons de mousseline, un ou deux morceaux de gros drap et d'autres misères semblables. — Tout dans ce monde est pour les plus forts et les plus hardis

— Oui, Swertha, et c'est le commencement de la punition qui vous attend dans ce monde et dans l'autre pour voler les pauvres marins.

— Hélas! mon jeune maître, qui voudrait punir une vieille femme comme moi pour de semblables bagatelles? — Les mauvaises langues ont beaucoup noirci le comte Patrick; mais il était l'ami du rivage, et il a fait de sages lois contre ceux qui secourraient les vaisseaux sur le point de s'engager dans les brisants[1]. — D'ailleurs les marins, comme je l'ai entendu dire au colporteur Bryce, perdent leurs droits du moment que la quille touche le sable; et de plus, ils sont morts, les pauvres gens; — ils sont morts et trépassés, et se soucient peu maintenant des richesses de la terre. — Non! pas plus que les grands iarls ou rois de la mer, du temps des Norses, ne s'inquiétaient des trésors qu'ils enfouissaient dans les tombes et dans les sépulcres au temps jadis. Vous ai-je jamais dit la ballade, maître Mordaunt, comment Olaf Tryguarson fit cacher avec lui dans son tombeau cinq couronnes d'or?

— Non, Swertha, répondit Mordaunt qui prenait plaisir à tourmenter la vieille avide et rusée, — vous ne m'avez jamais dit cela; mais je vous dis, moi, que l'étranger transporté à la ville par les soins de Norna sera assez bien demain pour demander où vous avez caché ce que vous avez volé du naufrage.

— Mais qui lui en dira un mot, mon cœur? dit Swertha, interrogeant

---

[1] Ceci est littéralement vrai. (W. S.)

CHAPITRE VIII.

d'un malin regard les yeux de son jeune maître ; — d'autant plus que je dois vous dire qu'il y a entre autres choses un bon coupon de soie, qui vous fera une jolie veste pour la première fête où vous irez.

Mordaunt ne put s'empêcher plus longtemps de rire de l'adresse avec laquelle la vieille cherchait à acheter son silence en lui donnant une part du fruit de son pillage ; et après lui avoir ordonné de préparer ce qu'elle avait pour le dîner, il retourna vers son père qu'il trouva encore assis à la même place et à peu près dans la même posture où il l'avait laissé.

Lorsque leur court et frugal repas fut terminé, Mordaunt fit part à son père de l'intention où il était d'aller jusqu'au village pour avoir des nouvelles de celui qu'il avait sauvé.

M. Mertoun fit un signe d'assentiment.

— Il doit s'y trouver assez mal, ajouta son fils : — observation qui provoqua seulement un autre signe de tête. Son extérieur, poursuivit Mordaunt, annonce un homme d'un rang distingué, — et en admettant que ces pauvres gens fassent de leur mieux pour le recevoir dans son état de faiblesse actuelle, quand....

—Je comprends ce que vous voulez dire, interrompit son père ; vous pensez que nous devons faire quelque chose en sa faveur. Allez donc vers lui ; — s'il a besoin d'argent, qu'il indique la somme et il l'aura ; mais pour loger ici cet inconnu et entrer en rapport avec lui, c'est ce que je ne puis faire, c'est ce que je ne ferai pas. Je me suis retiré dans ce coin reculé de l'empire britannique pour éviter le contact de nouveaux amis, de nouveaux visages, et personne ne m'intéressera désormais à sa fortune bonne ou mauvaise. Quand une dizaine d'années de plus vous auront appris à connaître le monde, vous en saurez assez sur le compte de vos amis de jeunesse pour vous en souvenir et pour éviter d'en faire de nouveaux le reste de votre vie. Allez donc,—qui vous arrête? — débarrassez le pays de cet homme. — Que je ne voie autour de moi que ces visages grossiers dont je connais la portée, le caractère et les petites ruses : on peut se résigner à tout cela comme à un mal trop léger pour causer de l'irritation. Il jeta alors sa bourse à son fils, et lui fit signe de partir au plus vite.

Mordaunt ne tarda pas à arriver au village. Dans la cabane enfumée de Neil Ronaldson le ranzelman, il trouva l'étranger assis devant un feu de tourbe, sur ce même coffre qui avait excité la cupidité de Bryce Snailsfoot, le dévot colporteur. Le ranzelman était absent, et occupé à partager entre les habitants du lieu, avec toute l'impartialité requise, les dépouilles du vaisseau naufragé, écoutant et redressant leurs plaintes sur l'inégalité des parts, et (s'il ne s'était pas agi d'une affaire inique et injustifiable dans tous ses détails) remplissant de tout point le rôle d'un sage et prudent magistrat. Car à cette époque et peut-être longtemps après, les insulaires de la classe inférieure partageaient l'opinion commune aux peuples barbares, habitants des côtes, que tout ce que la mer jetait sur la plage devenait incontestablement leur propriété.

Marguerite Bimbister, digne épouse du ranzelman, avait la charge de la maison; elle introduisit Mordaunt près de son hôte, disant à ce dernier, sans grande cérémonie : — Voici le jeune tacksman ; peut-être bien lui apprendrez-vous votre nom, quoique vous n'ayez pas voulu nous le dire. Sans lui, vous ne seriez plus là pour le dire à âme qui vive.

L'étranger se leva, et dit à Mordaunt en lui serrant la main, qu'il avait appris que c'était à ses soins qu'il devait la conservation de sa vie et de son coffre. — Le reste de ce que je possédais, ajouta-t-il, court des bordées, à ce que je vois, car ils sont tous ici aussi occupés que le diable dans un coup de vent.

— Et à quoi vous a donc servi votre science de marin, dit Marguerite, que vous n'ayez pu éviter le cap de Sumburgh? De longtemps le Sumburgh-Head ne serait allé vous trouver.

— Laissez-nous un moment, bonne Marguerite Bimbister, dit Mordaunt, je voudrais avoir un entretien particulier avec ce gentleman [1].

— Gentleman ! s'écria Marguerite avec emphase ; ce n'est pas qu'il ne soit assez bien pour cela, ajouta-t-elle en l'examinant de nouveau, mais je doute qu'il y ait en lui beaucoup du gentleman.

Mordaunt regarda l'étranger et fut d'une opinion différente. C'était un homme d'une taille plus que moyenne, et aussi remarquable par sa beauté que par sa force. Mordaunt avait peu l'expérience du monde; il reconnut cependant qu'à une noble et belle physionomie, quoique brûlée par le soleil, et paraissant avoir affronté tous les climats, sa nouvelle connaissance joignait les manières franches et ouvertes d'un marin. Il répondit avec aisance aux questions que lui fit Mordaunt sur sa santé, et l'assura qu'une nuit suffirait pour le remettre complétement. Mais il se plaignit amèrement de l'avarice et de la curiosité du ranzelman et de sa femme.

— Cette vieille bavarde, dit-il, m'a persécuté tout le jour pour savoir le nom du vaisseau. Elle pourrait, ce me semble, se contenter de ce qu'elle en a eu. J'étais le principal propriétaire du bâtiment perdu là-bas, et ils ne m'ont rien laissé que mes vêtements. N'y a-t-il dans ce pays sauvage aucun magistrat, aucun juge de paix pour tendre une main secourable à un homme au milieu des voleurs ?

Mordaunt parla de Magnus Troil, le principal propriétaire, et en même temps *fowd* ou juge provincial du district, comme de celui qui était le plus à même de lui faire obtenir justice ; et il exprima le regret que sa jeunesse et la vie retirée de son père, étranger au pays, ne lui permissent pas de lui offrir la protection qu'il réclamait.

---

[1] *Gentleman* est un terme propre à la langue anglaise, et qui n'a chez nous d'autre équivalent que celui d'*homme comme il faut*. (L. V.)

— Oh! pour vous, vous avez assez fait, dit le marin; mais si j'avais seulement cinq des quarante braves qui sont en ce moment la pâture des poissons, du diable si je demanderais à un autre de me faire rendre la justice que je saurais bien obtenir moi-même!

— Quarante hommes! s'écria Mordaunt; c'était un équipage bien nombreux pour la dimension de votre vaisseau.

— Pas encore autant qu'il l'aurait fallu. Nous avions dix canons outre ceux de chasse; mais notre croisière dans l'Océan avait éclairci nos rangs et encombré nos magasins. Six de nos canons servaient de lest.
— Des hommes! Oh! si j'en avais eu assez, nous n'aurions pas éprouvé cet infernal désastre. Mes gens étaient épuisés de fatigue à force de pomper; ils se sont emparés des chaloupes et m'ont laissé avec mon vaisseau, dans l'alternative de périr ou de me sauver à la nage. Mais les chiens l'ont payé assez cher, je peux leur pardonner. — Les chaloupes ont été englouties dans le courant. — Tous ont péri, — et moi, me voici.

— Vous veniez donc par le nord, des Indes occidentales?

— Oui, oui. Le bâtiment était *la Bonne Espérance* de Bristol, une lettre de marque. Il avait eu d'heureuses chances dans les eaux d'Espagne, soit comme bâtiment marchand, soit comme corsaire; mais pour lui maintenant, c'en est fait du bonheur. Mon nom est Clément Cleveland, capitaine et principal intéressé, comme je vous l'ai dit.
— Je suis né à Bristol; — mon père était bien connu sur le Tollsell: — le vieux Clem[1] Cleveland de College-Green.

Mordaunt n'avait aucun droit de lui en demander davantage, et cependant il lui semblait que son esprit n'était qu'à demi satisfait. Il y avait dans les manières de l'étranger une affectation de brusquerie et une sorte de bravade que rien, dans les circonstances actuelles, ne paraissait motiver. Si les insulaires avaient eu des torts envers le capitaine, il n'avait reçu de Mordaunt que bons procédés et secours; et cependant il semblait s'en prendre indistinctement à tous les habitants. Mordaunt baissait les yeux et gardait le silence, ne sachant s'il devait se retirer ou lui faire de nouvelles offres de service. Cleveland parut avoir deviné sa pensée, car il ajouta aussitôt d'un ton amical: — Je suis un homme tout franc, monsieur Mertoun, car j'ai appris que tel est votre nom, et je suis entièrement ruiné, ce qui ne contribue pas à rendre un homme aimable. Mais vous avez agi avec moi comme un bon et véritable ami, et si je ne vous en fais pas grands remercîments, il est possible que je n'en pense pas moins. Aussi, avant de quitter ce pays, je veux vous donner mon fusil de chasse; il pourrait envoyer un cent de petit plomb dans le chapeau d'un Hollandais, à quatre-vingts pas. — Il porte la balle aussi.
— J'ai atteint un buffle à cent cinquante pas. — Mais j'en ai deux

---

[1] Abréviation de Clément. (L. V.)

autres au moins aussi bons ; gardez donc celui-ci — en souvenir de moi.

— Ce serait prendre aussi ma part du naufrage, répondit Mordaunt en riant.

— Non pas, non pas, reprit Cleveland, en ouvrant une boîte qui contenait plusieurs fusils et pistolets ; — vous voyez que j'ai sauvé mon petit arsenal aussi bien que mes vêtements; ce que je dois à cette grande vieille femme toute gréée de noir. Entre nous, cela vaut tout ce que j'ai perdu; car, ajouta-t-il en baissant la voix et regardant autour de lui, quand je me dis ruiné aux oreilles de ces requins de terre, il ne faut pas croire que je sois tout à fait sans ressources. Non, il y a ici quelque chose qui vaut mieux que du plomb de chasse. En même temps, il tira de son coffre un grand sac de munition sur lequel était écrit : *Petit plomb*, et fit à la hâte voir à Mordaunt qu'il était plein de pistoles d'Espagne et de portugaises (ainsi que l'on appelait alors les grandes pièces de Portugal). Non, non, ajouta-t-il en souriant, il me reste assez de lest pour remettre le bâtiment à flot : et maintenant prendrez-vous le fusil ?

— Puisque vous voulez me le donner, dit Mordaunt en riant, de tout mon cœur. J'allais précisément vous demander de la part de mon père, poursuivit-il en montrant sa bourse, si vous n'auriez pas besoin de ce lest dont vous parlez.

— Merci, vous voyez que j'en suis pourvu ; — prenez donc ce fusil. C'est une vieille connaissance. Tâchez qu'elle vous serve aussi bien qu'elle m'a servi ; mais jamais vous ne ferez avec elle un aussi bon voyage. Vous savez tirer, je pense ?

— Assez bien, répondit Mordaunt, tout en admirant l'arme, superbe fusil de fabrique espagnole, damasquiné en or, petit de calibre, mais d'une longueur non habituelle et tel qu'on s'en sert ordinairement pour la chasse des oiseaux de mer, ou pour le tir à balle.

— Chargé avec du petit plomb, continua le capitaine, jamais fusil n'a eu un coup plus serré, et avec une seule balle vous pouvez tuer un veau marin à deux cents pas en mer, du sommet du pic le plus élevé de vos côtes. Mais, je vous le répète, jamais le vieux routier ne vous rendra les mêmes services qu'à moi.

— Je ne m'en servirai peut-être pas avec la même adresse?

— Hum! c'est possible, mais ce n'est pas là ce que je veux dire : tuer le timonnier à la roue du gouvernail, au moment où nous courions à l'abordage d'un navire espagnol, qu'en pensez-vous? Le noble Espagnol se trouva ainsi pris par derrière, présenta son travers à notre avant, et nous nous en emparâmes, le coutelas à la main ; et il en valait bien la peine : — une bonne brigantine, — *El San Francisco*, — chargé pour Porto-Belo d'or et de nègres. Ce morceau de plomb nous valut vingt mille pistoles.

— Je n'ai jamais tiré de pareil gibier.

CHAPITRE VIII.

— Eh bien! il y a temps pour tout; on ne peut lever l'ancre avant la marée. Mais vous êtes jeune, vigoureux, actif. Qui vous empêche d'essayer d'une tournée à la recherche de cette denrée? ajouta-t-il en mettant la main sur le sac d'or.

— Mon père parle de me faire bientôt voyager, répliqua Mordaunt, qui, accoutumé dès son enfance à porter un grand respect à tout ce qui tenait aux vaisseaux de guerre, se sentait flatté d'une pareille invitation de la part d'un homme qui lui paraissait un marin consommé.

— Je veux du bien à votre père d'avoir eu cette pensée, et j'irai lui rendre visite avant de lever l'ancre. J'ai un vaisseau-matelot près de ces îles, que le diable les emporte! Il finira par me retrouver quelque part, quoiqu'il m'ait faussé compagnie au milieu d'un coup de vent, à moins qu'il ne soit allé aussi trouver Davy Jones [1]. — Mais il était en meilleur état que nous, et moins chargé; — il doit avoir résisté. On suspendra pour vous un hamac à bord, et en une campagne nous aurons fait de vous un marin et un homme.

— Je ne demanderais pas mieux, reprit Mordaunt, qui désirait ardemment voir plus de pays que sa vie solitaire ne le lui avait permis jusqu'alors; mais c'est mon père qui doit en décider.

— Votre père? bah! dit le capitaine Cleveland; puis il ajouta en se reprenant : — Mais vous avez raison. Il y a si longtemps que je vis sur mer, que je ne puis m'imaginer que personne ait le droit d'ordonner, si ce n'est le capitaine et le maître. — Vous avez raison; je vais sur-le-champ trouver le vieux gentleman, et lui parler. Il habite, je pense, cette belle maison neuve que je vois à un quart de mille d'ici?

— Il demeure, au contraire, dans cette vieille maison à demi ruinée; mais il ne veut voir personne.

— Alors vous prendrez vous-même le point, car je ne puis rester dans cette latitude. Puisque votre père n'est pas magistrat, il faut que j'aille trouver ce Magnus... comment l'appelez-vous? — qui n'est pas juge de paix, mais quelque autre chose qui revient au même. Ces misérables m'ont pris deux ou trois objets que je veux retrouver et que je retrouverai; quant au reste, qu'ils le gardent et que le diable les emporte! Voulez-vous me donner pour lui une lettre en forme d'introduction?

— Il n'en est guère besoin; il suffit que vous ayez fait naufrage, et que son secours vous soit nécessaire. — Je puis néanmoins vous remettre un mot pour lui.

— Alors, reprit le marin, en tirant un encrier de son coffre, voici ce qu'il faut pour écrire. — Pendant ce temps, puisque la carcasse est perdue, je vais fermer les écoutilles et mettre en sûreté la cargaison.

---

[1] Expression proverbiale : le fond de la mer. (L. V.)

En effet, tandis que Mordaunt écrivait à Magnus Troil et lui exposait les circonstances qui avaient jeté le capitaine Cleveland sur leurs côtes, ce dernier, après avoir d'abord choisi et mis à part quelques vêtements et autres objets nécessaires, en remplit un sac de voyage, et, muni d'un marteau et de clous, se mit à fermer sa caisse, la clouant aussi bien qu'aurait pu le faire un homme du métier; puis il y ajouta, pour plus de sûreté, une corde qu'il noua et attacha avec la dextérité d'un marin.—Je vous laisse le tout en garde, dit-il, tout, excepté ceci (montrant le sac d'or), et cela (désignant un coutelas et des pistolets), — qui me garantira désormais du risque de me séparer de mes portugaises.

— Vous n'aurez pas besoin de vos armes dans ce pays, capitaine Cleveland; un enfant voyagerait avec une bourse d'or du cap de Sumburgh au Scaw d'Unst, sans qu'âme qui vive pensât à l'inquiéter.

— Ceci me paraît un peu hasardé, jeune homme, après ce qui s'est passé là-bas.

— Oh! répliqua Mordaunt, un peu confus, les habitants de ce pays regardent comme leur propriété légitime tout ce que les flots apportent sur le rivage. On pourrait croire qu'ils ont étudié sous sir Arthegal, qui dit:

« Tout ce qui est égal a des droits égaux, et ce que la mer puissante a une fois possédé, ce qu'elle a arraché par le naufrage ou autrement des mains du possesseur, devient, par sa volonté irrésistible, la propriété de celui à qui elle l'envoie comme une chose laissée à l'abandon. »

— Ce passage me fera estimer plus que jamais les comédies et les ballades, dit le capitaine Cleveland; et pourtant je les ai assez aimées dans mon temps; mais cette doctrine me paraît bonne, et plus d'un homme peut livrer sa voile à un pareil vent. Ce que la mer nous envoie nous appartient, c'est assez vrai. Néanmoins, dans le cas où vos braves gens penseraient que la terre a pour eux des égards aussi bien que la mer, je prendrai la liberté d'emporter mon coutelas et mes pistolets.

— Pourrez-vous vous charger de donner asyle à ma caisse dans votre maison, jusqu'à ce que vous entendiez parler de moi, et, par votre influence, me procurer un guide qui me montre le chemin et porte mon petit bagage?

— Irez-vous par mer ou par terre?

— Par mer! s'écria Cleveland. — Quoi! — dans une de ces coquilles de noix, et coquilles de noix brisées, encore! Non, non, — la terre, la terre, à moins que je ne connaisse mon équipage, mon vaisseau et ma route.

Ils se séparèrent donc, le capitaine Cleveland étant pourvu d'un guide pour le conduire à Burgh-Westra, et sa caisse ayant été transportée avec soin au manoir d'Iarlshof.

CHAPITRE IX.

> C'est un marchand poli et sage. Ce n'est point un Autolycus qui cherche à éblouir vos yeux par des vanteries mondaines et des frivolités ; mais il assaisonne sa brillante marchandise de saines doctrines, appropriées à la circonstance, comme on relève la sauce d'une oie par de la sauge et du romarin.
> *Ancienne Comédie.*

Le matin du jour suivant, Mordaunt, en réponse aux questions de son père, lui donna quelques détails sur le marin naufragé qu'il avait arraché à la fureur des flots. Mais à peine était-il entré dans le détail des particularités qu'il tenait de Cleveland, que le trouble se peignit sur le visage de M. Mertoun. — Il se leva précipitamment, et, après avoir deux ou trois fois parcouru la chambre, se retira dans la pièce reculée où il avait l'habitude de se confiner, quand il était sous l'influence de sa maladie mentale. Le soir il reparut, sans montrer aucune trace d'agitation ; mais on peut aisément supposer que son fils évita de revenir sur le sujet qui l'avait affecté.

Mordaunt Mertoun resta donc abandonné à lui-même pour former son opinion à loisir sur la nouvelle connaissance que la mer lui avait envoyée ; et, au résumé, il s'étonnait de trouver le résultat de ses réflexions peu favorable à l'étranger, sans qu'il eût pu s'en rendre raison d'une manière bien précise. La pensée de cet homme semblait apporter avec elle une sorte d'influence répulsive. C'était un bel homme, à la vérité, et la franchise de ses manières prévenait en sa faveur ; mais il y avait en lui une certaine affectation de supériorité qui ne plaisait pas autant à Mordaunt. Celui-ci était assez amateur de la chasse pour être charmé de la possession de son fusil espagnol ; aussi il se plut à le monter et à le démonter, examinant avec une attention minutieuse le bassinet et les ornements dans tous leurs détails. Néanmoins il se sentait au fond quelques scrupules sur la manière dont il en était devenu maître.

— Je n'aurais pas dû l'accepter, pensa-t-il : peut-être le capitaine Cleveland a voulu par-là payer le léger service que je lui ai rendu ; et pourtant il eût été malhonnête de le refuser, d'après la manière dont il m'a été offert. J'aurais voulu trouver en lui un homme qu'on eût aimé davantage à obliger.

Mais un jour de bonne chasse le réconcilia avec son fusil, et il se persuada, comme tant de jeunes chasseurs l'eussent fait en pareille circonstance, qu'auprès de cette arme toutes les autres n'étaient que des canonnières d'enfant. Mais être réduit à tirer des mouettes et des veaux marins, quand il y avait des Français et des Espagnols à voir en face, — des vaisseaux à prendre à l'abordage, des timonniers à viser, cela lui semblait une destinée bien pauvre et bien misérable. Son père lui avait parlé de quitter ces îles, et aucun autre genre d'occupation ne se présentait à son inexpérience que celle de courir la mer, avec laquelle il était familiarisé dès l'enfance. Autrefois son ambition se bornait modestement à partager les fatigues et les dangers d'une expédition de pêche au Groënland; car c'était là pour les Schetlandais le théâtre de leurs plus périlleuses aventures. Mais la guerre venait de se rallumer. Les histoires de sir Francis Drake, du capitaine Morgan et d'autres hardis aventuriers, que lui avait vendues Bryce Snailsfoot, avaient fait sur lui une profonde impression, et l'offre du capitaine Cleveland de l'emmener à bord lui revenait fréquemment à l'esprit, quoique le plaisir qu'il s'en promît fût un peu obscurci par l'idée que, dans un long voyage, il pourrait bien trouver quelque chose à redire à son futur commandant. Dès à présent il avait pu remarquer en lui un caractère altier et peut-être despotique; et si un ton de supériorité se mêlait déjà à sa bienveillance, n'était-il pas à craindre que, dans l'expression de son mécontentement, il n'entrât une plus forte dose de cette disposition fâcheuse qu'il ne serait agréable à ses subordonnés? Et cependant, tous les inconvénients calculés, s'il pouvait obtenir le consentement de son père, avec quel plaisir il s'embarquerait, pensait-il, à la recherche de nouvelles scènes et d'aventures dramatiques! Et comme il se promettait de se distinguer par des prouesses qui seraient le texte de maints récits aux aimables sœurs de Burgh-Westra, — récits qui exciteraient les pleurs de Minna, le sourire de Brenda et l'admiration de toutes deux! Ce serait la récompense de ses dangers et de ses fatigues : car le foyer de Magnus Troil exerçait une influence magnétique sur toutes ses pensées; et après avoir erré à la suite des rêves de son imagination, c'était là qu'elles venaient aboutir et se reposer.

Parfois Mordaunt songeait à rapporter à son père la conversation qu'il avait eue avec le capitaine Cleveland, et la proposition que ce dernier lui avait faite; mais le peu de détails vagues qu'il lui avait donnés sur l'histoire du marin, dans la matinée qui suivit son départ du hameau, avait produit un effet sinistre sur l'esprit de M. Mertoun, et lui ôtait le courage de revenir désormais sur tout ce qui avait rapport à ce sujet. Il sera temps, pensa-t-il, de parler de cette proposition, lorsque le vaisseau-matelot sera arrivé, et que le capitaine réitérera son offre d'une manière plus formelle, ce qui ne peut manquer d'avoir lieu bientôt.

Mais les jours devenaient des semaines, les semaines se changeaient en mois, et il n'entendait plus parler de Cleveland ; seulement il apprit de Bryce Snailsfoot que le capitaine était établi à Burgh-Westra, où on le traitait comme quelqu'un de la famille. Mordaunt en fut quelque peu étonné. Sans doute les larges principes d'hospitalité adoptés dans l'île, et qu'il entrait dans les moyens aussi bien que dans le caractère de Magnus Troil de pousser jusqu'à leurs dernières limites, pouvaient rendre tout naturel le séjour d'un étranger dans sa famille, jusqu'à ce qu'il lui plût de disposer autrement de lui ; cependant il semblait étrange que le capitaine n'eût pas été dans les îles du nord, pour s'informer du bâtiment qu'il attendait, ou qu'il n'eût pas choisi de préférence la résidence de Lerwick, où des bateaux pêcheurs apportaient souvent des nouvelles des côtes et des ports d'Écosse et de Hollande ; et puis, pourquoi n'envoyait-il pas chercher le coffre qu'il avait laissé en dépôt à Iarlshof? De plus, n'aurait-il pas été convenable qu'un message de sa part prouvât au moins à Mordaunt qu'il ne l'avait pas oublié?

A ce sujet de réflexions s'en joignait un autre plus désagréable encore et plus difficile à expliquer. Avant l'arrivée de ce personnage, à peine une semaine se passait-elle sans qu'il reçût de Burgh-Westra quelque souhait amical, quelque signe de souvenir ; et les prétextes manquaient rarement pour continuer sans interruption cette petite correspondance. Tantôt c'était Minna qui désirait avoir les paroles d'une ballade norse, ou, pour ajouter à ses diverses collections, des plumes, des œufs, des coquillages, ou des échantillons de quelques plantes marines peu communes ; tantôt c'était Brenda qui envoyait une énigme à deviner, une chanson à apprendre ; c'était enfin le digne udaller lui-même qui, — en caractères presque aussi difficiles à déchiffrer qu'une inscription runique, — adressait ses cordiales salutations à son jeune ami, avec un présent de quelques provisions de choix, et une invitation pressante de venir au plus tôt à Burgh-Westra, et d'y rester aussi longtemps que possible. Souvent ces marques de bon souvenir étaient apportées par un messager spécial ; en outre, pas un passager ou un voyageur ne faisait le trajet d'une habitation à l'autre, sans être chargé pour Mordaunt de quelque témoignage bienveillant de la part de l'udaller et de sa famille. Depuis quelque temps, ces correspondances étaient devenues de plus en plus rares, et il y avait plusieurs semaines qu'Iarlshof n'avait vu un messager de Burgh-Westra. Mordaunt avait remarqué ce changement qui lui était pénible. Tandis qu'il faisait à Bryce des questions aussi pressantes que le lui permettaient l'amour-propre et la prudence, il était surtout dominé par le désir de connaître, s'il était possible, les causes d'un semblable refroidissement. Néanmoins il s'efforça de prendre un air indifférent en demandant au colporteur s'il n'y avait rien de nouveau dans le pays.

— De grandes nouvelles, répondit celui-ci, et beaucoup. Cet homme au cerveau fêlé, le nouveau facteur, veut changer les *bismars* et les *lispunds*[1] ; et notre respectable fowd, Magnus Troil, a juré que plutôt que d'adopter ses nouvelles mesures, il jetterait M. Yellowley du haut de Brassa-Craig.

— Est-ce tout? ajouta Mordaunt, que ce sujet intéressait fort peu.

— Tout? c'est bien assez, je pense. Comment les gens pourront-ils acheter et vendre, si on leur change les mesures?

— C'est juste; mais avez-vous entendu parler de bâtiments étrangers sur la côte?

— Il y a six dogres hollandais en vue de Brassa, et j'ai aussi entendu parler d'une grande espèce de galiote avec une vergue à cornes à sa grande voile, mouillée dans la rade de Scalloway. Elle vient sans doute de Norvége.

— Point de bâtiments de guerre, ni de sloops?

— Pas un depuis que *le Milan* est parti avec ses hommes *pressés*. Si c'était la volonté du Ciel, et que nos hommes en fussent dehors, je voudrais le voir au fond de l'Océan!

— Rien de nouveau à Burgh-Westra? — Toute la famille se porte bien?

— Très-bien, on ne peut mieux; — en bon train, à ce qu'il paraît, de rire et de s'amuser. — On dit qu'ils dansent toute la nuit avec le capitaine étranger qui loge chez eux, — celui qui a été jeté l'autre jour au pied du Sumburgh-Head. Il n'avait pas tant envie de rire alors!

— Rire! danser toute la nuit! répéta Mordaunt, assez peu satisfait. — Avec qui le capitaine Cleveland danse-t-il?

— Ma foi! avec toutes celles qui lui plaisent, je suppose. Il met tout le monde en train avec son violon. Mais je ne sais pas grand'chose là-dessus, car je me ferais conscience de m'occuper de pareilles extravagances. On devrait songer que la vie n'est qu'un tissu de laine pourrie.

— Je m'imagine que c'est pour leur rappeler cette vérité salutaire que vous vendez à vos pratiques tant de superfluités, Bryce, répliqua Mordaunt, aussi peu satisfait de la réponse que des scrupules affectés de celui qui la faisait.

— C'est-à-dire que j'aurais dû me rappeler que vous êtes vous-même un danseur et un joueur de violon, maître Mordaunt; mais je suis vieux, et il faut que je soulage ma conscience. Du reste, je réponds bien que vous serez à Burgh-Westra pour la fête de Jean (ou la Saint-Jean, comme les créatures aveugles l'appellent), et sans doute vous aurez besoin de quelques parures mondaines, — bas, vestes, ou autres choses de ce genre? J'ai des articles de Flandre. — En même temps il plaça sur la table son magasin portatif et se mit en devoir de l'ouvrir.

---

[1] Poids d'origine norvégienne, dont l'usage s'est conservé aux îles Schetland. (W. S.)

— La danse! répéta Mordaunt. — La danse le jour de Saint-Jean! — Vous a-t-on chargé de m'y inviter, Bryce?

— Non, — mais vous savez bien qu'invité ou non vous serez le bienvenu. Ce capitaine, — comment l'appelez-vous? — doit être le skudler, comme on dit, le premier de la bande, enfin.

— Que le diable l'emporte! proféra Mordaunt surpris et impatienté.

— Tout vient en son temps, dit le colporteur, ne pressez pas le bétail d'un homme; — le diable aura sa part, je vous le garantis, ou ce ne sera pas faute de la chercher. Quand vous ouvrirez de grands yeux comme un chat sauvage, c'est la vérité que je vous dis; et ce même capitaine, — je ne sais plus son nom, — m'a acheté un gilet comme ceux que je vais vous montrer, pourpre avec une bordure d'or, et joliment brodé; j'ai pour vous un coupon de la même étoffe, fond vert; et si vous voulez paraître avec avantage auprès de lui, il faut l'acheter, car au jour d'aujourd'hui c'est l'or qui séduit les yeux des jeunes filles. Voyez-moi un peu cela, ajouta-t-il, en présentant l'étoffe à la lumière en tous sens; regardez-la au jour et à contre-jour, — à l'endroit et à l'envers : — toujours aussi brillante ; — c'est un article d'Anvers. — Le prix est de quatre dollars ; et ce capitaine en a été si content qu'il m'a jeté vingt shillings jacobus en me disant de garder le surplus et d'aller au diable. — Malheureux pêcheur, je le plains!

Sans demander au marchand si c'était l'imprudence mondaine ou les discours profanes du capitaine Cleveland qui lui arrachaient ce cri de compassion, Mordaunt s'éloigna de lui, croisa les bras et se mit à parcourir la chambre en murmurant en lui-même : — Pas d'invitation! — Un étranger roi de la fête! — paroles qu'il répéta avec tant de vivacité, que Bryce en saisit au moins une partie.

— Quant à être invité, j'ose presque dire que vous le serez, maître Mordaunt.

— Ont-ils donc prononcé mon nom?

— Je ne puis positivement dire cela ; — mais vous n'avez pas besoin de détourner la tête d'un air farouche, comme un veau marin qui abandonne le rivage : car, voyez-vous, j'ai entendu distinctement que tous les danseurs du pays y seraient; et peut-on croire qu'on vous oubliera, vous, un ancien ami, et le pied le plus léger pour ces sortes de vanités qui ait jamais sauté au son du violon entre Iarlshof et Unst? (Que Dieu dans sa sagesse vous envoie un meilleur titre de louange.) Aussi je vous regarde comme invité, — et ce que vous avez de mieux à faire c'est de vous pourvoir d'une veste, car tous les hommes y seront braves et coquets; — que le Seigneur ait pitié d'eux!

Il continua ainsi à suivre de ses yeux gris et brillants les mouvements du jeune homme, qui se promenait dans la chambre d'un air pensif. Probablement le colporteur interpréta sa préoccupation à la manière de Claudio[1], qui croit que si un homme est triste, ce doit être parce qu'il manque d'argent. C'est pourquoi, après une autre pause, Bryce l'accosta en lui disant : — Vous n'avez pas besoin de vous inquiéter de cela, maître Mordaunt; quoique j'aie fait payer le juste prix à ce capitaine, je vous traiterai en connaissance et en pratique, et je puis, comme on dit, proportionner la somme à l'ouverture de votre bourse; — ou bien encore il reviendra au même pour moi d'attendre jusqu'à la Saint-Martin et même à la Chandeleur. Je suis raisonnable, maître Mordaunt; — à Dieu ne plaise que je presse personne, encore moins un ami qui m'a toujours bien payé! Je puis encore vous céder cet habillement pour sa valeur en plumes, en peaux de loutre ou autres pelleteries. — Personne ne sait mieux que vous comment se procurer ces sortes de choses, — et je suis sûr que la poudre que je vous ai fournie est de la première qualité. Je ne sais si je vous ai dit qu'elle venait du bagage du capitaine Plunket, qui a péri sur le Scaw d'Unst avec le brick de guerre *la Marie*, il y a six ans. C'était un chasseur consommé, et ce fut un grand bonheur que le coffre fût jeté sur la plage sans être mouillé. Je ne vends cette poudre qu'à de bons tireurs. Je vous disais donc que si vous aviez quelques articles à échanger contre la veste, j'étais prêt à faire le troc avec vous, car assurément on vous réclamera à Burgh-Westra le jour de la Saint-Jean; et vous ne voudriez pas avoir moins bonne mine que le capitaine : — cela ne serait pas convenable.

— J'y serai du moins, invité ou non, dit Mordaunt s'arrêtant tout court dans sa promenade, et prenant brusquement le coupon des mains du colporteur; et, comme vous dites, je ne leur ferai pas honte.

— Prenez garde, prenez garde, maître Mordaunt! s'écria le marchand; vous maniez cela comme si c'était un paquet de toile d'emballage. — Vous allez la mettre en pièces. — Remarquez donc que ma marchandise est délicate, — et faites attention que le prix est de quatre dollars. — Inscrirai-je cela sur mon livre?

— Non, dit Mordaunt; et se hâtant de prendre sa bourse, il lui jeta l'argent.

— Que le vêtement vous fasse honneur, et que l'argent me profite! dit le colporteur joyeux, et que Dieu puisse éloigner de nous les vanités mondaines, aussi bien que toute convoitise terrestre! qu'il vous envoie la blanche robe d'innocence, plus désirable que toutes les mousselines, les batistes et les soieries de ce monde, et à moi le talent de la parabole, plus profitable cent fois que les quadruples d'Espagne ou les dollars de Hollande! — Eh mais! — que le Ciel assiste ce jeune homme. Pourquoi manier ainsi la soie, comme un bouchon de foin?

En ce moment, la vieille ménagère Swertha entra dans la chambre.

---

[1] Personnage d'une comédie de Shakspeare, *Beaucoup de bruit pour rien*. (L. V.)

Mordaunt lui jeta son emplette, comme pressé de s'en débarrasser, et avec un air d'insouciance dédaigneuse, il lui dit de la serrer, prit son fusil dans un coin, mit son équipement de chasse, et, sans remarquer les efforts de Bryce pour lier conversation à propos de la « peau de veau marin, aussi douce que du chamois, » qui formait l'étui et la bretelle de son fusil, sortit brusquement de la chambre.

Les yeux verts et avides du colporteur suivirent, tandis qu'elle s'éloignait, la pratique qui traitait sa marchandise avec tant d'irrévérence.

Swertha suivait aussi des yeux Mordaunt avec quelque surprise : — Le jeune homme a l'esprit à l'envers! s'écria-t-elle.

— L'esprit à l'envers! répéta le colporteur; il aura le cerveau fêlé comme son père l'a toujours eu. Traiter ainsi une emplette qui lui coûte quatre dollars! Étourdi comme un poisson, comme disent les pêcheurs de l'est.

— Quatre dollars pour ce chiffon vert! répéta Swertha saisissant au passage les mots que le colporteur avait involontairement laissé échapper; — voilà un joli marché. Je voudrais savoir si Mordaunt est un plus grand fou que vous n'êtes un hardi coquin, Bryce Snailsfoot?

— Je ne dis pas que cela lui ait coûté précisément quatre dollars; mais quand cela serait, le jeune homme est maître de son argent, je pense, et il est assez grand pour faire ses marchés tout seul. D'ailleurs, la marchandise vaut bien l'argent, et plus.

— Plus! dit tranquillement Swertha. Eh bien! je veux voir ce que son père en pense.

— Vous ne serez pas si méchante, mistress Swertha; ce serait me remercier bien mal du joli mouchoir que j'ai apporté tout exprès pour vous de Lerwick.

— Et vous me le ferez bien payer, dit-elle, car vos bons offices en viennent toujours là.

— Vous fixerez le prix vous-même, ou nous n'en parlerons pas jusqu'à ce que vous achetiez quelque chose pour la maison ou pour votre maître, et nous compterons le tout ensemble.

— A la bonne heure! Vous avez raison, Bryce Snailsfoot; je pense que nous aurons bientôt besoin de quelques nappes. — Car il ne faut pas qu'on croie que nous pouvons filer ou travailler la toile comme s'il y avait une maîtresse à la maison; aussi n'en faisons-nous pas ici.

— Et voilà ce que j'appelle marcher dans la bonne voie. — « Allez vers ceux qui vendent et achètent. » Il y a beaucoup à profiter dans ce texte.

— Il y a plaisir à traiter avec un homme prudent, qui sait faire son profit de toute chose, dit Swertha. Et maintenant que j'ai mieux regardé le coupon de cet étourdi, je pense qu'il peut consciencieusement valoir quatre dollars.

CHAPITRE X.

> J'ai été le régulateur du temps et le distributeur des saisons. Le soleil a écouté ma voix et passé d'un tropique à l'autre à mon commandement. Les nuages, dociles à mes ordres, ont versé des torrents de pluie. *Rasselas.*

Tout sujet d'inquiétude et de réflexions mortifiantes, qui, dans un âge avancé, cause une inaction morne et pensive, inspire à la jeunesse une ardeur et une activité nouvelles, comme si elle voulait, ainsi que le daim blessé, engourdir par la rapidité de ses mouvements la douleur de la blessure. Lorsque Mordaunt eut saisi son fusil, et se fut élancé hors du manoir d'Iarlshof, il courut précipitamment à travers la campagne, sans aucun but fixe, si ce n'est celui d'échapper, s'il était possible, à la sensation cuisante de sa propre irritation. Son amour-propre se trouvait sensiblement froissé par les rapports du colporteur, qui coïncidaient trop bien avec certains doutes qu'avait fait naître dans son esprit le silence long et désobligeant de ses amis de Burgh-Westra.

Si la destinée de César avait voulu qu'il fût seulement, comme le suppose le poëte,

« Le meilleur lutteur sur une arène de gazon, »

il est à présumer qu'un croc en jambe donné par un rival, dans ce rustique exercice, l'aurait mortifié autant que l'eût fait sa défaite par un compétiteur, lorsqu'il combattait pour l'empire du monde. C'est ainsi que Mordaunt Mertoun, déchu à ses propres yeux du rang qu'il occupait comme chef de la jeunesse de l'île, en ressentit à la fois de la colère et de l'humiliation. Et les deux jolies sœurs, dont chacune ambitionnait un sourire, avec qui jusque-là il avait vécu dans les termes d'une affection toute fraternelle pour le calme et l'innocence, mais où se mêlait à leur insu la nuance mal définie d'un sentiment plus tendre, — elles aussi semblaient l'avoir oublié. Il ne pouvait ignorer que l'opinion générale de Dunrossness et de l'île tout entière le désignait comme celui sur qui se réunissaient toutes les chances pour devenir l'amant favorisé de l'une des deux; et voilà que tout à coup, et sans aucune faute de sa part, il était devenu si peu pour elles, qu'il ne jouissait même plus des droits d'une simple connaissance! Le vieil udaller lui-même, que son caractère franc et sincère aurait dû rendre plus constant dans ses amitiés, semblait avoir changé comme ses filles, et le pauvre Mordaunt avait perdu à la fois le sourire des belles et la faveur du puissant. Telles étaient les tristes réflexions qui venaient l'assaillir, et auxquelles il s'efforçait d'échapper en doublant le pas.

Sans précisément se rendre compte de la route qu'il parcourait, Mordaunt arpentait à la hâte des campagnes où ni haie, ni muraille, ni clôture d'aucune espèce n'interrompt la course du voyageur. Enfin il se trouva dans un site solitaire, où s'étendait, encaissé au milieu des collines couvertes de bruyères qui descendaient brusquement jusqu'à ses bords, un de ces petits lacs d'eau douce si communs dans les îles Schetland, et d'où s'élancent les mille ruisseaux et courants qui sillonnent le pays et font tourner les moulins servant à moudre le grain.

C'était une de ces tièdes journées d'été où les rayons du soleil, moins rares qu'on ne pourrait le croire dans ces parages, étaient voilés et affaiblis par un brouillard argenté qui flottait dans l'atmosphère, et faisant disparaître le contraste trop brusque de la lumière et de l'ombre, donnait au midi la douce nuance du crépuscule. Le lac, de trois quarts de mille de circuit à peine, semblait dormir dans un calme profond; rien n'en agitait la surface, sauf çà et là un de ces oiseaux aquatiques si nombreux dans l'île, qui, rasant l'onde avec rapidité, s'y plongeait parfois un instant. La profondeur des eaux donnait à tous les objets cette teinte azurée de vert bleuâtre qui l'avait fait nommer le Green Loch[1]. En ce moment il formait un miroir si transparent à l'amphithéâtre de collines qui le couronnait et qui se reflétait dans son sein, que la terre et l'eau semblaient se confondre; et, dans le demi-jour incertain occasionné par l'épais brouillard, un étranger se serait à peine aperçu qu'une nappe d'eau s'étendait devant lui. On ne saurait imaginer une solitude plus complète, dont l'effet s'augmentait encore de toute la sérénité du temps, du ton calme et grisâtre de l'atmosphère, enfin du silence parfait de tous les éléments. Les oiseaux mêmes, hôtes habituels de ces bords, semblaient s'associer au calme de la scène, et, retenant leur vol et leurs cris bruyants, se contentaient de glisser en silence sur les eaux tranquilles.

Sans viser aucun objet déterminé, — sans but, — presque sans se rendre compte de ce qu'il faisait, Mordaunt étendit son arme et fit feu dans la direction du lac. Le petit plomb en s'écartant fouetta comme une grêle partielle la surface de l'onde; le bruit de la détonation se répéta en s'affaiblissant d'écho en écho le long des collines; les oiseaux, prenant leur vol et se croisant en cercles confus, répondirent par mille cris divers, depuis la note grave du harle au dos noir jusqu'au cri plaintif de la mouette et du vanneau.

[1] Le lac vert.

Mordaunt regarda un moment cette bande bruyante avec un sentiment de colère, qu'en ce moment il se sentait disposé à faire retomber sur toute la nature et sur tous les objets animés ou inanimés, quelque étrangers qu'ils fussent à la cause de sa mortification intérieure.

— Oui, oui! dit-il, tournez, plongez, criez tant qu'il vous plaira, et tout cela parce que vous avez vu un étranger et entendu des sons inaccoutumés. Il en est plus d'un qui vous ressemble dans ce bas-monde. Mais vous au moins, ajouta-t-il en rechargeant son fusil, vous apprendrez que des objets et des sons nouveaux, comme des connaissances nouvelles, ne sont pas toujours sans danger. — Mais pourquoi rendrais-je ces pauvres oiseaux victimes de la contrariété que j'éprouve? continua-t-il après un moment de pause; ils n'ont rien de commun avec les amis qui m'ont oublié. — Je les aimais tant! — et me voir si tôt délaissé pour le premier inconnu que le hasard a jeté sur la côte!

Comme il se tenait appuyé sur son fusil, s'abandonnant au cours de ces pénibles pensées, sa méditation fut tout à coup interrompue par quelqu'un qui lui toucha l'épaule. Il se retourna et vit Norna de Fitful-Head, enveloppée dans sa large mante noire. Elle l'avait aperçu du haut de la colline et était descendue jusqu'au lac par un petit ravin qui l'avait cachée à sa vue jusqu'au moment où elle arriva sans bruit si près de lui qu'elle put le toucher avant qu'il ne l'aperçût.

Mordaunt Mertoun n'était de sa nature ni timide ni crédule, et des lectures assez étendues avaient jusqu'à un certain point fortifié son esprit contre les atteintes de la superstition; mais c'eût été grand hasard que vivant aux îles Schetland, à la fin du dix-septième siècle, il eût possédé une philosophie qui n'exista guère généralement en Écosse que deux générations plus tard. Il doutait en lui-même, non-seulement de la portée, mais encore de l'existence du pouvoir surnaturel qu'on attribuait à Norna, ce qui était déjà un assez grand effort d'incrédulité dans un pays où il était universellement reconnu; mais enfin cette incrédulité n'allait pas au delà du doute. C'était sans contredit une femme extraordinaire, douée d'une énergie au-dessus du commun, qui agissait d'après des motifs connus d'elle seule et indépendants en apparence de toute considération purement terrestre. Imbu de ces idées dès l'enfance, ce ne fut pas sans quelque sentiment de crainte qu'il vit tout à coup cette femme mystérieuse debout près de lui et le fixant avec ces yeux tristes et sévères que les *valkyries*, vierges fatales chargées, dans la Mythologie du Nord, de choisir les victimes des combats, arrêtaient, dit-on, sur les jeunes champions désignés par elles pour partager le banquet d'Odin.

On regardait comme un présage contraire, pour ne rien dire de plus, de rencontrer inopinément Norna seule et sans témoins; et l'on supposait qu'en pareil cas elle avait manqué rarement de prédire malheur à ceux pour qui sa rencontre était déjà un mauvais augure. Il était peu d'insulaires, s'il y en avait, qui, tout habitués qu'ils fussent à la voir quelquefois dans des lieux fréquentés, n'eussent tremblé de se trouver face à face avec elle sur les bords solitaires du Green Loch.

— Je ne vous apporte pas de malheur, Mordaunt Mertoun, dit-elle, lisant peut-être dans les regards du jeune homme l'impression superstitieuse qu'il éprouvait à sa vue. Je ne vous ai jamais fait aucun mal et ne vous en ferai jamais.

— Je ne crains rien de semblable, répondit celui-ci, s'efforçant de secouer une appréhension qui lui paraissait indigne d'un homme. Pourquoi craindrais-je, bonne mère? vous avez toujours été une amie pour moi.

— Et pourtant, Mordaunt, tu n'es pas de notre pays; mais parmi les enfants des îles Schetland, non, pas même parmi ceux qui s'asseoient au foyer de Magnus Troil, les nobles descendants des anciens Iarls des Orcades, il n'en est aucun pour qui je forme plus de vœux de bonheur que je n'en forme pour toi, brave et généreux jeune homme. Lorsque je suspendis à ton cou cette chaîne magique fabriquée, comme tous le savent dans nos îles, non par un ouvrier mortel, mais par les Drows [1], dans les retraites mystérieuses de leurs cavernes, tu n'avais encore que quinze ans; et pourtant ton pied avait déjà foulé le sol vierge de Narthmaven, connu seulement jusque là du harle aux pattes membraneuses, et ton esquif avait pénétré dans les sombres cavernes de Brinnastir, où le phoque [2] seul avait jusque-là sommeillé au sein d'une obscurité profonde. Aussi t'ai-je fait ce noble don, et tu sais que, depuis ce jour, chacun ici t'a regardé comme un fils ou comme un frère, favorisé par-dessus tous les autres jeunes gens, et cher à ceux dont le pouvoir commence au moment où la nuit succède au jour.

— Hélas! bonne mère, votre gracieux présent a pu inspirer de

---

[1] Les *Drows* ou *Trows*, légitimes successeurs des *Duergars* du Nord, et tenant un peu des fées, résident comme elles dans le creux des collines verdoyantes et dans les cavernes, et minuit est l'heure de leur puissance. Ils travaillent d'une manière merveilleuse le fer et les métaux précieux; ils sont quelquefois propices aux mortels, mais plus souvent capricieux et malveillants. Parmi les Schetlandais des classes inférieures, on croit encore généralement à leur existence. Dans les îles voisines de Feroe, on les appelle *Foddenskencand* ou le *peuple Souterrain*; et Lucas Jacobson Debes, qui paraît très-bien informé à leur égard, nous assure qu'ils habitent les lieux souillés par l'effusion du sang ou par quelque horrible péché. Ils ont un gouvernement qui semble être monarchique. (W. S.)

[2] *Haafe-fish*, veau marin de la plus grande espèce, qui choisit pour retraite les antres les plus retirés. *Voyez* Dr Edmonstone's *Zetland* (Description des îles Schetland, par le docteur Edmonstone), vol. II, page 294. (W. S.)

l'amitié pour moi, mais il n'a pas su me la conserver, ou je n'ai pas su la conserver moi-même. — Mais qu'importe ? j'apprendrai à tenir aussi peu aux autres qu'ils tiennent peu à moi. Mon père dit que je ne tarderai pas à quitter ces îles ; ainsi, bonne Norna, je vous rendrai votre don magique, afin qu'il soit pour d'autres le gage d'un bonheur plus durable qu'il ne l'a été pour moi.

— Ne méprise pas les présents de la race sans nom, répliqua Norna en fronçant le sourcil ; puis changeant tout à coup son ton de mécontentement en un air de tristesse solennelle, elle ajouta : — Ne les méprise pas ; mais, ô Mordaunt, ne les recherche pas non plus ! Assieds-toi sur cette pierre grise. — Tu es le fils de mon adoption. Je me dépouillerai pour toi, autant que je pourrai, des attributs qui me séparent du commun des mortels, et je te parlerai comme une mère parle à son fils.

Il y avait dans sa voix tremblante une expression de douleur qui tempérait la dignité de son langage et de son maintien, et qui était de nature à exciter la sympathie non moins qu'à captiver l'attention. Mordaunt s'assit sur le rocher qu'elle lui indiquait, fragment détaché par l'ouragan, ainsi que beaucoup d'autres épars à l'entour du précipice au pied duquel il gisait sur la rive du lac. Norna prit place elle-même sur une pierre à environ trois pieds de distance, ajusta sa mante de manière à ce que son front, ses yeux et une tresse de ses cheveux gris étaient seuls visibles sous l'étoffe noire et grossière qui l'enveloppait, et continua d'un ton où l'emphase ordinaire à la folie semblait aux prises avec le sentiment vrai d'une douleur morale profondément enracinée.

— Je n'ai pas toujours été ce que je suis, dit-elle. Je n'ai pas toujours été la sage, la puissante, l'imposante Norna, devant qui la jeunesse baisse la tête, devant qui les vieillards découvrent leurs cheveux blancs. Il fut un temps où ma présence ne faisait pas taire la joie, alors que je sympathisais avec les passions humaines, que je partageais les plaisirs et les peines des hommes. Ce fut là un temps d'égarement, — un temps de folie, — un temps de rires vains et frivoles ; — ce fut aussi un temps de larmes sans cause et sans objet : — et pourtant, malgré ses folies, ses chagrins, ses faiblesses, que ne donnerait pas Norna de Fitful-Head pour être encore la joyeuse et obscure jeune fille au printemps de sa vie ! Écoute-moi, Mordaunt, et plains-moi ; car tu m'entends proférer des paroles que jamais oreille humaine n'a entendues, qu'oreille humaine n'entendra jamais à l'avenir. Je serai ce que je dois être, continua-t-elle en se levant et en étendant son bras maigre et flétri, la reine et la protectrice de ces îles sauvages et ignorées ; — celle dont les flots ne mouillent les pieds que lorsqu'elle l'a permis, même au milieu de leur plus grande fureur ; — celle dont l'ouragan n'agite pas la robe, alors qu'il arrache les toits de la charpente qui les soutient. Rends-moi témoignage, Mordaunt Mertoun ; — tu as entendu mes paroles à Harfra ; — tu as vu la tempête céder à ma voix : — Parle, rends-moi témoignage !

C'eût été chose cruelle et inutile de la contredire dans cet accès d'exaltation et d'enthousiasme, lors même que Mordaunt eût été plus fermement convaincu qu'il avait devant lui non une sibylle douée d'un pouvoir surnaturel, mais seulement une femme insensée.

— Je vous ai entendu chanter, reprit-il, et j'ai vu la tempête diminuer.

— Diminuer ! s'écria Norna en frappant la terre de son bâton de chêne noir avec impatience ; tu ne dis vrai qu'à demi : l'ouragan se tut tout à coup ; — il se tut dans un plus court espace que l'enfant à qui sa nourrice impose silence. — Tu connais assez mon pouvoir ; — mais tu ne sais pas, nul mortel ne sait et ne saura jamais le prix que ce pouvoir m'a coûté. Non, Mordaunt, jamais, quand il s'agirait de cette vaste domination, la gloire des anciens Norses, alors que leurs bannières flottaient victorieuses depuis Bergen jusqu'en Palestine, — jamais, pour tout ce que renferme l'univers, n'échange la paix de ton cœur contre un pouvoir tel que celui de Norna ! Elle reprit sa place sur le roc, abaissa sa mante sur son visage, reposa sa tête sur ses mains, et le mouvement convulsif qui agitait son sein indiqua qu'elle pleurait amèrement.

— Bonne Norna ! dit Mordaunt... et il s'arrêta, ne sachant trop que dire pour consoler cette malheureuse femme ; — bonne Norna, reprit-il, si quelque chose trouble votre esprit, ne feriez-vous pas mieux d'aller voir le digne ministre de Dunrossness ? On dit que depuis bien des années vous ne vous êtes montrée dans aucune assemblée chrétienne ; — ce ne peut être bien ni juste. Vous êtes vous-même bien connue pour guérir les maladies du corps ; mais quand l'âme est malade, nous devons nous rapprocher du médecin de l'âme.

Norna avait abandonné lentement l'attitude penchée qu'elle avait prise ; quittant enfin la pierre sur laquelle elle était assise, elle se leva, jeta sa mante en arrière, étendit le bras, et l'écume sur les lèvres, l'œil étincelant, elle s'écria d'une voix déchirante : — Moi, dites-vous ! — moi aller trouver un prêtre ! — voudriez-vous le faire mourir d'horreur ? — Moi dans une assemblée chrétienne ! — voudriez-vous que le toit s'écroulât sur la pieuse assemblée, et que le sang se mêlât aux prières ? — Moi, moi, aller trouver le médecin de l'âme ! — voudriez-vous qu'à la face de Dieu et des hommes le démon vînt à grands cris réclamer sa proie ?

L'extrême agitation de l'infortunée Norna porta naturellement Mordaunt à ajouter foi à la croyance généralement adoptée et accréditée à cette époque dans ces îles superstitieuses.

7

— Malheureuse femme ! dit-il, si en effet tu t'es liguée avec le génie du mal, pourquoi ne pas chercher le repentir? Mais, fais comme tu voudras; comme chrétien, je ne puis, je n'ose demeurer plus longtemps près de toi Reprends ton présent, ajouta-t-il en lui tendant la chaîne; il ne peut jamais m'être propice, si déjà même il ne m'a pas été fatal.

— Silence! écoute-moi, jeune insensé! dit Norna avec calme, comme si elle avait été rendue à la raison par l'alarme et l'horreur qu'elle aperçut dans la contenance de Mordaunt; — écoute-moi, te dis-je. Je ne suis pas de ceux qui se sont ligués avec l'ennemi du genre humain, ou qui tiennent de lui la science ou le pouvoir. Quoique les esprits aient été rendus propices par un sacrifice qu'une bouche humaine ne peut révéler, cependant Dieu sait que ma faute, dans cette offrande, ne fut pas plus grande que celle de l'aveugle qui tombe dans le précipice qu'il ne pouvait ni voir ni éviter. Oh! ne me laisse pas, — ne m'abandonne pas dans cette heure de faiblesse! Reste près de moi jusqu'à ce que la tentation soit passée, ou je me précipiterai dans ce lac pour me délivrer à la fois de ma puissance et de ma misère!

Mordaunt avait toujours eu pour cette femme bizarre une sorte d'affection, que sans doute les soins et l'attention particulière qu'elle lui avait montrés avaient fait naître en lui; il se laissa facilement engager à se rasseoir et à écouter ce qu'elle avait à lui dire, dans l'espoir qu'elle maîtriserait peu à peu la violence de son agitation. Elle parut bientôt avoir remporté sur elle-même la victoire qu'attendait son compagnon, car elle lui dit du ton ferme et impératif qui lui était familier :

— Ce n'est pas de moi, Mordaunt, que je voulais vous parler, quand je vous ai aperçu du haut de cette roche grise, et que j'ai descendu le sentier qui m'a conduite vers vous. Mon sort est fixé d'une manière irrévocable pour le bien comme pour le mal. Pour moi-même, ma sensibilité est émoussée; mais quand il s'agit de ceux qu'elle aime, Norna de Fitful-Head éprouve toujours un sentiment qui la rattache à l'humanité. Écoute-moi. Il y a un aigle, le plus noble qui ait bâti son aire dans ces rochers, et dans le nid de cet aigle une vipère s'est glissée; — veux-tu prêter ton aide pour écraser le reptile et pour sauver la noble lignée de celui qui règne dans les cieux du Nord?

— Parlez plus clairement, Norna, si vous voulez que je vous comprenne ou que je vous réponde. Je ne sais pas deviner les énigmes.

— Eh bien! pour parler sans détour, vous connaissez la famille de Burgh-Westra, — les aimables filles du noble et respectable udaller, de Magnus Troil, — Minna et Brenda : — vous les connaissez et vous les aimez?

— Je les ai connues, bonne mère, et je les ai aimées; — personne ne le sait mieux que vous.

— Les connaître une fois, dit Norna en appuyant sur ses paroles, c'est les connaître pour toujours. Les aimer une fois, c'est les aimer à jamais.

— Les avoir aimées une fois, répliqua le jeune homme, c'est souhaiter pour toujours leur bonheur, mais rien de plus. A vous parler franchement, Norna, les habitants de Burgh-Westra m'ont depuis quelque temps tout à fait oublié. Mais indiquez-moi comment je puis les servir, et je vous prouverai comment je me souviens de leurs bontés passées, combien j'ai peu de ressentiment de leur froideur actuelle.

— C'est bien dit, et je mettrai votre générosité à l'épreuve. Magnus Troil a pris un serpent dans son sein ; — ses aimables filles sont livrées aux machinations d'un scélérat.

— Vous voulez parler de l'étranger, de Cleveland?

— De l'étranger qui se donne ce nom, répondit Norna, — de celui-là même que nous avons trouvé jeté sur la plage, comme un monceau d'herbes marines, au pied du cap de Sumburgh. Je sentais en moi quelque chose qui me poussait à l'y laisser jusqu'à ce que la marée vînt le reprendre comme elle l'avait apporté. Je me repens de n'avoir pas cédé à mon premier mouvement.

— Et moi je ne puis me repentir d'avoir rempli mon devoir de chrétien. A quel titre désirerais-je qu'il en fût autrement? Si Minna, Brenda, Magnus et les autres me préfèrent cet étranger, je n'ai pas le droit de m'en offenser ; n'y aurait-il pas du ridicule à me comparer à lui?

— C'est bien, et j'ose croire qu'ils méritent votre amitié désintéressée.

— Mais je ne vois pas, reprit Mordaunt, en quoi vous pouvez avoir dessein que je les serve. Je viens d'apprendre par Bryce le colporteur que ce capitaine Cleveland est au mieux avec les jeunes dames de Burgh-Westra et avec l'udaller lui-même. Je ne voudrais pas m'introduire dans une maison où je ne serais pas le bienvenu, ni mettre mon mérite casanier en parallèle avec celui du capitaine Cleveland. Il peut leur parler de batailles, tandis que mes exploits se bornent à dénicher des oiseaux ; — il peut leur dire les Français tués par lui, et moi je n'ai à raconter que mes exploits contre des veaux marins ; — il a de riches habits et une tournure élégante, mon costume est simple comme mes habitudes. Des galants tels que lui savent prendre les cœurs de celles qu'ils approchent, comme le chasseur sait faire tomber le guillemot dans ses filets.

— Vous êtes injuste envers vous-même, répondit Norna, injuste envers vous-même, et plus encore envers Minna et Brenda. Ne vous fiez pas aux rapports de Bryce ; — il est comme le cétacé avide qui changera de direction et plongera pour le plus mince appât que lui jettera le pêcheur. Il est certain que si vous avez perdu dans l'opinion de Magnus Troil, ce marchand intéressé y est pour quelque chose. Mais qu'il songe à ses calculs, j'ai l'œil sur lui.

— Et pourquoi, bonne mère, n'avez-vous pas dit à Magnus ce que vous me dites en ce moment?

— Parce que la dure leçon de l'expérience peut seule instruire ceux qui ont si bonne opinion de leur sagesse. Hier encore je lui ai parlé, et quelle a été sa réponse?—Ma bonne Norna, vous vous faites vieille. Et voilà le langage que m'a tenu celui qui m'est uni par tant d'étroits liens,—le descendant des anciens comtes norses; voilà tout ce que j'ai obtenu de Magnus Troil, et cela à l'égard d'un homme que la mer a rejeté comme un débris de naufrage! Puisqu'il méprise les conseils de la vieillesse, il faut que la jeunesse lui donne une leçon; il ne serait pas bon de l'abandonner à sa propre folie. Allez donc à Burgh-Westra, comme à l'ordinaire, pour la fête de la Saint-Jean.

— Je n'ai pas reçu d'invitation; on n'a pas besoin de moi, on ne me désire pas, on ne pense pas à moi; peut-être, si j'y vais, ne me reconnaîtra-t-on pas, et cependant, bonne mère, je dois vous l'avouer, j'avais déjà songé à m'y rendre.

— C'était une bonne pensée et à laquelle il faut tenir. Nous nous rapprochons de nos amis lorsque le corps souffre; pourquoi n'en ferions-nous pas de même quand c'est l'âme qui est malade, enflée par sa prospérité? Ne manquez pas d'y aller; — il est possible que nous nous y retrouvions. Cependant nos routes ne sont pas les mêmes. Adieu; ne parlez pas de cette rencontre.

Ils se séparèrent, et Mordaunt resta debout au bord du lac, les yeux fixés sur Norna, jusqu'à ce que sa haute taille, drapée dans sa mante noire, se perdit au milieu des détours de la vallée où elle disparut. Mordaunt revint chez son père, déterminé à suivre un conseil qui s'accordait si bien avec ses propres désirs.

CHAPITRE XI.

> Vos vieilles coutumes, vos usages transmis de longue main, je changerai tout cela. Dorénavant vous ne devrez ni manger, ni boire, ni parler, ni penser, ni voir, ni marcher d'après vos anciennes habitudes. Les changements s'étendront jusqu'à la couche nuptiale : la femme aura le bord du lit, et le mari la ruelle ; car je veux bouleverser toutes vos anciennes pratiques, et cela s'appellera une réforme. — Oui pardieu, je le veux.
> *Il faut croire que nous ne nous entendons pas.*

La fête approchait, et pourtant il n'arrivait pas d'invitation pour celui sans lequel, naguère, il n'y avait pas de fête possible dans le pays, tandis qu'au contraire tous les renseignements qui parvenaient à Iarlshof parlaient hautement de la faveur dont le capitaine Cleveland jouissait près du vieil udaller de Burgh-Westra. Swertha et le ranzelman secouaient la tête à ce brusque changement, et rappelaient à Mordaunt, par mainte insinuation et à mots couverts, qu'il s'était exposé à cette disgrace, en se donnant imprudemment tant de peine pour sauver l'étranger, lorsqu'il gisait au pied des rochers de Sumburgh-Head, à la merci de la première vague. — Le mieux est de laisser l'eau salée faire ce qu'elle veut, disait une fois Swertha; mal en a pris à tous ceux qui ont voulu la contrarier.

— Oui certes, ajouta le ranzelman, il est d'un homme sage de laisser la mer et le chanvre faire leur affaire. — Jamais homme demi-noyé ou demi-pendu n'a porté bonheur. Qui a tué d'un coup de fusil Will Paterson, du cap de Ross? — le Hollandais qu'il avait sauvé des eaux. Jeter à un homme qui se noie une planche ou un cordage peut être le fait d'un chrétien; mais, je vous le conseille, gardez-vous de le toucher du bout du doigt, si vous tenez à la vie, et si vous ne voulez pas qu'il vous joue quelque mauvais tour.

— Vous êtes un homme sage et un digne homme, ranzelman, murmura Swertha en manière d'écho, et vous savez comment et quand il faut aider un voisin, aussi bien qu'homme qui ait jamais tiré un filet.

— Oui, oui; j'ai vécu un certain nombre d'années, et j'ai entendu les anciens s'entretenir à ce sujet. Il n'y a personne dans ces îles qui soit plus disposé que moi à secourir un chrétien sur la terre ferme; mais si c'est en mer qu'il crie au secours, c'est une autre histoire.

— Et pourtant, dire que ce Cleveland a supplanté notre maître Mordaunt auprès de Magnus Troil, qui, pas plus tard qu'à la Pentecôte dernière, le regardait comme la fleur de l'île, de Magnus, qui passe (quand il est à jeun, le brave homme) pour le plus sage des îles Schetland, comme il en est le plus riche !

— Il ne peut rien y gagner, dit le ranzelman d'un air profondément significatif; il y a des moments, Swertha, où les plus sages de nous tous (et je confesse humblement que je ne suis pas du nombre) ne valent pas mieux qu'une mouette, et il leur est aussi difficile de rien gagner à leurs folies, qu'à moi de grimper en haut du Sumburgh-Head. Je me suis trouvé dans ce cas deux ou trois fois dans ma vie. Mais nous saurons bientôt quel malheur résultera de tout ceci, car, pour du bien, il ne saurait en advenir.

Et Swertha répondit du même ton de sagesse prophétique : Non, non, il ne peut en sortir aucun bien; voilà qui est sagement parlé.

Ces prédictions sinistres, répétées de temps en temps, produisaient quelque effet sur Mordaunt. Il ne supposait pas, sans doute, que l'action charitable de sauver des flots un homme en danger d'y périr eût pour conséquence fatale et nécessaire de l'exposer aux désagréments qu'il subissait alors; mais il lui semblait qu'il était le centre d'une influence magique dont il ne comprenait ni la nature, ni l'objet; — qu'en un mot, un pouvoir en dehors de lui agissait sur sa destinée, et, tout l'indiquait, dans un sens peu favorable. Sa curiosité et son inquiétude étaient puissamment excitées, et il résolut, à tout événement, de paraître à la fête prochaine, pénétré de l'idée qu'il s'y passerait quelque chose d'extraordinaire qui déciderait de ses projets et de son avenir.

Comme M. Mertoun était actuellement dans son état de santé ordinaire, il fallut que son fils lui parlât de la visite qu'il avait dessein de faire à Burgh-Westra. Il la lui annonça donc, et son père voulut savoir quelle était la raison particulière qui l'y attirait en ce moment.

— C'est une époque de réjouissance, répondit le jeune homme, et tout le pays y sera.

— Et sans doute vous êtes impatient d'ajouter un fou de plus à tous les autres. — Allez; — mais faites attention à la voie dans laquelle vous êtes sur le point de vous engager : — une chute du haut des rochers de Foula ne serait pas plus fatale.

— Puis-je vous demander la raison de cet avis, monsieur? répliqua Mordaunt, rompant la réserve que la singularité de son père faisait régner d'ordinaire entre eux.

— Magnus Troil a deux filles; — vous êtes d'un âge où les hommes regardent d'un œil de convoitise de pareils trésors, pour maudire ensuite le jour où ils ont ouvert les yeux à la lumière ! Je vous dis de prendre garde à elles; car, aussi vrai que la mort et le péché sont entrés dans le monde par la femme, leurs douces paroles et leurs regards encore plus doux entraînent à leur ruine tous ceux qui s'y laissent prendre.

Mordaunt avait quelquefois remarqué l'éloignement de son père pour le beau sexe, mais jamais il ne le lui avait entendu exprimer en termes si clairs et si précis. Il répondit que les filles de Magnus Troil n'étaient pas plus pour lui que les autres femmes du pays ; — elles me sont encore plus indifférentes, ajouta-t-il, car elles ont rompu avec moi, sans m'en donner aucune raison.

— Et vous allez chercher à renouer avec elles? repartit son père. Papillon insensé, qui as une fois échappé à la flamme sans y brûler tes ailes, ne peux-tu donc te contenter de ta retraite obscure, sans courir de nouveau à la lumière qui doit finir par te consumer? Mais à quoi bon perdre des raisonnements pour te détourner d'un sort inévitable? — Va où ta destinée t'appelle.

Le jour suivant, qui était la veille de la solennité, Mordaunt se mit en route pour Burgh-Westra, pesant tour à tour les injonctions de Norna, — les prédictions de son père, — les augures malencontreux de Swertha et du ranzelman d'Iarlshof, — et ne pouvant se défendre d'une sombre inquiétude, que le concours de toutes ces circonstances de mauvais présage faisait naître dans son esprit.

— Sans doute un froid accueil m'attend à Burgh-Westra, pensa-t-il ; mais ce sera une raison pour y rester moins longtemps. Je veux savoir seulement s'ils ont été trompés par ce marin étranger, ou s'ils n'ont agi que par un pur caprice de caractère et pour le plaisir de changer de société. Dans le premier cas, je rétablirai ma réputation outragée, et que le capitaine Cleveland prenne garde à lui ! — Dans le second, eh bien ! bonsoir à Burgh-Westra et à tous ceux qui l'habitent !

Comme il songeait à cette dernière alternative, l'amour-propre blessé et un retour de tendresse pour ceux auxquels il supposait qu'il allait dire un éternel adieu, amenèrent au bord de sa paupière une larme qu'il se hâta d'essuyer en s'indignant contre lui-même ; et doublant le pas, il continua sa route.

Grâce à un temps calme et serein, Mordaunt accomplissait son voyage avec une facilité qui formait un contraste frappant avec les obstacles dont, à son dernier passage par le même chemin, sa marche avait été environnée ; mais l'état de son esprit lui fournissait un sujet de comparaison moins agréable.

— Alors, se disait-il à lui-même, ma poitrine était en butte aux vents, mais elle renfermait un cœur calme et joyeux. Je voudrais jouir maintenant de la même sérénité, dussé-je l'acheter par une lutte contre la plus violente tempête qui ait jamais agité ces collines solitaires.

Ce fut au milieu de ces pensées qu'il arriva sur le midi à Harfra, habitation de l'ingénieux M. Yellowley, ainsi que le lecteur peut se le rappeler. Notre voyageur avait cette fois pris ses précautions pour n'avoir rien à démêler avec l'hospitalité parcimonieuse de cette maison, dont la détestable réputation sous ce rapport était maintenant bien établie dans toute l'étendue de l'île : il avait emporté dans son petit havresac des provisions suffisantes pour un plus long voyage. Par politesse, cependant, ou plutôt pour se distraire de ses tristes réflexions, Mordaunt ne crut pas devoir se dispenser d'entrer, et trouva tout en révolution. Triptolème, enfoncé dans une paire d'énormes bottes fortes, montait, descendait, adressant à haute voix une foule de questions à sa sœur et à sa servante Tronda, qui répondaient en duo sur un ton encore plus aigu. Enfin mistress Baby parut, sa vénérable personne enveloppée d'un de ces costumes d'amazone alors appelés *josephs*, ample vêtement qui jadis avait été vert, mais qui maintenant, à force de taches et de pièces, était devenu semblable à la robe du patriarche dont il portait le nom, — un vêtement de toutes couleurs. Un chapeau en forme de clocher, ancienne fantaisie d'un moment où la vanité s'était trouvée plus forte que l'avarice, surmonté d'une plume aussi familiarisée avec le vent et la pluie que si elle avait fait partie de l'aile d'une mouette, complétait sa toilette : ajoutez-y un fouet à manche d'argent de forme antique. Cet attirail, joint à un air empressé et dégagé qui éclatait dans tous les mouvements de mistress Barbara Yellowley, semblait indiquer qu'elle se préparait à entreprendre un voyage et qu'elle se souciait peu, comme on dit, que chacun connût sa détermination.

Ce fut elle qui d'abord aperçut Mordaunt à son arrivée, et elle le salua sous l'influence de deux impressions diverses. Que Dieu me pardonne ! s'écria-t-elle, si ce n'est pas là le beau jeune homme qui porte ce joyau autour du cou, et devant qui notre oie n'a pas plus pesé qu'une alouette ! La première partie de son discours se ressentait de l'admiration causée par la chaîne d'or qui précédemment avait fait une si profonde impression sur son esprit; et le souvenir de la malheureuse oie fumée morte prématurément était sensible dans le second membre de phrase. — Sur ma vie, ajouta-t-elle, c'est lui qui ouvre la porte !

— Je suis en route pour Burgh-Westra, mistress Yellowley, dit Mordaunt.

— Et nous serons charmés de votre compagnie, répondit-elle. — Il est de bien bonne heure pour manger; mais si vous voulez un gâteau d'orge et une tasse de bland... quoique ce soit une mauvaise chose que de voyager l'estomac plein, outre qu'il est bon de garder votre appétit pour la fête d'aujourd'hui : car sans doute tout y sera prodigué.

Mordaunt exhiba ses provisions, et déclarant qu'il ne voulait pas leur être à charge une seconde fois, les invita à prendre leur part de ce qu'il avait à leur offrir. Le pauvre Triptolème, qui voyait rarement un dîner à moitié aussi attrayant, se jeta sur la collation de son hôte comme Sancho sur l'écume de la marmite aux noces de Gamache ; la bonne dame elle-même ne put résister à la tentation, quoiqu'elle n'y cédât qu'avec plus de ménagement et avec une sorte de honte. — J'ai laissé le feu s'éteindre, dit-elle, car c'est dommage de gaspiller les combustibles dans un pays si froid, et je n'ai pas songé à rien préparer, devant partir si tôt. Il faut avouer que votre pain a bien bonne mine, et puis je serais curieuse de savoir si l'on arrange le bœuf ici comme dans le nord de l'Écosse. Par ces diverses considérations, dame Baby goûta de grand cœur de tous les mets qu'une chance inattendue venait de lui envoyer.

Lorsqu'ils eurent fini leur repas improvisé, le facteur parut pressé de se mettre en chemin ; et bientôt Mordaunt découvrit que le bon accueil de mistress Baby n'était pas tout à fait désintéressé. Ni elle ni le savant Triptolème n'étaient fort disposés à se confier aux solitudes de l'île sans l'assistance d'un guide. Ils auraient bien pu se faire accompagner par un de leurs garçons de ferme ; mais le prudent agriculteur observa que ce serait perdre au moins une journée d'ouvrage, et sa sœur ne fit que redoubler ses craintes en ajoutant : — Une journée ! — vous pouvez bien dire vingt ; — car que leur nez sente une fois l'odeur de la marmite ou que le son du violon mette leurs jambes en train, et puis rappelez-les, si vous pouvez !

Aussi l'heureuse arrivée de Mordaunt, dans un moment si propice, sans parler de la bonne chère qu'il avait apportée avec lui, le fit aussi bien accueillir que possible dans une maison où d'ordinaire on voyait avec horreur la figure d'un étranger. D'ailleurs M. Yellowley n'était pas tout à fait insensible au plaisir qu'il se promettait d'exposer en détail ses plans de réforme à son jeune compagnon et de jouir d'une bonne fortune que le destin lui envoyait rarement, — la compagnie d'un auditeur disposé à l'admirer en silence.

Comme le facteur et sa sœur comptaient voyager à cheval, il ne restait plus qu'à procurer une monture à leur guide. La chose n'était pas difficile, grâce aux bandes nombreuses de ces poneys à crins épais, à longue croupe, à courtes jambes, errant dans ces vastes bruyères qui servent de pâturages communs aux bestiaux de toute une commune, et où s'agitent pêle-mêle chevaux, oies, porcs, chèvres, moutons, petites vaches schetlandaises, et souvent en nombre tel que la végétation chétive peut à peine leur fournir une subsistance précaire. Tous ces animaux, il est vrai, appartiennent à des particuliers dont chacun d'eux porte la marque distinctive ; mais lorsqu'un voyageur a besoin momentanément d'une monture, il ne se gêne pas pour mettre la main sur le premier cheval qu'il peut saisir, lui passe un licou, et après l'avoir monté aussi longtemps qu'il le juge à propos, remet l'animal en liberté, le laissant retrouver son chemin comme il peut, — instinct que les poneys possèdent à un degré remarquable.

Cette jouissance commune d'une propriété particulière était un des abus que le facteur se proposait de faire disparaître en temps et lieu; mais, en homme sage, il ne se fit pas scrupule, en attendant, de profiter d'un usage si général, et spécialement commode, comme il voulait bien l'avouer, pour ceux qui n'avaient pas à eux des chevaux sur lesquels les voisins pussent prendre leur revanche, et il se trouvait précisément dans ce cas. On se procura donc sur la colline voisine trois coursiers tels que nous venons de les décrire, ressemblant plus à des ours qu'à leur propre espèce, mais doués d'une force et d'une ardeur remarquables, et aussi capables qu'aucun autre animal au monde de supporter la fatigue et les mauvais traitements.

Deux étaient déjà préparés et équipés pour le voyage. L'un, destiné à porter la séduisante mistress Baby, était caparaçonné d'une grande selle de femme, d'une antiquité vénérable, — masse de coussins rembourrés, d'où pendait de chaque côté une housse d'ancienne tapisserie, et qui, ayant été faite dans l'origine pour un cheval de taille ordinaire, couvrait le petit palefroi qu'on en avait affublé, depuis les oreilles jusqu'à la queue et depuis les épaules jusqu'au fanon, ne laissant de visible que sa tête, qui surgissait fièrement de dessous cet attirail, comme la figure héraldique d'un lion sortant d'un buisson. Mordaunt souleva galamment la belle mistress Yellowley, et, sans trop d'efforts, parvint à la hisser sur sa selle pyramidale. Il est probable qu'en se voyant ainsi l'objet des attentions d'un cavalier, et pouvant se flatter d'être dans ses plus beaux atours, ce qui ne lui était pas arrivé depuis longtemps, il se glissa dans l'âme de mistress Baby quelques pensées qui firent taire pour un moment ses idées habituelles d'économie, préoccupation journalière et dominante de son esprit. Elle jeta un regard sur son amazone fanée et sur les tentures qui pendaient le long de sa selle, et fit observer, en s'adressant à Mordaunt avec un sourire, que voyager par un beau temps et avec une aimable compagnie serait une agréable chose, si (et elle ajouta ces mots en arrêtant ses yeux sur un endroit où la broderie était un peu éraillée et déchirée) si cela ne gâtait pas autant les caparaçons.

Cependant son frère était sauté bravement sur son coursier, et comme, malgré le beau temps, il avait cru devoir jeter un long manteau rouge sur ses autres vêtements, son poney était encore plus complètement enveloppé que celui de sa sœur. De plus, il se trouva que l'animal ardent et rétif bondissait sous le poids de Triptolème, et faisait parfois des courbettes avec une vivacité qui dérangeait un peu de la selle notre écuyer de l'Yorkshire; et comme l'animal lui-même n'était pas visible à une certaine distance, on pouvait de loin prendre ces gambades pour les mouvements volontaires du cavalier en manteau, sans l'assistance d'autres jambes que celles que la nature lui avait données. Aux yeux de ceux qui, dans ce moment, auraient aperçu Triptolème sous cette impression, la gravité et même l'inquiétude empreintes sur toute sa physionomie auraient formé le contraste le plus ridicule avec les cabrioles multipliées qu'il faisait le long du chemin.

Mordaunt suivait ce couple respectable, monté, comme le permettait la simplicité de ces mœurs patriarcales, sur le premier poney qu'il avait pu enrôler à son service, sans autre harnachement que le licol qui servait à le guider. M. Yellowley, voyant avec plaisir son guide pourvu d'une monture, décida, à part lui, que cette coutume grossière de laisser les voyageurs se monter ainsi sans la permission du propriétaire, ne serait abolie aux îles Schetland que quand il viendrait à posséder un troupeau de poneys en toute propriété et qu'il serait exposé aux représailles. Mais Triptolème montra moins de tolérance pour les autres usages et abus du pays ; Mordaunt eut à subir de longs discours, ou plutôt d'ennuyeuses harangues sur les changements dont son arrivée dans l'île serait la cause. Sans être versé dans l'art moderne d'améliorer un bien au point de le faire fondre entre les mains du propriétaire, Triptolème réunissait en lui, sinon toutes les connaissances, du moins le zèle d'une société d'agriculture tout entière. Il n'a été surpassé par aucun de ceux qui sont venus après lui, dans cette noble suffisance qui regarde comme au-dessous d'elle de balancer les profits et les pertes, et qui estime que la gloire d'avoir opéré un grand changement sur la face de la terre est elle-même, comme la vertu, sa plus digne récompense.

Il n'était pas un coin du pays sauvage et montueux à travers lequel le guidait Mordaunt, qui n'inspirât à son imagination active quelque projet d'amélioration ou de réforme ; il percerait une route au milieu de cette vallée à peine praticable, où nul autre que les animaux au pied sûr qui leur servaient de monture ne pouvait marcher sans danger ; il substituerait des maisons mieux construites aux *skeoes* ou huttes en pierres sèches dans lesquelles les habitants préparaient et salaient leur poisson ; — on fabriquerait de bonne bierre au lieu de bland ; — on planterait des forêts là où jamais arbre n'avait poussé, et on trouverait des mines de métaux précieux dans les lieux où un *shilling* danois était l'objet d'une sorte de vénération [1].

Tels étaient, avec bien d'autres encore, les changements qu'expliquait à son compagnon notre digne facteur, qui parlait en même temps avec une parfaite assurance de l'appui et de l'assistance qu'il devait trouver dans les classes élevées, et spécialement chez Magnus Troïl.

---

[1] Le shilling danois équivaut à peu près à 6 centimes. (L. V.)

— Je veux soumettre quelques-unes de mes idées au pauvre homme, disait-il, avant que nous soyons de quelques heures plus vieux, et vous verrez comme il sera reconnaissant envers le maître qui lui apportera la science, ce qui vaut mieux que la fortune.

— Je ne vous conseille pas de trop y compter, dit Mordaunt par manière d'avis; la barque de Magnus Troil est difficile à gouverner.

— Il tient à ses usages et à ceux du pays, et vous apprendrez plus vite à votre poney à plonger comme un veau marin, que vous n'amènerez Magnus à remplacer un usage norse par un usage écossais. Et pourtant, s'il est fidèle à ses vieilles coutumes, peut-être est-il aussi changeant qu'un autre dans ses vieilles amitiés.

— *Heus, tu inepte!* s'écria l'élève de Saint-André; qu'il soit fidèle ou infidèle, qu'importe? Ne suis-je pas ici un homme digne de confiance, et, de plus, investi d'un grand crédit? et un fowd, comme Magnus Troil s'intitule encore dans son idiome barbare, osera-t-il mettre son jugement et ses idées en opposition avec les miens, moi qui représente, dans toute son autorité, le chambellan des îles Orcades et des Schetland?

— Un moment, dit Mordaunt; je dois vous prévenir qu'il faut prendre garde de heurter de front ses préjugés. Magnus Troil, depuis l'heure de sa naissance jusqu'à ce jour, n'a jamais vu d'homme au-dessus de lui, et il est difficile de brider un vieux cheval pour la première fois; d'ailleurs, il n'a, de sa vie, été un auditeur tres-patient pour de longues explications, et il est bien possible qu'il combatte vos plans de réforme avant que vous ayez pu le convaincre de leurs avantages.

— Comment l'entendez-vous, jeune homme? reprit le facteur; peut-il se trouver ici quelque habitant de ces îles qui soit assez malheureusement aveugle pour n'être pas frappé de tout ce qui leur manque? Comment un homme, ou même une brute, ajouta-t-il en s'échauffant graduellement, pourrait-il jeter les yeux sur cette machine qu'on a l'impudence d'appeler un moulin[1], sans frémir à l'idée que c'est à une si misérable mécanique que l'on confie le blé à moudre? Les malheureux! ils sont obligés d'en avoir au moins cinquante par paroisse, et chacun est forcé de broyer son grain sous sa méchante meule, à l'abri d'un toit de chaume aussi mince qu'une ruche, au lieu d'un noble et beau moulin seigneurial, dont le tic-tac s'entend au loin dans toute la contrée, et qui lance la farine, à travers le tamis, par quart de boisseau à la fois?

— Oui, mon frère, dit Baby, c'est là parler avec votre sagesse ordinaire: plus de dépense, plus d'honneur; — c'est toujours votre maxime. Ne pouvez-vous donc faire entrer dans votre tête si savante

---

[1] *Voyez* note F, a la fin du volume.

que les gens de ce pays se bornent à moudre leur poignée de grain, sans s'inquiéter de moulins seigneuriaux, de banalité, de droit de mouture, et autres choses semblables? Combien de fois vous ai-je entendu vous chamailler avec le vieil Edie Netherstane, le meunier de Grindleburn, et avec son garçon, pour les droits de mouture de ville et de banlieue, — le lock, le gowpen [1], le pour-boire et le reste? et voici maintenant que, malgré cela, vous voulez jeter dans les mêmes embarras de pauvres gens qui se construisent chacun leur moulin, tant bien que mal!

— Ne me parlez pas de gowpen et de pour-boire! s'écria l'agriculteur indigné; il vaudrait mieux abandonner au meunier la moitié de la farine, et que le reste fût moulu d'une manière chrétienne, que de mettre du bon grain dans ces moulinets d'enfant. Regardez ceci un moment, Baby. — Holà! doucement, maudit avorton : cette interjection s'adressait au poney, qui commençait à s'impatienter des stations répétées que lui faisait faire son cavalier, pour signaler tous les côtés faibles d'un moulin schetlandais. — Regardez ceci, vous dis-je; — cela vaut à peine mieux qu'un moulin à bras; — ni roue, ni pignon, — ni alluchon, ni engrenage. — Tout beau! maudit animal! — Cela n'est pas capable de moudre un picotin par quart d'heure, et encore ce sera plutôt un mauvais mélange pour des chevaux qu'une nourriture pour l'usage de l'homme. — Aussi... Tout beau! donc. — Aussi — aussi — maudite soit la bête! elle a le diable au corps!

Comme il prononçait ces derniers mots, le bidet, qui depuis quelque temps sautait et se cabrait d'impatience, baissa la tête entre ses jambes de devant, et en même temps jeta son cavalier dans un petit ruisseau qui servait à faire marcher la machine dédaignée, objet de ses critiques; puis, se débarrassant des plis du manteau, partit au galop du côté de ses bruyères, hennissant d'un air de triomphe et lâchant force ruades.

Tout en riant de bon cœur de cette mésaventure, Mordaunt aida le vieux facteur à se relever; tandis que sa sœur le félicitait ironiquement d'être tombé dans les quelques pouces d'eau d'un ruisseau schetlandais plutôt que dans le courant profond d'un biez écossais. Triptolème dédaigna de répondre à ce sarcasme, et dès qu'il fut remis sur ses jambes, qu'il eut secoué ses oreilles et reconnu que les plis du manteau l'avaient empêché d'être trop mouillé par ce filet d'eau, il s'écria : — J'aurai des étalons du comté de Lanark, — tout un haras, — et des juments du comté d'Ayr; — je ne veux pas qu'il reste dans ces îles un seul de ces maudits avortons, pour rompre le cou des honnêtes gens. — Je vous dis, Baby, que je veux en purger le pays.

---

[1] Ces mots désignent des mesures équivalant à ce que les deux mains réunies peuvent tenir, et qu'on abandonnait au meunier pour prix de la mouture. (L. V.)

— Vous ferez mieux de tordre votre manteau, mon frère, répondit Baby.

Pendant ce temps, Mordaunt était allé attraper un autre poney dans une troupe qui errait à peu de distance; et ayant improvisé un licou en jonc tressé, il établit en sûreté l'agronome effrayé sur un coursier plus tranquille, mais à la vérité moins leste que celui qu'il montait la première fois.

Mais la chute de M. Yellowley avait considérablement calmé sa verve enthousiaste, et pendant cinq milles consécutifs il dit à peine un mot, laissant le champ libre aux mélancoliques réflexions et aux lamentations qu'inspirait à sa sœur la perte de la vieille bride que le poney avait emportée dans sa fuite. Il n'y avait, disait-elle, que dix-huit ans à la Saint-Martin qu'on l'avait achetée; maintenant il fallait la regarder comme une chose perdue. Puis la vieille demoiselle s'embarqua dans une dissertation sur l'économie, d'après sa manière particulière d'envisager cette vertu, c'est-à-dire un vaste système de privations, qui, bien qu'il n'eût qu'un seul but, épargner de l'argent, aurait pu, appuyé sur d'autres principes, faire honneur à l'ordre religieux le plus austère.

Mordaunt n'eut garde de l'interrompre : à mesure qu'il approchait de Burgh-Westra, il était plus occupé à réfléchir à l'accueil qu'il allait recevoir des jolies filles de l'udaller, que disposé à discourir avec une vieille femme, bien qu'elle fût capable de lui prouver très-judicieusement que de la petite bierre valait mieux que de l'ale, et que si son frère en tombant s'était donné une entorse, une emplâtre et du beurre l'auraient bien plus vite guéri que les drogues de tous les médecins du monde.

Aux tristes marécages à travers lesquels ils avaient jusque-là fait route, avait succédé un paysage plus agréable, où se déployait un lac d'eau salée, ou bras de mer, s'enfonçant dans l'intérieur des terres et entouré d'un pays plat et fertile, produisant les plus magnifiques récoltes qui fussent encore venues frapper, dans les îles Schetland, les yeux expérimentés de Triptolème Yellowley. Au milieu de ces belles campagnes, s'élevait l'habitation de Burgh-Westra, protégée du côté du nord et de l'est par une chaîne de vertes collines et dominant le tableau enchanteur du lac, de l'océan qui lui donnait naissance, des îles et des hautes montagnes qui terminaient l'horizon. De la demeure de l'udaller, ainsi que de presque toutes les chaumières environnantes, s'élevait un riche nuage de fumée vaporeuse qui prouvait que les apprêts de la fête n'étaient pas concentrés dans la résidence principale, celle de Magnus, mais que tout le voisinage y prenait part.

— Sur ma foi, dit mistress Baby Yellowley, on croirait tout le pays en feu! L'odeur de leur gaspillage remplit toute la colline, et un homme de bon appétit aurait à peine besoin d'une meilleure cuisine [1] pour son pain d'orge que de le présenter à la fumée qui s'élève de leurs cheminées.

CHAPITRE XII.

> Tu m'as fait le portrait d'une chaude amitié qui se refroidit. Souviens-toi, Lucilius, que lorsque l'affection commence à languir et à décliner, elle devient de plus en plus cérémonieuse. Une foi simple et sincère ne cherche pas tant de façons.
> *Jules César.*

Si la fumée qui parvenait des cheminées de Burgh-Westra jusqu'aux stériles collines dominant le château pouvait, comme le pensait mistress Barbara, calmer l'appétit le plus décidé, le bruit qui s'en élevait aurait suffi aussi pour rendre l'ouïe à un sourd : c'était un mélange confus de mille sons qui tous annonçaient la gaîté et la bonne humeur ; le coup d'œil dont on jouissait en même temps n'était pas moins animé.

On voyait arriver par troupes les amis invités.—Leurs poneys dispersés fuyaient vers les bruyères, dans toutes les directions, pour retrouver par le plus court chemin leurs pâturages habituels.—Tel était, comme nous l'avons déjà dit, le mode habituel de licencier la cavalerie levée pour le service d'un jour. Dans une anse peu spacieuse mais commode, attenante à la maison et au hameau, débarquaient de leurs bateaux ceux des visiteurs qui, habitant l'extrémité de l'île et le long de la côte, avaient préféré faire le voyage par mer. Mordaunt et ses compagnons pouvaient voir chaque groupe s'arrêter fréquemment pour se saluer, et se diriger successivement vers la maison, dont la porte toujours ouverte donnait passage à un si grand nombre d'invités, que la demeure de Magnus, dont cependant les dimensions étaient en rapport avec l'opulence et les goûts hospitaliers du propriétaire, paraissait devoir être en cette occasion suffisante à peine pour contenir tous les hôtes.

Dans la confusion de clameurs joyeuses qui signalaient l'entrée et la bienvenue de chaque nouvelle compagnie, Mordaunt crut distinguer le rire bruyant et les salutations cordiales du maître de la maison, et commença à ressentir plus vivement qu'auparavant le doute pénible si cette réception franche et affectueuse qui était faite à tous s'éten-

---

[1] Ce qu'on mange pour donner du goût au pain sec s'appelle cuisine (*kitchen*) en Écosse ; c'est, par exemple, du fromage, du poisson sec, ou tout autre morceau savoureux. (W. S.)

drait jusqu'à lui. En approchant ils entendirent les préludes spontanés et les gaies ritournelles des joyeux musiciens qui s'impatientaient et répétaient déjà sur leurs violons les airs qui devaient animer les danses du soir. Les cris des aides de cuisine et la voix tonnante et grondeuse du chef vinrent aussi frapper leurs oreilles, — musique tant soit peu discordante en d'autres temps, mais qui, combinée avec des sons d'une autre nature et par l'effet heureux de certaines associations d'idées, prend une place agréable dans le chœur qui précède toujours une fête champêtre.

Cependant nos trois voyageurs avançaient, absorbés chacun dans leurs propres réflexions. — Nous avons déjà fait connaître celles de Mordaunt; Baby était livrée tout entière au sentiment de surprise douloureuse qu'excitait en elle la certitude qu'il avait fallu faire cuire à la fois une si prodigieuse quantité de vivres pour nourrir toutes les bouches qui faisaient retentir l'air autour d'elle, — dépense dont l'énormité, bien qu'elle ne fût nullement à sa charge, lui affectait les nerfs, comme la vue d'un massacre touche le spectateur le plus indifférent, quoique certain d'ailleurs de sa propre sûreté. Elle souffrait, en un mot, à la vue de prodigalités si exorbitantes, comme l'Abyssinien Bruce[1], lorsqu'il vit les infortunés ménestrels de Gondar mis en pièces par l'ordre du Ras Michaël. Quant à son frère, à peine furent-ils arrivés à l'endroit où les antiques et grossiers instruments employés dans l'agriculture des îles Schetland étaient entassés dans le désordre habituel d'une resserre écossaise, que son esprit fut à l'instant frappé des défauts d'une charrue à un manche, — du *twiscar* dont on se sert pour enlever la tourbe, — des traîneaux destinés au transport des denrées, — de tous les ustensiles, en un mot, à l'égard desquels les usages des îles différaient de ceux du continent écossais. La vue de ces outils imparfaits faisait bouillir le sang de Triptolème Yellowley, comme celui d'un valeureux guerrier s'agite à la vue des armes et des insignes de l'ennemi qu'il va combattre, et, fidèle à sa magnanime entreprise, il songea moins à l'appétit que le voyage venait de lui donner, bien qu'il fût au moment de le satisfaire avec un dîner tel que le sort en avait rarement placé devant lui, qu'à la tâche par lui entreprise d'améliorer l'agriculture des îles Schetland et de civiliser les habitants.

— *Jacta est alea*[2], se dit-il tout bas, ce jour va me démontrer si les Schetlandais sont dignes de nos efforts, et si leurs esprits sont aussi rebelles à la culture que leurs tourbières. Mais montrons-nous pru-

---

[1] Le titre d'Abyssinien est ici donné a Bruce métaphoriquement. Bruce est un célèbre voyageur anglais qui a exploré l'Abyssinie, et qui, bien qu'ayant largement usé peut-être du privilège que l'adage vulgaire accorde à ceux qui visitent les contrées lointaines, a donné à l'Europe, sur ce pays, les notions les plus étendues et les plus complètes que nous en ayons encore. (L. V.)

[2] Le sort en est jeté.

dents et attendons pour parler l'instant favorable; je sens par ma propre expérience que, pour le moment, c'est aux besoins du corps à faire taire ceux de l'intelligence. Un morceau de ce roast-beef, qui exhale une odeur si exquise, sera une excellente introduction à mon grand système d'amélioration de la race bovine.

Cependant les voyageurs étaient arrivés devant la façade étendue, sinon élevée, de la résidence de Magnus Troil; elle paraissait de différentes époques, à en juger par les constructions vastes, mais de mauvais goût, ajoutées à la hâte à l'édifice primitif, suivant qu'un accroissement dans la fortune ou dans la famille des propriétaires qui l'avaient successivement occupée paraissait l'avoir exigé. Sous un vaste porche, large et écrasé, supporté par deux énormes poteaux sculptés, ancien ornement de poupe de quelques vaisseaux qui avaient fait naufrage sur la côte, se tenait Magnus en personne, tout entier au soin hospitalier de faire bon accueil aux hôtes nombreux qui se succédaient chez lui. Son costume était parfaitement en harmonie avec sa physionomie pleine de dignité et d'énergie : — c'était un habit bleu d'une coupe ancienne, doublé d'écarlate, brodé en or sur les coutures, aux boutonnières et le long de ses amples parements. Ses traits mâles et prononcés, brunis par l'action d'un climat rigoureux, — une vénérable forêt de cheveux argentés, s'échappant avec profusion de son chapeau galonné, et noués négligemment par derrière avec un ruban, annonçaient à la fois son âge avancé, sa vivacité, un tempérament encore excellent et une constitution robuste. A la vue de nos voyageurs, un nuage de contrariété sembla passer sur son front et interrompre pour un instant l'honnête et franche gaîté avec laquelle il avait jusque-là fêté tous les nouveaux arrivants. En s'approchant de Triptolème Yellowley, il se redressa, comme s'il eût eu la prétention (et il l'avait en effet) de mêler un peu de l'importance de l'opulent udaller à l'accueil franc et hospitalier du maître de maison.

— Vous êtes le bienvenu, M. Yellowley, dit-il en s'adressant au facteur, vous êtes le bienvenu à Westra. — Le vent vous a poussé vers une terre un peu rude, c'est à nous, enfants de cette contrée, à faire notre possible pour vous accueillir de notre mieux. C'est là, je crois, votre sœur, — mistress Barbara Yellowley; permettez-moi d'avoir l'honneur de vous saluer en voisin. — A ces mots, avec un courage et un dévoûment de politesse qui ne trouverait pas d'imitateur dans notre siècle dégénéré, il n'hésita pas à appliquer ses lèvres sur la joue ridée de la vieille demoiselle, qui modifia assez l'expression habituellement revêche de sa physionomie pour répondre à cette marque de courtoisie par quelque chose ressemblant à un sourire. Il se tourna ensuite vers Mordaunt Mertoun, et sans lui offrir la main, il lui dit d'une voix légèrement altérée par l'effet d'une agitation concentrée : — Vous êtes aussi le bienvenu, maître Mordaunt.

— Si je ne l'avais pas cru, dit Mordaunt, naturellement offensé de la froideur de ce procédé, je ne serais pas venu ; — et il n'est pas encore trop tard pour m'en retourner.

— Jeune homme, répondit Magnus, vous savez mieux que qui que ce soit, que personne. sur le seuil de cette demeure, né peut revenir sur ses pas sans faire injure à son propriétaire ; je vous en conjure, ne troublez pas mes hôtes avec vos scrupules déplacés ! Lorsque Magnus Troil dit : Soyez le bienvenu, bienvenu est quiconque a entendu sa voix, et elle ne laisse pas que d'être passablement forte. — Entrez, mes dignes hôtes ; nous allons voir ce que mes filles peuvent vous offrir pour vous rafraîchir.

A ces mots, qu'il eut soin de prononcer en ayant l'air de les adresser aux trois voyageurs indistinctement, de manière à ce que Mordaunt ne pût s'appliquer aucune part spéciale dans le bon accueil, ni d'un autre côté se plaindre d'être complètement en dehors de cet acte de civilité, l'udaller fit entrer ses hôtes dans sa maison, où deux vastes salles, servant dans la circonstance présente au même usage qu'un salon moderne, étaient déjà remplies d'hôtes de toute espèce.

L'ameublement était des plus simples ; la situation de ces îles si fréquemment exposées aux tempêtes lui donnait un cachet particulier. Magnus Troil, comme beaucoup des grands propriétaires des îles Schetland, était l'ami des voyageurs en détresse sur terre ou sur mer, et plus d'une fois il avait employé toute son influence à protéger les personnes et les propriétés des marins naufragés ; mais ces côtes redoutables étaient le théâtre de naufrages si fréquents, et la vague jetait constamment à terre tant d'objets sans maître, que l'intérieur de la maison n'offrait que trop de preuves des ravages de l'océan, et de l'exercice de ces droits auxquels les gens de loi donnent le nom d'épaves (*flotsome* et *jetsome*). Les chaises rangées le long des murs étaient de l'espèce de celles dont on se sert dans les chambres des vaisseaux, et un grand nombre étaient de fabrique étrangère. Les glaces et les armoires appuyées contre la muraille, comme ornement ou pour l'usage, avaient été faites pour être placées à bord, et un ou deux de ces derniers meubles étaient d'un bois étranger et inconnu ; la cloison même qui séparait les deux salles semblait construite avec l'avant de quelque grand navire, grossièrement adapté à son nouvel usage par la main maladroite d'un menuisier du pays. Pour un étranger, ces traces et ces témoignages incontestables des infortunes humaines pouvaient, au premier abord, produire un contraste bizarre avec les scènes de plaisir qui se passaient en même temps ; mais les habitants du pays étaient tellement familiarisés avec ce rapprochement qu'il n'altérait en rien leur gaîté.

Pour la partie la plus jeune de la société, la présence de Mordaunt

CHAPITRE XII.

fut une nouvelle source de joie ; tout le monde l'entourait et s'étonnait de sa longue absence ; les questions réitérées de chacun lui prouvaient suffisamment qu'on la considérait comme purement volontaire de sa part. Le bon accueil fait au jeune homme par toute la société calma ses inquiétudes sur un point qui lui tenait fort à cœur. — Quelles que fussent les préventions conçues sur son compte par la famille de Burgh-Westra, ce ne pouvait être, dans tous les cas, qu'une opinion individuelle, et du moins il n'avait pas à ajouter à ses peines celle de se voir déchu dans l'estime d'une société tout entière ; enfin s'il avait une vengeance à exercer, il n'aurait pas besoin d'en étendre les effets en dehors du cercle d'une seule famille. C'était une consolation pour lui ; et cependant l'inquiétude faisait battre son cœur à l'idée de se retrouver avec les deux jeunes amies dont depuis si longtemps il était séparé, mais qu'il aimait encore. Donnant pour excuse à son absence la mauvaise santé de son père, il s'approcha de plusieurs groupes d'amis et de connaissances, dont chacun voulait le retenir le plus longtemps possible ; et, s'étant débarrassé de ses deux compagnons de voyage, qui d'abord ne le lâchaient pas d'un instant, en les présentant à quelques familles considérables du pays, il put enfin se diriger du côté de la porte d'un petit appartement dans lequel on entrait par une des grandes salles dont il a déjà été question, appartement qu'on avait permis à Minna et à Brenda de décorer suivant leur fantaisie, et de considérer comme le leur propre.

Une bonne part revenait à Mordaunt dans l'arrangement et la décoration de cet appartement favori, et dans les travaux manuels qu'avaient nécessités son embellissement ; pendant son dernier séjour à Burgh-Westra, l'entrée lui en était aussi librement ouverte qu'à celles qui l'occupaient ; mais, depuis, les temps étaient si changés qu'il s'arrêta le doigt sur le loquet, incertain s'il se permettrait de le lever, jusqu'à ce que la voix de Brenda fit entendre ces mots, « Entrez donc ! » du ton d'une personne interrompue par un importun visiteur, que l'on va écouter et expédier avec toute la célérité possible.

A ces mots, Mertoun pénétra dans le boudoir des deux sœurs, qui, par l'addition de plusieurs ornements nouveaux renfermant des objets d'une grande valeur, avait été préparé pour la fête du jour. Les filles de Magnus, au moment où Mordaunt entrait, étaient fort occupées à tenir conseil avec l'étranger Cleveland et un petit vieillard dont les yeux exprimaient encore toute la vivacité d'esprit qui avait dû l'aider à supporter les mille vicissitudes d'une vie précaire et agitée ; en ne l'abandonnant pas dans ses vieux jours, elle rendait peut-être ses cheveux gris moins respectables, mais une contenance plus grave et un caractère plus posé ne lui eussent certes pas valu un meilleur accueil. Il y avait même quelque chose de fin et de pénétrant dans le regard curieux avec lequel, se tenant un instant à l'écart, il semblait attendre le moment où Mordaunt allait aborder les deux aimables sœurs.

L'accueil fait au jeune homme ressembla à peu de chose près à celui de Magnus lui-même; mais les deux jeunes personnes ne furent pas capables de dissimuler aussi bien l'impression produite par les circonstances nouvelles sous l'influence desquelles ils se revoyaient. Elles rougirent, se levèrent, et sans lui tendre la main, ni encore moins offrir leur joue à ses lèvres, comme l'autorisait la mode du temps, elles rendirent scrupuleusement à Mordaunt toutes les politesses dues à une simple connaissance. Mais la rougeur de l'aînée offrit la trace rapide d'une émotion passagère, qui s'évanouit aussi vite que la pensée qui l'a produite; au bout d'une minute elle montra au jeune homme un air froid et calme, répondant avec une politesse prudente et réservée aux compliments d'usage que d'une voix altérée Mordaunt essayait de lui offrir. L'émotion de Brenda se manifesta par une agitation plus prononcée; la rougeur couvrit toutes les parties de sa belle peau que ses vêtements laissaient apercevoir, s'étendant sur son cou de cygne et le haut d'une gorge admirable. Elle n'essaya pas même de répondre à ce qui s'adressait à elle en particulier dans les compliments embarrassés de Mordaunt, mais elle fixa sur lui des regards où le déplaisir se mêlait évidemment à des sentiments de regret et aux souvenirs du passé. Mordaunt put avoir à l'instant et eut en effet la certitude que l'affection de Minna était éteinte, mais qu'il était encore possible de recouvrer celle de la tendre Brenda; et tels sont les caprices de l'esprit humain, que sans avoir jamais remarqué jusqu'à ce jour la moindre différence entre ces deux jeunes filles si belles et si intéressantes, l'amitié de celle qui paraissait lui être ravie pour toujours devint dans ce moment la plus précieuse à ses yeux.

Il fut détourné de ces pensées soudaines par Cleveland, qui, ayant attendu que Mertoun se fût acquitté des politesses habituelles d'un nouvel arrivant, vis-à-vis des dames de la maison, s'avança, avec toute la franchise d'un militaire, pour faire ses compliments à l'homme auquel il devait la vie; il se présenta à lui avec tant de bonne grâce, que bien que la défaveur de Mordaunt à Burg-Westra remontât à l'époque de l'apparition de l'étranger dans le pays et de son installation dans la famille, il ne put s'empêcher de répondre à ses avances en homme bien élevé, d'agréer ses vœux d'un air de satisfaction, et de lui exprimer la confiance où il était que son temps s'était passé agréablement depuis la dernière fois qu'ils s'étaient rencontrés.

Cleveland allait répondre, mais le petit vieillard dont nous avons déjà parlé ne lui en laissa pas le temps; il se jeta devant lui, saisit la main de Mordaunt, l'embrassa au haut du front, et alors, répétant sa question, à laquelle il répondit lui-même : — Comme on passe le temps à Burgh-Westra? dit-il. Est-ce donc à vous à nous faire cette question, beau prince des rochers et des précipices? Comment passe-t-il, lorsque la beauté et la joie viennent lui prêter leurs ailes pour l'aider à fuir?

— Sans compter l'esprit et la musique, mon bon vieil ami, dit Mordaunt moitié gai, moitié sérieux, et tout en secouant cordialement la main du bonhomme; — leur absence ne peut se faire sentir là où se trouve Claude Halcro.

— Pas de mauvaises plaisanteries, Mordaunt, mon cher garçon; lorsque, ainsi qu'à moi, le temps vous aura engourdi les jambes, émoussé l'imagination et faussé la voix...

— Pouvez-vous vous calomnier ainsi, mon maître? répondit Mordaunt enchanté de profiter des originalités de son vieil ami pour amener quelque chose qui ressemblât à une conversation, sortir d'un malaise causé par cette singulière réunion, et trouver le temps d'observer; car il cherchait toujours une explication à la nouvelle conduite que la famille semblait avoir adoptée à son égard. Ne parlez donc pas ainsi, continua-t-il; le temps, mon respectable ami, ne fait pas sentir aux bardes le poids de sa lourde main. Ne vous ai-je pas entendu dire que les poëtes sont immortels comme leurs chants? Bien certainement, le grand poëte anglais dont vous nous entretenez si souvent était plus âgé que vous ne l'êtes, lorsque, pour la première fois, il lança sa barque parmi les beaux-esprits de Londres.

Il faisait ainsi allusion à une anecdote qui, comme on dit en France, était le *cheval de bataille* d'Halcro, et il suffisait de la lui rappeler, même le plus indirectement, pour être sûr de le mettre bien en selle, et de le voir lancer son *dada* dans la carrière.

Il sourit, et son œil s'enflamma d'un enthousiasme que le commun des hommes aurait baptisé du nom de folie, en se jetant sur son sujet favori de conversation. — Hélas! hélas! mon cher Mordaunt Mertoun, l'argent est toujours de l'argent, et ne perd pas son brillant à l'usage; — l'étain est toujours étain, et avec le temps devient de plus en plus terne. Ce n'est pas au pauvre Claude Halcro à se nommer dans la même année avec l'immortel John Dryden; il est d'ailleurs vrai, comme j'ai pu vous le dire autrefois, que j'ai vu ce grand homme un jour que j'étais allé au *café des Beaux-Esprits*, comme on l'appelait alors, et que j'ai eu l'honneur de prendre une prise de tabac dans sa propre tabatière. Je dois vous avoir dit comment la chose arriva; mais voici le capitaine Cleveland qui ne m'a jamais entendu conter cela. — Il faut que vous sachiez que je logeais dans Russel-Street. — Je ne vous demanderai pas si vous connaissez Russel-Street, dans Covent Garden, capitaine Cleveland.

— Cette latitude m'est parfaitement connue, M. Halcro, répondit le capitaine en souriant; mais il me semble que vous nous avez fait hier le récit de cette anecdote ; outre que nous avons aujourd'hui des devoirs à remplir. — Jouez-nous donc l'air que nous voulons étudier.

— Ce n'est plus le cas maintenant, dit Halcro ; il nous faut songer à quelque chose où l'on puisse employer notre cher Mordaunt, la plus belle voix de l'île, dans le solo comme dans une partie ; ce ne sera pas moi qui toucherai à une corde si Mordaunt Mertoun ne nous soutient pas. — Qu'en dites-vous, ma belle Nuit ? — qu'en pensez-vous, ma douce Aurore ? ajouta-t-il en s'adressant aux deux jeunes filles, auxquelles, comme nous l'avons dit ailleurs, il avait depuis longtemps décerné ces surnoms allégoriques.

— M. Mordaunt Mertoun, répondit Minna, est arrivé trop tard pour être des nôtres, dans cette occasion ; — c'est un malheur pour nous, mais on ne peut le réparer.

— Comment ? qu'est-ce ? s'écria vivement Halcro ; — trop tard ! — mais vous avez fait de la musique ensemble toute votre vie. Croyez m'en, mes gentilles fillettes, les vieux airs sont les meilleurs, et les vieux amis les plus sûrs. M. Cleveland a une très-jolie basse, il faut en convenir ; mais je voudrais que vous choisissiez l'un des vingt airs qui produisent tant d'effet quand le ténor de Mordaunt se joint à vos voix enchanteresses. — Voici mon aimable Aurore qui approuve ce changement au fond de son cœur.

— Vous ne vous êtes jamais plus trompé qu'en ce moment, père Halcro, dit Brenda dont les joues rougirent de nouveau, en apparence plutôt de contrariété que de pudeur.

— Eh bien ! d'où vient donc cela ? reprit le vieillard, s'arrêtant et les examinant alternativement ; — que vous est-il donc arrivé ? une Nuit sombre et une Aurore rouge ? — cela n'annonce pas le beau temps. — Que signifie tout cela, jeunes filles ? A qui donc la faute ? à moi, je le crains, car lorsqu'il y a brouille parmi la jeunesse, c'est sur la vieillesse que toujours en retombe le blâme.

— Ce n'est pas à vous que le blâme s'adresse, père Halcro, dit Minna, en admettant qu'il y ait quelqu'un à blâmer. Et en même temps elle se leva et prit le bras de sa sœur.

— Alors, j'ai bien peur, Minna, dit Mordaunt en essayant de prendre le ton de l'indifférence et de la plaisanterie, que le nouveau venu n'ait apporté l'offense avec lui.

— Quand personne ne se trouve offensé, répondit Minna avec sa gravité ordinaire, il est inutile de chercher l'auteur de l'offense.

— Est-il possible, Minna ! s'écria Mordaunt, est-ce vous qui me parlez ainsi ? — et vous aussi, Brenda, pouvez-vous me juger d'une manière si sévère, sans m'accorder un instant de bonne et franche explication ?

— Ceux que cela concerne, répondit Brenda d'une voix faible mais décidée, nous ont fait connaître leurs volontés, et il faut qu'elles soient remplies. — Ma sœur, voilà assez longtemps, je pense, que nous sommes ici, et on nous réclame ailleurs ; — M. Mordaunt nous excusera, un jour occupé comme celui-ci.

Les deux sœurs se donnèrent le bras ; Halcro fit vainement tous ses efforts pour les retenir, en prenant une pose théâtrale et s'écriant :

Le jour et la nuit ensemble, c'est une étrange merveille !

Puis il se retourna du côté de Mordaunt Mertoun, et ajouta : — Les jeunes filles sont possédées d'un esprit de changement, qui prouve, comme l'a dit fort bien Spencer, notre maître à tous, que

« Parmi toutes les créatures vivantes, l'amour du changement règne plus ou moins, et domine en maître. »

— Capitaine Cleveland, continua-t-il, savez-vous s'il s'est passé quelque chose qui ait pu mettre hors du ton ces deux jeunes grâces?

— On perdrait son temps et sa science, répondit Cleveland, à chercher pourquoi le vent souffle dans telle ou telle direction, ou pourquoi une femme change d'idées ; si j'étais M. Mordaunt, je ne ferais pas une seule question sur ce sujet à ces deux beautés orgueilleuses.

— C'est un conseil d'ami, capitaine Cleveland, reprit Mordaunt, et j'en ferai mon profit, bien que vous l'ayez donné sans qu'on l'ait sollicité ; mais souffrez que je vous demande si vous avez vous-même pour l'opinion de vos deux belles amies l'indifférence que vous semblez me conseiller.

— Qui, moi ? répondit le capitaine de l'air d'une parfaite insouciance ; je n'ai pas réfléchi deux fois à un pareil sujet ; — je n'ai jamais trouvé de femme capable de me faire rêver à elle une fois que l'ancre est levée. — A terre, c'est une autre affaire ; je rirai, je danserai, je chanterai, je ferai l'amour, si cela leur plaît, avec vingt jeunes filles, fussent-elles moitié moins jolies que celles qui viennent de nous quitter, et je leur pardonnerai de bien bon cœur de tourner leurs batteries d'un autre côté, au premier appel du sifflet de bord. Il y a à parier que je les aurai oubliées aussi vite qu'elles m'oublieront.

Une personne souffrante apprécie rarement ce genre de consolation qui consiste à attacher peu d'importance à la maladie dont elle est atteinte ; et Mordaunt fut au moment de se fâcher contre le capitaine de ce qu'il avait surpris son embarras, et s'était permis de lui donner son opinion. Il lui répliqua donc, avec un peu d'aigreur, que les sentiments du capitaine Cleveland n'étaient à l'usage que de ceux qui ont le talent de faire la conquête de toutes les femmes partout où le sort les jette, et qui, grâces à leurs mérites, sont sûrs de regagner dans un pays ce qu'il leur a fallu abandonner dans un autre. Ces paroles furent dites avec ironie ; mais il faut avouer que celui à qui elles s'adressaient joignait à une haute habitude du monde la persuasion intime de ses avantages, du moins extérieurs, qui rendaient son intervention désagréable à double titre. Comme le dit Lucius O'Trigger, il y avait dans toute sa personne un air de conquête insultant au dernier point. Jeune, bien fait, plein d'assurance, les allures un peu brusques d'un marin semblaient chez lui pleines d'aisance et de naturel, et convenaient particulièrement bien, peut-être, aux manières simples de la contrée lointaine dans laquelle il se trouvait, et où, même dans les meilleures maisons, avec une plus grande recherche, sa conversation eût été moins de mise. Il se contenta, dans cette circonstance, de répondre par un sourire de bonne humeur au mécontentement visible de Mordaunt, et lui dit : — Vous êtes fâché contre moi, mon cher ami, mais vous ne pourrez me fâcher contre vous. Les blanches mains de toutes les jolies femmes que j'ai vues dans ma vie ne m'auraient jamais repêché dans les eaux de Sumburgh. Ainsi donc, je vous en prie, ne m'en veuillez pas; voici M. Halcro pour attester que j'ai baissé pavillon, et que, dussiez-vous me lancer une bordée, je ne riposterai pas un seul coup.

— Oui, oui, dit Halcro, vous devez être ami avec le capitaine Cleveland, Mordaunt; il ne faut jamais se quereller entre amis, parce qu'une femme a des lubies. Écoutez-moi. Si leur humeur était toujours égale, comment diable pourrions-nous faire toutes les chansons qu'elles nous inspirent? Dryden lui-même, l'illustre John Dryden, n'aurait trouvé rien à dire sur une jeune fille toujours la même ; — autant vaudrait faire des vers sur le bruit monotone de l'écluse d'un moulin. Mais, semblables à vos courants et à vos marées, à votre flux et à votre reflux, qui s'approche et s'en va, s'enfuit et reparaît, (par le Ciel! la mesure me vient rien qu'en y pensant!) favorables un jour, furieuses le lendemain, elles nous caressent ou nous dévorent, sont nos délices ou notre ruine, etc., etc. — C'est là vraiment l'âme de la poésie; vous ai-je jamais récité mes adieux à la jeune fille de Northmaven? — c'était la pauvre Bet Stimbister. J'ai changé son nom en celui de Marie, à cause de l'euphonie ; et quant à moi, je me suis donné celui de Hacon, à cause de mon aïeul Hacon Goldemund, ou Hacon à la bouche d'or, qui vint dans l'île avec Harold Harfager, et qui fut son premier scalde. Eh bien! où en étais-je donc? — ah! oui : — cette pauvre Bet Stimbister fut cause (outre quelques petites dettes) que je quittai les îles Hialtland (véritable nom de ces îles, qu'on appelle à tort Schetland ou même Zetland), et que je me lançai dans le monde. Depuis ce temps j'ai appris à le connaître, et j'y ai fourni ma carrière comme un homme dont la tête et la bourse sont légères, et le cœur aussi : — j'ai disputé le passage ou je l'ai payé. — c'est-à-dire en argent ou en esprit; — j'ai vu des rois changés ou

CHAPITRE XII.

déposés comme vous renverriez un locataire à la fin d'un bail ; — j'ai connu tous les beaux-esprits du siècle, et particulièrement l'illustre John Dryden. — Quel homme, dans ces îles, pourrait sans mentir en dire autant ? — J'ai pris du tabac dans sa propre tabatière. — Je vais vous conter comment je parvins à une telle faveur.

— Mais la chanson, M. Halcro, dit Cleveland.

— La chanson ? répondit le poëte en saisissant le capitaine par un bouton, car il était trop accoutumé à voir ses auditeurs lui échapper au milieu de ses récits pour ne pas mettre en pratique tous les moyens connus de les retenir, — la chanson ? j'en ai donné la copie, avec une quinzaine d'autres, à l'immortel John. Vous l'entendrez, vous l'entendrez tous, si vous avez un moment de patience. Et vous aussi, mon cher ami Mordaunt Mertoun, vous que j'ai à peine entendu dire deux mots depuis six mois, voilà que vous me laissez déjà. Et en parlant ainsi il s'assura de lui en le saisissant de l'autre main.

— Maintenant qu'il nous a tous deux pris à la remorque, dit le marin, il ne nous reste plus qu'à l'écouter jusqu'au bout, bien qu'il file le câble aussi péniblement qu'un vieux matelot au quart de minuit.

— Silence, maintenant, silence, et ne parlons pas tous à la fois, s'écria le poëte d'un ton impératif ; tandis que Mordaunt et Cleveland, se regardant mutuellement avec une expression plaisante de résignation, attendaient d'un air soumis l'inévitable récit de cette histoire qu'ils connaissaient si bien. — Je vous conterai toute l'affaire, reprit Halcro. — Je fus jeté dans le monde comme tant d'autres, et j'y fis un peu de tout pour gagner ma vie, car, Dieu merci, j'étais capable de beaucoup de choses ; — mais, surtout, j'aimais les muses autant que si les ingrates coquines m'eussent procuré, comme à tant de sots, une bonne voiture à six chevaux. Pourtant je me soutins sur l'eau jusqu'à la mort de mon cousin, le vieux Laurence Linkletter, qui me laissa une portion d'une île peu éloignée d'ici, quoique, pour le dire en passant, Cultmalindie fût son parent au même degré que moi ; mais Laurence aimait l'esprit, sans en avoir beaucoup de son propre fonds. Il me laissa donc sa petite île, — qui est aussi aride que le Parnasse lui-même. — Eh bien ! au bout du compte, j'ai un sou à dépenser, un sou à mettre dans ma bourse, un sou à donner au pauvre, — oui, et un lit et une bouteille à offrir à mes amis, comme vous pourrez en juger vous-mêmes, jeunes gens, si vous voulez entrer chez moi en revenant de la fête. — Mais où en étais-je de mon histoire ?

— Près du port, j'espère, répondit Cleveland ; mais Halcro était un conteur trop déterminé pour se laisser interrompre par l'épigramme la plus directe.

— Ah ! c'est cela, reprit-il avec l'air satisfait d'un homme qui a retrouvé le fil de son récit : — je demeurais dans mon ancien logement de Russel-Street avec le vieux Timothée Thimblethwaite, tailleur alors le plus en renom de la ville. Il travaillait pour les beaux-esprits, ainsi que pour les sots, enfants gâtés de la fortune, et faisait payer les uns pour les autres. Jamais il ne refusa de crédit à un bel-esprit, si ce n'est pour plaisanter ou bien pour en obtenir une repartie ; il était en correspondance avec tout ce qui méritait d'être connu dans la ville. Il avait des lettres de Crowne, de Tate, de Prior, de Tom Brown, et de tous les hommes célèbres de l'époque ; on y trouvait des saillies si piquantes qu'en les lisant il était impossible de ne pas rire à en mourir, et toutes se terminaient par des demandes de délai pour payer.

— J'aurais cru que le tailleur ne devait pas trouver la plaisanterie de son goût, dit Mordaunt.

— Si fait, si fait, répliqua le panégyriste ; Tim Thimblethwaite était né dans le Cumberland, il avait l'âme d'un prince, — et vraiment, à sa mort, il en avait aussi la fortune ; car, malheur a l'alderman bien nourri qui tombait sous le fer à repasser de Timothée, quand il venait de recevoir une de ces lettres : — sur ma foi, le digne magistrat pouvait être sûr de payer pour tous. Aussi, croyait-on généralement que Timblethwaite avait servi de modèle au célèbre John pour le rôle du petit Tom Bibber dans sa comédie du *Vert Galant ;* ce que je sais, c'est qu'il lui faisait crédit, et, qui plus est, qu'il lui prêta de l'argent de sa poche dans un moment où le poète était assez en froid avec ses grands amis de cour. Il m'a fait aussi crédit ; car je lui ai dû jusqu'à deux mois de loyer à la fois pour ma mansarde. Il est vrai que je l'aidais de mon côté, — non pas précisément pour la taille ou la couture des habits, ce qui n'aurait pas été convenable pour un homme de bonne famille ; mais je, — oui, j'écrivais les mémoires, — je faisais les relevés sur les livres...

— Vous portiez les habits aux beaux-esprits et aux aldermen, et vous étiez logé pour votre peine, interrompit Cleveland.

— Non, pas du tout, que diable, s'écria Halcro ; ce n'est pas cela.

— Vous me faites perdre le fil de mon récit. — Où en étais-je donc ?

— Que le diable se charge de retrouver votre latitude, s'écria à son tour le capitaine, en délivrant son bouton captif entre le pouce et l'index du barde impitoyable, car je n'ai pas le temps de rester en observation. En disant ces mots, il s'élança hors de la chambre.

— Homme grossier, orgueilleux et mal appris, dit Halcro en le regardant s'éloigner ; il n'y a pas plus de politesse dans ses manières que dans son cerveau vide. Je ne sais ce que Magnus et ses sottes filles peuvent trouver en lui. Il leur conte de mauvaises histoires à n'en pas finir sur ses aventures et ses combats de mer : — sur deux mots, je suis sûr qu'il y a un mensonge. Mordaunt, mon cher enfant, prenez exemple sur cet homme, — c'est-à-dire, qu'il vous serve de leçon ; — ne faites jamais de longues histoires sur vous-même. Quelquefois vous êtes porté à conter trop longuement vos exploits au milieu des rochers et des précipices, et cela ne sert qu'à interrompre la conversation, et à empêcher les autres d'être entendus. Maintenant, je vois que vous êtes impatient de savoir la suite de mon récit. — Attendez ; où en étais-je ?

— Je crains, M. Halcro, qu'il ne faille remettre cela pour après le dîner, dit Mordaunt qui méditait aussi sa fuite, bien qu'il désirât l'effectuer avec plus d'égards pour son vieil ami que ne l'avait jugé nécessaire le capitaine Cleveland.

— Quoi, mon cher ami, dit Halcro qui se voyait au moment de rester tout à fait seul, vous m'abandonneriez aussi ! — Ne suivez pas un si mauvais exemple, et ne traitez jamais légèrement une vieille connaissance. J'ai parcouru dans ma vie des chemins bien pénibles, mais je n'ai jamais éprouvé de fatigue lorsque j'ai pu m'appuyer sur le bras d'un ancien ami comme vous.

En parlant ainsi, il lâcha l'habit du jeune homme, et glissant adroitement la main sous son bras, il s'assura de lui d'une manière plus certaine. Mordaunt s'y soumit, un peu ému de l'observation du poete sur le peu de complaisance des vieux amis, défaut dont il souffrait en ce moment plus que personne. Mais lorsque Halcro renouvela sa terrible question : — où en étais-je donc ? — le jeune homme, préférant sa poésie à sa prose, lui rappela la chanson qu'il disait avoir écrite à son premier départ des îles Schetland, chanson fort bien connue de Mordaunt, mais nouvelle sans doute pour le lecteur, et que nous insérons afin de lui donner un échantillon des talents poétiques de cet harmonieux descendant de Hacon à la bouche d'or.

D'après l'opinion d'assez bons juges il tenait un rang honorable parmi les faiseurs de madrigaux de cette époque, et il était aussi capable d'immortaliser les Nancy [1] de ses montagnes et de ses vallons que bien des chansonniers beaux-esprits de la capitale. Halcro était aussi un peu musicien, et dans le moment dont nous parlons il prit une espèce de luth, et se désaisissant de sa victime, accorda l'instrument pour s'accompagner, tout en continuant de parler afin de ne pas perdre de temps.

— J'ai appris le luth, dit-il, du même maître que l'honnête Shadwell, — le gros Tom, comme on avait coutume de le nommer, — celui que l'illustre John traita un peu durement ; — vous savez, Mordaunt, vous vous rappelez bien ?

« Je crois voir naviguer un nouvel Arion et le luth trembler encore sous tes doigts ; aux sons aigus qu'ils produisent, j'entends, de rivage en rivage, les dessus crier de peur et les basses mugir. »

Allons, me voilà assez bien d'accord maintenant. — Qu'est-ce que

[1] Nom qui se reproduit fréquemment dans les poésies pastorales du temps. (L. V.)

je voulais vous chanter? — Ah! oui, je me souviens, — c'était la chanson de la fille de Northmaven. Pauvre Bet [1] Stimbister! Dans mes vers je l'ai appelée Marie. Betsy convient bien à une chanson anglaise, mais ici Marie est plus naturel. A ces mots, après un court prélude, il se mit à chanter d'une voix passable et avec assez de goût les vers suivants :

MARIE.

« Adieu, Northmaven, Hillswicke grisâtre, adieu! Adieu, la retraite paisible de ton port, les tempêtes qui fondaient sur tes rochers, les brises qui variaient l'aspect de tes campagnes; et toi surtout, aimable Marie, nous ne nous reverrons plus.

« Adieu le périlleux passage que bravait la barque de Hacon, lorsque les pics de nos écueils étaient blanchis par la vague. Il est une jeune fille qui peut-être interroge en vain du regard l'immensité des flots, — car l'esquif de son amant ne reparaît plus.

« Les serments que tu as violés, jette-les aux rapides courants; que les sirènes les chantent sur les rochers et les sables mouvants. Elles donneront une douceur nouvelle a ces accords séduisants, mais il y a au monde quelqu'un qui n'y croira plus.

« Oh! s'il y avait une île, quelque sauvage qu'elle fût, où la femme pût sourire sans que l'homme fût trompé, — ce serait un piége trop séduisant pour les malheureux mortels, et l'espérance voudrait s'y fixer, elle qui ne devrait jeter l'ancre que dans les cieux! »

— Je vois que vous êtes attendri, mon jeune ami, dit Halcro, lorsqu'il eut fini sa chanson; c'est ce qui arrive à tous ceux qui entendent ces couplets. Je suis l'auteur des paroles et de la musique, et, sans vouloir en exagérer le mérite, on y trouve une sorte de — eh! eh! — de vérité et de simplicité qui va au cœur de bien des gens. Votre père lui-même ne saurait s'en défendre, — et pourtant il a une âme si impénétrable à la poésie que les flèches d'Apollon lui-même pourraient à peine l'entamer. Il faut que le sexe féminin lui ait joué autrefois quelque mauvais tour, pour qu'il lui garde une telle rancune. Oui, oui! — C'est là que le bât le blesse! Qui de nous, dans son temps, n'a ressenti de pareilles atteintes? — Mais venez, mon cher enfant, ils sont là tous qui se pressent dans cette salle, hommes et femmes : — sexe maudit, mais sans lequel, après tout, nous serions encore plus malheureux. — Mais auparavant, remarquez bien les deux derniers vers :

Et l'espérance voudrait s'y fixer,

c'est-à-dire, dans cette île imaginaire, qui n'a jamais existé et n existera jamais,

Elle qui ne devrait jeter l'ancre que dans les cieux!

Vous voyez bien, jeune homme, que ce ne sont pas là de ces déclamations païennes, telles que Rochester, Etheridge et autres liber-

---

[1] Abréviation familière de Betty; c'est notre Babet. (L. V.)

tins en composaient ensemble. Un ministre pourrait entonner la chanson et son clerc chanter le refrain. — Mais voilà une maudite cloche qui nous appelle. — Soyez tranquille, nous irons ce soir dans quelque coin où nous pourrons, sans être dérangés, reprendre la conversation.

CHAPITRE XIII.

> Au milieu brille la table luisante et polie, et les coupes étincelantes, remplies d'un vin généreux. Tout le monde alors prend part à la fête, sert le vin, ou partage le pain et les mets. Ce fut seulement au moment où la soif et la faim commençaient à se calmer que l'adroit étranger aborda l'hôte puissant.
> *Odyssée.*

Tels étaient la profusion hospitalière qui régnait sur la table de Magnus Troil, le nombre des convives réunis dans la salle de festin, celui plus grand encore de serviteurs, de vassaux, d'humbles amis et de domestiques de toutes sortes qui se réjouissaient au dehors, sans compter une multitude d'assistants plus pauvres encore et d'une condition subalterne, accourus de tous les villages et hameaux de vingt milles à la ronde pour participer aux largesses du généreux udaller, que Triptolème ébloui se demanda intérieurement s'il serait prudent à lui de proposer en ce moment à l'amphitrion d'un banquet aussi splendide, dans toute la gloire de son hospitalité, de changer radicalement les usages et les coutumes de son pays.

Le judicieux Triptolème avait, il est vrai, la conscience de posséder à lui seul plus de lumières que tous les convives réunis, sans parler de son hôte dont le peu de sagesse paraissait à son avis bien suffisamment démontré par la prodigalité de la réception. Néanmoins l'amphitrion conserve, tant que dure le repas, une influence irrécusable sur l'esprit de ses convives, même les plus distingués; et si le dîner est bien ordonné et les vins bien choisis, il est humiliant de sentir que ni le talent, ni la science, ni à peine le rang lui-même ne peuvent reprendre leur supériorité naturelle et légitime sur le distributeur de toutes ces bonnes choses, qu'au moment où l'on apporte le café. Triptolème sentait toute la force de cette supériorité momentanée, et cependant il aurait voulu justifier les discours avantageux qu'il avait tenus à sa sœur et à son compagnon de voyage : aussi lançait-il de temps en temps un regard sur eux, pour chercher à voir s'il n'avait pas perdu dans leur estime en différant la discussion qu'il se proposait d'entamer sur les monstrueux abus qui régnaient aux îles Schetland.

Mais mistress Barbara était entièrement occupée à observer et à contrôler le gaspillage qui résulterait de ce repas, tel qu'elle n'en avait probablement jamais vu jusqu'alors. Elle s'émerveillait de l'indifférence avec laquelle l'hôte supportait de la part de ses convives un entier oubli de toutes les règles de la civilité dans laquelle elle avait été élevée. Ceux-ci demandaient d'un plat qui n'avait pas été entamé et aurait pu figurer au souper, avec la même liberté que s'il eût déjà supporté l'attaque d'une demi-douzaine de convives ; et personne, — le maître du logis moins que tout autre, — ne semblait s'inquiéter si l'on ravageait seulement les plats de nature à ne pouvoir paraître deux fois sur la table, ou si l'assaut était dirigé sur ces énormes aloyaux, ces pâtés et autres pièces de résistance qui, selon les règles d'une bonne économie, sont destinés à soutenir deux attaques, et qui, dans les idées de politesse de mistress Barbara, n'auraient pas dû être anéantis à la première rencontre, mais bien réservés pour être dévorés les derniers, comme Outis [1] dans l'antre de Polyphème. Absorbée dans les réflexions que provoquaient en elle ces infractions à la discipline d'un repas bien ordonné, et calculant que ce qui serait perdu de toutes ces viandes bouillies, rôties et grillées aurait suffi à garnir son buffet au moins pendant un an, mistress Barbara s'inquiétait fort peu jusqu'à quel point son frère remplissait le rôle qu'il s'était flatté de pouvoir prendre.

De son côté, Mordaunt Mertoun était occupé de toute autre chose que du prétendu réformateur des îles Schetland. Il était assis entre deux jolies personnes de Thulé, qui, sans lui garder rancune de ce que, dans d'autres occasions, il avait donné la préférence aux filles de l'udaller, se réjouissaient du hasard qui leur procurait les attentions d'un jeune homme si distingué, et se flattaient qu'après avoir été à table leur écuyer, il ne pouvait manquer d'être leur partner pour le bal ; mais tout en rendant à ses jolies voisines les petits soins d'usage réclamés par la société, Mordaunt observait avec soin, quoique à la dérobée, ses anciennes amies, Minna et Brenda, qui semblaient avoir cessé de l'être. L'udaller lui-même avait part à cet examen ; mais il ne remarqua rien en lui d'extraordinaire : c'était, comme toujours, ce ton d'hospitalité cordiale, quelquefois un peu bruyante, dont il avait coutume d'animer le banquet dans des occasions semblables. Mais la conduite toute différente des deux sœurs fut pour lui un sujet de remarques affligeantes.

Le capitaine Cleveland, assis entre elles, leur partageait ses soins,

---

[1] On sait qu'Ulysse avait dit à Polyphème qu'il s'appelait *Personne*, en grec *Outis*. (L. V.)

et Mordaunt était placé de manière à pouvoir observer et en grande partie entendre tout ce qui se passait entre eux. Cependant Cleveland semblait plus empressé près de la sœur aînée. Cette préférence n'avait peut-être pas échappé à la plus jeune; car plus d'une fois elle tourna ses regards du côté de Mordaunt, et celui-ci crut y lire comme un regret d'avoir interrompu leur ancienne liaison, et un triste souvenir des anciens jours de leur amitié, tandis que Minna était entièrement subjuguée par les prévenances de son voisin, ce qui remplit Mordaunt de surprise et de ressentiment.

Minna, la sérieuse, la prudente, la réservée Minna, dont la contenance et les manières montraient tant d'élévation dans le caractère; — Minna, amie de l'isolement et des études qui portent à la retraite, — elle qui fuyait la folle gaîté, qui recherchait les distractions mélancoliques, et dont les promenades favorites étaient les sources solitaires et les sentiers non battus; — Minna, dont le caractère, enfin, paraissait tout l'opposé de celui qu'on aurait dû croire accessible à la galanterie téméraire, rude et entreprenante d'un homme tel que le capitaine Cleveland, Minna, cependant, n'avait d'yeux et d'oreilles que pour lui; elle lui accordait un intérêt, une attention gracieuse, qui pour Mordaunt, habitué comme il l'était à juger des sentiments de son ancienne amie par ses manières, étaient l'indice certain d'un haut degré de faveur. Il observait tout cela, et son cœur se soulevait contre le favori qui l'avait ainsi supplanté, aussi bien que contre la légèreté avec laquelle Minna démentait son caractère.

— Qu'a donc pour lui cet homme? se disait-il en lui-même. De l'audace, de la présomption, et rien de plus; une certaine importance que lui ont donnée quelques faibles succès et l'exercice d'un despotisme mesquin sur un équipage de vaisseau. — Son langage se ressent même plus de sa profession que celui des officiers supérieurs de la marine anglaise; et ses plaisanteries, qui ont si souvent excité les sourires de Minna, sont de telle nature, que jadis elle ne les aurait pas souffertes un moment. Brenda elle-même semble prendre moins de goût à ses galanteries que Minna, à qui elles devaient si peu convenir.

Mordaunt se trompait doublement dans ses réflexions chagrines. D'abord, c'était, à quelques égards, avec les yeux d'un rival qu'il voyait Cleveland, et il critiquait avec trop de sévérité les manières et la conduite du capitaine : sans être élégantes et raffinées, elles n'avaient rien de choquant dans un pays habité par des gens simples et francs comme les anciens Schetlandais. D'un autre côté, Cleveland avait la franchise et l'air ouvert d'un marin, — beaucoup de vivacité naturelle, — quelque chose d'enjoué dans le caractère, — une confiance inaltérable en lui-même, — enfin cette disposition aux entreprises téméraires, qui, même sans d'autres qualités recommandables, est souvent un moyen de succès près du beau sexe. Mais Mordaunt se méprenait encore plus en supposant que Cleveland devait déplaire à Minna Troil en raison de la différence de leurs caractères sur tant de points. Avec plus d'expérience du monde, il aurait pu remarquer que, de même qu'on voit un grand nombre d'unions entre des personnes tout à fait différentes quant au physique, de même, et plus souvent encore, elles ont lieu entre des êtres qui ne s'accordent ni par leurs sentiments, ni par leurs goûts, ni par leurs dispositions, ni par leur esprit ; et peut-être pourrait-on dire, sans trop s'avancer, que les deux tiers des mariages contractés autour de nous l'ont été entre des personnes qu'au premier abord nous n'aurions jamais pensé devoir se convenir.

Une cause première et toute morale de ces anomalies pourrait être aisément trouvée en remontant aux vues sages et bienfaisantes de la Providence, qui a voulu maintenir dans l'ensemble de la société un partage égal d'esprit, de sagesse et de qualités aimables de toute sorte. Que deviendrait le monde, en effet, si l'esprit ne s'alliait qu'à l'esprit, la science, l'amabilité et la beauté elle même qu'à la science, à l'amabilité et à la beauté? N'est-il pas évident que, si les castes infimes que composent les sots, les ignorants, les gens brutaux et disgraciés de la nature (castes qui, soit dit en passant, forment la plus grande partie de l'espèce humaine) étaient condamnées à ne s'allier qu'entre elles, elles subiraient successivement de telles dégradations, tant au moral qu'au physique, qu'elles finiraient par n'offrir que de véritables orangs-outangs? Aussi, quand nous voyons « la grâce s'unir à la rudesse » nous pouvons plaindre le sort de l'être souffrant, mais nous n'en devons pas moins admirer la sagesse de la mystérieuse Providence qui sait balancer le bien moral et le mal de la vie ; — heureuse prévoyance qui, en assurant à une famille mal partagée du côté de l'un des deux époux un sang meilleur et plus doux transmis par l'autre, ménage ainsi aux enfants les soins affectueux et la protection de l'un de ceux au moins que la nature leur a donnés pour appui. Sans le grand nombre des alliances de cette nature, — de ces mariages qui au premier coup d'œil nous semblent mal assortis, — le monde ne serait pas ce que la sagesse éternelle a voulu qu'il fût, — le séjour du bien et du mal, — un lieu d'épreuves et de souffrances, où même les plus grands maux ont quelques compensations qui les rendent supportables aux esprits humbles et patients, et où le bonheur le plus parfait ne va jamais sans son alliage d'amertume.

Lorsque, en effet, nous examinons de plus près les causes de ces attachements imprévus, et qui paraissent sans motifs, nous avons lieu de reconnaître que les circonstances qui les amènent ne sont pas des preuves de l'inconséquence de ceux qui s'y livrent, ou d'un entier oubli de leur caractère, ainsi que nous aurions été tentés de le croire en ne considérant que le résultat. Les sages desseins que la Providence paraît avoir eus en vue, alors qu'elle a permis une telle fusion de penchants, de caractères, de sentiments dans le mariage, ne s'accomplissent pas en vertu d'une secrète impulsion par laquelle, contre les lois ordinaires de la nature, deux sexes seraient portés à des unions que le monde ne juge pas devoir leur convenir. Nous jouissons de notre libre arbitre dans les circonstances ordinaires de la vie aussi bien que dans notre conduite morale, et, dans l'un et l'autre cas, cette liberté même devient souvent pour nous une source d'erreurs. Il arrive fréquemment, surtout aux esprits portés à l'enthousiasme, que s'étant formé en esprit un modèle abstrait auquel s'adresse leur admiration, ils se trompent eux-mêmes lorsqu'ils croient en découvrir la fausse ressemblance dans quelque être réel que leur imagination s'empresse bien gratuitement d'orner de tous les attributs propres à en former le beau idéal de la perfection. Jamais personne, au sein même du mariage le plus heureux avec un être vraiment aimé, n'a trouvé dans la réalité toutes les qualités que son imagination avait rêvées; il ne lui arrive que trop souvent, au contraire, de reconnaître qu'il s'est abusé de la manière la plus complète, et qu'il a construit son palais aérien de félicité sur un arc-en-ciel qui ne devait son existence qu'à un état particulier de l'atmosphère.

Ainsi donc, s'il eût mieux connu la vie et le cours des choses humaines, Mordaunt aurait été peu surpris qu'un homme comme Cleveland, bien fait, courageux, entreprenant,—un homme qui évidemment avait vécu au milieu des dangers et qui en parlait comme d'un jeu, eût été paré par une jeune fille romanesque telle que Minna de toutes les qualités que, dans sa vive imagination, elle regardait comme les conditions nécessaires d'un type héroïque. Si la rude franchise de ses manières s'éloignait de la courtoisie, au moins paraissaient-elles plus éloignées encore de la dissimulation; et d'ailleurs, quelque étranger qu'il parût aux usages de la société, il avait pourtant assez de bon sens naturel et de sentiment des convenances pour savoir maintenir l'illusion qu'il avait créée, du moins tant qu'il n'était question que des dehors. Il est à peine nécessaire d'ajouter que ces observations s'appliquent exclusivement à ce que l'on appelle les mariages d'inclination. Car lorsque c'est par les avantages matériels d'une bonne dot ou d'un douaire considérable que l'attachement de l'une des parties est déterminé, elle n'a pu être exposée au même mécompte, quoiqu'elle ait pu se méprendre cruellement soit en estimant trop haut le bonheur qui résulterait de ces avantages, soit en passant trop légèrement sur les inconvénients qui devaient les accompagner.

Ne pouvant nous défendre d'une certaine partialité pour la belle brune que nous avons dépeinte, nous nous sommes laissé aller à cette digression, afin d'expliquer une conduite qui, **nous l'avouons**, doit paraître bien invraisemblable dans un récit comme le nôtre, quelque ordinaire qu'elle puisse être dans la vie commune : nous voulons parler de l'opinion exagérée que Minna semblait se former du goût, des talents, de la capacité d'un homme beau et jeune, qui lui consacrait tous ses moments, toute son attention, et dont les hommages lui attiraient l'envie de presque toutes les autres jeunes femmes de la nombreuse réunion. Peut-être nos belles lectrices, si elles veulent prendre la peine de descendre en elles-mêmes, avoueront-elles que le bon goût d'un homme dont les attentions seraient également agréables à tout un cercle de rivales, et qui choisit l'une d'elles pour objet spécial de ses soins, paraît dès lors si bien établi, que, par réciprocité, sinon à d'autres titres, il lui assure des droits étendus à l'estime, à la faveur, et même à la partialité de la femme préférée. Quoi qu'il en soit, si l'on veut, après tout, voir là une invraisemblance et une inconséquence de caractère, le reproche ne tombe pas sur nous, qui racontons les événements comme ils se présentent, et ne prétendons pas au privilége de faire rentrer dans la nature les faits qui semblent s'en écarter, ou de mettre d'accord avec lui-même ce qu'il y a de plus variable parmi les choses créées, — le cœur d'une femme belle et recherchée.

La nécessité, mère de tous les arts, peut aussi nous rendre passés maîtres dans celui de la dissimulation, et Mordaunt, quoique novice, ne manqua pas de profiter à cette école. Il était évident que, pour mieux observer la contenance de ceux qui étaient l'objet de son examen, il devait composer la sienne, et, au moins, paraître si occupé des jeunes personnes placées près de lui, que Minna et Brenda pussent le croire complétement indifférent à tout ce qui l'entourait. Maddie et Clara Groatsettars passaient dans l'île pour de riches héritières. Heureuses en ce moment de se sentir un peu en dehors de la sphère de vigilance dont les entourait leur tante, la bonne vieille lady Glowrowrum, elles accueillaient de l'air le plus avenant et payaient de retour les efforts de Mordaunt pour paraître aimable et enjoué, et bientôt ils s'engagèrent dans une joyeuse conversation où, suivant l'usage en pareilles occasions, le jeune homme apportait son esprit ou ce qui passe pour tel, et les dames leur rire facile et leur approbation complaisante. Mais, au milieu de cette gaieté apparente, Mordaunt n'oubliait pas d'observer de temps en temps à la dérobée la conduite des deux filles de Magnus. Il lui sembla toujours que l'aînée, tout entière aux propos de Cleveland, n'avait pas une pensée pour le reste de la société, et que Brenda, d'autant plus ouvertement qu'elle ne se croyait pas remarquée, regardait d'un air triste et inquiet le groupe dont il faisait partie. Il se sentit ému au fond de l'âme des soupçons et de la peine qui se peignaient dans ses regards, et forma intérieurement la résolution de chercher, dans le cours de la soirée, une occasion de s'expliquer avec elle. Il se rappela que Norna lui avait dit que les deux sœurs couraient un danger dont elle n'avait pas expliqué la nature, mais qui, selon lui, devait prendre sa source dans la funeste confiance que leur inspirait le caractère de cet étranger hardi et entreprenant, et il se promit tacitement de déjouer, s'il était possible, les projets de Cleveland, et de sauver ses deux jeunes amies.

Comme il roulait ces pensées dans son esprit, ses attentions pour les miss Groatsettars diminuèrent peu à peu, et peut-être eût-il oublié la nécessité de paraître spectateur indifférent de tout ce qui se passait, si le moment ne fût venu pour les dames de quitter la table. Minna, avec une grâce naturelle et une certaine dignité de manières, salua toute la société; mais son œil s'arrêta sur Cleveland avec une expression plus bienveillante et plus tendre. Brenda rougit, ce qui lui arrivait toutes les fois que le moindre de ses mouvements était exposé à l'attention des autres, et s'acquitta du salut de départ avec un embarras qui aurait presque tenu de la gaucherie, si sa jeunesse et sa timidité ne l'avaient rendu naturel et gracieux. Mordaunt crut encore que ses yeux le distinguaient au milieu de la foule. Pour la première fois, il se hasarda à rencontrer son regard et y répondit : Brenda s'en aperçut; cette idée ne fit que redoubler sa rougeur, et quelque chose ressemblant à du déplaisir parut se mêler à son émotion.

Lorsque les dames se furent retirées, les hommes se livrèrent sérieusement aux copieuses libations qui, selon l'usage de l'époque, précédaient l'exercice de la danse. Le vieux Magnus, donnant à la fois le précepte et l'exemple, les exhortait à bien employer le temps, car ces dames, disait-il, ne tarderaient pas à mettre leurs jambes en réquisition; puis, faisant signe à un domestique à cheveux gris qui se tenait derrière lui en costume de marin de Dantzick, et qui joignait à ses autres fonctions celles de sommelier : — Eric Scambester, lui dit-il, le beau navire, le joyeux marin de Canton a-t-il sa cargaison à bord?

— Cargaison complète, répondit le Ganymède de Burgh-Westra : eau-de-vie de Nantes, sucre de la Jamaïque, citrons de Portugal, sans parler de la muscade, des rôties et de l'eau puisée à la source de Shellicoat.

Un rire long et bruyant accueillit cette plaisanterie périodique et consacrée entre l'udaller et son sommelier, qui servait invariablement d'introduction à l'entrée d'un énorme bol. C'était un présent d'un capitaine de l'honorable compagnie des Indes, qui, poussé par un gros temps hors de la route du nord, par où il revenait de la Chine, dans la baie de Lerwick, avait trouvé là un débouché pour une partie de sa cargaison, sans trop stipuler les droits de Sa Majesté.

Magnus Troil, qui avait été une excellente pratique pour le capitaine Coolie et l'avait obligé d'une autre manière, avait reçu en récompense, au départ du bâtiment, ce vase splendide, puissant véhicule de gaieté pour un repas : aussi quand on vit Eric Scambester l'apporter en pliant sous le poids, un murmure d'applaudissement circula dans toute l'assemblée. Les bons vieux toasts, à la prospérité des îles Schetland, furent célébrés par d'abondantes rasades. « Mort à la tête qui ne porte point de cheveux ! » Ce souhait formé pour le succès de la pêche, par la voix retentissante de l'udaller, fut accueilli de même par les buveurs Claude Halcro proposa, aux applaudissements de tout le monde, « la santé de leur digne Amphitryon, des jolies sœurs, reines du festin ; prosperité à l'homme, mort au poisson et abondance pour les biens de la terre ! » Le même vœu fut formé d'une manière plus concise par un vieillard à cheveux blancs, compère de Magnus Troil, dans les termes suivants : Que Dieu ouvre la bouche aux poissons et qu'il étende la main sur nos blés [1] !

Tout le monde fut amplement mis à même de faire honneur à ces toasts intéressants. Ceux qui se trouvaient le plus près de cet océan de punch recevaient leurs doses des mains hospitalières de l'udaller dans de larges verres, tandis que les convives plus éloignés remplissaient les leurs au moyen d'un riche vase d'argent, nommé facétieusement la Pinasse, qui revenait fréquemment puiser au bol les trésors liquides qu'il dispensait aux extrémités de la table, faisant éclore mainte plaisanterie sur son frequent passage. Le commerce des Schetlandais avec les bâtiments étrangers et les navires revenant des Indes Occidentales dans leur pays avait contribué de bonne heure à introduire parmi eux l'usage général du généreux breuvage formant la cargaison du *Joyeux Marin* de Canton ; et nul, dans l'archipel de Thulé, n'était plus habile à en combiner les précieux ingrédients que le vieil Eric Scambester : ce talent lui avait même valu, dans toute l'étendue des îles, le surnom de Faiseur de Punch, d'après la coutume des anciens Norvégiens, qui donnèrent à Rollon le Marcheur et à d'autres héros de leur race des épithètes destinées à rappeler les traits de force ou d'adresse qui les élevaient au-dessus des autres hommes.

La bienheureuse liqueur ne tarda pas à produire son effet. Une gaîté plus bruyante anima la fin du repas, et d'anciennes chansons à boire norvégiennes furent entonnées avec grand effet par quelques convives, jaloux de prouver que si, faute d'exercice, les Schetlandais étaient déchus des vertus martiales de leurs ancêtres, ils étaient toujours pleins d'ardeur et d'aptitude à jouir des plaisirs du Valhalla, en tant qu'ils consistaient à se gorger d'hydromel et de bière brune promis par Odin aux élus du paradis scandinave. Enfin, excités par la coupe et par les chants, les timides s'enhardirent, la parole vint aux plus taciturnes, — tout le monde voulut parler et personne ne fut disposé à écouter, — chacun monta sur son *dada* favori et appela ses

---

[1] Voyez *Hibbert's Description of the Zetland islands*, pag. 470. (W. S.)

voisins à être témoins de l'agilité avec laquelle il le maniait. Entre autres, le petit poëte, qui s'était rapproché de notre ami Mordaunt Mertoun, parut décidé à entamer et à raconter tout au long l'histoire de sa première entrevue avec l'illustre John Dryden ; et Triptolème Yellowley, à mesure que sa tête s'échauffait, secoua un sentiment de respect involontaire que lui imprimait l'opulence respirant dans tout ce qui l'entourait, et les égards que tout le monde témoignait à Magnus Troil : il se mit à développer, devant l'udaller surpris et un peu mécontent, quelques-uns des plans d'amélioration dont il avait parlé avec tant de vanité le matin à ses compagnons de voyage.

Mais les innovations qu'il suggéra et l'accueil que leur fit Magnus Troil trouveront leur place au chapitre suivant.

CHAPITRE XIV.

> Nous garderons nos coutumes. — La loi est-elle autre chose qu'une coutume établie d'ancienne date? La religion elle-même (comme l'entend la moitié des hommes qui la pratiquent) n'est-elle pas une habitude salutaire, qui leur fait adorer Dieu de a même manière et au même lieu que leurs pères l'ont adoré? Tout se résout en coutumes, — nous garderons les nôtres.
> *Vieille Comédie.*

Nous avons laissé la compagnie de Magnus Troil en train de bien boire et de se réjouir. Mordaunt, qui, à l'exemple de son père, évitait les libations copieuses, ne partageait pas la gaieté que le *Joyeux Marin* répandait parmi les hôtes occupés à en alléger la cargaison, ainsi que celle de la pinasse, dans son voyage autour de la table. Mais son abattement même faisait de lui une proie plus facile pour Halcro, qui avait jeté son dévolu sur lui, comme sur un auditeur favorablement disposé, avec quelque chose de l'instinct qui fait choisir à l'oiseau de proie, dans un troupeau, la brebis malade, comme une victime plus facile. Le poëte saisit avidement l'occasion que lui offrait la préoccupation de Mordaunt, peu disposé à quitter son rôle passif pour se mettre en mesure de défense. Avec cette dextérité particulière aux impitoyables conteurs, il ne manqua pas d'allonger son récit de manière à en doubler les proportions habituelles, en usant du privilége de digressions sans fin ; et son histoire, comme un cheval au *grand pas*[1], semblait avancer avec rapidité, tandis qu'en réalité elle gagnait à peine une toise par quart d'heure. A la longue, cependant, il avait

[1] Ces mots sont en français dans l'original.

mené à fin, avec les détails les plus minutieux, l'histoire de son propriétaire et ami, le maître tailleur de Russel-Street, le tout accompagné d'une courte esquisse de cinq de ses parents, et assaisonné
d'anecdotes sur ses principaux rivaux, plus, quelques observations
générales sur les modes et les coutumes du temps. Ayant ainsi abordé
les environs et les ouvrages avancés de son histoire, il arriva au corps
de la place, car on pouvait donner ce nom au café des Beaux Esprits.
Néanmoins il fit une halte sur le seuil, pour expliquer le droit qu'a-
vait son propriétaire de s'introduire dans ce célèbre temple des Muses.

— Ce droit, dit Halcro, reposait sur deux points principaux, endurer
les attaques et ne jamais attaquer. Car mon ami Thimblethwaite était
aussi un homme d'esprit, et ne se fâchait jamais pour quelques épi-
grammes que les mauvais plaisants habitués du café lançaient contre lui, comme les fusées et les pétards d'une réjouissance. Dans ces
occasions, bien que plusieurs de nos beaux esprits, — ma foi! je
puis bien dire le plus grand nombre, — eussent quelques comptes à
régler avec lui à cause de son commerce, ce n'était pas lui qui jamais
eût rappelé à un homme de génie le souvenir de pareilles bagatelles.
Vous pourriez croire, mon jeune et cher monsieur Mordaunt, qu'il
n'y avait dans ce procédé que de la politesse ordinaire, parce que dans
le pays où nous sommes les prêteurs sont aussi rares que les em-
prunteurs; qu'il n'existe, le Ciel en soit béni! ni huissiers, ni baillis,
ni sheriffs pour sauter à la gorge d'un pauvre diable; qu'il n'y a pas
non plus de prisons pour l'y tenir sous clef jusqu'à ce qu'il se soit exécuté : moi, je puis vous assurer qu'une patience d'agneau comme
celle de feu mon cher propriétaire, M. Thimblethwaite, n'est pas une
chose fort commune dans les registres des paroisses de la ville de Londres. Je pourrais vous raconter des choses qui me sont arrivées à moi,
aussi bien qu'à d'autres, avec ces damnés marchands de la capitale; — des choses à vous faire dresser les cheveux sur la tête. — Mais
qui diable a fourré dans la tête du vieux Magnus de nous faire une pareille musique? Il crie comme s'il voulait lutter de voix avec un vent
du nord-ouest.

C'étaient, il faut le dire, de véritables hurlements que poussait le
vieil udaller; les projets de réforme que le facteur venait intrépide-
ment de soumettre à son examen avaient mis à bout sa patience, et
sa réponse fut (pour me servir d'une expression ossianique) comme
la vague qui frappe le rocher.

— Des arbres, des arbres, monsieur le facteur! — ne me parlez
pas d'arbres! quand même dans toute l'île il n'y en aurait pas un
assez grand pour pendre un sot, cela ne m'inquièterait guère; il ne
nous faut pas d'autres arbres que ceux qui élèvent leurs têtes dans nos
ports, — de bons et beaux arbres qui ont des vergues pour branches,
et des agrès pour feuilles.

— Mais le desséchement du lac de Breabaster, dont je vous parlais tout à l'heure, maître Magnus Troil, reprit le persévérant agriculteur, ce serait, selon moi, une opération d'une bien grande importance. Il y a deux moyens de l'effectuer, — le long de la vallée de Linklater, ou en suivant le ruisseau de Scalmester. Or, après avoir pris le niveau des deux...

— Il y a un troisième moyen, maître Yellowley, interrompit l'udaller.

— J'avoue que je n'en vois pas d'autres, répliqua Triptolème avec toute la bonne foi qu'un mystificateur peut désirer dans sa victime, à moins qu'au sud la montagne appelée Breabaster, et au nord une hauteur dont je ne puis pas bien me mettre le nom dans la tête...

— Que nous parlez-vous de montagnes et de hauteurs, maître Yellowley? — Il y a un troisième moyen de dessécher le lac, et c'est le seul qui sera tenté de mon temps. Vous savez que monseigneur le chambellan et moi en sommes copropriétaires; — eh bien, — convenons d'une chose: — jetons chacun dans le lac une égale quantité d'eau-de-vie, de jus de citron et de sucre: — la cargaison d'un ou deux vaisseaux en fera l'affaire; — assemblons tous les joyeux udallers de la contrée, et dans l'espace de vingt-quatre heures vous verrez une belle plaine desséchée, là où s'étend aujourd'hui le lac de Breabaster.

Une plaisanterie si bien appropriée au lieu et à la circonstance fut accueillie par un long éclat de rire et par des applaudissements qui pour quelque temps fermèrent la bouche à Triptolème. — On porta un joyeux toast; — on chanta une chanson de table. — Le vaisseau se déchargea d'une partie de sa cargaison parfumée; — la pinasse fit de nouveau sa ronde, semant partout la joie. — Le duo entre Magnus et Triptolème avait d'abord, par ses éclats de voix, absorbé l'attention de toute la société; mais il commençait à baisser de ton et à se confondre dans le bourdonnement général des convives, et Halcro reprit son empire usurpé sur l'attention de Mordaunt Mertoun.

— Où en étais-je donc? s'écria-t-il d'un ton qui indiquait à son auditeur fatigué, bien mieux que ne le pourrait le langage, combien son histoire décousue était loin d'être arrivée à terme. — Ah! je me rappelle maintenant; — nous étions juste à la porte du café des Beaux-Esprits. — Il fut fondé par un certain...

— Ce n'est pas cela, mon cher M. Halcro, dit Mordaunt avec un peu d'impatience; c'est votre rencontre avec Dryden que je voudrais vous entendre raconter.

— Quoi! ma rencontre avec l'illustre John? Ah! oui, — c'est vrai!
— Où en étais-je donc? Au café des Beaux-Esprits; — fort bien: — nous étions donc à la porte; — les garçons étaient là devant nous qui m'examinaient, car pour ce brave homme de Thimblethwaite

c'était un visage de connaissance ; — je puis vous conter à ce sujet une anecdote...

— Mais non ! parlez-moi plutôt de John Dryden, dit Mordaunt d'un ton qui demandait qu'on fît trève aux digressions.

— Oui, oui, l'illustre John Dryden. — Où en étais-je ? — Ainsi donc, nous étions près du comptoir, où un garçon était occupé à moudre du café, tandis que l'autre faisait des petits paquets de tabac à un sou. — La pipe et sa charge coûtent juste un sou. — Ce fut dans cette occasion que je le vis pour la première fois ; il y avait assis à côté de lui un certain Dennis, qui...

— C'est bon ; mais John Dryden, — quelle tournure avait-il ?

— C'était un petit vieillard assez replet : il avait des cheveux gris, et était vêtu tout de noir ; son habit lui allait comme un gant. L'honnête Thimblethwaite n'aurait pas permis qu'un autre que lui-même prît la mesure de l'illustre Dryden, et il s'entendait à tailler une manche, je vous en réponds ! — Mais il n'y a pas moyen de dire de suite deux paroles raisonnables dans cette maison-ci ; ce diable d'Écossais, le voilà lui et le vieux Magnus qui se disputent encore !

Il disait vrai : l'interruption ne ressemblait pas, il faut le dire, au coup de tonnerre auquel on eût pu comparer la première exclamation stentoréenne du vieux udaller ; mais c'était une bonne et bruyante dispute, avec un pêle-mêle de questions, de réponses, de reparties, de répliques, se succédant et s'entre-croisant comme le bruit éloigné d'un feu de mousqueterie soutenu et bien nourri.

— Entendre raison, monsieur ? disait l'udaller ; nous entendons raison, et nous parlons raison aussi ; et si la raison ne suffit pas, nous aurons la rime par-dessus le marché. — Hein, mon bon ami Halcro !

Quoique arrêté tout court au milieu de sa plus belle histoire (si toutefois on peut dire qu'il y a un milieu à ce qui n'a ni commencement ni fin), notre poète se redressa à cet appel comme un corps d'infanterie légère qui vient de recevoir l'ordre de soutenir les grenadiers ; il regarda l'adversaire d'un œil impétueux, frappa du poing la table, et se montra prêt à fournir main forte au seigneur hospitalier de Burgh-Westra, comme il convient à un commensal bien traité. Ce renfort survenu à son adversaire démonta un peu Triptolème ; il s'arrêta, en général habile, au milieu de son attaque furibonde contre les usages locaux des îles Schetland ; et il n'avait pas depuis desserré les dents, lorsque l'udaller le fit sortir de son silence par cette question insultante : — Qu'est donc devenue maintenant, maître Yellowley, votre raison, dont vous m'assourdissiez il n'y a qu'un moment ?

— Un peu de patience, mon digne monsieur, répondit l'agriculteur ; je vous le demande, que pouvez-vous dire au monde, vous ou tout autre, pour la défense de cette machine, que vous nommez une charrue dans cet aveugle pays? Les sauvages montagnards eux-mêmes, dans le Caithness et le Sutherland[1], font plus et de meilleure besogne avec leur *gascromb*[2] ou tout autre instrument, peu importe le nom.

— Mais quel mal cela vous fait-il donc, monsieur, dit l'udaller; je voudrais bien entendre vos objections. — Cette charrue laboure nos terres; que désirez-vous donc de plus?

— Elle n'a qu'un manche, répliqua Triptolème.

— Et pourquoi diable, dit le poëte avec la prétention d'être piquant, pourquoi irait-on désirer un double manche, si l'ouvrage peut se faire avec un seul?

— Ou bien encore dites-moi, ajouta le vieux Magnus, comment Neil de Lupness, qui a perdu un bras en tombant du rocher de Neckbreckan, serait-il en état de manier une charrue à deux manches?

— Les harnais sont en peau de veau marin brute et non préparée, dit Triptolème.

— Cela économise le cuir tanné, répondit Magnus Troil.

— Votre charrue est traînée par quatre pauvres bouvillons, reprit l'agriculteur; ils sont accouplés et attelés par le front, et il faut que deux femmes suivent cette misérable machine avec deux pelles pour mettre la dernière main aux sillons.

— Buvons encore un coup, maître Yellowley, dit l'udaller, et, comme vous dites en Écosse, ne laissez pas dormir votre verre. Nos bestiaux sont trop fiers pour se laisser mettre les uns devant les autres, nos laboureurs trop galants et trop bien élevés pour aller à l'ouvrage loin de la société de leurs femmes; nos charrues labourent nos terres, nos terres nous produisent de l'orge, nous brassons notre bière, nous mangeons notre pain et nous sommes enchantés de le partager avec les étrangers. — A votre santé, maître Yellowley!

Ceci fut dit d'un ton à trancher nettement la question; aussi Halcro se hâta de chuchoter à l'oreille de Mordaunt : — Voilà l'affaire arrangée, revenons maintenant à l'illustre John. — Il était donc habillé de noir de la tête aux pieds; il y avait même plus de deux ans qu'il devait son mémoire, comme me l'a appris depuis mon honnête propriétaire. — Quel œil dans cette tête! — non pas de ces regards enflammés et étincelants, de ces yeux de faucon, tels que nous autres poëtes sommes disposés à en donner à la douzaine; — mais un coup d'œil doux, assuré, pensif quoique pénétrant; de ma vie je n'en ai vu de pareil, si ce n'est un peu le regard d'Étienne Kleancogg, le violon de Papastow; ce Kleancogg...

---

[1] Les deux comtés les plus septentrionaux de l'Écosse. (L. V.)

[2] Longue bêche étroite, avec un coude pour appuyer le pied, dont les **Highlanders** se servent pour les terrains pierreux qui résisteraient aux autres instruments. (**L. V.**)

— Fort bien, fort bien; mais Dryden? interrompit Mordaunt, qui, à défaut d'occupation plus divertissante, commençait à trouver un certain plaisir à ne pas permettre au vieux poète de s'écarter de son récit, comme un berger qui veut attraper un mouton rétif et qui ne lui laisse pas un instant de répit. Halcro revint à son sujet au moyen de sa phrase favorite : — Ah ! oui, c'est vrai, — l'illustre John Dryden. — Eh bien ! monsieur, il fixa sur mon bon propriétaire ce regard que je vous dépeignais tout à l'heure : Honnête Tim, lui dit-il, qu'est-ce que tu apportes là? Alors les beaux esprits, les lords, les gentilshommes qui faisaient ordinairement cercle autour de lui, comme les jeunes filles s'attroupent autour d'un mercier dans une foire de village, se dérangèrent pour nous laisser passer, et nous pénétrâmes jusqu'au coin du feu où il avait établi sa chaise. — J'ai entendu dire que l'été on la portait sur le balcon, mais ce que je puis assurer c'est qu'elle était placée au coin du feu lorsque je l'ai vue. — Tim Thimblethwaite s'avança donc, hardi comme un lion, au milieu de cette foule élégante; moi je le suivais avec un petit paquet sous le bras, que j'avais pris un peu pour obliger mon propriétaire, son garçon de boutique ne s'étant pas trouvé là, et puis un peu aussi pour avoir l'air d'avoir quelque chose à faire au café des Beaux-Esprits ; car, vous concevez bien qu'on n'était admis dans une pareille réunion que lorsque quelque chose vous y appelait. — J'ai entendu dire que sir Charles Sedley dit une fois à propos de cela un fort joli mot.

— Un instant, dit Mordaunt, mais vous oubliez l'illustre Dryden.

— Oh ! oui, ce titre d'illustre vous pouvez bien le lui décerner! Ils sont toujours à parler de leur Blackmore, de leur Shadwell, et d'autres écrivains de la même trempe : — mais ces gens-là ne sont pas dignes de dénouer les cordons des souliers de John. — Eh bien! dit-il à mon propriétaire, que nous apportez-vous donc? Mon homme alors faisant une inclination plus profonde, je vous l'atteste, que s'il eût eu affaire à un duc et pair, lui dit qu'il avait pris la liberté de venir lui montrer l'étoffe que lady Élisabeth avait choisie pour sa robe de chambre. — Est-ce une de vos oies[1], Tim, que je vois là devant nous et qui a apporté ce paquet plié sous son aile? — Oui, M. Dryden, c'est une oie des Orcades pour vous servir, répondit Tim qui avait la répartie vive; elle vous a même apporté une pièce de vers pour que Votre Honneur daigne y jeter un coup d'œil. — C'est donc un amphibie? s'écria l'illustre Dryden en prenant le papier. — Et il me semblait que j'aurais mieux affronté une batterie de canon que le craquement du papier pendant qu'il le déployait, bien que cette opération ne fût pas accompagnée d'une seule parole faite pour intimider. — Ensuite il regarda les vers et fut assez aimable pour dire, de la façon la plus en-

---

[1] Sobriquet donné aux garçons tailleurs, du nom de leur fer à repasser. (L. V.)

CHAPITRE XIV.

courageante, avec un certain air de gaieté qui, certainement, chez un homme de sa tournure et de son âge... car je n'irai jamais comparer ce sourire à celui de Minna ou à celui de Brenda ; — il avait le sourire le plus agréable que j'aie vu de ma vie : — Comment, Tim, s'écria-t-il, mais vous avez là une oie qui, dans vos mains, deviendra un cygne. Comme il souriait un peu en disant cela, tout le monde partit d'un grand éclat de rire, et ceux placés trop loin pour entendre riaient plus fort que les autres. Chacun savait que lorsqu'il souriait c'était pour quelque chose qui en valait la peine, et on riait sur sa mine. Le mot circula bientôt de bouche en bouche parmi les étudiants du Temple, les beaux-esprits, les vieux amateurs, et chacun de demander qui nous étions. — Il y eut un jeune Français qui voulut leur dire que c'était seulement M. Tim Thimblethwaite; mais il eut tant de mal avec ses *Dumbletate* et ses *Timbletate*, que son explication, je pense, aurait été aussi longue...

— Que votre histoire, se dit Mordaunt en lui-même. — Mais la voix forte et tranchante de l'udaller vint encore une fois couper court au récit du poëte, au moment où il allait finir.

— Je ne veux plus entendre parler de cela, monsieur le facteur ! s'écriait-il.

— Vous me laisserez peut-être la parole quand il s'agira de la race de vos chevaux, dit Yellowley d'un son de voix de plus en plus suppliant ; vos chevaux, mon cher monsieur, ressemblent à des chats pour la taille, et à des tigres pour le caractère.

— Pour ce qui est de leur taille, dit Magnus, on les monte plus aisément et on en descend de même (Triptolème en a fait ce matin l'expérience, pensa Mordaunt) ; — et quant à leur caractère, on ne les monte pas quand on n'est pas en état de les diriger.

Un douloureux retour sur lui-même ne permit pas à l'agriculteur de répliquer. Il jeta sur Mordaunt un regard suppliant qui semblait lui demander en grâce de ne pas divulguer le secret de sa chute ; mais l'udaller, qui sentait son avantage, sans toutefois en deviner la cause, l'accabla du ton sévère et hautain d'un homme accoutumé toute sa vie à ne jamais rencontrer d'opposition, et absolument incapable de la supporter.

— Par le sang de saint Magnus le martyr, fit-il, savez-vous que vous êtes plaisant, monsieur le facteur Yellowley ! Vous arrivez chez nous d'une terre étrangère, vous ne connaissez ni nos lois, ni nos coutumes, ni notre langage, et vous avez la prétention d'être gouverneur de ce pays, et vous voulez que nous soyons vos esclaves.

— Que vous soyez mes disciples, mon digne monsieur, mes disciples seulement ! et cela uniquement dans votre propre intérêt.

— Nous sommes trop vieux pour aller à l'école, répliqua l'honnête

Schetlandais; je vous le dis encore un coup, nous sèmerons et recueillerons notre grain comme ont fait nos pères, — nous mangerons ce que Dieu nous envoie, nos portes continueront d'être ouvertes à l'étranger, comme elles l'ont toujours été; s'il y a quelque chose d'imparfait dans nos usages, nous le corrigerons quand en viendront le moment et la saison. — Mais la fête du bienheureux saint Jean-Baptiste a de tout temps été faite pour des cœurs joyeux et des pieds agiles : celui qui s'avisera encore de débiter une parole de raison, comme vous les appelez, ou quelque chose du même genre, sera condamné à avaler une pinte d'eau de mer : — oui, il l'avalera, j'en fais le serment! Qu'on remplisse encore le bon vaisseau, le *Joyeux Marin* de Canton, à l'usage de ceux qui lui resteront fidèles jusqu'à la fin. — Nous autres, allons rejoindre les violons; voici l'heure à laquelle ils nous ont donné rendez-vous. — Je gagerais que, dans ce moment-ci, toutes nos jeunes filles sont déjà sur la pointe des pieds. Allons! venez, M. Yellowley, pas de rancune. — Eh! comment donc, mon cher, vous vous ressentez encore du roulis du *Joyeux Marin* (il est vrai de dire, en effet, que l'honnête Triptolème montra un peu d'incertitude dans ses mouvements, lorsqu'il se leva pour suivre son hôte); — mais ne vous inquiétez pas de cela; nous allons vous faire retrouver bientôt vos jambes pour sauter, à deux pas d'ici, avec nos jolies danseuses. — Suivez-moi donc, Triptolème; — je vois qu'il faut que je vous remorque, sinon vous voilà coulé, mon vieux Triptolème. — Ah! ah! ah!

Et l'udaller, dont la taille était majestueuse encore, quoiqu'un peu courbée, s'avança tel qu'un vaisseau de guerre qui a affronté mille tempêtes, traînant après lui, comme une nouvelle capture, son convive Triptolème. La majorité des amateurs de plaisir suivit son chef avec de grandes démonstrations d'allégresse; il y eut pourtant quelques francs buveurs qui, profitant de l'option que leur avait laissée l'udaller, restèrent à table pour décharger encore une fois le *Joyeux Marin*, non sans trinquer souvent à la santé de leur patron absent, et à la prospérité de sa maison, indépendamment de tous les autres souhaits de bonheur qu'ils pouvaient imaginer comme éloge et justification de chaque nouvelle rasade d'un punch généreux.

La foule se précipita dans la salle de bal. Cette pièce se ressentait de la simplicité de l'époque et du pays; car, si l'on en excepte les habitations de la noblesse, on ne connaissait pas alors en Écosse les salons, ni les appartements ornés, et naturellement il devait en être de même dans les îles Schetland. C'était un grand et long magasin très-bas et irrégulier, où quelquefois on déposait des marchandises, dont on se servait d'autres fois comme d'un garde-meuble, qui avait, en un mot, vingt destinations diverses, mais qui était bien connu de toute la jeunesse de Dunrossness, et de celle de plus d'un canton à la ronde, comme le théâtre des danses joyeuses dont on faisait assaut dans les fêtes que donnait fréquemment Magnus Troil.

Une société d'élégants, réunis pour la valse ou la contredanse, aurait été, je crois, choquée du premier aspect de cette salle de bal. Le local était fort bas, comme nous l'avons déjà dit, et fort mal éclairé par des lampes, des chandelles, des fallots de vaisseau, et d'autres variétés de candelabres du même genre, qui concouraient à jeter une lumière sombre sur le plancher et sur les monceaux de marchandises et d'objets de toute espèce empilés autour; c'étaient ou des provisions pour l'hiver, ou des denrées destinées à l'exportation, ou bien des présents faits par Neptune aux dépens des navires naufragés, et dont les maîtres véritables étaient inconnus. Il y avait aussi quelques articles étrangers reçus, en échange de livraisons de poisson et autres produits de ses domaines, par le seigneur du lieu, qui, comme beaucoup d'autres alors, tenait presque autant du négociant que du propriétaire. Toutes ces marchandises, ainsi que les caisses, coffres, boîtes qui les renfermaient, avaient été rangées et entassées le long des murs, afin de faire de la place aux danseurs, et ceux-ci, avec autant d'ardeur et d'agilité que s'ils se fussent trouvés dans le salon le plus splendide du quartier de Saint-James, exécutèrent leurs danses nationales avec autant de grâce que de vivacité.

On eût pu trouver dans le groupe de vieillards qui étaient là comme spectateurs plus d'un point de ressemblance avec une troupe de vieux tritons occupés à considérer les jeux des nymphes de la mer; l'air âpre et dur que la plupart d'entre eux devaient à leurs luttes fréquentes avec les éléments, et les forêts de cheveux et de barbe que le plus grand nombre entretenaient avec soin d'après l'ancienne mode norvégienne, donnaient à leurs physionomies le caractère de ces fantastiques habitants de la mer. La jeunesse, de son côté, était d'une beauté remarquable. Tous étaient d'une taille élevée, bien faits, bien proportionnés; leurs longs et magnifiques cheveux et leurs joues vermeilles n'avaient pas encore souffert des rigueurs du climat, tandis que chez les femmes cette éclatante animation se fondait dans les nuances d'une fraîcheur et d'une délicatesse extrêmes. Leurs dispositions naturelles pour la musique les rendaient propres à seconder de la manière la plus complète les efforts d'un orchestre dont les accords n'étaient nullement à dédaigner; tandis que les anciens, assis tranquillement sur les coffres de vaisseau qui servaient de chaises, critiquaient les danseurs en comparant leur manière d'exécuter les pas avec les exercices de leur bon temps; ou bien, mis en train par les coupes et les flacons qui continuaient de circuler, faisaient claquer leurs doigts et marquaient la mesure en frappant du pied.

Le spectacle de cette joie universelle fit faire à Mordaunt de douloureuses réflexions. Aujourd'hui détrôné par un autre, c'était lui qui naguère exerçait les fonctions importantes de chef des danses, et le rôle d'organisateur de toutes les fêtes, dont en ce jour avait été revêtu l'étranger Cleveland. Désirant toutefois bannir ces souvenirs de disgrâce, et sachant bien d'ailleurs qu'il ne serait pas plus sage de nourrir ces sentiments que courageux de les laisser percer, il s'approcha de ses belles voisines, dont à table il avait été si bien reçu, dans l'intention d'inviter l'une d'elles à danser avec lui ; mais la très-vieille et très-respectable lady Glowrowrum, qui pendant tout le dîner n'avait toléré l'excessive gaieté de ses nièces que parce que de sa place elle ne pouvait s'y opposer, ne se sentit pas disposée à permettre que Mordaunt, au moyen de son invitation, renouât le fil d'une intimité qui excitait ses alarmes. Elle prit donc sur elle, au nom de ses deux nièces qui se tenaient à ses côtés d'un air boudeur et sans souffler mot, de prévenir Mordaunt, après l'avoir remercié de son honnêteté, que la main de chacune de ses nièces était engagée pour toute la soirée ; et, comme il se tenait à quelque distance, il lui fut bientôt loisible de se convaincre que l'engagement en question était un mauvais prétexte de se débarrasser de lui, en voyant les deux sœurs, le contentement sur les lèvres, rejoindre la danse sous les auspices des deux premiers jeunes gens qui vinrent les engager. Irrité d'une pareille mortification, et ne voulant plus s'exposer à une autre, Mordaunt Mertoun s'éloigna du cercle des danseurs, se glissa parmi les groupes de personnes de bas étage qui remplissaient le bout de la salle en qualité de spectateurs, et là, échappant aux regards inquisiteurs de la foule, il chercha à digérer cet affront aussi bien qu'il le put, — c'est-à-dire fort mal, — et avec toute la philosophie de son âge, — c'est-à-dire sans la moindre philosophie.

CHAPITRE XV.

> Donnez-moi une torche. — Que les étourdis, les légers de cœur décrivent avec leurs talons des mouvements sans but. Moi, suivant le dicton des vieillards, je tiendrai la chandelle et je regarderai. *Romeo et Juliette.*

Le jeune homme, dit le moraliste Johnson, ne songe pas plus au cheval de bois de l'enfant que l'homme fait à la maîtresse du jeune homme. Aussi le chagrin de Mordaunt Mertoun, en se voyant privé de la contredanse, paraîtra frivole à plus d'un de nos lecteurs, qui néanmoins se considéreraient peut-être comme très-malheureux si dans toute autre assemblée ils se trouvaient exclus de leur place habituelle. Les amusements ne manquaient pas cependant pour ceux que la danse ne séduisait pas, ou qui n'avaient pas été assez heureux pour trouver des danseuses de leur goût. Halcro, tout-à-fait dans son élément, était parvenu à réunir autour de lui un auditoire auquel il déclamait ses vers avec tout l'enthousiasme de l'illustre John lui-même, et en échange il recevait les applaudissements qu'on accorde d'ordinaire aux poètes qui récitent leurs propres vers, — du moins tant qu'ils sont à portée d'entendre ce qu'on en pense. Les poésies d'Halcro étaient faites d'ailleurs pour intéresser l'antiquaire aussi bien que l'admirateur des muses, car plusieurs d'entre elles étaient des translations ou des imitations des sagas des scaldes, que les pêcheurs de ces îles ont continué de chanter jusqu'à ces derniers temps; et même, lorsque les poëmes de Gray firent leur premiere apparition dans les Orcades, les anciens du pays reconnurent sans peine, dans l'ode intitulée *les Sœurs Fatales*, les vers runiques qui avaient amusé ou effrayé leur enfance sous le titre des *Magiciennes*, et que les pêcheurs de North Ronaldshaw, et ceux d'autres îles reculées, chantaient encore lorsqu'on leur demandait une chanson norse[1].

Moitié écoutant, moitié perdu dans ses propres pensées, Mordaunt Mertoun se tenait près de la porte de la salle, en dehors du petit cercle formé autour du vieil Halcro, pendant que le barde chantait sur un air lent, sauvage, monotone et qui n'etait varié que par les efforts du musicien pour donner de l'intérêt et de l'emphase à certains passages, l'imitation suivante d'un chant de guerre norvégien.

LE CHANT DE HAROLD HARFAGER.

« Le soleil se lève d'un rouge pâle, on entend les sourds et terribles gémissements du vent; l'aigle s'élance de son roc, le loup quitte sa vallée obscure, les corbeaux planent au milieu de l'espace, les chiens farouches allongent leur tête hors de leur retraite; poussant des cris aigus, croassant, hurlant, aboyant, chacun dit dans son rude langage : « Bientôt les morts et les mourants nous serviront de pâture : l'étendard de Harold aux « beaux cheveux est deployé. »

« Plus d'un panache flotte dans l'air, plus d'un casque brille d'un sombre éclat, plus d'un bras soulève la hache destinée à tailler le bois des lances. Dans les rangs pressés retentissent le hennissement des chevaux et le cliquetis des armures. Les chefs élèvent la voix, les clairons sonnent, et le barde s'écrie d'un ton plus élevé encore : A vos rangs, fantassins! a vos rangs, cavaliers! Au combat, braves enfants du Nord!

« Ne vous arrêtez ni pour manger ni pour dormir, ne regardez pas l'avantage, ne comptez pas le nombre; joyeux moissonneurs, à l'ouvrage! Que la récolte croisse sur la vallée ou sur la montagne, épaisse ou rare, dure ou flexible, elle tombera sous la faux. En avant avec vos brillantes faucilles, commencez la moisson des combats. En avant, fantassins! en avant, cavaliers! A la charge, braves enfants du Nord!

« Divinité fatale qui choisit les victimes, la fille d'Odin plane sur vos têtes; écoutez les discours qu'elle vous adresse : — Victoire, richesse et gloire! l'antique Valhalla

---

[1] *Voyez* note A, à la fin du volume.

vous réserve son ale écumante et son doux hydromel. La sont réunies pour l'éternité les joies du banquet et celles de la bataille. Tête baissée, en avant, fantassins et cavaliers. chargez, combattez et mourez en dignes enfants du Nord! »

— Les pauvres malheureux aveugles païens! dit Triptolème avec un soupir qu'on aurait pu prendre pour un gémissement, ils parlent éternellement de leurs coupes remplies d'ale ; et je vous demande un peu s'ils savent seulement cultiver en grain le plus petit lot de terre.

— Ils n'en sont que plus habiles, voisin Yellowley, répondit le poëte, s'ils font de l'ale sans orge.

— Ah bien oui, de l'orge ! répliqua le minutieux agriculteur ; qui a jamais entendu parler d'orge dans ces parages? De l'avoine, mon cher ami, de l'avoine, voilà tout ce qu'ils ont ; et quant à l'orge, je serais étonné qu'ils eussent jamais l'ombre d'un épi. — Vous écorchez la terre avec une machine pointue que vous appelez une charrue, vous pourriez aussi bien la ratisser avec les dents d'une fourche. Oh! il faut voir le soc et le talon, et le fer de semelle d'une bonne et solide charrue écossaise, avec un gaillard fort comme un Samson entre ses deux manches ! rien qu'en pesant dessus il soulèverait une montagne ; avec cela deux bœufs vigoureux et autant de chevaux bien nourris, qui vous marchent hardiment à travers le terrain, et laissent derrière eux un sillon capable de retenir l'eau comme un conduit en pierres. Ceux qui ont vu cela ont vu quelque chose autrement digne d'être pompeusement raconté que ces malheureuses vieilles histoires des guerres et des combats dont ce pays-ci n'a été que trop souvent témoin, sans que vous veniez encore célébrer de pareilles actions sanguinaires dans vos chansons et vos rauques mélodies, maître Claude Halcro.

— C'est une hérésie, s'écria avec feu le poete, en redressant sa petite taille et s'agitant comme si la défense de tout l'archipel des Orcades eût reposé uniquement sur son bras ; — oui, c'est une hérésie de nommer seulement le pays natal d'un homme, quand cet homme ne s'attend pas à être attaqué, qu'il ne s'est pas préparé à se défendre, — non, ni à riposter. — Il fut un temps où, si nous ne fabriquions ni bonne ale, ni eau-de-vie, nous savions très-bien où en trouver de toute faite pour notre usage; mais aujourd'hui, les descendants des Rois de la mer, des Champions et des Berserkars, ne sont pas plus en état de faire usage de leurs épées que si c'étaient autant de femmes. — Vantez-les si vous voulez comme d'habiles rameurs, ou comme hardis à gravir les rochers. — Mais que pourrait dire de plus en votre honneur, mes bons Hialtlandais, l'illustre Dryden lui-même, avec la chance d'être écouté?

— Vous parlez comme un ange, mon noble poëte, dit Cleveland, qui, pendant un intervalle de la contredanse, s'était approché du groupe où se tenait cette conversation ; les vieux champions dont vous nous

CHAPITRE XV.

parliez hier soir étaient des hommes qui savaient faire résonner une harpe ; — c'étaient de braves compagnons, amis de la mer, ennemis de ceux qu'ils y rencontraient. — Leurs vaisseaux, je le suppose, devaient être assez grossiers ; mais s'il est vrai, comme on le rapporte, qu'ils aient navigué jusque dans le Levant, j'ai peine à croire que jamais marins plus intrépides aient cargué une voile de perroquet.

— A la bonne heure, répondit Halcro, voilà ce qui s'appelle leur rendre justice. A cette époque-là personne ne pouvait dire que sa vie ou sa fortune lui appartînt, quand on n'habitait pas à vingt milles au moins du vert océan. Oui ! on faisait des prières publiques dans toutes les églises de l'Europe, pour être délivré de la fureur des hommes du Nord ; en France, en Angleterre, en Écosse même, là où aujourd'hui on porte la tête si haute, il n'y avait pas un port, pas une baie qui ne fût pour nos ancêtres plus libre que pour les pauvres diables d'habitants. Aujourd'hui, en vérité, nous ne pouvons pas seulement laisser pousser notre orge sans l'intervention des Écossais (il jeta sur le facteur un regard ironique). Que je voudrais être au temps où nous mesurions nos armes avec eux !

— Encore une fois, c'est parler comme un héros, dit Cleveland.

— Hélas ! continua le petit barde, pourquoi ne m'est-il pas donné de voir voguer nos barques glorieuses, autrefois les dragons de toutes les mers, balançant au sommet de leurs mâts l'étendard du noir corbeau, leurs ponts étincelants de l'éclat des armes, au lieu d'être encombrés de poissons secs ; gagnant de nos mains guerrières ce qu'un sol ingrat nous refuse, — rendant avec usure tous les vieux affronts du passé et tous les outrages du présent, — récoltant où jamais nous n'avions semé, — abattant ce que nous n'avions pas planté, — promenant notre existence joyeuse à travers l'étendue du monde, et répondant par un sourire à l'appel de l'éternité !

Ainsi s'exprima Claude Halcro, avec plus d'enthousiasme que de réflexion, car il était loin de posséder tout son sang-froid. Son cerveau, qui n'était jamais des plus solides, se trouvait en ce moment sous l'influence de cinquante sagas qui se présentaient à la fois à sa mémoire, outre cinq rasades d'usquebaugh et de brandy. Cleveland, moitié sérieux moitié plaisant, lui frappa sur l'épaule en répétant encore : C'est parler comme un héros.

— C'est, suivant moi, parler comme un fou, dit Magnus Troil, dont la véhémence du petit poëte avait aussi attiré l'attention. — Où voulez-vous donc entreprendre votre croisade, et contre qui ? — Nous sommes tous sujets d'un même royaume, si je ne m'abuse, et je vous ferai remarquer que votre voyage pourrait bien vous conduire à la potence. — Je n'aime pas les Écossais, — cela soit dit sans vous offenser, M. Yellowley ; — mais je les aimerais peut-être un peu s'ils voulaient rester tranquilles chez eux et nous laisser en paix tels que nous sommes, avec nos modes et nos usages. S'ils voulaient seulement se tenir cois dans leur pays jusqu'à ce que, comme un vieux fou de Berserkar, il me prenne fantaisie d'aller les tourmenter, ils pourraient être bien sûrs que je les laisserais en repos jusqu'au jugement dernier. Avec ce que nous envoie la mer, et ce que nous prête la terre, comme dit le proverbe, et quelques honnêtes voisins pour nous aider à le consommer, que le bienheureux saint Magnus nous bénisse! nous devons, suivant moi, nous estimer trop heureux.

— Je sais ce que c'est que la guerre, dit un vieillard, et j'aimerais autant traverser le Roost de Sumburgh dans une coquille de noix ou une embarcation pire encore, que de m'y frotter une seconde fois.

— Mais, je vous prie, quelle guerre fut témoin de votre valeur? s'écria Halcro, qui, tout en craignant, par un sentiment respectueux, de contredire son hôte, n'était pas cependant d'humeur à faire à une autorité moins imposante le sacrifice de ses arguments.

— Je fus pris par la presse, dit le vieux triton, pour aller servir sous Montrose, lorsqu'il vint par ici dans l'année 1651 et emmena une partie de nos hommes pour aller se faire couper la gorge dans les déserts de Strathnavern [1]. — Je ne l'oublierai jamais. — Nous étions à court de vivres, — nous aurions donné beaucoup pour une tranche de bœuf de Burgh-Westra; oui, et pour le moindre plat de sillocks! — Lorsque les Highlanders nous amenèrent un troupeau de leurs petits bœufs de montagne, on ne fit pas beaucoup de cérémonies, car à mesure qu'ils tombaient sous la main de chacun de nos hommes, ils étaient abattus à coup de fusil, écorchés, rôtis et braisés. Au moment où nos barbes étaient encore grasses de cette cuisine, nous entendîmes, — Dieu nous garde! — un piétinement de chevaux, puis deux ou trois coups de feu isolés, puis enfin une fusillade bien nourrie; — et alors, tandis que nos officiers nous criaient de tenir bon et que nous regardions de quel côté nous pourrions fuir, voilà l'infanterie et la cavalerie qui tombent sur nous avec le vieux John Urry ou Hurry [2], comme vous voudrez le nommer, qui ce jour-là nous culbuta

---

[1] Montrose, dans sa dernière et malheureuse tentative pour envahir l'Écosse, augmenta sa petite armée de Danois et de royalistes de quelques mauvaises recrues levées à la hâte, ou plutôt enrôlées de force à son service dans les Orcades et les îles Schetland. Ces troupes, indifférentes à la cause et sans expérience du service, se conduisirent assez mollement au moment de l'action. (W. S.)

[2] Ici, comme on le fait observer plus loin dans le texte, les souvenirs du Schetlandais le trompaient grossièrement. Sir John Urry, brave soldat de fortune, était alors dans l'armée de Montrose, et fut fait prisonnier avec lui. Il avait changé si souvent de parti, que la méprise est pardonnable. Après l'action, il fut exécuté par les covenanters; et

« le changeant Warwick ne changea plus désormais. »

Strachan commandait le corps qui mit Montrose en déroute. (W. S.)

et nous sabra d'une jolie manière,—et nous tombâmes aussi dru que les bœufs abattus par nous cinq minutes auparavant.

— Et Montrose? demanda la douce voix de la gracieuse Minna; que devint Montrose, et quelle fut sa contenance?

— Celle d'un lion face à face avec les chasseurs, répondit le vieillard. Mais je ne m'amusai pas à regarder ce qu'il faisait; ce que j'avais à faire, moi, était de me sauver droit à travers la montagne.

— Et vous l'abandonnâtes! reprit Minna du ton d'un profond mépris.

— Ce n'était pas ma faute, mistress Minna, répondit le vieux Schetlandais un peu décontenancé; mais je n'étais pas là de mon propre mouvement, et d'ailleurs qu'aurais-je pu faire? tous les autres s'enfuyaient comme des moutons. Pourquoi serais-je resté?

— Vous seriez mort avec lui, dit Minna.

— Pour vivre avec lui dans l'immortalité, grâces aux vers des poètes! ajouta Claude Halcro.

— Bien obligé! mistress Minna, repartit l'honnête Schetlandais; je vous remercie aussi, mon vieil ami Claude; — mais j'aime bien mieux boire ce verre d'ale à votre santé à tous les deux, comme un bon vivant que je suis, que de vous avoir fourni le sujet de chansons à ma gloire, en mourant il y a quarante ou cinquante ans. D'ailleurs, qu'importait tout cela?— fuir ou combattre, c'était tout un. — Ils prirent Montrose, le pauvre diable, malgré tous ses beaux exploits; ils me prirent aussi, moi qui n'en avais pas à me reprocher. — Ils le pendirent, le malheureux! et quant à moi...

— J'espère qu'ils vous ont étrillé et mariné! s'écria Cleveland, mis hors de lui par le long récit de la poltronnerie du pacifique Schetlandais, dont celui-ci ne paraissait pas se douter qu'on pût être honteux.

— On étrille les chevaux et on marine le bœuf! riposta Magnus. Avez-vous l'amour-propre de croire qu'avec vos fanfaronnades de bord, vous ferez rougir le vieux voisin Haagen de ne s'être pas fait tuer il y a quelques vingt ans? Vous avez vu de près la mort, mon jeune brave, mais c'était avec les yeux d'un jeune homme qui veut faire parler de lui; nous, nous sommes un peuple paisible, — c'est-à-dire tant qu'il est possible de l'être, et que personne n'a osé nous faire tort, à nous ou à nos voisins : alors, peut-être on aurait la preuve que le vieux sang norse qui coule dans nos veines est aussi chaud que celui des antiques Scandinaves, de qui nous tenons notre nom et notre origine! — Mais en avant pour la danse des épées[1]! afin que les étrangers qui sont parmi nous voient que nos mains n'ont pas encore perdu l'habitude de manier les armes!

[1] *Voyez* note G, à la fin du volume.

Une douzaine de coutelas tirés aussitôt d'un vieux coffre, et dont la rouille disait assez qu'ils sortaient rarement du fourreau, servirent à armer autant de jeunes Shetlandais, auxquels se joignirent six jeunes filles conduites par Minna Troil. L'orchestre commença aussitôt un ancien air norvégien composé pour cette danse guerrière, dont les évolutions sont peut-être encore en usage dans ces îles lointaines.

La première figure avait de la grâce et de la majesté : les jeunes gens tenaient leurs épées levées sans faire beaucoup de gestes ; mais le rhythme de l'air et les mouvements correspondants des danseurs devinrent graduellement plus rapides ; — ils entrechoquaient leurs armes en cadence avec une vivacité qui donnait à cet exercice une apparence périlleuse, quoique la fermeté, la justesse et la précision avec lesquelles les temps étaient observés dans le choc du fer prévinssent toute espèce de danger. Mais ce qu'il y avait de plus curieux dans ce spectacle, c'était le courage que déployaient les femmes, qui, tantôt entourées d'hommes armés, rappelaient aux Sabines au milieu de leurs amants romains, et tantôt passant sous l'arche d'acier que les jeunes gens avaient formée en croisant leurs armes au-dessus des têtes de leurs belles danseuses, ressemblaient à la bande des Amazones, lorsque pour la première fois elle s'unit à la danse pyrrhique des compagnons de Thésée. Mais de toutes les jeunes filles, celle qui offrait le tableau le plus frappant et le plus en harmonie avec la circonstance, était Minna Troil, surnommée depuis longtemps par Halcro la Reine des Épées. A la voir ainsi au milieu des porteurs de glaives, on eût dit que cet entourage d'épées nues était l'attribut naturel de sa personne, et les armes les instruments favoris de ses plaisirs. Lorsque la danse décrivait des cercles plus compliqués, que le cliquetis rapide et incessant des épées faisait frissonner ses compagnes et leur arrachait des signes de frayeur, Minna, par l'assurance et le calme de son visage et de ses regards, témoignait assez qu'au milieu du choc le plus vif des épées étincelantes elle était maîtresse d'elle-même, et comme dans son élément. Enfin lorsque la musique eut cessé, elle resta seule au milieu de la salle, ainsi que le voulaient les règles de la danse ; on eût pris alors les combattants et les jeunes filles qui s'éloignaient d'elle pour les gardes et la suite d'une princesse qui, voulant goûter quelques instants de solitude, leur avait fait signe de se retirer Ses regards et son maintien, en ce moment où, selon toute apparence, elle s'abandonnait à quelque rêve de son imagination, répondaient merveilleusement à la dignité idéale dont l'esprit de chaque spectateur l'avait revêtue. Mais rendue presque aussitôt à elle-même, elle rougit, comme si elle se fût aperçue de l'attention momentanée dont elle avait été l'objet, et présenta gracieusement la main à Cleveland, qui, bien

CHAPITRE XV.

qu'il n'eût pas figuré dans la danse, s'attribua le droit de la reconduire à sa place.

Au moment où ils passèrent, Mordaunt Mertoun put remarquer que Cleveland murmura quelque chose à l'oreille de Minna, et que celle-ci, en lui répondant brièvement, manifesta dans sa contenance une émotion plus vive encore que celle où avaient paru la jeter les regards de toute l'assemblée. Cette remarque éveilla fortement les soupçons de Mordaunt : car il connaissait bien le caractère de Minna; il savait avec quelle tranquille indifférence elle recevait d'ordinaire les compliments et les galanteries que son rang et sa beauté lui avaient depuis longtemps rendus familiers.

— Est-il possible qu'elle aime réellement cet étranger? — telle fut la triste pensée qui, la première, traversa l'esprit de Mordaunt. — Et si elle l'aime en effet, que m'importe, après tout? pensa-t-il ensuite; — ce qui l'amena naturellement à remarquer que, bien qu'il n'eût jamais cherché à obtenir d'elle un sentiment plus tendre que celui de l'amitié, et que ce sentiment se fût effacé de son souvenir, cependant il pouvait naturellement, en raison de leur première intimité, éprouver un juste sentiment de chagrin et de colère en la voyant disposer si aisément de ses affections en faveur d'un étranger qui lui paraissait indigne d'elle. Peut-être ce raisonnement était-il le résultat de quelque mortification d'amour-propre ; peut-être quelque sentiment indéfinissable de regret, une ombre d'égoïsme, cherchaient-ils à se déguiser sous le masque d'un généreux désintéressement : mais il y a tant de vil alliage dans les pensées les meilleures et les plus spontanées de l'homme, qu'une critique trop sévère des motifs de ses plus nobles actions serait une tâche triste et pénible. Du moins nous exhortons même celui qui peut faire sans crainte un examen sévère de sa conduite, à ne pas sonder trop profondément celle de ses voisins.

A la danse des épées succédèrent diverses autres espèces de danse; vinrent ensuite des chants, où l'âme des chanteurs s'épanchait tout entière, et dont les refrains favoris ne manquaient jamais d'être répétés en chœur par l'assemblée. C'est surtout dans de pareilles réunions que la musique, fût-ce la plus simple et la plus grossière, assujettit les nobles cœurs à son empire naturel ; c'est alors qu'elle excite ces puissantes émotions que ne peuvent produire les plus savantes compositions des premiers maîtres, dont la délicatesse est inappréciable pour les oreilles vulgaires, quoique sans doute elles plongent dans un ravissement d'une nature exquise l'âme de ceux qui, par leurs dispositions naturelles et par leur éducation, ont été mis à même de comprendre et de goûter les combinaisons difficiles et compliquées de l'harmonie.

Il était environ minuit, lorsqu'un coup frappé à la porte du manoir et les sons réunis du *gue* et du *langspiel* annoncèrent l'arrivée de nouveaux convives; selon l'hospitalité habituelle du pays, les portes leur furent ouvertes à l'instant.

CHAPITRE XVI.

> Mon âme est agitée d'une vague inquiétude ; quelque triste événement, que le Ciel tient encore en suspens sur nos têtes, prendra sa date fatale avec les fêtes de cette nuit.
> Roméo et Juliette.

Les nouveaux venus, selon un usage commun à tous les pays en de semblables fêtes, avaient adopté une sorte de travestissement : ils avaient voulu représenter des tritons et des sirènes, êtres dont les anciennes traditions et les croyances du pays avaient peuplé les mers du Nord. Les premiers, appelés *shoupeltins* par les Schetlandais de cette époque, étaient représentés par des jeunes gens grotesquement accoutrés de fausses chevelures, de barbes en filasse, de plantes marines et de coquillages entremêlés en forme de chapelets, genre d'ornement prodigué sur leurs manteaux, lesquels étaient bleu-clair ou verdâtres, et de cette étoffe appelée *wadmaal* dont il a déjà souvent été parlé. Ils portaient des tridents et d'autres emblèmes caractéristiques de leur qualité supposée; parmi ces emblèmes, le goût classique de Claude Halcro, l'ordonnateur de la mascarade, n'avait point oublié de ranger la conque marine, dans laquelle, de temps en temps, soufflaient à cœur joie une ou deux des divinités aquatiques, au grand désespoir des oreilles de leurs voisins.

Les néréides et les autres nymphes de mer qui les accompagnaient avaient, comme il arrive d'ordinaire, montré plus de coquetterie et un goût un peu plus recherché que leur escorte masculine. Leurs vêtements de fantaisie, en soie verte, et leurs autres ornements d'un prix et d'une élégance supérieurs, avaient été disposés selon l'idée qu'elles s'étaient formée des habitants de la mer, et de manière à faire ressortir en même temps avec avantage les formes et les traits des beautés qui les portaient.

Les bracelets et les coquillages qui ornaient le cou, les bras et les chevilles de ces jolies nymphes, étaient parfois entremêlés de perles fines; au total, leur tournure eût été loin de paraître avec désavantage à la cour d'Amphitrite, aux yeux de ceux, surtout, qui apprécient la chevelure longue et lustrée, les yeux bleus, le teint transparent et l'agréable physionomie des filles de Thulé. Toutefois nous n'osons vraiment pas affirmer qu'aucune de ces nymphes de la mer eût, dans cette imitation des véritables sirènes, poussé le scrupule au même degré que les suivantes de Cléopâtre, qui, à en croire les commentateurs, n'avaient pas reculé devant la queue de poisson, et avaient su faire de cette croupe [1] ou de cette queue (les commentateurs ne précisent pas le mot) un ornement des plus gracieux [2]. On peut croire, au reste, que si nos sirènes schetlandaises n'avaient pas laissé leurs extrémités dans leur état naturel, il leur eût été difficile d'exécuter la danse gracieuse dont elles gratifièrent l'assemblée en retour de l'empressant accueil qu'elles venaient d'en recevoir.

On s'aperçut bientôt que ces masques n'étaient point des étrangers, mais bien une partie des convives, qui, s'étant retirés quelque temps auparavant, s'étaient déguisés de la sorte afin de jeter de la variété sur les plaisirs de la soirée. La muse de Claude Halcro, toujours active en de telles occasions, leur avait fourni des chants en rapport avec leurs rôles et dont nous pouvons donner l'échantillon suivant. Le chant était alternatif entre une néréide et un triton. Le reste des voix formait une sorte de chœur qui soutenait et accompagnait le principal chanteur.

LA NÉRÉIDE

Nous qui tressons dans les profonds abîmes de l'onde les guirlandes de perles transparentes, et chantons les vaillants exploits des vieux comtes de Norvége ; nous qui, dans la demeure des tempêtes, trouvons autant de charme dans les éclats de leur fureur qu'en trouve une simple mortelle dans le soupir d'un amant qui l'implore, enfants de la sauvage Thulé, nous avons quitté les profondeurs de l'océan, comme l'alouette qui prend son essor vers les cieux, et nous venons partager vos plaisirs.

LE TRITON.

Nous qui domptons le cheval marin, dont les bonds font écumer les flots, qui surveillons les progrès de la tempête, et poursuivons le serpent de mer dans ses tortueux detours ; nous qui sur nos conques marines donnons le signal du combat, lorsque la scie et l'immense baleine commencent leurs duels effrayants, ou qui sonnons le glas du matelot, lorsque le vaisseau sans voiles est en butte à la rage des vents et des flots ; enfants de la sauvage Thulé, en quittant nos abîmes, nous avons laissé sur les ondes des sillons aussi profonds que ceux que le pied du coursier laisse sur la poussière, et nous venons ici partager vos plaisirs.

LES NÉRÉIDES ET LES TRITONS.

De nos cavernes obscures et profondes, nous avons entendu vos accents, car les ondes, qui étouffent les cris de guerre et de détresse, laissent passage aux chants de la joie.

---

[1] Il y a ici dans le texte une espèce de jeu de mots qu'il est impossible de traduire, et qui porte sur les mots *bend* et *end*, que nous ne pouvons rendre que par *croupe* et *queue*. (L. V.)

[2] Voyez une admirable discussion sur ce point, dans l'édition *variorum* de Shakspeare. (W. S.)

Ceux dont les abîmes sont la demeure éprouvent pour les fils de Thulé un tendre intérêt. Aussi, pour doubler votre joie, vous apportons-nous les danses, les chants et l'harmonie de nos conques marines. Enfants de la sombre Thulé, ceux qui habitent les mers orageuses où vos barques hardies s'aventurent, viennent partager vos fêtes joyeuses

Cette dernière strophe était chantée en chœur par toutes les voix, et ceux qui portaient des conques formaient un accompagnement qui, quoique grossier, produisait un bon effet. La poésie, les voix et la musique furent vivement applaudies par tous ceux qui avaient la prétention d'être de bons juges en pareille matière. En première ligne se distinguait Triptolème Yellowley, dont l'oreille avait été frappée du terme agricole *sillons*, terme que l'état de ses idées ne lui permettait pas de comprendre autrement que dans sa signification littérale. Aussi déclara-t-il hardiment, en invoquant le témoignage de Mordaunt, que, bien qu'il fût honteux d'avoir prodigué tant de bon chanvre aux barbes et aux perruques des tritons, il y avait dans ces chants plus de paroles sensées qu'il n'en avait entendu de toute la journée.

Mais Mordaunt n'avait pas le loisir de répondre à cet appel : il était occupé à suivre avec la plus grande attention les mouvements d'une néréide qui lui avait fait en entrant un signe secret, d'où il pouvait conclure, sans savoir au juste qui elle était, qu'elle avait quelque communication importante à lui faire. Cette sirène lui avait vivement pressé le bras, et elle avait accompagné ce geste d'un coup d'œil expressif qui avait excité toute son attention. Elle était déguisée avec beaucoup plus de soin que ses compagnes. Sa mante était ample et assez large pour envelopper entièrement sa taille; ses traits étaient cachés sous un masque de soie. Il remarqua bientôt qu'elle se séparait peu à peu de la troupe masquée. Puis s'approchant de la porte d'un appartement qui était resté ouvert, comme pour jouir de la fraîcheur de l'air, elle jeta de nouveau sur lui un regard expressif, et saisissant le moment où l'attention générale se portait sur les autres masques, elle s'esquiva de l'appartement.

Mordaunt n'hésita pas à suivre aussitôt son guide mystérieux : tel est le nom que nous pouvons donner à la sirène; car, après s'être arrêtée un instant pour lui laisser voir quelle direction elle allait suivre, elle reprit rapidement sa marche vers le bord du *voe*, ou lac d'eau salée, qui ne tarda pas à se développer devant eux. Les eaux du lac, alors légèrement agitées par la brise, scintillaient à la brillante clarté de la lune, dont l'agréable lumière, jointe au fort crépuscule qui règne dans ces contrées pendant le solstice d'été, ne permet point de regretter l'absence du soleil. En ce moment le reflet de cet astre se distinguait encore sur les vagues du côté du couchant, et le levant commençait aussi à s'éclairer des premiers rayons du jour.

Aussi Mordaunt n'eut pas de peine à suivre des yeux son guide déguisé, dans sa course rapide vers la côte. Tournant dans les rochers à travers plusieurs montées et descentes, elle le conduisit enfin à un endroit où, durant son ancienne intimité avec les habitants de Burgh-Westra, il avait construit de ses propres mains un banc solitaire et abrité : c'est là que, dans les beaux jours, les filles de Magnus passaient une grande partie de leur temps. La sirène s'arrêta, et, après un moment d'hésitation, s'assit sur le banc rustique. Ce lieu devait donc être le théâtre de l'explication ; mais quelle bouche allait l'entamer ? L'idée de Norna s'était d'abord présentée à son esprit ; mais sa haute stature, sa démarche lente et majestueuse, différaient totalement de la taille et du maintien de la fausse néréide, mieux assortis à ce rôle fantastique ; d'ailleurs, au pas léger dont elle avait marché devant lui, on aurait pu la prendre pour une véritable nymphe de la mer, qui, restée tard sur la plage, se hâtait, de peur d'exciter le courroux d'Amphitrite, de regagner son élément natal. Puisque ce n'était pas Norna, pensa-t-il, ce ne pouvait être que Brenda qui l'attirait ainsi à l'écart, et, lorsqu'elle se fut assise sur le banc et qu'elle eut retiré son masque, il vit en effet que c'était Brenda elle-même. Mordaunt n'avait certainement aucun motif de redouter sa présence ; et pourtant, telle est l'influence de la pudeur sur les âmes ingénues de l'un et de l'autre sexe, qu'il ressentit en ce moment tout l'embarras d'une personne placée inopinément vis-à-vis d'une autre qui a lieu d'être offensée contre elle. Brenda n'éprouvait pas moins d'embarras ; mais comme c'était elle qui avait cherché ce tête-à-tête, et comme elle sentait qu'il ne pouvait durer longtemps, force lui fut, en dépit d'elle-même, de commencer l'entretien.

— Mordaunt, dit-elle d'une voix timide, — puis, se reprenant, elle ajouta : Vous devez être surpris, M. Mertoun, que j'aie pris cette liberté extraordinaire.

— Jusqu'à ce matin, Brenda, aucune marque d'amitié ou d'intimité de votre part ou de celle de votre sœur ne pouvait me surprendre. Je suis bien plus étonné que vous m'ayez évité si longtemps sans raison, que de vous voir m'accorder, en ce moment, une entrevue. Au nom du Ciel, Brenda, en quoi vous ai-je offensé ? et pourquoi nos rapports sont-ils si différents de ce qu'ils étaient jadis ?

— N'est-ce donc pas assez, répondit Brenda en baissant les yeux, de dire que telle est la volonté de mon père ?

— Non, ce n'est pas assez. Votre père ne peut avoir changé si brusquement d'opinion et de conduite à mon égard, sans agir sous l'influence de quelque déception grossière. Tout ce que je vous demande, c'est de m'expliquer quelle en est la nature ; car je veux descendre plus bas dans votre estime que l'être le plus vil qui soit dans ces îles, si je ne suis en état de prouver que ce changement d'opinion est fondé sur une fraude infâme ou sur quelque inconcevable méprise.

— Cela se peut, dit Brenda : — j'espère qu'il en est ainsi, et ce qui doit vous le prouver, c'est le désir que j'ai eu de vous voir en particulier. Mais il est difficile, — il est même impossible pour moi de vous expliquer la cause du ressentiment de mon père. Norna s'en est ouverte devant lui avec toute liberté, et je crains qu'ils ne se soient séparés mécontents l'un de l'autre; vous savez qu'il faut pour cela de puissantes raisons.

— J'ai remarqué que votre père est docile aux conseils de Norna, et qu'il est plus indulgent pour ses singularités que pour celles de toute autre personne : voilà ce que j'ai cru voir, bien qu'il n'ajoute pas foi volontiers aux attributs surnaturels auxquels elle prétend.

— Ils sont parents éloignés; ils étaient amis dans leur jeunesse; — et même, d'après ce que j'ai entendu dire, on supposait qu'ils devaient s'unir plus étroitement; mais les singularités de Norna se manifestèrent aussitôt après la mort de son père, et il ne fut plus question de ce projet, si jamais il avait été formé. Il est certain, au reste, que mon père a pour elle de grands égards, et cela même, je le crains bien, prouve à quel point ses préventions envers vous doivent être profondément enracinées, puisqu'ils ont failli se quereller à ce sujet.

— Oh! soyez bénie, Brenda! s'écria Mordaunt avec chaleur et vivacité; — que mille bénédictions du Ciel descendent sur vous, pour avoir prononcé ce mot de préventions! Vous avez toujours eu un bon cœur; — vous n'auriez pu entretenir longtemps contre moi l'apparence même du ressentiment.

— Ce n'était qu'une apparence, il est vrai, dit Brenda en reprenant peu à peu le ton familier qui depuis si longtemps leur était habituel; jamais je n'ai pu croire, Mordaunt, — non, jamais je n'ai cru sérieusement que vous ayez pu laisser échapper des paroles offensantes pour Minna et pour moi.

— Et qui ose dire que je l'aie fait? s'écria Mordaunt avec son impétuosité naturelle; — qui a osé m'accuser de cette infamie, et se flatter en même temps que sa langue restera impunément dans sa bouche? De par saint Magnus le martyr! je l'en arracherai pour la jeter en pâture aux faucons!

— Maintenant, reprit Brenda, votre colère ne fait que m'effrayer, et va me forcer à vous quitter.

— Quoi! vous me quitteriez sans m'expliquer la nature de cette calomnie, et sans me dire le nom du vil calomniateur!

— Oh! il y en a plus d'un, répondit Brenda, qui ont persuadé à mon père — ce que je ne puis vous dire moi-même; — mais bien des gens disent...

— Fussent-ils des centaines, Brenda, je n'en ferai pas moins ce que je viens de dire! — Saint martyr! — m'accuser d'avoir parlé mal de celles que je respecte et que j'estime le plus sous le ciel! — Mais je vais rentrer à l'instant, et il faudra que votre père me rende justice à la face de l'assemblée entière!

— Ne faites pas cela; pour l'amour du Ciel, ne le faites pas, si vous ne voulez me rendre la plus misérable des créatures!

— Dites-moi donc au moins si je devine juste, en nommant ce Cleveland comme un de ceux qui m'ont calomnié?

— Non, non! s'écria vivement Brenda; vous tombez d'une erreur dans une autre encore plus dangereuse. — Vous êtes mon ami, dites-vous? je veux être la vôtre! — Calmez-vous un moment, et écoutez ce que j'ai à vous dire; — notre entrevue n'a duré déjà que trop longtemps, et chaque instant de plus la rendrait plus dangereuse.

— Apprenez-moi donc ce que vous désirez de moi, dit Mordaunt, que l'affliction et les vives alarmes de la pauvre jeune fille avaient profondément ému; et croyez que, quoi que vous demandiez, je ferai tout ce qui sera en moi pour vous obéir.

— Eh bien! donc, ce capitaine, — ce Cleveland...

— Je le savais, de par le Ciel! s'écria Mordaunt; un pressentiment m'assurait que, d'une manière ou de l'autre, cet homme était au fond de toutes ces contrariétés et de ce malentendu!

— Si vous ne pouvez garder le silence et m'écouter avec attention un instant, il faudra que je vous laisse : ce que je voulais vous dire n'a aucunement rapport à vous, mais à une autre personne, — en un mot, à ma sœur Minna. Je n'ai rien à vous dire de son indifférence à votre égard; mais j'ai à vous entretenir de mes inquiétudes au sujet des attentions que le capitaine a pour elle.

— Elles ne sont que trop frappantes, que trop marquées; et si mes yeux ne me trompent, Minna les reçoit avec plaisir, si même elle n'y répond pas.

— Et c'est là précisément le sujet de mes craintes. Et moi aussi j'a été frappée de l'extérieur, des manières franches et de la conversation romanesque de cet homme

— Son extérieur! Sans doute, il est bien fait, ses traits sont agréables; mais, comme disait le vieux Sinclair de Quendale à l'amiral espagnol : Au diable sa figure! j'en ai vu de plus belles accrochées dans le Borough-Moor! — A ses manières on le prendrait pour un capitaine de pirates, et à sa conversation on dirait qu'il est chargé de faire les honneurs de sa personne, car il ne parle guère que de ses propres exploits.

— Vous êtes dans l'erreur, Mordaunt; il ne parle que trop bien de tout ce qu'il a vu et appris. D'ailleurs il a réellement voyagé dans beaucoup de pays lointains; il s'est trouvé à plus d'une affaire glorieuse, et il sait les décrire avec autant d'esprit que de modestie : on croirait voir la lueur et entendre le bruit du canon. Et il a aussi d'autres sujets de conversation. — Il dépeint les beaux arbres et les fruits délicieux des autres climats; puis ces peuples qui, pendant toute l'année, portent des vêtements bien moins chauds que nos robes d'été elles-mêmes, car ils ne font usage que de batiste et de mousseline.

—Sur ma parole, Brenda, il paraît habile dans l'art d'amuser les jeunes filles.

—Oui, en vérité, répondit Brenda du ton le plus naïf. Je vous assure que d'abord il me plaisait plus qu'à Minna elle-même; et pourtant, quoiqu'elle soit plus savante que moi, je connais le monde mieux qu'elle, car j'ai vu un plus grand nombre de villes : j'ai été une fois à Kirkwall, puis trois fois à Lerwick, pendant que les vaisseaux hollandais y étaient, de sorte qu'il serait assez difficile de m'en imposer.

— Et dites-moi, Brenda, quelle raison vous a fait penser moins favorablement de ce jeune aventurier qui paraît si séduisant?

— Oh! reprit Brenda après un moment de réflexion, dans le commencement il était beaucoup plus gai, et les histoires qu'il nous racontait n'étaient pas tout à fait si mélancoliques ni si effrayantes; il riait et dansait davantage.

— Et peut-être dansait-il alors plus souvent avec Brenda qu'avec sa sœur?

— Non, — je ne le pense pas; et cependant, à dire vrai, je n'ai pas conçu contre lui le moindre soupçon tant que ses attentions se sont partagées également entre nous deux : car vous pensez bien qu'alors il ne pouvait être plus pour nous que vous-même, Mordaunt Mertoun, ou le jeune Swaraster, ou tout autre jeune homme de nos îles.

— Mais pourquoi donc ne le verriez-vous pas avec plaisir rechercher votre sœur? Il est riche, ou du moins il paraît l'être; vous le dites aimable, accompli : — que désirez-vous de plus dans un amant pour Minna?

— Mordaunt, vous oubliez qui nous sommes, répondit la jeune fille en prenant un air d'importance qui s'alliait aussi gracieusement à sa simplicité que le ton différent avec lequel elle avait parlé jusque-là. Ces îles sont pour nous un petit monde, inférieur peut-être, pour le sol et le climat, aux autres parties de la terre, si du moins il faut en croire les étrangers; mais enfin, c'est notre monde, et nous, les filles de Magnus Troil, nous y tenons le premier rang. Il serait donc peu convenable, je pense, pour les descendantes des rois de la mer et des anciens Iarls, de se jeter à la tête d'un étranger qui paraît sur nos côtes, comme le canard sauvage au printemps, sans qu'on sache d'où il vient, et qui nous quittera peut-être à l'automne pour aller on ne sait où.

— Et qui cependant peut décider une colombe schetlandaise à l'accompagner dans sa migration.

— Je ne veux pas entendre de paroles légères sur un pareil sujet, reprit Brenda avec une sorte d'indignation. Minna, ainsi que moi, est la fille de Magnus Troil, l'ami des étrangers, mais le père des îles Hialtland. Il leur donne l'hospitalité dont ils ont besoin ; mais que le plus fier d'entre eux ne suppose pas pouvoir à son gré s'allier à sa maison.

Elle prononça ces paroles avec chaleur, puis elle ajouta d'un ton plus doux : — Non, Mordaunt, ne supposez pas que Minna Troil soit capable d'oublier ce qu'elle doit à son père et au sang de son père, au point de penser à épouser ce Cleveland ; mais il est possible qu'elle prête l'oreille à ses discours plus qu'il ne faut pour son bonheur à venir. Elle a un caractère où certains sentiments laissent une trace profonde. — Vous rappelez-vous comme Ulla Storlson allait régulièrement chaque jour sur la hauteur de Vossdale pour chercher à découvrir le vaisseau de son amant qui ne devait plus revenir ? Quand je pense à sa démarche lente, à ses joues pâles, à ses yeux qui de jour en jour perdaient leur éclat, semblables à une lampe qui, faute d'huile, est à moitié éteinte ; — quand je me rappelle le regard incertain, qui ressemblait presque à de l'espérance, avec lequel elle montait le matin sur le rocher, et le morne désespoir peint sur son front à son retour ; — quand je pense à tout cela, pouvez-vous être surpris que je craigne pour Minna, dont le cœur est fait pour conserver avec une constance inébranlable toutes les affections qui parviendront à s'y introduire ?

— Je ne m'étonne pas, dit Mordaunt, qui partageait vivement l'émotion de la pauvre Brenda, car, outre le tremblement de sa voix, le crépuscule lui permit d'entrevoir une larme qui brillait dans ses yeux, tandis qu'elle lui traçait le tableau où son imagination croyait retrouver sa sœur ; — je ne m'étonne pas que vous éprouviez les craintes que peut inspirer la plus pure affection ; et si vous pouvez m'indiquer en quoi je puisse seconder la tendresse que vous portez à votre sœur, vous me trouverez aussi disposé à hasarder ma vie, s'il le faut, que s'il ne s'agissait que d'aller chercher des œufs de guillemot sur les rochers. Mais croyez-moi, si l'on m'a accusé auprès de votre père ou auprès de vous d'avoir eu seulement la moindre pensée de vous manquer de respect ou d'égards, c'est un mensonge que le démon seul a pu inventer !

— Je le crois, dit Brenda en lui tendant la main ; je le crois, et mon cœur est soulagé, maintenant que j'ai rendu ma confiance à un si ancien ami. En quoi vous pouvez nous aider, je ne sais ; mais c'est par l'avis, je puis même dire par l'ordre de Norna, que j'ai cherché à avoir cet entretien, et je suis presque surprise, ajouta-t-elle en jetant un regard autour d'elle, d'avoir eu assez de courage pour le soutenir jusqu'au bout. Maintenant vous savez tout ce que je puis vous dire des dangers où se trouve ma sœur. Surveillez ce Cleveland ; — mais gardez-vous de vous quereller avec lui, car vous auriez bien certainement le dessous avec un soldat si expérimenté.

— Je ne comprends pas bien comment la chose vous paraît si certaine. Tout ce que je sais, c'est qu'avec la force et le courage que le Ciel m'a donnés, et, qui plus est, avec une bonne cause à soutenir, — une querelle avec Cleveland ne saurait m'effrayer.

— Alors, si ce n'est pas pour vous, que ce soit pour Minna, — pour mon père, — pour moi, — pour nous tous ; évitez toute dispute avec lui ; contentez-vous d'avoir l'œil sur lui, et, s'il est possible, tâchez de découvrir qui il est et quelles sont ses intentions à notre égard. Il a parlé d'aller aux Orcades pour s'enquérir du vaisseau matelot qui faisait voile avec lui ; mais les jours et les semaines se passent, et il ne part pas. Il tient compagnie à mon père à table, il conte à Minna des histoires romanesques sur des peuples étrangers, des guerres lointaines dans des régions sauvages et inconnues ; le temps s'écoule ainsi, et l'étranger dont nous ne savons rien, sinon qu'il est étranger, devient chaque jour plus intime avec nous et plus inséparable. — Et maintenant, adieu. Norna espère encore vous réconcilier avec mon père, et vous prie de ne pas quitter demain Burgh-Westra, quelque froideur que lui et ma sœur puissent vous témoigner. Et moi aussi, ajouta-t-elle en lui présentant la main, je dois vous montrer l'apparence de la froideur, comme à un visiteur mal accueilli, mais au fond du cœur nous sommes toujours Brenda et Mordaunt. A présent, séparons-nous promptement, car il ne faut pas qu'on nous voie ensemble.

Elle lui avait tendu la main, mais elle la retira avec une sorte de confusion, riant et rougissant à la fois, quand, par un entraînement naturel, Mordaunt voulut la porter à ses lèvres. Il tâcha un moment de la retenir, car cette entrevue avait pour lui un charme que dans aucun de ses tête-à-tête précédents avec Brenda il n'avait jamais éprouvé. Mais elle se dégagea, et lui faisant un signe d'adieu en lui montrant du doigt un sentier différent de celui qu'elle allait prendre, elle se dirigea vers la maison, et bientôt la montagne la rendit invisible à ses regards.

Mordaunt la suivit des yeux ; il se trouvait dans une situation à laquelle il avait été étranger jusqu'alors. On peut garder longtemps et avec sûreté le terrain neutre et incertain qui se trouve entre l'amour et l'amitié, avant d'être appelé tout à coup à reconnaître l'autorité de l'un ou de l'autre de ces pouvoirs ; alors il arrive bien souvent que celui qui pendant des années ne s'était cru qu'ami se sent aussitôt transformé en amant. On devait s'attendre à un pareil changement dans les sentiments de Mordaunt, bien qu'il ne pût lui-même en reconnaître précisément la nature. Il se voyait tout à coup admis avec une franchise sans réserve dans la confiance d'une belle et séduisante jeune fille pour laquelle il se croyait, peu de moments auparavant, un objet de dédain ; et si quelque chose pouvait rendre plus enivrant un changement par lui-même si surprenant et si agréable, c'était la simplicité franche et cordiale de Brenda, qui prêtait un charme indéfinissable à tout ce qu'elle faisait ou disait. Le théâtre de cet entretien avait peut-être aussi ajouté à son effet, quoiqu'il n'en eût pas besoin, car un charmant visage paraît encore plus beau à la clarté de la lune, et une voix douce reçoit une nouvelle douceur des harmonies tranquilles d'une belle nuit d'été. Aussi Mordaunt, de retour à la maison, se trouva-t-il disposé à écouter avec plus de patience et de complaisance une déclamation emphatique de Claude Halcro sur le clair de lune, l'enthousiasme du poëte ayant reçu une impulsion nouvelle d'une petite promenade en plein air qu'il venait de faire pour dissiper les effets de la liqueur généreuse dont il avait usé largement pendant la fête.

— Le soleil, mon ami, disait Halcro, est la lanterne du pauvre artisan : — il paraît là-bas tout radieux à l'orient pour convoquer tout un monde au travail et à la peine ; tandis que la joyeuse clarté de la lune n'inspire que la gaîté et l'amour.

— Et la folie, à moins qu'on ne la calomnie, ajouta Mordaunt, seulement pour dire quelque chose.

— Soit, répondit Halcro, pourvu que ce ne soit pas une folie noire. — Mon cher et jeune ami, les habitants de ce monde de misère sont beaucoup trop jaloux d'être dans leur bon sens, ou de l'avoir, comme on dit, sous la main. Ce que je sais, au moins, c'est qu'on m'a souvent dit que j'étais à moitié fou, et je suis sûr d'avoir joué mon rôle dans ce monde tout aussi bien que si j'eusse eu mon bon sens tout entier. Mais, voyons, où en étais-je? Ah ! je parlais de la lune. — Eh bien ! mon cher ami, la lune est vraiment l'âme de l'amour et de la poésie. Je ne crois pas qu'il ait jamais existé un véritable amant qui n'ait été au moins jusqu'à « O, toi ! » dans un sonnet à sa louange.

— La lune, dit le facteur, qui commençait à avoir la langue fort épaisse, fait mûrir les grains, du moins à ce que disent les vieilles gens ; — et en outre elle remplit les noix, ce qui est moins important :
— *sparge nuces, pueri* [1].

— A l'amende ! à l'amende ! s'écria l'udaller, qui était un peu dans les brouillards ; le facteur parle grec. — Par les reliques de mon saint patron Magnus, il boira une pleine chaloupe de punch, à moins qu'il ne nous chante quelque chose à l'instant même !

---

[1] Enfants, répandez des noix.

— Trop d'eau noya le meunier, répondit Triptolème. Mon cerveau a plus besoin de dessèchement que d'être arrosé davantage

— Chantez donc, s'écria l'hôte despotique, car personne ne parlera ici d'autre langue que du bon norse, du joyeux hollandais, ou le danois, ou tout au moins du franc écossais. Ainsi, Eric Scambester, amène la chaloupe et remplis-la jusqu'au bord, comme une charge additionnelle pour sa lenteur à quitter le port.

Avant que le bâtiment pût arriver jusqu'à l'agriculteur, celui-ci le voyant en route et qui courait des bordées en cinglant vers lui (car Scambester lui-même n'était pas pour le moment très-solide sur ses jambes), fit un effort désespéré et se mit à chanter ou plutôt à croasser une vieille ballade de la moisson du comté d'York, que son père fredonnait quand il était en gaîté. Elle était sur l'air : « Holà ! Dobbin, en avant avec la charrette ! » La mine piteuse du chanteur et sa voix horriblement discordante formaient un si plaisant contraste avec la gaîté de l'air et des paroles, que l'honnête Triptolème donna à la société la même sorte d'amusement qu'un convive qui paraîtrait dans un jour de fête avec l'habit des dimanches de son grand-père. Cette plaisanterie termina la soirée, car la tête forte de Magnus confessait elle-même l'influence de Morphée. Les hôtes s'acheminèrent du mieux qu'ils purent chacun vers le gîte et le lieu de repos qu'on lui avait assigné, et en peu de temps la maison, tout à l'heure si bruyante, fut plongée dans un silence profond.

CHAPITRE XVII.

> Les bateaux se remplissent, et tous les jeunes gens s'arment de tout ce qui peut servir à frapper le monstre ; piques, hallebardes, épieux, dards qui lancent au loin la mort, outils de paix et instruments de guerre. Voici le moment où la jeunesse robuste peut montrer ce qu'elle sait faire pour l'amour ou la gloire ; — une ceinture de rochers couronnés de respectables vieillards et de jeunes beautés forme un digne théâtre à ses exploits. *La bataille des îles d'Été.*

La matinée qui succède à une fête semblable à celle de Magnus Troil manque ordinairement un peu de ce piquant qui assaisonnait les plaisirs de la veille. C'est ce qu'a pu observer le lecteur fashionable, à un déjeûner public pendant la semaine des courses de chevaux dans une ville de province ; car, parmi ce qu'on appelle la meilleure société, chacun passe généralement ces intervalles de désœuvrement dans son cabinet de toilette. Comme on peut

CHAPITRE XVII.

bien le penser, il n'existait pas à Burgh-Westra de semblables retraites; aussi les jeunes filles, les joues un peu pâles, les dames âgées bâillant et les yeux battus, furent-elles obligées de se réunir à la société des hommes, en dépit des maux de tête et de la fatigue, trois heures après s'être séparés.

Eric Scambester avait fait tout ce qu'il est possible de faire pour éloigner l'ennui du repas du matin. La table gémissait sous le poids de rouelles de bœuf salé, apprêtées à la manière du pays; de pâtés, de viandes cuites au four, de poisson arrangé et dressé de différentes façons. On y voyait même des friandises étrangères, telles que thé, café et chocolat; car, ainsi que nous avons déjà eu occasion de le faire remarquer, la position de ces îles leur avait procuré de bonne heure la jouissance des diverses productions d'un luxe étranger, qui alors n'étaient encore que peu connues en Écosse. Dans ce dernier pays, à une époque moins reculée que celle dont nous parlons, une livre de thé vert fut cuite et mangée comme un plat de choux, et une autre fut convertie en sauce aux fines herbes pour le bœuf salé : telle était l'ignorance des bonnes ménagères auxquelles on avait envoyé ces denrées comme de rares présents.

Outre ces préparatifs, la table offrait tous ces breuvages énergiques connus des *bons vivants* sous le nom facétieux de *poil de la bête*. Là se trouvait le fameux usquebaugh d'Irlande, — le vrai nantz, — le franc schledamm, — l'aquavitæ de Caithness, — le golden-wasser de Hambourg, on y voyait aussi du rhum d'une antiquité vénérable, et des cordiaux des îles Leeward.

Après ces détails il serait inutile de mentionner l'ale forte du crû, le mum d'Allemagne et la bière de Schwartz. Nous dérogerions plus encore à notre dignité si nous parlions de l'innombrable quantité de potages de différentes sortes, des gâteaux d'avoine, ainsi que du bland et d'autres espèces de laitage, pour ceux qui préféraient des liquides moins généreux.

Il ne faut pas s'étonner si la vue d'une aussi bonne chère réveilla l'appétit et ranima les esprits des convives fatigués. Les jeunes gens se mirent aussitôt à chercher leurs danseuses de la veille, et à renouer la petite conversation qui avait fait passer la nuit si gaiement; tandis que Magnus, au milieu des vieux Norses vigoureux ses alliés, joignant l'exemple au précepte, encourageait ceux d'un âge plus avancé et d'une humeur plus sérieuse à attaquer les bonnes choses qui se trouvaient devant eux. Cependant il restait encore un long intervalle à remplir avant le dîner; car le déjeûner le plus prolongé ne peut guère durer plus d'une heure. Il y avait lieu de craindre que Claude Halcro ne songeât à employer cette matinée disponible en récitant une formidable pièce de vers de sa composition, sans compter l'interminable histoire de sa présentation à l'illustre John Dryden.

Mais le hasard preserva les hôtes de Burgh-Westra de ce fléau dont ils étaient menacés, en leur envoyant un amusement tout conforme à leurs goûts et à leurs habitudes. Une partie de la société avait recours à ses cure-dents, d'autres commençaient à s'entretenir de ce qu'on allait faire, quand Eric Scambester, l'œil enflammé, et un harpon à la main, accourut à la hâte pour annoncer à la compagnie qu'il y avait une baleine sur le rivage, ou du moins bien près, à l'entrée du voe. Il aurait fallu voir la joie, l'empressement et le tumulte universel que l'amour de la chasse, si profondément imprimé en nous, peut seul inspirer. Une troupe de gentilshommes campagnards sur le point de partir à la poursuite des premiers coqs de bruyère de la saison n'en donneraient qu'une faible idée, sous le rapport de l'enthousiasme aussi bien que sous celui de l'importance qu'ils attachaient à cet objet. Une battue dans les taillis épais de la forêt d'Ettrick pour la destruction des renards, l'insurrection des chasseurs du Lennox quand un des cerfs du duc sort d'Inch-Mirran, et même le joyeux ralliement des chasseurs de renards avec l'agréable accompagnement du son des cors et des aboiements des chiens, tout cela n'est rien auprès de l'ardeur avec laquelle les braves enfants de Thulé se portèrent à la rencontre du monstre que la mer leur envoyait dans un moment si opportun.

Les divers magasins de Burgh-Westra furent aussitôt fouillés en tous sens pour en tirer les armes qui pouvaient servir en pareille occasion. Les uns s'emparèrent de harpons, d'épées, de piques et de hallebardes; les autres se contentèrent de fourches, de broches, et de tous les instruments longs et pointus que l'on put trouver. Ainsi équipés à la hâte, une division, formée sous le commandement du capitaine Cleveland, se jeta dans les barques amarrées à la petite anse, tandis que le reste de la troupe se rendait par terre au théâtre de l'action.

Le pauvre Triptolème fut interrompu dans un complot qu'il venait de former contre la patience des Schetlandais, et qui devait consister dans une dissertation sur l'agriculture et sur les qualités du sol aux îles Schetland; et le même brouhaha qui avait coupé court à la poésie d'Halcro arrêta en même temps sa prose non moins redoutable. Comme on peut aisément se l'imaginer, il prit peu d'intérêt au passe-temps qui venait si brusquement se substituer à ses déclamations savantes, et il n'aurait pas même honoré d'un regard la scène animée qui se préparait, si les exhortations de mistress Baby n'étaient venues le piquer d'honneur : — Allons, mon frère, remuez-vous un peu, dit la dame prévoyante ; — qui sait sur qui la bénédiction du Ciel peut descendre ! — On dit que chacun a part égale à l'huile de la bête, et une pinte d'huile vaudrait son prix, pour nous éclairer dans les longues nuits dont on nous menace. Mettez-vous en mouvement, vous dis-je;

— voici une fourche. — Jamais cœur pusillanime ne gagna les bonnes grâces d'une dame. — Qui sait même si de l'huile nouvelle ne peut pas se manger et épargner le beurre?

Quel stimulant put donner à l'activité de Triptolème la perspective de ce nouveau comestible destiné à remplacer le beurre, c'est ce que nous ignorons; mais brandissant, faute de mieux, le rustique instrument dont on venait de l'armer, il se mit en marche pour livrer bataille à la baleine.

La position où sa mauvaise fortune avait placé l'ennemi commun était des plus favorables à l'entreprise des insulaires. Une marée d'une hauteur peu commune avait jeté l'animal sur un large banc de sable dans la crique ou voe où il gisait maintenant. Dès qu'il s'aperçut que la mer se retirait, il sentit le danger de sa situation, et fit des efforts désespérés pour retrouver des eaux plus profondes que celles qui se brisaient sur le banc; mais jusqu'à présent il avait plutôt empiré qu'amélioré son état; car il se trouvait en partie à sec, et par conséquent plus exposé aux attaques dont il allait être l'objet. En ce moment même, les assaillants vinrent fondre sur lui. Le premier rang se composait des plus jeunes et des plus hardis, armés de diverses manières, comme nous l'avons dit; tandis que pour suivre et encourager leurs efforts, les jeunes femmes et les personnes âgées des deux sexes prirent place sur le haut des rochers qui couronnaient le théâtre de l'action.

Comme les bateaux avaient à doubler une petite langue de terre avant d'arriver à l'embouchure du lac, ceux qui vinrent par terre en garnir les bords eurent tout le temps de reconnaître la force et la situation de l'ennemi contre lequel ils allaient diriger une attaque simultanée par terre et par mer.

C'était une tâche qu'en général intrépide et expérimenté, l'udaller ne voulut pas confier à d'autres yeux que les siens; et il est juste de reconnaître que son extérieur imposant et sa prudence consommée le rendaient également propre au commandement dont il était investi. Il avait échangé son chapeau galonné contre un bonnet de peau d'ours; son large pourpoint de drap bleu avec sa doublure écarlate, ses ganses et ses brandebourgs d'or, avait fait place à une jaquette de flanelle rouge garnie de boutons de corne noire, par-dessus laquelle il portait une blouse en peau de veau marin curieusement cousue, et froncée sur la poitrine suivant l'usage des Esquimaux, et parfois des baleiniers groenlandais. D'énormes bottes de pêcheur complétaient son costume, et il tenait à la main un large coutelas qu'il brandissait, impatient de s'en servir pour séparer la graisse d'avec les os du cétacé. Cependant, en examinant le monstre de plus près, il fut obligé d'avouer que le passe-temps auquel il avait amené ses amis, bien qu'en harmonie avec les proportions grandioses de son hospitalité, pouvait bien avoir ses difficultés et même ses périls.

La baleine, longue de plus de soixante pieds, se tenait complétement immobile dans la partie la plus profonde du lac où les flots l'avaient poussée, et où elle paraissait attendre le moment du reflux dont il semblait que son instinct lui garantissait le retour. On convoqua immédiatement un conseil de harponneurs expérimentés, et il fut résolu qu'on essaierait de prendre dans un nœud la queue du monstre engourdi en l'entourant d'un câble qu'on fixerait à terre avec des ancres, et qu'on l'empêcherait ainsi de s'échapper, au cas où la marée arriverait avant qu'on n'eût pu le dépecer. Trois bateaux furent affectés à cette mission délicate; l'udaller voulut lui-même en commander un, tandis que Cleveland et Mertoun devaient conduire les deux autres. Ce point arrêté, ils s'assirent sur la plage, attendant avec impatience que la partie navale de l'expédition fût arrivée dans le lac. Ce fut pendant cet intervalle que Triptolème Yellowley, après avoir mesuré de l'œil les proportions énormes de la baleine, observa que, dans son pauvre raisonnement, un chariot traîné par six bœufs ou même par soixante, fussent-ils du pays, ne pourrait tirer une bête si monstrueuse, de l'eau où elle reposait maintenant, jusqu'au rivage.

Bien que cette remarque puisse paraître insignifiante au lecteur, elle se rattachait à un sujet qui échauffait toujours le sang du vieil udaller. Aussi ce dernier, lançant à Triptolème un regard pénétrant et sévère, lui dit : — En supposant que cent bœufs ne seraient pas en état de traîner la baleine sur la plage, que diable cela ferait-il? Yellowley, quoiqu'il ne trouvât pas fort de son goût le ton dont cette question fut faite, sentit que sa dignité et son intérêt l'obligeaient de répondre : — Mais, monsieur, dit-il, — vous savez vous-même, monsieur Magnus Troil, et chacun tant soit peu instruit sait que les baleines d'une taille à ne pouvoir être tirées hardiment sur le rivage au moyen d'un attelage de six bœufs, deviennent le droit et la propriété de l'amiral, qui, maintenant, est aussi le lord chambellan de ces îles.

— Et moi je vous dis, M. Triptolème Yellowley, répliqua l'udaller, et je le dirais à votre maître, s'il était ici, que tout homme qui risquera sa vie pour traîner cette baleine sur la côte en aura sa belle et bonne part, suivant nos franches coutumes et nos anciens usages norses. Il y a plus, c'est que si, parmi les femmes qui sont ici à regarder, il y en a une qui touche seulement le câble, elle partagera avec nous; oui, sans doute, et pour peu qu'elle nous donne quelque raison pour cela, nous assurerons une portion à l'enfant encore à naître.

Le strict principe d'équité qui dictait ce dernier arrangement fit beaucoup rire les hommes et rougir les femmes. Cependant le facteur crut qu'il y aurait de la honte à se laisser intimider aussi facilement.

—*Suum cuique tribuito*[1], dit-il ; je soutiendrai les droits de mylord ainsi que les miens.

— Est-ce ainsi que vous l'entendez ? reprit Magnus ; eh bien ! de par les reliques du saint martyr, vous n'aurez d'autres lois de partage que celles de Dieu et de saint Olave, lois qui existaient ici bien longtemps avant qu'on eût entendu parler de facteur, de trésorier et de chambellan. Tous ceux qui y prêteront la main auront droit à leur portion, et nul autre. Mettez-vous donc à l'œuvre comme nous, M. le facteur, et estimez-vous heureux d'en avoir votre part. Jetez-vous dans cette barque (les barques avaient doublé en ce moment le promontoire). — Et vous, mes amis, faites place au facteur dans les chambres de vos canots ; ce sera lui, en ce jour bienheureux, qui portera le premier coup à la baleine.

Le ton d'autorité, la voix forte et l'habitude d'un commandement absolu qui se faisaient remarquer dans les manières de l'udaller, joints à la conviction intime qu'éprouvait Triptolème que, parmi le reste de la compagnie, il n'en était pas un seul sur lequel il pût compter pour le soutenir, lui rendaient fort difficile de ne pas obtempérer à cet ordre, bien qu'il fût sur le point de se trouver dans une situation aussi nouvelle pour lui qu'elle était dangereuse. Pourtant il hésitait encore et tenta une explication d'une voix où le mécontentement se mêlait à la crainte, le tout mal déguisé sous un effort pour être facétieux et faire passer la chose en manière de plaisanterie ; dans ce moment il entendit la voix de Baby murmurer à son oreille : — Avez-vous envie de perdre votre part de l'huile, à l'approche d'un long hiver dans ces îles pendant lequel le plus beau jour au mois de décembre sera plus sombre que la nuit la plus obscure des Mearns ?

Cette instigation domestique, jointe à la crainte que lui inspirait l'udaller et à la honte qu'il avait de paraître moins courageux que les autres, enflamma tellement le courage de l'agriculteur, qu'agitant la fourche qu'il tenait à la main, il entra dans le bateau, tel que Neptune lui-même armé de son trident.

Les trois barques destinées à ce service périlleux s'approchaient alors de cette masse noire qui gisait comme un îlot dans l'endroit le plus profond du lac ; l'animal les laissa arriver sans donner aucun signe de vie. Aussi, dans le plus grand silence et avec une précaution telle que l'exigeait l'extrême délicatesse de cette opération, après avoir échoué dans leur première tentative et perdu beaucoup de temps inutile, nos intrépides aventuriers parvinrent à jeter un câble autour du corps du monstre immobile ; les bouts en furent dirigés vers le rivage, où une centaine de mains s'occupa de les fixer. Mais avant que tout cela fût fait, la marée commença à monter, et l'udaller

---

[1] Rendez à chacun ce qui lui appartient.

s'écria qu'il fallait, sans perdre de temps, tuer la baleine ou au moins la blesser dangereusement avant que l'eau ne vînt sur la barre en assez grande abondance pour la mettre à flot, sans quoi il était probable qu'elle échapperait à tous leurs efforts.

— Ainsi donc, continua-t-il, mettons-nous à l'œuvre, et le facteur aura l'honneur du premier coup.

Le vaillant Triptolème entendit ces paroles, et il est bon de dire que la patience que le cétacé avait apportée en se laissant entourer d'un nœud sans faire aucune résistance avait diminué ses craintes et fait baisser considérablement la baleine dans son opinion. Il protesta qu'elle n'avait pas plus d'esprit, ni guère plus d'activité qu'une limace noire. Sous l'influence de ce mépris mal fondé pour son adversaire, il n'attendit ni un nouveau signal, ni une meilleure arme, ni une position plus avantageuse, et, rassemblant tout son courage, il lança la fourche, de toutes ses forces, contre la malheureuse bête. Les bateaux ne s'étaient pas encore éloignés à une distance suffisante pour se mettre à l'abri du danger lorsque l'action fut engagée d'une manière si peu judicieuse.

Magnus Troil, qui n'avait voulu que plaisanter avec le facteur, ayant réservé à une main beaucoup plus habile le premier coup de harpon contre la baleine, n'eut que le temps de s'écrier : Attention, mes amis, ou nous sommes tous submergés! En ce moment, le cétacé, réveillé brusquement de son engourdissement par le coup de l'arme du facteur, fit jaillir en l'air, avec un bruit semblable à l'explosion d'une machine à vapeur, une énorme colonne d'eau, et commença en même temps à fouetter de sa queue les vagues dans tous les sens. Le bateau que commandait Magnus reçut l'ondée d'eau salée lancée par la baleine, et l'aventureux Triptolème, qui eut sa bonne part de l'immersion, fut si étonné et si épouvanté des conséquences de son acte de bravoure, qu'il tomba en arrière sous les pieds de l'équipage, trop occupé à diriger la barque dans une eau peu profonde, hors de la portée de la baleine, pour faire attention à lui. Il y resta quelques minutes, foulé aux pieds de ses compagnons qui avaient posé l'aviron pour vider l'eau de la barque, quand l'udaller ordonna de voguer vers le rivage pour y débarquer le maladroit qui avait commencé l'attaque sous des auspices si peu favorables.

Pendant ce temps, les autres barques s'étaient aussi retirées à une distance plus sûre, et alors, de là aussi bien que du rivage, le malheureux colosse des mers fut accablé de toutes sortes de projectiles.

— Harpons et piques pleuvaient sur lui de toutes parts; on lui tira des coups de fusil; enfin, on employa tous les moyens de vexation pour l'exciter à épuiser sa force dans une rage inutile. Quand l'animal se vit entouré de tous côtés par des bas-fonds, et qu'il sentit en même temps l'étreinte du câble autour de son corps, les efforts convulsifs qu'il fit pour s'échapper, accompagnés de sons qui ressemblaient à de profonds et sourds gémissements, auraient ému de compassion tout autre qu'un pêcheur de baleine de profession. Les masses d'eau qu'il lança en l'air à plusieurs reprises commencèrent à se nuancer de sang, et les flots se teignirent de la même couleur autour de lui. Cependant les assaillants redoublaient leurs efforts, mais Mordaunt Mertoun et Cleveland, en particulier, rivalisaient d'audace ; c'était à qui montrerait le plus de courage pour approcher du monstre si redoutable dans son agonie, à qui ferait dans ses larges flancs les blessures les plus profondes et les plus dangereuses.

Enfin le débat parut tirer à sa fin ; la victime semblait bien, de temps en temps, faire des efforts frénétiques pour recouvrer sa liberté, mais ses forces paraissaient tellement épuisées, que, même avec l'assistance de la marée, qui alors avait monté considérablement, il paraissait difficile qu'elle se tirât de là.

Magnus donna le signal de s'en approcher, et s'écria en même temps : Enfants, en avant ! elle n'est pas moitié si furieuse maintenant. — Monsieur le facteur, songez à fournir d'huile, pour cet hiver, vos deux lampes d'Harfra. En avant, enfants !

Avant que ses ordres pussent être suivis, les deux autres bateaux avaient devancé son dessein, et Mordaunt Mertoun, jaloux d'effacer Cleveland, avait, de toute la force de son bras, plongé une demi-pique dans le corps de l'animal. Mais le monstre, comme une nation dont les ressources semblaient totalement épuisées par des pertes et des calamités précédentes, rassembla toutes les forces qui lui restaient pour un effort désespéré et qui fut suivi de succès. La dernière blessure avait probablement pénétré à travers son appareil de graisse, et atteint quelque partie sensible, car il poussa un épouvantable gémissement, et envoya jusqu'au ciel un déluge d'eau et de sang ; puis, brisant l'énorme câble comme si c'eût été un fil, il renversa d'un coup de queue le bateau de Mordaunt, franchit d'un bond vigoureux la barre que la marée avait couverte, et poursuivit sa course vers la pleine mer, emportant une forêt d'armes plantées dans son corps, et laissant derrière lui, sur les ondes, la trace empourprée de son passage.

— Voilà votre provision d'huile qui s'en va en pleine mer, maître Yellowley, dit Magnus, et il faudra que vous brûliez du suif, ou que vous alliez vous coucher à tâtons.

— *Operam et oleum perdidi*[1], murmura Triptolème ; mais si l'on me reprend à la pêche de la baleine, je veux que le cétacé m'avale comme Jonas.

— Mais, au milieu de tout cela, où est Mordaunt Mertoun, s'écria

---

[1] J'ai perdu ma peine et mon huile.

Claude Halcro? Et alors on s'aperçut que le jeune homme, étourdi au moment où le bateau avait été renversé, n'avait pu regagner, en nageant, le rivage, comme les autres marins, et flottait sans mouvement sur les vagues.

Nous avons parlé du préjugé bizarre et inhumain qui inspirait, à cette époque, aux Schetlandais, de la répugnance pour sauver ceux qu'ils voyaient en danger de se noyer, bien que ce malheur soit celui auquel des insulaires sont le plus souvent exposés. Cependant trois hommes s'affranchirent de cette superstition ; le premier fut Claude Halcro, qui se précipita la tête la première dans la mer, du haut d'un rocher peu élevé, oubliant, comme il le dit ensuite lui-même, qu'il ne savait pas nager, et que, possédât-il la lyre d'Amphion, il n'avait pas de dauphins à ses ordres. La première immersion du poëte dans l'eau profonde lui rappela qu'il n'était pas marin, et il regagna à grand'peine le roc d'où il s'était jeté, heureux de se retrouver à terre et d'en être quitte pour un plongeon.

Magnus Troil, avec son bon cœur, oublia sa froideur récente à l'égard de Mordaunt, et, voyant le danger que courait le jeune homme, il lui aurait aussitôt porté secours plus efficacement si Eric Scambester ne l'eût retenu.

— Arrêtez, monsieur, arrêtez, s'écria le fidèle serviteur ; — le capitaine Cleveland tient M. Mordaunt ; — laissez ces deux étrangers s'arranger ensemble et attendez l'issue. La lumière du pays ne doit pas s'éteindre pour l'amour d'eux. Restez tranquille, vous dis-je ; — le voe de Bredness n'est pas un bol de punch où l'on puisse pêcher un homme comme une rôtie avec une longue cuillère.

Cette sage remontrance aurait totalement été perdue pour Magnus s'il n'avait remarqué que Cleveland avait en effet sauté hors du bateau et nagé, pour le secourir, vers Mertoun qu'il soutenait sur l'eau en ce moment, jusqu'à ce que le bateau vînt les recueillir tous les deux. Dès que le danger pressant, qui réclamait si impérieusement un secours immédiat, eut cessé, le désir qu'avait l'honnête udaller d'être utile au jeune homme s'éteignit, et les griefs qu'il avait ou croyait avoir contre Mordaunt Mertoun lui revenant en mémoire, il se dégagea des mains de son sommelier, et tournant le dos à la baie d'un air de dédain, donna à Eric l'épithète de vieux fou, pour avoir pu supposer qu'il s'inquiétât si le jeune drôle se noyait ou non.

Néanmoins, malgré sa feinte indifférence, Magnus ne put s'empêcher de regarder à la dérobée par-dessus l'épaule des spectateurs qui, formant un cercle autour de Mordaunt, qu'on venait de déposer sur le rivage, s'efforçaient charitablement de le rappeler à la vie ; et il ne put arriver à prendre le masque d'une impassibilité absolue que quand le jeune homme, assis sur le rivage, eut témoigné par des signes non équivoques que l'accident n'aurait aucune suite fâcheuse. Alors seulement, mais toutefois en jurant contre les assistants de ne pas lui faire boire un verre de brandy, il s'éloigna froidement, comme tout à fait indifférent à son sort.

Les femmes, toujours habiles à lire mutuellement leurs secrets dans leurs émotions, ne manquèrent pas de remarquer qu'au moment où les sœurs de Burgh-Westra avaient vu Mordaunt disparaître dans les flots, Minna était devenue pâle comme la mort, tandis que Brenda avait à plusieurs reprises poussé des cris de terreur. Mais en somme, malgré les signes de tête, les clignements d'yeux et les demi-mots sur la difficulté d'oublier les anciennes connaissances, on reconnut franchement qu'on ne pouvait attendre d'elles moins de marques de sympathie, quand le compagnon de leur enfance était sur le point de périr à leurs yeux.

L'intérêt qu'avait excité la situation de Mordaunt tant qu'elle avait paru dangereuse, s'affaiblit à mesure qu'il revint à lui, et quand il eut repris complétement l'usage de ses sens, Claude Halcro et deux ou trois autres personnes restaient seuls à ses côtés. Cleveland se tenait à environ dix pas de distance; — l'eau dégouttait de ses cheveux et de ses habits, et ses traits avaient une expression si singulière qu'elle fixa aussitôt l'attention de Mordaunt. Un sourire à peine réprimé sur ses lèvres et la satisfaction orgueilleuse peinte dans son regard annonçaient qu'il se sentait délivré d'une contrainte pénible et laissaient percer une sorte de mépris. Claude Halcro se hâta d'apprendre à Mordaunt qu'il devait la vie au capitaine Cleveland; le jeune homme se leva aussitôt, et la gratitude effaçant en lui tout autre sentiment, il s'avança la main tendue, pour offrir à son libérateur la vive expression de sa reconnaissance. Mais il s'arrêta stupéfait, en voyant celui-ci se reculer d'un ou deux pas, et, croisant les bras sur sa poitrine, refuser la main qui lui était offerte. Il se recula à son tour et ne put voir sans une extrême surprise la manière injurieuse et le regard presque insultant avec lesquels Cleveland recevait ses remercîments après un aussi grand service, lui qui, jusque-là, avait eu vis-à-vis de lui un ton de cordialité ou du moins un air franc et ouvert.

—Assez! dit Cleveland qui voyait sa surprise, il n'est pas nécessaire d'en dire davantage à ce sujet. J'ai payé ma dette : maintenant nous sommes quittes.

—Je suis en reste avec vous, capitaine, répondit Mordaunt, puisque vous avez exposé votre vie pour faire à mon égard ce que j'avais fait pour vous sans le moindre risque ; —d'ailleurs, ajouta-t-il, en tâchant de donner un tour plus enjoué à la conversation, j'ai votre fusil de chasse par-dessus le marché.

—Il n'y a que les lâches qui fassent entrer le danger en ligne de compte, dit Cleveland. Le danger a été le compagnon de ma vie, il m'a suivi dans mille traversées bien autrement dangereuses. —Quant à des fusils, il m'en reste encore assez, et vous pourrez voir, quand il vous plaira, qui de nous deux s'en sert le mieux.

Le ton dont ces dernières paroles furent prononcées frappa fortement Mordaunt; on y sentait, comme dit Hamlet, une malignité cachée, et elles présageaient quelque malheur. Cleveland vit son étonnement, s'approcha de lui et lui dit à voix basse : — Écoutez-moi bien, mon jeune camarade. Il y a un usage parmi nous autres aventuriers : quand nous chassons la même proie et que nous nous prenons le vent mutuellement, nous pensons que soixante verges sur le bord de la mer et une paire de carabines sont le meilleur moyen d'aplanir nos différends.

— Je ne vous comprends pas, capitaine Cleveland.

— C'est ce qu'il me semble ; — je me doutais que vous ne me comprendriez pas. A ces mots, il tourna sur ses talons avec un sourire qui ressemblait à un sarcasme, et Mordaunt le vit se mêler aux gens de la fête; bientôt il fut à côté de Minna, qui lui parlait d'un air animé et semblait le remercier de sa brave et généreuse conduite.

— Si ce n'était pour Brenda, pensa Mordaunt, je serais tenté de souhaiter qu'il m'eût laissé au fond du lac, car personne ne semble s'inquiéter si je suis mort ou vivant. — Deux carabines et soixante verges sur le bord de la mer! — Est-ce là ce qu'il veut? — Cela peut venir, mais non pas le jour où il m'a sauvé la vie au péril de la sienne.

Tandis qu'il s'abandonnait à ces pensées, Eric Scambester murmurait à l'oreille d'Halcro : — Si ces deux gaillards-là ne se jouent pas l'un à l'autre quelque mauvais tour, il ne faut plus se fier à l'opinion commune. Maître Mordaunt sauve Cleveland ; — bien. — Cleveland, pour la peine, ne lui laisse pas à Burgh-Westra sa part de soleil; et songez ce que c'est que de perdre la faveur d'une maison où la bassine au punch n'a pas le temps de refroidir! Bon. Maintenant que Cleveland à son tour a été assez simple, pour repêcher Mordaunt au fond du voe, gare qu'il ne lui rende la monnaie de sa pièce!

— Fi, fi! dit le poëte, ce sont là des contes de vieilles femmes, l'ami Eric ; que dit l'illustre Dryden, le bienheureux John?

« C'est une surabondance de bile qui engendre en nous toutes ces idées mélancoliques. »

— Saint-John ou Saint-James peuvent se tromper en pareille matière, dit Eric, car je ne pense pas qu'aucun d'eux ait vécu aux îles Schetland. Tout ce que je sais, c'est que si les vieux dictons n'ont pas tort, ces deux hommes feront le malheur l'un de l'autre, et s'il en est ainsi, j'aime autant que cela tombe sur Mordaunt Mertoun.

— Et quoi! Eric Scambester, s'écria Halcro brusquement et avec indignation, osez-vous souhaiter malheur à ce pauvre jeune homme qui en vaut cinquante comme l'autre !

— Chacun prêche pour son saint, répliqua Eric ; maître Mordaunt ne connaît que l'eau pure, comme son père, le vieux loup de mer ; mais le capitaine Cleveland, voyez-vous, sait vider son verre en honnête personne et en vrai gentleman.

— Beau raisonnement et tout à fait digne d'un sommelier, dit Halcro. Et, rompant la conversation, il revint à Burgh-Westra où s'acheminaient en ce moment les hôtes de Magnus, discutant avec chaleur les divers incidents du combat livré par eux à la baleine, et très mortifiés de ce que l'ennemi s'était joué de tous leurs efforts.

— J'espère, dit Magnus, que le capitaine Donderdrecht de l'Eintracht de Rotterdam n'en entendra jamais parler ; car il jurerait *donner and blitzen*[1] que nous ne sommes bons qu'à pêcher des limandes[2].

CHAPITRE XVIII.

> J'accours jusqu'à toi par monts et par vaux ; je t'apporte de bonnes nouvelles, d heureuses chances, des nouvelles qui, dans ton intérêt, valent leur pesant d'or.
> *Le vieux Pistol.*

LA fortune, qui semble parfois avoir une conscience, devait un dédommagement à l'udaller hospitalier : en conséquence, comme compensation du désappointement causé par la malheureuse issue de la pêche de la baleine, elle envoya à Burgh-Westra, le soir même de cet incident, un personnage qui n'était rien moins que le colporteur ou le marchand forain, comme il se nommait lui-même. Bryce Snailsfoot arriva en grande pompe, monté sur un poney, et ses ballots, deux fois plus enflés que de coutume, formaient la charge d'un autre que conduisait un enfant à la tête et aux jambes nues.

Bryce s'annonça comme porteur d'importantes nouvelles : aussi fut-il introduit dans la salle à manger, où, avec la simplicité de ce siècle ignorant de l'étiquette, il lui fut permis de prendre place près d'un buffet où on le fit boire et manger copieusement. L'attentive hospitalité de Magnus ne permit pas qu'on lui adressât de questions jusqu'au moment où, ayant satisfait à ce double besoin, il annonça, de l'air

[1] Par le tonnerre et les éclairs.

[2] Le combat livré à la baleine a dû rappeler, aux lecteurs qui aiment la poésie, la *Bataille des îles d'Été* de Waller. (W. S.)

d'importance que se donne un voyageur qui vient de loin, qu'il était arrivé hier à Lerwick de Kirkwall, capitale des Orcades, et qu'il serait venu à Burgh-Westra la veille si le vent n'avait pas soufflé si fort de Fitful-Head.

— Nous n'avons pas eu de vent ici, dit Magnus.

— Il y a quelqu'un qui n'a pas dormi, reprit le colporteur, et son nom commence par une N ; mais Dieu est le maître.

— Et ces nouvelles des Orcades, Bryce, au lieu de faire tant de bruit d'une bouffée de vent?

— Ce sont des nouvelles, répondit Bryce, comme on n'en a pas appris depuis trente ans, — depuis le temps de Cromwell.

— Est-ce donc encore une révolution, dit Halcro? le roi Jacques serait-il revenu aussi gaiement que l'a fait le roi Charles?

— Ce sont des nouvelles, répliqua le colporteur, qui valent mieux que vingt rois, avec leurs royaumes par-dessus le marché. A quoi nous ont jamais servi les *évolutions?* car je puis bien dire que nous en avons vu une douzaine, tant grandes que petites.

— Est-il donc venu des bâtiments des Indes dans nos parages du nord? demanda Magnus Troil.

— Vous touchez presque au but, fowde, répondit le colporteur ; ce n'est pas un bâtiment des Indes, mais un bel et bon navire armé, regorgeant de marchandises cédées à si bon compte qu'un honnête homme comme moi peut donner à tout le pays l'occasion de faire d'excellents marchés ; et vous serez de mon avis quand j'aurai ouvert ma balle : car je compte bien que je l'emporterai moins lourde que je ne l'ai apportée.

— Oui, oui, Bryce, dit l'udaller, il faut que vous ayez acheté bien bon marché pour ne pas vendre cher. Mais qu'était-ce que ce vaisseau?

— Je ne puis pas au juste vous le dire. Je n'ai parlé qu'au capitaine qui est un homme fort discret ; tout ce que je sais, c'est qu'il arrive des côtes d'Espagne, d'où il apporte des soieries et des satins, et du fameux tabac, je vous en réponds, sans compter le vin et le sucre, et mille fantaisies d'or et d'argent, et une jolie cargaison de poudre d'or par-dessus le marché.

— Mais comment est-il fait? demanda Cleveland, qui semblait prendre grand intérêt au rapport du colporteur.

— C'est un navire de haut bord, répondit le marchand ambulant, une goëlette bien armée, fendant la mer comme un dauphin, à ce qu'on dit, portant douze canons, mais faite pour en porter vingt.

— Avez-vous entendu prononcer le nom du capitaine? reprit Cleveland en baissant la voix.

— Je l'ai toujours appelé le capitaine, répondit Bryce Snailsfoot ; car je me suis imposé la règle, quand je fais des affaires avec quel-

CHAPITRE XVIII.

qu'un, de ne jamais lui adresser de questions sur son compte pendant le marché ; il y a en effet plus d'un honnête capitaine, excusez-moi, capitaine Cleveland, qui ne se soucie pas que l'on joigne son nom à son titre, et pourvu que nous sachions ce que nous achetons, peu nous importe de qui, vous sentez bien?

— Bryce Snailsfoot est un homme prudent, dit l'udaller en riant ; il sait fort bien que l'homme sage ne se souciera pas de répondre à toutes les questions qu'un fou peut faire.

— J'ai dans ma vie fait affaire avec de fameux marchands, reprit Snailsfoot, et je ne suis pas dans l'usage de répéter à chaque instant le nom d'un homme à tort et à travers ; mais ce que je puis vous assurer, c'est que ce gentilhomme est un brave officier, et, de plus, un bon enfant. Tous les hommes de son équipage sont pour le moins aussi bien mis que lui ; — les plus simples matelots ont leur ceinture de soie, et j'ai vu bien des dames en porter de plus laides, et, avec cela se croire quelque chose ; — et puis des boutons d'argent, des boucles, et d'autres frivolités du même genre ; c'est sans fin.

— Les imbéciles! murmura Cleveland entre ses dents ; puis il ajouta : Je suppose qu'ils descendent fréquemment à terre pour faire voir leur belle toilette aux filles de Kirkwall?

— Pas le moins du monde ; c'est à peine si leur capitaine les laisse débarquer sans que le contre-maître les accompagne dans la chaloupe. C'est que ce contre-maître est une des plus rudes jaquettes goudronnées qui aient jamais essuyé le pont d'un navire : vous trouveriez plutôt un chat sans griffe, que notre homme sans son coutelas et deux paires de pistolets à sa ceinture, et tous les hommes de l'équipage le craignent autant que le commandant lui-même.

— Il faut que ce soit Hawkins ou le diable, dit Cleveland.

— Halte-là, capitaine, répliqua le marchand ; que ce soit l'un ou l'autre, ou tous les deux à la fois, rappelez-vous bien que c'est vous qui lui avez donné ces noms-là et non pas moi.

— Eh mais! dit l'udaller, ne serait-ce pas le vaisseau matelot dont vous parliez, capitaine Cleveland?

— En ce cas, ils auraient eu quelque bonne chance pour se remettre en meilleur état que lorsque je les ai quittés. — Disent-ils avoir perdu le bâtiment qui voguait de conserve avec eux?

— Oui, en vérité, répondit Bryce ; du moins je leur ai entendu dire quelque chose d'un bâtiment qui les accompagnait et qui était allé trouver *Davy Jones* au fond de nos mers.

— Et leur avez-vous appris ce que vous saviez sur son compte? reprit l'udaller.

— Et qui diable aurait été assez fou pour raconter de pareilles choses? s'écria le colporteur ; dès qu'ils auraient su ce qu'était devenu le bâtiment, leur première question eût été pour la cargaison,—et vous n'auriez pas été d'avis, sans doute, que j'attirasse un vaisseau bien armé sur la côte pour tracasser de pauvres diables à cause de quelques haillons que la vague a jetés sur leurs rivages.

— Indépendamment de ce qu'on aurait pu trouver dans votre valise, rusé coquin! dit Magnus Troil. Cette remarque excita un grand éclat de rire. L'udaller ne put s'empêcher de se joindre à la gaieté de ceux qui applaudissaient à sa plaisanterie; mais reprenant à l'instant un air composé, il ajouta avec une gravité peu ordinaire : Vous pouvez rire, mes amis; mais c'est là une chose qui apporte sur le pays la malédiction et l'opprobre; et tant que nous ne saurons pas respecter les droits de ceux dont les vents et les vagues détruisent la fortune, nous mériterons de souffrir, comme il nous est arrivé jusqu'à présent et nous arrive encore aujourd'hui. le joug et les vexations de la puissance étrangère qui nous gouverne.

Toute la société baissa la tête à la mercuriale de Magnus Troil. Plusieurs convives, même des rangs les plus élevés, sentaient peut-être que leur conscience avait à leur reprocher quelque chose, et tous sans exception savaient parfaitement qu'ils n'avaient pas toujours réprimé avec une sévérité suffisante, chez leurs fermiers et leurs subordonnés, le goût du pillage. Mais Cleveland répliqua gaiement : Si ces braves marins sont mes camarades, je réponds pour eux qu'ils ne tourmenteront pas les gens du pays pour quelques debris de coffres, hamacs, et autres bagatelles provenant de mon pauvre sloop, que le courant aurait rejetés à terre. Que leur importe que ce soit Bryce Snailsfoot, ou la mer, ou le diable, qui aient hérité de toutes ces friperies? Allons, Bryce, déboucle ton ballot et déploie ta cargaison devant ces dames; nous y trouverons peut-être quelque chose qui leur fera plaisir.

— Ce ne peut être son vaisseau matelot, dit tout bas Brenda à sa sœur, il aurait montré plus de joie en apprenant son arrivée.

— Ce doit être lui, répondit Minna; j'ai vu son œil briller à l'idée de se trouver encore avec le compagnon de ses dangers.

— Son œil a brillé peut-être, reprit sa sœur à voix basse, à l'idee de quitter les îles Schetland; il est difficile de deviner la pensée intime d'après le regard.

— Vous ne devriez pas juger avec malveillance la pensée d'un ami, répliqua Minna; alors, Brenda, si vous vous étiez trompée, vous n'auriez du moins rien à vous reprocher.

Pendant ce dialogue, Bryce Snailsfoot était occupé à dérouler sa balle, fort artistement enveloppée de six bonnes aunes de peau de veau marin tannée attachées et consolidées avec soin au moyen de toutes sortes de nœuds et de boucles. Il fut fréquemment interrompu dans sa besogne par l'udaller et le reste de la société, qui l'accablaient de questions concernant le vaisseau étranger.

CHAPITRE XVIII.

— Les officiers sont-ils souvent descendus à terre? dit Magnus Troil; et comment les ont reçus les habitants de Kirkwall?

— Parfaitement bien, répondit Bryce Snailsfoot; le capitaine et un ou deux des hommes de son équipage ont été à quelques-unes des danses et autres vanités de la ville; mais il y a eu quelques mots touchant les taxes et les droits du roi, ou quelque chose de semblable; et quelques personnes notables qui ont cru devoir interposer leur autorité comme magistrats ou autrement ont eu des mots avec le capitaine, qui a refusé de les satisfaire; tout cela, naturellement, a jeté un peu de froideur dans ses relations avec les habitants, et il parlait de pousser jusqu'à Stromnell ou Langhope, car à Kirkwall il se trouvait sous les canons de la batterie. Mais malgré tout, je crois qu'il restera à Kirkwall jusqu'à la fin de la foire d'été.

— La noblesse des Orcades, s'écria Magnus Troil, est toujours empressée de se passer autour du cou la corde du collier écossais! N'est-ce donc pas assez pour nous de payer le *scat* et le *watle* qui formaient à eux seuls tous les impôts de notre ancien gouvernement norse? faut-il encore qu'on vienne nous tourmenter avec la taxe du roi, et les droits de douane par-dessus le marché? C'est le rôle d'un honnête homme de résister à de pareils envahissements; c'est ce que j'ai fait toute ma vie, et ce que je ferai jusqu'à la mort!

Ce fut alors une explosion bruyante d'acclamations et d'applaudissements parmi les invités de Burgh-Westra, lesquels, pour la plupart, s'arrangeaient mieux des principes fort larges de Magnus Troil en matière d'impôt (ce qui était bien naturel de la part de gens vivant sous un régime tout exceptionnel et soumis à un grand nombre de taxes extraordinaires) que de l'opinion sévère de l'udaller au sujet des dépouilles des naufragés. Mais l'exaltation imprudente de Minna l'emporta plus loin que son père, et elle glissa à l'oreille de Brenda, non sans que Cleveland l'entendît, que le caractère servile des habitants des Orcades avait laissé échapper toutes les occasions que les derniers événements leur avaient fournies de délivrer ces îles du joug écossais.

— Ne pourrions-nous donc, disait-elle, au milieu de tous les changements qui ont signalé ces derniers temps, saisir le moment favorable de rompre une alliance à laquelle nous ne sommes nullement tenus, et nous replacer sous la protection du Danemark, notre mère-patrie? Et pourquoi hésitons-nous à le faire, si ce n'est parce que des mariages et des relations d'amitié ont opéré une telle fusion entre les hommes de l'invasion et la noblesse des Orcades, qu'elle ne sent plus bouillonner dans ses veines l'héroïque sang des Norses que lui avaient transmis ses ancêtres?

La dernière partie de cette tirade patriotique vint frapper l'oreille étonnée de notre ami Triptolème, qui, partisan sincère de la succession protestante et du gouvernement de la révolution, ne put retenir cette exclamation : — Comme le vieux coq chante, le jeune coq apprend à chanter, — la jeune poule, devrais-je dire, mistress, et je vous demande pardon si je prends un genre pour un autre. — Mais c'est un heureux pays que celui où le père se prononce hautement contre les taxes de la couronne et la fille contre la couronne même! Dans mon opinion, tout cela ne peut finir qu'avec des arbres et du chanvre.

— Les arbres sont rares chez nous, dit Magnus; et, quant au chanvre, nous l'employons aux agrès de nos barques, et il ne nous en reste pas pour faire des cols de chemise.

— Si quelqu'un, s'écria le capitaine, s'avise de s'effaroucher de ce que vient de dire cette jeune dame, il fera bien de garder ses oreilles et sa langue pour quelque usage moins dangereux que celui-ci.

— Oui, oui, dit Triptolème, il paraît que toutes les vérités ne sont pas bonnes à dire, et qu'elles sont d'une digestion aussi difficile que du trèfle humide pour l'estomac d'une vache, dans un pays ou les hommes mettent tout de suite la main sur leur coutelas, si une fille s'avise de vous regarder de travers. Mais, d'ailleurs, quelles manières peut-on espérer de rencontrer dans un pays où l'on vous appelle un soc de charrue un *markal*?

— Un instant, M. Yellowley, s'il vous plaît, dit le capitaine en souriant; j'espère que vous ne mettrez pas mes manières au nombre des abus que vous êtes venu réformer dans ce pays. Il pourrait être dangereux de les soumettre à des expériences.

— Et non moins difficile, répliqua sèchement Triptolème; mais ne vous effarouchez pas de mes remontrances, capitaine Cleveland. Mes travaux ont pour objet les choses et les hommes de la terre, et non les choses et les hommes de la mer; vous n'êtes pas de mon élément

— Alors soyons bons amis, vieil assemble-mottes, dit le capitaine.

— Assemble-mottes! répéta l'agriculteur, se rappelant les leçons de son jeune âge; assemble-mottes *pro* assemble-nuages [1], *Néphéléghéréta zeous; — græcum est.* — Dans quel voyage avez-vous donc pêché cette phrase?

— J'ai, dans mon temps, dit le capitaine, parcouru les livres aussi bien que les mers; mais mes dernières expéditions ont été d'une espèce qui m'a fait oublier mes premières croisières sur les flots de la littérature classique. Allons, approche donc, Bryce.

— As-tu dénoué l'amarre? — Voyons, tous à la besogne, exami-

---

[1] Il y a ici, en anglais, un jeu de mots intraduisible entre *clod-compeller*, assemble-mottes, et *cloud-compeller*, assemble-nuages. (L. V.)

nions si dans son chargement il y a quelque chose digne de notre attention.

D'un air fier, mais en même temps rusé, l'adroit colporteur se mit en devoir de déployer une collection de marchandises bien supérieures à celles qui habituellement garnissaient ses ballots, et particulièrement des étoffes et des broderies étrangères si belles et si curieuses, enrichies, avec tant d'art et de magnificence, d'ornements, de fleurs, de dessins dans le goût arabesque, que la vue en était faite pour éblouir un monde plus brillant que les simples habitants de Thulé ; c'était une surprise et une admiration générales. Mistress Baby Yellowley, levant les mains au ciel, protestait que c'était un péché seulement de regarder de pareilles folies, et pis qu'un crime d'en demander le prix.

D'autres cependant furent plus courageux. Les prix demandés par le colporteur, s'ils n'étaient pas seulement, comme il le disait, « juste un peu plus que rien, uniquement pour ne pas faire un pur don, » étaient cependant assez modérés pour montrer que lui-même devait avoir fait une excellente affaire, à en juger par le taux auquel il offrait de se séparer de ses acquisitions. Aussi, le bas prix de ses articles en amenait-il une vente rapide ; car, dans les îles Schetland comme ailleurs, les gens sages se laissent diriger dans leurs emplettes plutôt par le désir bien entendu de profiter d'un bon marché que par un besoin véritable. Ce fut sur ce principe que lady Glowrowrum acheta sept jupes et douze corsets, et les autres matrones présentes ne restèrent pas en arrière avec elle dans ce genre d'économie intelligente. L'udaller fit aussi bon nombre d'acquisitions ; mais l'amateur le plus actif de tout ce qui pouvait charmer la beauté fut le galant capitaine Cleveland, qui bouleversa les paquets du marchand ambulant pour choisir des présents destinés aux dames de la société, parmi lesquelles Minna et Brenda Troil furent l'objet d'une attention spéciale.

— J'ai peur, dit Magnus Troil, que nos jeunes dames ne doivent considérer tous ces jolis cadeaux comme des souvenirs, et que cette libéralité ne nous annonce que nous allons bientôt vous perdre.

Cette question parut embarrasser celui à qui elle était adressée. — Je ne sais pas au juste, répondit-il avec quelque hésitation, si ce vaisseau est ou n'est pas celui de mes camarades ; il faut que je fasse un tour à Kirkwall pour m'en assurer, et alors je compte revenir à Dunrossness pour prendre congé de vous tous.

— En ce cas, dit l'udaller après une pause de quelques secondes, je pourrai vous y conduire ; je veux aller à la foire de Kirkwall pour régler avec les marchands auxquels j'ai consigné ma pêche, et puis, j'ai souvent promis à Minna et à Brenda de leur faire voir la foire ; peut-être, d'ailleurs, vos camarades ou ces étrangers auront-ils quelques marchandises qui me conviendront. J'aime à trouver mes magasins bien garnis de marchandises, presque autant qu'à les voir remplis de danseurs. Nous irons aux Orcades dans mon brick, et je puis vous offrir un hamac, si cela vous convient.

Cette proposition parut tellement du goût de Cleveland, qu'apres s'être confondu en remerciements, il parut déterminé à témoigner son contentement en épuisant les trésors de Bryce Snailsfoot, par ses libéralités envers toute la société Une bourse d'or se vida dans les poches du colporteur avec une facilité et une indifférence qui accusaient, chez son ancien possesseur, ou la plus grande prodigalité, ou la conscience d'une fortune inépuisable : de sorte que Baby dit tout bas à son frère que, pour jeter ainsi son argent par les fenêtres, il fallait que ce jeune homme eût fait, sur un navire naufragé, un voyage plus productif que n'en avaient fait depuis plus d'un an sur les leurs tous les marins de Dundee.

Mais la disposition chagrine qui lui avait inspiré cette remarque se calma tout à coup lorsque Cleveland, qui, ce soir-là, semblait avoir pris à tâche d'acheter à force d'or l'universalité des suffrages, s'approcha d'elle tenant à la main quelque chose qui ressemblait, pour la forme, à un plaid écossais, mais dont le tissu était d'une laine si moelleuse, qu'au toucher on l'aurait prise pour de l'édredon : — C'est, lui dit-il, une partie de la toilette d'une dame espagnole, qu'on nomme une mantille; elle est exactement faite pour la taille de mistress Baby Yellowley, et pourra la protéger parfaitement contre le climat brumeux des îles Schetland; elle est priée de vouloir bien la porter pour l'amour de son serviteur. La dame, avec autant de douceur et d'affabilité que pouvait en exprimer sa physionomie, non-seulement voulut bien accepter cette marque de galanterie, mais permit même au donateur d'arranger la mantille sur ses épaules pointues et saillantes, où, comme le disait Halcro, elle faisait le même effet que si on l'eût étendue sur deux têtes de porte-manteau.

Pendant que le capitaine accomplissait cet acte de politesse, au grand divertissement de la société, ce qui, suivant toute apparence, avait été son but principal, Mordaunt Mertoun était occupé à faire l'emplette d'un petit chapelet d'or, avec l'intention secrète de l'offrir à Brenda, dès qu'il trouverait une circonstance favorable. Le prix en fut fixé et l'objet mis à part. Claude Halcro, de son côté, témoignait quelque envie de posséder une boîte d'argent de forme antique, destinée à renfermer du tabac à fumer dont il faisait habituellement une grande consommation; mais le poëte avait rarement à sa disposition de la monnaie courante, et à la vérité sa vie aventureuse lui avait fourni peu d'occasions d'en amasser. Bryce, d'un autre côté, ne faisait son petit commerce qu'au comptant, jurant que les profits modérés qu'il tirait d'articles aussi rares et d'aussi bon goût ne lui permettaient pas d'accorder du crédit aux acheteurs. Mordaunt devina le sujet de leur controverse à la manière dont ils se parlaient à voix basse, tandis que le poëte avançait un doigt de convoitise vers la boîte en question, et que le prudent colporteur la retenait de toute la force de son poignet, comme s'il eût craint qu'il ne lui survînt des ailes pour la porter dans la poche de Claude Halcro. Désirant faire plaisir à une ancienne connaissance, Mertoun déposa le prix de cet article sur la table, et déclara qu'il ne permettrait pas à M. Halcro d'acheter cette boîte, vu que son intention avait été de la lui offrir.

— Je ne voudrais pas pourtant vous dépouiller, mon cher et jeune ami, dit le poëte; mais la vérité est que cette boîte me rappelle d'une manière singulière celle de l'illustre Dryden, dans laquelle j'eus l'honneur de prendre une prise au café des Beaux-Esprits. Aussi, depuis ce temps-là, ai-je pour le pouce et l'index de ma main droite une bien plus haute estime que pour toute autre partie de mon corps. Permettez-moi seulement de vous en rembourser le prix plus tard, lorsque mon poisson sec de l'Urkaster sera en vente au marché.

— Réglez cela entre vous comme vous l'entendrez, dit le colporteur en prenant l'argent de Mordaunt, la boîte est achetée et vendue.

— Et comment osez-vous vendre une seconde fois, s'écria le capitaine Cleveland en intervenant tout à coup, ce que vous m'avez déjà vendu?

Tout le monde fut surpris de cette exclamation faite si brusquement; car Cleveland, quittant avec précipitation mistress Baby, était accouru, non sans émotion, pour veiller sur les objets dont Bryce Snailsfoot venait de disposer. A cette question brève et énergique, le colporteur, craignant de contredire une aussi bonne pratique, répondit seulement, en bégayant, que Dieu savait qu'il n'avait pas eu l'intention de l'offenser.

— Comment, monsieur, ne pas m'offenser! et disposer de ce qui m'appartient? Et en même temps étendant la main sur la boîte et le chapelet : — Restituez l'argent de ce jeune homme, et apprenez à l'avenir à diriger un peu mieux votre course vers le méridien de l'honnêteté.

Le colporteur confus, en rechignant, tira sa bourse de cuir pour rembourser à Mordaunt l'argent qu'il venait d'y déposer; mais cela ne pouvait contenter le jeune homme.

— Les articles, dit-il, sont vendus et achetés; — ce sont là vos propres paroles, Bryce Snailsfoot; M. Halcro les a entendues comme moi; et je ne souffrirai pas que ni vous ni qui que ce soit me dépouille de ma propriété!

— Votre propriété, jeune homme? s'écria Cleveland: c'est bien la mienne ; — j'en avais dit deux mots à Bryce un instant avant de m'éloigner de la table.

— Je — je — je n'ai pas entendu bien distinctement, dit Bryce, qui évidemment ne voulait blesser personne.

— Allons, allons, dit l'udaller, il ne faut pas avoir de querelles pour des babioles. On nous appelle dans ce moment au magasin (c'est le nom qu'il donnait habituellement à l'appartement servant de salle de bal), soyons tous de bonne humeur ; les objets en litige resteront cette nuit entre les mains de Bryce, et demain matin je me charge de les attribuer à celui à qui ils doivent revenir.

Le pouvoir de l'udaller dans sa propre maison était absolu comme celui du roi des Mèdes ; les deux jeunes gens se regardant d'un air sombre, prirent chacun une direction opposée.

Il est rare que le second jour d'une fête prolongée vaille le premier. Le corps et l'esprit sont également fatigués, et incapables de faire une nouvelle dépense d'exercice et de gaieté ; aussi les danses de Burgh-Westra furent-elles bien moins animées que le soir précédent, et il n'était qu'une heure après minuit lorsque Magnus Troil, gémissant sur la dégénération du siècle et regrettant de ne pouvoir transmettre aux modernes Hialtlandais un peu de sa propre vigueur, se vit, bien à contre-cœur, dans la nécessité de donner le signal de la retraite.

A cet instant même, Halcro, prenant Mordaunt Mertoun à l'écart, lui dit que le capitaine Cleveland l'avait chargé d'un message pour lui.

— Un message ! s'écria Mordaunt, dont le cœur battait plus vivement ; — un cartel, je suppose ?

— Un cartel ! répéta Halcro ; qui a jamais entendu parler d'un cartel dans nos îles paisibles ? et me trouvez-vous donc l'air d'un porteur de cartels, et pour vous surtout ? — Je ne suis pas de ces batailleurs insensés, comme les appelle l'illustre Dryden ; et ce n'est pas du tout un message de ce genre que j'ai à vous communiquer. — Bien loin de là, — ce capitaine Cleveland a tout à fait à cœur d'avoir les objets sur lesquels vous aviez jeté vos vues.

— Il ne les aura pas, je vous le jure, répondit Mordaunt.

— Mais écoutez-moi donc, dit Halcro ; il paraît qu'aux marques et aux armes qu'ils portent, il a reconnu que ces bijoux lui ont autrefois appartenu. Eh bien, si vous me faisiez cadeau de la boîte, comme vous me l'avez promis, je vous affirme que je la rendrais à son véritable maître.

— Brenda pourrait bien en faire autant, pensa Mordaunt ; et il reprit à haute voix : — Vous avez raison, mon ami, le capitaine Cleveland aura les bijoux auxquels il attache tant d'importance, mais à une seule condition.

— Non pas, vous gâtez tout avec vos conditions, reprit Halcro ; car, comme le dit fort bien l'illustre Dryden, les conditions ne sont que des...

— Écoutez-moi patiemment, vous dis-je. — Ma condition est qu'il prenne les bijoux en échange de la carabine que j'ai acceptée de lui ; de cette manière nous n'aurons plus d'obligation l'un vis-à-vis de l'autre.

— Je vois où vous voulez en venir, — c'est absolument Sébastien et Dorax. — Vous préviendrez donc le marchand qu'il pourra livrer les objets à Cleveland, — qui est, ma foi, enragé pour les avoir, — et je vais de mon côté informer Cleveland des conditions que vous y mettez ; autrement l'honnête Bryce pourrait bien recevoir deux paiements au lieu d'un, et je crois que sa conscience n'y trouverait rien à redire.

A ces mots, Halcro se mit à la recherche de Cleveland. Pendant ce temps, Mordaunt, apercevant Snailsfoot, qui, comme une sorte d'être privilégié, s'était glissé parmi la foule au milieu de la salle de danse, vint à lui, et l'avertit qu'il pourrait délivrer au capitaine Cleveland les articles en litige.

— Vous avez bien raison, M. Mordaunt, dit le colporteur ; vous êtes un garçon prudent et sensé, — une réponse calme dissipe toujours la colère. Quant à moi, je voudrais vous être bon à quelque chose dans la proportion de mes petits moyens ; car entre l'udaller de Burgh-Westra et le capitaine Cleveland, un homme, vraiment, est comme entre le diable et la mer. On eût pourtant dit que l'udaller finissait par prendre votre parti dans la dispute, car c'est un homme qui aime la justice.

— Il ne paraît pas que vous en fassiez grand cas, vous, M. Snailsfoot, reprit Mordaunt ; il n'y aurait certes pas eu la moindre discussion, le bon droit étant si clairement de mon côté, si vous aviez daigné rendre témoignage conformément à la vérité.

— Maître Mordaunt, dit le colporteur, je dois reconnaître qu'il y avait bien quelque ombre de justice de votre côté ; mais ma justice à moi, la seule dont je me mêle, c'est la justice en fait de commerce : c'est d'avoir une aune de la longueur voulue, à moins qu'elle ne soit un peu usée à force de m'appuyer dessus dans mes longs et pénibles voyages ; à vendre et acheter à bon poids et à juste mesure, sur le pied de vingt-quatre merks au lispund ; mais je ne me mêle pas de faire justice d'homme à homme, comme un fowd ou comme un magistrat du temps de nos anciens *lawtings*[1].

— Personne ne vous demandait cela, mais seulement de rendre témoignage selon votre conscience, reprit Mordaunt assez mécontent du rôle que le colporteur avait joué pendant la dispute, et de l'interprétation qu'il semblait donner à ses propres motifs pour céder dans l'affaire en question.

---

[1] *Voyez* sur ce terme une note du chapitre suivant. (L. V.)

Mais Bryce Snailsfoot ne fut pas embarrassé de répondre : — Ma conscience, maître Mordaunt, est aussi chatouilleuse que celle de qui que ce soit dans ma condition, mais elle est d'une nature quelque peu timorée ; elle ne peut pas souffrir les gens en colère et n'aime pas à faire trop de bruit, lorsqu'il y a lieu de craindre une querelle En tout temps elle parle discrètement et à voix basse.

— Et vous n'êtes guère dans l'habitude de l'écouter

— Il y a sur votre poitrine quelque chose qui prouve le contraire, dit résolument Bryce.

— Dans ma poitrine ! reprit Mordaunt avec quelque colère. Qu'entendez-vous par là ?

— J'ai dit *sur* et non *dans* votre poitrine, maître Mordaunt. Je suis certain qu'en voyant le gilet qui la couvre, tout le monde avouera que le marchand qui a donné un pareil article pour quatre dollars avait de la justice et de la conscience, et qu'il a traité sa pratique en véritable ami. Ainsi vous ne devez pas m'en vouloir pour avoir retenu ma langue dans une folle querelle.

— Vous en vouloir ! allons donc, vous êtes fou ! Je n'ai pas de querelle avec vous.

— Et j'en suis charmé. Je n'ai de querelle avec personne volontairement, encore moins avec une ancienne pratique ; et si vous voulez suivre mon avis, vous n'en aurez jamais avec le capitaine Cleveland. C'est un de ces pourfendeurs et de ces sabreurs du genre de ceux qui viennent d'arriver à Kirkwall, et qui se soucient aussi peu de vous dépecer un homme que nous une baleine ; — c'est leur métier de se battre : ils vivent de cela, et ils ont l'avantage sur les gens comme vous qui ne s'en occupent que dans leurs moments de loisir, par manière de passe-temps et lorsqu'ils n'ont rien de mieux à faire.

La compagnie s'était dispersée presque tout entière, et Mordaunt, riant de la prudence du marchand, lui souhaita le bonsoir, et se retira au lieu de repos que lui avait assigné Eric S'cambester, qui cumulait l'emploi de chambellan avec celui de sommelier. C'était une petite chambre ou plutôt un cabinet dans une des constructions extérieures, garnie, pour la circonstance, d'un hamac de matelot.

CHAPITRE XIX.

> Comme la nuit, je passe d'une terre à une autre. Je possède à un haut degré le don de la parole ; dès que je vois son visage, je sais l'homme qui doit m'entendre, et je lui raconte mon histoire.
>
> COLERIDGE, *Ballade du vieux Marin*.

Es filles de Magnus Troil partageaient le même lit, dans une chambre qui avait été celle de leurs parents avant la mort de leur mère. Vivement affecté par le cruel arrêt de la Providence, Magnus avait conçu un éloignement invincible pour cet appartement. La chambre nuptiale fut donc abandonnée aux gages de la tendresse de celle qui lui était enlevée ; à cette époque, l'aînée n'avait encore que quatre ans ou environ. Ce lieu que, depuis leur enfance, Minna et Brenda avaient occupé, bien qu'il fût maintenant arrangé et décoré avec autant de recherche que le comportait le pays, et avec tout le goût des charmantes sœurs elles-mêmes, avait continué, depuis ce temps, à leur servir de chambre à coucher, ou de *berceau*, comme on disait dans le vieux dialecte norse.

Depuis nombre d'années, cette chambre avait été témoin de leurs plus intimes confidences, si l'on peut appeler confidences ce que pouvaient se dire deux sœurs qui, en réalité, n'avaient rien de secret à se confier. Pas une pensée ne prenait naissance dans le cœur de l'une, qu'elle ne passât aussitôt dans le sein de l'autre, aussi spontanément qu'elle s'était produite ; mais, depuis que Cleveland demeurait à Burgh-Westra, chacune de ces aimables sœurs avait entretenu quelques-unes de ces pensées qu'on se décide avec peine à communiquer, à moins que celle qui les a conçues ne soit préalablement certaine que la confidence sera bien accueillie. Minna avait remarqué, ce que d'autres observateurs moins intéressés n'auraient pu apercevoir, que Cleveland tenait, dans l'opinion de Brenda, un rang inférieur à celui qu'il occupait dans le sien ; Brenda, de son côté, pensait que Minna avait adopté un peu trop vite, et non sans injustice, les préventions qui avaient été excitées contre Mordaunt Mertoun dans l'esprit de leur père. Chacune d'elles sentait que sa sœur n'était plus la même pour elle, et cette conviction était un surcroît pénible à d'autres craintes affligeantes contre lesquelles elles avaient à lutter. Leur manière d'être vis-à-vis l'une de l'autre, quant aux apparences extérieures et dans tous ces petits soins où se révèle l'affection, était encore plus minutieusement affectueuse qu'auparavant, comme si, persuadées que leur réserve intérieure était une atteinte à leur union de sœurs, elles se fussent efforcées de la réparer en redoublant d'assiduité dans leurs marques extérieures d'amitié, qu'en d'autres temps, alors qu'elles n'avaient rien à se cacher, elles pouvaient omettre sans conséquence.

Ce fut surtout dans la nuit dont on vient de parler que les deux sœurs sentirent le refroidissement de cette confiance qui, jusqu'alors, avait existé entre elles. Le voyage de Kirkwall, dont on avait formé le projet, et cela, à l'époque de la foire, rendez-vous d'affaires ou de plaisirs pour les insulaires de toutes les classes, allait probablement devenir un incident important dans une vie aussi simple et aussi uniforme que la leur, et quelques mois auparavant Minna et Brenda auraient passé la moitié de la nuit à s'entretenir ensemble et à anticiper sur les événements qui devaient résulter d'un incident aussi remarquable. Mais alors on se borna à dire quelques mots sur ce sujet, et on le laissa tomber, comme s'il était de nature à faire naître un différend entr'elles, ou à provoquer une explication plus franche qu'elles n'y étaient disposées.

Mais telle était leur candeur et la douceur de leur caractère, que chacune s'imputait l'espèce de refroidissement survenu entre elles; et lorsque ayant fini leurs prières et étant entrées dans le lit commun, elles s'enlacèrent dans les bras l'une de l'autre, en échangeant un baiser et un bonsoir de sœurs, on eût dit qu'elles avaient mutuellement à se demander et à s'accorder un pardon, quoique de part ni d'autre un mot d'offense n'eût été prononcé. Toutes deux furent bientôt plongées dans un repos à la fois profond et léger, calme délicieux qui n'appartient qu'au sommeil de la jeunesse et de l'innocence.

Ce sommeil fut cependant occupé par des songes qui, malgré la nuance diverse qu'y jeta le caractère différent des deux sœurs, eurent cependant entre eux une étrange ressemblance.

Minna rêva qu'elle se trouvait sur un des points les plus retirés et les plus solitaires de la côte, appelé Swartaster, où l'action continue des vagues, creusant un roc calcaire, avait formé une de ces cavernes souterraines nommées *halier* dans le langage des îles, dans lesquelles s'engouffre la marée. Il y a de ces cavernes qui pénètrent sous terre à des profondeurs prodigieuses et inconnues : c'est une retraite sûre pour les cormorans et les veaux marins, qu'il n'est ni facile ni sans danger de pousser dans ces derniers retranchements. De tous ces haliers, celui de Swartaster était réputé le plus inaccessible, et les chasseurs d'oiseaux, ainsi que les marins, l'évitaient à cause des angles aigus, des brusques détours de la caverne et des pierres croulantes qui faisaient que les bateaux et les esquifs ne pouvaient s'y aventurer bien avant sans péril, surtout au moment des fortes marées, ordinaires dans ces parages. De l'ouverture obscure de cette grotte, Minna, dans son rêve, crut voir sortir une sirène, non parée du costume classique d'une néréide,

CHAPITRE XIX.

comme dans la mascarade de Claude Halcro, le soir précédent, mais tenant à la main un peigne et un miroir, selon les croyances populaires, et fouettant les eaux de cette longue queue écailleuse qui, dans les traditions du pays, forme un si effrayant contraste avec la belle figure, les longues tresses et le buste séduisant d'une beauté terrestre. Par ses signes elle semblait appeler Minna, tandis que d'une voix sauvage elle chantait des vers prophétiques, présages de malheurs et de calamités.

La vision de Brenda, quoique d'une nature différente, était également triste. Elle se crut assise sous son berceau favori, entourée de son père et de quelques-uns de ses amis les plus intimes, parmi lesquels Mordaunt Mertoun n'était pas oublié. On la priait de chanter, et elle s'efforçait de les égayer par un refrain joyeux : c'était sa chansonnette favorite et celle dans laquelle elle réussissait le mieux. La verve simple et franche qu'elle y déployait manquait rarement d'exciter les rires et les bravos, et, chanteur ou non, chacun des assistants se trouvait irrésistiblement entraîné à unir sa voix à la voix de la jeune fille. Mais en cette occasion, il lui sembla que sa voix lui refusait son service ordinaire, et que cet air si connu, dont elle ne pouvait retrouver les paroles, prenait, en dépit d'elle-même, le ton grave et l'accent sauvage et mélancolique de Norna de Fitful-Head, lorsqu'elle voulait chanter quelque vieille poésie runique semblable à celles que les prêtres antiques du paganisme entonnaient au moment où la victime, trop souvent humaine, était enchaînée au fatal autel d'Odin ou de Thor.

Enfin les deux sœurs se réveillèrent à la fois en sursaut, et, poussant un faible cri de frayeur, se serrèrent dans les bras l'une de l'autre. Car elles n'étaient pas complétement dupes de leur imagination ; les sons qui avaient occasionné leurs rêves étaient réels et partaient de l'intérieur de leur appartement. Elles reconnurent bien cette voix, et pourtant leur surprise et leur crainte ne furent guère diminuées lorsqu'elles virent Norna de Fitful-Head, dont la figure leur était si familière, assise auprès de la cheminée où se trouvait l'été une lampe de fer, et en hiver un feu de bois ou de tourbe.

Elle était enveloppée de sa longue et large mante de wadmaal, et balançait son corps à la pâle lueur d'une lampe, tout en chantant, d'une voix lente, triste et qui n'avait presque rien d'humain, les vers suivants :

« J'ai fait bien des lieues sur l'élément liquide ; j'ai traversé, dans ma course, golfes et courants ; les vagues connaissent mon chant runique, et, dociles, abaissent à ma voix leur crête sur l'azur silencieux de l'Océan.

« Les vagues connaissent mon chant runique ; — le golfe devient calme, le courant s'arrête, mais le cœur de l'homme, plus indomptable qu'eux, ne connaît d'autre règle que celle de son aveugle passion.

« Dans toute l'année, je n'ai qu'une heure, — une seule, — pour dire mes infortunes; tant que brille cette lampe magique, je puis parler; — quand s'éteint sa lumière mystérieuse, tout est fini.

« Filles de Magnus, filles de l'homme du Nord, salut! La lampe est allumée, la flamme brille, — je viens à vous pour vous conter mon histoire; — debout, levez-vous pour l'entendre! »

Norna était bien connue des filles de Troil; ce ne fut pas pourtant sans émotion qu'elles la virent paraître si inopinément à une pareille heure. Cette émotion, cependant, ne se ressemblait pas chez les deux sœurs, car leur opinion sur le pouvoir surnaturel que s'attribuait Norna était loin d'être la même.

Minna, d'une imagination prodigieusement active, et quoique supérieure en talent à sa sœur, était plus susceptible de prêter l'oreille et de se plaire aux récits merveilleux, et, en toute occasion, était plus disposée à se laisser impressionner par tout ce qui pouvait exercer son imagination, sans en examiner bien scrupuleusement la réalité. Brenda, au contraire, avait, dans son enjouement, un léger penchant à la satire, et souvent elle était tentée de rire des circonstances sur lesquelles Minna bâtissait ses rêveries fantastiques. De même que tous ceux qui aiment le côté plaisant des choses, elle ne se laissait pas facilement imposer ou intimider par les prétentions pompeuses, quelle qu'en fût la nature. Mais comme ses nerfs étaient plus faibles et plus irritables que ceux de sa sœur, elle rendait quelquefois par ses alarmes un involontaire hommage aux idées que sa raison désavouait : ce qui faisait dire à Claude Halcro, à propos de quelques traditions superstitieuses répandues sur Burgh-Westra, que Minna les croyait sans en trembler, et que Brenda tremblait sans y croire. Dans notre siècle de lumières, il est peu de personnes dont l'esprit hardi et le courage naturel n'aient ressenti l'exaltation enthousiaste de Minna, et un plus petit nombre encore peut-être qui n'aient, dans un moment où dans un autre, senti, comme Brenda, leurs nerfs confesser l'influence de terreurs que leur raison désavouait et dédaignait.

Sous l'empire de ces divers sentiments, Minna, lorsque le premier mouvement de surprise fut passé, se disposa à sauter du lit et à saluer Norna, qui, elle n'en doutait pas, était venue s'acquitter de quelque mission mystérieuse; Brenda, au contraire, ne voyait en elle qu'une femme dont la raison était en partie dérangée, et ressentait à sa vue, en raison de l'extravagance de ses prétentions, une impression mal définie de malaise et même de terreur; aussi elle étendit les bras, et, effrayée, retint vivement sa sœur, en lui faisant à l'oreille une instante prière d'appeler au secours. Mais l'âme de Minna était trop exaltée par la crise où il semblait que son sort fût arrivé, pour qu'elle pût écouter les avis timides de sa sœur; aussi, se dégageant de l'étreinte de Brenda, elle s'enveloppa à la hâte d'une large robe du matin, et, s'avançant hardiment dans la chambre, le cœur ému plutôt d'exaltation que de crainte, s'adressa ainsi à l'être singulier qui venait les visiter :

— Norna, si votre message nous regarde, comme vos paroles semblent l'annoncer, il est une de nous au moins qui recevra cette communication avec respect, mais sans crainte.

— Norna, chère Norna ! dit Brenda d'une voix tremblante, — car ne se trouvant plus en sûreté dans le lit depuis que Minna l'avait quitté, elle l'avait suivie, comme les peureux se traînent à la suite d'une armée, parce qu'ils n'osent rester en arrière : serrée contre sa sœur, et à demi cachée par elle, elle la tenait fortement par le pan de sa robe. — Chère Norna ! dit-elle, quoi que vous ayez à dire, remettez-le à demain ! Je vais appeler Euphane Fea, la domestique, qui vous procurera un lit pour cette nuit.

— Pas de lit pour moi ! répondit la visiteuse nocturne ; mes yeux ne doivent pas connaître le sommeil ! Ils ont veillé sur tout ce qui se passait entre Burgh-Westra et les Orcades ; ils ont vu l'Homme d'Hoy s'enfoncer dans la mer, et le pic de Hengcliff en sortir, et pourtant ils n'ont pas goûté un instant de repos ! Ils ne le connaîtront pas jusqu'à ce que ma tâche soit accomplie ! Asseyez-vous donc, Minna, et vous, folle trembleuse, asseyez-vous aussi, pendant que je vais ranimer ma lampe. — Habillez-vous, car mon récit sera long ; et avant qu'il soit fini, quelque chose de pire que le froid vous fera frissonner !

— Eh bien ! pour l'amour du Ciel, chère Norna, différez-le jusqu'à l'aurore ! reprit Brenda. Elle ne peut tarder ; et si vous avez à nous conter quelque chose d'effrayant, que ce soit à la clarté du jour, et non à la pâle lueur de cette lampe livide !

— Patience, folle, répondit leur hôtesse inattendue. Ce n'est pas à la clarté du jour que Norna doit faire un récit capable d'obscurcir le soleil dans les cieux et de détruire l'espoir de cent bateaux que l'aurore de demain verra partir pour leur pêche de mer, — oui, et celui des cent familles qui attendront leur retour. L'esprit du mal, que les accents de ma voix ne manqueront pas d'éveiller, doit secouer ses ailes sombres sur une mer sans navires, lorsqu'il se précipitera hors de sa caverne pour repaître son oreille avide des horribles secrets qu'il aime tant à écouter.

— Bonne Norna, ayez pitié des terreurs de Brenda, dit la sœur aînée, et remettez au moins cette révélation effrayante à un autre lieu et à une autre heure.

— Non, jeune fille, répondit Norna d'un ton sévère, il faut qu'elle ait lieu pendant que cette lampe brûle encore. Mon récit n'est pas fait pour le jour, — il faut que vous l'écoutiez à la lueur de cette lampe, faite des ferrures du gibet où fut attaché le cruel lord de Wodensvoe, le meurtrier de son frère, de cette lampe qu'alimente... mais il est des choses que vos oreilles ne peuvent entendre ; — qu'il vous suffise de savoir que la substance qui l'alimente n'est le produit ni d'un poisson ni d'un fruit. — Voyez, elle pâlit de plus en plus, et ma narration ne doit pas dépasser la durée de sa flamme. Asseyez-vous là ; je vais me placer en face de vous et poser la lampe entre nous, car le démon n'ose se hasarder dans la sphère de sa clarté.

Les sœurs obéirent. Minna jeta autour d'elle un regard préoccupé, mais intrépide, comme pour voir l'être que les paroles équivoques de Norna représentaient comme errant dans leur voisinage; les craintes de Brenda étaient mêlées de colère et d'impatience. Norna, sans faire attention à la contenance des deux sœurs, commença son histoire en ces termes :

« Vous savez, mes filles, que votre sang est allié au mien, mais vous ignorez à quel degré : car d'anciennes inimitiés séparaient votre grand-père et celui qui eut le malheur de m'appeler sa fille. — Permettez que je le désigne par son nom de baptême, celui d'Erland, car je n'ose prononcer celui qui établit notre parenté. Votre grand-père Olave était frère d'Erland. Mais lorsqu'il s'agit de partager entre eux les vastes domaines seigneuriaux de leur père Rolfe Troil, le plus riche en argent et en terres de tous ceux qui descendaient de la vieille race norse, le fowd adjugea à Erland les possessions paternelles des Orcades et réserva pour Olave celles situées dans l'Hialtland. La discorde s'éleva entre les deux frères ; car Erland se prétendait lésé, et lorsque le lawting[1] et les magistrats du pays eurent confirmé ce partage, il se retira courroucé aux Orcades, maudissant Hialtland et ses habitants, maudissant son frère et sa postérité.

« Mais l'amour des rochers et des montagnes vivait encore au cœur d'Erland, et, au lieu de s'établir sur les belles collines d'Ophir ou dans les vertes plaines de Gramesey, il fixa sa résidence dans la sauvage et montagneuse île d'Hoy, dont le sommet s'élève jusqu'aux cieux comme les pics de Foulah et de Feroe[2]. Il savait, — le malheureux Erland, — toutes les légendes que nous ont transmises les soldats et les bardes, et la principale occupation de sa vieillesse fut de m'initier à cette science qui devait nous coûter si cher à tous les deux. J'appris à visiter chaque tertre solitaire, — chaque cairn élevé[3] ; — à redire les récits qui leur étaient propres, et à rendre favorable par des

---

[1] On appelait *lawting* le comice ou cour suprême du pays qui subsistait aux Orcades et dans les îles Schetland, et présentait dans sa forme le type originaire et grossier d'un parlement. (W. S.)

[2] On prétend que, des hauteurs d'Hoy, on peut voir le soleil à minuit. C'est du moins ce qu'avance le géographe Bleau ; mais, suivant le docteur Wallace, ce n'est pas le corps même du soleil qu'on aperçoit, mais son image réfléchie par quelque nuage humide à l'horizon (W. S.)

[3] Les Cairns sont des tertres factices, communs dans les contrées du nord de l'Europe, et que la tradition populaire regarde comme autant de tombeaux de héros des anciens jours. (L. V.)

rimes en son honneur l'esprit du guerrier farouche qui les habitait. Je savais les lieux consacrés par les sacrifices faits autrefois à Thor et à Odin, les pierres où le sang des victimes avait coulé ; — je savais l'endroit où se tenait le prêtre au front sévère ; — celui où se plaçaient les guerriers aux brillants panaches, qui venaient consulter la volonté de l'idole ; — celui où se rangeait la foule des adorateurs vulgaires, qui regardaient cette scène avec vénération et terreur. Les places que fuyaient le plus les villageois timides n'avaient pas de terreurs pour moi ; j'osais marcher dans le cercle des fées et dormir près de la source magique.

« Mais, pour mon malheur, j'aimais surtout à errer près du rocher du Nain [1], comme on l'appelle, reste d'antiquité qui excite la curiosité des voyageurs et les craintes des habitants. C'est un énorme fragment de roc, gisant dans une vallée abrupte et sauvage, hérissée de pierres et de précipices, formée par le Ward-Hill d'Hoy. L'intérieur du rocher présente deux couches qu'aucune main mortelle n'a creusées et que sépare un étroit passage. L'accès en est maintenant ouvert à tous les vents ; mais à côté se trouve une large pierre qui, adaptée aux entailles encore visibles à l'entrée, servait autrefois à ouvrir et à fermer ce singulier séjour, jadis retraite favorite, dit-on, de Trolld, nain fameux dans les sagas du Nord. Le pâtre isolé fuit cette caverne, car, au lever du soleil, à son coucher ou même en plein midi, la figure difforme du nécromancien qui l'habitait vient encore s'asseoir quelquefois près du rocher qui porte son nom [2]. Je ne craignais pas cette apparition, car alors, Minna, mon cœur était aussi exempt de crainte et mes mains aussi pures que les vôtres. Mon jeune courage allait parfois jusqu'à la présomption, et la soif d'atteindre à un but qui m'était interdit me poussait, comme notre mère commune, à souhaiter que ma science s'accrût, même par des moyens illicites. J'aspirais à posséder le pouvoir de la Voluspa et des femmes inspirées de notre antique race, à commander, comme elles, aux éléments ; à évoquer, du fond de leurs cavernes, les ombres des héros morts, pour leur faire redire leurs hauts faits et révéler leurs trésors cachés. Souvent, placée la nuit près de ce rocher, les yeux fixés vers le Ward-Hill, dont le pic surgit de la sombre vallée, j'ai distingué au milieu de l'obscurité la merveilleuse escarboucle [3] qui brille d'un éclat semblable à celui d'une fournaise aux yeux qui la regardent d'en bas, mais est toujours devenue invisible pour celui dont le pied hardi a escaladé les précipices du fond desquels elle lance sa lumière étincelante. Mon cœur jeune et présomptueux brûlait de sonder ces mystères et tant d'autres qu'indiquaient sans les éclaircir les sagas que je lisais

---

[1] *Dwarfie-stone.*

[2] et [3] *Voyez* les notes H et I, à la fin du volume.

ou que j'apprenais de la bouche d'Erland ; dans mon audace, j'appelais le génie de la caverne pour m'aider à acquérir des connaissances inaccessibles aux simples mortels. »

— Et le mauvais esprit a entendu votre appel? dit Minna, dont le sang se glaçait à ce récit.

— Silence! répondit Norna en baissant la voix, ne l'irritez pas par des reproches ; — il est avec nous, — il nous entend.

Brenda se leva vivement de son siége.—Je vais à la chambre d'Euphane Fea, dit-elle, et je vous laisse, Minna et Norna, finir ensemble tout à votre aise vos histoires de farfadets et de nains ; en tout temps, je m'en soucie peu, mais je ne puis les supporter à minuit et à la lueur pâle de cette lampe.

Et elle allait quitter l'appartement, lorsque sa sœur la retint.

— Est-ce là, dit-elle, le courage de celle qui ne veut croire aucune des traditions surnaturelles transmises par nos aïeux? Ce que Norna va nous dire intéresse peut-être le destin de notre père et de sa maison, — et si je puis l'écouter dans la confiance que Dieu et mon innocence me garantiront de toute influence maligne, vous, Brenda, qui ne croyez pas à cette influence, quel motif avez-vous de trembler? Croyez-moi, il n'y a rien à craindre pour qui ne se reproche rien.

— Il peut ne pas y avoir grand danger, dit Brenda incapable de réprimer son penchant naturel pour la plaisanterie ; mais, comme dit notre vieux livre de bons mots, il y a beaucoup de crainte ; cependant, Minna, je resterai avec vous, — d'autant plus, ajouta-t-elle tout bas, que j'ai de la répugnance à vous laisser seule avec cette femme effrayante, et qu'il y a un escalier obscur et un long corridor à traverser pour aller à la chambre d'Euphane Fea ; autrement elle serait ici avant cinq minutes.

— Sur ta vie, jeune fille, ne fais venir personne, dit Norna, et n'interromps plus mon récit ; car il ne peut, il ne doit pas être continué après que cette lampe magique aura cessé de brûler.

— Et je rends grâces au ciel, pensa Brenda, de ce que l'huile tire à sa fin! Je suis singulièrement tentée de souffler dessus ; mais nous serions seules avec Norna dans l'obscurité, et ce serait encore pire.

Alors, se résignant à son sort, elle s'assit, déterminée à entendre avec toute la longanimité dont elle serait capable, le reste de la narration de Norna. Celle-ci poursuivit en ces termes :

« Par une chaude journée d'été et vers l'heure de midi, assise près du rocher du Nain, les yeux fixés sur le Ward-Hill, d'où l'escarboucle mystérieuse lançait avec plus d'éclat encore que de coutume les feux de sa lumière intarisable, je méditais en moi-même sur les limites bornées de la science humaine, et ne pus retenir l'exclamation renfermée dans ces vers d'une ancienne saga :

CHAPITRE XIX.

« Hôte de la montagne, levez-vous,
Puissant Trolld, Haims le Sage !
Vous qui enseignez à la langue d'une faible femme
Des paroles capables de dompter les savants et les forts ;
— Vous qui apprenez à la main d'une faible femme
A mêler les herbes magiques,
A éveiller les vents sur le pic de Foulah,
A bercer dans un paisible sommeil les vagues furieuses de Sumburgh,
Existez-vous encore ? — Est-il évanoui, ce pouvoir
Que vous possédiez aux jours brillants d'Odin ?
Puissant Trolld, Haims a l'esprit profond,
N'êtes-vous plus qu'un vain nom,
Qui, prononcé légèrement par les lèvres, recueilli de même par l'oreille,
Se perd dans les airs, comme le duvet du chardon ? »

« A peine avais-je prononcé ces mots, continua Norna, que le ciel, jusque-là d'une sérénité parfaite, s'obscurcit rapidement autour de moi : il semblait qu'on fût à minuit plutôt qu'au milieu du jour. La lueur d'un seul éclair me laissa voir à la fois la bruyère, le marais, la montagne escarpée et tout le paysage désolé qui m'environnait ; un seul coup de tonnerre éveilla tous les échos du Ward-Hill, qui en répétèrent le son pendant si longtemps, qu'on aurait cru qu'un rocher, détaché par la foudre du sommet du mont, roulait, à travers les pics et les précipices, jusqu'au fond de la vallée. Immédiatement après, tomba un torrent de pluie dont la violence était telle que je n'y échappai qu'en me glissant dans l'intérieur de la pierre mystérieuse.

« Je m'assis sur la plus large des deux couches taillées dans le roc, à l'extrémité de la caverne, et, les yeux fixes sur la plus petite, je me perdis en conjectures sur l'origine et la destination de cette singulière retraite. Était-elle, en effet, comme le voulaient les poésies des scaldes, l'ouvrage de quelque Trolld puissant ? Était-ce la tombe de quelque chef scandinave enseveli avec ses armes et ses trésors, peut-être à côté de son épouse immolée après lui pour que la mort ne le séparât pas de ce qu'il avait le mieux aimé pendant sa vie ? ou bien encore le lieu de pénitence choisi par quelque dévot anachorète, à une époque plus récente ? ou le fruit des loisirs de quelque ouvrier errant à qui le hasard, un caprice, l'avaient fait entreprendre ? Je vous redis les pensées qui s'agitaient en ce moment dans mon cerveau, afin de vous convaincre que ce qui advint ensuite ne fut pas la vision d'une imagination prévenue, d'un esprit préoccupé, mais une apparition aussi certaine qu'elle était terrible.

« Le sommeil m'avait gagnée insensiblement au milieu de mes méditations, lorsqu'un second coup de tonnerre vint me réveiller en sursaut ; je vis alors, dans le demi-jour incertain que laissait pénétrer l'ouverture éloignée, la figure informe et confuse de Trolld le Nain, assis vis-à-vis de moi sur la plus petite couche du rocher, que son corps disgracieux et trapu semblait remplir tout entière. Je tressaillis, mais ce ne fut point de peur, car le sang de l'antique race de Lochlin échauffait mes veines. Il parla ; mais il s'exprimait dans un dialecte norse si ancien que peu de personnes, hors mon père et moi, eussent pu en comprendre le sens, tel, enfin, qu'on le parlait dans ces îles avant qu'Olave eût planté la croix sur les ruines du paganisme. Ce langage était obscur et emblématique, comme celui dans lequel les prêtres scandinaves s'adressaient, au nom de leurs idoles, au peuple assemblé au pied de l'Helgafels¹. Voici ce qu'il disait :

« Mille sombres hivers ont passé, depuis qu'une adoratrice a franchi le seuil de ma caverne, pour reconnaître mon pouvoir. Toi qui as osé visiter l'asile de Trolld, fille au cœur intrépide, qui as porté tes pas hardis jusqu'en ces lieux, — tu n'en sortiras pas sans posséder les dons magiques que tu réclames. Ce pouvoir sur la tempête et sur les flots après lequel tu soupires te sera accordé, jeune héroïne ; — il s'étendra sur les caps et les îles, sur les rochers et les récifs, sur les tertres et les lacs, sur les anses et les rades, sur les cavernes et les ravins où s'engouffre la mer, sur toutes les plages solitaires connues des vents du Nord, et baignées de nos marées boréales. Mais si je ne puis refuser ce don à ton courage aventureux, je te condamne à n'en pouvoir jouir qu'après avoir privé l'auteur de tes jours du présent qu'il t'a fait. »

« Je lui répondis dans la même forme poétique, car l'esprit des anciens scaldes de notre race était en moi, et loin de craindre le fantôme avec lequel j'étais renfermée dans un si étroit espace, je me sentais animée du noble courage qui poussait nos champions et nos druidesses antiques à lutter contre le monde invisible, lorsque la terre ne leur offrait plus d'ennemis dignes d'être vaincus par eux. Voici ce que je répondis :

« Habitant du rocher, tes paroles sont obscures et sévères ; mais celle qui est venue te chercher ici dans ton asile solitaire ne sait ni craindre ni trembler. Advienne que pourra, que le malheur me mette à l'épreuve. La vie n'est qu'un accès de fièvre dont la mort est la guérison. »

« Le démon contracta ses traits, comme si je l'avais en même temps irrité et terrifié ; puis, s'arrondissant en vapeur épaisse et sulfureuse, il disparut. Jusque-là je n'avais pas senti l'influence de la crainte, mais alors elle s'empara de moi. Impatiente de respirer l'air pur, je me précipitai au dehors : l'orage était dissipé ; tout était pur et serein. Après une pause d'un moment pour reprendre mes esprits, je me hâtai de rentrer au manoir, méditant en chemin sur les paroles du fantôme, que je ne pouvais, comme il arrive d'ordinaire, me rappeler aussi distinctement que je l'ai fait depuis.

« Il peut sembler étrange qu'un événement de cette nature soit sorti de mon esprit avec le temps, ainsi qu'une vision nocturne. — C'est néanmoins ce qui arriva. Je penchai à croire qu'il n'avait d'existence que dans mon imagination. — Je pensai que vivant dans une solitude si complète, j'avais trop donné l'essor aux idées que m'inspiraient

---

¹ Montagne consacrée par les prêtres scandinaves aux cérémonies de leur culte (W. S.)

mes études favorites. Je les secouai pour quelque temps et fréquentai les jeunes gens de mon âge. J'étais en visite à Kirkwall lorsque j'appris à connaître votre père, que ses affaires y avaient conduit. Il trouva facilement accès près de la parente chez laquelle je demeurais, et qui était jalouse de terminer, si elle le pouvait, les différends qui divisaient nos familles. Votre père, jeunes filles, a été plutôt endurci que changé par les années. — Il avait alors les mêmes traits mâles, la même franchise norse de cœur et de manières, la même droiture et le même courage, avec la candeur de la jeunesse, le désir de plaire, un cœur prompt à s'attacher et une vivacité d'esprit qui ne survit pas à nos premières années. Mais, bien qu'il fût digne d'être aimé, bien qu'Erland m'écrivît pour m'autoriser à recevoir ses soins, il y avait une autre personne, — un étranger, Minna, un fatal étranger, — rempli de ruses à nous inconnues et de grâces qu'ignorait votre père dans sa simplicité. Oui, il vint se placer entre nous comme un être d'une nature supérieure. — Vous me regardez comme si vous trouviez étrange que j'aie pu avoir des charmes pour un pareil amant; mais rien en moi ne vous rappelle que Norna de Fitful-Head fut jadis admirée et aimée comme Ulla Troil. — Le contraste d'un corps animé avec un cadavre est à peine plus frappant et plus hideux que celui dont, vivante encore, je vous offre l'exemple. Regardez-moi, jeunes filles, — regardez-moi à cette pâle lumière : — croiriez-vous que ces traits hagards où le temps a écrit ses ravages, — que ces yeux presque pétrifiés à force de s'arrêter sur d'horribles spectacles, — que cette chevelure grisonnante qui tombe comme les flammes déchirées d'un vaisseau prêt à couler bas, — que tout cela et celle à qui tout cela appartient aient pu jadis être l'objet d'une tendre affection ? — Mais la lampe mourante va bientôt s'éteindre; ah ! qu'elle s'éteigne au moment où je vais révéler mon infamie. — Nous nous aimions, nous nous entretenions en secret; il obtint enfin de moi la dernière preuve d'une fatale et criminelle passion ! — Et maintenant rayonne, lumière magique, — brille dans un étroit espace, flamme puissante dans ta faiblesse, — force celui qui plane près de nous à retenir ses sombres ailes loin du cercle que tu éclaires, vis encore un instant jusqu'à ce que j'aie achevé la plus terrible de mes révélations, et puis replonge-toi dans la nuit noire comme mon crime et mon désespoir. »

En parlant ainsi, elle rassembla ce qui restait d'huile pour alimenter la lampe et ranima sa flamme expirante; puis d'une voix rauque et en phrases entrecoupées, elle poursuivit sa narration :

« Je perdrai peu de temps en discours. Mon amour fut découvert mais non ma faute. Erland irrité vint à Pomona et me remmena au manoir solitaire d'Hoy. Il me défendit de voir mon amant et m'ordonna de recevoir Magnus, voulant faire de son union avec moi un gage de réconciliation avec son père. Hélas ! je ne méritais plus son attachement, — mon seul désir était de fuir de la maison paternelle, de cacher ma faute dans les bras de celui qui me l'avait fait commettre. Je dois lui rendre justice, — il fut fidèle, — il ne le fut que trop. — Sa perfidie m'aurait fait perdre la raison ; mais les conséquences de sa fidélité m'ont été dix fois plus fatales. »

Elle s'arrêta, et reprit avec l'accent égaré de la folie : — Elle a fait de moi la puissante et désespérée souveraine des mers et des vents !

Elle fit une seconde pause après cette bizarre exclamation, et continua son récit avec plus de calme :

« Mon amant vint en secret à Hoy pour concerter le plan de ma fuite ; je convins d'une entrevue avec lui pour arrêter le moment où son vaisseau entrerait dans le détroit. A minuit j'abandonnai la maison paternelle. »

En ce moment elle parut en proie aux plus vives angoisses et ne put achever qu'en phrases brusques et entrecoupées : « Je quittai la maison à minuit ; — j'avais à passer devant la chambre de mon père, et je m'aperçus qu'elle était ouverte. — Je crus qu'il nous épiait ; et, de peur que le bruit de mes pas n'interrompît son sommeil, je fermai cette fatale porte : — action indifférente en apparence, — mais Dieu du ciel ! quelles en furent les conséquences ! — Le matin, la chambre était remplie d'une vapeur suffocante. — Mon père était mort, — mort par ma faute, — mort par ma désobéissance, — mort par mon infamie ! Tout ce qui suit n'est que ténèbres et obscurité ; — un nuage effrayant, impénétrable, enveloppe tout ce que je puis dire et faire, tout ce qui fut dit ou fait jusqu'au moment où j'eus la certitude que mon sort était accompli, et que je devins l'être calme et terrible que vous voyez devant vous, — la reine des éléments, — celle qui partage le pouvoir des êtres pour qui le spectacle de l'homme et de ses passions n'est qu'un passe-temps, comme les tortures du chien de mer pour le pêcheur qui lui a crevé les yeux et l'a rejeté, aveugle et palpitant, dans son élément natal où il doit trouver la mort[1]. Voyez-vous, jeunes filles, celle qui est devant vous se rit maintenant des folles passions dont vos âmes sont le jouet. Je suis celle qui a fait son offrande, — je suis celle qui a privé l'auteur de ses jours du don de l'existence qu'elle tenait de lui. — Mon crime a révélé le mot de l'énigme fatale, et je suis séparée de l'humanité par ma puissance autant que par ma misère. »

En ce moment, la lueur, tremblotante depuis quelques instants, jeta une clarté soudaine, puis sembla près d'expirer. Norna, s'interrompant alors, s'écria brusquement : — Assez, — il vient, — il vient ; — assez pour que vous connaissiez Norna et le droit qu'elle a de vous donner des conseils et des ordres. — Approche maintenant, esprit superbe, si tu le veux !

---

[1] Quelques pêcheurs se livrent a cet acte de cruauté par vengeance et par haine pour ce poisson vorace. (W S.)

A ces mots, elle éteignit la lampe et sortit de l'appartement sans rien changer à la démarche imposante qui lui était ordinaire, ainsi que Minna put le deviner au bruit mesuré de ses pas.

CHAPITRE XX.

> Ces délibérations en commun, — ces vœux de sœurs, ces heures que nous avons passées ensemble, ces reproches adresses au temps rapide qui nous séparait, — tout cela est-il oublié?
> *Le Songe d'une Nuit d'été.*

L'ATTENTION de Minna fut puissamment captivée par ce récit effrayant qui complétait et expliquait plusieurs renseignements incomplets sur Norna, recueillis de la bouche de son père ou d'autres proches parents; et, pendant quelque temps, un étonnement mêlé d'horreur l'absorba tellement qu'elle n'essaya même pas d'adresser la parole à sa sœur. Lorsqu'à la fin elle l'appela par son nom, elle ne reçut pas de réponse; et lui touchant la main, elle la trouva glacée. Alarmée au dernier point, elle ouvrit précipitamment la fenêtre et les volets, qui laissèrent pénétrer dans l'intérieur l'air et la pâle lumière d'une nuit d'été du Nord. Elle vit alors que Brenda était évanouie. Toute idée de Norna, de ses terribles révélations, de ses rapports mystérieux avec le monde invisible, disparut aussitôt de l'esprit de Minna; et elle courut à la hâte vers la chambre de la vieille femme de charge pour réclamer son assistance, sans songer un moment aux apparitions qui pourraient s'offrir à elle dans les longs et obscurs corridors qu'elle avait à traverser.

La vieille femme s'empressa de porter secours à Brenda par tous les moyens que lui suggéra son expérience; mais le système nerveux de la pauvre fille avait été tellement ébranlé par l'horrible récit qu'elle venait d'entendre, que, revenue de son évanouissement, elle retomba, malgré tous les efforts pour calmer ses esprits, dans un accès spasmodique de quelque durée. Ce nouveau mal céda encore aux soins bien entendus de la vieille Euphane Fea, très-versée dans la simple pharmacie usitée aux îles Schetland. Lorsqu'elle eut administré à la malade une boisson composée d'une infusion de simples et de fleurs sauvages, elle la vit enfin s'endormir. Minna se coucha près de sa sœur, déposa un baiser sur sa joue et chercha le sommeil à son tour; mais plus elle l'invoquait, plus il semblait fuir ses paupières; et si, par moments, elle était disposée à se laisser aller au repos, la voix de la parricide involontaire semblait encore retentir à son oreille et la rappelait brusquement à elle-même.

L'heure matinale de leur réveil trouva les deux sœurs dans un état tout différent de celui auquel on aurait pu s'attendre. Un profond sommeil avait ranimé l'œil vif de Brenda et ramené les roses sur son teint enjoué. L'indisposition passagère de la nuit ne lui avait laissé qu'un peu de trouble dans le regard, reste des impressions produites sur son esprit par les terreurs fantastiques des paroles de Norna. Minna, au contraire, avait l'air triste, abattu, et semblait épuisée par la veille et l'inquiétude. Elles se dirent d'abord peu de chose, comme si elles eussent craint de toucher une corde aussi vibrante que la scène de la nuit précédente. Ce fut seulement lorsqu'elles eurent fini leurs prières habituelles que Brenda, tout en laçant le corset de sa sœur, car elles se rendaient mutuellement ces petits services de toilette, s'aperçut de la pâleur de ses traits; elle s'assura, par un regard jeté sur le miroir, que les siens n'étaient pas ainsi abattus, et, baisant la joue de Minna, lui dit avec tendresse : — Claude Halcro avait raison, chère sœur, lorsque, dans sa folie poétique, il nous nomma la Nuit et le Jour.

— Et pourquoi cela, Brenda? répondit celle-ci.

— Parce que chacune de nous est plus brave pendant les heures dont nous tirons nos noms : la nuit dernière, j'ai pensé mourir de frayeur en entendant des choses qui vous ont laissée calme et impassible; et maintenant qu'il est grand jour, je puis me retracer ce souvenir de sang-froid, tandis que vous êtes pâle comme un lutin surpris par le lever du soleil.

— Vous êtes heureuse, Brenda, dit gravement sa sœur, de pouvoir oublier si vite une aussi épouvantable confidence.

— Une chose vraiment horrible ne s'oublie pas; mais il est permis d'espérer que l'imagination exaltée de cette pauvre femme, si habile à se créer des hallucinations, l'aura fait croire à un crime imaginaire.

— Ainsi vous ne croyez pas à l'entrevue de Dwarfie-stone, cet endroit redoutable sur lequel on rapporte tant de faits merveilleux, et qui, depuis des siècles, est respecté comme l'œuvre et le séjour d'un démon?

— Je crois notre malheureuse parente de bonne foi : — ainsi je pense qu'elle a été au rocher du Nain pendant un orage, qu'elle y a cherché un abri, et que, pendant un évanouissement, ou peut-être durant son sommeil, elle a eu en songe quelque vision assortie aux traditions populaires qui la préoccupaient constamment; mais j'ai peine à en croire davantage.

— Et pourtant, dit Minna, cet événement qui coïncide avec les paroles obscures de l'apparition!

— Pardonnez moi, reprit Brenda, mais je m'imagine plutôt que sans l'événement il n'aurait jamais été question ou qu'on ne se serait pas souvenu de l'apparition. Norna nous a dit elle-même qu'elle l'avait presque oubliée jusqu'au moment où son père périt si malheureusement; — et qui peut affirmer que ce prétendu souvenir n'était pas l'œuvre de son imagination dérangée comme elle devait l'être par cet horrible accident? Si elle avait réellement vu ce nain, ce sorcier, si elle s'était entretenue avec lui, elle se serait apparemment souvenue longtemps d'une semblable conversation. — Je sais bien que pour mon compte je ne l'aurais pas oubliée.

— Brenda, vous avez entendu le digne ministre de Cross-Kirk dire que la sagesse humaine était pire que la folie, lorsqu'on voulait l'appliquer à des mystères qui sont au-dessus de notre intelligence; et que si nous ne voulions croire qu'à ce que nous comprenons, nous repousserions le témoignage de nos sens, qui nous présentent à chaque instant des phénomènes aussi certains qu'inintelligibles.

— Vous êtes vous-même trop éclairée, ma sœur, pour avoir besoin de l'assistance du respectable ministre de Cross-Kirk; mais je pense que sa doctrine s'appliquait seulement aux mystères de notre religion, que nous devons admettre sans doute et sans examen. — Quant aux événements de la vie commune, nous ne pouvons faillir en leur appliquant la raison que Dieu lui-même nous a donnée. Mais vous, ma chère Minna, vous avez une imagination plus active que la mienne, et vous êtes prête à prendre pour vérité toutes ces histoires merveilleuses, parce que vous aimez à reporter votre pensée sur les sorciers, les nains, les esprits des eaux, et vous ne seriez pas fâchée d'avoir un petit lutin ou un trow, comme on dit en Écosse, avec une tunique verte et une paire d'ailes brillantes comme le cou chatoyant d'un sansonnet, tout exprès pour vous servir.

— Cela vous épargnerait au moins la peine de me lacer, repartit Minna, et de me lacer de travers; car, dans la chaleur de votre argument, vous avez sauté deux œillets.

— On va réparer cela, dit Brenda, et, comme dirait un de nos amis, serrer le câble et vous haler de la bonne maniere, — ce qui ne sera pas facile, si vous reprenez de si loin votre respiration.

— Je soupirais, dit Minna un peu confuse, de vous voir si prompte à tourner en dérision les malheurs de cette femme extraordinaire.

— Dieu sait que rien n'est plus éloigné de ma pensée, répondit Brenda, non sans quelque mécontentement. C'est vous, Minna, qui interprétez à mal tout ce que je dis franchement et avec bonne intention. Je regarde Norna comme une femme en qui une capacité peu commune s'allie parfois à une forte dose de folie, et je la crois plus habile à connaître les signes de l'atmosphère qu'aucune autre femme des îles Schetland. Mais quant à son pouvoir sur les éléments, je n'y crois pas plus qu'aux contes de nourrice sur le roi Erick, qui faisait souffler le vent du côté où il tournait son bonnet.

Minna, un peu piquée de l'incrédulité opiniâtre de sa sœur, répliqua avec quelque aigreur: — Et pourtant, Brenda, cette femme, mélange de folie et d'imposture, est la personne dont vous prenez conseil de préférence pour l'affaire qui vous touche le plus au cœur en ce moment !

— Je ne sais ce que vous voulez dire, répondit Brenda rougissant jusqu'au blanc des yeux et cherchant à s'éloigner de sa sœur ; mais comme c'était à son tour de recevoir d'elle le service qu'elle venait de lui rendre, celle-ci la retint par le bout de son lacet de soie et lui donna une légère tape sur le cou, dont l'incarnat soudain annonça la petite confusion que Minna avait voulu provoquer. Elle reprit alors avec plus de douceur : — N'est-il pas étrange, Brenda, que Mordaunt Mertoun, cet étranger qui s'est si mal conduit envers nous et qui a osé venir, sans être invité, dans une maison où sa présence était si peu agréable, puisse encore être vu ou jugé par vous avec faveur ? Sûrement, pour que vous agissiez ainsi, il faut bien, et cela doit vous le prouver, qu'il y ait des sorts dans ce pays et que vous soyez vous-même sous l'influence de l'un d'eux. Ce n'est pas pour rien que Mordaunt porte une chaîne d'or magique. — Prenez-y garde, Brenda, et soyez sage à temps.

— Je n'ai rien à faire avec Mordaunt Mertoun, répondit vivement Brenda, et je ne me soucie guère de ce que lui ou les autres jeunes gens portent autour du cou. Je pourrais voir les chaînes d'or de tous les baillis d'Édimbourg, dont lady Glowrowrum nous parle tant, sans devenir éprise d'aucun de ceux qui les portent. S'étant ainsi renfermée dans le système de dénégation ordinaire à son sexe, lorsqu'il s'agit d'un chef d'accusation semblable, elle reprit aussitôt en changeant de ton : — Mais, à dire vrai, je pense que vous, Minna, et vous tous, vous vous êtes trop hâtés de condamner ce jeune homme, notre ami depuis si longtemps et le compagnon de notre enfance. Songez bien que Mordaunt Mertoun n'est pas plus pour moi que pour vous, — pour vous, qui savez bien qu'il ne mettait entre nous aucune différence, et que, malgré sa chaîne, il vivait avec nous comme un frère avec ses sœurs ; et pourtant vous avez pu vous détourner de lui tout à coup, parce qu'un marin errant qui nous est tout à fait inconnu, et un colporteur que nous connaissons pour un fripon, un faiseur de contes, un menteur, viennent tenir des propos et débiter des histoires contre lui ! — Non, il n'a pas dit qu'il avait le choix entre nous deux et qu'il n'attendait que de savoir laquelle aurait Burgh-Westra et le voe de Brodness ; je ne le croirai jamais. — Je ne crois pas qu'il ait jamais proféré de semblables paroles ni entretenu de telles pensées.

— Peut-être, dit froidement Minna, aviez-vous des raisons de penser que son choix était déjà fait.

— Je ne supporterai pas cela, s'écria Brenda en s'abandonnant à toute sa vivacité naturelle et en se dégageant des mains de sa sœur. Puis se retournant et la regardant en face, tandis que ses joues et ce que le corset à demi lacé laissait voir de ses épaules et de son sein se coloraient d'une vive rougeur : — Non, Minna, dit-elle, non, même de votre part, je ne souffrirai pas cela ! Vous savez que j'ai toujours été franche et que j'aime la vérité ; je vous dis que Mordaunt Mertoun n'a jamais fait de distinction entre nous deux, jusqu'à...

Ici sa conscience ne lui permit pas d'aller plus loin, et sa sœur répondit avec un sourire : — Jusqu'à *quand*, Brenda ? Il me semble que votre amour pour la vérité a interrompu ce que vous alliez dire.

— Jusqu'à ce que vous ayez cessé de lui rendre la justice qu'il mérite, puisqu'il faut que je parle, reprit Brenda avec assurance. Je ne doute pas qu'il ne renonce aisément à l'amitié d'une personne qui fait si peu de cas de la sienne.

— Soit, dit Minna ; vous êtes sûre de ne m'avoir pour rivale ni dans son amitié ni dans son amour. Mais songez-y bien, Brenda : — ce n'est ni une calomnie de Cleveland, — Cleveland en est incapable ! — ni un mensonge de Bryce Snailsfoot : — il n'est pas un de nos amis, pas une de nos connaissances qui ne dise que c'est le bruit commun de l'île, que les filles de Magnus Troil attendaient patiemment le choix de cet étranger sans nom et sans naissance, de Mordaunt Mertoun. Est-il convenable qu'on dise cela de nous, qui avons pour aïeul un iarl norvégien, et pour père le premier des udallers schetlandais ? Serait-il modeste ou digne de jeunes filles qui se respectent de ne pas ressentir une pareille injure et de la dévorer en silence, fussent-elles de misérables laitières ?

— De sottes langues ne peuvent déshonorer personne ! reprit Brenda avec chaleur. Je ne renoncerai pas à la bonne opinion que j'ai d'un ami pour tous les commérages de l'île, qui donneraient une interprétation mauvaise aux actions les plus innocentes !

— Écoutez seulement ce que disent nos amis, répéta Minna ; écoutez lady Glowrowrum, Maddie et Clara Groatsettar.

— Si j'écoutais lady Glowrowrum, dit Brenda avec la même insistance, je prêterais l'oreille à la plus méchante langue du pays ! Quant à Maddie et à Clara, elles ont bien daigné laisser asseoir Mordaunt entre elles avant-hier à dîner, ainsi que vous auriez pu le remarquer si vos oreilles n'eussent été mieux occupées ailleurs !

— Vos yeux, du moins, l'étaient assez mal, Brenda, repartit sa sœur aînée, puisqu'ils se fixaient sur un jeune homme que tout le monde, excepté vous, accuse d'avoir parlé de nous avec la présomption la plus insolente ! Et fût-il soupçonné injustement, lady Glowrowrum dit qu'il est hardi de la part d'une jeune fille comme vous de regarder de son côté, sachant que cette conduite n'est propre qu'à confirmer les soupçons !

— Je regarderai du côté qu'il me plaira ! dit Brenda s'échauffant de plus en plus. Lady Glowrowrum ne règlera ni mes pensées, ni mes paroles, ni mes regards! Je tiens Mordaunt Mertoun pour innocent! — je le regarderai comme tel, — j'en parlerai comme tel! et si j'ai cessé de lui parler à lui-même et de le traiter comme à l'ordinaire, c'est par obéissance pour mon père, et non pour tout ce que lady Glowrowrum et toutes ses nièces, en eût-elle vingt au lieu de deux, peuvent croire, dire, insinuer de l'œil ou de la tête sur un sujet qui ne les regarde pas!

— Hélas! Brenda, répondit Minna d'un ton calme, voilà bien de la vivacité pour la défense d'une personne qui ne serait qu'un ami! — Prenez garde : — celui qui troubla pour toujours le repos de Norna était un étranger, admis dans son affection contre le gré de sa famille!

— C'était un étranger, répliqua Brenda d'un ton significatif, non-seulement par sa naissance, mais par ses manières. Elle n'avait pas été élevée avec lui dès sa jeunesse; — elle n'avait pas été à même de connaître son naturel bon et franc par une intimité de plusieurs années. Oui, tout était étranger en lui, caractère, dispositions, naissance, manières, moralité; — c'était quelque aventurier errant, peut-être, que le hasard ou la tempête avaient jeté dans l'île, et qui savait masquer un cœur faux sous les dehors de la franchise. Ma bonne sœur, prenez le conseil pour vous-même. Il y a d'autres étrangers à Burgh-Westra que ce pauvre Mordaunt Mertoun!

Minna sembla un moment étourdie de la rapidité avec laquelle sa sœur rétorquait contre elle ses soupçons et ses avis. Mais sa fierté naturelle lui permit bientôt de reprendre son sang-froid pour répondre :

— Brenda, si je voulais vous traiter avec aussi peu de confiance que vous en montrez envers moi, je pourrais vous répliquer que Cleveland n'est pas plus pour moi que ne l'était Mordaunt, ou que le jeune Swartaster, Lawrence Ericson, ou tout autre des hôtes favoris de mon père ne l'est maintenant. Mais je dédaigne de vous tromper et de déguiser mes sentiments. — J'aime Clément Cleveland.

— Chère sœur, ne parlez pas ainsi, dit Brenda en quittant tout à coup le ton d'aigreur sur lequel la conversation s'était soutenue depuis quelque temps, et jetant ses bras au cou de sa sœur avec des regards et un accent où respirait l'affection la plus vive; — ne parlez pas ainsi, je vous en supplie! Je renoncerai à Mordaunt Mertoun, — je vous jurerai de ne jamais lui parler; mais ne répétez pas que vous aimez ce Cleveland.

— Et pourquoi ne le répèterais-je pas? reprit Minna en se dégageant doucement des étreintes de sa sœur, pourquoi rougirais-je d'un sentiment dont je me glorifie? Ce caractère aventureux, cette trempe d'esprit énergique et vigoureuse qui semble faite pour le commandement et ignorer la crainte, — ces attributs qui vous alarment pour mon bonheur sont précisément les qualités qui l'assurent. Vous vous en souvenez, Brenda : tandis que vos pieds aimaient la plage unie et tranquille de l'océan par un beau jour d'été, les miens se plurent toujours à gravir le haut du roc, quand les vagues sont en fureur.

— Et c'est là ce qui m'épouvante. C'est ce naturel téméraire qui maintenant vous pousse sur le bord d'un précipice plus dangereux mille fois qu'aucun de ceux dont le flot a jamais lavé le pied. Cet homme, — ne froncez pas le sourcil, je ne veux point en médire, — mais n'est-il pas, même à vos yeux prévenus, sombre et dominateur? accoutumé, comme vous le dites, au commandement, mais, par cela même, prompt à l'exercer là où il n'en a aucun droit, et à conduire ceux qu'il lui conviendrait mieux de suivre? courant au devant du péril, plutôt pour l'amour même du péril que par toute autre considération? Pouvez-vous supporter l'idée d'être unie à cette âme inquiète et orageuse, qui a vécu jusqu'à ce jour au milieu de la mort et des hasards, et qui, au moment même où il est assis à vos côtés, ne peut déguiser l'impatience qui le presse de s'y rejeter encore? Un amant, ce me semble, doit aimer sa maîtresse plus que la vie ; mais le vôtre, ma chère Minna, l'aime moins que le plaisir de donner la mort aux autres.

— Et c'est pour cela que je l'aime, s'écria Minna. Je suis fille de ces antiques héroïnes de la Norvége, qui d'un sourire lançaient leurs amants au combat, et les tuaient de leurs propres mains s'ils en revenaient déshonorés. Le mien doit mépriser les vains exercices par lesquels notre race dégradée cherche à se distinguer, ou ne doit s'y livrer que comme passe-temps en attendant de plus nobles dangers. Un harponneur de baleines, un dénicheur d'oiseaux ne saurait mériter mes faveurs; mon amant doit être un roi de la mer ou se rapprocher de ce titre glorieux, quelque nom que veuillent lui donner les hommes d'aujourd'hui.

— Hélas! ma sœur, c'est maintenant qu'il me faut croire sérieusement à la puissance des charmes et des fascinations ! Vous vous rappelez ce roman espagnol que vous m'arrachâtes des mains il y a longtemps parce que je disais que, dans votre admiration pour les vieux temps chevaleresques de la Scandinavie, vous rivalisiez d'extravagance avec le héros. — Ah! Minna, votre rougeur me prouve que votre conscience vous fait des reproches et que vous vous rappelez bien le livre dont je veux vous parler. — Où y a-t-il plus de raison, je vous prie, à prendre un moulin à vent pour un géant, ou un vulgaire chef de pirates pour un Kiempe ou un Vi-king?

Minna devint en effet rouge de colère à cette allusion dont peut-être elle sentait jusqu'à un certain point la justesse.

— Vous avez le droit de m'insulter, dit-elle, puisque vous êtes maîtresse de mon secret.

Le bon cœur de Brenda ne put supporter cette accusation de cruauté; elle conjura sa sœur de lui pardonner, et la sensible Minna ne put résister à ses prières.

— C'est un malheur pour nous, dit-elle, en essuyant les larmes de sa sœur, de ne pas voir avec les mêmes yeux ; ne nous rendons pas plus malheureuses encore par des insultes et une intolérance mutuelle. Vous avez mon secret, — peut-être n'en sera-t-il pas un longtemps, car mon père recevra la confidence à laquelle il a droit dès que certaines circonstances me permettront de la lui faire. D'ici là, je le répète, vous avez mon secret, et je ne crois pas m'avancer trop en disant que j'ai le vôtre en échange, quoique vous ne vouliez pas l'avouer.

— Comment voulez-vous, Minna, que j'avoue un sentiment comme celui dont vous voulez parler, quand il ne m'a pas dit encore un mot qui puisse justifier un pareil aveu.

— Certainement non, mais un feu caché se trahit par la chaleur aussi bien que par la flamme.

— Vous vous connaissez à ces symptômes, Minna, dit Brenda en secouant la tête et en s'efforçant en vain de réprimer la tentation de repartie que faisait naître en elle l'observation de sa sœur ; mais tout ce que je peux dire, c'est que si j'aime jamais, ce ne sera qu'après en avoir été pressée une ou deux fois au moins, et c'est ce qui ne m'est pas encore arrivé. Mais ne renouvelons pas notre querelle, et cherchons plutôt le motif qui a porté Norna à nous faire son récit effrayant, et la moralité qu'elle voulait qu'on en tirât.

— C'était probablement un avertissement que notre position, et, je ne le nierai pas, la mienne en particulier, lui ont semblé rendre nécessaire ; mais je n'ai pas moins de confiance dans l'honneur de Cleveland que dans ma propre innocence.

Brenda aurait voulu répliquer que la première garantie ne lui paraissait pas à beaucoup près aussi rassurante que la seconde ; mais elle se contint, et, s'abstenant de réveiller un sujet de discussion pénible, elle se borna à répondre : Il est étrange que Norna ne nous ait rien dit de plus de son amant. Sans doute il ne l'a pas abandonnée dans l'excès de misère où il l'avait réduite !

— Il y a, dit Minna après une pause, des extrémités du désespoir où le cœur est si troublé, qu'il cesse de répondre même aux sentiments qui l'ont préoccupé le plus. — L'horreur et le désespoir ont pu absorber en elle toute idée de son malheureux amour.

— Ou peut-être, ajouta Brenda, son amant aura-t-il fui de ces îles, craignant la vengeance de notre père.

— Si, par crainte ou par défaut de cœur, dit Minna en levant les yeux au ciel, il a pu fuir le spectacle des maux qu'il avait causés, j'espère qu'il n'a pas tardé à subir le châtiment réservé par le Ciel aux infâmes, aux traîtres et aux lâches. — Venez, ma sœur, on nous attend depuis longtemps pour déjeûner.

Elles descendirent en se tenant le bras et avec plus de confiance qu'elles ne s'en étaient témoigné depuis quelque temps ; la petite querelle du matin ayant fait l'effet d'une bourrasque qui dissipe les nuages et laisse le beau temps après elle.

En se rendant à la salle du déjeûner, elles convinrent qu'il était inutile et peut-être imprudent de faire confidence à leur père de la visite nocturne de Norna, ou de lui apprendre qu'elles en savaient plus qu'auparavant sur l'histoire mélancolique de cette femme malheureuse.

CHAPITRE XXI.

> Perdues pour moi, perdues à jamais sont ces joies que la raison dissipe et que le temps détruit. Je ne verrai plus à minuit la troupe légère des fées s'abreuver de rosée au joyeux clair de lune. La dernière vision du cerveau, le spectre du cimetière lui-même, est rentré dans le repos.
>
> *La Bibliotheque.*

LE poëte moraliste à qui nous empruntons l'épigraphe de ce chapitre a touché un sujet qui fait vibrer à leur insu plus d'une corde dans l'âme de la plupart de nos lecteurs. La superstition, lorsque dépouillée de son appareil terrible elle se contentait d'appuyer doucement la main sur la tête de celui qui reconnaissait son empire, avait des charmes qu'il nous est difficile de ne pas regretter, même de nos jours où son influence est presque entièrement détruite par les lumières de la raison et d'une éducation plus générale. Du moins, dans ces temps d'ignorance, les terreurs imaginaires enfantées par elle offraient un mobile d'exaltation à des esprits qui en avaient peu d'autres. Cette remarque s'applique encore plus particulièrement à ces modifications légères des sentiments superstitieux, et à ces pratiques innocentes qui se mêlaient aux amusements des siècles grossiers, et qui, comme les présages de la veille de la Toussaint en Écosse, étaient considérées moitié comme un passe-temps, moitié comme de tristes et prophétiques vérités. C'est par suite de semblables impressions que nous voyons, même de nos jours, des gens ayant reçu une certaine éducation aller trouver dans son galetas une diseuse de bonne aventure, par pur caprice, disent-ils, mais souvent assez portés à ne pas douter entièrement des réponses qu'ils en reçoivent.

Lorsque les sœurs de Burgh-Westra entrèrent dans l'appartement où était préparé un déjeûner aussi copieux que celui du jour précédent, l'udaller les gronda gaiement de s'être fait attendre. La plupart des convives avaient en effet fini leur repas, et se livraient à une de ces anciennes pratiques norvégiennes du genre de celles que nous venons de citer.

Elle paraît avoir été empruntée à ces poëmes des scaldes, où l'on représente si souvent les champions et les héroïnes interrogeant, pour connaître leur destinée, quelque sorcière ou pythonisse, qui, comme dans la légende de Gray intitulée *la Descente d'Odin*, évoque, par la puissance de la poésie runique, le révélateur involontaire des décrets du destin, pour lui arracher des réponses souvent équivoques, mais où l'on croyait démêler quelques indices de l'avenir.

Une vieille sibylle, Euphane Fea, la femme de charge dont nous avons déjà parlé, était installée dans l'embrasure d'une large fenêtre soigneusement entourée de peaux d'ours et de draperies de toutes sortes, qui lui donnaient quelque ressemblance avec la hutte d'un Lapon. De même que dans un confessionnal, la personne qui y était assise pouvait aisément, par une petite ouverture ménagée à dessein, entendre les questions qui lui étaient adressées, mais sans voir celui qui les lui faisait. C'est là que, assise, la voluspa ou sibylle devait écouter les demandes en vers, auxquelles il fallait répondre de même et en impromptu. La draperie était supposée devoir l'empêcher d'apercevoir ceux qui la consultaient; et le rapport soit prémédité, soit accidentel, qui pouvait se trouver entre la réponse et quelques circonstances de la situation du questionneur, était souvent un texte de plaisanteries, et quelquefois de réflexions plus sérieuses. On choisissait ordinairement pour jouer le rôle de devineresse une femme douée du talent d'improviser en vers norses, talent qui n'était pas rare parmi des gens dont la mémoire était pleine d'une foule de vers antiques, et dans une langue dont les règles de versification étaient si simples. Les questions étaient aussi adressées en vers; mais comme ce don d'improvisation, quoique assez commun, ne pouvait être supposé universel, on se servait d'un interprète qui, debout à l'entrée du sanctuaire de l'oracle, et tenant par la main celui qui voulait l'interroger, avait pour mission de rendre en vers le sujet de la demande.

En cette occasion, Claude Halcro fut désigné d'une voix unanime pour remplir le rôle d'interprète. Après avoir secoué la tête et murmuré sur la perte de sa mémoire et l'affaiblissement de ses facultés poétiques quelques excuses que contredisaient et le sourire de confiance qui se dessinait sur ses lèvres, et les acclamations générales des assistants, le joyeux vieillard s'avança pour jouer son rôle dans le divertissement auquel on se préparait.

CHAPITRE XXI.

Mais au moment où il allait commencer, la distribution des rôles se trouva singulièrement changée. Norna de Fitful-Head, que chacun, excepté les deux sœurs, croyait à plusieurs milles de distance, entra tout à coup dans l'appartement et, sans saluer personne, s'avança majestueusement vers le tabernacle entouré de peaux d'ours, et fit signe à la femme qui y était assise de quitter le sanctuaire. La pauvre vieille se leva en branlant la tête et tout interdite de frayeur ; et à vrai dire, peu de gens dans la société avaient vu d'un sang-froid complet l'apparition soudaine d'une personne aussi connue et aussi généralement redoutée que Norna.

Elle s'arrêta un moment à l'entrée de cette sorte de tente, et soulevant la peau qui en formait la porte, elle tourna ses regards vers le nord, comme pour y chercher des inspirations ; elle fit alors signe aux assistants surpris qu'ils pouvaient s'avancer les uns après les autres vers le sanctuaire dont elle allait prendre possession, puis elle entra dans la tente et disparut à leurs yeux.

Mais ce n'était plus là le jeu que s'était promis la compagnie, et la chose parut au plus grand nombre plutôt sérieuse que plaisante · aussi n'y eut-il que peu d'empressement à consulter l'oracle.

Le caractère et les prétentions de Norna paraissaient à la plupart des assistants beaucoup trop graves pour le rôle qu'elle avait pris. Les hommes parlaient entre eux à voix basse, et les femmes, selon Claude Halcro, réalisaient la description de l'illustre John Dryden.

« Tremblantes de frayeur, elles se serraient l'une contre l'autre. »

Le silence fut interrompu par la voix mâle et forte de l'udaller. — Eh bien ! mes maîtres, pourquoi le jeu ne commence-t-il pas ? Êtes-vous effrayés de ce que ma parente veut bien être votre voluspa ? C'est bien de la bonté de sa part de se charger pour nous d'un rôle que personne dans l'île ne remplirait mieux qu'elle, et loin d'interrompre notre jeu il faut, au contraire, y mettre plus de gaieté que jamais.

Le silence continuant dans l'assemblée, Magnus Troil ajouta : — Il ne sera pas dit que ma parente restera dans son réduit sans qu'on s'incline devant elle, comme si c'était une de ces vieilles géantes des montagnes, et cela par une vaine crainte. Je vais moi-même lui parler le premier ; mais les rimes ne me viennent plus si aisément que lorsque j'avais une vingtaine d'années de moins. — Claude Halcro, il faut que vous veniez à mon aide.

Ils s'approchèrent, en se tenant par la main, du sanctuaire de la sibylle, et après un moment de consultation, Halcro exprima la demande de son ami et patron. L'udaller, ainsi que beaucoup de personnages importants des îles Schetland, comme l'atteste sir Robert

Sibbald, s'était occupé de bonne heure de commerce et de navigation : il avait alors un intérêt assez considérable dans la pêche de la baleine, et la demande que le poëte fut chargé par lui de mettre en vers, tournés tant bien que mal, concernait le succès de cette entreprise.

CLAUDE HALCRO.

« Mère au langage obscur, mère redoutable, — habitante de Fitful-Head, tu vois tout ce qui se fait sous le soleil qui jamais ne repose. Regarde à travers les frimas et les glaces, vers la plage et les cavernes du Groenland : sur l'océan glacé est une voile qui poursuit la baleine noirâtre; mère aux paroles équivoques, mère redoutable, réponds-nous : ce bon navire a-t-il été heureux dans sa pêche ? »

Le jeu semblait avoir pris un caractère sérieux, à voir toutes ces têtes penchées à la ronde pour entendre la voix de Norna, qui, sans hésiter un moment, répondit du fond de la tente où elle était cachée :

NORNA.

« Le vieillard ne pense qu'à ses biens, — à sa pêche, à ses guérets, à ses troupeaux; mais il se peut que sa pêche, ses guérets, ses troupeaux prospèrent, et que pourtant le vieillard arrache de désespoir sa barbe grise. »

Il y eut un moment de silence pendant lequel Triptolème eut le temps de murmurer : Quand dix sorcières et autant de magiciens me le jureraient, je ne croirai jamais qu'un homme raisonnable endommage sa barbe ni aucune partie de lui-même tant que ses bestiaux et ses récoltes iront à souhait.

Mais la voix sortant de l'intérieur de la tente reprit son débit monotone, et, coupant court à de plus longs commentaires, poursuivit en ces termes :

« Le bâtiment, lesté comme il doit l'être, creuse un profond sillon dans la mer d'Islande; une brise douce et favorable le pousse vers les îles Schetland, et sur le haut de son mât flotte gaiement la guirlande [1]. Sept bonnes baleines ont lancé l'eau dans les airs pour la dernière fois; leurs mâchoires pendent aux vergues et au mât [2]. Deux reviennent à Lerwick, deux à Kirkwall, — et trois, les plus belles de toutes, à Burgh-Westra. »

— Que les puissances du ciel nous assistent et nous protègent ! s'écria Bryce Snailsfoot, car il faut plus que l'esprit d'une mortelle pour deviner aussi juste. J'ai rencontré à North-Ronaldshaw des gens qui

---

[1] La guirlande est une couronne artificielle composée de rubans et faite par les jeunes femmes qui prennent intérêt aux bateaux pêcheurs ou à ceux qui les montent; on ne manque jamais de l'arborer au départ, et on la conserve avec grand soin pendant tout le voyage. (W. S.)

[2] La meilleure huile de baleine est celle qui découle des os de la mâchoire, que l'on suspend à cet effet aux mâts du bâtiment. (W. S.)

avaient eu des nouvelles du bon bâtiment *l'Olave* de Lerwick, où notre digne patron a un intérêt assez fort pour pouvoir, en quelque sorte, s'en dire propriétaire; ils avaient fait les signaux d'usage¹, et, vrai comme il y a des étoiles au ciel, la réponse portait sept baleines, juste comme Norna vient de nous le dire en vers.

— Hum! — précisément sept? Vous avez entendu dire cela à Ronaldshaw? dit le capitaine Cleveland. Et sans doute vous n'avez pas manqué de conter cette bonne nouvelle en venant ici?

— Je n'en ai pas ouvert la bouche, capitaine, répondit le colporteur; je connais bien des porte-balles, des marchands forains et autres gens de cette espèce qui négligent leur commerce pour débiter çà et là des propos et des bavardages d'un bout à l'autre du pays; mais ce n'est pas là mon affaire. Je ne crois pas avoir dit à trois personnes, en venant à Dunrossness, le résultat de la pêche de *l'Olave*.

— Mais si l'une de ces trois personnes a fait part de la nouvelle à une autre, et il y a deux à parier contre un qu'il en est ainsi, la vieille dame prophétise à coup sûr.

Cette remarque de Cleveland, adressée à Magnus Troil, ne trouva pas d'écho dans l'assemblée. Le patriotisme de l'udaller s'étendait jusqu'aux superstitions nationales, et il portait un intérêt non moins vif à sa malheureuse parente. Sans jamais donner une adhésion formelle à ses prétentions surnaturelles, il n'aimait pas au moins à les entendre discuter par d'autres.

— Sa cousine Norna, dit-il, et il appuya sur ces mots, n'avait aucune espèce de rapports avec Bryce Snailsfoot ni avec ses connaissances. Il ne prétendait pas expliquer comment elle s'était procuré le renseignement dont il s'agissait; mais il avait toujours remarqué que les Écossais ou les autres étrangers en général qui venaient aux îles Schetland étaient toujours prêts à trouver des raisons à des choses restées obscures pour ceux dont les pères avaient habité le pays pendant des siècles.

Le capitaine Cleveland se le tint pour dit et s'inclina, sans chercher à défendre son scepticisme.

— Et maintenant, en avant, mes braves! s'écria l'udaller, et puisse chacun de vous avoir une réponse aussi favorable que moi! Trois baleines ne peuvent manquer de rapporter... voyons! que je calcule le nombre de barriques.

Il y avait néanmoins de la part des assistants une répugnance visible à venir à leur tour consulter l'oracle de la tente.

— Certaines gens aiment les bonnes nouvelles, quand elles vien-

---

¹ Les pêcheurs baleiniers ont établi entre eux des espèces de signaux télégraphiques : un certain nombre de mouvements, faits avec un balai, désignent à tous les bâtiments qu'ils rencontrent le nombre des baleines prises. (W. S.)

draient du diable lui-même, dit mistress Baby Yellowley en s'adressant à lady Glowrowrum, — car une certaine conformité de penchants avait établi entre elles une sorte d'intimité ; — mais je pense, mylady, que tout cela sent trop la sorcellerie pour trouver faveur auprès de bonnes chrétiennes comme vous et moi, mylady.

— Il peut y avoir quelque chose de vrai dans ce que vous dites, madame, répondit la respectable lady Glowrowrum ; mais nous autres Hialtlandais ne ressemblons pas aux autres peuples ; et cette femme, fût-elle sorcière, étant amie et proche parente du fowd, on pourrait se formaliser si nous ne nous faisions pas dire notre bonne aventure comme les autres. Aussi mes nièces peuvent s'avancer à leur tour. Elles auront tout le temps de s'en repentir, comme vous voyez, mistress Yellowley, si en cela il y a quelque mal.

Tout le monde était dans cet état de malaise et d'incertitude, lorsque Halcro, qui voyait le vieil udaller froncer le sourcil et témoigner par un certain mouvement de la jambe droite qu'il avait peine à s'empêcher de frapper la terre d'impatience, déclara généreusement qu'il voulait en son propre nom, et non plus comme fondé de pouvoirs, adresser à son tour une question à la pythonisse. Il se recueillit une minute, tourna son impromptu poétique, et prit ainsi la parole :

CLAUDE HALCRO.

« Mère au langage obscur, mère redoutable, habitante de Fitful-Head, tu sais ajuster mainte rime qui surnage sur l'océan des siècles ; dis-moi, mes vers, comme ceux d'Hacon à la Bouche d'Or, seront-ils chantés longtemps après la mort d'Halcro, et quelques-uns des accents du ménestrel hialtlandais pourront-ils rivaliser avec ceux de l'illustre Dryden ? »

La voix de la sibylle reprit immédiatement du fond du sanctuaire :

NORNA.

« L'enfant aime le bruit des grelots ; la vieillesse est une autre enfance, qui aussi a ses hochets. Mais la harpe rend des sons bien différents selon la main qui fait vibrer ses cordes. L'aigle monte au plus haut des cieux ; — l'oison, incapable de s'élever, doit se contenter de raser la plage, où ses chansons ont pour auditeurs le phoque et le chien de mer. »

Halcro se mordit les lèvres, haussa les épaules, et, retrouvant aussitôt sa bonne humeur et la faculté d'improvisation facile, quoique vulgaire, que lui avait donnée une longue habitude, il repartit bravement :

CLAUDE HALCRO.

« Bornons-nous donc au rôle de l'oison, au séjour de la caverne solitaire et de la baie silencieuse ; — peut-être éviterai-je ainsi les traits acérés et les armes meurtrières dirigées contre moi. — Contentons-nous de mêler au bruit des marées retentissantes de Thulé mes simples accords : peut-être à l'oreille du passant, du haut du lointain précipice, adoucis par le murmure des flots, ces accents grossiers pourront paraître de l'harmonie ! »

Quand le petit poëte se retira d'un air alerte et satisfait, un applaudissement général accueillit la bonne grâce avec laquelle il avait accepté la métaphore malencontreuse de l'oracle ; mais la manière courageuse dont il venait de s'exécuter n'encouragea cependant personne à consulter la redoutable Norna.

— Les poltrons ! s'écria l'udaller. Avez-vous peur aussi, capitaine Cleveland, d'interroger une vieille femme ? — Faites-lui une question, — demandez-lui si le sloop de douze canons qui est à Kirkwall est ou non le bâtiment que vous attendez.

Cleveland regarda Minna ; et croyant voir apparemment qu'elle épiait avec anxiété la réponse qu'il allait faire à l'invitation de son père, il se recueillit, et dit après un moment d'hésitation : — Jamais homme ni femme ne m'ont fait peur ! — Maître Halcro, vous avez entendu la question que notre hôte m'engage à faire ? — Posez-la en mon nom et à votre manière ; — je me pique aussi peu de versification que de sorcellerie.

Halcro ne se le fit pas dire deux fois ; et saisissant la main de Cleveland dans la sienne, suivant la forme prescrite par le jeu, il adressa en ces termes la demande que l'udaller avait indiquée à l'étranger :

CLAUDE HALCRO.

« Mère au langage équivoque, mère redoutable, habitante de Fitful-Head, Saint-Magnus a dans sa rade un bon navire venant des pays lointains, avec un grand nombre de canons et d'armes à feu, une cargaison de soie et d'écarlate, de précieuses marchandises, de l'or et toutes sortes d'objets rares. Quel intérêt a notre hardi camarade dans le bâtiment, l'équipage, l'or et les marchandises ? »

Il y eut une pause d'une longueur peu ordinaire avant que l'oracle se décidât à répondre ; et lorsqu'il le fit, ce fut à voix basse, mais d'un ton aussi décidé que celui des réponses précédentes :

NORNA.

« L'or est un métal brillant, franc et beau ; le sang est pourpre et sombre à la vue. J'ai regardé du haut de la baie de Saint-Magnus, et j'ai vu un faucon qui fondait sur sa proie : a son bec pendait un lambeau de chair ; ses serres et sa queue dégouttaient de sang. Que celui qui s'informe de ses compagnons regarde sa main : si elle est tachée de sang, il est de leur bande. »

Cleveland sourit avec mépris ; et montrant sa main : — Peu d'hommes ont débarqué plus souvent que moi sur la terre de la Nouvelle-Espagne, sans avoir affaire à mainte reprise avec les *guarda costas;* mais je n'eus jamais sur la main de taches qu'une serviette mouillée ne pût essuyer.

L'udaller ajouta d'une voix forte : — Jamais il n'y a de paix avec les Espagnols au delà de la ligne ; — c'est ce que m'ont dit cent fois le capitaine Tragendeck et le brave vieux commodore Rummelaer, qui tous deux avaient été dans la baie de Honduras et dans les environs. — Je déteste tous les Espagnols, depuis qu'ils sont venus dans ce pays, et qu'ils ont enlevé leurs vivres aux habitants de Fair-Isle en 1558 [1]. J'ai entendu mon grand-père en parler ; et il y a quelque part à la maison une vieille histoire hollandaise qui raconte quel bel ouvrage ils ont fait, il y a déjà longtemps, dans les Pays-Bas. Ce sont des gens sans foi ni merci.

— Bravo! c'est bien dit, mon vieil ami! s'écria Cleveland ; ils sont aussi jaloux de leurs possessions dans les Indes qu'un vieux mari de sa jeune épouse ; et s'ils peuvent s'emparer d'un ennemi, il est sûr de passer sa vie aux mines. — Aussi les combattons-nous notre drapeau cloué au grand mât.

— C'est le bon moyen! dit l'udaller ; jamais on n'a vu se baisser le vieux pavillon anglais! Quand je pense à ces murailles de bois, je suis tenté de me croire moi-même un enfant de la Grande Bretagne, si ce n'était l'inconvénient de trop ressembler à mes voisins les Écossais! — Mais, allons ; il ne faut mécontenter personne ici. Messieurs, — soyons tous amis, et soyez tous les bienvenus! — Avancez, Brenda, continuons le jeu ; — c'est à votre tour de parler. Personne n'ignore ici que vous savez assez de vers norses.

Mais je n'en connais aucun qui puisse convenir au divertissement qui nous occupe, mon père, répondit Brenda en se reculant.

— Enfantillage! dit le père en la poussant en avant, tandis que Halcro lui prenait la main malgré elle ; jamais une modestie déplacée ne doit venir troubler une gaieté honnête! — Halcro, parlez pour Brenda ; — c'est à vous qu'il appartient d'interpréter les pensées des jeunes filles. Le barde s'inclina devant la jolie Brenda avec le respect d'un poëte et la galanterie d'un voyageur ; et lui ayant à voix basse rappelé qu'elle n'était nullement responsable des sottises qu'il allait dire, il s'arrêta, regarda le ciel, et souriant comme s'il eût été ravi d'une idée qui lui survenait, il débita enfin les vers suivants :

---

[1] L'amiral de la flotte espagnole fit naufrage sur les côtes de Fair-Island (Belle-Ile), située à moitié chemin entre les Orcades et l'archipel des îles Schetland. Le duc de Medina Sidonia y aborda avec quelques hommes de son équipage, et s'empara des provisions d'hiver des insulaires. Le souvenir qu'on a gardé de ces étrangers les représente comme s'étant installés de force dans l'île, et s'étant mal conduits avec les habitants jusqu'au retour du printemps où ils effectuèrent leur retraite (**W. S.**)

CHAPITRE XXI.

CLAUDE HALCRO.

« Mère au langage obscur, mère redoutable, habitante de Fitful-Head, tu n'ignores pas que tu as mission de dire ce que la beauté n'ose te demander ; — ainsi donc, détrempe tes paroles dans le vin et le miel, et déroule une destinée tissue d'or et de soie, car nous voudrions savoir si Brenda aime, et si elle sera heureuse dans son amour. »

On entendit presque aussitôt la voix de Norna sortir de derrière le rideau.

NORNA.

« Avant de sentir les atteintes de l'amour, le cœur de la jeune fille est comme la neige qui couronne le Rona, voisine du Ciel et inféconde dans son éclat et sa pureté. Mais caressée par les baisers du soleil, à peine a-t-elle disparu aux yeux du spectateur, qu'un frais gazon, une végétation nouvelle, trahissent sa course à travers la vallée solitaire ; par elle, s'anime le troupeau, se ravive la fleur, et s'embellit le bosquet de quelque heureux berger. »

— Voilà une bonne doctrine, et c'est on ne peut mieux dit, s'écria l'udaller en retenant Brenda qui rougissait et cherchait à s'échapper. — Il n'y a pas de honte à cela, mon enfant : devenir la maîtresse de maison d'un honnête homme, servir à perpétuer quelque vieille famille norse, faire le bonheur de ses voisins, soulager les pauvres, secourir les étrangers, n'est-ce pas le sort le plus honorable que puisse envier une jeune fille ? c'est celui que je souhaite de grand cœur à toutes celles qui se trouvent ici. — Voyons, qui va parler maintenant ? Nous en sommes sur l'article des bons maris. — Maddie Groatsettar. — ma gentille Clara, venez, vous aurez aussi votre part.

— Je ne sais trop, dit lady Glowrowrum en branlant la tête, si je dois approuver tout à fait...

— Suffit, suffit, interrompit Magnus, on ne force personne ; mais le jeu continuera jusqu'à ce que l'on en soit las. Approchez, Minna ; — pour vous, j'ai le droit de vous le commander : venez, ma fille. — Il y a bien assez de choses qui doivent faire rougir sans s'effaroucher d'un vieil usage, d'une innocente plaisanterie. — Allons, je vais parler moi-même pour vous, quoique je ne sois pas bien sûr de retrouver pour cela assez de poésie.

Une légère rougeur passa rapidement sur les joues de Minna, mais elle reprit aussitôt son sang-froid, et se tint droite devant son père, comme une personne au-dessus de toutes les plaisanteries que sa situation pouvait inspirer.

Son père, après s'être frotté le front et avoir eu recours à d'autres moyens mécaniques pour aider sa mémoire, en tira enfin assez de vers pour faire la demande suivante, dans un style un peu moins élégant que celui d'Halcro :

MAGNUS TROIL.

« Mère, parle sans tarder ; voici une fille qui voudrait bien se marier : se mariera-t-elle, oui ou non ? Et, si elle se marie, quel sera son lot ? »

On entendit un profond soupir dans le tabernacle de la pythonisse, comme si le sujet de la sentence qu'elle était obligée de prononcer excitait sa compassion. Puis elle rendit son oracle de la manière ordinaire :

NORNA.

« Avant de sentir les atteintes de l'amour, le cœur de la jeune fille est comme la neige qui couronne le Rona ; elle paraît si pure, si dégagée de toute nuance terrestre, que, touchant la nue, elle semble une partie du Ciel dont elle est si proche ; mais la passion, semblable aux pluies désordonnées de mars, peut souiller de plus d'une tache cette brillante couronne. Nous regardons, — et déjà la gracieuse vision a disparu ; — un torrent se creuse un lit dans la pierre, et se précipitant comme une œuvre de destruction, tombe en cascade du haut du rocher. »

L'udaller entendit cette réponse avec un vif ressentiment. — Par les reliques du martyr ! s'écria-t-il, tandis que son visage imposant se couvrait d'une soudaine rougeur, c'est abuser de ma courtoisie ! et si toute autre personne que vous eût accouplé le nom de ma fille avec celui de destruction, elle se fût repentie d'avoir prononcé ce mot. — Puis il reprit en riant : Sors de la tente, vieille galdragon [1] ; — j'aurais dû savoir que tu ne peux longtemps prendre part à ce qui ressemble à de la joie ; que Dieu te soit en aide ! Son injonction resta sans réponse ; et après un moment d'attente il lui adressa de nouveau la parole : — Allons, ne me garde pas rancune, parente, si j'ai parlé un peu vivement ; — tu sais que je n'en veux à personne, encore moins à toi : — ainsi approche et donne-moi la main. — Tu aurais pu prédire le naufrage de mon navire et de mes barques, ou une mauvaise pêche au hareng, et je n'aurais pas soufflé le mot ; mais Minna et Brenda, tu le sais, sont des objets qui me touchent de plus près. Viens donc, donne-moi la main, et qu'il ne soit plus question de rien.

Norna ne faisait aucune réponse à ses invitations réitérées, et les assistants commençaient à se regarder l'un l'autre d'un air de surprise, lorsque l'udaller, soulevant la peau qui couvrait l'entrée de la tente, trouva l'intérieur vide. La stupéfaction fut alors générale et non sans mélange de crainte ; car il semblait impossible que Norna, par un moyen quelconque, se fût échappée du tabernacle où elle était renfermée, sans que la compagnie s'en fût aperçue. Ce qu'il y avait de certain, c'est qu'elle était partie ; et l'udaller, après un moment de

---

[1] *Galdra-kinna*, mot norse qui signifie *sorcière*. (W. S.)

CHAPITRE XXI.

réflexion, laissa retomber sur l'entrée de la tente le rideau de peau qui la couvrait.

—Mes amis, dit-il en prenant un air de gaieté, il y a longtemps que nous connaissons ma parente et nous savons que ses voies ne sont pas celles de tout le monde. Mais elle aime son pays, elle a pour moi et ma maison l'amitié d'une sœur, et nul de mes hôtes ne doit craindre du mal ou se tenir pour offensé de sa part. Je ne doute pas qu'elle ne soit avec nous à l'heure du dîner.

— Que le Ciel nous en préserve! dit mistress Baby Yellowley; car, à vous dire vrai, ma chère lady Glowrowrum, je n'aime pas ces commères qui paraissent et disparaissent comme un rayon du soleil ou un tourbillon de vent.

—Parlez plus bas, parlez plus bas, répondit lady Glowrowrum, et remerciez cette sorcière de n'avoir pas emporté avec elle un pan de l'habitation. Ses semblables ont joué de plus mauvais tours, et c'est ce qu'elle fait elle-même quand elle n'a pas de raison pour protéger une maison.

Des propos semblables circulèrent dans le reste de la société jusqu'au moment où l'udaller éleva sa voix de stentor pour commander impérieusement le silence et adresser à ses hôtes l'invitation, ou plutôt l'injonction d'assister au départ des barques pour la pêche en pleine mer.

— Le vent n'a pas cessé d'être contraire depuis le lever du soleil, dit-il, et a retenu les barques dans la baie; mais maintenant qu'il est favorable, elles vont partir immédiatement.

Le brusque changement de temps donna lieu à plus d'un signe de tête et d'un clignement d'yeux de la part des conviés, assez portés à le rattacher à la disparition soudaine de Norna; mais sans se permettre des observations qui pouvaient être désagréables à leur hôte, ils le suivirent dans sa marche majestueuse jusqu'au rivage, comme un troupeau de daims suit son chef, avec tous les signes d'une respectueuse déférence[1].

---

[1] *Voyez* note K, a la fin du volume.

CHAPITRE XXII

> Il y avait dans son ricanement quelque chose de diabolique qui faisait naître à la fois des émotions de rage et de crainte ; et là où s'arrêtait son farouche regard de haine, l'Espérance fuyait éplorée, et la Pitié ne paraissait plus.
> *Le Corsaire*, chant I.

La pêche de la morue est la principale occupation des Schetlandais : c'est sur son produit surtout qu'étaient autrefois fondés le revenu des nobles et la subsistance du pauvre. Aussi la saison de la pêche est-elle, comme celle de la moisson dans les pays agricoles, l'époque la plus animée, la plus active et la plus importante de l'année.

Les pêcheurs de chaque district s'assemblent à des endroits déterminés avec leurs bateaux et leurs équipages, et construisent sur le rivage de petites huttes bâties avec des planches légères et couvertes de gazon pour leur servir d'habitation temporaire, et des *skeos* ou séchoirs pour les poissons ; de manière que le rivage, ordinairement désert, prend alors l'aspect d'une ville indienne. Les bancs où se fait la pêche sont souvent à plusieurs milles de distance de l'endroit où ils font sécher le poisson : aussi sont-ils toujours vingt ou trente heures absents, et souvent plus longtemps ; et si le vent et la marée ne sont pas favorables, ils restent en mer pendant deux ou trois jours avec une très-petite quantité de provisions et dans un bateau d'une frêle construction, et quelquefois même on n'entend plus parler d'eux. Le départ des pêcheurs pour cette expédition a donc en lui un caractère de danger et d'alarme qui lui donne quelque chose de solennel ; et l'anxiété des femmes qui restent sur la rive, épiant le départ du dernier bateau, ou attendant son retour avec inquiétude, donne à cette scène un grand intérêt [1].

---

[1] Le docteur Edmondston, l'ingénieux auteur de l'*Esquisse de l'état ancien et actuel des îles Schetland*, a su donner à ces détails un vif intérêt. « C'est vraiment un spectacle pénible que celui de la détresse et de l'anxiété des femmes de ces pauvres pêcheurs à l'approche d'une tempête. Sans faire attention à la fatigue, elles abandonnent leurs cabanes et volent à l'endroit où elles s'attendent à voir débarquer leurs maris, ou bien elles gravissent sur le sommet d'un rocher pour tâcher de les découvrir au milieu de l'Océan. Si elles peuvent distinguer une voile, elles la suivent avec une anxiété palpitante, tandis qu'alternativement elle s'élève ou disparaît sur les vagues. Quelquefois l'heureux retour des objets de leur inquiétude vient les tranquilliser, mais quelquefois aussi leur destin les condamne à héler la barque qui ne doit plus revenir. L'influence d'une température variable et les dangers d'une mer féconde en tempêtes,

CHAPITRE XXII.

Le rivage, quand l'udaller et ses amis y parurent, offrait donc à la fois un aspect d'inquiétude et d'activité. Les différents équipages d'une trentaine de barques, montées chacune depuis trois jusqu'à cinq et six hommes, prenaient congé de leurs femmes et de leurs parentes, e s'élançaient sur leurs longs bateaux norvégiens, où leurs lignes et leurs cordages étaient déjà disposés. Magnus ne demeurait pas spectateur oisif de cette scène : il allait de l'un à l'autre, s'informant de l'état de leurs provisions pour le voyage, et de leurs préparatifs pour la pêche ; — de temps en temps, avec un énergique juron hollandais ou norse, les traitant d'imbécilles de se mettre à la mer avec des bateaux en mauvais état, mais finissant toujours par leur faire donner sur ses propres provisions ou un gallon de gin, ou un lispund de vivres, ou quelque autre notable supplément à leurs provisions. Les audacieux marins exprimaient leurs remercîments pour de telles faveurs avec une brusquerie qu'aimait leur maître ; mais les femmes étaient plus bruyantes dans leur reconnaissance, et Magnus était souvent obligé de leur imposer silence, en maudissant toutes les langues de femmes depuis Ève jusqu'à nos jours.

Enfin tous furent à bord et prêts à partir : on hissa les voiles, on donna le signal du départ ; les rameurs commencèrent à manœuvrer, et tous s'éloignèrent du rivage, excités par l'émulation d'atteindre le premier le lieu de la pêche, et de placer ses lignes avant les autres : ce qui n'était pas un exploit de peu d'importance pour l'équipage du bateau qui avait le bonheur de l'exécuter.

Tandis qu'ils étaient encore à portée d'être entendus du rivage, ils chantèrent une ancienne chanson norse appropriée à la circonstance, et dont Claude Halcro fit la traduction littérale qui suit :

« Joyeuses jeunes filles, adieu les chansons et les rires, car les braves marins de Westra partent pour la pleine mer, et il nous faut subir la fatigue, la faim et l'inquiétude avant de danser de nouveau avec les filles de Dunrossness.

« Car maintenant, dans nos bons bateaux en sapin de Norvége, il nous faut danser sur les vagues avec le marsouin et le veau marin ; la brise sera notre musique, pourvu qu'elle ne joue pas trop fort, et la mouette chantera en passant rapidement auprès de nous.

« Chante, mon brave oiseau, tandis que, comme toi, à travers les bancs de sable, les bas-fonds et les sables mouvants, nous poursuivons les hôtes de l'Océan ; et quand des centaines de poissons seront attachés à nos lignes, chante plus fort, brave oiseau, car leurs dépouilles seront pour toi.

« Nous chanterons en amorçant, nous chanterons en tirant la ligne, car les profondeurs de l'Océan ont assez de trésors pour nous tous : la morue sera pour les bons

joints aux courants rapides, laissent rarement écouler une saison sans quelque fatal accident ou quelque délivrance miraculeuse. » *View*, etc, *of the Zetland Islands*, vol. 1, page 238. Cet ouvrage offre une foule de détails intéressants sur les pêches et l'agriculture aux îles Schetland, aussi bien que sur leurs antiquités. (W. S.)

pêcheurs, les vieillards auront leur part, et le brave Magnus, le fils des Iarls, verra s'accroître ses richesses

« Huzza! braves camarades, en route pour la haute mer; nous reviendrons plus vite danser et rire : car la vie sans gaieté est comme une lampe sans huile. Ainsi donc, joie et longue vie au brave Magnus Troil! »

Les paroles de cette rude poésie furent bientôt étouffées par le bruit des vagues, mais l'air sur lequel elles étaient chantées continua longtemps de se mêler au bruit du vent et de la mer; et les bateaux n'étaient plus que comme des taches noires sur la surface de l'Océan, diminuant à mesure qu'ils avançaient dans la haute mer, que l'oreille pouvait encore distinguer les sons de la voix humaine presque perdus au milieu du bruit des éléments.

Les femmes des pêcheurs regardèrent une dernière fois les voiles qui fuyaient, puis elles se retirèrent lentement, l'œil triste et l'inquiétude peinte sur le visage, vers les huttes dans lesquelles elles devaient faire les arrangements pour préparer et sécher le poisson dont elles espéraient voir leurs maris et leurs amis revenir abondamment chargés. Çà et là une vieille sibylle déployait l'importance supérieure de son expérience, en prédisant, d'après les signes de l'atmosphère, si le vent serait bon ou mauvais, tandis que d'autres recommandaient un vœu à l'église de Saint-Ninian, pour la sûreté des hommes et des bateaux (ancienne superstition catholique qui n'était pas encore entièrement détruite), et que quelques-unes, d'une voix basse et craintive, disaient à leurs compagnes qu'elles regrettaient qu'on eût laissé, le matin, Norna de Fitful-Head partir fâchée de Burgh-Westra, et que, de tous les jours de l'année, on eût justement choisi, pour la mécontenter, le premier jour de la pêche.

Les nobles convives de Magnus Troil, après avoir employé le temps dont ils pouvaient disposer à voir le petit armement mettre à la mer et à s'entretenir avec les pauvres femmes dont les parents venaient de s'embarquer, commencèrent à se séparer en plusieurs groupes qui, d'après leur goût, prirent différentes directions, pour jouir de ce qu'on pourrait appeler le clair-obscur d'un jour d'été schetlandais. Ce phénomène, sans avoir la brillante clarté du soleil qui anime les autres contrées pendant la belle saison, a un caractère doux et agréable qui adoucit pendant quelque temps les sombres paysages dont l'aspect, ordinairement solitaire et monotone, offre quelque chose de sévère et d'aride.

Dans une des plus solitaires retraites de la côte, en un lieu où une profonde cavité formée dans les rochers laissait la mer pénétrer dans la caverne, ou, comme on l'appelle, l'*Helyer* de Swartaster, Minna Troil se promenait avec le capitaine Cleveland. Ils avaient probablement choisi ce lieu pour être moins exposés à être interrompus, car la force du courant rendait la place peu convenable pour la pêche ou la navigation, et c'était un endroit que les promeneurs choisissaient rarement pour but de leurs excursions, car on le croyait habité par une sirène, race à laquelle la superstition norvégienne attribue des pouvoirs magiques et nuisibles. C'est là que Minna errait avec son amant.

Un petit espace de sable blanc comme du lait s'étendait au-dessous d'un des précipices, entourait l'anse, et leur offrait une promenade sèche, ferme et agréable, de quelques centaines de pas de longueur, terminée d'un côté par la sombre étendue de la baie, qui, à peine effleurée par le vent, semblait presque aussi unie qu'une glace. On la découvrait entre deux rochers élevés qui, se rapprochant par en haut l'un de l'autre, comme s'ils eussent voulu se rejoindre au-dessus du noir courant qui les séparait, semblaient former comme les mâchoires de la crique. L'autre côté de leur promenade était fermé par un rocher très-haut et presque inaccessible, qui servait d'habitation à plusieurs centaines d'oiseaux de mer de différentes espèces, et dans les flancs duquel s'ouvrait la bouche béante de la caverne, qui paraissait vouloir engloutir la marée montante, qu'elle recevait dans un abîme d'une profondeur et d'une étendue incommensurables. L'entrée de cette grotte effrayante ne consistait pas seulement, comme d'ordinaire, en une seule arche, mais était divisée en deux par un énorme pilier naturel qui, s'élevant de la mer et s'étendant jusqu'au sommet de la caverne, semblait prêter son appui à la voûte, et formait ainsi un double portail auquel les pêcheurs et les paysans avaient donné le nom grossier de *Narines du Diable*. Déjà, plus d'une fois, cette scène sauvage et solitaire, qui n'était troublée que par les cris des oiseaux de mer, avait été le théâtre des rendez-vous de Cleveland et de Minna Troil, car c'était une des promenades favorites de la belle Schetlandaise, les objets qu'elle présentait à sa vue s'accordant parfaitement avec son amour pour tout ce qui était sauvage, mélancolique et merveilleux. Mais la conversation dans laquelle elle était vivement engagée était de nature à détourner son attention, ainsi que celle de son compagnon, de la scène qui les entourait.

— Vous ne pouvez nier, disait-elle, que vous ne vous soyez abandonné envers ce jeune homme à des sentiments qui indiquent la prévention et la violence : prévention non méritée, du moins en ce qui vous concerne ; violence également imprudente et injuste.

— J'avais pensé, répliqua Cleveland, que le service que je lui rendis hier m'aurait exempté d'une telle accusation. Je ne parle pas de mon propre péril, car j'ai vécu dans les dangers, et je les aime ; mais pas un homme ne se serait hasardé si près de l'animal furieux pour sauver une personne avec laquelle il n'aurait eu aucune liaison.

— Tous n'auraient pu le sauver, sans doute, répondit gravement Minna ; mais tous ceux qui ont du courage et de la générosité l'auraient du moins essayé. La tête légère d'Halcro en aurait fait autant que vous, si sa force eût égalé son courage ; — mon père l'eût fait de même, quoique ayant de justes sujets de mécontentement contre le jeune homme que la vanité a porté à abuser de notre hospitalité. Ne vous vantez donc pas trop de votre exploit, mon ami, si vous ne voulez que je croie qu'il vous a coûté un trop grand effort. Je sais que vous n'aimez pas Mordaunt Mertoun, quoique vous ayez exposé votre vie pour le sauver.

— N'accordez-vous donc rien, dit Cleveland, à la longue souffrance que m'a fait endurer le bruit généralement répandu que ce chasseur imberbe se plaçait entre moi et ce que j'envie le plus sur la terre, — l'affection de Minna Troïl?

Il parlait d'un ton à la fois passionné et insinuant, et ses manières et son langage respiraient une grâce et une élégance qui formaient le plus frappant contraste avec les manières et les discours du marin grossier, qu'il affectait d'ordinaire. Mais cette justification n'était pas suffisante pour Minna.

— Vous avez su, dit-elle, peut-être trop tôt et trop bien, combien peu vous aviez à craindre, — si réellement vous l'avez craint, — que Mertoun ou aucun autre n'intéressât Minna Troïl. — Mais trêve de compliments et de protestations; j'accepterai comme la meilleure preuve de gratitude votre réconciliation avec ce jeune homme, ou du moins votre promesse d'éviter toute querelle avec lui.

— Que nous soyons amis, Minna, c'est ce qui est impossible, répliqua Cleveland; l'amour même que j'ai pour vous, la plus puissante émotion que mon cœur ait jamais connue, ne pourrait opérer ce miracle.

— Et pourquoi, je vous prie? Vous ne vous êtes jamais offensés; il y a plutôt eu entre vous un échange mutuel de services; pourquoi ne pouvez-vous pas être amis? — J'ai plusieurs raisons de le souhaiter.

— Mais pouvez-vous donc oublier les dédains qu'il a montrés pour Brenda, pour vous et pour la maison de votre père?

— Je puis tout oublier; — ne pouvez-vous en faire autant, vous qui en réalité n'avez reçu aucune offense?

Cleveland baissa les yeux et s'arrêta un instant; puis, levant la tête, il répondit: Je pourrais aisément vous tromper, Minna, et vous promettre ce que mon cœur me dit être impossible; mais je suis forcé d'employer trop d'artifices avec les autres, je ne veux en employer aucun avec vous. Je ne puis être l'ami de ce jeune homme; — il y a entre nous une répugnance naturelle, une aversion instinctive. — quelque chose de répulsif dans notre nature, qui nous rend odieux l'un à l'autre. Interrogez-le, et il vous dira qu'il éprouve la même antipathie pour moi. L'obligation que je lui avais servait de frein à mon ressentiment; mais j'étais si malheureux de cette contrainte, que j'aurais rongé le mors jusqu'à ce que mes lèvres en eussent été ensanglantées.

— Vous avez porté si longtemps ce que vous avez coutume d'appeler votre masque de fer, que vos traits gardent l'expression de son inflexibilité, même quand il est enlevé.

— Vous ne me rendez pas justice, Minna, et vous êtes fâchée contre moi, parce que j'agis vis-à-vis de vous avec simplicité et bonne foi. Cependant je vous dirai avec la même sincérité que si je ne puis être l'ami de Mordaunt, ce sera sa faute et non la mienne si jamais je deviens son ennemi. Je ne chercherai pas à lui nuire, mais ne me demandez pas de l'aimer. Et soyez persuadée que même, si je pouvais l'aimer, ce serait inutile; car je suis sûr que si je faisais quelque avance pour obtenir sa confiance, j'exciterais seulement son aversion et ses soupçons. Laissez un libre cours à nos sentiments naturels, et comme ils nous tiendront indubitablement aussi éloignés que possible, ce sera le moyen le plus sûr de prévenir toute discussion entre nous. — Cela vous suffit-il?

— Il le faut bien, puisque vous dites qu'il n'y a aucun remède.
— Et maintenant, dites-moi pourquoi vous êtes devenu si sérieux quand on vous a appris l'arrivée du bâtiment que vous attendiez; — car c'est lui, je n'en doute pas, — c'est lui qui est dans le port de Kirkwall?

— Je crains, répliqua Cleveland, les conséquences de l'arrivée de ce vaisseau avec son équipage, comme renfermant la ruine de mes plus chères espérances. J'avais fait quelques progrès dans les faveurs de votre père, et avec le temps j'aurais été plus loin; mais à présent voilà Hawkins et ses compagnons qui viennent détruire à jamais mon espoir. Je vous ai dit dans quels termes nous nous sommes séparés. Je commandais alors un vaisseau plus fort et plus redoutable que le leur, avec un équipage qui, à mon moindre signe, aurait affronté des démons armés de leur terrible élément; mais à présent je suis seul, je ne suis plus qu'un homme isolé, privé de tous moyens de leur imposer ou de les modérer; et ils montreront bientôt entièrement la licence indomptable de leur caractère et de leurs habitudes, dont leur ruine et la mienne seront probablement la conséquence.

— Ne le craignez pas, dit Minna; mon père ne sera jamais assez injuste pour vous rendre responsable des fautes des autres.

— Mais que dira Magnus Troil de mes propres méfaits, belle Minna? dit Cleveland en souriant.

— Mon père est Schetlandais, ou plutôt Norvégien, répondit Minna: c'est le fils d'une race opprimée, et il se souciera peu si vous vous êtes battu contre les Espagnols, qui sont les tyrans du Nouveau-Monde, ou contre les Hollandais et les Anglais qui leur ont succédé dans leur domination usurpée. Ses propres ancêtres ont toujours soutenu et exercé la liberté des mers, dans ces hardies embarcations dont les pavillons étaient l'effroi de toute l'Europe.

— Je crains cependant que le descendant d'un ancien roi de la mer n'ait peine à voir un parti sortable dans un corsaire moderne. Je ne vous ai pas caché que j'avais des raisons pour craindre les lois anglaises; et Magnus, quoique grand ennemi des taxes, d'impôts du *scat*, du *watle* et de tout le reste, n'étend pas ses idées sur un horizon plus étendu. — Il attacherait volontiers une corde à la grande vergue pour y pendre un malheureux flibustier.

— Ne le croyez pas; il a trop souffert lui-même de l'oppression des lois tyranniques de nos orgueilleux voisins d'Écosse. Je crois qu'il sera bientôt capable de leur opposer de la résistance. — Les ennemis, — je puis les appeler ainsi, — sont divisés entre eux, et chaque vaisseau qui revient de leur côte nous annonce de nouvelles commotions. — Les habitants des montagnes sont contre ceux des basses-terres; — les orangistes contre les jacobites, — les wighs contre les torys; — en un mot, le royaume d'Angleterre contre celui d'Écosse. Qui nous empêcherait, comme le dit Claude Halcro, de profiter des querelles de ces brigands, pour recouvrer l'indépendance dont ils nous ont dépouillés?

— D'arborer l'étendard du corbeau sur le château de Scalloway, dit Cleveland, imitant le ton et l'accent de Minna, et de proclamer votre père le comte Magnus Ier!

— Le comte Magnus VII, s'il vous plaît! répondit Minna; car six de ses ancêtres ont porté la couronne avant lui. — Vous riez de ma véhémence, mais *qui* pourrait empêcher tout cela?

— Rien ne l'*empêchera*, répondit Cleveland, car on ne l'essaiera jamais; il suffirait, pour l'empêcher, de la chaloupe d'un vaisseau de guerre anglais.

— Vous nous traitez avec mépris, monsieur; cependant vous devez savoir ce que quelques hommes déterminés peuvent exécuter?

— Mais il faut qu'ils soient armés, Minna, et qu'ils veuillent exposer leur vie dans les aventures les plus désespérées. — Ne pensez pas à de telles visions. Le Danemark a été réduit à devenir un royaume de second ordre, incapable d'échanger une seule bordée avec l'Angleterre; la Norvége est déserte et désolée; et dans ces îles, l'amour de l'indépendance a été étouffé par une longue servitude; ou s'il se montre encore, ce n'est que par quelques murmures inspirés par le bol ou la bouteille. Et vos hommes fussent-ils des guerriers aussi décidés que vos ancêtres, que pourrait l'équipage mal armé de quelques bateaux pêcheurs contre la marine anglaise? — Ne pensez donc plus à cela, charmante Minna. — C'est un songe; et je dois l'appeler ainsi, quoiqu'il donne tant d'éclat à vos yeux et qu'il rende votre démarche si noble.

— C'est un songe, en effet! reprit Minna en baissant les yeux, et il convient mal à une fille de Hialtland de penser et d'agir comme une femme libre. — Nos yeux doivent être baissés, et notre démarche lente et mesurée comme celle de l'homme qui obéit à un maître.

—Il y a des contrées, dit Cleveland, où l'œil peut se reposer sur des bosquets de palmiers et de cacaotiers ; où le pied peut se mouvoir aussi légèrement qu'une galère à la voile sur des prairies tapissées de fleurs et sur des prés entourés de bosquets odoriférants ; où la servitude est inconnue, excepté celle du brave au plus brave, et de tous à la plus belle.

Minna s'arrêta un moment avant de répondre, puis elle reprit : — Non, Cleveland : mon pays sauvage a pour moi des charmes, tout désolé qu'il vous paraisse et opprimé comme il l'est, que ne m'offrirait aucun autre lieu sur la terre. J'essaie en vain de me représenter ces arbres, ces bosquets que mon œil n'a jamais vus; mais mon imagination ne peut rien concevoir dans la nature de plus sublime que ces vagues lorsqu'elles sont agitées par un orage, rien de plus beau que lorsqu'elles viennent, comme en ce moment, expirer avec calme sur la rive. La plus belle scène d'une terre étrangère, — le plus brillant soleil qui ait jamais éclairé le plus riche paysage, ne pourraient me faire oublier un instant ce rocher élevé, cette montagne brumeuse et le vaste Océan. Le Hialtland est la patrie de mes ancêtres et de mon père ; c'est là que je veux vivre et mourir !

— Eh bien donc, je vivrai et mourrai aussi dans le Hialtland ! Je n'irai pas à Kirkwall ; — je ne ferai pas connaître mon existence à mes camarades, car autrement il me serait difficile de leur échapper. Votre père m'aime, Minna ; qui sait si une attention soutenue, des soins assidus, ne l'amèneront pas à me recevoir dans sa famille? Qui peut songer à la longueur du chemin, quand le bonheur l'attend au terme du voyage?

— Ne rêvez pas un tel dénouement, reprit Minna, il est impossible. Tant que vous vivrez dans la maison de mon père, tant que vous recevrez son hospitalité, que vous partagerez sa table, vous trouverez en lui l'ami généreux et l'hôte sincère ; mais parlez-lui de ce qui concerne son nom et sa famille, et le franc et cordial udaller ne sera plus pour vous que le fier et orgueilleux descendant d'un iarl norvégien. Jugez-en vous-même : — ses soupçons sont tombés un moment sur Mordaunt Mertoun, et il a retiré sa bienveillance au jeune homme qu'il aimait naguère comme un fils. Personne ne peut prétendre à s'allier à sa famille s'il ne descend directement d'une race du Nord.

— Et la mienne peut être telle, car je ne connais pas ma généalogie.

— Comment ! Avez-vous quelque raison de croire que vous descendez d'une famille norse?

— Je vous ai déjà dit que ma famille m'est totalement inconnue. J'ai passé mon enfance dans une habitation solitaire de la petite île de la Tortue[1], sous la direction de mon père, alors bien différent de ce

---

[1] Une des Antilles. (L. V.)

que je l'ai vu depuis; nous fûmes pillés par les Espagnols et réduits à une si extrême misère que mon père, poussé par le désespoir et par la soif de la vengeance, prit les armes. A la tête d'une petite troupe de gens animés des mêmes sentiments, il devint ce qu'on appelle un boucanier, et croisa contre les Espagnols, avec diverses vicissitudes de bonne et de mauvaise fortune, jusqu'à ce qu'ayant voulu réprimer les violences de ses compagnons, il périt par leurs mains, — sort assez commun parmi les capitaines de pirates. Mais d'où venait mon père? où était-il né? c'est ce que j'ignore, belle Minna, et je n'ai jamais eu la moindre curiosité sur ce sujet.

— Votre malheureux père était du moins Anglais?

— Je n'en doute nullement. Son nom, que j'ai rendu trop formidable pour oser le prononcer publiquement, est un nom anglais; et la connaissance qu'il avait de la langue et même de la littérature anglaise, jointe aux peines qu'il prenait, dans de meilleurs jours, pour me les enseigner, prouve clairement qu'il était de ce pays. Si les manières grossières que j'affecte avec les autres ne sont pas chez moi un vice naturel, c'est à mon père, Minna, que je dois une part de mes meilleures pensées et des principes qui me rendent digne, à un certain degré, de votre estime et de votre approbation. Et cependant il me semble parfois qu'il est en moi deux caractères distincts, car je ne puis croire que moi, qui me promène maintenant avec la charmante Minna Troil et à qui il est permis de lui parler de ma passion, aie jamais été le chef audacieux de la bande intrépide dont le nom est aussi terrible qu'un ouragan.

— La fille de Magnus Troil n'aurait pas souffert ce hardi langage de votre part si vous n'eussiez été le chef intrépide qui, avec de si faibles moyens, a rendu son nom si redoutable. Mon cœur est comme celui des filles des anciens jours : il doit être conquis non par de belles paroles, mais par des actions courageuses.

— Hélas! ce cœur, que puis-je faire — que peut faire un homme, pour y obtenir la place que j'ambitionne?

— Rejoindre vos amis, suivre votre destinée, et laisser le reste à la fortune. Si vous reveniez chef d'une flotte formidable, qui peut dire ce qui arriverait?

— Et qui m'assurera que lorsque je reviendrai, — si jamais je reviens, — je ne trouverai pas Minna Troil fiancée ou épouse? — Non, Minna, je ne confierai pas au destin le seul objet digne de mes désirs que le voyage orageux de ma vie m'ait encore offert.

— Écoutez-moi, dit Minna, je m'engagerai, si vous osez accepter un tel engagement, par la promesse d'Odin[1], le plus sacré des rites du Nord qui soient encore en usage parmi nous, de ne jamais favori-

---

[1] *Voyez* note L, à la fin du volume

ser un autre, jusqu'à ce que vous renonciez aux droits que je vous aurai donnés.—Cela vous satisfera-t-il?—car je ne puis,—je ne veux vous accorder davantage.

— Il faut donc que je m'en contente, dit Cleveland après un moment de silence; mais rappelez-vous que c'est vous qui me rejetez dans un genre de vie que les lois anglaises déclarent criminel, et que les passions violentes des hommes audacieux qui s'y consacrent ont rendu infâme.

— Je suis, reprit Minna, au-dessus de tels préjugés; lorsqu'il s'agit de combattre les Anglais, je vois leurs lois du même œil que si vous étiez engagé avec un ennemi orgueilleux et puissant qui aurait déclaré qu'il ne ferait aucun quartier à son adversaire : un homme brave n'en combat que mieux, alors. — Et quant aux mœurs de vos camarades, pourvu qu'elles ne gâtent pas les vôtres, pourquoi leur mauvaise réputation s'attacherait-elle à vous?

Pendant qu'elle parlait, Cleveland la regardait avec une surprise et une admiration au milieu desquelles se glissait un sourire que lui arrachait une telle simplicité.

— Je n'aurais jamais cru, dit-il, qu'un si grand courage se trouvât uni à une si complète ignorance du monde, du monde tel qu'il est aujourd'hui; quant à mes mœurs, ceux qui me connaissent le mieux conviendront que j'ai fait tous mes efforts, au risque de ma popularité et même de ma vie, pour adoucir la férocité de mes compagnons; mais comment façonner à l'humanité des hommes brûlants de se venger du monde qui les a proscrits? Comment leur apprendre à jouir avec modération des plaisirs que le hasard jette sur leur chemin, pour varier une vie qui, autrement, ne serait qu'une suite continuelle de dangers et de fatigues? — Mais cette promesse, Minna, cette promesse qui est la seule récompense que je doive recevoir de mon fidèle attachement, permettez-moi de la réclamer sans délai.

— Elle ne peut être faite ici, mais à Kirkwall. — Il nous faut invoquer, pour être témoin de cet engagement, l'esprit qui préside à l'antique cercle de Stennis; mais peut-être craignez-vous le nom de l'ancien père du meurtre, le nom du Sévère, du Terrible?

Cleveland sourit.

— Rendez-moi, aimable Minna, la justice de croire que je suis peu accessible aux causes de terreurs réelles; quant aux terreurs imaginaires, j'y suis tout à fait insensible.

— Vous n'y croyez donc pas? dit Minna; alors il vous conviendrait mieux d'être l'amant de Brenda que le mien.

— Je croirai à tout ce que vous croyez; tous les êtres qui peuplent ce Valhalla dont vous vous entretenez si souvent avec ce musicien, ce fou de rimeur, Claude Halcro, — tous deviendront pour moi des êtres existants et réels; mais, Minna, ne me demandez pas de les craindre.

— Les craindre! — non assurément; car jamais Thor ou Odin, apparaissant dans tout l'appareil de leurs terreurs, n'ont fait reculer d'un pas les héros de notre race intrépide. Ne pensez pas que je les considère comme des divinités; — une foi plus pure me garantit d'une erreur si dangereuse. — Mais nous voyons en eux des esprits puissants pour le bien ou le mal; — et songez, en les bravant, que vous défiez un ennemi tel que vous n'en avez jamais rencontré.

— Non pas dans ces latitudes septentrionales, dit Cleveland avec un sourire, où je n'ai trouvé jusqu'ici que des anges; mais j'ai, dans mon temps, affronté les démons de la ligne équinoxiale, que nous autres corsaires tenons pour aussi puissants et aussi malfaisants que ceux du Nord.

— Avez-vous donc été témoin de ces merveilles qui sont au delà du monde visible? dit Minna avec une sorte d'effroi.

Cleveland composa sa physionomie et répondit : — Peu de temps avant la mort de mon père, j'obtins, quoique bien jeune encore, le commandement d'un sloop monté d'une trentaine d'hommes aussi déterminés que quiconque a jamais manié le mousquet. Nous croisâmes longtemps sans succès, ne prenant que de malheureuses petites barques destinées à la pêche de la tortue, ou bien chargées d'une cargaison grossière et misérable. J'avais beaucoup de peine à empêcher mes camarades de se venger, sur l'équipage de ces chétives embarcations, du désappointement qu'elles nous causaient. Enfin, le désespoir nous prit, et nous fîmes une descente dans un village où l'on nous avait dit que nous trouverions les mulets chargés de richesses d'un certain gouverneur espagnol. Nous parvînmes à nous emparer de la place; mais, tandis que j'essayais de sauver les habitants de la fureur de mes gens, les muletiers et leur charge précieuse se sauvèrent dans les bois voisins. Cela combla la mesure de mon impopularité. Mes hommes, depuis longtemps mécontents, se révoltèrent ouvertement. Dans un conseil général, ils me retirèrent le commandement, et, décidant que j'avais trop peu de bonheur et trop d'humanité pour la profession que j'avais embrassée, ils me condamnèrent à devenir *maron* [1], comme on dit, sur une de ces petites îles boisées et sablonneuses que l'on nomme, dans les Indes occidentales, *Keys*, et qui ne sont fréquentées que par les tortues ou les oiseaux de mer. On les croit habitées par les démons qu'adoraient les anciens habitants, ou par les caciques que les Espagnols ont fait périr dans les tortures pour découvrir leurs trésors cachés, ou enfin par les spectres de toute espèce dont l'existence est un article de foi pour les marins des diverses nations [2].

[1] On appelle *maron* un marin que l'on abandonne sur une côte ou île déserte, — sorte de cruauté souvent mise en pratique par les pirates et les boucaniers. (W. S.)

[2] Un frere aîné de l'auteur, qui ne vit plus maintenant, elevé dans la marine, et midshipman dans l'escadre de Rodney aux Indes occidentales, avait coutume de l'effrayer dans son enfance par des contes sur ces îles inhabitées. Il y en avait une nom-

Le lieu de mon bannissement, appelé Coffin-Key, situé à deux lieues et demie au sud-est des Bermudes, était si bien connu pour servir de repaire à ces êtres surnaturels, que les richesses du Mexique n'auraient pas suffi, je crois, à décider le plus brave de ces coquins qui me conduisirent dans cette île à y rester seul une heure, même en plein jour. Et lorsqu'ils m'y eurent déposé, ils se hâtèrent de s'éloigner dans leur sloop, comme des hommes qui n'osaient jeter les yeux derrière eux, me laissant chercher ma subsistance comme je le pourrais sur un coin de terre stérile entourée du vaste Océan, et habitée, suivant eux, par de redoutables esprits.

— Et que s'ensuivit-il? demanda Minna avec anxiété.

— Je vécus aux dépens de ces oiseaux de mer justement nommés nigauds, car ils étaient assez sots pour se laisser approcher de manière à ce que je pouvais les abattre d'un coup de bâton; je me nourris ensuite d'œufs de tortue, lorsque ces oiseaux complaisants connurent mieux les dispositions malveillantes de l'espèce humaine, et apprirent à se défier de moi.

— Et les démons dont vous parliez?

— J'avais quelques appréhensions secrètes à ce sujet : je ne les craignais guère en plein jour, ou dans une entière obscurité; mais pendant le crépuscule du matin, et lorsque le jour commençait à tomber, je vis, la première semaine de mon séjour dans l'île, beaucoup de spectres étranges et indéfinissables, qui ressemblaient tantôt à un Espagnol enveloppé dans sa cape et la tête couverte de son large sombrero en forme d'ombrelle, tantôt à un marin hollandais avec son bonnet fourré et ses larges hauts-de-chausses, ou bien à un cacique indien avec sa couronne de plumes et sa longue lance de canne.

— Ne vous en êtes-vous jamais approché, et ne leur avez-vous pas adressé la parole?

— Je m'en suis toujours approché, mais je regrette, ma belle amie, de tromper votre attente; chaque fois que j'arrivais près d'eux, le fantôme se trouvait changé en un buisson, en un tronc d'arbre, ou bien en une couronne de brouillards, ou quelque autre objet du même genre qui m'avait fait illusion, jusqu'à ce que l'expérience m'apprit à ne plus me laisser jouer par de semblables visions; et je restai habitant solitaire de Coffin-Key, aussi peu alarmé de ces terreurs imaginaires que si j'avais encore été dans la grande cabine d'un bel et bon vaisseau, avec une vingtaine de compagnons autour de moi.

— Vous plaisantez à mes dépens, en me faisant un conte qui ne signifie rien; mais combien de temps êtes-vous resté dans cette île?

---

mée, autant qu'il m'en souvient, Coffin-Key, ou les marins, chargés de faire provision d'eau douce pour le bâtiment, refusèrent obstinément de passer la nuit. Ils aimaient mieux revenir à bord chaque soir, et y retourner le lendemain matin. (W. S.)

— J'y traînais depuis un mois une pénible existence, lorsqu'enfin je fus recueilli par l'équipage d'un navire qui venait à la pêche de la tortue. Cependant cette malheureuse reclusion ne me fut pas tout-à-fait inutile, car sur cette terre stérile et sablonneuse je trouvai, ou plutôt je me forgeai le *masque de fer* qui depuis fut ma plus sûre garantie contre la trahison ou la mutinerie de mes gens. Ce fut là que je pris la résolution de ne paraître ni plus sensible, ni mieux élevé, ni plus humain, ni plus scrupuleux que ceux à qui le sort m'avait associé. Revenant sur ma vie passée, je reconnus qu'en me montrant plus brave, plus habile, plus entreprenant que mes compagnons, je m'étais acquis leur respect et le droit de les commander; mais que j'avais excité leur envie et m'étais attiré leur haine en laissant paraître une meilleure éducation et des manières plus civilisées, comme si j'eusse été d'une autre espèce qu'eux. Je me promis donc, puisque je ne pouvais détruire la supériorité que me donnaient sur eux mon intelligence et mon éducation, de mettre tous mes efforts à les déguiser, et à cacher, sous l'apparence d'un marin grossier, de meilleurs sentiments et des qualités plus rares. Je prévis alors ce qui est arrivé depuis, que, par cet extérieur dur et hardi, je me ménagerait sur mes gens une autorité durable et dont je pourrais me servir pour le maintien de la discipline et le soulagement des malheureux qui tomberaient en notre pouvoir. Je vis, en un mot, que, pour conserver mon autorité, il me fallait ressembler, du moins à l'extérieur, à ceux sur qui je devais l'exercer. La nouvelle du malheur de mon père, en excitant ma colère et ma vengeance, me confirma dans la résolution que je venais de prendre. Lui aussi avait été victime de la supériorité de son esprit, de ses mœurs, de ses manières, sur ceux qu'il commandait. Les gens de son équipage s'étaient habitués à l'appeler *le Gentleman;* et sans doute ils pensaient qu'il n'attendait qu'une occasion favorable de se réconcilier, peut-être à leurs dépens, avec ces formes de la société régulière auxquelles ses habitudes semblaient mieux appropriées, et cette raison même les détermina à l'assassiner. La nature et la justice m'appelaient également à la vengeance. Bientôt je fus à la tête d'une nouvelle bande d'aventuriers, si nombreux dans ces parages. Ce ne fut pas ceux qui m'avaient abandonné dans l'île que je me mis à poursuivre, mais les misérables assassins de mon père; et je me vengeai sur eux si sévèrement que cela seul aurait suffi pour me faire attribuer cette férocité inexorable que je voulais faire supposer en moi, et qui, peut-être, est devenue peu à peu comme naturelle à mon caractère. Mes manières, ma conversation, ma conduite, subirent un tel changement, que ceux qui m'avaient connu autrefois étaient tentés d'en attribuer la cause aux rapports que j'avais eus avec les démons de Coffin-Key; il y en avait même d'assez superstitieux pour croire que j'avais fait quelque pacte avec eux.

— Je tremble d'en entendre davantage. N'êtes-vous pas devenu ce monstre de courage et de cruauté dont vous aviez voulu revêtir le caractère ?

— Si j'ai échappé à un tel destin, c'est à vous, Minna, que doit être attribué ce miracle. Il est vrai toutefois que j'ai toujours désiré me distinguer plutôt par les actes d'une valeur aventureuse que par des projets de vengeance ou de pillage ; que souvent une plaisanterie grossière m'a permis de sauver une vie condamnée, et que par l'excès de sévérité des mesures que je proposais à l'égard des prisonniers, plus d'une fois je décidai mes compagnons à parler en leur faveur. De telle sorte que la sévérité apparente de mon caractère a quelquefois été plus utile à la cause de l'humanité, que si j'avais professé pour elle un culte extérieur.

Il cessa de parler, et Minna ne lui répondant pas un mot, il y eut un intervalle de silence ; enfin Cleveland reprit ainsi la parole :

— Vous vous taisez, miss Troil ; je me suis moi-même fait tort dans votre opinion, par la franchise avec laquelle je me suis peint à vos yeux. Je puis cependant dire en toute vérité que mes dispositions naturelles ont été contrariées plutôt que changées par les circonstances fâcheuses où je me suis trouvé.

— Je doute, dit Minna après un moment de réflexion, que vous eussiez été aussi franc si je n'avais dû bientôt voir vos camarades, et découvrir, d'après leur conversation et leurs manières, ce que vous eussiez été bien aise de me cacher.

— Vous êtes injuste, Minna, cruellement injuste. Dès l'instant que vous avez su que j'étais un marin de fortune, un aventurier, un boucanier, ou, pour lâcher le mot, un Pirate, deviez-vous vous attendre à moins que ce que je vous ai dit?

— Il n'est que trop vrai ; — j'aurais dû prévoir tout cela, et je ne sais comment j'ai pu concevoir d'autres espérances. Mais il me semblait qu'une guerre contre les cruels et superstitieux Espagnols avait en elle quelque chose qui ennoblissait, qui relevait la profession cruelle à laquelle vous venez de donner son véritable et terrible nom. Je pensais que les guerriers indépendants de l'océan occidental, se levant pour venger les torts faits à tant de tribus massacrées et pillées, devaient avoir quelque chose de cette élévation d'âme que déployèrent les enfants du Nord, lorsque leurs longues galères vengèrent sur tant de côtes les oppressions de Rome dégénérée. — Tels furent mes pensées et mes rêves ; — je regrette de les voir s'évanouir à mon réveil. Néanmoins je ne vous accuse pas des erreurs de mon imagination. — Adieu, il faut nous séparer.

— Dites-moi au moins que vous ne m'avez pas pris en horreur parce que je vous ai parlé sincèrement.

— Il me faut du temps pour la réflexion, et pour méditer sur ce que vous m'avez dit, avant que je puisse bien me rendre compte à moi-même de mes propres sentiments ; mais je puis vous déclarer que celui qui poursuit à travers le sang et des actes de cruauté de vils projets de pillage, qui est réduit à voiler un reste de remords sous une affectation de supériorité dans le crime, n'est pas et ne peut être l'amant que Minna Troil s'attendait à trouver dans Cleveland, et si elle l'aime encore, ce ne peut plus être que comme un homme repentant et non comme un héros.

En disant ces mots, elle dégagea sa main qu'il s'efforçait de retenir, et lui fit un signe impératif pour lui défendre de la suivre.

— Elle est partie ! dit Cleveland en la regardant s'éloigner. Son caractère sauvage et sa vive imagination ne m'avaient pas préparé à cela. — Elle n'a point tressailli au nom de ma profession périlleuse, et pourtant sa pensée ne semble nullement familiarisée avec le mal qui en est la conséquence nécessaire. Ainsi, tout le mérite que me donnait à ses yeux ma ressemblance avec un champion norse, ou un roi de la mer, s'est évanoui en un instant, parce qu'une bande de pirates n'est pas une troupe de saints. Je voudrais que Rackam, Hawkins et les autres fussent au fond du raz de Portland ; — je voudrais que le courant de Pentland les eût entraînés dans l'enfer, plutôt que de les amener aux Orcades. Au surplus, tous ces démons ne me feront pas quitter la piste de cet ange. J'irai, — oui, il le faut, j'irai aux Orcades avant que l'udaller n'y fasse son voyage ; — notre rencontre pourrait alarmer son esprit obtus, quoique, Dieu merci ! la nature de notre commerce ne soit guère connue dans ce pays sauvage que par ouï-dire, ou par les récits de nos bons amis les Hollandais, qui ont bien soin de ne jamais dire grand mal de ceux qui leur font gagner de l'argent. Eh bien ! si la fortune continuait de me favoriser près de cette belle enthousiaste, je ne poursuivrais plus sur mer la trace de l'inconstante déesse, mais je m'établirais au milieu de ces rocs, et j'y serais aussi heureux que sous des bosquets de bananiers et de palmiers.

Ce fut l'esprit rempli de ces pensées, qu'il n'exprimait qu'à demi par des paroles à peine articulées, que le pirate Cleveland regagna le manoir de Burgh-Westra.

CHAPITRE XXIII.

> Il y eut des poignées de main et des serrements de cœur, car l'heure approchait où la compagnie joyeuse devait se séparer. Nous fîmes donc appeler nos chevaux et demandâmes notre chemin, tandis que notre vieil hôte joyeux disait : Vous n'avez rien à payer.   *Lilliput, poëme.*

Nous ne nous étendrons pas sur les fêtes de cette journée, qui n'eurent rien de particulièrement intéressant pour le lecteur. Comme à l'ordinaire, la table fléchit sous l'abondance des mets, auxquels fit honneur l'appétit accoutumé des convives. — Le bol de punch se remplit et se vida avec la promptitude habituelle ; — les hommes burent à longs traits, — les femmes rirent à gorge déployée ; — Claude Halcro déclama ses vers, débita ses jeux d'esprit et chanta les louanges de John Dryden ; — l'udaller but mainte rasade et chanta en chœur, — et, comme à l'ordinaire, la soirée se termina dans le grand magasin, qu'il plaisait à Magnus de nommer la salle de danse.

Ce fut donc là que Cleveland s'approcha de Magnus, qui était assis entre ses deux filles, et lui fit part de son projet de s'embarquer pour Kirkwall sur un petit brick équipé par les soins de Bryce Snailsfoot, lequel, s'étant défait avec une promptitude inespérée de ses marchandises, l'avait frété pour cette destination, dans le but de faire une nouvelle pacotille.

Magnus entendit la résolution soudaine de son hôte avec surprise, pour ne pas dire avec déplaisir, et lui demanda, non sans quelque aigreur, depuis quand il préférait la compagnie de Bryce Snailsfoot à la sienne? Cleveland lui répondit, avec sa brusquerie ordinaire, que le temps ni la marée n'attendaient personne, et qu'il avait des raisons particulières de faire son voyage à Kirkwall avant l'époque choisie par l'udaller pour cette traversée. — Il ajouta qu'il espérait le retrouver, ainsi que ses filles, à la grande foire dont l'époque approchait, et qu'il lui serait peut-être possible de revenir avec eux aux îles Schetland.

Tandis qu'il parlait, Brenda tenait les yeux fixés sur sa sœur autant qu'elle le pouvait faire sans exciter l'attention générale. Elle remarqua que ses joues étaient devenues plus pâles encore que de coutume. et elle vit, à la compression de ses lèvres et à un léger froncement de ses sourcils, qu'elle cherchait à concentrer une forte émotion. Cependant Minna garda le silence, et lorsque Cleveland, après avoir fait ses adieux à l'udaller, s'approcha pour l'embrasser, comme c'était alors la coutume, elle reçut ses adieux sans avoir assez de confiance en elle-même pour essayer de lui répondre.

Mais Brenda allait aussi avoir son épreuve à subir, car Mordaunt Mertoun, naguère le favori de son père, prenait en ce moment congé de lui sans en recevoir un seul regard d'amitié. Il y avait même une sorte de sarcasme dans le ton avec lequel Magnus souhaita au jeune homme un bon voyage, en lui recommandant, s'il rencontrait en chemin une jolie fille, de ne pas se figurer qu'elle était éprise de lui parce qu'il leur serait arrivé de plaisanter un moment ensemble. Mordaunt rougit à ce propos, dans lequel il démêlait une insulte bien qu'il ne fût qu'à moitié intelligible pour lui ; mais il se souvint de Brenda, et réprima toute pensée de ressentiment. Il s'avança pour prendre congé des deux sœurs : Minna, dont le cœur s'était considérablement adouci en sa faveur, reçut ses adieux avec une sorte d'intérêt ; mais le chagrin de Brenda se peignit si bien dans la manière dont elle l'accueillit et dans les larmes qui mouillèrent ses yeux, que l'udaller même le remarqua et s'écria avec un peu d'humeur : — Eh bien ! oui, mon enfant, c'est tout naturel ; c'est un ancien ami. Mais souvenez-vous que je ne veux plus que vous le regardiez comme tel désormais.

Mordaunt, qui s'éloignait lentement, entendit à moitié cette observation désobligeante, et fut sur le point de rentrer pour en demander raison ; mais il abandonna ce projet lorsqu'il vit que Brenda avait été obligée de recourir à son mouchoir pour cacher son émotion, et l'idée que son départ en était la cause effaça en lui tout souvenir des dures paroles de Magnus. Il se retira ; — les autres convives suivirent son exemple, et beaucoup d'entre eux, comme Mordaunt et Cleveland, firent le soir leurs adieux, afin de pouvoir se mettre en route le lendemain de bonne heure.

Chacune des deux sœurs avait en ce moment ses chagrins, et si, pendant la nuit suivante, cette affliction mutuelle ne put entièrement dissiper la réserve qu'elles gardaient entre elles, du moins la froideur glaciale et l'aigreur des jours précédents avaient disparu. Elles pleurèrent dans les bras l'une de l'autre et sans se parler. Chacune d'elles devenait plus chère à l'autre, car elles sentaient que le chagrin qui faisait couler leurs larmes avait une source commune.

Il est probable, quoique les pleurs de Brenda coulassent avec plus d'abondance, que le chagrin de Minna était plus profond ; car depuis longtemps la plus jeune des deux sœurs s'était, comme un enfant, endormie, à force de sangloter, sur le sein de Minna, et celle-ci demeurait éveillée, épiant la lueur douteuse du crépuscule ; les larmes, qui s'amassaient lentement dans ses yeux, coulaient le long de ses joues lorsqu'elles devenaient trop lourdes pour être retenues par les longs cils noirs de ses paupières. Tandis qu'elle se livrait ainsi à ses pensées douloureuses, elle fut surprise d'entendre sous la fenêtre les sons d'une musique. D'abord elle supposa que ce pouvait être quelque caprice de Claude Halcro, à qui son humeur bizarre donnait souvent l'idée de semblables sérénades. Cependant ce n'était pas le *gue* du vieux ménestrel qu'elle entendait, mais le son de la guitare, instrument dont personne ne savait faire usage dans l'île, excepté Cleveland, qui, dans ses relations avec les Espagnols de l'Amérique du Sud, avait appris à en jouer d'une manière remarquable. Peut-être était-ce aussi dans ces climats qu'il avait appris les couplets qu'accompagnait l'instrument ; car, bien qu'il les chantât alors sous les fenêtres d'une jeune fille de Thulé, ils n'avaient certainement pas été composés pour une habitante d'un pays aussi froid et aussi triste, puisque l'on y parlait de phénomènes de la terre et du ciel qui y étaient tout-à-fait inconnus :

« L'amour veille et gémit, tandis que la beauté repose : ô mélodie, prête-moi tes plus doux accents pour embellir son sommeil d'un songe doux comme la couche où elle repose !

« Dans les bosquets de palmiers soupire la brise embaumée ; les lucioles tournoient dans l'air, tandis qu'avec l'ombre vient un doux parfum qui trahit de lointains tapis de fleurs.

« Oh! veille, et reviens au sentiment de la vie ; la douceur imaginaire d'un songe ne peut valoir la réalité. Réveille-toi, et l'œil collé sur ta jalousie, écoute des paroles d'amour ! »

La voix forte, étendue et mâle de Cleveland s'accordait bien avec l'air espagnol auquel les paroles, sans doute traduites de la même langue, avaient été adaptées. Son appel n'aurait sans doute pas été inutile, si Minna avait pu se lever sans éveiller sa sœur. Mais c'est ce qui était impossible ; car Brenda, qui, ainsi que nous l'avons dit, avait versé des larmes amères avant de céder au sommeil, avait en ce moment le visage appuyé sur le cou de sa sœur, un bras passé autour d'elle, comme un enfant qui s'est endormi en pleurant dans les bras de sa nourrice. Il était donc impossible que Minna se dégageât de son étreinte sans l'éveiller, et elle ne put exécuter le dessein formé par elle dans le premier moment, de passer sa robe et de s'approcher de la fenêtre pour parler à Cleveland, qui, elle n'en doutait pas, avait eu recours à ce moyen pour se procurer une entrevue. Cet obstacle lui causait une contrariété d'autant plus vive, qu'il était probable que son amant venait lui dire un dernier adieu ; mais que Brenda, ennemie de Cleveland, comme elle s'était déclarée tout récemment, s'éveillât et fût témoin de ces adieux, c'est ce dont Minna ne pouvait supporter l'idée.

Il y eut une courte pause pendant laquelle Minna s'efforça plus d'une fois de dégager, aussi doucement que possible, les bras de Brenda enlacés autour de son cou ; mais à chacune de ses tentatives, la dormeuse murmurait de petits sons comme un enfant troublé dans son sommeil; et il était facile de voir que de nouveaux efforts l'éveilleraient tout-à-fait.

Ainsi donc, à son grand regret, Minna fut forcée de rester tranquille et silencieuse. Alors son amant, comme déterminé à conquérir son attention par une musique d'un autre caractere, chanta le fragment suivant d'une chanson de marin :

« Adieu, adieu! la voix que vous entendez perd en vous quittant ses derniers accents de tendresse; — bientôt il lui faudra se mêler aux bruits du bord et joindre ses cris aux cris de l'équipage

« Ce rude langage, qu'un froncement de vos sourcils faisait expirer sur mes lèvres, doit, dominant la tempête, donner le mot d'ordre, faire couper le mât et lutter contre l'orage

« A peine osais-je lever sur vous un œil timide ; — cette main qui tremblait lorsqu'elle pressait la tienne, pointera les canons pour donner la chasse a l'ennemi, — fera briller le coutelas homicide.

« A tout ce que j'aime, espère ou crains, — à tout ce que j honore, à tout ce que j'estime, un long adieu ! Adieu à tout ce qui est cher et doux dans la vie ! mais non à ton souvenir ¹ »

Il se tut de nouveau; et de nouveau celle à qui la sérénade était adressée tenta vainement de se lever sans éveiller sa sœur. Il fallut y renoncer, et se résigner à l'idée pénible que Cleveland allait partir désolé, sans un seul regard, sans un seul mot d'elle, lui dont le caractère si violent se pliait avec une soumission si attentive à ses volontés ! — Si elle pouvait seulement s'échapper un instant pour lui dire adieu, — pour le detourner de nouvelles querelles avec Mordaunt, — pour le supplier de se détacher de compagnons tels que ceux qu'il avait décrits ; — si elle pouvait faire tout cela, qui sait quel effet de semblables avis donnés au moment du départ seraient capables de produire sur son caractère, — peut-être sur tout son avenir !

Cédant à cette irrésistible tentation, Minna allait faire un dernier effort décisif, lorsqu'elle entendit des voix sous sa fenêtre, et crut distinguer celles de Cleveland et de Mordaunt parlant d'un ton animé, mais qui en même temps semblait retenu, comme si les interlocuteurs avaient craint d'être entendus. Alors l'inquiétude se joignit au désir qu'elle avait déjà de se lever, et elle parvint enfin en un moment au but qu'elle avait à tant de reprises essayé vainement d'atteindre. Le bras de Brenda fut dégagé du cou de sa sœur sans qu'elle donnât d'autres signes d'alarme que deux ou trois murmures inarticulés :

¹ Je ne puis me refuser la satisfaction d'amour-propre de dire que ces strophes ont été mises en musique avec un rare talent par MM. Arkwright, du comté de Derby

(W. S.)

CHAPITRE XXIII.

Minna, à la hâte et en silence, se couvrit d'une partie de ses vêtements, avec l'intention de se glisser jusqu'à la croisée. Mais avant qu'elle pût exécuter ce dessein, le bruit des voix à l'extérieur se changea en celui d'une lutte accompagnée de coups, et terminée presque aussitôt par un sourd gémissement.

Épouvantée à ce dernier signe de malheur, Minna s'élança vers la fenêtre et tâcha de l'ouvrir, car les personnes étaient si près du mur de la maison qu'elle ne pouvait les voir qu'en avançant la tête au dehors. L'espagnolette était dure et rouillée, et, comme il arrive d'ordinaire, la précipitation qu'elle mit à ce mouvement ne fit que rendre la tâche plus difficile. Lorsqu'elle en fut venue à bout et que, toute palpitante, elle avança la moitié de son corps en dehors de la croisée, ceux de qui partaient les sons qui avaient causé ses alarmes étaient devenus invisibles, et elle n'aperçut qu'une ombre qui se projetait entre la lune et elle, et dont l'apparence indiquait l'acte de tourner un angle qui la dérobât à sa vue. Cette ombre avançait lentement et semblait celle d'un homme qui en porterait un autre sur ses épaules ; idée qui mit le comble aux angoisses de Minna. La fenêtre n'était guère à plus de huit pieds du sol, et elle n'hésita pas à les franchir aussitôt et à poursuivre l'objet qui avait excité sa terreur.

Mais lorsqu'elle arriva au coin du bâtiment où l'ombre lui avait paru placée, elle ne vit rien qui pût lui indiquer le chemin que l'apparition avait pris ; et après un moment d'examen, elle se convainquit que toute tentative pour la poursuivre serait également folle et infructueuse. Indépendamment des coins et recoins qu'offrait la forme irrégulière de l'habitation et de ses nombreuses dépendances, — des divers celliers, magasins, écuries et autres qui défiaient sa recherche solitaire, il y avait une rangée de roches basses qui s'étendait jusqu'au hâvre et dont la chaîne semblait la continuation des piliers d'entrée. Ces rocs, dentelés en divers sens, étaient de plus remplis de cavités et de cavernes dont chacune pouvait servir de retraite à l'être dont l'ombre avait paru fuir avec son funeste fardeau ; car elle ne pouvait s'empêcher de craindre qu'il n'y eût quelque fatalité dans cette aventure.

Un moment de réflexion, comme nous l'avons déjà dit, suffit à convaincre Minna de la folie qu'il y aurait à pousser plus loin ses poursuites. Sa seconde pensée fut de donner l'alarme ; 'mais qu'aurait-elle à dire et de qui parlerait-elle ? — D'un autre côté, le blessé, — si toutefois il y en avait un, — hélas ! il se pouvait qu'il le fût mortellement ! — était peut-être encore à portée d'être secouru ; dans cette idée, elle allait élever la voix, lorsqu'elle fut interrompue par celle de Claude Halcro qui paraissait revenir du port et qui chantait à sa manière un fragment d'une vieille ballade norse dont voici à peu près le sens :

« Et vous vendrez les présents funéraires, oui vous les vendrez, ma mère; au corps fatigué, à l'âme pesante, le pain blanc et le vin.

« Et vous vendrez mes chevaux de prix; oui vous les vendrez, ma mère; et vous vendrez mes terres si étendues, ainsi que mes neuf châteaux.

« Mais ne vendez pas la vengeance du crime; le corps à la terre, l'âme à la grâce de Dieu, et le reste au temps marqué par le Ciel. »

La singulière conformité de ces vers avec la situation dans laquelle elle se trouvait, parut à Minna un avertissement du Ciel. Nous parlons d'un pays où régnaient la foi aux présages et des superstitions de tout genre, et peut-être serons-nous mal compris de ceux dont l'imagination exclusive ne peut concevoir avec quelle énergie ces préjugés ont agi sur l'esprit humain à certaines époques. Un vers de Virgile ouvert au hasard passait, au dix-septième siècle et à la cour d'Angleterre[1], pour un présage de l'avenir; il ne faut donc pas s'étonner qu'une jeune fille dans ces îles sauvages et reculées ait cru voir l'expression de la volonté divine dans des strophes dont le sens offrait de l'analogie avec sa position actuelle.

— Je me tairai, murmura-t-elle, — mes lèvres se condamneront au silence.

« Le corps à la terre, l'âme à la grâce de Dieu et le reste au temps marqué par le Ciel. »

— Qui parle là? dit Claude Halcro, non sans quelque alarme, car ses voyages dans les contrées étrangères ne l'avaient pas tout-à-fait guéri des préjugés de son pays natal. Dans l'état où l'horreur et la crainte l'avaient réduite, Minna fut d'abord incapable de répondre; Halcro, fixant ses regards sur la forme blanche d'une femme qu'il ne voyait qu'indistinctement, cachée comme elle l'était par l'ombre de la maison et par l'épais brouillard du matin, se mit à la conjurer par d'anciennes rimes qui s'offrirent à son esprit, comme propres à la circonstance, et qui, dans sa bouche tremblante, avaient une harmonie sauvage et peu terrestre, perdue sans doute dans l'imitation suivante:

« Que saint Magnus te maudisse, ce martyr de la trahison!
Que saint Ronan te repousse, non sans rime ni raison!
Par la messe de saint Martin, par le pouvoir de sainte Marie,
Va-t'en, ou malheur à toi si tu tardes!
Si tu es un esprit du bien, pars et élève-toi dans les cieux;
Si tu es un esprit du mal, que la terre t'engloutisse.
— Es-tu une substance de l'air : que le brouillard grisâtre t'enveloppe;
— Un être sorti de la terre : rentre dans ses noires entrailles.
Si tu es un génie, cherche ton cercle magique;
— Si tu es un nixie, cherche ta source;

---

[1] Charles Ier et ses courtisans avaient recours aux célèbres *sortes virgilianæ*, comme moyen de pénétrer les secrets de l'avenir. (W. S.)

— Si sur la surface de la terre
Tu fus esclave du malheur, de la honte et du péché ;
Si tu as mangé un pain trempé de sueurs et de larmes ;
Si tu as eu en partage ce lot que les hommes appellent la vie,
Va retrouver ta pierre, car le cercueil te réclame ;
Les vers, tes compagnons, déplorent ton absence.
— Loin d'ici, spectre vagabond ! que la terre te cache ;
Restes-y jusqu'à ce que l'archange Michel souffle la destruction.
Fantôme, fuis de ces lieux ! reconnais le signe de la croix,
Retire-toi jusqu'à la messe de la Toussaint ! — J'ai formulé mon charme. »

— C'est moi, Halcro, murmura Minna d'une voix si faible et si basse qu'on eût pu la prendre pour la réponse inarticulée de l'être à qui s'adressait la conjuration.

— Vous ! — vous ! dit Halcro, dont le ton d'alarme se changea en celui d'une extrême surprise ; par ce faible clair de lune, est-ce bien vrai ? — Qui se serait attendu à vous trouver, aimable Nuit, errante ainsi dans votre élément ? — Mais vous les avez vus comme moi, je suppose ? — Vous avez été bien hardie de les suivre.

— Qui, vu ? qui ai-je suivi ? dit Minna, dans l'espoir d'obtenir quelque renseignement sur le sujet qui causait ses craintes et son anxiété.

— Les feux follets qui dansaient près de la baie, répondit Halcro ; ils ne prédisent rien de bon, je vous assure. — Vous savez que le vieux dicton rimé dit :

« Là, où le feu follet brille et s'agite, que ce soit de nuit ou de jour a la lumière ou dans l'obscurité, la doit se trouver étendu un cadavre raide et froid. »

J'ai été jusqu'à moitié chemin du port pour les voir, mais ils avaient disparu. Je crois avoir vu s'éloigner un bateau, — quelqu'un de ceux destinés à la pêche, je suppose ; — je voudrais qu'on eût de bonnes nouvelles de cette pêche. — Il y a cette Norna qui nous a quittés en colère, et puis ces feux follets..... que Dieu nous soit en aide ! Je suis vieux et désire que tout cela finisse bien. Mais qu'est-ce que ceci, ma jolie Minna ? des larmes dans vos yeux ! — Et maintenant que ce beau clair de lune me permet de vous voir, vous voilà les pieds nus. De par saint Magnus ! n'y a-t-il donc pas dans nos îles de laine assez douce pour ces jolis pieds dont l'astre des nuits semble faire ressortir la blancheur ? — Eh quoi ! vous vous taisez ! — Peut-être êtes-vous fâchée de mes folies ? ajouta-t-il d'un ton plus sérieux. Fi ! méchante, vous savez bien que je suis assez vieux pour être votre père, et que je vous ai toujours aimée comme mon enfant.

— Je ne suis pas fâchée, dit Minna en faisant un effort pour parler ; — mais n'avez-vous rien vu ? — rien entendu ? — Ils doivent avoir passé devant vous.

— *Ils?* répéta Halcro ; — qui ? les feux follets ? — non ; mais je croirais plutôt que c'est devant vous qu'ils ont passé, et que vous avez ressenti leur mauvaise influence, car vous êtes pâle comme un spectre. — Allons, allons, Minna, ajouta-t-il en ouvrant une porte latérale, ces promenades au clair de lune conviennent mieux à de vieux poëtes qu'à de jeunes filles ; — et aussi légèrement vêtue que vous l'êtes, mon enfant, vous ne devriez pas vous fier aux brises d'une nuit schetlandaise, car elles apportent sur leurs ailes plus de frimas que de parfums. — Mais allons, rentrez ; comme dit l'illustre Dryden, — ou plutôt comme il ne dit pas, — car je ne puis me rappeler comment sont tournés ses vers, — mais comme je dis moi-même dans un joli poëme écrit aux jours de ma muse naissante :

« Une jeune fille modeste ne doit jamais se lever avant que les premiers feux du jour ne colorent le ciel ; ses paupières soyeuses doivent rester fermées tant que la rose n'a pas reçu les baisers du soleil, et ses petits pieds ne doivent pas tracer sur la rosée leur empreinte légère, jusqu'à ce que les fleurs écloses viennent étendre un tapis sous les pas de la beauté. »

Attendez : — Qu'est-ce qui vient ensuite ? — Voyons.

Lorsque le démon de la déclamation s'emparait d'Halcro, il oubliait le temps et le lieu, et aurait tenu sa victime, pendant une demi-heure, à l'air froid, tout en lui déduisant des arguments poétiques pour établir qu'elle aurait dû être au lit. Mais Minna l'interrompit par une question faite avec vivacité quoique d'une voix presque inarticulée, tandis que sa main, qu'agitait un tremblement convulsif, s'appuyait sur le bras du poëte, comme si, près de tomber, elle eût voulu se retenir à lui : — N'avez-vous vu personne dans le bateau qui vient de cingler vers la mer ?

— Folie ! répondit Halcro ; comment aurais-je pu voir quelqu'un, lorsque la lumière et la distance me permettaient à peine de discerner si c'était un bateau ou un souffleur [1] ?

— Mais il devait y avoir quelqu'un dans ce bateau ? reprit Minna, sachant à peine ce qu'elle disait.

— Certainement ; car il est rare qu'une barque vogue contre le vent de son propre mouvement. — Mais, allons ; tout cela ne signifie rien ; et, comme dit la reine dans une vieille pièce que le rare sir William Davenant [2] a remise au théâtre : Au lit, au lit, au lit !

Ils se séparèrent, et les jambes de Minna la portèrent à grand'-peine, à travers plusieurs détours, jusqu'à sa chambre, où, l'esprit accablé de mille craintes déchirantes, elle s'étendit avec précaution auprès de sa sœur encore endormie. Elle était sûre d'avoir entendu Cleveland ; — les paroles de la chanson ne lui laissaient aucun doute à cet égard. Si elle n'était pas aussi certaine d'avoir reconnu la voix du jeune

---

[1] Poisson de mer, espèce de baleine. (L. V.)

[2] Le tombeau de Davenant, à Westminster, porte l'inscription suivante : *O rare sir William Davenant!* (L. V.)

Mordaunt engagé dans une querelle vive avec son amant, du moins l'impression d'un effet analogue avait agi puissamment sur son esprit. Le gémissement par lequel il lui avait semblé que la dispute s'était terminée, — la terrible circonstance qui lui faisait croire que le vainqueur avait emporté le corps sans vie de sa victime, — tout tendait à prouver que le débat avait fini par une catastrophe fatale. Lequel de ces malheureux avait succombé? — lequel avait trouvé une mort sanglante? lequel avait remporté une cruelle et fatale victoire? A ces doutes, une faible voix intérieure répondait que son amant Cleveland, d'après son caractère, sa vigueur, ses habitudes, devait être sorti vainqueur de la lutte. Cette réflexion fut pour elle une consolation involontaire qu'elle s'en voulait presque d'admettre, en songeant qu'elle était empoisonnée par le crime de son amant et par le malheur éternel de Brenda.

— Innocente et malheureuse sœur! se dit-elle à elle-même, tu vaux dix fois mieux que moi; toi si excellente — si étrangère à l'orgueil, à la vanité. Comment ai-je pu cesser un instant de sentir une blessure dont la douleur n'a fait que passer de mon sein dans le tien!

Tandis que ces cruelles pensées traversaient son esprit, elle ne put s'empêcher de serrer sa sœur contre sa poitrine avec tant de force, qu'après un profond soupir, Brenda se réveilla.

— Ma sœur, dit-elle, est-ce vous? — Je songeais que j'étais couchée sur un de ces monuments que Claude Halcro nous a décrits, où l'effigie de ceux qui habitent l'intérieur du tombeau est sculptée en pierre sur le sépulcre. Je rêvais qu'une semblable figure de marbre, étendue à mes côtés, s'animait tout à coup et naissait à la vie pour me serrer contre son sein froid et humide, — et c'est le vôtre, Minna, qui est réellement ainsi glacé. — Vous n'êtes pas bien, ma chère Minna : permettez que je me lève et que j'appelle Euphane Fea. — Qu'avez-vous? Norna a-t-elle reparu ici?

— Ne faites venir personne, dit Minna en la retenant. Je n'ai rien dont on puisse me guérir, — rien, que la crainte de maux pires encore qu'aucun de ceux que Norna ait jamais prophétisés. Mais Dieu est tout puissant, ma chère Brenda; prions-le de changer nos maux en biens, car lui seul en a le pouvoir!

Elles répétèrent toutes deux leur prière accoutumée pour demander au Ciel force et protection, et s'abandonnèrent de nouveau au sommeil. Dieu nous bénisse! tel fut le seul mot qu'elles prononcèrent à la suite de leurs dévotions, voulant ainsi que leurs dernières paroles fussent pour le Ciel, si la fragilité humaine les empêchait de lui donner leur dernière pensée. Brenda s'endormit la première, et Minna, résistant avec énergie aux noirs et funestes pressentiments qui de nouveau commençaient à se presser en foule dans son imagination, fut enfin assez heureuse pour céder également au sommeil.

La tempête qu'avait prévue Halcro commença au point du jour; c'était une bourrasque mêlée de pluie et de vent, telle qu'on en ressent souvent dans ces parages, même dans les plus beaux moments de la saison. Au sifflement du vent, au fracas de la pluie sur le toit de lattes des cabanes de pêcheurs, plus d'une pauvre femme se réveilla et appela ses enfants pour élever leurs petites mains vers le ciel, et le prier de protéger un époux, un père chéri, alors à la merci des éléments déchaînés. Le vent sifflait dans les cheminées du manoir de Burgh-Westra; toutes les fenêtres s'entrechoquaient; les solives et la charpente de la partie la plus élevée de l'édifice, la plupart faites avec des débris de bâtiments naufragés, gémissaient et tremblaient comme si elles eussent craint d'être de nouveau dispersées par la tempête. Mais les filles de Magnus Troil continuèrent à reposer d'un sommeil paisible, comme un groupe de marbre pur sorti de la main de Chantrey. L'orage était passé, et les rayons du soleil, dispersant les nuages qui se pressaient dans la direction du vent, brillaient à travers les jalousies, lorsque Minna sortit la première du profond sommeil où l'avaient plongée la fatigue et l'épuisement. S'appuyant sur son bras, elle récapitula dans son esprit les événements qui, après cet intervalle de repos, semblaient se confondre avec les visions fantastiques de la nuit. Elle doutait presque si le souvenir des horribles circonstances qui avaient précédé le moment où elle s'était élancée hors de son lit, n'était pas un vain songe, inspiré peut-être par quelques sons extérieurs.

— Il faut que je voie sur-le-champ Claude Halcro, dit-elle; comme il était sur pied en ce moment, il sait peut-être quelque chose sur ces bruits étranges.

A ces mots elle se leva; mais à peine fut-elle debout sur le parquet que sa sœur s'écria : — Bon Dieu ! Minna, qu'avez-vous au pied, — à la cheville?

Minna y porta les yeux et vit, avec une surprise qui se changea en consternation, que ses deux pieds, et surtout l'un d'eux, avaient des taches d'un rouge foncé, semblables à celle que laisserait le sang desséché.

Sans essayer de répondre à Brenda, elle se précipita vers la fenêtre et jeta un regard éperdu sur le gazon qui couvrait la terre au-dessous, car c'était là, elle le savait, qu'elle devait avoir pris cette tache fatale. Mais les eaux du ciel, grossies encore par celles qu'y avait jetées le toit, avaient fait disparaître ce muet témoin du crime, si un crime avait été commis. La verdure brillait de fraîcheur, et chaque brin d'herbe, s'inclinant sous le poids de la rosée, étincelait comme un diamant au soleil du matin.

Tandis que l'œil égaré de Minna cherchait avec terreur des traces

CHAPITRE XXIII.

qui n'existaient plus, Brenda s'attachait à elle, et, par d'instantes prières, la pressait de lui dire où et comment elle s'était blessée.

— Un morceau de verre a coupé mon soulier, dit Minna, songeant qu'une excuse était nécessaire vis-à-vis de sa sœur ; je l'ai à peine senti dans le moment.

— Et cependant, voyez comme cela a saigné, ma bonne Minna, ajouta-t-elle en s'approchant d'elle avec un linge mouillé ; permettez que j'essuie le sang ; — la blessure peut être plus dangereuse que vous ne pensez.

Mais comme elle s'approchait, Minna, ne voyant aucun autre moyen de l'empêcher de découvrir que le sang dont elle était souillée n'avait jamais coulé dans ses veines, repoussa cette attention affectueuse avec une précipitation qui tenait de la rudesse. La pauvre Brenda, qui ne se sentait coupable d'aucune offense envers sa sœur, fit deux ou trois pas en arrière en voyant ses services si durement repoussés, et fixa sur sa sœur des yeux où se peignait plus de surprise et d'affection blessée que de ressentiment, mais qui n'étaient pas exempts d'une expression de déplaisir assez naturelle.

— Ma sœur, dit-elle, je croyais que nous étions convenues, pas plus tard qu'hier soir, que, quoi qu'il pût arriver, nous nous aimerions toujours?

— Il peut arriver bien des choses entre le soir et le matin ! répondit Minna, dont les paroles étaient plutôt inspirées par sa situation qu'elles n'étaient l'expression volontaire de sa pensée.

— En effet, il a pu se passer bien des choses dans une nuit si orageuse ; car, voyez : le mur même qui entoure le jardin potager d'Euphane a été jeté à bas ; mais ni vent, ni pluie, ni rien au monde ne saurait détruire notre tendresse, Minna !

— Mais il peut arriver des circonstances qui la changent en...

Le reste de la phrase fut murmuré d'un ton tellement inarticulé qu'il était impossible de le saisir. En même temps elle essuyait les empreintes de sang marquées sur ses pieds et sur sa cheville gauche. Brenda, qui continuait de se tenir à quelque distance, faisait de vains efforts pour prendre un ton propre à rétablir l'amitié et la confiance.

— Vous aviez raison, dit-elle, Minna, de ne pas me laisser panser une si légère égratignure : — de l'endroit où je suis, elle est à peine visible.

— Les blessures les plus poignantes, répondit Minna, sont celles qui ne laissent pas de trace à l'extérieur. — Êtes-vous bien sûre d'avoir vu la mienne?

— Oh oui ! reprit Brenda, tâchant de répondre au gré de sa sœur ; je vois une toute petite égratignure ; mais maintenant que vous tirez votre bas, je ne vois rien.

— Vous ne voyez rien en effet, dit Minna d'un air un peu égaré, mais le temps approche où tout — oui tout, sera vu et connu !

A ces mots, elle acheva de s'habiller à la hâte et se rendit au déjeûner, où elle prit place parmi les convives. Mais ses traits étaient si pâles et si hagards, ses manières et ses discours si altérés et si étranges, qu'elle fut remarquée de toute la compagnie et causa la plus vive inquiétude à son père. Nombreuses et diverses furent les conjectures des assistants sur un dérangement qui semblait plutôt affecter l'esprit que le corps. Les uns pensèrent que la jeune fille était sous l'influence d'un mauvais œil, et en accusaient à voix basse Norna de Fitful-Head; les autres s'entretenaient du départ du capitaine Cleveland, et se disaient à l'oreille qu'il était honteux qu'une jeune personne devînt éprise d'un vagabond que nul ne connaissait. Cette épithète méprisante fut particulièrement donnée au capitaine par mistress Baby Yellowley, qui en ce moment couvrait son vieux cou décharné du joli mouchoir dont il lui avait fait présent. La vieille lady Glowrowrum avait aussi son opinion qu'elle fit partager à mistress Yellowley, après avoir rendu grâces au Ciel de n'être parente de la famille de Burgh-Westra que par la mère des jeunes sœurs, aussi bonne Écossaise qu'elle-même.

— Quant à ces Troils, voyez-vous, dame Yellowley, ils ont beau lever la tête, des personnes bien informées disent (ici mistress Baby fit un clignement d'œil significatif) qu'il y a une mouche qui la pique. Cette Norna, comme ils l'appellent, — car ce n'est pas son véritable nom, — est quelquefois bien loin d'être dans son bon sens, et ceux qui en connaissent la cause disent que, d'une manière ou de l'autre, le fowd y est pour quelque chose, car il ne veut jamais en entendre mal parler. Mais j'étais alors en Écosse, sans quoi j'aurais pu comme bien d'autres en connaître la véritable raison. Bien certainement, il y a un grain de folie dans leur sang. Vous savez que les fous n'aiment pas à être contredits, — et je puis bien dire que dans toutes les îles Schetland il n'y a pas un homme qui supporte une contradiction moins facilement que le fowd. Mais jamais il ne sera dit que j'aie mal parlé d'une famille à laquelle je suis alliée de si près. Seulement, faites attention, dame Baby, que c'est par les Sinclairs que nous sommes parents, et non par les Troils; — et les Sinclairs sont connus partout pour une famille sensée. — Mais je vois qu'on verse le coup de l'étrier.

— Je voudrais bien savoir, dit mistress Yellowley à son frère, aussitôt que lady Glowrowrum lui eut tourné le dos, pourquoi cette grosse femme ne m'appelle que dame et jamais mistress? Qu'elle sache que le sang des Clinkscales vaut bien celui des Glowrowrums.

Cependant tous les hôtes se hâtaient de prendre congé de Magnus, qui, tout préoccupé de l'indisposition de Minna, s'en apercevait à peine, et, contre son habitude hospitalière, les laissa partir sans les saluer.

Ainsi se termina, au milieu de l'anxiété et du malaise, la fête de la Saint-Jean, telle qu'on la célébrait à cette époque au manoir de Burgh-Westra; preuve venant à l'appui de ce que disait l'empereur d'Éthiopie : — Combien peu l'homme doit compter sur les jours qu'il destine au bonheur.

CHAPITRE XXIV.

> Ce n'est pas à des causes naturelles qu'il faut rapporter le mal funeste qui la dévore et qui est profondément enraciné dans son sein : il semble que ce soit l'œuvre maudite d'une sorcière ou d'un mauvais esprit qui entretient en elle cette plaie douloureuse.
>
> *La reine des Fées*, liv. III, chant III.

Le terme que Mordaunt, à son départ, avait fixé pour son retour à Iarlshof, au manoir de son père, était passé depuis plusieurs jours, et il ne reparaissait pas. Un pareil retard, à une autre époque, n'aurait excité ni étonnement ni inquiétude; car la vieille Swertha, qui se chargeait de faire des commentaires et des conjectures pour toute la petite communauté, en aurait conclu qu'il était resté après les autres conviés pour une partie de chasse ou de pêche, ou pour tout autre divertissement. Mais elle savait que, depuis quelque temps, Mordaunt n'était pas en faveur auprès de Magnus Troil; elle savait de plus qu'il ne s'était pas proposé de faire un long séjour à Burgh-Westra, à cause de la santé de son père, pour lequel il ne se relâchait jamais de ses soins, malgré le peu d'encouragement que recevait de lui sa piété filiale. Swertha conçut donc quelques inquiétudes. Elle épiait les regards de son maître; mais celui-ci, enveloppé comme toujours dans son maintien sombre et sévère, offrait à l'observation des traits impénétrables. On aurait aussi aisément, par une nuit sans étoiles, sondé du regard la sombre profondeur du lac. Ses études, ses repas solitaires, ses promenades isolées se succédaient avec une invariable monotonie, que pas une pensée relative à l'absence de son fils ne semblait venir troubler.

Enfin tant de rapports inquiétants arrivèrent de différents côtés aux oreilles de Swertha, qu'elle ne put dissimuler plus longtemps ses alarmes, et qu'elle résolut, au risque de jeter son maître dans un accès de fureur, ou peut-être de perdre sa place dans la maison, d'appeler, bon gré mal gré, l'attention de M. Mertoun sur les doutes qui tourmentaient son esprit. Il fallait que la bonne humeur et le naturel bienveillant de Mordaunt eussent fait une vive impression sur le cœur égoïste et flétri de la pauvre vieille, pour la porter à un acte si désespéré, dont son ami le ranzelman essaya en vain de la détourner. Mais pourtant, persuadée qu'en cette occasion une fausse manœuvre, comme la perte de la bouteille de Trinculo dans l'abreuvoir, nuirait à sa réputation non moins qu'à ses intérêts, elle résolut de procéder dans cette grave opération avec toute la prudence nécessaire.

Nous avons déjà dit que cet être insociable et concentré semblait avoir pris pour règle, du moins depuis sa retraite dans la solitude reculée de Iarlshof, de ne laisser personne entamer un sujet de conversation, ou lui adresser une question quelconque, sans y être obligé par un cas urgent ou des raisons extrêmement pressantes. Swertha sentit donc que, pour bien débuter dans le colloque qu'elle se proposait d'avoir avec son maître, elle devait faire en sorte que ce fût lui qui l'engageât.

Pour arriver à ce but, en préparant la table pour le dîner frugal et solitaire de M. Mertoun, elle affecta d'y mettre deux couverts au lieu d'un, et de faire tous ses autres arrangements comme s'il devait avoir un compagnon à ce repas.

Cet artifice réussit. Mertoun, sortant de son cabinet, ne vit pas plutôt la table ainsi disposée, qu'il demanda à Swertha, qui rôdait dans la chambre en attendant le résultat de son stratagème, comme un pêcheur épie l'effet de ses amorces, si Mordaunt était revenu de Burgh-Westra.

Cette question était la réplique qu'attendait Swertha : elle y répondit d'un ton de tristesse et d'inquiétude, moitié sincère, moitié affecté :

— Non, non ! rien de pareil n'a frappé à notre porte. Ce serait une bonne nouvelle d'apprendre que le jeune maître Mordaunt, ce pauvre garçon, est rentré au logis sain et sauf !

— Et s'il n'est pas à la maison, pourquoi mettre son couvert, vieille folle ? répondit Mertoun, d'un ton bien fait pour couper court au petit manége de Swertha. Mais elle reprit hardiment : — Il faut bien que quelqu'un songe à maître Mordaunt ; tout ce que je puis faire, c'est de tenir un siége et une assiette prêts pour lui quand il reviendra. Mais je crois que le pauvre garçon est bien loin ; et, s'il faut dire tout ce que je pense, je crains bien qu'il ne revienne jamais !

— Vos craintes ! s'écria Mertoun, dont les yeux flamboyèrent comme aux approches de ses indomptables accès de fureur ; que venez-vous me parler de vos sottes craintes, à moi qui sais que tout ce qui, dans votre sexe, n'est pas légèreté, folie, vanité, despotisme, est un amas de stupides alarmes, de vapeurs et de faiblesses ! Que me font à moi vos craintes, vieille sorcière ?

Les femmes possèdent une qualité admirable : c'est que toutes les fois qu'on manifeste une infraction aux lois de l'affection naturelle, le sexe entier se soulève. Qu'une rumeur s'élève dans la rue, causée par un enfant que ses parents maltraitent, ou par des parents qu'insulte leur enfant, — je ne parle pas d'une dispute entre mari et femme, où l'intérêt peut entrer pour beaucoup dans la sympathie, — aussitôt vous voyez toutes les femmes du quartier s'agiter et prendre énergiquement parti pour la victime. Swertha, malgré son avarice et sa cupidité, n'était pas étrangère au sentiment généreux qui fait tant d'honneur à son sexe, et, dans cette occasion, il l'entraîna si loin qu'elle mit, en quelque sorte, son maître sur la sellette et lui reprocha sa dureté de cœur et son indifférence avec une hardiesse qui l'étonna elle-même.

—Sûrement ce n'est pas moi, dit-elle, qui devrais être inquiète de mon jeune maître, quoiqu'il soit, je puis bien dire, le bijou de mon cœur; mais tout autre père que Votre Honneur aurait déjà fait prendre des informations sur ce pauvre garçon parti depuis huit jours de Burgh-Westra, sans que personne puisse dire ce qu'il est devenu. Il n'y a pas un enfant dans le village qui ne s'informe de lui, car il leur faisait des petits bateaux avec son couteau, et il n'y aurait pas un œil sec dans la paroisse s'il lui arrivait malheur; — non, pas un, à moins que ce ne fût celui de Votre Honneur.

Mertoun avait été étourdi et comme réduit au silence par l'insolente volubilité de sa servante insurgée; mais, lors de son dernier sarcasme, il lui imposa silence à son tour d'une voix impérieuse, accompagnée d'un des regards les plus effrayants que pussent lancer son œil noir et sa dure physionomie. Mais Swertha, qui, comme elle le dit depuis au ranzelman, se sentait une force merveilleuse pendant ce débat, ne se laissa pas intimider par le ton haut et le regard effrayant de son maître, et elle continua du même ton qu'auparavant.

—Votre Honneur, dit-elle, a fait grand bruit de quelques planches et autres misères qui ne servaient à personne, ramassées sur la côte par les pauvres gens de l'endroit; et voici le plus brave garçon du pays, perdu, enlevé, on peut dire sous les yeux de son père, sans que personne s'inquiète de ce qu'il est devenu.

— Quel mal voulez-vous qu'il lui soit arrivé, vieille folle, si ce n'est pas toujours du mal que d'employer son temps en extravagances, comme il le fait?

Ces paroles furent prononcées d'un ton de mépris plutôt que de colère, et Swertha, qui était arrivée au nœud de l'affaire, résolut de ne pas laisser tomber la conversation au moment où le feu de son adversaire semblait se ralentir.

— Oh oui! sans doute, je suis une vieille folle; — mais si maître Mordaunt avait péri dans le Roost avec toutes les embarcations qui ont été perdues dans cette rude bourrasque d'hier matin, — heureusement elle a été aussi courte que violente, car personne n'en aurait réchappé, — ou s'il s'était noyé dans un lac en revenant à la maison, ou enfin si le pied lui avait glissé en gravissant un rocher et qu'il se fût tué, — toute l'île sait comme il était hardi, — qui sera le vieux fou alors ? Et elle ajouta cette exclamation pathétique : — Que Dieu protége le pauvre enfant qui n'a plus de mère ! car s'il en avait une, il y a longtemps qu'on se serait occupé de le retrouver.

Ce dernier trait affecta profondément Mertoun. Ses lèvres tremblèrent, sa figure pâlit, et, d'une voix à peine articulée, il ordonna à Swertha d'aller dans son cabinet, où il lui était rarement permis de pénétrer, et d'apporter une bouteille qui s'y trouvait.

— Oh! oh! se dit Swertha en elle-même, en se hâtant de faire sa commission, mon maître sait où trouver, dans les bonnes occasions, un cordial pour donner du goût à son eau.

Il y avait en effet une caisse de bouteilles paraissant contenir des spiritueux, mais la poussière et les toiles d'araignée qui les couvraient montraient qu'on n'y avait pas touché depuis plusieurs années. Swertha parvint, non sans peine, à en déboucher une à l'aide d'une fourchette, — car il n'y avait pas de tire-bouchon à Iarlshof, — et, s'étant assurée à l'odorat, et, de peur de méprise, en avalant une légère gorgée, qu'elle contenait de bonne eau des Barbades, elle la porta dans la chambre où son maître était encore en proie à la même faiblesse. Elle se mit alors à en verser quelques gouttes dans le premier verre qu'elle put trouver, jugeant sagement que, sur une personne si peu accoutumée à l'usage des liqueurs fortes, la moindre dose devait produire un puissant effet. Mais le malade, d'un air d'impatience, lui fit signe de remplir jusqu'au bord le verre qui pouvait tenir plus du tiers d'une pinte anglaise, et l'avala tout d'un trait sans la moindre hésitation.

— Que tous les saints d'en haut nous protégent ! s'écria Swertha : il va être ivre aussi bien que fou, et Dieu sait qui lui servira de guide !

Cependant Mertoun reprit ses sens, et ses couleurs se ranimèrent sans le plus léger symptôme d'ivresse. On a même depuis entendu dire à Swertha qu'elle avait toujours eu une ferme confiance dans l'efficacité des liqueurs, mais que jamais elle n'avait été témoin d'un tel miracle. — Et elle ajoutait que depuis qu'elle était entrée au service de son maître, jamais ses discours n'avaient plus ressemblé à ceux d'un homme ordinaire.

— Swertha, dit-il, vous avez raison cette fois, et c'est moi qui avais tort. — Allez trouver sur-le-champ le ranzelman, dites-lui de venir me parler sans le moindre délai, et de me faire savoir exactement ce qu'il a de gens et de bateaux à sa disposition ; je les emploierai tous à la recherche de mon fils, et ils seront largement récompensés.

Stimulée par l'aiguillon qui, suivant le proverbe, met au trot les vieilles femmes, Swertha descendit au village de toute la vitesse de ses jambes de soixante ans, joyeuse de voir que son humanité allait avoir sa récompense, en donnant lieu à des recherches qui paraissaient devoir être récompensées par un salaire dont elle comptait bien prendre sa part. Tout en marchant, et bien avant de pouvoir être entendue, elle appelait Niel Ronaldson, Sweyn Erickson et ses autres amis et alliés, que pouvait intéresser sa mission. A dire vrai, bien que la bonne dame prît réellement un vif intérêt à Mordaunt Mertoun, et que son absence lui préoccupât l'esprit, rien ne l'aurait peut-être plus contrariée que de le voir paraître en ce moment sain et sauf en sa présence, car alors adieu les recherches, et par conséquent adieu la récompense.

Swertha eut bientôt rempli son message dans le village, et regla avec les sénateurs de la petite république sa part au marc le franc dans les profits probables de sa commission. Elle retourna promptement à Iarlshof, en compagnie de Niel Ronaldson, le stylant du mieux possible au sujet de toutes les singularités de son maître.

— Surtout, dit-elle, ne lui faites jamais attendre une réponse, et parlez haut et distinctement, comme si vous héliez une barque, car il n'aime pas à dire deux fois la même chose. S'il vous parle de distances, vous pouvez changer les milles en lieues, il ne connaît rien au pays qu'il habite ; et s'il vous parle d'argent, vous ferez bien de lui demander des dollars au lieu de shillings, et il n'en fait pas plus de cas que des pierres d'ardoise.

Muni de ces instructions, Niel Ronaldson fut introduit en présence de Mertoun ; mais à sa grande surprise il ne tarda pas à voir que le système de déception organisé d'avance ne lui réussirait pas. Quand il essaya, en exagérant la distance et le danger, d'élever le loyer des barques et des hommes, car des recherches devaient être faites par mer et par terre, il se trouva tout aussitôt arrêté court par Mertoun, qui lui prouva qu'il avait non-seulement une entière connaissance du pays, mais encore que les distances, les marées, les courants, et tout ce qui concernait la navigation de ces mers lui était familier, bien qu'il eût, jusque là, paru complétement étranger à tous ces détails. Le ranzelman trembla donc quand on vint à parler du salaire qui leur serait alloué pour leurs peines ; car il était probable que Mertoun serait aussi instruit de ce qu'il était juste et convenable de faire en cette circonstance, qu'il l'était à l'égard du reste. Niel se rappela l'excès de la fureur de Mertoun, quand, peu de temps après son établissement à Iarlshof, il avait banni de sa présence Swertha et Sweyn Erickson. Comme il hésitait entre la double crainte de demander trop ou trop peu, Mertoun lui ferma la bouche et mit un terme à son incertitude, en lui promettant une récompense au-delà de ce qu'il se serait hasardé à demander, et même une gratification additionnelle s'il rapportait la bonne nouvelle que son fils était sain et sauf.

Quand ce grand point fut réglé, Niel Ronaldson, en homme consciencieux, se mit à songer avec soin aux divers endroits où l'on pourrait obtenir des renseignements sur Mordaunt, et, après avoir arrêté que l'enquête aurait lieu dans toutes les habitations de la noblesse de Mainland et des îles voisines, il ajouta : — Mais, après tout, si Votre Honneur veut ne pas se mettre en colère, il y a une personne, non loin d'ici, qui, si quelqu'un osait lui faire une question, et qu'elle voulût y répondre, pourrait nous en dire, sur M. Mordaunt, plus que qui que ce soit. — Vous savez de qui je veux parler, Swertha? de celle qui était dans la baie ce matin. Et il conclut en jetant un regard mystérieux sur la femme de charge, qui y répondit par un signe de tête et un clignement d'yeux.

— Que voulez-vous dire? demanda Mertoun; expliquez-vous d'une manière franche et brève. — De qui parlez-vous?

— C'est de Norna de Fitful-Head, dit Swertha, que veut parler le ranzelman; car elle est allée ce matin à l'église de Saint-Ringan, pour affaire qui la concerne particulièrement.

— Et que peut-elle savoir de mon fils? C'est une folle, je crois, qui court le pays en débitant des impostures.

— Si elle court le pays, dit Swertha, ce n'est pas qu'elle manque de rien chez elle, tout le monde le sait; — son avoir est déjà assez honnête, outre que le fowd lui-même ne la laisserait manquer de rien.

— Mais qu'est-ce que tout cela a de commun avec mon fils? répéta Mertoun avec impatience.

— Je n'en sais rien, répondit Swertha; mais, à la première vue, elle s'est éprise de maître Mordaunt, et de temps à autre elle lui a toujours fait quelque cadeau, sans parler de la belle chaîne d'or qui pend à son joli cou; — on dit que c'est de l'or travaillé par les fées. — Je ne sais pas ce que c'est que cet or; mais Bryce Snailsfoot dit que la chaîne vaut bien cent livres sterling d'Angleterre. Ce ne sont pas des coquilles de noix.

— Ronaldson, s'écria Mertoun, allez ou envoyez quelqu'un me chercher cette femme, si vous croyez qu'il est possible qu'elle sache quelque chose de mon fils.

— Elle sait tout ce qui arrive dans ces îles, dit Niel Ronaldson, bien avant que chacun en soit instruit, et c'est la vérité du bon Dieu. Mais s'il s'agit d'aller la chercher à l'église ou dans le cimetière, pas un homme de ce pays ne le fera ni pour or ni pour argent, et ce que je vous dis là est vrai comme le reste.

— Poltron superstitieux! s'écria Mertoun..... Mais donnez-moi mon manteau, Swertha. — Cette femme a été à Burgh-Westra, — elle est parente de la famille Troil; — elle peut savoir quelque chose sur la cause de l'absence de Mordaunt. — J'irai moi-même la trouver.

— Elle est à Cross-Kirk, dites-vous?

— Non, non pas à Cross-Kirk, mais à la vieille église de Saint-

Ringan. — C'est un triste lieu , qui est loin d'avoir une bonne réputation ; et si Votre Honneur m'en croyait, ajouta Swertha, il attendrait que Norna eût quitté ce lieu, et il ne la troublerait pas dans un moment où elle est plus occupée des morts que des vivants, autant que nous pouvons le savoir. Les gens de son espèce n'aiment pas à être observés, Dieu me garde! quand ils sont occupés de leurs affaires particulières.

Mertoun ne répondit pas; mais s'enveloppant de son manteau, car le brouillard était épais et la pluie tombait avec force, il quitta la vieille maison de Iarlshof, et d'un pas plus rapide que de coutume se dirigea vers les ruines de l'église, ruines situées, comme il le savait très bien, à trois ou quatre milles de sa demeure.

Le ranzelman et Swertha le suivirent des yeux en silence jusqu'à ce qu'il fût assez éloigné pour ne pouvoir les entendre; alors ils se regardèrent d'un air sérieux, et imprimant tous deux à leur tête une oscillation de mauvais augure, ils se communiquèrent en même temps leurs remarques.

— Les fous sont toujours pressés et n'écoutent rien, dit Swertha.

— Les gens qui sont *fey* [1] courent vite, ajouta le ranzelman, et nous ne pouvons éviter notre destin. — J'ai connu des personnes qui ont voulu les arrêter. Vous avez entendu parler d'Hélène Emberson de Camsey, qui ferma toutes les fenêtres et les lucarnes de sa maison pour empêcher son mari de voir le jour et d'aller pêcher en mer, parce qu'elle redoutait un gros temps; vous savez comment la barque sur laquelle il voulait s'embarquer périt dans le Roost, et combien elle se réjouissait, en rentrant chez elle, d'avoir sauvé la vie du bonhomme : mais on ne peut jamais fuir son destin; elle le trouva noyé dans sa cuve, dans l'enceinte de sa propre maison. Il y a aussi...

Mais ici Swertha rappela au ranzelman qu'il fallait retourner au port pour faire partir les bateaux pêcheurs ; car, lui dit-elle, d'abord je suis inquiète de ce brave garçon, et d'un autre côté, je crains qu'il ne revienne de lui-même avant que les barques ne soient en mer. Et, comme je vous l'ai déjà souvent dit, mon maître peut conduire, mais il ne sait pas dériver, et si vous n'exécutez pas ses ordres et ne vous mettez en mer, vous ne verrez jamais un sou du loyer de vos barques.

— Eh bien! eh bien! ma brave dame, nous partirons aussi promptement que possible, et par bonheur Clanson et Peter Grot n'ont pas mené leurs barques en mer ce matin, car un lapin a paru sur le rivage au moment où ils allaient partir, et ils sont revenus, en gens prudents, sachant bien qu'il n'y avait plus rien à faire pour

[1] Frappés d'un sort. (L. V.)

eux de la journée. Et n'y a-t-il pas de quoi s'étonner, Swertha, quand on pense combien il reste peu d'hommes judicieux dans le pays. Nous avons notre grand udaller qui n'est pas mal quand il a sa tête à lui; mais il fait de trop fréquents voyages avec son vaisseau et sa chaloupe pour que cela puisse durer longtemps; et l'on dit maintenant que sa fille Minna n'a plus trop non plus l'esprit à elle.

— Il y a bien Norna qui certainement en sait plus que beaucoup de gens; mais nous ne saurions lui donner le nom de sage. Notre tacksman, M. Mertoun, n'est pas toujours dans son bon sens; — son fils est un franc étourdi; enfin, parmi les gens d'importance de ces environs, j'en trouve bien peu, Swertha, en exceptant toutefois vous et moi, que d'une façon ou d'une autre on ne puisse regarder comme des fous.

— Cela peut être, Niel Ronaldson, mais si vous ne vous hâtez de rejoindre le port vous manquerez la marée; et, comme je le disais tout à l'heure à mon maître, qui sera le fou alors?

CHAPITRE XXV.

> J'aime ces vieilles ruines, — nous ne pouvons marcher au milieu d'elles sans placer notre pied sur quelque ancien souvenir digne de nos respects; et sans doute, ici, dans cette cour ouverte, qui reste exposée maintenant à l'injure des orages, reposent en terre quelques hommes qui aimaient tant l'Église, et qui avaient si généreusement tout donné pour elle, qu'ils espéraient qu'elle prêterait un abri à leurs os jusqu'au jour du jugement; — mais toutes choses ont leur fin. Les églises et les cités, sujettes aux maux de l'humanité, doivent, comme elle, connaître la destruction
>
> *La duchesse de Malfy.*

L'ÉGLISE ruinée de Saint-Ninian jouissait dans son temps d'une grande célébrité; car ce système puissant de la superstition romaine, qui étendait ses ramifications dans toute l'Europe, les avait portées jusqu'à ce rivage éloigné, et les îles Schetland, dans les temps catholiques, avaient leurs saints, leurs châsses et leurs reliques, qui, peu connus ailleurs, attiraient néanmoins les hommages et commandaient le respect des simples habitants de Thulé. Cette église de Saint-Ninian, ou, comme on disait dans le pays, de Saint-Ringan, située près du rivage de la mer, servait dans beaucoup de cas de point de reconnaissance aux barques des pêcheurs; mais la dévotion à cette église, profondément enracinée chez les habitants, était accompagnée de tant de croyances et de cérémonies superstitieuses, que le clergé réformé avait cru convenable de faire cesser, par un ordre des cours ecclésiastiques, tout service spirituel dans cette enceinte, comme tendant à nourrir chez ces gens simples et grossiers la foi invétérée dans le culte catholique, ainsi que les autres doctrines erronées de l'Église romaine.

Après que l'église de Saint-Ninian eut été ainsi dénoncée comme un siége d'idolâtrie, et par conséquent interdite, le culte public fut transféré en un autre temple ; et le toit avec ses plombs et ses poutres ayant été enlevé à la vieille construction gothique, l'édifice fut abandonné dans la solitude à la merci des éléments. La furie des vents déchaînés qui soufflaient sur un long espace désert semblable à celui que nous avons décrit à Iarlshof, eut bientôt obstrué la nef et les ailes ; et le côté nord-ouest, qui était le plus exposé au vent, fut enfoui jusqu'à la hauteur de la moitié des murailles, sous des monceaux de sable chassés par l'ouragan, au-dessus desquels la corniche de l'édifice et le petit beffroi qui couronnait l'angle de l'est s'élevaient au milieu de cette nudité triste et désolée d'un sol couvert de ruines.

Cependant, abandonnée comme elle l'était, l'église de Saint-Ringan gardait encore quelques vestiges des anciens hommages qui lui étaient rendus autrefois. Les rudes et ignorants pêcheurs de Dunrossness conservaient une pratique dont ils avaient eux-mêmes presque oublié l'origine, et dont le clergé protestant s'efforçait en vain de les détacher. Lorsque leurs barques étaient dans un danger extrême, c'était un usage parmi eux de vouer un *awmous*, comme ils disaient, c'est-à-dire une offrande à Saint-Ringan ; et lorsque le danger était passé, ils ne manquaient jamais de s'acquitter de leur vœu en venant un à un et en secret à la vieille église ; puis ôtant leurs souliers et leurs bas à l'entrée du cimetière, ils faisaient trois fois le tour des ruines : le tout devait s'accomplir pendant que le soleil était sur l'horizon. Lorsqu'ils avaient achevé le troisième tour, le pénitent jetait son offrande, qui consistait ordinairement en une petite pièce d'argent, à travers les barreaux d'une fenêtre qui s'ouvrait de côté sur une aile, et se retirait alors, évitant avec soin de regarder derrière lui jusqu'à ce qu'il fût au-delà de l'enceinte qui avait été autrefois terre sanctifiée ; car on croyait que le squelette du saint recevait l'offrande dans sa main osseuse, et montrait son horrible tête de mort à la fenêtre par laquelle le don avait été jeté.

La scène était d'autant plus effrayante pour les esprits faibles et ignorants, que les mêmes tourbillons de vents orageux qui d'un côté de l'église menaçaient d'ensevelir les ruines sous le sable, et en avaient en effet accumulé des monceaux assez hauts pour cacher un côté du mur et les arcs-boutants qui le soutenaient, avaient creusé et presque mis à nu les tombeaux situés du côté du sud-est. Après des bourrasques violentes, il arrivait souvent que les cercueils, et quelquefois même les corps ensevelis sans qu'on les eût enveloppés dans un linceul, venaient épouvanter les regards des vivants.

C'était vers ce lieu saint, maintenant abandonné, que s'avançait alors le père de Mordaunt Mertoun, sans aucun de ces motifs religieux ou superstitieux qui conduisaient ordinairement à l'église de Saint-Ringan. Il était entièrement exempt des préjugés du pays, — et même, d'après la manière triste et sédentaire dont il vivait, se séquestrant de toute société humaine, même lorsqu'elle s'assemblait pour le culte, on croyait généralement que loin de pécher par excès de crédulité, il tombait dans un excès plus condamnable, en doutant des dogmes que l'Église admet et qu'elle impose aux chrétiens.

Comme il abordait dans la petite baie, presque sur le rivage où étaient situées les ruines, il ne put s'empêcher de s'arrêter un instant, en pensant que ce site, si bien fait pour agir sur l'imagination de l'homme, avait été approprié avec un rare discernement à sa destination religieuse. Vis-à-vis était la mer, dans laquelle deux pointes formant les extrémités de la baie avançaient leurs digues gigantesques de rochers noirâtres, sur les flancs desquels des mouettes, des oies sauvages, et d'autres oiseaux de mer paraissaient comme des flocons de neige, tandis que, sur les étages inférieurs du rocher, se tenaient des lignes de cormorans rangés côte à côte, comme des soldats en ordre de bataille, seuls êtres vivants que l'œil aperçût. Sans être en ce moment soulevée par la tempête, la mer était assez agitée pour se précipiter sur ces rochers avec un bruit qui ressemblait à un tonnerre lointain, et les vagues, s'élevant en lames d'écume jusqu'à mi-hauteur de cette ceinture de rocs, formaient, avec sa nuance sombre, un contraste effrayant.

Entre les deux sommets de ces pointes avancées, s'agitaient, au moment où la scène vint frapper les yeux de Mertoun, un épais et compacte amas de nuages à travers lequel l'œil ne pouvait pénétrer, et qui, bornant la vue et empêchant d'apercevoir le lointain océan, pouvait donner une assez juste idée de la mer telle qu'elle est décrite dans la Vision de Mirza, à demi voilée par les vapeurs, les nuages et les tempêtes. Le sol, qui s'élevait tout à coup à partir du rivage, ne laissait pas la vue plonger dans l'intérieur du pays, et n'offrait qu'une apparence de stérilité, où les bruyères chétives et rabougries, au milieu de laquelle s'élevaient çà et là les longues tiges de quelques herbes grossières, première végétation des sols sablonneux, étaient les seules plantes que l'on pût apercevoir. — Sur un tertre naturel qui dominait le fond même de la baie, assez loin de la mer pour n'être pas à la portée des vagues, s'élevaient les ruines à demi enterrées que nous avons décrites, entourées d'une muraille dégradée et à moitié détruite, qui, rompue en plusieurs endroits, servait encore à marquer l'enceinte du cimetière. Les marins, conduits par le hasard dans cette baie solitaire, prétendaient avoir vu quelquefois l'église resplendissante de lumière, et cette circonstance leur paraissait un presage de naufrages et de mort.

En approchant de la chapelle, Mertoun prit insensiblement, et peut-être sans y penser, des précautions pour éviter d'être vu jusqu'à ce qu'il arrivât sous les murs du cimetière, dont il s'approcha précisément du côté où les vents, comme nous l'avons dit, avaient mis à nu une partie des tombeaux.

Là, regardant à travers une des brèches du mur que le temps avait faite, il aperçut la personne qu'il cherchait, livrée à une occupation singulière, et d'ailleurs tout à fait conforme aux idées généralement répandues sur le caractère de cette femme bizarre.

Elle se tenait près d'un grossier monument, sur une face duquel était sculpté un guerrier à cheval; sur l'autre, on voyait un bouclier avec des armoiries presque complétement effacées et indéchiffrables; cet écusson était suspendu par un de ses angles, contrairement aux règles du blason moderne qui le place ordinairement tout droit. Au pied de ce pilier on croyait que reposaient, comme Mertoun l'avait déjà entendu dire, les restes de Ribolt Troil, un des ancêtres les plus éloignés de Magnus, homme renommé pour ses hauts faits et ses combats valeureux dans le quinzième siècle. Norna de Fitful-Head semblait occupée à dégager le tombeau de ce guerrier du sable fin et mouvant qui le couvrait; il paraissait évident qu'elle achèverait sans peine cette tâche déjà commencée par les vents, et qu'elle aurait bientôt mis à nu les ossements enterrés dans ce lieu. Tout en travaillant, elle murmurait un chant magique, car les vers runiques étaient dans le Nord l'accompagnement obligé de toute cérémonie superstitieuse. Nous n'avons peut-être déjà cité que trop d'exemples de ces invocations; mais nous ne pouvons résister à la tentation d'essayer encore de traduire celle qui suit :

« Champion renommé pour tes exploits guerriers,
 Es-tu silencieux, Ribolt Troil?
 Le sable, la poussière et les cailloux
 Laissent à nu tes os de géant.
 Qui eût osé toucher la peau d'ours sauvage
 Sur laquelle de ton vivant tu sommeillais?
 Et maintenant une femme, un enfant,
 Peuvent venir soulever la pierre qui couvre ta tombe!

« Pourtant ne t'irrite pas, puissant chef,
 Que ta vue ni ta voix
 Ne frappent pas d'une atteinte mortelle mes yeux ou mes oreilles!
 Je ne viens point, d'un pied sacrilége,
 Troubler le sommeil des morts,
 Ni découvrir tes dépouilles gigantesques;
 Tu peux m'accorder ce que je cherche :
 Souffre que ma main enlève
 Un fragment du plomb de ton cercueil;

J'en laisserai assez encore
Pour garantir tes restes des injures de l'air.

« Vois, je tire mon couteau magique.
— Jamais, pendant ta vie,
La lenteur ou la crainte ne t'ont retenu à ta place,
Quand la pointe et le tranchant du glaive brillaient si près de toi.
Vois, je déroule le linceul enduit de cire
— Éveille-toi maintenant, ou dors pour toujours!
Tu ne veux pas t'éveiller? — l'acte est consommé.
— L'entreprise, objet de mes efforts, est heureusement accomplie.

« Merci, Ribolt, merci! — pour prix de ta complaisance,
Les vagues abaisseront devant toi leurs crêtes menaçantes,
Et portant au loin leur rage et leur écume,
S'aplaniront paisibles devant la tombe de Ribolt.
Merci, Ribolt, merci! — pour prix de ta complaisance,
La violence des vents déchaînés, au comble de leur fureur,
Quand ils s'approcheront du lieu où tu reposes,
S'adoucira en un son caressant.

« Moi, la femme mystérieuse et redoutable,
Norna de Fitful-Head,
Puissante en dépit d'elle même,
— Misérable dans sa puissance,
Grande par le malheur et le désespoir,
— Et inconsolable dans sa grandeur;
Moi la plus savante, la plus misérable des créatures,
J'ai le pouvoir de tenir la promesse que je te fais. »

Pendant qu'elle chantait les premières strophes, Norna avait achevé de mettre à découvert une partie du cercueil de plomb de l'ancien guerrier, et elle en avait séparé, avec beaucoup de soin et toutes les marques d'une vénération respectueuse, un morceau de ce métal. Elle rejeta ensuite, avec le même recueillement, le sable sur le cercueil, et au moment où elle finissait son chant, aucune trace n'indiquait que les secrets du tombeau eussent été violés.

Mertoun, caché par le mur du cimetière, suivit des yeux tous ses mouvements pendant la cérémonie, non qu'il éprouvât quelque sentiment de vénération pour elle ou pour l'acte auquel elle se livrait, mais parce qu'il comprenait qu'interrompre une folle au milieu de sa folie était un mauvais moyen d'obtenir d'elle les renseignements qu'elle pouvait lui donner. Il eut alors tout le temps de considérer son extérieur, quoique son visage fût voilé par ses cheveux épars et par le capuchon de sa mante noire, qui ne permettait pas de la distinguer plus que n'aurait probablement voulu l'être une druidesse pendant la célébration de ses rites mystiques. Mertoun avait souvent entendu parler de Norna; il est même probable qu'il l'avait vue plus d'une fois pendant les excursions assez fréquentes qu'elle avait faites dans le voisinage de Iarlshof depuis qu'il y résidait : mais les histoires absurdes qui circulaient sur son compte l'avaient empêché de faire attention à une femme en qui il ne voyait qu'imposture ou folie, ou un composé de toutes les deux. Cependant, maintenant que son attention était, par les circonstances, involontairement attirée sur sa personne et sur ses actions, il ne pouvait s'empêcher de reconnaître qu'elle était de bonne foi dans son fanatisme, ou qu'elle jouait son rôle si admirablement qu'aucune pythonisse des anciens temps ne pouvait l'avoir surpassée. Tels étaient la dignité et la solennité de ses gestes, — telle était la puissance de l'accent sonore et pénétrant avec lequel elle s'adressait à l'esprit absent dont elle venait troubler les restes mortels, qu'un tel spectacle ne pouvait manquer de faire impression sur M. Mertoun, quelque insouciant et indifférent qu'il parût être à tous ceux qui l'approchaient. Mais à peine Norna eut-elle mis fin à sa singulière occupation, que pénétrant dans le cimetière, non sans quelque peine, en grimpant par-dessus les ruines disjointes de la muraille, il apparut aux yeux de la magicienne. Loin de tressaillir ou d'exprimer la moindre surprise de sa présence dans un lieu si solitaire, elle lui dit, d'un ton qui semblait indiquer qu'il était attendu : — Ainsi donc, — vous m'avez cherchée enfin?

— Et je vous ai trouvée, répondit Mertoun, jugeant que pour amener les questions qu'il avait à faire, le mieux était de se mettre à l'unisson des discours de Norna.

— Oui, répliqua-t-elle, vous m'avez trouvée, et dans l'endroit où tous les hommes doivent se rencontrer, — au milieu des tabernacles de la mort.

— Oui! c'est ici que nous devons tous nous retrouver un jour, dit Mertoun en promenant ses regards sur la scène désolée qui s'étendait autour de lui, et au milieu de laquelle l'œil ne trouvait à s'arrêter que sur des pierres sépulcrales, les unes à demi enterrées dans le sable, d'autres arrachées par le vent de la base sur laquelle elles reposaient, la plupart couvertes d'inscriptions et portant sculptés les emblèmes de la destruction humaine; — ici, dans la demeure de la mort, tous les hommes doivent se retrouver à la fin, et heureux ceux qui viennent le plus tôt se reposer au port!

— Celui qui ose désirer ce port, dit Norna, doit avoir marché d'un pas sûr dans le voyage de la vie. *Je* n'ose pas espérer un tel repos; et *toi* oses-tu l'attendre? Le chemin que tu as parcouru te l'a-t-il mérité?

— Cela n'a nul rapport avec le sujet qui m'amène. Je suis venu vous demander quelles nouvelles vous pouvez me donner de mon fils Mordaunt Mertoun?

— Un père demande à une étrangère quelles nouvelles elle a de son fils! Comment saurais-je quelque chose de lui? Le cormoran dit-il au canard sauvage : Où est ma couvée?

— Laissez de côté cette inutile affectation de mystère; elle peut produire son effet sur le vulgaire et les ignorants, mais c'est vainement que vous l'essaieriez sur moi. Les gens de Iarlshof m'ont dit que vous savez ou que vous pouvez savoir quelque chose sur le sort de Mordaunt Mertoun, qui n'a pas reparu depuis la fête de la Saint-Jean, où il était chez votre parent Magnus Troïl. Donnez-moi donc ces renseignements, si en effet vous en avez à me donner, et vous serez récompensée, si les moyens de récompense sont en mon pouvoir.

— La vaste surface de la terre ne renferme rien qui puisse être appelé une récompense, pour le moindre mot que je pourrais murmurer à l'oreille d'un être vivant. Mais quant à ton fils, si tu veux le voir en vie, va à la prochaine foire de Kirkwall, dans les Orcades.

— Et pourquoi là? Je sais qu'il n'avait pas l'intention de se diriger vers cet endroit.

— Nous naviguons sur le fleuve du destin sans aviron ni gouvernail. Vous n'aviez pas l'intention ce matin de visiter l'église de Saint-Ringan, et cependant vous y êtes; — vous n'aviez pas l'intention, il n'y a qu'une minute, d'aller à Kirkwall, et cependant vous irez.

— Je n'irai pas, si vous ne vous expliquez plus clairement. Je n'ai aucune foi, madame, à la puissance surnaturelle que l'on vous attribue.

— Vous y aurez foi avant que nous nous séparions, répliqua Norna. Vous ne connaissez que peu de choses relativement à moi, et vous n'en connaîtrez pas davantage. Mais j'en sais assez sur votre compte, et je puis vous en convaincre d'un seul mot.

— Donnez-moi cette conviction, car sans cela il y a peu de probabilité que je suive votre conseil.

— Faites donc attention à ce que j'ai à dire à l'égard de votre fils; ce que je vous dirai sur votre propre compte bannira toute autre pensée de votre mémoire. Vous irez à la prochaine foire de Kirkwall; le cinquième jour de la foire vous vous promènerez à l'heure de midi dans l'aile extérieure de la cathédrale de Saint-Magnus, et là vous rencontrerez quelqu'un qui vous donnera des nouvelles de votre fils.

— Il faut que vous parliez plus clairement, madame, reprit Mertoun d'un ton de dédain, si vous voulez que je suive vos avis. J'ai été trompé dans mon temps par les femmes, mais jamais aussi grossièrement que vous semblez vouloir le faire aujourd'hui.

— Écoute-moi donc! s'écria la vieille pythonisse. La parole que je vais prononcer touche au plus grand secret de la vie, et te fera tressaillir jusque dans la moelle de tes os.

En même temps elle murmura un mot à l'oreille de Mertoun; l'effet qu'il produisit sembla presque magique. Il demeura fixe et immobile de surprise, tandis que Norna, levant lentement son bras d'un air de supériorité et de triomphe, s'éloigna rapidement de lui, tourna l'angle des ruines et disparut bientôt à sa vue.

CHAPITRE XXV.

Mertoun n'essaya pas de la suivre. — C'est en vain que nous fuyons notre destin! dit-il revenant à lui; et, sortant du cimetière, il laissa derrière lui les ruines désolées. Comme il reportait son regard vers l'église, du point le plus éloigné où on pouvait l'apercevoir encore, il vit la figure de Norna, enveloppée dans sa mante, se tenant au sommet même de la tour en ruines et faisant flotter au gré de la brise quelque chose qui ressemblait à une bannière blanche. Un sentiment d'horreur semblable à celui qu'avaient excité les dernières paroles de Norna le pénétra de nouveau, et il s'éloigna d'un pas rapide jusqu'à ce qu'il eût laissé loin derrière lui et la baie sableuse et l'église de Saint-Ninian.

A son arrivée à Jarlshof, l'altération de ses traits était telle que Swertha crut qu'il allait tomber dans un de ces accès de mélancolie qu'elle appelait ses heures sombres.

— Et ne devait-il pas s'y attendre, pensa Swertha, lorsqu'il a voulu visiter Norna de Fitful-Head au moment où elle était dans cette église maudite de Saint-Ringan?

Mais sans laisser apercevoir d'autre symptôme d'un esprit dérangé qu'une tristesse et un abattement profonds, son maître lui fit part de son intention d'aller à la foire de Kirkwall; — chose si contraire à ses habitudes ordinaires, que la ménagère refusa presque d'en croire ses oreilles. Bientôt après, il écouta avec tous les dehors de l'indifférence les rapports faits par diverses personnes envoyées à la recherche de Mordaunt par terre et par mer, et qui toutes revenaient sans aucunes nouvelles. L'impassibilité avec laquelle Mertoun entendit le rapport de leur mauvais succès convainquit Swertha encore plus fermement que, dans son entrevue avec Norna, ce résultat lui avait été prédit par la sibylle qu'il avait consultée.

La petite communauté fut encore plus surprise, lorsque son tackman, M. Mertoun, paraissant céder à quelque résolution soudaine, fit des préparatifs pour visiter Kirkwall pendant la foire, lui qui avait jusqu'alors évité soigneusement les endroits de réunion publique. Swertha se mit l'esprit à la torture sans pouvoir pénétrer ce mystère, mais elle était plus tourmentée encore par la pensée du jeune Mordaunt. Cependant sa tristesse fut notablement adoucie à la vue d'une somme d'argent que son maître lui remit entre les mains, et qui, quoique modique, lui parut un trésor. M. Mertoun l'informa en même temps qu'il avait retenu son passage pour Kirkwall dans une petite barque appartenant au propriétaire de l'île de Mousa.

CHAPITRE XXVI.

> Elle ne pleura plus, — ses larmes se tarirent ; — le désespoir arriva, et elle le prit pour le bonheur. Elle le prit pour le bonheur, mais sa joue devint pâle, et elle se pencha comme un lis brisé par la grêle.
>
> *Continuation du vieux Robin Gray*[1].

La position de Minna ressemblait beaucoup à celle de l'héroïne villageoise de la jolie ballade de lady Anne Lindsay. La fermeté naturelle de son esprit l'empêchait de succomber sous le poids de l'horrible secret qui la poursuivait durant ses veilles et qui l'oppressait encore davantage pendant les courts instants d'un sommeil agité. La souffrance la plus terrible est celle que nous n'osons communiquer, et pour laquelle nous ne pouvons ni demander ni désirer la sympathie ; et si l'on y ajoute le sentiment pénible d'un mystère coupable pesant sur un cœur innocent, on ne sera pas surpris que la santé de Minna ait pu plier sous le fardeau.

Ses habitudes, ses manières et même son caractère parurent aux amis qui vivaient autour d'elle altérés à un si haut degré, qu'on ne doit pas s'étonner que quelques-uns d'entre eux aient imputé ce changement à la sorcellerie, et que d'autres l'aient regardé comme une première atteinte de démence. Elle ne pouvait plus supporter la solitude qui auparavant avait tant de charmes pour elle ; et quand elle se trouvait entraînée au milieu du monde, elle n'y prenait aucune part, et ne donnait aucune attention à ce qui s'y passait. Elle semblait en général absorbée dans une triste et sombre préoccupation, à moins que son attention ne fût tout à coup réveillée par la mention fortuite du nom de Cleveland ou de celui de Mordaunt Mertoun : alors elle tressaillait avec la terreur de celui qui verrait approcher une mèche allumée d'une traînée de poudre, et qui attend de seconde en seconde l'explosion dans laquelle il doit être enveloppé. Et quand elle reconnaissait que le terrible mystère n'était pas encore découvert, bien loin que ce fût une consolation pour elle, elle se prenait presque à souhaiter le moment où tout serait connu, plutôt que de souffrir l'angoisse prolongée de l'incertitude.

Sa conduite envers sa sœur était si variable, et pourtant si pé-

---

[1] Il n'est peut-être pas inutile de faire remarquer que cette épigraphe, et la phrase par laquelle on attribue à lady Anne Lindsay la charmante ballade d'où elle est tirée, furent cause que la spirituelle auteur renonça à l'anonyme. L'éditeur, autorisé par elle, en publia une petite réimpression dédiée au club de Bannatyne. (W. S.)

nible au bon cœur de Brenda, qu'elle paraissait à tout le monde un des traits les plus marquants de sa maladie. Quelquefois Minna se sentait poussée à rechercher la compagnie de sa sœur, comme si elle eût eu la conscience qu'elles souffraient l'une et l'autre d'un malheur commun dont elle seule pouvait comprendre toute l'étendue; puis tout à coup le sentiment de l'injure que Brenda avait reçue du crime supposé de Cleveland la rendait incapable de supporter sa présence, et lui permettait encore moins de recevoir les consolations que sa sœur, trompée sur la nature de ses chagrins, essayait vainement de lui donner. Souvent aussi il arrivait que, tandis que Brenda suppliait sa sœur de prendre courage, elle touchait sans le savoir une corde dont les vibrations douloureuses répondaient à la partie la plus sensible de l'âme de Minna, de sorte que celle-ci, incapable de cacher sa souffrance, se hâtait de quitter l'appartement. Toutes ces inégalités, aux yeux de ceux qui n'en connaissaient pas la véritable cause, ne ressemblaient que trop aux caprices d'un cœur devenu étranger au doux sentiment de l'amour fraternel; et cependant Brenda les supportait avec une douceur, une égalité d'humeur si constantes, si inaltérables, que Minna était souvent émue jusqu'à répandre des torrents de larmes sur son sein; et peut-être ces moments d'abandon, quoique rendus amers par la pensée que son fatal secret devait détruire le bonheur de Brenda ainsi que le sien, étaient-ils encore, adoucis ainsi par les doux épanchements de l'affection fraternelle, les moments les moins pénibles de cette malheureuse période de sa vie.

Les effets de cette mélancolie rêveuse, de cette agitation craintive et de ces accès nerveux laissèrent bientôt des traces visibles sur les traits et sur toute la personne de la pauvre Minna. Elle devint pâle et frêle. Son œil perdit ce regard tranquille et assuré du bonheur et de l'innocence, et devenait tour à tour morne et égaré, comme si elle eût été dominée par l'idée de sa malheureuse condition, ou par quelque pressentiment de malheur plus grand encore et plus poignant. Ses traits se creusaient et se contractaient; et sa voix, dont les inflexions habituelles étaient basses et douces, tantôt se changeait en un murmure confus, tantôt se produisait en accents aigus et saccadés. En société, elle gardait un silence opiniâtre, et lorsqu'elle était seule, on avait remarqué (car on avait jugé nécessaire de la faire surveiller dans ces moments) que souvent elle se parlait à elle-même.

Toute la science médicale des îles fut en vain mise à contribution par le père désolé. On consulta sans succès les adeptes des deux sexes versés dans la connaissance des vertus de chaque herbe qui s'abreuve de rosée, et habiles à augmenter ces vertus par des paroles magiques dites pendant la préparation et l'application des remèdes; enfin Magnus, au comble de l'inquiétude, se décida à recourir à sa parente Norna de Fitful-Head, quoique l'on ait dû remarquer par les incidents mentionnés dans le cours de cette histoire qu'il y avait à cette époque quelque froideur entre eux. Sa première démarche fut vaine. Norna était alors à l'endroit habituel de sa résidence, sur le bord de la mer, non loin du promontoire sous le nom duquel on la désignait; mais quoiqu'Eric Scambester eût porté lui-même la demande, elle refusa positivement de le voir ou de rendre aucune réponse

Magnus fut irrité du mépris témoigné à son messager et à son message; mais l'inquiétude qu'il avait sur le sort de Minna, jointe au respect que lui inspiraient les malheurs réels ainsi que la sagesse et le pouvoir qu'il attribuait à Norna, l'empêchèrent, dans la circonstance présente, de s'abandonner à l'irritabilité habituelle de son caractère. Au contraire, il résolut de faire près de sa parente une démarche personnelle. Cependant il renferma son projet en lui-même et manifesta seulement à ses filles le désir qu'elles se tinssent prêtes à l'accompagner chez une parente qu'il n'avait pas vue depuis quelque temps, les prévenant en même temps de se munir de quelques provisions, parce que le voyage était long et qu'ils pouvaient trouver leur amie au dépourvu.

N'étant pas dans l'habitude de demander des explications de la volonté de son père, et espérant que l'exercice et la distraction procurés par une telle excursion pourraient contribuer au bien-être de sa sœur, Brenda, sur laquelle reposaient alors tous les soins de la maison et toutes les charges de la famille, s'occupa des préparatifs nécessaires. Le lendemain matin ils suivaient, le long de la côte et des marais, une route longue et monotone, ne présentant d'autre variété que çà et là des champs d'avoine et d'orge, et qui séparait Burgh-Westra de l'extrémité sud-ouest de Mainland (tel est le nom de l'île principale des Schetland) que termine le cap appelé Fitful-Head, de même que le cap Sumburgh forme la pointe sud-est de l'île.

Ils marchaient à travers une lande sauvage; l'udaller était porté par un cheval vigoureux de race norvégienne, aux formes carrées, plus grand et aussi vigoureux que les poneys ordinaires du pays; Minna et Brenda, qui comptaient parmi leurs autres talents celui de conduire parfaitement un cheval, montaient deux de ces hardis animaux, qui, nourris et élevés avec plus de soins qu'on n'en met d'ordinaire, prouvaient, par la délicatesse de leurs formes et par leur vitesse, que cette race, si négligée et si dédaignée, est susceptible de gagner en beauté sans rien perdre de son feu ni de sa vigueur. Ils étaient suivis de deux domestiques à cheval et deux serviteurs à pied, certains que ces derniers ne retarderaient pas leur marche, parce qu'une grande partie du chemin était si fangeuse ou si pleine de marécages que les chevaux ne pouvaient avancer qu'au pas; ajoutez à cela que toutes les fois qu'ils se trouvaient avoir devant eux une étendue considérable de terrain ferme et uni, ils pouvaient emprunter au plus proche troupeau de poneys qu'ils rencontraient deux de ces animaux pour l'usage des deux piétons.

Le voyage fut triste et on parla peu. Parfois, cependant, l'udaller, poussé par l'impatience et la contrariété, faisait prendre à son poney une allure plus vive; mais, se rappelant aussitôt l'état de faiblesse de Minna, il ralentissait sa marche, et, se rapprochant d'elle, lui demandait comment elle se trouvait, et si la fatigue n'était pas trop forte pour elle. A midi, la petite troupe s'arrêta et prit quelques aliments dont elle avait fait ample provision, auprès d'une source délicieuse dont l'onde pure ne plut cependant pas au palais de l'udaller, qui eut soin d'en tempérer la fadeur par une bonne dose de nantz[1]. Après avoir, une seconde et même une troisième fois, rempli sa large coupe de voyage en argent, sur laquelle étaient ciselés un amour allemand fumant une pipe, et un Bacchus hollandais vidant son flacon dans la gueule d'un ours, il commença à devenir plus communicatif que la contrainte ne lui avait permis de l'être pendant la première partie de leur voyage, et il s'adressa ainsi à ses filles :

— Eh bien ! mes enfants, nous voici à une lieue ou deux de la demeure de Norna, et nous verrons bientôt comment la vieille magicienne nous recevra.

Une faible exclamation de Minna interrompit son père, tandis que Brenda, surprise au plus haut degré, s'écria : Est-ce donc à Norna que nous allons rendre cette visite? — le Ciel nous en préserve !

— Eh! pourquoi le Ciel nous en préserverait-il? dit l'udaller en fronçant le sourcil; pourquoi, je voudrais bien le savoir, le Ciel me préserverait-il de visiter ma parente, dont l'habileté peut être utile à votre sœur, si pourtant il est, dans toutes nos îles, homme ou femme qui puisse lui être utile? — Vous êtes une folle, Brenda ; — votre sœur a plus de sens que vous. — Allons! sois plus gaie, Minna. — Tu as toujours été passionnée pour ses chansons et ses histoires, et tu avais coutume de te suspendre à son cou, quand la petite Brenda criait et s'éloignait d'elle comme un vaisseau marchand espagnol devant un *caper*[2] hollandais.

— Je désire qu'elle ne m'effraie pas autant aujourd'hui, mon père, répliqua Brenda désirant ne pas interrompre Minna dans son silence, et tâchant en même temps de distraire son père en soutenant la conversation ; j'ai tant de fois entendu parler de sa demeure, que je ne suis pas sans inquiétude à la pensée d'y arriver ainsi inopinément.

— Tu es une folle, répéta Magnus, de penser qu'une visite de ses parents puisse jamais déplaire à un cœur hialtlandais bon et sincère

---

[1] Eau-de-vie de Nantes. (L. V.)

[2] Vaisseau armé à la légère, très-usité au dix-septième siècle, chez les Hollandais, comme bâtiment corsaire. (W. S.)

comme celui de ma cousine Norna. — Eh! maintenant, j'y pense; je jurerais que c'est là le motif pour lequel elle n'a pas voulu recevoir Eric Scambester! — Il s'est écoulé bien des jours depuis que je n'ai vu la fumée de son foyer, et je ne vous y ai jamais conduites. — Elle a réellement quelque droit de m'accuser d'indifférence. Mais je lui dirai la vérité; — c'est que, malgré l'usage, je ne trouve ni bien ni honnête d'aller mettre à contribution une parente qui vit isolée, comme nous le faisons chez nos frères les udallers lorsque nous allons de maison en maison pendant l'hiver, jusqu'à ce que notre troupe, grossie comme une boule de neige, ait tout dévoré là où nous nous arrêtons.

— Nous n'avons pas à craindre de causer la moindre gêne à Norna, reprit Brenda; car j'ai fait une ample provision de tout ce dont nous pouvons avoir besoin : — poisson, lard, mouton salé, oies fumées, — plus que nous ne pourrions en manger pendant une semaine; et en outre, assez de liquide pour vous, mon père.

— Bien, bien, ma fille! — vaisseau bien fourni fait un joyeux voyage. — Ainsi, nous n'aurons à demander à Norna que l'abri de son toit, et un lit pour vous; car, pour moi, mon manteau de mer, et de bonnes planches bien sèches de sapin de Norvége, me conviennent mieux que vos coussins et vos matelas de plumes; si bien que Norna aura le plaisir de nous voir, sans avoir pour un *stiver* à dépenser.

— Je souhaite que ce soit en effet un plaisir pour elle, dit Brenda.

— Au nom de notre saint martyr, que veut-elle dire? s'écria Magnus Troil; crois-tu que ma parente soit une païenne, et qu'elle ne se réjouira pas de voir sa chair et son sang? — Je voudrais être aussi sûr d'une bonne pêche pour l'année. — Non, non; je crains seulement que nous ne la trouvions pas chez elle, car elle est souvent en course, et cela parce qu'elle pense trop à ce qui est maintenant sans remède.

Minna soupira profondément; l'udaller continua :

— Est-ce là ce qui te fait soupirer, ma fille? — Mais c'est le tort de la moitié du monde. — Que ce ne soit jamais le tien, Minna!

Un autre soupir étouffé prouva que l'avis venait trop tard.

— Je crois que vous avez aussi peur de ma cousine que votre sœur Brenda, dit l'udaller en jetant les yeux sur la pâle figure de sa fille. S'il en est ainsi, dites un mot, et nous retournerons comme si nous avions le vent en poupe, et que nous filions quinze nœuds à l'heure.

— Au nom du Ciel, ma sœur, retournons, dit Brenda d'un air suppliant; vous savez — vous vous souvenez — vous devez bien savoir que Norna ne peut rien faire pour vous secourir.

— Il n'est que trop vrai, répondit Minna d'une voix faible; mais je ne sais, — elle peut répondre à une question, à une question qu'une infortunée seule peut oser adresser à une femme malheureuse.

CHAPITRE XXVI.

— Non, ma parente n'est pas malheureuse, repartit l'udaller se méprenant sur le sens du mot ; elle a un bon revenu tant aux Orcades qu'ici, et on lui paie plus d'un bon lispund de beurre : il est vrai que les pauvres en ont la plus grande part, et honte au Schetlandais qui ne l'imite pas ! Le reste, elle le dépense, j'ignore comment, dans ses voyages par les îles. Mais vous rirez de voir sa maison, et Nick Strumpfer, qu'elle appelle Pacolet. — Beaucoup de gens pensent que Nick est le diable ; mais il est de chair et d'os comme chacun de nous ; — son père habitait Grœmsax. — Je serai charmé de revoir Nick.

Pendant que l'udaller discourait ainsi, Brenda, qui, en compensation de la part d'imagination qu'elle avait de moins que sa sœur, était douée d'une grande rectitude de jugement, discutait en elle-même l'effet probable que pourrait avoir cette visite sur la santé de Minna. Elle prit finalement la résolution de parler en particulier à son père, à la première occasion qui s'offrirait dans le voyage. Elle se détermina à l'instruire de toutes les particularités de leur entrevue nocturne avec Norna, — entrevue à laquelle, entre autres causes, elle attribuait l'abattement de Minna, — et à mettre ainsi son père à même de décider s'il devait persister à aller voir cette femme singulière, et exposer sa fille à la secousse que sa constitution nerveuse pouvait éprouver dans cette entrevue.

Précisément comme elle arrivait à cette conclusion, son père, secouant d'une main les miettes répandues sur sa veste galonnée et recevant de l'autre un quatrième verre d'eau-de-vie et d'eau, but dévotement au succès de leur voyage et ordonna de tout disposer pour le reprendre. Tandis que l'on sellait leurs chevaux, Brenda, avec quelque difficulté, parvint à faire comprendre à son père qu'elle désirait lui parler en particulier. Grande fut la surprise de l'honnête udaller, qui, discret comme le tombeau dans le petit nombre de circonstances où il considérait la discrétion comme nécessaire, était si loin en général d'aimer le mystère, que ses affaires les plus importantes étaient souvent discutées ouvertement en présence de la maison tout entière, y compris les serviteurs.

Mais son étonnement ne fit que s'accroître lorsque, restant à dessein avec sa fille Brenda un peu dans le sillage, comme il disait, des autres cavaliers, il entendit tout le récit de la visite de Norna à Burgh-Westra, et de la communication dont elle avait effrayé ses filles. Pendant longtemps il ne put articuler que des interjections, et il finit par proférer mille malédictions sur la folie de sa parente, qui l'avait poussée à raconter à ses filles une aussi horrible histoire.

— J'ai souvent entendu dire, s'écria l'udaller, qu'avec toute sa sagesse et sa connaissance du temps, elle était tout à fait folle ; mais par les os de mon saint patron le martyr, je commence à le croire ! Me voilà maintenant aussi désorienté que si j'avais perdu ma boussole.

Si j'avais su cela avant notre départ, je crois que je serais resté au logis; mais maintenant que nous sommes venus si loin et que Norna nous attend...

— Nous attend, mon père! comment cela est-il possible?

— Ma foi, je n'en sais rien; — mais elle qui peut dire comment le vent va souffler, peut bien prévoir quel est le chemin que nous avons l'intention de suivre. Il ne faut pas l'irriter; — peut-être a-t-elle causé ce mal à ma famille par suite de la conversation que j'ai eue avec elle au sujet de ce jeune Mordaunt Mertoun. S'il en est ainsi, elle peut bien défaire ce qu'elle a fait; — et il le faudra bien, ou je saurai pourquoi. Mais j'essaierai d'abord des moyens de douceur.

Trouvant ainsi son père décidé à continuer leur voyage jusqu'à Fitful-Head, Brenda tâcha d'apprendre de lui si ce que leur avait dit Norna était fondé en vérité. Il secoua la tête, soupira douloureusement, et en peu de mots lui apprit que tout ce qui avait rapport à son intrigue avec un étranger et à la mort de son père, dont elle avait été accidentellement la cause très-innocente, était une triste et irrécusable vérité. Quant à son enfant, ajouta-t-il, je n'ai jamais pu parvenir à savoir ce qu'il était devenu.

— Son enfant! s'écria Brenda; elle n'a pas dit un mot de son enfant!

— Alors je voudrais que ma langue eût été paralysée, dit l'udaller, plutôt que d'avoir prononcé ce mot. — Je vois que jeune ou vieux, il n'est pas plus aisé à un homme de garder un secret avec vous autres femmes, qu'à une anguille d'échapper à un nœud coulant de crin; — tôt ou tard le pêcheur la tire hors de son trou.

— Mais l'enfant, mon père, reprit Brenda, insistant sur les particularités de cette histoire extraordinaire, ne sait-on donc rien de lui?

— Il a été enlevé, j'imagine, par ce coquin de Vaughan, répondit l'udaller avec un accent d'humeur qui montrait clairement combien lui déplaisait ce sujet de conversation.

— Par Vaughan? répéta Brenda; l'amant de la pauvre Norna, sans doute? — Quelle espèce d'homme était-ce, mon père?

— Ma foi, comme tous les autres hommes, je pense; je ne l'ai jamais vu de ma vie. — Il fréquentait les Écossais de Kirkwall, et moi les bonnes vieilles familles de race norse. — Ah! si Norna était toujours restée avec ses compatriotes et n'eût pas fait société avec ces Écossais, elle n'aurait jamais connu Vaughan, et les choses auraient pu être bien différentes. — Mais aussi je n'aurais pas connu votre bienheureuse mère, Brenda; — et cela, ajouta-t-il, en même temps qu'une larme brillait dans ses grands yeux bleus, cela m'aurait épargné une joie bien courte et de bien longs chagrins!

— Soit comme compagne, soit comme amie, dit Brenda avec quelque hésitation, Norna, — du moins à en juger par tout ce que j'ai entendu dire, n'aurait que bien imparfaitement occupé près de vous la place qu'y a tenue ma mère.

Magnus, adouci par le souvenir de sa compagne bien-aimée, lui répondit avec plus d'indulgence qu'elle ne s'y attendait.

— A cette époque, dit-il, j'aurais volontiers épousé Norna. C'eût été le terme d'une vieille querelle,—la guérison d'une plaie ancienne. Tous nos proches parents désiraient cette union, et dans la position où je me trouvais, surtout n'ayant pas vu votre bienheureuse mère, j'avais peu d'objections à leur opposer. Ne jugez ni de Norna ni de moi par ce que nous sommes aujourd'hui : — elle était jeune et belle, et moi léger comme un daim des montagnes et me souciant peu vers quel port je dirigerais ma barque, sûr, comme je l'étais, d'en avoir plus d'un sous le vent. Mais Norna préféra ce Vaughan, et, comme je vous l'ai déjà dit, ç'a peut-être été le plus grand service qu'elle ait pu me rendre.

— Pauvre cousine! dit Brenda. Mais avez-vous foi, mon père, dans la puissance surnaturelle qu'elle prétend posséder,— dans la vision mystérieuse du nain,—dans le...

Elle fut interrompue par Magnus, à qui ces questions déplaisaient évidemment.

— Je crois, Brenda, dit-il, à tout ce qu'ont cru mes ancêtres ;— je ne prétends pas être un homme plus sage qu'ils n'étaient dans leur temps,— et ils pensaient tous que dans les grands malheurs d'ici-bas la Providence ouvre les yeux de l'esprit aux malheureux et soulève pour eux le voile de l'avenir. Et, si j'ose pénétrer dans ses desseins,— ici il porta avec respect la main à son chapeau,—c'est comme une sorte de compensation, une manière d'arrimer la barque, et après avoir jeté tout son lest, celle de la pauvre Norna était encore aussi pesamment chargée que le fut jamais yole d'un habitant des Orcades partant pour la pêche du chien de mer.— Sa charge de douleur est assez forte pour contre-balancer les dons que le Ciel peut lui avoir départis au milieu de sa misère. Ils sont aussi douloureux pour elle, pauvre créature! qu'une couronne d'épines le serait pour son front, fût-elle l'insigne de la royauté du Danemark. Et vous, Brenda, ne cherchez pas à être plus sage que vos pères. Votre sœur Minna, lorsqu'elle se portait bien, avait autant de respect pour tout ce qui était écrit en langue norse que si c'eût été une bulle du pape rédigée en pur latin.

— Pauvre Norna! répéta Brenda. Et son enfant!— n'a-t-on donc jamais pu le retrouver?

— Que puis-je vous dire de son enfant, répondit l'udaller d'un ton plus brusque qu'auparavant, sinon qu'elle était bien mal avant et après sa naissance, quoique nous fissions tous nos efforts pour la tenir en bonne humeur avec la cornemuse et la harpe, et par d'autres moyens semblables?— L'enfant était venu avant le temps dans ce monde de douleurs ; aussi il est probable qu'il est mort depuis longtemps. — Mais vous ne connaissez rien à tout cela, Brenda ; ainsi marchez en avant, jeune folle, et ne faites plus de questions sur ce qui ne doit pas vous occuper.

En parlant ainsi, l'udaller donna de l'éperon à son petit coursier plein d'ardeur, et partant au grand trot sans s'inquiéter des difficultés du terrain, que le pied ferme et sûr de l'animal savait éviter, il se trouva bientôt à côté de la triste Minna, et ne laissa sa sœur prendre part à la conversation que quand la parole était adressée à toutes deux à la fois. Tout ce dont Brenda osait se flatter, c'est que le mal de Minna paraissant avoir sa source dans l'imagination, les remèdes de Norna pourraient avoir quelque efficacité, puisque, selon toute apparence, ce serait aussi à l'imagination qu'ils s'adresseraient.

Jusque là, le chemin qu'ils avaient suivi était principalement frayé à travers un terrain couvert de marais et de mousse, et varié seulement de temps à autre par la nécessité de faire un circuit autour de ces longues lagunes appelées *oes*, dont le pays est tellement coupé et sillonné, que dans toute l'île, dont la longueur est bien de trente milles, on ne trouverait peut-être pas un seul point distant de plus de trois milles de l'eau salée. Mais maintenant ils approchaient de l'extrémité sud-ouest de Mainland, et ils suivaient une longue chaîne de rochers, barrière opposée par la nature à la rage de l'océan du Nord et des vents qui le bouleversent.

Enfin Magnus, se tournant vers ses filles, s'écria : — Voici la demeure de Norna ! — Regardez, Minna, car si cela ne vous donne pas envie de rire, rien n'y fera. — Avez-vous jamais vu une créature vivante, si ce n'est une orfraie, se choisir un nid comme celui-ci ? — Par les os de mon saint patron ! jamais être dépourvu d'ailes et pourvu de raison n'en a habité un pareil, si ce n'est cette fille d'un roi de Norvége que son père enferma au Frawa-Stack, en face l'île de Papa, pour la tenir loin de ses soupirants ; — et encore sans grand succès, si l'histoire dit vrai[1] ; car, voyez-vous, mes filles, je suis bien aise que vous sachiez qu'il n'est pas aisé d'empêcher le feu de prendre aux étoupes.

---

[1] Le Frawa-Stack ou Roc de la Jeune Fille est un pic inaccessible, séparé par un golfe étroit de l'île de Papa, l'une des Orcades. Le sommet est couronné de quelques ruines au sujet desquelles il y a une légende assez semblable a celle de Danaé. (W. S.)

CHAPITRE XXVII.

> Trois fois du sein de la caverne sombre s'élève sa voix lamentable : Viens, ma fille, viens sans crainte ; sans crainte dis-moi ta douleur.
> MEIKLE.

La demeure de Norna, bien que nul autre qu'un enfant des îles Schetland, familiarisé depuis sa naissance avec la vue des rochers, n'y eût rien trouvé qui pût prêter à rire, n'avait pas été sans quelque raison comparée par Magnus Troil à l'aire d'une orfraie ou aigle de mer ; elle était fort étroite et avait été formée d'une de ces anciennes constructions qu'on appelle *burghs* et *maisons des Pictes* dans ces îles, *duns* en Écosse et dans les Hébrides, et qui semblent être le premier effort de l'architecture, — le chaînon qui unit le terrier du renard creusé dans le cairn de pierres amoncelées, à l'essai de construction d'une habitation humaine avec les mêmes matériaux, sans employer ni la chaux ni le ciment, — sans même recourir à une charpente d'aucune espèce, autant que ce qui reste de ces antiques édifices permet d'en juger ; — enfin, sans la moindre notion de ce qui est une voûte ou un escalier. Tels qu'ils sont, cependant, les restes nombreux de ces habitations primitives, — car on en rencontre sur tous les promontoires, dans tous les îlots, sur tous les points qui pouvaient fournir aux habitants des moyens naturels de défense, — tendent à prouver que le peuple qui, à une époque fort reculée, construisit ces burghs, était une race très-nombreuse, et qu'alors la population des îles était beaucoup plus considérable que nous ne l'aurions cru d'ailleurs.

Le burgh dont nous parlons avait été modifié et réparé dans des temps plus rapprochés, probablement par quelque petit despote, quelque écumeur de mer, séduit sans doute par la sûreté qu'offrait cette position occupant la totalité d'un point saillant du rocher, et séparée de la terre ferme par une profonde coupure. Il avait ajouté quelques constructions dans le style le plus grossier de l'architecture gothique défensive, — avait enduit de chaux et d'argile l'intérieur, percé des fenêtres pour y admettre l'air et la lumière ; enfin, en y ajoutant un toit, et formant des étages au moyen de pièces de bois de vaisseaux naufragés, il en avait fait une tour ressemblant à un pigeonnier en pyramide, et formée d'un double mur contenant dans son épaisseur des galeries circulaires ou chemins tournants concentriques, qui distinguent tous les forts de cette construction primitive, et semblent avoir été le seul abri destiné originairement à protéger les habitants contre les intempéries du climat[1].

Cette habitation singulière, construite en pierres sèches détachées, dont un grand nombre jonchaient le terrain environnant, et exposée depuis des siècles à l'action des éléments, était délabrée, dévastée, noire comme le roc qui lui servait de fondation et dont il n'était pas facile de la distinguer, tant elle lui ressemblait par la couleur, et tant elle différait peu, par son irrégularité extérieure, d'un fragment de rocher.

L'indifférence de Minna pour tout ce qui, depuis quelque temps, s'était passé autour d'elle, fut un instant suspendue à l'aspect d'une demeure qui, à une autre époque de sa vie, aurait vivement excité sa curiosité et sa surprise : elle parut même trouver de l'intérêt à contempler cette retraite singulière, et elle se souvint que c'était celle du malheur, peut-être aussi de la folie, liés, suivant les prétentions de celle qui l'habitait et la crédulité de Minna, au pouvoir de maîtriser les éléments, et à la faculté de communiquer avec le monde invisible.

—Notre parente, murmura-t-elle, ne pouvait mieux choisir sa demeure; elle n'a du sol que ce qu'il en faut à un oiseau de mer pour s'y reposer : tout autour grondent l'aveugle tempête et les vagues furieuses. Le désespoir et le pouvoir magique ne sauraient rencontrer une retraite plus convenable.

Brenda, de son côté, n'examinait qu'en frissonnant la demeure vers laquelle ils se dirigeaient par un sentier difficile et dangereux. qui, de temps en temps et à sa grande frayeur, suivait le bord du précipice. Aussi, quoique Schetlandaise, et quelle que fût sa confiance dans l'intelligence et la sûreté du pied de son poney, elle put à peine maîtriser sa crainte, surtout lorsque, marchant à la tête de la troupe et tournant un angle du rocher, ses pieds, qui avançaient d'un côté de sa monture, se trouvèrent un instant suspendus en avant du bord du précipice, de sorte qu'il n'existait qu'un vide immense entre sa chaussure et l'Océan, dont les vagues écumeuses s'agitaient, mugissaient et bouillonnaient à cinq cents pieds au-dessous d'elle. Mais ce qui aurait donné le vertige à une femme d'une autre contrée, ne lui causa qu'une inquiétude passagère, qui, presque au même instant, fit place à l'espoir que l'impression d'une scène de cette nature produirait sur les organes de sa sœur un favorable effet.

Elle ne put s'empêcher de jeter un regard en arrière, pour voir comment Minna franchirait le passage dangereux dont elle-même venait de sortir; et elle put entendre la voix forte de l'udaller, qui s'écria d'un ton alarmé, quoique ces sentiers difficiles lui fussent

---

[1] *Voyez* note M, à la fin du volume.

aussi familiers que le sol uni de la plage : — Prenez garde, *jarto*[1] !

En cet instant, Minna, les yeux égarés, avait lâché la bride, et avait porté ses bras et même le corps en avant au-dessus du précipice, telle qu'un cygne sauvage qui, se balançant et déployant ses larges ailes, va s'élancer du haut d'un rocher dans l'immensité des airs. Brenda ressentit alors une angoisse inexprimable, dont l'impression ne put s'effacer, lors même qu'un instant après elle put être et fut en effet rassurée en voyant sa sœur se redresser et se remettre en selle, — le pas agile et sûr de l'animal qui la portait ayant rapidement tourné l'angle du rocher après lequel le sentier s'éloignait du précipice, et mis fin ainsi à la tentation, si Minna en avait éprouvé une.

Ils atteignirent alors un espace plus uni et plus découvert, plateau d'un isthme de rochers allant toujours en se rétrécissant jusqu'au point où il se terminait par un vide étroit entre le petit pic ou *stack* occupé par l'habitation de Norna, et le corps principal du rocher. Cette espèce de fossé, qui semblait le résultat de quelque déchirement naturel, était profond, obscur, irrégulier, plus étroit vers le fond que l'on pouvait distinguer à peine, et plus large à sa partie supérieure. On eût dit que la partie du rocher occupée par la tour avait été à demi arrachée de l'isthme qu'elle terminait, idée que contribuait à faire naître l'angle qu'elle formait, en paraissant s'éloigner de la terre et se pencher vers la mer, avec l'habitation qui la couronnait.

Cet angle de projection était si considérable, qu'il fallait un peu de réflexion pour écarter l'idée que le rocher, en s'éloignant à un tel point de la perpendiculaire, allait être précipité dans la mer avec la tour antique. Un pied timide aurait tremblé de s'y poser, dans la crainte que l'addition du poids d'un corps humain ne déterminât une catastrophe qui paraissait imminente.

Inaccessible à de pareils vertiges, l'udaller s'avança tranquillement vers la tour, et là, mettant pied à terre avec ses filles, donna les chevaux à garder à un de ses domestiques, avec ordre de les débarrasser de leurs bagages, et de les mener se reposer et paître dans la bruyère la plus voisine. Cela fait, ils s'approchèrent de la porte qu'un pont-levis grossièrement construit paraissait avoir jadis réunie à la terre ferme. On en apercevait encore quelques restes ; mais le surplus avait été démoli et remplacé par une passerelle à demeure, composée de douves de tonneau recouvertes de gazon, très-étroite et sans garde-main, et supportée par une espèce d'arche formée de mâchoires de baleine. Sur ce passage redoutable l'udaller s'avança du pas ferme et pesant qui lui était ordinaire, au risque d'entraîner à la fois la destruction de ce pont fragile et la sienne propre ; ses filles le suivirent d'un

---

[1] Ma chère.

pas plus léger, et tous trois se trouvèrent devant la porte étroite et basse de l'habitation de Norna.

— Si pourtant elle n'y était pas! dit Magnus en frappant à coups redoublés le chêne noirci de la porte; — eh bien! après tout, nous attendrons son retour au moins toute une journée, et ce sera à Nick Strumpfer à payer ce retard en bland et en eau-de-vie.

Comme il parlait ainsi, la porte s'ouvrit et laissa voir, au grand effroi de Brenda, et à la grande surprise de Minna elle-même, la carrure d'un nain haut à peine de plus de quatre pieds, avec une tête monstrueuse et des traits à l'avenant, — c'est-à-dire avec une énorme bouche, un effroyable nez percé de larges narines noires qui semblaient en occuper toute la longueur, des lèvres prodigieusement épaisses, et de larges yeux dépareillés et louches, que, sans prononcer un mot, il dardait sur l'udaller, d'un air de connaissance, en grimaçant et ricanant. Les deux jeunes filles crurent un instant avoir devant les yeux le démon Trolld lui-même, qui avait joué un rôle si remarquable dans la légende de Norna. Leur père s'avança vers cette étrange apparition, en lui adressant la parole de ce ton de condescendance amicale qu'on emploie envers un inférieur, quand on veut, dans l'intérêt du moment, le flatter et le gagner; — ton, pour le dire en passant, dont la familiarité même est aussi offensante que les airs les plus dédaigneux de hauteur et de supériorité.

— Ah! ah! Nick! honnête Nick! te voilà donc! aussi alerte et aussi aimable que saint Nicolas ton patron, lorsque la hache du charpentier en a fait l'ornement de la proue d'un sloop hollandais. Comment va la santé, Nick, ou Pacolet, si tu aimes mieux cet autre nom? Nicolas, voici mes deux filles, presque aussi jolies que toi, comme tu vois.

Nick fit la grimace et salua d'un air gauche, par forme de politesse; mais il tenait toujours sa large et difforme personne en travers de la porte.

— Mes enfants, continua l'udaller qui semblait avoir ses raisons de parler à ce cerbère de manière à gagner ses bonnes grâces, du moins selon sa manière de comprendre les moyens de séduction, — voici Nick Strumpfer, que sa maîtresse appelle Pacolet : c'est un nain aussi bien tourné, comme vous voyez, que ce lutin qui s'envole dans les airs, comme une scourie sur son cheval de bois, dans le vieux conte de Valentine et d'Orson, que vous aimiez tant à lire, Minna, quand vous étiez enfant; je vous assure qu'il sait garder les secrets de sa maîtresse, et que jamais, dans sa vie, il n'en a dit un seul; — ha! ha! ha!

L'épouvantable nain fit une grimace dix fois plus horrible qu'auparavant, et fit comprendre aux deux sœurs le sens de la plaisanterie de l'udaller en ouvrant son immense mâchoire et en rejetant sa tête en arrière, pour montrer que dans la vaste cavité de sa bouche il ne restait que le tronçon ridé d'une langue, en état peut-être de l'aider à avaler sa nourriture, mais incapable d'articuler un son. Une main cruelle l'avait-elle privé de cet organe, ou l'avait-il perdu par suite de maladie, c'est ce qu'on ne pouvait deviner ; mais il était évident que ce malheureux n'était pas muet de naissance, puisqu'il avait conservé le sens de l'ouïe. Après avoir donné ce hideux spectacle, il répondit à la plaisanterie de l'udaller par un éclat de rire horrible et discordant, d'autant plus repoussant que sa gaieté semblait inspirée par sa propre misère. Les deux sœurs se regardèrent en silence et avec effroi, et l'udaller lui-même parut déconcerté.

— Or çà ! ajouta-t-il après un instant de silence, depuis quand as-tu arrosé ce gosier-là, large comme le détroit de Pentland, d'un verre de bonne eau-de-vie ? Ha ! ha ! Nick ; j'en ai là avec moi qui vient de bonne source, mon garçon !

Le nain fronça ses épais sourcils, secoua sa tête difforme et fit un petit geste d'intelligence en jetant sa main droite au-dessus de son épaule, le pouce tourné derrière lui.

— Comment ! ma cousine serait fâchée, dit l'udaller comprenant ce signe ; eh bien ! tu en auras un flacon pour te régaler lorsqu'elle ne sera pas au logis, ma vieille connaissance ; — les lèvres et le gosier qui ne peuvent parler n'en avalent pas moins bien.

Pacolet fit une grimace d'assentiment.

— Allons, reprit l'udaller, fais-moi place, Pacolet, et laisse-moi mener mes filles vers leur cousine. Par les os de saint Magnus ! ce sera une bonne affaire pour toi. — Allons donc, ne secoue pas ainsi la tête, mon garçon ; si ta maîtresse est au logis, il faut que nous la voyions.

Le nain leur fit de nouveau comprendre l'impossibilité d'être admis, soit par signes, soit en proférant quelques sons inarticulés et des plus discordants, ce qui commença à donner de l'humeur à l'udaller.

— Ta, ta, ta, mon garçon, lui dit-il, ne m'ennuie pas davantage avec ton baragouin, et dérange-toi de mon chemin. Le blâme, s'il y en a, retombera sur moi.

En même temps, Magnus Troil saisit de sa main vigoureuse le collet du gilet de wadmaal bleu du nain récalcitrant, et sans pourtant employer la violence, il le força de dégager la porte en le repoussant de côté. — Magnus entra alors, suivi de ses deux filles, qu'un sentiment de crainte, excité par tout ce qu'elles voyaient et entendaient, tenait serrées à ses côtés. Un passage tortueux et sombre dans lequel il les guida était à peine éclairé par une barbacane communiquant avec l'intérieur du bâtiment, et destinée sans doute originairement à en protéger l'entrée au moyen d'une couleuvrine ou d'un haquebute. Ils avançaient toujours, mais avec lenteur et hésitation ; tout à coup la faible clarté qui les dirigeait s'obscurcit entièrement, et en levant les yeux pour en découvrir la cause, Brenda aperçut avec effroi la figure pâle de Norna, à peine éclairée par un jour douteux. Elle jetait sur eux un sombre regard, et ne prononçait pas un mot. Il n'était pas surprenant que la maîtresse de la maison voulût voir ceux qui s'étaient introduits chez elle ainsi à l'improviste et avec si peu de cérémonie ; mais la pâleur naturelle de ses traits, augmentée encore par le crépuscule sous lequel on les apercevait, — la dureté de son regard fixe, qui était loin d'annoncer un accueil gracieux et bienveillant, — son silence absolu, et l'aspect singulier de tout ce que contenait sa demeure, augmentèrent la frayeur qui déjà avait saisi Brenda. Magnus Troil et Minna avaient continué de marcher en avant, sans apercevoir leur singulière hôtesse.

CHAPITRE XXVIII.

> La sorcière éleva alors son bras desséché, et agita en l'air sa baguette ; et pendant qu'elle murmurait ses phrases magiques, un sombre feu remplissait ses yeux. MEIKLE.

Ce doit être là l'escalier, dit l'udaller en se heurtant dans l'obscurité contre quelques marches inégales ; — ce doit être là l'escalier, ou ma mémoire me trompe fort. Oui, c'est bien cela ; c'est là qu'elle se tient habituellement, ajouta-t-il en s'arrêtant devant la porte entre-bâillée, avec tout son attirail autour d'elle, et toujours aussi affairée sans doute que le diable dans une tempête.

Après cette comparaison peu révérencieuse, Magnus entra, suivi de ses filles, dans un appartement obscur où Norna était assise au milieu d'un amas confus de livres écrits dans toutes les langues, de lambeaux de parchemin, de tablettes et de pierres couvertes des caractères droits et anguleux de l'alphabet runique, et d'autres objets du même genre que le vulgaire eût été tenté de rapporter à l'exercice des sciences occultes. On voyait à terre, ou suspendue au manteau grossier et mal construit de la cheminée, une vieille cotte de mailles, avec le casque, la hache d'armes et la lance, qui autrefois avaient formé une armure complète ; sur une tablette, étaient rangées en très-bon ordre quelques-unes de ces curieuses haches en granit vert qu'on rencontre fréquemment dans ces îles, et appelées traits-de-foudre[1] par le peuple, qui les garde avec précaution comme un

---

[1] *Thunderbolts.*

charme puissant contre le feu du ciel. On trouvait en outre, dans cette étrange collection, un couteau de sacrifice en pierre, qui peut-être avait servi à immoler des victimes humaines, et un ou deux de ces ustensiles de bronze appelés *celts*, dont la destination a troublé le repos de plus d'un antiquaire. Un grand nombre d'autres objets, dont quelques-uns n'avaient ni nom ni figure, étaient jetés pêle-mêle dans l'appartement ; et dans un coin, sur un amas de plantes marines desséchées, reposait un animal qu'on eût pris au premier moment pour un gros chien difforme, et qu'avec un peu plus d'attention on reconnaissait être un veau marin, que Norna avait pris plaisir à apprivoiser.

Ce favori peu ordinaire se hérissa dans son coin, à l'arrivée de tant d'étrangers, avec une vigilance semblable à celle qu'un chien ordinaire eût montrée en pareille occasion ; quant à Norna, elle resta immobile, assise devant une table de granit brut, que soutenaient deux pieds grossiers de la même matière. Indépendamment des vieux livres qui semblaient destinés à l'usage de la sibylle, il y avait sur ce meuble un morceau de ce grossier pain sans levain composé de trois quarts d'avoine et d'un quart de sciure de bois de sapin, nourriture habituelle des pauvres paysans de Norvége. A côté se trouvait une cruche d'eau.

Magnus Troïl resta quelques minutes en silence à regarder sa cousine. Pendant ce temps, la bizarrerie de sa demeure inspirait une nouvelle frayeur à Brenda, et convertissait l'humeur mélancolique et distraite de Minna en un sentiment d'intérêt mêlé de quelque terreur. Enfin le silence fut rompu par l'udaller, qui, redoutant d'un côté de choquer sa cousine, et de l'autre voulant lui prouver qu'une réception aussi singulière ne l'intimidait pas, entama la conversation en ces termes :

— Je vous souhaite le bonjour, cousine Norna ; mes filles et moi venons de bien loin pour vous voir.

Norna leva les yeux, les fixa un instant sur ses visiteurs, puis les laissa froidement retomber sur le feuillet dont la lecture paraissait l'absorber.

— Allons, cousine, dit Magnus, prenez à votre aise tout votre temps ; — nous pouvons attendre que vous soyez prête. — Minna, voyez donc quelle belle vue on a du cap dans un rayon d'un quart de mille ; voyez-vous se briser contre les rochers des vagues hautes comme un mât de perroquet ? Notre cousine a là aussi un bien joli veau marin. Ici, mon petit, mon ami, ouh ! ouh !

L'animal ne parut pas faire grand cas des avances de l'udaller, et n'y répondit que par un sourd grognement.

— Il n'est pas si bien élevé, continua l'udaller en affectant un air de gaieté et d'indifférence, que celui de Pierre Mac Rau, le joueur de flûte de Stornoway ; il avait un veau marin qui agitait sa queue lorsqu'il entendait l'air de *Caberfae.* C'était le seul qu'il reconnût.

— Eh bien, cousine, s'écria-t-il en voyant Norna fermer son livre, allez-vous au moins nous dire bonjour, ou faut-il que nous allions chercher un bon accueil autre part que chez quelqu'un de notre famille, et alors qu'il se fait si tard?

— O génération au cœur dur et émoussé, sourde comme la vipère à la voix qui veut la charmer, lui répondit Norna, pourquoi viens-tu à moi? Vous avez méprisé tous les avis que je pouvais vous donner contre le mal qui approchait, et maintenant qu'il a fondu sur vous, vous venez chercher mes conseils qui ne peuvent plus vous être utiles.

— Écoutez donc, cousine, reprit l'udaller avec sa franchise accoutumée et la hardiesse habituelle de son ton et de ses manières, je dois vous dire que votre politesse est quelque chose de fort peu délicat et de peu affectueux. Je ne veux pas me vanter d'avoir jamais vu une vipère, attendu qu'il n'y en a pas dans ce pays-ci ; mais d'après l'idée que je m'en forme, on ne peut décemment établir de comparaison entre moi ou mes filles et cet animal : voilà ce que je suis bien aise de vous dire. Attendu notre vieille connaissance, et pour quelques autres raisons encore, je ne quitterais pas volontiers votre demeure en ce moment ; mais comme je suis venu à vous avec toute la bienveillance et la politesse possible, je vous prie de me recevoir de même ; autrement nous partons et nous laissons la honte sur votre seuil inhospitalier.

— Quoi! s'écria Norna, osez-vous tenir un langage aussi hardi dans la maison de celle dont tous les hommes, et vous tout le premier, viennent solliciter le secours et les conseils? Quand on parle à la Reim-Kennar, il faut savoir baisser la voix en présence de celle devant laquelle les vents et les flots se taisent avec respect.

— Les vents et les flots peuvent se taire tant qu'il leur plaira, répliqua l'udaller d'un ton décidé ; mais c'est ce que, moi, je ne ferai pas : je parle dans la maison de mes amis comme si j'étais chez moi, et je ne baisse pavillon devant personne.

— Espères-tu donc, dit Norna, me forcer, par ta rudesse, à répondre à tes questions?

— Cousine, dit Magnus Troil, je ne connais pas aussi bien que vous les vieilles sagas norses ; mais ce que je sais bien, c'est que jadis, lorsque les Kempies cherchaient les habitations des devineresses et des sorcières, ils se présentaient leurs haches sur l'épaule et leur bonne épée à la main, et forçaient le pouvoir qu'ils invoquaient à les écouter et à leur répondre, quand c'eût été Odin lui-même.

— Cousin, répondit Norna en se levant de son siége et s'avançant vers lui, tu as bien parlé, et c'est fort heureux pour toi et tes filles : si tu avais quitté le seuil de ma demeure sans m'arracher une réponse, le soleil du matin ne se serait plus levé pour vous ; les esprits qui me servent sont jaloux, et ne veulent s'employer à quelque chose d'utile à l'humanité que lorsque leurs services ont été provoqués par les importunités incessantes de l'homme brave et libre. Maintenant parle, que voulais-tu de moi ?

— La guérison de ma fille, qu'aucun remède n'a pu rétablir.

— La guérison de ta fille, reprit Norna ; et quelle est sa maladie ?

— C'est au médecin à nommer la maladie ; tout ce que je puis t'apprendre, c'est que...

— Tais-toi, interrompit Norna ; je sais tout ce que tu peux me dire, et mieux que tu ne le sais toi-même. Asseyez-vous tous ; et toi, jeune fille, place-toi sur cette chaise, dit-elle à Minna en lui désignant l'endroit d'où elle venait de se lever. C'est l'ancien siége de Giervada, à la voix de laquelle les étoiles perdaient leurs rayons et la lune même pâlissait.

D'un pas lent et mal assuré, Minna se dirigea vers le siége qui lui était indiqué. C'était une sorte de fauteuil en pierre, grossièrement taillé par la main rude et maladroite de quelque ancien artiste goth.

Brenda, se glissant le plus près possible de son père, s'était, ainsi que lui, placée à quelque distance sur un banc. Ses yeux, où se peignait un mélange de frayeur, de compassion et d'anxiété, étaient fixés sur Minna. Il eût d'ailleurs été difficile d'analyser les sentiments qui agitaient en ce moment cette jeune fille aimante autant qu'aimable. Ne possédant pas cette imagination exaltée, qualité dominante de sa sœur, et n'ajoutant que peu de foi au merveilleux, elle ne pouvait cependant se défendre de terreurs vagues et indéfinissables, en réfléchissant à la nature de la scène qui se préparait. Mais toutes ses appréhensions personnelles se perdaient en quelque sorte dans ses craintes pour sa sœur, qui, faible, épuisée, et l'imagination si disposée d'ailleurs à se laisser dominer par les impressions que tout ce qui l'entourait devait exciter en elle, était là, pensive et résignée, entièrement sous l'action d'une femme dont les opérations mystérieuses pouvaient produire les effets les plus pernicieux sur un sujet ainsi disposé.

Brenda contemplait sa sœur, ainsi placée sur cette chaise grossière de pierre noire, dont les angles massifs et irréguliers formaient un frappant contraste avec la pureté délicate de formes et de traits de celle qui y était assise. Ses joues et ses lèvres étaient d'une pâleur livide ses yeux, tournés vers le ciel, étaient empreints à la fois de résignation et d'enthousiasme, suite de son caractère et de son état de souffrance Les regards de la plus jeune des deux sœurs s'attachèrent ensuite aux mouvements de Norna, qui, murmurant quelques paroles à voix basse et d'un ton monotone, allait prendre de côté et d'autre différents objets qu'elle posait successivement sur la table. Enfin, Brenda fixa avec anxiété les yeux sur son père, pour lire, s'il lui était possible, dans sa physionomie, s'il redoutait comme elle l'issue de la scène dont ils allaient être témoins. Mais Magnus Troil ne paraissait pas avoir de craintes semblables. Il examinait avec flegme les apprêts de Norna, et paraissait en attendre le résultat de l'air d'un homme qui, plein de confiance dans le talent d'un médecin habile, le voit se préparer à quelque opération importante et difficile, à l'issue de laquelle il est intéressé par amitié ou par affection.

Cependant Norna continuait ses apprêts. Elle plaça sur la table de pierre plusieurs objets de diverse nature, entre autres un petit réchaud rempli de charbon, un creuset et une mince feuille de plomb. — Il est heureux, dit-elle alors à voix haute, que j'aie su d'avance votre venue; — oui, longtemps avant que vous ne l'eussiez résolue vous-même; — sans quoi, comment aurais-je pu me préparer à ce qu'il s'agit de faire en ce moment? — Jeune fille, continua-t-elle en s'adressant à Minna, où souffres tu?

La malade répondit en appuyant la main sur le côté gauche de sa poitrine.

— C'est cela, dit Norna, c'est bien cela; — c'est le siége du bien et du mal. — Et vous, son père et sa sœur, ne pensez pas que ce soit là le discours oiseux d'une femme qui parle au hasard. — Si je puis te dire quel est le mal, peut-être saurai-je aussi rendre moins douloureux ce que nul secours humain ne saurait complétement guérir. Le cœur! — oui, que le cœur soit atteint, et aussitôt les yeux s'obscurcissent, le pouls s'affaiblit, la circulation du sang est suspendue et troublée, les membres languissent comme une herbe marine desséchée aux rayons du soleil d'été; toutes nos perspectives de bonheur s'évanouissent; il ne nous reste que le rêve d'une félicité perdue et la crainte de maux inévitables. Mais il faut que la Reim Kennar se mette à l'œuvre; — il est heureux que tout soit préparé à l'avance.

Elle se dépouilla de sa longue mante noire et ne conserva que sa courte tunique de wadmaal bleu clair, avec la jupe de même étoffe, couverte de capricieux ornements de velours noir, et serrée à la taille par une chaîne ou ceinture d'argent où étaient tracés plusieurs dessins bizarres. Norna détacha ensuite le réseau qui retenait ses cheveux gris, et, secouant la tête d'un air étrange, en laissa retomber en désordre les tresses nombreuses sur sa figure et sur ses épaules, de manière à cacher presque entièrement ses traits. Elle plaça ensuite le petit creuset sur le réchaud, — versa quelques gouttes d'une fiole sur le charbon, — et dirigeant en même temps de ce côté l'index de sa main osseuse, qu'elle avait préalablement trempé dans une autre fiole, elle dit d'une voix sourde : — Feu, fais ton devoir! — A peine eut-elle prononcé ces mots que, par suite probablement d'une combinaison chimique inconnue aux spectateurs, le charbon placé sur le creuset s'alluma lentement, tandis que Norna, comme impatiente du retard, rejetait en arrière ses cheveux en désordre, et, les traits colorés par le reflet rougeâtre du feu, les yeux étincelants, comme ceux d'un animal sauvage au fond de sa tanière, soufflait avec force pour donner plus d'activité à la combustion. Elle se reposa un moment en murmurant à voix basse que l'esprit élémentaire devait être remercié, puis elle psalmodia du ton monotone et sauvage qui lui était ordinaire des vers dont voici le sens :

« Substance à la fois si nécessaire et si redoutable, à la crête de fumée et aux ailes de feu, toi dont la chaleur vivifiante empêche seule le Nord de s'engourdir dans un sommeil de mort; toi qui réchauffes la chaumière, et qui détruis les palais orgueilleux; — le plus brillant, le plus pénétrant de tous les pouvoirs, toi qui donnes l'âme et la forme à ce monde, reçois, dans ces rimes runiques, les remerciements de Norna pour l'aide que tu lui as prêtée. »

Elle coupa alors un morceau de la mince feuille de plomb déposée sur la table, et la mettant dans le creuset, la soumit à l'action du charbon embrasé; à mesure qu'il fondait, elle chantait :

« Vieille Reim Kennar, la mère universelle, Hertha, envoie aussi son tribut à ton art, elle dont l'inépuisable bonté fournit les aliments nécessaires à tout ce qui respire. Ce métal mystique, sorti du fond des mines du Nord, a longtemps servi à renfermer, au milieu des pierres disjointes de son tombeau, les os d'un champion illustre, et je l'ai déterré pour venir en aide à mon art magique. — Terre vénérable, mes actions de grâces te sont rendues. »

Prenant ensuite un peu d'eau dans sa cruche, elle en versa dans une large coupe, et chanta encore en la remuant lentement du bout de sa baguette :

« Ceinture de nos îles chéries, élément liquide, sois docile à ma voix, toi dont le pouvoir, sur les plages basses du Belge, renverse les digues brisées et porte la dévastation dans les plaines; les plus furieux accès de ta rage ne sauraient détacher le moindre fragment de notre sol protégé par sa barrière de rocs; prête donc aussi, avec soumission, ton concours à l'art de la vieille Norna. »

Après qu'à l'aide d'une pince, le creuset fut retiré de dessus le réchaud, elle versa le plomb, alors en complète fusion, dans le vase rempli d'eau, tandis qu'elle répétait :

« Éléments, alliez vous l'un à l'autre, et que de votre union naisse la vertu et la puissance. »

Le plomb fondu, se subdivisant à mesure qu'il tombait dans l'eau y prit naturellement cette variété de formes bizarres que connaissent ceux qui, dans leur enfance, en ont fait l'épreuve, et auxquelles notre jeune imagination se plaisait à trouver de la ressemblance avec divers objets usuels, — avec des outils d'artisan ou autres choses semblables. Norna semblait s'occuper d'une recherche analogue, car elle examina la masse de plomb avec une attention scrupuleuse, et la détacha en plusieurs fragments sans paraître en trouver un de la forme qu'elle désirait.

Enfin, murmurant à voix basse et se parlant à elle-même plutôt qu'elle ne s'adressait à ses hôtes : — Et lui aussi, dit-elle, l'Invisible, ne sera pas oublié; — il paiera son tribut, même pour l'œuvre à laquelle il ne donne rien. — Fier dominateur des nuages, tu entendras aussi la voix de la Reim Kennar!

En parlant ainsi, Norna jeta de nouveau le plomb dans le creuset, où le métal humide, sifflant et s'éparpillant à mesure qu'il touchait les parois du vaisseau rougi au feu, revint bientôt à l'état de fusion. Pendant ce temps, la sibylle se dirigea vers un coin de l'appartement, et ouvrant tout à coup une fenêtre tournée vers le nord-ouest, laissa pénétrer dans l'intérieur, par intervalles, les rayons du soleil, maintenant presque de niveau avec une masse épaisse de nuages pourpres, présages d'une tempête prochaine, qui s'étendaient à l'horizon et semblaient peser sur les flots de l'immense Océan. Se tournant de ce côté, d'où soufflait une légère brise au sourd murmure, Norna, d'une voix digne de lutter avec celle de l'esprit des vents, lui adressa ainsi la parole :

« Toi qui diriges en sûreté sur les sombres vagues la barque du pêcheur, et qui lui ouvres un sentier mobile à travers les déserts de l'Océan; toi qui peux pousser le navire contre les écueils, quand les flots soulevés semblent braver ta fureur, — peut être t'indignais-tu d'être negligé, tandis que je rendais hommage a tes frères? Vois, pour t'apaiser, j'arrache cette poignée de mes cheveux gris; souvent ton souffle, docile à mes chants magiques, s'est joué dans leurs tresses. — Maintenant c'est a toi de les disperser dans le vaste espace des airs, pour qu'ils voltigent parmi ces innombrables essaims d'hôtes ailés qui tournoient dans ton atmosphère. — Prends ta part et rejouis-toi. — Esprit, tu as entendu ma voix. »

Norna accompagna ces mots de l'action qu'ils indiquaient. Elle arracha violemment de sa tête une poignée de cheveux et les jeta au vent, tandis qu'elle récitait les vers. Alors elle ferma la fenêtre, et replongea la chambre dans le demi-jour douteux qui convenait à son caractère et à ses habitudes. Le plomb fondu fut encore une fois versé dans l'eau, et de nouveau les diverses transformations bizarres que cette opération lui fit subir furent comme la première fois examinées avec une même attention scrupuleuse par la sibylle, qui enfin sembla annoncer, de la voix et du geste, que son charme avait reussi. Parmi les fragments du métal fondu, elle en choisit un de la grosseur d'une petite noix, assez semblable, pour la forme, à un cœur humain, et, s'approchant de Minna, reprit ainsi ses chants:

« Celle qui s'assoit au bord du puits magique est soumise aux enchantements de l'ondine; celle qui marche sur la baie solitaire, aux paroles enchantées de la sirène; celle qui foule le cercle des fées offense leur reine fantasque; celle enfin qui repose dans la caverne du nain s'expose à la plus malheureuse destinée.

« Le cercle, la source, la caverne, le rivage, Minna Troil a bravé tous ces dangers et d'autres encore : et pourtant l'origine de son mal et de son chagrin est encore plus profondément enracinée et plus mystérieuse. »

Minna, dont l'attention avait été depuis quelque temps un peu détournée par les tristes pensées qui l'agitaient en secret, revint tout à coup à elle-même, et regarda Norna avec anxiété, comme si elle s'attendait à trouver dans ces vers une révélation du plus vif intérêt. Cependant la sibylle se mit en devoir de percer le morceau de plomb ayant la forme d'un cœur, et de le passer dans un fil d'or qui devait servir à l'attacher à une chaîne ou à un collier ; puis elle continua ses chants :

« Tu es au pouvoir d'un démon plus sage que Heims, plus fort que Trolld ; point de sirène qui chante plus harmonieusement que lui ; — point de fée qui danse plus légèrement sur l'herbe des prés. Nul lutin n'a moitié autant d'art que lui pour flatter, pour émouvoir, pour déchirer le cœur, — pour retirer des joues le sang qui les anime, éteindre le feu du regard et arrêter le sang dans les veines. Jeune fille, avant que nous allions plus loin, me prêtes-tu toute ton attention, oui ou non ? »

Minna répondit dans la même forme poétique, usitée fréquemment par les anciens Scandinaves, soit dans leurs jeux, soit dans les occasions importantes :

« Je suis attentive, ma mère, à tes paroles, à tes regards, à tes signes. Rends tes oracles, — ce sera à moi de les interpréter. »

— Que le ciel et les saints soient loués ! dit Magnus : voici les premières paroles qu'elle ait prononcées à propos depuis plusieurs jours.

— Et ce seront les dernières qu'elle laissera échapper d'ici à plusieurs mois, dit Norna irritée de cette interruption, si vous troublez encore le cours de la cérémonie magique. Tournez vos visages vers le mur et ne regardez plus de ce côté, sous peine d'encourir les effets de mon ressentiment. Vous, Magnus Troil, par votre hardiesse présomptueuse, et vous, Brenda, par votre vaine et moqueuse incrédulité pour ce qui est au-dessus de votre intelligence bornée, vous êtes indignes de contempler cette œuvre mystérieuse. Vos regards, en se mêlant à l'enchantement, affaiblissent mes conjurations ; car les puissances surnaturelles ne peuvent supporter le doute.

Peu accoutumé à s'entendre parler d'un ton si impérieux, Magnus fut tenté de répondre avec vivacité ; mais réfléchissant qu'il s'agissait de la santé de Minna, et songeant que celle qui lui parlait avait eu bien des chagrins, il comprima sa colère, baissa la tête, haussa les épaules, et prit l'attitude qu'on lui indiquait, détournant ses yeux de la table et les dirigeant du côté du mur. Brenda en fit autant sur un signe de son père, et tous deux gardèrent un profond silence.

Alors Norna s'adressa de nouveau à Minna.

« Écoute-moi ! car les paroles que tu vas entendre ramèneront les couleurs sur tes joues. Ce cœur de plomb, d'une valeur si modique, symbole d'un trésor perdu tu le porteras avec confiance et espoir, pour que cesse la cause de ta maladie et de ton chagrin, alors que le pied sanglant rencontrera la main sanglante dans l'aile de l'église du Martyr, aux Orcades. »

Minna rougit profondément à ces derniers vers, qui prouvaient, à n'en pouvoir douter, que Norna était parfaitement instruite de la cause secrète de ses chagrins. La même conviction porta la jeune fille à espérer dans le résultat favorable que la sibylle semblait prophétiser ; et n'osant exprimer d'une manière plus intelligible ce qu'elle ressentait, elle pressa contre sa poitrine et contre son sein, avec toute la chaleur de l'affection, la main ridée de Norna en l'arrosant de larmes.

Avec plus de sensibilité qu'elle n'en montrait d'ordinaire, Norna dégagea sa main des étreintes de la pauvre fille dont les larmes coulaient alors sans réserve, et, d'un air affectueux qui ne lui était pas habituel, attacha le cœur de plomb à une chaîne d'or et la suspendit au cou de Minna, chantant ces vers pendant qu'elle accomplissait cette dernière partie de la cérémonie :

« Sois patiente, sois patiente, car la patience a le pouvoir de nous préserver du danger, comme un manteau de la pluie. Tu dois porter le don magique avec une chaîne d'or magique ; la chaîne et le don sont tous deux un gage assuré que la vieille Norna n'aura point parlé en vain. Mais ceux qui te sont les plus intimes et les plus chers ne doivent jamais les voir, avant que le temps ait amené l'accomplissement des vérités que je viens de t'annoncer. »

Quand elle eut terminé ses chants, Norna arrangea soigneusement la chaîne autour du cou de Minna, comme pour la cacher dans son sein ; ainsi se termina la conjuration, — conjuration qui, au moment où j'écris cette histoire, est encore usitée aux îles Schetland, toutes les fois qu'une altération de santé sans cause apparente est imputée par les classes inférieures à un mauvais génie qui aurait furtivement soustrait le cœur du patient ; et l'opération de remplacer ce cœur dérobé par un cœur de plomb préparé de la manière que nous avons décrite y a été pratiquée encore dans ces derniers temps. Dans un sens métaphorique, la maladie peut passer pour endémique sur tous les points du globe ; mais comme ce remède simple et original est particulier à l'archipel de Thulé, nous aurions été impardonnable de ne pas en retracer toutes les circonstances, dans un récit qui se rattache aux antiquités de l'Écosse [1].

Norna rappela pour la seconde fois à celle qui venait d'être l'objet de ses soins que si elle montrait le don magique ou le faisait connaître à qui que ce fût, la vertu du charme s'évanouirait ; — croyance si

[1] Les enchantements décrits dans ce chapitre ne sont pas purement imaginaires. Par cette opération de verser du plomb dans de l'eau et d'en extraire un fragment auquel le hasard donne la forme d'un cœur humain, les habiles des îles Schetland prétendent guérir la fatale maladie qu'ils appellent la *perte du cœur*. (W. S.)

générale qu'on la retrouve dans toutes les nations. Enfin, déboutonnant le collet qu'elle venait de fermer, elle fit remarquer à Minna un anneau de la chaîne d'or, que celle-ci reconnut sur-le-champ pour celle donnée autrefois par Norna à Mordaunt Mertoun. Cet indice semblait annoncer qu'il était encore vivant et sous la protection de Norna : elle leva vers la sibylle un regard où se peignait la plus vive curiosité. Mais celle-ci mit un doigt sur ses lèvres, comme pour lui recommander le silence, et renferma une seconde fois la chaîne sous le tissu par lequel la pudeur voilait un des plus beaux seins et des cœurs les plus tendres que la nature eût jamais formés.

Norna éteignit alors le charbon, et tandis que la braise ardente frémissait au contact de l'eau, elle dit à Magnus et à Brenda qu'ils pouvaient se retourner, sa tâche étant accomplie.

CHAPITRE XXIX.

> Vois cette femme que nos bergers redoutent, tandis qu'ils l'interrogent pour savoir quand celle qu'ils aiment sera sensible, ou quand cessera d'exister celle qui traverse leurs feux; où se cache le voleur qui a dérobé leur coupe d'argent, et comment sauver leurs bestiaux du fléau qui les décime. — Cette sage conseillère est folle, oui folle à lier, mon ami; mais dans sa folie, elle a l'art et l'adresse de tirer des sots leurs secrets les plus intimes, et de payer ceux qui la consultent de la monnaie qu'eux-mêmes lui ont fournie.
> *Vieille Comedie.*

IL semblait, en effet, que Norna eût un droit réel à la reconnaissance de l'udaller, pour l'amélioration de la santé de sa fille. Elle rouvrit la fenêtre, et Minna, essuyant ses yeux et s'avançant avec une affectueuse confiance, se jeta au cou de son père en lui demandant pardon de la peine qu'elle lui avait causée. Il est inutile d'ajouter que ce pardon, quoique exprimé avec une certaine rudesse, lui fut accordé aussitôt avec une effusion bien sentie de tendresse paternelle, et autant d'embrassades réitérées que si son enfant venait d'être arraché aux étreintes de la mort. Lorsque Magnus eut jeté Minna de ses bras dans ceux de sa sœur, elle lui témoigna, par ses baisers et ses larmes, plutôt que par des paroles, le regret qu'elle éprouvait de s'être conduite à son égard, depuis quelque temps, d'une manière aussi bizarre. Pendant ce temps Magnus jugea convenable de faire ses remerciements à leur hôtesse, dont la science s'était montrée si efficace. Mais à peine eut-il débuté par : — Très-respectable parente, je ne suis qu'un vieux et simple Norse, — qu'elle l'interrompit en mettant un doigt sur ses lèvres.

— Il y a autour de nous, dit-elle, des êtres qui ne doivent entendre nulle voix mortelle, ni être témoins d'aucune concession aux sentiments humains ; — il est des moments où ils se révoltent même contre moi, leur souveraine maîtresse, parce que je conserve encore l'enveloppe de l'humanité. Tremblez donc et faites silence. Moi, qui me suis élevée par mes actions des basses régions de la vallée de la vie, où résident les besoins vulgaires et les bienfaits communs de la société ; — moi, qui ai privé le donateur du don qu'il m'avait fait ; moi qui vis solitaire sur la cime inaccessible d'un roc, et qui ne tiens à la terre que par la petite portion qu'en touchent mes pieds : — moi seule puis tenir tête à ces hôtes redoutables. Ne soyez donc ni trop craintif ni trop hardi, et passez cette nuit en jeûnes et en prières.

Si, dès le commencement de la cérémonie, l'udaller n'était pas disposé à discuter les ordres de la sibylle, on peut croire qu'il l'était moins encore en ce moment où, suivant toute apparence, l'opération était si heureusement terminée. Il s'assit donc en silence et prit un volume qui se trouvait près de lui, effort désespéré pour combattre l'ennui ; car, dans nulle autre occasion, on n'avait vu Magnus avoir recours à un livre pour se distraire. Ce livre se trouva être tout à fait dans ses goûts : c'était l'ouvrage bien connu d'Olaüs Magnus sur les mœurs des anciennes nations du Nord. Mais malheureusement il était en latin, et le danois ou le hollandais étaient beaucoup plus familiers à l'udaller. Mais c'était la belle édition publiée en 1555, où se trouvent gravés sur cuivre des chariots de guerre, des exploits de pêche, des exercices guerriers et les occupations domestiques des Scandinaves ; ainsi les enseignements que cet ouvrage refusait à l'intelligence étaient adressés à la vue ; et les vieillards comme les enfants savent fort bien que c'est là une circonstance qui est loin de diminuer l'amusement qu'un livre peut procurer.

Pendant ce temps, Minna et Brenda, telles que deux fleurs sur une même tige, étaient assises les bras passés sur l'épaule l'une de l'autre, comme si elles eussent craint que quelque cause de froideur nouvelle et inattendue ne vînt les séparer encore et interrompre cette amitié de sœurs qui venait d'être rétablie entre elles. Norna, assise en face des deux jeunes filles, tantôt feuilletait le grand volume de parchemin qu'elle tenait au moment de leur arrivée, et tantôt les regardait fixement, avec une expression d'intérêt peu ordinaire en elle, et qui, par moments, semblait adoucir la dignité froide et sévère de sa physionomie. Tous étaient ainsi tranquilles et profondément silencieux, et les émotions de Brenda, à peine calmées, ne lui avaient pas encore permis de s'informer si le reste de la soirée se passerait de la même manière, lorsque ce calme solennel fut subitement interrompu par l'entrée du nain Pacolet, ou, comme l'appelait l'udaller, de Nicolas Strumpfer.

Norna lança sur l'importun un coup d'œil de colère ; mais il parut vouloir apaiser son ressentiment, en élevant ses mains et proférant un murmure confus ; puis revenant aussitôt à son mode habituel de conversation, il s'exprima en faisant rapidement des signes variés sur ses doigts, auxquels sa maîtresse répondait avec la même rapidité ; de sorte que les deux jeunes filles, qui n'avaient jamais entendu parler d'un tel art, et le voyaient maintenant pratiqué par deux êtres si singuliers, crurent presque qu'ils ne pouvaient s'entendre ainsi que par l'effet d'un enchantement. Lorsqu'ils eurent cessé ce muet entretien, Norna se tourna vers Magnus Troil d'un air hautain, et lui dit : — Comment, mon parent, avez-vous pu vous oublier au point d'apporter de la nourriture terrestre dans la demeure de la Reim Kennar, et d'introduire dans le séjour de la puissance et du désespoir des apprêts de repas, de festin et de réjouissance ? — Ne parlez pas, — ne répondez pas, — ajouta-t-elle ; la parfaite réussite de la cure que je viens d'opérer dépend de votre silence et de votre soumission : — un seul regard un seul mot de désobéissance, et la position de cette jeune fille sera pire qu'elle ne l'était d'abord !

Cette menace eut l'efficacité d'un charme sur la langue de l'udaller, quoiqu'il eût grande envie de lui donner l'essor pour justifier sa conduite.

— Suivez-moi tous, dit Norna en s'avançant vers la porte de l'appartement, et que nul n'ose regarder en arrière ; — nous ne laissons pas cet appartement vide, quoiqu'il soit abandonné par nous, enfants de la race mortelle.

Elle sortit, et l'udaller fit signe à ses filles de la suivre, et d'obéir à ses injonctions. La sibylle franchit plus rapidement que ses hôtes la rude descente (car ce nom lui convenait mieux que celui d'escalier) qui conduisait à l'appartement inférieur. Quand Magnus et ses filles entrèrent dans la chambre, ils trouvèrent leurs serviteurs épouvantés de la présence et des procédés de Norna de Fitful-Head. Ils avaient été occupés jusqu'alors à préparer les provisions qu'ils avaient apportées avec eux, pour servir à l'udaller un bon repas froid, aussitôt que Magnus sentirait les atteintes de son appétit, besoin aussi régulier chez lui que le retour de la marée ; mais en ce moment, la crainte et la surprise tenaient leurs regards fixés sur Norna, tandis qu'elle saisissait, l'un après l'autre, chacun des comestibles qu'ils avaient préparés, et que, parfaitement secondée par le zèle actif de Pacolet, elle les lançait par l'ouverture grossière qui servait de fenêtre, dans l'océan qui écumait et grondait au pied du rocher sur lequel s'élevait l'antique burgh. Bœuf sec ou *vifda*, jambons, porc salé, volèrent, l'un après l'autre, dans l'espace ; les oies fumées furent rendues à l'air, et les poissons salés à la mer, leur élément natal, qu'ils étaient désormais incapables de traverser Cette œuvre de dévastation fut consommée si rapidement, que l'udaller put à peine sauver du naufrage sa coupe d'argent ; mais la grande bouteille en cuir contenant l'eau-de-vie destinée à lui fournir son breuvage de prédilection alla rejoindre, grâces à Pacolet, le reste du souper, en même temps que le maudit nain regardait, en grimaçant d'un air de malice, l'udaller stupéfait, comme si, malgré son goût naturel pour cette liqueur, le désappointement et la mortification de Magnus Troil eussent été pour lui une jouissance plus douce encore qu'une part dans sa boisson favorite.

La perte de la bouteille d'eau-de-vie épuisa la patience de Magnus, qui, fort en colère, s'écria d'une voix tonnante :

— Hé ! mais, cousine, c'est une rage de destruction ! — Où et avec quoi voulez-vous que nous soupions ?

— Où vous voudrez, et avec ce qui vous plaira, répondit Norna ; — mais non dans ma demeure, ni avec la nourriture par laquelle vous l'avez profanée. Ne me tourmentez pas l'esprit davantage, et partez tous ! Vous n'êtes restés ici que trop longtemps pour moi, et peut-être aussi pour vous.

— Comment, parente, dit Magnus, vous voudriez nous renvoyer à cette heure de la nuit, lorsqu'un Écossais lui-même ne forcerait pas un étranger à repasser le seuil de sa porte ? — Considérez donc, Norna, que ce serait une honte éternelle sur notre race, si votre bourrasque nous forçait à filer le câble et à nous mettre en mer si mal avitaillés.

— Silence, et retirez-vous, s'écria Norna ; qu'il vous suffise d'avoir réussi dans l'entreprise pour laquelle vous êtes venus. Je n'ai pas d'abri pour les hôtes mortels, ni de provisions pour soulager les besoins humains. Il y a sous le rocher un banc du plus beau sable, un courant d'eau aussi pure que le puits de Kildinguie, et les rochers portent du céleri de mer aussi sain que celui de Guiodin ; et vous n'ignorez pas que le puits de Kildinguie et le céleri de Guiodin guérissent de toutes les maladies, excepté de la mort[1].

— Et je sais aussi, répondit l'udaller, que je mangerais des goëmons pourris, comme un étourneau, de la chair de veau marin salée, comme les hommes de Burra-Forth, ou des escargots, des limaçons, des pétoncles, comme les serpents ou les pauvres diables de Stroma, plutôt que de rompre du pain de froment et de boire du vin généreux dans une maison où on me le reproche. — Et cependant, continua-t-il en s'adoucissant, j'ai tort, ma cousine, j'ai grand tort de vous parler ainsi ; je devrais plutôt vous remercier de ce que vous avez fait, que de vous reprocher d'agir à votre manière. Mais je vois que vous êtes impatiente ; — nous allons tous être sous voile dans un moment. Et vous, coquins, dit-il en s'adressant à ses serviteurs, vous qui êtes si pressés de servir avant qu'on ne vous en ait priés, partez tout de

[1] C'est ce qu'assure au moins un dicton des Orcades. (W. S.)

CHAPITRE XXIX.

suite et tâchez d'attraper les poneys, car je vois que nous devons chercher un autre asile pour cette nuit, si nous ne voulons dormir l'estomac vide et sur un dur oreiller.

Les domestiques de Magnus, déjà suffisamment alarmés de la conduite violente de Norna, attendirent à peine l'impérieux commandement de leur maître pour vider en toute hâte la demeure de la sorcière. L'udaller, donnant le bras à ses filles, se mettait en devoir de les suivre, lorsque Norna leur dit avec emphase : Arrêtez ! Ils obéirent et se retournèrent vers elle. Elle tendit à Magnus une main que le bon udaller serra avec empressement dans sa large paume.

— Magnus, dit-elle, nous nous séparons parce qu'il le faut, mais sans aigreur, je l'espère ?

— Pas la moindre, cousine, répondit l'udaller, balbutiant presque à force d'empressement à désavouer toute espèce de mauvais vouloir ; — non, bien certainement. Je n'ai jamais voulu de mal à personne, encore bien moins en voudrai-je à quelqu'un de mon sang, qui m'a aidé de ses avis à travers plus d'une rude marée, comme je piloterais un canot entre Swona et Stroma, à travers les courants et les tourbillons du détroit de Pentland.

— Assez ! dit Norna ; et maintenant, adieu ; recevez ma bénédiction telle que j'ose vous la donner. — Pas un mot de plus ! — Enfants, ajouta-t-elle, approchez et laissez-moi baiser vos fronts.

Minna obéit à la sibylle avec respect, et Brenda avec crainte, l'une subjuguée par la chaleur de son imagination et l'autre par la timidité naturelle de son caractère. Norna alors les congédia, et deux minutes après ils se trouvèrent tous au-delà du pont, sur la plate-forme du rocher, en face de l'ancien burgh picte qu'il avait plu à cette femme singulière de choisir pour habitation. La nuit tombée maintenant était d'une sérénité peu commune. Un brillant crépuscule qui colorait au loin la surface de la mer suppléait à la courte absence du soleil d'été ; sous cette paisible influence, les vagues bercées et comme assoupies roulaient mollement l'une sur l'autre et se brisaient avec un léger bruit contre le pied du rocher où se tenaient en ce moment les spectateurs de cette scène. Devant eux s'élevait la construction grossière du fort, qui, dans la teinte grise uniforme de l'atmosphère, semblait aussi vieux, aussi informe, aussi massif que le roc même qui lui servait de base.

Rien, à la vue ni à l'oreille, n'y désignait une habitation humaine ; seulement, une lampe, servant sans doute à éclairer les travaux mystérieux et nocturnes de la sibylle, laissait apercevoir à travers une barbacane irrégulièrement percée dans le mur une lueur faible et tremblante, et projetait dans le crépuscule, avec lequel elle se confondait souvent, une seule ligne à peine lumineuse, qui tenait sur l'horizon autant de place que la vieille femme et son esclave, seuls habitants de ce désert, en occupaient dans la vaste solitude répandue autour d'eux.

Pendant quelques minutes, la petite troupe, chassée à l'improviste et si brusquement de l'abri où elle comptait passer la nuit, s'arrêta en silence, chacun s'abandonnant à ses propres réflexions. Minna, tout entière aux consolations énigmatiques qu'elle avait reçues, s'efforçait en vain de tirer des paroles de Norna un sens plus distinct et plus intelligible. L'udaller n'était pas encore revenu de la surprise que lui avait causée son expulsion bizarre, dans des circonstances qui l'avaient empêché de manifester tout son ressentiment d'une insulte si opposée à ses idées d'hospitalité. Il se fût pourtant volontiers livré à sa colère, si sa situation actuelle eût été moins embarrassante. Brenda fut la première qui posa nettement la question, en demandant où ils iraient et comment ils passeraient la nuit? Cette demande, faite d'un ton qui, dans sa simplicité, avait quelque chose de douloureux, changea complétement le cours des pensées de son père : la perplexité imprévue de leur situation le frappa en ce moment sous son point de vue comique, et il se mit à rire de si bon cœur que l'explosion de son hilarité bruyante fit retentir tous les rochers d'alentour, et interrompit brusquement le sommeil des oiseaux de mer.

Les filles de l'udaller, représentant vivement à leur père le danger de déplaire à Norna par cet excès de gaieté immodérée, unirent leurs efforts pour l'emmener à une plus grande distance de sa demeure. Quoique leurs forces réunies ne fussent pas bien considérables, Magnus, privé des siennes par son accès de fou rire, était hors d'état d'y résister, et il se laissa entraîner loin du burgh. Enfin, se dégageant de leurs mains, et s'asseyant ou plutôt se laissant tomber sur une grosse pierre qui se trouva là fort à propos sur le bord du chemin, il se mit à pousser de nouveau de si longs et si bruyants éclats de rire, que les deux sœurs, contrariées et inquiètes, commencèrent à craindre qu'il n'y eût quelque chose de surnaturel dans ces convulsions réitérées.

Enfin cette joie immodérée s'épuisa par son propre excès. L'udaller poussa un profond gémissement, s'essuya les yeux, et dit, non sans quelque tentation de renouveler ses gros rires étourdissants : — Ma foi! par les reliques de saint Magnus, mon ancêtre et mon patron, on pourrait croire que c'est une excellente plaisanterie d'être ainsi mis à la porte à une telle heure de la nuit, car j'en ai ri à m'en tenir les côtes! Nous trouver là tranquillement assis, comptant passer la nuit bien à notre aise, et moi-même aussi sûr que jamais d'un bon souper et d'une bouteille de brandy, — puis nous voir ainsi renvoyés! Et cette pauvre Brenda, qui d'une voix piteuse demande tristement : — Que faire? où dormirons-nous? De bonne foi, si l'un de ces coquins qui ont jugé à propos de tourmenter la pauvre femme par leurs apprêts intempestifs ne répare point sa sottise en nous indiquant quelque bon port situé sous notre vent, nous n'avons d'autre direction à suivr que de gouverner, à travers le crépuscule, vers la latitude de Burg Westra, et de tenir la mer du mieux que nous pourrons. J'en suis seulement fâché pour vous, jeunes filles ; car j'ai vu mainte traversée où nous étions encore plus à court de vivres que nous ne le sommes en ce moment. — Je ne voudrais qu'un morceau pour vous et une goutte pour moi, et nous n'aurions pas trop à nous plaindre.

Les deux sœurs se hâtèrent d'assurer leur père qu'elles se passeraient du souper sans nul inconvénient.

—A la bonne heure, dit l'udaller : et puisqu'il en est ainsi, je ne veux pas me plaindre trop de mon appétit, bien qu'il soit plus aiguisé que de raison. Ce maudit Nicolas Strumpfer ! — quel coup d'œil le coquin m'a lancé au moment où il jetait dans l'eau salée ma bonne eau-de-vie ! Le traître grimaçait comme un veau marin sur un récif ! — Si ce n'avait été la crainte de fâcher ma pauvre cousine Norna, j'aurais envoyé son corps difforme et sa grosse vilaine tête rejoindre mon cher flacon, aussi vrai que le tombeau de saint Magnus est à Kirkwall !

En ce moment les domestiques revinrent avec les poneys qu'ils n'avaient pas eu de peine à rattraper, — car ces intelligents animaux n'avaient trouvé rien d'assez séduisant dans les pâturages où on les avait laissés errer, pour les faire résister à l'invitation de reprendre la selle et la bride. Nos voyageurs furent un peu rassurés sur leur avenir, en apprenant que les provisions chargées sur un de leurs poneys n'étaient pas entièrement épuisées, un petit panier ayant heureusement échappé à la rage de Norna et de Pacolet, grâces à la promptitude avec laquelle un de leurs gens s'en était saisi et l'avait mis en sûreté. Le même serviteur, gaillard alerte et intelligent, avait remarqué sur la baie, à environ trois milles du burgh, et à un quart de mille de leur chemin, un *skio* ou hutte de pêcheur déserte ; il émit l'avis qu'on pourrait l'occuper le reste de la nuit, pour laisser aux chevaux le temps de se reposer, et mettre les jeunes dames à l'abri de l'air pénétrant du soir.

Lorsque nous sommes délivrés d'un grand et sérieux danger, notre contenance est ou doit être grave, en proportion du péril auquel nous avons échappé, et de la gratitude que nous devons à la Providence tutélaire. Mais il est peu de choses qui relèvent nos esprits d'une manière plus naturelle et plus innocente que de voir lever tout à coup les petites difficultés de la vie ; c'était le cas où se trouvait l'udaller. Ne craignant plus pour ses filles les inconvénients de la fatigue, et pour lui-même ceux d'un appétit non satisfait, il entonna des couplets norses, tandis qu'à travers le crépuscule il pressait son poney Bergen d'aussi bonne grâce et d'un air aussi joyeux que si cette course nocturne fût chose tout à fait de son libre choix. Brenda unit sa voix à quelques-uns de ces refrains, répétés avec de plus rudes accents par les domestiques, lesquels, dans les mœurs patriarcales du temps, ne passaient pas pour manquer à l'étiquette en faisant chorus avec leurs maîtres. Minna n'était pas encore capable d'un tel effort; mais elle prit sur elle de ne pas rester étrangère à la gaieté générale, et, pour la première fois depuis la nuit fatale par laquelle s'étaient terminées les fêtes de la Saint-Jean, elle parut éprouver un intérêt réel à ce qui se passait autour d'elle, et répondit avec douceur et complaisance aux questions réitérées sur sa santé, par lesquelles l'udaller interrompait à chaque instant ses chansons joyeuses. Ainsi se poursuivait leur voyage nocturne, et ils se trouvaient tous dans une situation bien plus heureuse que lorsqu'ils avaient fait la même route pendant la matinée précédente. Les difficultés du chemin étaient devenues des sujets de plaisanterie, et ils se promettaient un abri et un sommeil réparateur dans la hutte dont ils approchaient en ce moment, et qu'ils comptaient trouver obscure et déserte.

Mais, ce jour-là, il était dans le destin de l'udaller d'être déçu plus d'une fois dans ses calculs.

— De quel côté est donc cette cabane, Laurie? dit l'udaller en s'adressant au domestique intelligent dont nous avons parlé tout à l'heure.

— Elle doit se trouver là-bas, à la tête du lac, repondit Laurence Scholey; mais, sur ma foi, si c'est elle que nous apercevons, la place est prise. Que Dieu et saint Ronan veuillent que ce soit une compagnie chrétienne.

Il y avait en effet, dans la hutte déserte, une assez vive clarté qui perçait à travers les interstices des lattes et des planches, débris de naufrage dont elle était construite, et qui donnait à la cabane l'aspect d'une forge vue pendant la nuit. Les idées superstitieuses générales parmi les Schetlandais se réveillèrent aussitôt dans l'esprit de Magnus et de son escorte.

— Ce sont des trows, dit une voix.

— Ce sont des sorcières, murmura une autre.

— Ou des sirènes, dit un troisième; écoutez seulement leurs chants sauvages.

Tout le monde fit halte, et, en effet, on entendit quelques notes de musique, que Brenda, d'une voix mal assurée, quoiqu'elle s'efforçât de lui donner un ton d'ironie, déclara être le son d'un violon.

— Violon ou démon[1], s'écria l'udaller, qui, s'il croyait aux apparitions nocturnes dont l'idée avait glacé de terreur ses compagnons, ne les craignait certainement pas, — violon ou démon, que le diable

---

[1] *Fiddle* (violon) or *fiend* (démon), dit le texte, par une sorte de jeu de mots intraduisible. (L. V.)

m'emporte si je laisse, une seconde fois ce soir, une sorcière m'escamoter mon souper.

En parlant ainsi, il descendit de sa monture, saisit avec force son bâton fidèle, et s'avança vers la hutte, suivi du seul Laurence; le reste de la troupe, ainsi que les deux sœurs, resta sur la plage avec les poneys.

CHAPITRE XXX.

> Hola, mes hôtes joyeux! arrivez! nous prendrons nos ébats, comme les fées bondissant au riant clair de lune, à la vue de quelque frère tonsuré, qui, revenant d'un baptême ou d'un joyeux mariage, s'achemine attardé vers sa cellule; — il tressaille, change la démarche résolue inspirée par la bouteille pour le pas grave d'un homme d'église, et fouillant dans sa mémoire traîtresse, pour y chercher quelque hymne pieux, n'y trouve que le refrain des chansons de la nuit.

L'UDALLER s'avança d'une démarche aussi ferme et la tête aussi haute que de coutume vers la cabane éclairée d'où il entendait alors distinctement partir les sons d'un violon. Mais, si ses pas étaient également assurés, ils se succédaient l'un à l'autre un peu plus lentement que d'habitude : en général qui allie la prudence à la bravoure, Magnus voulait reconnaître son ennemi avant de l'attaquer. Le fidèle Laurence Scholey, qui se tenait serré contre son maître, lui dit alors à l'oreille : Sur mon âme, monsieur, je crois que l'esprit, si esprit il y a, qui joue si bien du violon, doit être celui de maître Claude Halcro, ou au moins son *wraith*[1]; car jamais archet n'a fait comme le sien résonner sur des cordes la bonne vieille chanson de « *Belle et heureuse.* »

Magnus lui-même fut tout à fait de cet avis, car il reconnut les gais accords du petit vieillard, et il salua la cabane d'un joyeux hourra, auquel son ex-commensal répondit sur le même ton; immédiatement après, Halcro en personne parut au dehors.

L'udaller fit signe à sa suite d'avancer, tandis qu'après avoir salué cordialement son ami et lui avoir affectueusement serré la main, il lui dit : — Que diable faites-vous là, à jouer vos vieux airs dans un lieu si désolé, comme un hibou qui hue après la lune?

---

[1] Apparition de l'esprit d'une personne encore vivante. On croit, dans le nord de la Grande-Bretagne, que le *wraith* annonce la mort prochaine de la personne qui apparaît ainsi. L. V.)

— Et vous, fowd, dites-moi plutôt comment vous vous y trouvez pour m'entendre ; — oui, sur ma parole, et avec vos deux charmantes filles, encore? — Ma chère Minna, et vous ma chère Brenda, soyez les bienvenues sur ces sables jaunes, — et là donnons-nous la main, comme dit l'illustre John Dryden ou quelque autre poëte en pareille occasion. Et comment se fait-il que vous vous trouviez ici comme deux beaux cygnes, changeant le crépuscule en jour, et métamorphosant en argent tous les objets sur lesquels vous marchez?

— Vous saurez tout cela dans un moment, répondit Magnus ; mais qui est avec vous dans la cabane? Je crois entendre quelqu'un parler.

— Personne autre, reprit Halcro, que ce pauvre diable de facteur, et mon petit espiègle Giles. Je... Mais entrez, entrez donc, vous allez nous trouver tous mourant de faim le plus gaiement du monde, car nous n'avons pu nous procurer seulement quelques misérables sillocks ni pour amour ni pour argent.

— On peut y remédier en partie, reprit l'udaller, car bien que le meilleur de notre souper soit allé par-dessus les rochers de Fitful repaître les veaux marins et les chiens de mer, nous avons encore quelque chose dans le bissac. — Hé! Laurie! apporte le bœuf fumé.

— *Jokul, jokul*[1]! telle fut la joyeuse réponse de Laurence ; et il se hâta d'aller chercher le panier.

— Par la coupe de saint Magnus[2]! dit Halcro, et par le plus gras évêque qui l'ait jamais vidée en signe de prospérité, il n'y a pas moyen de vous trouver au dépourvu, Magnus! Je crois fermement que, pour prévenir les besoins d'un ami, vous seriez capable, comme le vieux sorcier Luggie, de pêcher des poissons bouillis et frits dans l'étang de Kibster[3].

— Vous vous trompez en cela, mon cher Claude, répondit Magnus Troil, car loin de me fournir un souper, le diable m'a, je pense, enlevé ce soir la plus grande partie du mien ; mais vous êtes le bienvenu à partager ce qui nous reste. A ces mots, la petite troupe entra dans la hutte.

Dans l'intérieur, qui exhalait une forte odeur de poisson séché, et dont les parois et le toit étaient tout noircis par la fumée, ils trouvèrent

---

[1] *Jokul*, oui, monsieur ; expression norse encore d'un usage fréquent. (W. S.)

[2] La coupe de saint Magnus, vase d'une énorme dimension, était conservée à Kirkwall, et présentée à chacun des évêques des Orcades. Si le nouveau prélat pouvait la vider d'un seul trait, tâche digne d'un Hercule ou d'un Rorie Mhor de Dunvegan, c'était le présage d'une moisson extraordinairement abondante. (W. S.)

[3] Luggie, fameux sorcier, avait coutume, lorsque les gros temps l'empêchaient de se rendre à la pêche, son occupation ordinaire, de jeter sa ligne du haut d'un rocher escarpé appelé, d'après son nom, *Luggie's knoll*. D'autres fois, lorsqu'il se trouvait en mer avec ses camarades, il pêchait des poissons tout cuits, dont ceux-ci prenaient hardiment leur part, sans se soucier de savoir quel cuisinier les avait préparés. Le pauvre diable finit par être condamné et brûlé à Scalloway (W. S.)

le malheureux Triptolème Yellowley assis devant un feu d'herbes marines sèches, mêlées de tourbe et de débris de naufrage; il n'avait pour compagnon qu'un enfant aux pieds nus, aux cheveux blonds, qui à l'occasion servait de page à Claude Halcro, portait son violon, sellait son poney et lui rendait avec zèle d'autres services du même genre.

L'agriculteur, sur le visage duquel était peint le désespoir, témoigna peu de surprise et encore moins de satisfaction à l'arrivée de l'udaller et de sa suite; mais quand la compagnie se fut assise autour du feu, dont le voisinage n'était nullement désagréable après l'humidité de la nuit, et qu'à l'ouverture du panier une assez bonne provision de pain d'orge et de bœuf fumé, sans compter une bouteille d'eau-de-vie, plus petite sans doute que celle dont la main de l'impitoyable Pacolet avait vidé le contenu dans l'océan, eurent donné l'assurance d'un souper passable, alors le digne facteur se mit à rire en grimaçant, se frotta les mains, et s'informa des nouvelles de ses amis de Burgh-Westra.

Lorsqu'ils eurent tous pris part à ce repas indispensable, l'udaller renouvela ses questions à Halcro et surtout au facteur, pour savoir comment ils se trouvaient nichés dans un lieu aussi retiré et à une pareille heure de la nuit.

— Maître Magnus Troil, répondit Triptolème quand un second verre lui eut donné la force d'entreprendre le récit de ses malheurs, — je ne voudrais pas que vous pussiez croire qu'il me faut peu de chose pour me laisser abattre; je suis de cette graine qui ne se laisse ébranler que par un grand vent. J'ai vu dans ma vie bien des jours de Saint-Martin et de Pentecôte, qui sont pour les gens de mon métier des époques particulièrement à craindre, et j'ai toujours su tenir tête à l'orage; mais je crois que je me suis enterré tout vivant, quand je suis venu dans ce damné pays. — Dieu me pardonne de jurer! — mais les mauvaises compagnies gâtent les bonnes manières.

— Que le Ciel nous garde! dit l'udaller. Où veut en venir cet homme? En mettant votre charrue dans une terre neuve, mon cher monsieur, il faut bien vous attendre à ce qu'elle y trouvera plus d'une pierre. C'est à vous de nous donner l'exemple de la patience, puisque vous êtes venu ici pour nous réformer.

— Et le diable était dans mes jambes quand elles se tournèrent de ce côté. J'aurais mieux fait de chercher à réformer les cairns de Clochnaben.

— Mais après tout, reprit l'udaller, que vous est-il advenu? — De quoi vous plaignez-vous?

— De tout ce qui m'est arrivé depuis que j'ai mis pied dans cette île, qui fut, je pense, maudite au moment de la création et destinée à servir de séjour aux mendiants, aux voleurs, aux femmes de mauvaise vie (j'en demande pardon aux dames), à des chiennes de sorcières, et à tous les malins esprits.

— Par ma foi, s'écria Magnus, voilà une belle liste! et il fut un temps où vous n'en auriez pas débité la moitié autant devant moi, sans que j'eusse fait aussi le réformateur, en essayant, avec le bâton, de corriger vos manières!

— Patience, maître fowd, ou maître udaller, ou quelque autre nom qu'on vous donne; soyez miséricordieux puisque vous êtes fort, et considérez le sort malheureux d'un homme sans expérience qui arrive dans votre paradis terrestre : il demande à boire, on lui apporte une sorte de petit-lait aigre; — je ne dis pas de mal de votre eau-de-vie, fowd, elle est excellente. — Vous demandez à manger, on vous présente de méchants sillocks que le diable ne pourrait avaler. — Vous réunissez vos laboureurs et leur ordonnez de travailler; il se trouve que c'est le jour de saint Magnus, ou de saint Ronan, ou n'importe quel autre saint infernal; — ou, peut-être, ils sont descendus de leur lit du mauvais pied; ou ils ont vu un hibou ou un lapin traverser le chemin; ou bien encore, ils ont rêvé cheval rôti : — en un mot, on ne peut rien obtenir d'eux. — Donnez-leur une bêche, ils travaillent comme si elle leur brûlait les doigts; mais envoyez-les danser, et vous verrez s'ils se lassent de faire des sauts et des gambades.

— Et pourquoi s'en lasseraient-ils, les pauvres gens, s'écria Halcro, tant qu'ils auront de bons violons pour les animer?

— Oui, oui, dit Triptolème en secouant la tête, vous êtes celui qu'il faut pour les entretenir dans une semblable humeur. Mais continuons : — Je cultive la meilleure partie de mes terres; arrive un mendiant obstiné qui a besoin d'un jardin potager, d'un *kailyard,* comme vous appelez cela; et le voilà qui vient planter une clôture au milieu de ma pièce de blé, avec aussi peu de gêne que s'il en était le seigneur et maître; on aura beau dire et beau faire, il faudra qu'il y plante ses choux! Je me mets à table pour mon chétif dîner, espérant au moins y trouver la paix et la tranquillité; survient un, deux, trois, quatre grands gaillards tapageurs, sinon une demi-douzaine, qui, soit pour plaisanter, soit pour quelque autre raison, me malmènent pour avoir barricadé ma porte, et mangent la plus grande partie de ce que la générosité de ma sœur, — et elle n'est pas toujours prodigue, — avait réservé pour mon repas! Puis enfin paraît une sorcière, sa baguette à la main, qui soulève ou apaise les vents à son gré, fait le majordome dans ma maison comme si elle en était la maîtresse, et je suis réduit à rendre grâces au Ciel de ce qu'elle n'emporte pas avec elle les quatre murs!

— Mais, encore une fois, dit le fowd, ce n'est pas répondre à **ma** question! — Comment diable se fait-il que je vous trouve amarrés ici?

— Patience, mon digne ami, repliqua le facteur contristé, et écoutez ce que je vais vous dire ; car je pense que je ferai tout aussi bien de tout vous conter. Il faut que vous sachiez que je crus une fois avoir trouvé un petit trésor, un don du ciel, qui aurait bien arrangé mes affaires.

— Qu'entendez-vous par un don du ciel? Voudriez-vous parler d'un naufrage, maître facteur? s'écria Magnus ; ce serait une honte pour vous, qui devriez montrer le bon exemple aux autres !

— Il n'est pas question de naufrage, dit le facteur, mais s'il faut absolument que vous le sachiez, voici ce qui m'arriva. Je levais une pierre de cheminée, dont je voulais me servir pour battre mon orge, dans l'une des vieilles chambres de Stourburgh (car ma sœur pense qu'un seul foyer suffit dans une maison); tout à coup, qu'est-ce que j'aperçois? une corne pleine de vieilles pièces de monnaie, pour la plupart en argent, et quelques-unes en or qui brillaient parmi les autres [1]. Je regardai cela comme une bonne aubaine ; Baby fut de mon avis, et nous fûmes tout disposés à nous arranger d'un lieu qui renfermait un si beau nid. Nous replaçâmes adroitement la pierre sur la corne, que je regardais comme la véritable *cornu copiæ,* ou corne d'abondance ; et pour plus de sécurité, Baby visitait la chambre peut-être vingt fois le jour, et j'en faisais autant de mon côté.

— C'est un fort joli divertissement, sur ma parole, dit Claude Halcro, de contempler une corne pleine d'argent qui est à vous. Je voudrais savoir si l'illustre John Dryden a jamais, dans sa vie, pu jouir d'un semblable passe-temps. — Pour moi, à coup sûr cela ne m'est jamais arrivé.

— Oui, mais vous oubliez, mon cher Claude, dit l'udaller, que le facteur ne faisait que compter l'argent pour monseigneur le chambellan. C'est un défenseur trop zélé des droits de Sa Seigneurie sur les baleines et les naufrages, pour les oublier lors de la découverte d'un trésor.

— Hem ! hem ! hem ! fit Triptolème, qu'une malencontreuse quinte de toux vint prendre précisément en cet instant ; sans doute, les droits de mylord n'auraient pas été oubliés dans cette occasion, d'autant que la chose était tombée, je puis bien le dire, dans les mains de l'homme le plus juste qu'on puisse trouver dans toute la province d'Angus, sans compter les Mearns. Mais remarquez bien ce qui arriva ! Un jour que j'étais allé voir si tout était en bon état, et précisément compter la part qui reviendrait à mylord, car tout ouvrier mérite un salaire, et certes, celui qui a trouvé un trésor peut bien être comparé à un ouvrier ; plusieurs hommes instruits disent même que lorsque l'auteur de la découverte représente le *dominus* ou seigneur, comme

[1] *Voyez* note N, à la fin du volume.

dépositaire de sa confiance et de ses pouvoirs, il prend la totalité ; mais passons là-dessus comme sur une question délicate, *in apicibus juris* [1], ainsi que nous avions coutume de dire à Saint-André. — Donc, messieurs et mesdames, lorsque j'entrai dans la chambre, qu'y trouvai-je ? — un nain affreux, contrefait, difforme, à qui il ne manquait que des sabots aux pieds et des cornes à la tête pour le rendre semblable au diable, et qui était en train de compter l'argent du trésor. Je ne suis pas poltron, maître fowd ; mais pensant qu'en pareille matière on ne saurait procéder avec trop de prudence, — car j'avais lieu de croire qu'il y avait de la diablerie là dedans, — je l'apostrophai en latin, langue plus convenable que toute autre pour parler à celui qui se présente comme un lutin, et je le conjurai *in nomine*, etc., avec toutes les paroles que mon faible savoir put me fournir à l'improviste : je dois dire que ma latinité eût été plus facile et plus pure si j'eusse passé plus de temps au collége et moins à la charrue. Or donc, messieurs, il tressaillit d'abord, comme quelqu'un qui est surpris de ce qu'il entend ; mais aussitôt se remettant, il roula ses yeux gris, comme un chat sauvage, ouvrit sa bouche qui ressemblait à celle d'un four, car du diable si j'y pus découvrir une langue, et donna à toute sa laide personne l'air et la contenance d'un boule-dogue, tel que j'en ai vu lâcher à la foire sur un jeune cheval indompté ; cela m'intimida un peu et je me retirai pour aller chercher ma sœur Baby, qui ne craint ni chien ni diable lorsqu'il est question de la moindre pièce d'argent. Et véritablement elle montre alors autant d'ardeur que j'en ai vu aux Lindsay et aux Ogilvie, lorsque Donald Mac Donnoch ou ses pareils descendaient du haut des montagnes sur les terres d'Islay. Mais une vieille bonne-à-rien, nommée Tronda Dronsdaughter (on pourrait l'appeler Drone tout court [2]), se jeta au devant de ma sœur, criant et hurlant à faire croire qu'il y avait là toute une meute ; sur quoi je jugeai convenable de baisser la tête et d'enrayer la charrue jusqu'à ce que Baby pût me prêter son assistance. Lorsqu'elle fut libre enfin et que nous montâmes tous deux à la chambre où nous devions trouver le susdit nain, le diable ou toute autre apparition, nain, corne et argent, tout avait disparu, et nous trouvâmes place nette comme si le chat avait passé sa langue à l'endroit où je les avais vus.

Ici Triptolème suspendit son étrange narration, et tandis que les autres se regardaient d'un air surpris, l'udaller murmura à l'oreille de Claude Halcro : — D'après tout ce qu'il vient de nous dire, ce doit être le diable ou Nicolas Strumpfer, qui, si je ne me trompe, tient plus du lutin que je ne l'avais cru jusqu'ici, et je ne craindrai pas de le déclarer tel à l'avenir. S'adressant alors au facteur, il lui

---

[1] Dans les sommités du droit.

[2] *Drone* veut dire bourdon. (L. V.)

demanda : — N'avez-vous pu découvrir comment ce nain vous faussa compagnie?

— Non, sur mon âme, répliqua Triptolème en jetant autour de lui un regard inquiet, comme si le souvenir seul de son aventure l'eût encore intimidé ; ni moi, ni Baby, qui avait conservé son sang-froid plus que moi, car elle n'avait pas été témoin de cette apparition extraordinaire, n'avons pu trouver par où elle avait disparu ; seulement Tronda a dit qu'elle l'avait vu s'envoler par la fenêtre de la tourelle occidentale du vieux manoir, sur un dragon, à ce qu'elle prétend ; mais comme le dragon passe pour un animal fabuleux, je n'hésite pas à mettre son assertion sur le compte d'une *deceptio visûs*[1].

— Mais ne pourrait-on pas demander encore à M. Yellowley, dit Brenda, curieuse de recueillir tous les renseignements possibles sur tout ce qui pouvait avoir rapport à sa cousine Norna, comment tout cela peut faire qu'il se trouve ici à une heure aussi indue?

— Comment serait-ce une heure indue, mistress Brenda, puisqu'elle nous a procuré l'avantage de votre aimable compagnie? répondit Claude Halcro, dont l'imagination vive laissait bien loin derrière elle les lentes conceptions de l'agriculteur, et qui commençait à s'impatienter de son long silence. A dire vrai, c'est moi, mistress Brenda, qui ai engagé notre ami le facteur (car le hasard m'amena chez lui juste après cet événement, et, pour le dire en passant, à cause sans doute du trouble de leurs esprits, j'y fus très-misérablement reçu), c'est moi donc qui l'ai engagé à faire une visite à notre amie de Fitful-Head, jugeant fort bien, à certaines particularités de l'histoire, et, mieux que personne, mon ami Magnus me comprendra, que ceux qui vous ont fait une bosse au front savent le mieux trouver un emplâtre pour la guérir ; et comme notre bien-aimé facteur se souciait peu de voyager à cheval, à cause de certains tours que lui ont joué nos poneys...

— Qui sont des diables incarnés, s'écria Triptolème ; et il ajouta entre ses dents : comme tous les êtres vivants que j'ai trouvés aux Schetland.

— Eh bien donc, fowd, continua Halcro, j'entrepris de le transporter à Fitful-Head dans mon petit bateau, que nous manœuvrons, Giles et moi, comme la chaloupe d'amiral la mieux montée ; maître Triptolème Yellowley pourra, d'ailleurs, vous dire comme je l'ai pilotée, en marin consommé, jusqu'à la petite baie, à un quart de mille de l'habitation de Norna.

— Plût au Ciel, dit le facteur, que vous m'eussiez aussi bien conduit au retour !

— Oui, c'est vrai, je le reconnais, répliqua le ménestrel ; je puis dire avec l'illustre Dryden.

[1] D'une illusion de la vue.

« Hardi pilote à l'heure du danger, j'aime à braver les vagues soulevées et je cherche la tempête; — mais le calme n'est pas mon élément, et je gouverne tout près des écueils, pour déployer mon adresse. »

— En fait d'adresse, j'en ai montré bien peu lorsque j'ai mis ma personne entre vos mains, dit Triptolème, et vous en avez montré encore moins lorsque vous avez fait chavirer votre barque à l'entrée du *voe*, comme vous l'appelez ; ce jeune enfant, qui a été presque à moitié noyé, a eu beau vous dire que vous portiez trop de voiles, vous n'en aviez pas moins attaché la corde de la voilure aux bittes de côté du bateau, afin de pouvoir jouer du violon tout à votre aise.

— Comment, dit l'udaller, attacher les cordages au banc des rameurs ! voilà une manœuvre bien inconsidérée, Claude Halcro !

— Et vous allez voir ce qui en est arrivé, continua l'agriculteur ; le premier coup de vent (et dans cette contrée on ne reste pas bien longtemps à les attendre) nous a renversés comme une ménagère renverserait un baquet, et maître Halcro ne songeait qu'à une chose, à sauver son violon. Ce pauvre diable d'enfant a nagé comme un vrai barbet ; quant à moi, je n'ai pu m'échapper qu'en me cramponnant à une des rames. Et voilà comment nous nous trouvions ici, en très-mince équipage, au moment où un bon vent vous a jetés près de nous, n'ayant à manger qu'une bouchée de pain de Norvége, où il y a moins de seigle que de sciure de bois de sapin, et qui sent la térébenthine plus que toute autre chose.

— Il m'a semblé, en approchant d'ici, dit Brenda, que vous étiez en grande gaieté.

— Vous avez entendu un violon, mistress Brenda, répondit le facteur, et là où une jeune fille entend le violon, elle s'imagine qu'on ne saurait manquer de rien. Mais c'était le violon de maître Claude Halcro ; il est capable, ma foi, d'en râcler au lit de mort de son père, et même sur le sien tant que ses doigts pourront tenir un archet, et ce n'est pas pour moi un mince surcroît de malheur que de l'entendre jouer à mes oreilles toutes sortes d'airs, des airs norses et des airs écossais, des airs des hautes et des basses terres, des airs anglais et italiens, comme s'il ne nous était rien arrivé, et lorsque nous sommes dans un pareil état de détresse et d'inquiétude.

— Mais je vous ai déjà dit que le chagrin ne relèverait jamais le bateau, mon cher facteur, dit le ménestrel sans souci ; j'ai fait de mon mieux pour vous mettre de bonne humeur ; si je n'y ai pas réussi, ce n'est ni de ma faute ni de celle de mon violon. Savez-vous que j'ai joué sur cet instrument-là devant l'illustre Dryden en personne ?

— Je ne veux pas entendre parler de vos histoires de l'illustre John Dryden, repartit l'udaller, qui craignait les récits d'Halcro autant que Triptolème redoutait sa musique : une anecdote par trois bols de punch, — voilà nos anciennes conventions, vous vous les rappelez.

CHAPITRE XXX.

Mais contez-moi plutôt ce que Norna vous a dit lorsque vous êtes allé la consulter.

— Ah! c'est là encore une belle affaire, dit maître Yellowley. Elle n'a voulu ni nous voir ni nous entendre; seulement elle a accablé notre très-chère connaissance maître Halcro ici présent, qui croyait avoir une longue conversation avec elle, d'une kyrielle de questions sur votre famille et votre intérieur, M. Magnus Troil; et quand elle a eu tiré de lui tout ce qu'elle désirait apprendre, j'ai cru un instant qu'elle allait le jeter par-dessus les rochers, comme une cosse de pois vide.

— Et vous? dit l'udaller.

— Elle n'a pas daigné prêter l'oreille au récit de mon aventure, ni écouter un seul mot de ce que j'avais à lui dire; je voudrais qu'il en arrivât autant à tous ceux qui courent après les sorcières et les esprits familiers!

— Vous n'aviez nul besoin d'avoir recours à la sagesse de Norna, monsieur le facteur, dit Minna, qui peut-être n'était pas fâchée de venger l'injure faite à l'amie dont elle avait recemment reçu un service signalé. Le plus petit enfant des Orcades vous aurait dit que les trésors envoyés par les fées, quand ceux qui les ont trouvés ne les emploient pas d'une manière utile aux autres ou à eux-mêmes, ne restent pas longtemps entre leurs mains.

— Je suis votre très-humble serviteur, mistress Minnie, dit Triptolème; grand'merci de votre conseil; je suis ravi que votre esprit, — pardon, je veux dire votre santé, — soit revenue au fenil. Mais quant au trésor, je n'en ai fait ni un bon ni un mauvais usage; — ceux qui vivent avec ma sœur Baby ne trouveraient pas aisé d'en agir autrement! — Quant à en parler, puisqu'on dit que cela offense les êtres qu'en Écosse nous appelons *les bons voisins* et qu'ici vous nommez *drows*, les figures des vieux rois norses empreintes sur les pièces du trésor pourraient, assurément, en avoir dit tout autant que moi.

— Le facteur! dit Claude Halcro, enchanté de saisir une occasion de se venger du mal que Triptolème avait dit de ses talents de marin, et du mépris qu'il avait témoigné pour sa musique, — le facteur aurait poussé le scrupule jusqu'à ne pas dire un mot du trésor à son maître le lord chambellan. Mais, maintenant que l'objet en question s'est envolé, il aura nécessairement à rendre compte à son maître de ce qui ne se trouve plus en sa possession; car, j'en suis convaincu, le lord chambellan ne voudra pas croire à l'histoire du nain; et Norna elle-même, je le pense bien (ajouta-t-il en faisant un signe à l'udaller), Norna n'a pas cru un seul mot d'une aventure aussi bizarre, et c'est là, j'ose le dire, la raison pour laquelle, il faut bien le reconnaître, elle nous a reçus très-sèchement. Je serais tenté plutôt de supposer qu'elle savait que notre ami Triptolème, ici présent, avait trouvé quelque autre cachette pour le trésor, et que l'histoire du revenant était purement de son invention ; pour ma part, je ne croirai jamais qu'il puisse exister une créature telle que le nain décrit par M. Yellowley, tant que je ne le verrai pas de mes propres yeux.

— C'est ce que vous pouvez faire en ce moment, dit le facteur, car, par... (il murmura un sourd juron, en sautant de son siége avec un mouvement d'horreur) voilà le nain en personne !

Tous les regards prirent la direction indiquée par Triptolème, et l'on aperçut la figure hideuse de Pacolet, dont les yeux, fixés sur eux, brillaient à travers la fumée. Pendant leur conversation, il s'était glissé sans être aperçu, jusqu'au moment où le regard du facteur s'était par hasard porté de son côté. Il y avait quelque chose de si singulier dans cette apparition brusque et inattendue, que l'udaller lui-même, à qui la figure du nain était familière, ne put s'empêcher de tressaillir. Assez mécontent d'avoir laissé paraître cette légère émotion, et non moins mécontent du nain qui l'avait causée, Magnus lui demanda d'un ton brusque ce qu'il venait faire en ce lieu. Pacolet répondit en montrant une lettre qu'il remit à l'udaller, et murmurant un son qui ressemblait au mot *shogh* [1].

— C'est de la langue des Highlanders, dit l'udaller ; — l'as-tu donc apprise, Nicolas, après avoir perdu la tienne ?

Le nain inclina sa tête, et lui fit signe de lire la lettre.

— Ce n'est pas chose si facile à la lueur du feu, mon bon ami, répondit Magnus ; mais cela doit concerner Minna, et il faut que j'essaie.

Brenda offrit son assistance à son père, mais il refusa en disant : — Non, non, ma fille : les lettres de Norna doivent être lues par ceux à qui elles sont adressées. Donnez pendant ce temps à ce vaurien de Strumpfer une goutte de brandy, quoiqu'il ne mérite guère d'en avoir de moi, après la grimace avec laquelle il a ce matin lancé ma bonne eau-de-vie par-dessus les rochers, comme s'il se fût agi d'une bouteille d'eau de mare.

— Ami Yellowley, voulez-vous être l'échanson, le Ganymède de cet honorable gentleman ? ou sera-ce moi ? dit tout bas Halcro au facteur, tandis que l'udaller, après avoir tiré d'un large étui de cuivre ses lunettes, qu'il essuya soigneusement, les plaça sur son nez et se mit à étudier l'épître de Norna.

— Je ne voudrais pas le toucher ni l'approcher pour tout le domaine de Gowrie ! dit le facteur, dont la frayeur n'était pas encore complétement calmée, quoiqu'il vît que le nain était traité comme une créature de chair et d'os par le reste de la compagnie ; mais veuillez lui demander ce qu'il a fait de ma corne remplie d'argent.

[1] En gallique, *Voilà*. (W. S.)

CHAPITRE XXX.

A cette question, le nain, qui l'avait entendue, jeta sa tête en arrière, et ouvrit son énorme gosier en l'indiquant du doigt.

— Ma foi! s'il a avalé les pièces de monnaie, n'en parlons plus, reprit le facteur; seulement, j'espère bien qu'elles lui profiteront comme la luzerne mouillée à une vache. Je ne doute plus qu'il ne soit le domestique de dame Norna : — tel maître, tel valet! Mais si le vol et la sorcellerie restent impunis dans cette île, mylord n'a qu'à chercher un autre facteur; car j'ai été habitué à vivre dans un pays où les biens terrestres des citoyens n'avaient rien à craindre des voleurs du dedans ni de ceux du dehors, non plus que leurs âmes immortelles des griffes du diable et de ses commères. — Que le Ciel nous protége!

Peut-être l'agriculteur n'était-il si hardi dans l'expression de ses plaintes, que parce que l'udaller, qui avait tiré Claude Halcro à part dans un autre coin de la hutte, n'était pas alors à portée de l'entendre.

— Ami Halcro, disait-il, quelle affaire vous attirait à Sumburgh? car je ne puis croire que ce fût seulement le plaisir de naviguer en compagnie avec cet oison?

— Vous avez bien raison, fowd, et, s'il faut vous dire la vérité, j'allais parler à Norna de vos affaires.

— De mes affaires! et desquelles, s'il vous plaît?

Au sujet de la santé de votre fille. J'ai appris que Norna avait refusé de recevoir votre message, et n'avait pas voulu voir Eric Scambester. Voyons, me suis-je dit à moi-même, à peine ai-je pris plaisir à boire, à manger, à la musique ou à toute autre chose depuis que la chère Minna est tombée malade, et je puis dire littéralement, aussi bien qu'au figuré, que pour moi jours et nuits sont devenus des plus tristes; bref, je crus que j'aurais sur la vieille Norna plus de crédit que tout autre; car il y a toujours eu de l'affinité, dit-on, entre les scaldes et les femmes inspirées, et j'ai entrepris ce voyage dans l'espoir de rendre quelque service à mon ancien ami et à sa charmante fille.

— Et ce fut bien fait à vous, mon bon vieil ami Claude, dit l'udaller en lui secouant la main avec cordialité. — J'ai toujours dit qu'au milieu de votre musique et de vos folies, on retrouvait en vous le bon cœur des anciens Norses. — Allons! mon cher ami, ne vous fâchez pas de ce que je dis; mais félicitez-vous d'avoir le cœur meilleur que la tête. — Eh bien! — je parie que vous n'avez obtenu aucune réponse de Norna.

— Du moins aucune réponse concluante; mais elle m'a pressé de questions sur la maladie de Minna, — et je lui ai dit comment, l'autre jour, je l'avais rencontrée dehors, par un assez mauvais temps, et comment j'avais appris de sa sœur qu'elle s'était blessée au pied; — bref, je lui ai raconté en détail tout ce que je savais.

— Et quelque chose de plus peut-être, à ce qu'il semblerait; **car,** pour moi du moins, je n'avais jamais entendu dire jusqu'ici que Minna se fût blessée.

— Oh! une égratignure, une simple égratignure; mais cela m'avait d'abord effrayé. — Je craignais que ce ne fût la morsure d'un chien, ou qu'elle n'eût été piquée par un animal venimeux. Du reste, j'ai tout conté à Norna.

— Et qu'a-t-elle répondu?

— Elle m'a dit de m'en aller à mes affaires, en ajoutant que le résultat de tout ceci serait connu à la foire de Kirkwall; elle avait précisément dit la même chose à ce benêt de facteur. Voilà tout ce que nous avons retiré de notre peine.

— Cela est étrange. Ma parente me recommande, par cette lettre, de ne pas manquer de m'y rendre avec mes filles. Il faut que cette foire lui tienne bien au cœur. — On dirait qu'elle veut être la première au marché, et pourtant elle n'a rien que je sache à y acheter ni à y vendre. Ainsi, vous êtes revenu aussi avancé que vous étiez parti, et vous avez fait chavirer votre barque à l'embouchure du voe.

— Eh! qu'y pouvais-je faire? dit le poete. J'avais mis l'enfant au gouvernail; et comme une risée de vent s'élevait tout à coup du rivage, je ne pouvais manœuvrer et jouer du violon en même temps. Mais ce n'est rien que tout cela; — jamais eau salée n'a fait de mal à un Schetlandais, pourvu qu'il parvienne à s'en tirer; le Ciel a permis que nous eussions pied et que nous fussions tout près du rivage. Le hasard nous a fait trouver cette hutte, où nous n'aurions pas été déjà trop malheureux avec un abri et du feu, mais où nous nous sommes trouvés bien mieux encore de votre bonne chère et de votre bonne compagnie. Mais il se fait tard, et la Nuit et le Jour, grâces au vieux Minuit, doivent avoir envie de dormir. Il y a ici dans l'intérieur une crèche où se couchaient les pêcheurs; — elle sent un peu le poisson, mais elle n'est pas malsaine. Vos filles n'ont qu'à s'y arranger de leur mieux avec les manteaux que vous avez; quant à nous, un verre de brandy, quelques fragments de l'illustre John, ou quelque bagatelle de mon crû nous aideront à passer la nuit, et nous dormirons d'aussi bon cœur que des savetiers [1] !

— Deux verres de brandy, s'il vous plaît, si notre provision n'est pas à sec; mais pour le moment, pas une seule citation de l'illustre John ni de tout autre!

Cet arrangement conclu et exécuté suivant la volonté de l'udaller, qui n'admettait pas de réplique, toute la compagnie se livra au sommeil, et, le lendemain, chacun se rendit à son habitation respective. Claude Halcro était auparavant convenu avec l'udaller de l'accompagner, lui et ses filles, dans leur excursion projetée à Kirkwall.

[1] Dicton trivial du nord de la Grande-Bretagne. Nous nous faisons un devoir de traduire littéralement. (L. V.)

CHAPITRE XXXI.

> Par cette main, tu me crois aussi bien noté sur le livre du Diable que toi et Falstaff, pour l'obstination et l'endurcissement du cœur. C'est par sa fin qu'il faut juger l'homme... Néanmoins je puis te le dire, à toi (comme a celui que, faute de mieux, je veux bien appeler mon ami), j'en serais fâché, et très-fâché encore
> *Henri IV*, part. II.

Il nous faut maintenant transporter la scène des îles Schetland aux Orcades, et prier nos lecteurs de nous accompagner au milieu des ruines d'une construction élégante, quoique fort antique, appelée le Palais du Comte. Ces restes, bien que très-délabrés, existent encore dans le voisinage de l'édifice massif et vénérable que la dévotion norvégienne a consacré à saint Magnus le martyr. Comme ce palais touche en outre à celui de l'évêque, qui tombe également en ruines, ces lieux font sur l'esprit une vive impression, en rappelant les changements religieux et politiques qu'ont eus à supporter les îles Orcades, quoique moins exposées que d'autres pays à ces sortes de convulsions. Avec des modifications convenables on pourrait choisir plusieurs portions de ces restes pour modèle d'une construction gothique, pourvu que les architectes voulussent se contenter d'imiter ce qu'il y a de réellement beau dans ce genre, et non faire un mélange de tous les caprices de cet ordre d'architecture, confondant les styles militaire, religieux et domestique, pris au hasard et dans toutes les époques, et y ajoutant les fantaisies et les combinaisons écloses dans leur propre cerveau.

Le Palais du Comte forme trois côtés d'un carré oblong, et, malgré son délabrement, révèle encore une structure élégante quoique massive, réunissant, comme il est ordinaire dans les antiques résidences des seigneurs féodaux, le double caractère de château-fort et de palais. Une grande salle de banquet, communiquant avec plusieurs vastes pièces circulaires occupant l'intérieur des tourelles attenantes, et ayant à chaque extrémité une immense cheminée, atteste la vieille hospitalité septentrionale des comtes des Orcades, et communique, presque à la façon moderne, avec une galerie ou salon de dimensions analogues, et ayant, comme la première pièce, des tourelles saillantes. La grande salle elle-même est éclairée à l'une de ses extrémités par une belle croisée gothique formée de colonnettes de pierre; on y arrive par un élégant et spacieux escalier aussi de pierre, ayant trois paliers. Les ornements extérieurs et les proportions de cet antique édifice sont aussi d'une beauté remarquable ; mais, dans l'absence de tout soin de conservation, ce reste imposant de la pompe et de la grandeur des comtes, qui affectaient les droits et la puissance de petits souverains, est maintenant dans un état de décadence rapide et a considérablement souffert depuis la date de notre histoire.

Les bras croisés et les regards baissés vers la terre, le pirate Cleveland se promenait à pas lents dans le château ruiné que nous venons de décrire ; ce lieu retiré avait été probablement choisi par lui en raison même de sa position isolée. Son costume ne ressemblait pas à celui qu'il avait coutume de porter aux îles Schetland : c'était une espèce d'uniforme, richement galonné et tout chamarré de broderies. Un chapeau surmonté d'une plume et une petite épée montée avec beaucoup de luxe, compagne ordinaire de quiconque prétendait au rang de gentleman, indiquait que Cleveland se croyait des droits à ce titre. Mais si son extérieur avait beaucoup gagné, il ne semblait pas en être de même de sa santé et de son énergie. Il était pâle et avait perdu à la fois le feu de ses regards et la vivacité de sa démarche ; enfin tout en lui révélait les peines de l'âme ou les souffrances du corps, ou peut-être toutes deux à la fois.

Comme il parcourait ces vieilles ruines, il vit venir à lui un jeune homme aux formes sveltes et grêles, dont l'habillement somptueux semblait avoir été étudié avec soin, mais décelait plus de bizarrerie que de jugement et de goût ; il affectait dans ses manières l'air libre et aisé des libertins du jour, et dans toute sa personne respirait la bonne humeur avec une nuance d'effronterie : cet individu monta l'escalier, entra dans la salle et se présenta à Cleveland, qui se contenta de lui faire un signe de tête, et qui, ramenant son chapeau sur son front, reprit d'un air mécontent sa promenade solitaire.

L'étranger, de son côté, rajusta son chapeau, rendit à Cleveland son léger salut, prit, en se donnant un air de *petit-maître*[1], du tabac dans une boîte d'or richement ciselée, en offrit à ce dernier au moment où il passait devant lui, et, refusé assez froidement, remit la tabatière dans sa poche, puis, se croisant les bras à son tour, se mit à suivre d'un œil attentif les mouvements de celui dont il avait interrompu la solitude. A la fin Cleveland s'arrêta tout court, comme impatient de rester plus longtemps l'objet de ses observations, et dit d'un ton brusque :

— Eh bien ! ne peut-on me laisser tranquille une demi-heure ? Que diable me voulez-vous ?

— Je suis charmé que vous ayez parlé le premier, dit l'étranger d'un ton d'insouciance ; je voulais savoir si vous étiez bien Clément Cleveland ou son spectre. Or, l'on dit que les spectres n'entament jamais la conversation : aussi maintenant j'affirme que c'est vous-même

---

[1] Ce mot est en français dans l'original. (L. V.)

en chair et en os. Vous avez choisi là dans cette vieille maison délabrée une retraite excellente pour un hibou qui voudrait s'y cacher en plein jour, ou pour un fantôme qui viendrait contempler les pâles rayons de la lune, comme dit le divin Shakespeare.

— Eh bien ! répondit Cleveland avec brusquerie, votre plaisanterie est faite, voyons maintenant si vous avez quelque chose de sérieux à me dire.

— Sérieusement donc, capitaine Cleveland, je pense que vous me connaissez pour votre ami.

— Je veux bien le supposer.

— C'est plus qu'une supposition, — je vous en ai donné des preuves ici et ailleurs.

— Bien, bien ! j'admets que vous vous êtes toujours conduit en ami ; — après ?

— Bien, bien ! — après ! — Voilà une manière expéditive de remercier les gens. Voyez-vous, capitaine, Benson, Barlow, Dick Fletcher et quelques autres d'entre nous qui vous voulaient du bien, ont retenu dans ces eaux votre vieux camarade le capitaine Goffe, pour tâcher de vous retrouver, tandis que Goffe et Hawkins, et la majorité de l'équipage, auraient bien voulu être dans les mers d'Espagne pour continuer notre ancien commerce.

— Plût au Ciel que vous fussiez tous allés à vos affaires et que vous m'eussiez abandonné à mon destin !

— Qui eût été d'être décrété d'accusation et pendu la première fois qu'un de ces coquins de Hollandais ou d'Anglais que vous avez débarrassés de leur cargaison aurait arrêté ses yeux sur vous ; et il n'y a pas de lieu où l'on ait plus de chances que dans ces îles de rencontrer des gens de mer. C'est pour vous arracher à ce danger que nous avons perdu ici un temps précieux, au point que les gens de la ville en ont conçu des soupçons ; et quand nous n'aurons plus ni argent ni denrées dont nous puissions nous défaire auprès d'eux, les drôles voudront jeter le grapin sur le bâtiment.

— Eh bien, alors, pourquoi ne mettez-vous pas à la voile sans moi ?

— Nous avons partagé loyalement et tout le monde a eu son lot. — Que chacun s'arrange comme il voudra. J'ai perdu mon vaisseau, et après avoir été capitaine, je n'irai pas courir les mers sous le commandement de Goffe ou de tout autre. D'ailleurs vous savez bien que Hawkins et lui m'en veulent pour les avoir empêchés de couler bas le brick espagnol avec les pauvres diables de nègres qui étaient à bord.

— Comment ! de quel diable êtes-vous possédé ? Êtes-vous Clément Cleveland, notre ancien et brave Clem¹-le-Roc, vous qui parlez de

¹ Abréviation de Clément. (L. V.)

Hawkins et de Goffe, et d'une vingtaine de gens de leur trempe, comme si vous en aviez peur, lorsque vous avez pour vous soutenir moi, Barlow et Dick Fletcher? Quand vous avons-nous manqué dans le conseil ou dans l'action, pour que vous craigniez de nous voir faillir maintenant? Pour ce qui est de servir sous Goffe, je pense que ce n'est pas chose nouvelle pour les cadets de fortune qui en viennent à régler leurs comptes que de changer quelquefois de commandant? Ne vous inquiétez pas de cela, — vous serez capitaine; car je veux que la mort me saisisse tout éveillé si je sers sous ce coquin de Goffe qui est bien le limier le plus altéré de sang qui ait jamais sucé le lait d'une chienne. — Non, non, grand'merci. — Il faut que mon commandant tienne un peu du gentleman, malgré tout. D'ailleurs, vous le savez, c'est vous qui le premier m'avez appris à pêcher en eau trouble, et avez fait de moi un écumeur de mer, de comédien ambulant que j'étais auparavant.

— Hélas! mon pauvre Bunce, tu me dois peu de reconnaissance pour ce service.

— Pensez-en ce que vous voudrez. Pour moi, je ne vois pas plus de mal à lever des contributions sur le public, d'une manière que de l'autre. Mais je vous prie d'oublier ce nom de Bunce, et de m'appeler Altamont, comme je vous en ai exprimé le désir plusieurs fois. J'espère qu'un gentleman de croisière a autant de droit qu'un artiste ambulant à porter un nom de guerre, et je n'ai jamais monté sur les planches sans m'appeler au moins Altamont.

— Eh bien! Jack Altamont, puisque tel est le nom...

— Altamont, oui, mais non Jack, capitaine. Jack Altamont, c'est un pourpoint de soie avec une dentelle de papier. — Mettons Frédéric, capitaine; Frédéric Altamont, cela va de file.

— Frédéric, soit, de tout mon cœur; et, je te prie, lequel de tes noms sonnera le mieux à la tête des «Dernières paroles, Confession et derniers Adieux de John Bunce, *alias* Frédéric Altamont, pendu ce matin, sur le lieu ordinaire des exécutions, pour le crime de piraterie en pleine mer?»

— Ma foi, pour répondre à cette question, il me faudrait une autre pinte de grog, capitaine; aussi, si vous voulez descendre avec moi à la taverne de Bet Haldane, sur le quai, je vous communiquerai mes idées sur ce sujet, à l'aide d'une bonne pipe de la Trinité. Nous aurons une mesure d'un gallon remplie de la meilleure liqueur que vous ayez jamais goûtée, et je connais quelques bonnes commères qui nous aideront à la vider. Mais vous secouez la tête; — vous n'êtes pas en veine. — Eh bien donc! je reste avec vous; car, par cette main, Clem, je ne vous lâche pas! Il faut que je vous tire de ce vieux terrier, et que je vous entraîne en plein air et au soleil. — Où irons-nous?

— Où tu voudras, pourvu que nous n'y trouvions aucun de nos coquins, ni personne autre.

— Alors, nous irons sur la colline de Whitford, qui domine la ville, et nous nous promènerons ensemble aussi gravement et aussi honnêtement qu'un couple d'attorneys bien affairés.

Comme ils quittaient le vieux château, Bunce, se retournant pour le regarder, s'adressa ainsi à son compagnon :

— Dites-moi, capitaine, savez-vous quel fut le dernier habitant de ce vieux poulailler ?

— Un comte des Orcades, à ce qu'on dit.

— Et vous a-t-on appris comment il est mort ? J'ai entendu dire que ce fut d'un collier trop serré, — d'une fièvre de chanvre, ou de quelque chose approchant.

— Les gens du pays prétendent que Sa Seigneurie, il y a quelque cent ans, eut le malheur de faire connaissance avec un nœud coulant, et de danser une sarabande en l'air.

— Eh bien ! à la bonne heure ; dans ce temps-là il y avait plaisir à être pendu en si honnête compagnie. Et qu'avait fait Sa Seigneurie pour mériter une élévation aussi rapide ?

— Il avait pillé, blessé ou tué les loyaux sujets de Sa Majesté, pointé ses canons contre le pavillon royal, et autres méfaits de ce genre.

— Cela frise de bien près la piraterie, dit Bunce en saluant, d'un air théâtral, le vieux palais. Ainsi donc, très-puissant, très-grave et très-vénérable seigneur comte, je vous demanderai la permission de vous appeler mon cher cousin, et de vous faire un adieu cordial. Je vous laisse en bonne compagnie avec les rats, les souris et autres, et j'emmène avec moi un honnête homme qui, depuis quelque temps, n'ayant pas eu plus de cœur qu'une souris, voudrait fuir maintenant comme un rat sa profession et ses amis, et qui, par conséquent, serait un digne habitant du palais de Votre Seigneurie.

— Je t'engage à ne pas parler si haut, mon bon ami Frédéric Altamont, ou John Bunce, dit Cleveland ; quand tu étais sur la scène, tu pouvais crier aussi fort qu'il te plaisait ; mais dans ta profession actuelle, pour laquelle tu as une vocation si décidée, les grands parleurs ont à craindre la punition de la grande vergue et du nœud coulant.

Les deux camarades quittèrent en silence la petite ville de Kirkwall, et gravirent la colline de Whitford, qui élève sa cime couverte de noires bruyères, et que ne coupe aucun enclos de cultures, au nord de l'ancien burgh de Saint Magnus. La plaine située au pied de cette montagne était déjà couverte de personnes occupées des préparatifs de la foire de Saint-Olla, qui devait avoir lieu le jour suivant. Cette foire est le rendez-vous général de tous les habitants des Orcades, et même d'un grand nombre de personnes venant de l'archipel plus éloigné des îles Schetland. C'est, comme l'annonce la proclamation, « un franc marché et une foire tenus dans le bon burgh de Kirkwall, le 3 août, jour de Saint-Olla. » Elle dure un temps indéterminé, de trois jours à une semaine, et même plus. La foire de Saint-Olla remonte à une grande antiquité, et tire son nom d'Olaüs, Olave, ou Ollaw, célèbre roi de Norvége, qui introduisit le christianisme dans ces îles, plutôt à l'aide du tranchant de l'épée que par les arguments de la persuasion. Ce monarque était respecté comme unique patron de Kirkwall, avant de partager cet honneur avec saint Magnus le martyr.

Cleveland n'avait nullement l'intention de se mêler à la scène bruyante qui se déroulait devant lui; aussi les deux amis tournèrent à gauche, et, gravissant la montagne, se trouvèrent bientôt dans une solitude absolue, troublée seulement par des bandes de coqs de bruyère qui partaient devant eux, et dont le nombre est plus considérable aux îles Orcades que dans aucune autre partie des domaines britanniques[1]. Ayant continué de monter jusqu'à ce qu'ils eussent presque atteint le sommet de cette montagne de forme conique, ils se retournèrent en même temps, et comme d'un commun accord, pour admirer la scène qui se déployait à leurs pieds.

Le spectacle animé qui s'étendait depuis le bas de la colline jusqu'à Kirkwall donnait de la vie et de la variété à cette partie du tableau; plus loin on apercevait la ville, du milieu de laquelle surgissait, comme une masse énorme qui semblait écraser la cité de ses proportions colossales, l'antique cathédrale de Saint-Magnus, du genre le plus lourd d'architecture gothique, mais grande, solennelle, majestueuse, œuvre des temps éloignés et d'une main puissante. Le quai, avec sa forêt de vaisseaux, animait encore la perspective; et non-seulement la baie magnifique qui s'étend entre les promontoires d'Inganess et de Quanterness, et au fond de laquelle est situé Kirkwall, mais encore tout ce qu'on voyait de la mer, spécialement le bras qui sépare l'île de Shapinsha de celle appelée Pomona, la Mainland[2] des Orcades, était sillonné par une multitude de bateaux et de petits navires frétés des îles les plus éloignées pour amener des passagers et des denrées à la foire de Saint-Olla.

Parvenu ainsi au point qui dominait le plus complètement la foire et son aspect agité, chacun des deux étrangers, selon l'usage des marins, eut recours à sa lunette pour aider l'œil nu à explorer la baie

---

[1] Il est singulier que le coq de bruyère, qui abonde dans les Orcades, soit totalement inconnu dans l'archipel voisin des îles Schetland, éloigné de soixante milles à peine, et séparé des Orcades seulement par Fair-Island. (W. S.)

[2] *Mainland*, littéralement grande terre, terre principale, est un terme générique que l'usage a spécialement appliqué à l'île la plus étendue de divers archipels Les Schetland et les Orcades ont, notamment, chacun leur Mainland. (L. V.)

de Kirkwall et les nombreux bâtiments qui s'y croisaient. Mais l'attention des deux observateurs sembla captivée par des objets différents. Celle de Bunce, ou d'Altamont, comme il se faisait appeler, était clouée sur le sloop armé, remarquable par sa mâture carrée et la longueur de son travers, avec pavillon et pennon anglais qu'il avait eu la précaution d'arborer ; mouillé ainsi au milieu des bâtiments marchands, il s'en distinguait par sa tournure propre et coquette, comme un vieux soldat au milieu d'une troupe de rustres.

— Le voilà ! dit Bunce ; plût à Dieu qu'il fût dans la baie de Honduras ! — vous, capitaine, sur le gaillard d'arrière ; moi, votre lieutenant ; Fletcher, quartier-maître, et cinquante gaillards robustes sous vos ordres ! — Je ne voudrais pas revoir de sitôt ces bruyères et ces rocs stériles ! — Mais pour vous, capitaine, vous ne tarderez pas à l'être. Cette vieille brute de Goffe s'enivre tous les jours comme un lord, fait le fendant et veut mener l'équipage à coups de sabre et de pistolet ; par-dessus le marché il s'est si bien mis à dos les gens de la ville qu'ils laissent à peine passer l'eau et les provisions pour notre navire, et que nous nous attendons tous les jours à une attaque ouverte.

Comme Bunce ne recevait pas de réponse, il se retourna tout à coup vers son compagnon, et voyant son attention engagée ailleurs, il s'écria : — Que diable avez-vous, et que pouvez-vous voir dans cette méchante coquille de noix chargée de morue, d'oies fumées et de barriques de beurre pire que du suif ? — toute la cargaison ensemble ne vaudrait pas un coup de pistolet. — Non, non, donnez-moi une chasse telle que, de notre grand mât, on pourrait en apercevoir dans les eaux de la Trinité : un bon navire espagnol, enfoncé dans l'eau comme une baleine, surchargé de rhum, de sucre, de balles de tabac, et le reste en lingots, en portugaises et en poudre d'or ; et alors toutes voiles dehors, le branle-bas, chacun à son poste, et en avant le joyeux Roger [1] ! — Nous le poursuivons, — nous lui prouvons que nous sommes bien équipés et bien armés...

— Vingt canons à son premier pont, dit Cleveland.

— Quarante si vous voulez, reprit Bunce, et nous n'en avons que dix montés, — mais c'est égal. Le *Don* lâche sa bordée, — mais c'est encore égal, mes braves : — accostez-le, et à l'abordage, — à l'ouvrage ; en avant vos grenades, vos coutelas, vos haches d'armes et vos pistolets. — Le *Don* crie miséricorde et nous partageons sa cargaison sans le *co licencio, señor* [2] !

— Sur ma foi, dit Cleveland, tu prends le métier si à cœur, qu'il est avisé de voir qu'en faisant de toi un pirate on n'a guère

---

[1] Les pirates donnaient ce nom au pavillon noir parsemé de figures hideuses propres à inspirer l'effroi, qui était leur enseigne favorite. (W. S.)

[2] Avec votre permission, monsieur.

couru le risque de gâter ta nature. Mais tu ne parviendras pas à m'entraîner plus loin avec toi dans cette voie diabolique, car tu sais par expérience que ce que donne le diable s'en retourne, — tu comprends où. En une semaine ou un mois tout au plus, le rhum et le sucre sont partis, le tabac s'en est allé en fumée, les portugaises, les lingots et la poudre d'or sont passés de vos mains dans celles des paisibles, honnêtes et consciencieux habitants de Port-Royal ou autres lieux ; — ils veulent bien fermer les yeux sur notre commerce tant que nous avons de l'argent, mais pas un instant de plus. Alors on nous regarde de travers, bien heureux si l'on ne nous signale pas au juge-maréchal ; car quand nos poches sont vides, nos honnêtes amis, plutôt que de s'en passer, battent monnaie avec nos têtes. Puis vient une haute potence et un petit bout de corde, et ainsi finit le noble pirate. Je te le répète, je veux quitter ce métier ; et lorsque je promène ma lunette de l'une à l'autre de ces barques et de ces bateaux, je me dis que j'aimerais mieux gagner ma vie en ramant dans la plus misérable d'entre elles que de rester ce que je suis. La mer est pour ces pauvres gens un moyen d'existence honnête et de communications amicales de rivage à rivage, pour l'avantage mutuel des habitants ; nous en avons fait un instrument de destruction pour les autres et de ruine pour nous dans ce monde et dans l'éternité. — Je suis résolu à devenir honnête homme, et à ne pas mener une pareille vie plus longtemps.

— Et où votre honnêteté ira-t-elle se loger, s'il vous plaît ? — Vous avez enfreint les lois de toutes les nations, et le bras de la loi saura vous découvrir et vous frapper partout où vous vous réfugierez. — Cleveland, je vous parle plus sérieusement que je n'ai coutume de le faire. J'ai réfléchi aussi, de mon côté, et, bien que mes réflexions n'aient duré que quelques minutes, elles ont été assez tristes pour me gâter des semaines de bonne humeur. Mais voici la question. — Que pouvons-nous faire de mieux que de continuer le même genre de vie, à moins que nous n'ayons une envie bien prononcée de servir d'ornement au bout d'une vergue ?

— Nous pouvons réclamer le bénéfice de la proclamation relative à ceux de nos pareils qui se présentent pour faire leur soumission.

— Hum ! fit sèchement son compagnon, la date de ce jour de grâce est passée depuis longtemps, et ils peuvent à leur gré punir ou pardonner. A votre place, je ne risquerais pas mon cou sur une telle assurance.

— Mais il n'y a pas encore longtemps que d'autres ont joui de cette faveur : pourquoi n'en serait-il pas de même de moi ?

— Oui, reprit son compagnon, Henry Glasby et quelques autres ont été épargnés ; mais Glasby a rendu ce qu'on a nommé un bon service, en trahissant ses camarades et en faisant reprendre la *Bonne Fortune*, exemple que vous ne voudriez pas suivre, j'en suis sûr, même pour vous venger de cette brute de Goffe.

— Plutôt mourir mille fois !

— Je l'aurais juré. — Quant aux autres, c'étaient des hommes du gaillard d'avant, — des vauriens de bas étage, valant à peine le chanvre qu'on aurait dépensé pour les pendre. Mais votre nom a sonné trop haut parmi ceux des gentilshommes de fortune pour que vous vous en tiriez si aisément. Vous êtes la première tête du troupeau, et vous serez marqué en conséquence.

— Et pourquoi cela, je te prie? Tu connais mes principes, Jack.

— Frédéric, s'il vous plaît.

— Au diable ta folie ! Trêve de facéties, je te prie, et parlons un instant sérieusement.

— Un instant, — à la bonne heure, mais je sens que l'esprit d'Altamont me gagne ; — il y a déjà dix minutes que je suis grave.

— Sois-le donc encore quelque temps ; je sais, Jack, que tu m'aimes réellement, et puisque notre conversation est arrivée à ce point, je veux m'épancher complètement avec toi. Or, dis-moi, pourquoi me refuserait-on le bénéfice de cet acte de clémence ? J'ai affecté des dehors rudes, tu le sais ; mais au besoin je puis citer tous ceux à qui j'ai sauvé la vie, tous les biens que j'ai rendus à leurs propriétaires, lorsque, sans mon intercession, ils auraient été follement détruits. — Bref, Bunce, je puis prouver...

— Que vous fûtes un brigand aussi sensible que Robin Hood lui-même, et c'est pour cette raison que moi, Fletcher et les meilleurs d'entre nous vous aimons pour avoir préservé le nom de pirate d'une entière réprobation. — Eh bien! supposons que vous ayez votre grâce, que feriez-vous ensuite? — Quelle classe de la société voudra vous recevoir ? — à qui vous associerez-vous? Le vieux Drake, du temps de la reine Élisabeth, put piller le Mexique et le Pérou, sans avoir une ligne de commission à montrer pour cela, et, bénie soit sa mémoire ! on le fit chevalier pour la peine à son retour. Il y a aussi plus près de nous, du temps du joyeux roi Charles, Hal Morgan le Gallois, qui ramena tranquillement tout son butin, eut son petit domaine et sa maison de campagne; mais cherchez-en d'autres ! — C'en est fait maintenant : — une fois pirate, on est banni pour toujours de la société. Le pauvre diable peut s'en aller vivre, évité et méprisé de tous, dans quelque port obscur avec ce que les gens de loi voudront bien lui laisser de ses criminelles épargnes — (car le sceau ne vous délivre pas un pardon pour rien); — et s'il vient à se promener sur la jetée et qu'un étranger demande : Quel est cet homme sombre, aux yeux baissés, à la mine mélancolique, devant qui tout le monde s'écarte comme s'il portait la peste avec lui? on répondra : C'est un tel, le pirate gracié! — Pas un homme d'honneur qui veuille lui parler, pas une honnête femme qui consente à lui donner sa main.

— Les couleurs de ton tableau sont trop chargées, Jack, dit Cleveland en interrompant brusquement son compagnon. Il y a des femmes, — il en est une au moins qui serait fidèle à son amant, fût-il tel que tu viens de le dépeindre.

Bunce se tut un instant et regarda fixement son ami : Sur mon âme! dit-il enfin, je commence à me croire sorcier. Quelque invraisemblable que fût la chose, je n'ai pu m'empêcher de soupçonner tout d'abord qu'il y avait une fille sous jeu. Voilà qui est pire que le prince Volscius amoureux, — ha! ha! ha!

— Ris tant qu'il te plaira, cela est vrai ; — il est une jeune fille qui ne craint pas de m'aimer, tout pirate que je suis ; et, à te parler franchement, Jack, bien que j'aie plus d'une fois pris en dégoût notre vie errante, et moi-même qui l'avais embrassée, je doute que j'eusse jamais eu assez de fermeté pour former la résolution à laquelle je me suis arrêté, si ce n'eût été pour l'amour d'elle.

— Alors que Dieu ait pitié de vous! C'est perdre son temps que de parler raison avec un fou, et, dans notre état, capitaine, une belle passion comme la vôtre est pire que la folie. Il faut que la demoiselle soit un morceau friand, pour qu'un homme sage s'expose à être pendu pour ses beaux yeux. Mais voyons, n'en tient-elle pas un peu comme vous, — et n'est-ce pas la sympathie qui a tout fait? Ce ne peut être un des vulgaires objets de nos faciles amours, mais une fille de tête et de caractère.

— Aussi vrai qu'elle est la plus belle et la plus ravissante créature sur laquelle œil humain se soit jamais arrêté.

— Et elle vous aime, noble capitaine, sachant que vous êtes chef de ces respectables aventuriers que le vulgaire appelle des pirates?

— Oui ; j'en ai la certitude.

— Eh bien! alors, elle est folle tout de bon, comme je le disais, ou elle ne sait ce que c'est qu'un pirate.

— Tu as raison sur ce dernier point ; elle a été élevée dans une simplicité si profonde et une ignorance si complète du mal, qu'elle compare notre vie à celle des anciens Norses, dont les galères victorieuses portaient la dévastation sur les ports et sur l'océan, qui établissaient des colonies, conquéraient des pays entiers, et prenaient le nom de Rois de la Mer.

— Et ce titre est bien préférable à celui de corsaire ; mais, au fond, j'ose le dire, cela revient à peu près au même. — Néanmoins, il faut que ce soit une gaillarde résolue ! — Pourquoi ne pas l'avoir emmenée à bord avec vous? N'était-ce pas pitié de faire le cruel avec elle?

— Et crois-tu donc que j'eusse voulu jouer le rôle d'un mauvais esprit au point de profiter de son erreur enthousiaste, en conduisant un ange de beauté et d'innocence dans un enfer semblable à celui qui existe à bord d'un navire aussi infâme que les nôtres? — Je te dis, mon ami, que, tous mes autres crimes fussent-ils deux fois plus pesants et plus odieux, une telle infamie les dépasserait tous.

— Mais alors, capitaine, il y a eu, ce me semble, folie de votre part à venir ici. Le bruit aurait fini par se répandre que le célèbre pirate, le capitaine Cleveland, avait échoué, avec son bon sloop *la Vengeance*, sur les côtes des îles Schetland, et y avait péri ainsi que tout son équipage ; ainsi, vous seriez resté ignoré de vos amis et de vos ennemis, vous auriez pu épouser votre jolie Schetlandaise, changer, pour un filet, votre écharpe et votre ceinturon, votre coutelas pour un harpon, et courir la mer pour y pêcher des poissons au lieu de florins.

— Et c'était bien là mon intention ; mais un maudit colporteur, bavard et fripon, a apporté aux îles Schetland la nouvelle de votre séjour ici, et je me suis vu forcé de venir voir si c'était le navire-matelot dont j'avais déjà parlé avant de songer à laisser là mon métier aventureux.

— Et peut-être avez-vous bien fait ; car, de même que la nouvelle de notre arrivée à Kirkwall vous est parvenue, nous aurions bientôt découvert que vous étiez aux îles Schetland, et beaucoup d'entre nous, les uns par amitié, les autres par haine, plusieurs par crainte de vous voir jouer le rôle d'Harry Glasby, seraient certainement allés vous trouver pour vous ramener parmi nous.

— C'est à quoi je m'attendais ; aussi ai-je refusé l'offre obligeante d'un ami qui voulait m'amener ici vers cette époque. D'un autre côté, Jack, je me suis rappelé, comme tu le disais toi-même, que le sceau ne m'accorderait pas ma grâce pour rien ; et mes fonds étant devenus bas, car, tu le sais, je n'en ai jamais été avare, je suis venu...

— Vous êtes venu chercher votre part des piastres ? — et vous avez sagement fait ; nous avons partagé en gens d'honneur, — car à cet égard Goffe en a bien agi, et il mérite des louanges. Mais tenez bien secrète l'intention où vous êtes de le quitter, car je crains qu'il ne vous joue quelque mauvais tour. Il croyait bien certainement avoir votre part, et il vous pardonnera difficilement d'être ressuscité pour venir lui enlever votre héritage.

— Je ne le crains pas ! s'écria Cleveland, et il le sait bien ! Je voudrais n'avoir pas plus à craindre les conséquences des relations que j'ai eues avec lui comme camarade, que je ne redoute toutes celles qui peuvent provenir de son mauvais vouloir. C'est un autre événement fâcheux qui me tourmente l'esprit. — Dans une malheureuse querelle qui eut lieu le matin du jour où je quittai les îles Schetland, j'ai blessé un jeune homme, qui a été mon tourment depuis que je suis dans ce pays.

— Est-il mort ? c'est une question plus sérieuse ici qu'aux Grands

Caïmans[1] ou dans les îles Bahama, où l'on peut dans une matinée tuer trois ou quatre hommes, dont il ne sera pas plus question que si c'étaient des pigeons ramiers. Mais dans ce pays il peut en être autrement ; aussi j'espère que vous n'avez pas fait de votre ami un esprit immortel?

— Je l'espère aussi, dit Cleveland, quoique ma colère ait été fatale à des gens qui m'avaient moins provoqué. A dire vrai, j'en étais fâché pour lui, d'autant plus que j'ai été forcé de le laisser à la garde d'une folle.

— A la garde d'une folle? Que voulez-vous dire?

— Tu vas le savoir. D'abord il faut te dire que ce jeune homme vint à moi tout à coup, au moment où je cherchais à gagner l'oreille de Minna, pour obtenir d'elle une entrevue et lui expliquer mes projets avant de mettre à la voile. Or, me trouver interrompu par la maudite rudesse de ce jeune téméraire en un pareil moment...

— Cette interruption méritait la mort, par toutes les lois de l'amour et de l'honneur !

— Trêve à tes fins de tirades tragiques, Jack, et un peu d'attention ! — Dans sa vivacité, le jeune homme jugea à propos de répliquer, lorsque je lui enjoignis de me laisser le champ libre. Tu le sais, je ne suis pas fort patient, et j'appuyai mes ordres d'un coup, qu'il me rendit avec la même promptitude. Nous luttâmes ensemble ; mais enfin, voulant m'en débarrasser à tout prix, j'eus recours au seul moyen efficace, et lui donnai un coup de mon poignard que, par une vieille habitude, je porte toujours sur moi. A peine eus-je fait cette action que je m'en repentis ; mais ce n'était pas le moment de songer à autre chose qu'à me sauver et à me cacher, car si l'éveil était donné à la maison j'étais perdu, et le vieillard énergique, chef de la famille, aurait fait de moi prompte justice, eussé-je été son frère. Je chargeai à la hâte le corps sur mes épaules pour le porter jusqu'au rivage, avec l'intention de le jeter dans un gouffre profond, dans un *riva*, comme ils disent, où il serait resté longtemps avant d'être découvert. Cela fait, je comptais sauter dans la barque dont je m'étais assuré d'avance, et me diriger vers Kirkwall. Mais comme je m'acheminais précipitamment vers la baie avec mon fardeau, le pauvre garçon poussa un gémissement qui m'apprit qu'il respirait encore. En ce moment les rochers me cachaient de toutes parts, et, loin de songer à consommer mon crime, je déposai le jeune homme sur le sable et je cherchais à étancher le sang de mon mieux, lorsqu'une vieille femme parut tout à coup devant moi. C'était une personne que j'avais vue souvent aux îles Schetland, et à laquelle les gens de ce pays donnent le titre de sorcière, comme les nègres ont leurs *oby*.

---

[1] Ilots des Antilles. Les îles Bahama en sont voisines. (L. V.)

CHAPITRE XXXI.

Elle me demanda le corps d'un ton d'autorité, et j'étais trop pressé par le temps pour hésiter à obtempérer à sa requête. Elle allait m'en dire davantage, quand les chants d'un vieux fou, ami de la maison, se firent entendre à quelque distance. Elle mit alors un doigt sur ses lèvres, comme pour me recommander le secret, siffla doucement, et un nain, espèce de monstre difforme, étant venu à son aide, ils emportèrent le blessé dans une des nombreuses cavernes qui se trouvent dans ce lieu; quant à moi, je gagnai au plus vite mon bateau et la pleine mer. Si cette vieille sibylle a, comme on le dit, des rapports avec le roi de l'air, elle m'a joué ce matin-là un tour de son métier, car jamais les tornados des Indes Occidentales, que nous avons affrontés ensemble, n'ont fait un si affreux tintamarre que la bourrasque qui me jeta loin de ma route; sans une boussole de poche qui se trouva par hasard sur moi, je n'aurais jamais pu trouver l'île Fair, but de mon voyage. J'y rencontrai un brick qui m'a transporté ici. Que la vieille me voulût du bien ou du mal, je suis échappé aux dangers de la mer, et me voici, en proie à des doutes et à des embarras de plus d'un genre.

— Oh! que le diable emporte le Sumburgh-Head, ou le rocher, n'importe quel nom ils lui donnent, contre lequel vous avez brisé votre joli petit brick *la Vengeance*.

— Ne dites pas que c'est *moi* qui l'ai brisé. Ne fut-ce pas malgré mes avertissements réitérés que les lâches se jetèrent dans la chaloupe? Ne leur avais-je pas montré le danger et ne leur avais-je pas prédit qu'ils seraient tous engloutis, ce qui ne manqua pas dès qu'ils eurent jeté le câblot? S'ils m'avaient écouté, notre navire serait à flot maintenant. S'ils étaient restés avec moi sur le vaisseau, ils auraient sauvé leur vie; si je les avais suivis, j'étais perdu : — peut-être était-ce le mieux qui pût m'arriver !

— Eh bien! je connais maintenant votre position, et je suis plus à même de vous donner aide et conseil. Je vous suis attaché, Cleveland, comme la lame à la poignée; mais je ne puis penser que vous nous abandonniez. Comme dit la vieille ballade écossaise : « Malheur à moi si nous nous séparons! » — Mais allons, à tout prix il faut que vous soyez à bord avec nous demain.

— Je n'ai pas d'autre refuge, dit Cleveland avec un soupir.

Il promena encore une fois ses regards sur la baie, dirigeant sa lunette sur plusieurs des embarcations qui en sillonnaient la surface, sans doute dans l'espoir de distinguer celle de Magnus Troil; puis il suivit en silence son compagnon, et ils descendirent ensemble la montagne.

CHAPITRE XXXII.

> Je lutte, semblable au vaisseau surpris par la marée, qui, faute d'une brise favorable. n'est pas assez fort pour résister à la violence du courant : C'est ainsi que, formant chaque jour la résolution de renoncer à mes vices, les habitudes, la force des circonstances, des tentations sans cesse renouvelées, m'entraînent de nouveau dans l'abîme. — O souffle divin, viens remplir mes voiles et aider mon faible esquif, qui sans toi ne pourra jamais atteindre le port, objet de mes vœux. *Les semblables se rencontrent rarement.*

CLEVELAND, accompagné de son ami Bunce, descendit la colline en silence, jusqu'au moment où ce dernier renoua la conversation.

— La blessure faite à ce jeune homme vous tourmente la conscience plus qu'elle ne devrait, capitaine ; — je vous ai vu faire pis que cela sans y penser moitié autant.

— Non pas sur une aussi faible provocation, Jack. D'ailleurs ce garçon m'a sauvé la vie, et quoique je lui aie rendu le même service, ce n'est pas ainsi que nous eussions dû nous rencontrer ; mais j'espère qu'il aura été secouru par cette femme, qui, à coup sûr, se connaît merveilleusement en simples.

— Et je vous mettrai du nombre, capitaine, si vous pensez davantage à tout cela. Qu'une jeune fille vous fasse perdre la tête, c'est ce qui arrive à plus d'un honnête homme ; — mais se troubler la cervelle des momeries d'une vieille, c'est plus de folie qu'on n'en peut passer à un ami. Parlez-moi tant que vous voudrez de votre Minna, puisque c'est ainsi qu'on l'appelle ; mais vous n'avez pas le droit de rompre la tête à votre fidèle écuyer des sottises de votre vieille sorcière. Et maintenant que nous voici au milieu des baraques et des tentes que tous ces braves gens s'occupent à élever, — voyons et cherchons si nous n'y trouverons pas de quoi rire et nous amuser. Dans la joyeuse Angleterre on ne manquerait pas de voir, en pareille occasion, deux ou trois troupes d'acteurs ambulants, autant de mangeurs de feu, de devins et de ménageries ; mais parmi ces gens graves on ne trouve rien qui ne se rapporte aux affaires et aux besoins de la vie : — non, pas même une seule scène entre notre joyeux compère Punch[1] et Jeanne, sa moitié.

Comme Bunce parlait ainsi, les regards de Cleveland tombèrent sur

---

[1] On sait que *Punch* est le polichinelle anglais. (L. V.)

de riches habits suspendus avec d'autres articles à l'une des baraques, beaucoup plus élégante et mieux décorée à l'extérieur que les autres. Sur la façade était une petite enseigne de toile peinte, annonçant les diverses marchandises que le propriétaire de la boutique, Bryce Snailsfoot, avait en vente, et les prix modérés pour lesquels il les offrait au public. Pour la plus grande satisfaction du spectateur, l'enseigne portait de l'autre côté une peinture allégorique qui semblait représenter nos premiers parents avec leur parure de feuilles, et sous laquelle était tracée une légende en vers, dont voici le sens :

« Ces pauvres pêcheurs, séduits par le serpent, cherchent à couvrir leur nudité avec des feuilles. Nos îles n'ont pas de feuilles, il est vrai, parce qu'on y voit peu ou point d'arbres ; mais nous possédons du lin et de la laine pour faire du linge et du wadmaal bleu ; nous avons aussi des objets de luxe étrangers, plus relevés que la laine et le lin. Approchez, jeunes galants du premier août [1], et amenez ici vos sœurs de la journée ; Bryce Snailsfoot n'épargne ni soins ni dépense pour être agréable aux couples joyeux. »

En lisant l'innocente poésie de cette enseigne, Cleveland ne put s'empêcher de songer à Claude Halcro, le poëte lauréat de l'île, prêt à servir de son talent les grands et les petits, ce qui lui fit croire qu'il en était l'auteur. Pendant ce temps le digne marchand l'ayant aperçu se hâtait d'une main tremblante d'enlever de l'étalage quelques-uns des vêtements qu'il y avait placés, car la vente ne commençant que le lendemain, il les avait exposés seulement pour leur faire prendre l'air ou pour attirer l'admiration des spectateurs.

— Sur ma parole, capitaine, murmura Bunce à l'oreille de Cleveland, il faut que ce drôle vous soit tombé un jour sous la griffe et que, se souvenant d'avoir été pincé par vous, il craigne d'en avoir encore autant. Voyez avec quel empressement il cache ses marchandises dès que ses yeux se croisent avec les vôtres.

— *Ses* marchandises, dit Cleveland en suivant de plus près les mouvements de Bryce ; de par le Ciel ! ce sont mes habits que j'ai laissés dans un coffre à Iarlshof après le naufrage de *la Vengeance*. — Holà ! Bryce Snailsfoot, coquin, chien de voleur, que veut dire ceci ? Ne te suffit-il pas de nous avoir vendu cher ce que tu avais acheté pour rien ; fallait-il encore t'emparer de mon coffre et de ma garde-robe ?

Bryce Snailsfoot, qui sans cela n'aurait probablement pas vu son ami le capitaine, fut obligé, par la vivacité de cette apostrophe, de faire attention à lui. Il commença par dire à voix basse à l'oreille du

---

[1] C'était autrefois l'usage à Kirkwall, pendant la foire de Saint-Olla, que les jeunes gens de la classe inférieure et des deux sexes formassent des couples pendant la durée de la foire, et alors on les nommait frères et sœurs du premier août. Il est facile de concevoir que la familiarité exclusive à laquelle donnait lieu cette coutume, devait engendrer d'autant plus d'abus, que les indiscrétions qui en étaient la suite excitaient, dit-on, peu de scandale. (W. S.)

petit valet de pied qui l'accompagnait ordinairement, comme nous l'avons déjà dit : — Cours à la maison de ville, mon garçon, et dis au prévôt et aux baillis d'envoyer promptement quelques-uns de leurs officiers, car il va y avoir du grabuge à la foire.

Ayant ainsi parlé et donné plus de poids à ses ordres en poussant vigoureusement son messager par les épaules, ce qui lança celui-ci hors de la boutique aussi vite que ses talons pouvaient le porter, il se tourna vers son ancienne connaissance, et avec cette loquacité et cette exagération dans les gestes, qu'on appelle en Écosse « faire la phrase, » il s'écria : — Que Dieu me pardonne ! Voici le digne capitaine Cleveland dont nous étions tous si inquiets, revenu pour rendre nos cœurs à la joie ! Que de larmes j'ai versées sur vous ! (Ici Bryce s'essuya les yeux.) Que je suis heureux de vous voir rendu à vos amis éplorés !

— Mes amis éplorés, pendard ! Je vais te donner meilleur sujet de pleurer que tu n'en as jamais eu à cause de moi, si tu ne me dis à l'instant où tu as volé mes habits.

— Volé ! exclama Bryce, en levant les yeux au ciel ; que les puissances célestes nous protégent ! — Le pauvre gentleman a perdu la raison dans cette malheureuse tempête.

— Insolent coquin ! s'écria Cleveland, en serrant dans sa main la canne qu'il portait, crois-tu te jouer de moi, avec ton impudence ? Si tu veux conserver ta tête sur tes épaules et tes os sous ta peau, encore une fois, dis-moi où tu as volé ma garde robe.

Bryce Snailsfoot répéta son exclamation : Volé ! que le Ciel nous soit en aide ! — mais en même temps, persuadé qu'avec le capitaine, les effets suivraient de près les paroles, il jeta vers la ville un regard inquiet pour voir si les forces municipales, si lentes à son gré, venaient à son secours.

— Je veux avoir une réponse sur-le-champ, dit le capitaine en levant sa canne, ou je te bats comme plâtre et je jette à bas toute ta friperie.

Pendant ce temps maître John Bunce, qui ne voyait dans tout cela qu'un sujet de plaisanterie d'autant meilleur que Cleveland était fort en colère, le saisit par le bras, et sans projet arrêté de l'empêcher d'exécuter ses menaces, s'interposa tout juste assez pour prolonger une discussion qui l'amusait.

— Allons, laissez parler cet honnête homme, camarade ; il a la meilleure tête d'hypocrite qui ait jamais reposé sur les épaules d'un fripon, et il possède cette éloquence brillante qui permet au marchand de couper l'étoffe un pouce trop court. — D'ailleurs, considérez que vous êtes tous deux hommes de commerce : — il mesure les ballots de marchandises avec son aune, et vous avec votre épée ; — je ne souffrirai pas que vous tombiez sur lui avant qu'il ne se mette en défense.

— Tu es fou ! s'écria Cleveland en tâchant de se débarrasser de son ami ; — lâche-moi, car, par le Ciel, je veux lui faire un mauvais parti !

— Tenez-le bien, dit le colporteur, mon bon et joyeux gentilhomme, tenez-le bien !

— Parle donc pour ta défense, dit Bunce, et sers-toi de ta langue ; parle vite, ou, ma foi, je le lâche sur toi !

— Il prétend que j'ai volé ces objets, dit Bryce qui se voyait au pied du mur et qui sentait qu'une apologie devenait inévitable ; et comment les aurais-je volés, puisqu'ils sont bien et dûment à moi par légitime achat?

— Un achat, mendiant vagabond ! répliqua Cleveland ; de qui as-tu osé acheter mes habits? qui a eu l'impudence de te les vendre?

— Nulle autre que cette digne femme de charge, mistress Swertha, qui tient la maison d'Iarlshof ; et en cela elle a agi comme votre exécutrice : elle en avait le cœur assez gros !

— Et elle était bien décidée à en grossir ses poches, je suppose, mais comment a-t-elle été assez hardie pour vendre des objets confiés à sa charge?

— Mon Dieu ! elle a fait pour le mieux, la digne femme ! continua le colporteur cherchant à prolonger la discussion jusqu'à l'arrivée du renfort qu'il attendait ; et si vous voulez seulement entendre raison, je suis prêt à vous rendre bon compte du coffre et de tout ce qu'il contient.

— Parle donc, et point de tes maudites défaites. Pour peu que tu annonces l'intention d'être honnête une fois dans ta vie, je ne te ferai pas de mal.

— Voyez-vous, noble capitaine, — et il marmotta en lui-même : Peste soit du genou infirme de ce Pate Paterson ! ils auront été obligés d'attendre ce boiteux qui n'est bon à rien ! — Puis il reprit tout haut : Le pays, voyez-vous, est en grande peine, oui, véritablement en peine. Pas de nouvelles de Votre Honneur, qui était si aimé des grands et des petits ; — pas la moindre nouvelle, — perdu, — défunt, — mort, — trépassé !

— Coquin, tes côtes vont sentir que je suis vivant ! s'écria le capitaine furieux.

— Prenez donc patience ; — vous ne laissez pas parler les gens. — Il y avait encore ce jeune Mordaunt Mertoun...

— Ah ! fit le capitaine ; qu'as-tu à en dire?

— On n'en a pas de nouvelles ; perdu également, — disparu, — tombé d'un rocher dans la mer, à ce qu'on croit. — Il était aussi par trop aventureux. J'ai eu affaire avec lui pour des fourrures et des plumes qu'il échangeait contre de la poudre, du petit plomb et autres articles semblables ; — et maintenant, le voilà bien loin de nous. — Il s'est évanoui comme la dernière bouffée de tabac d'une vieille femme.

— Mais quel rapport tout cela a-t-il avec les habits du capitaine, mon cher ami? dit Bunce; maintenant, c'est à moi que vous allez avoir affaire, si vous n'arrivez à la question.

— Là, là, patience! dit Bryce en étendant et agitant la main, ne soyez pas si pressés. Cela faisait donc deux hommes disparus, comme je disais, sans parler de la douleur que causait, à Burgh-Westra, la maladie de mistress Minna...

— Ne *la* mêle pas à tes sottises, misérable! s'écria Cleveland d'un ton de colère moins bruyant, mais plus profond et plus concentré que celui qu'il avait pris jusque-là ; car, si tu ne parles d'elle avec révérence, je te coupe les oreilles et je te les fais avaler sur la place.

— Hé! hé! hé! fit le colporteur s'efforçant de rire, ce serait une bonne plaisanterie! Le capitaine aime à s'amuser. Mais, pour ne rien dire de Burgh-Westra, il y a le vieux Mertoun d'Iarlshof, le père de Mordaunt, que l'on croyait aussi enraciné au lieu de sa résidence que le Sumburgh-Head lui-même, ce qui n'empêche pas qu'il ne se soit éclipsé aussi bien que les autres dont je viens de parler. De plus, c'est Magnus Troil (que je nomme avec respect) qui monte à cheval, et puis le joyeux maître Claude Halcro qui prend une barque qu'il dirige plus mal que le premier venu des Schetlandais, avec les rimes qui lui trottent toujours par la tête; — et le facteur qui court les champs aussi, — le facteur écossais, — celui qui ne parle que de digues et de sillons, et qui fait de si mauvaise besogne que rien ne vient chez lui; — si bien qu'on peut dire, en un sens, que la moitié des habitants de Mainland est perdue, et que l'autre court après : — c'est un triste temps.

Le capitaine Cleveland avait réprimé sa colère et prêté l'oreille à la tirade du respectable marchand, non sans impatience, il est vrai, mais dans l'espoir d'apprendre quelque chose qui pût l'intéresser. Mais son compagnon était devenu impatient à son tour : — Les habits! s'écria-t-il, les habits! les habits! accompagnant chaque répétition du mot d'un moulinet de sa canne, dont le mérite consistait à s'approcher le plus près possible des oreilles de Bryce, sans les toucher.

Le marchand, se reculant à chacune de ces démonstrations, continuait de s'écrier : — Mais, monsieur! — mon bon monsieur! — mon digne monsieur! — quant aux habits, — j'ai trouvé la bonne dame dans une grande inquiétude au sujet de M. Mertoun et de son jeune maître, et aussi au sujet du digne capitaine Cleveland, et à cause de la détresse de la famille du digne fowd, et de l'inquiétude du grand fowd lui-même, — et sur le compte du facteur et de Claude Halcro, ainsi que de bien d'autres. Nous mêlâmes nos chagrins et nos larmes en buvant une bouteille, comme dit l'Écriture, et nous appelâmes à notre délibération le ranzelman, un honnête homme, bien famé, que l'on appelle Niel Ronaldson.

Ici un autre moulinet de la canne l'approcha de si près qu'elle toucha le bout de son oreille. Le colporteur sauta en arrière; et la vérité, ou du moins ce qu'il voulait qu'on prît pour tel, s'échappa de sa bouche sans plus de circonlocutions ; de même qu'un bouchon, après un long sifflement, s'élance brusquement du goulot d'une bouteille de bierre mousseuse.

— Finalement, ce que tout cela signifie ? — c'est que la femme m'a vendu toutes ces hardes, — qu'elles m'appartiennent par droit d'acquisition, et c'est ce que je soutiendrai à la vie et à la mort.

— En d'autres termes, dit Cleveland, cela veut dire que cette vieille sorcière rapace a eu l'impudence de vendre ce qui ne lui appartenait pas, et que vous, honnête Bryce Snailsfoot, vous avez eu l'audace d'en devenir l'acquéreur.

— Mais, cher capitaine, dit le consciencieux colporteur, que pouvaient faire deux pauvres gens comme nous ? Vous à qui ces effets appartenaient, vous étiez parti, ainsi que maître Mordaunt qui devait les garder. De sorte que tout cela était jeté dans un coin humide où les hardes pourrissaient dans la poussière et la moisissure, et.....

— Et que cette vieille voleuse les a vendus, et que vous les avez achetés, je suppose, rien que pour les empêcher de se gâter ? interrompit Cleveland.

— Justement, répondit le marchand, et je pense, noble capitaine, que c'est ce qu'il y avait de mieux à faire.

— Écoutez donc, impudent faquin, reprit le capitaine, je ne veux pas salir mes doigts sur votre face, ni faire de bruit ici...

— Ah ! ah ! il y a de bonnes raisons pour cela, capitaine..., dit le marchand d'un air rusé.

— Je vous briserai les os, si vous dites encore un mot. — Ecoutez bien, — je vous fais de belles conditions : — rendez-moi le portefeuille recouvert de peau noire avec une fermeture, la bourse, les doublons, et quelques habits dont j'ai besoin, et au nom du diable ! gardez le reste.

— Les doublons ! s'écria le colporteur avec une élévation de voix qui s'efforçait d'indiquer le plus haut degré de la surprise. — Je ne sais rien des doublons, j'ai acheté des habits et non pas des doublons[1]. S'il y avait des doublons dans le paquet, sans doute Swertha les garde précieusement pour Votre Honneur : l'humidité n'altère pas l'or, comme vous savez.

— Rends-moi mon portefeuille et tout ce qui m'appartient, coquin de voleur, s'écria Cleveland, ou sans d'autres paroles, je te brise le crâne !

---

[1] *My dealing was for doublets*, dit le texte, jouant ici sur les mots, *and not for doubloons*; mon marché était pour des *doublets* (habits, pourpoints), et non pour des *doublons*. Le doublon, comme on sait, est une monnaie d'or espagnole. (L. V.)

Le rusé colporteur, jetant un regard autour de lui, vit approcher le renfort, composé de six officiers de police ; car plusieurs rixes entre les gens de l'équipage du corsaire avaient appris aux magistrats de Kirkwall à renforcer leurs patrouilles quand ces étrangers débarquaient.

— Vous feriez mieux de garder pour vous cette épithète, honorable capitaine, dit le colporteur enhardi par l'approche de la force municipale ; car, qui sait comment toutes ces belles choses et ces objets précieux se trouvaient là ?

Il y avait quelque chose de si provocateur dans le ton et dans l'air patelin dont ces mots furent prononcés, que Cleveland, mis hors de lui, saisit Bryce par le collet, le tira hors de son comptoir, qui fut, ainsi que toutes les marchandises qui le couvraient, renversé dans la bagarre ; et, tandis que d'une main il le tenait fortement, de l'autre, avec sa canne, il le gratifiait d'une sévère bastonnade. Tout ceci fut si prompt, et la colère donnait une telle force au capitaine, que Snailsfoot, tout vigoureux qu'il était, surpris par la vivacité de l'attaque, n'eut le temps d'opposer aucune résistance, et ne put que crier au secours, en beuglant comme un taureau. Le secours tardif étant enfin arrivé, les officiers s'efforcèrent de saisir Cleveland, et par leurs efforts réunis le contraignirent enfin de lâcher le colporteur pour songer à sa propre défense. C'est ce qu'il fit avec autant de force et de dextérité que de résolution, bien secondé par son ami Jack Bunce, qui avait vu avec joie la volée administrée au colporteur, et qui maintenant combattait bravement pour sauver son compagnon des suites de l'affaire. Mais comme il existait depuis quelque temps des ferments de discorde entre les gens du peuple et ceux de l'équipage du corsaire, les premiers, irrités des insolents déportements des marins, avaient résolu de se soutenir mutuellement et d'aider le pouvoir civil dans toutes les occasions de trouble qui pourraient advenir, de sorte que tant d'assistants vinrent prêter main forte aux constables, que Cleveland, après avoir plus qu'humainement combattu, fut enfin renversé et fait prisonnier. Son compagnon, plus heureux, avait échappé, grâce à l'agilité de ses jambes, aussitôt qu'il avait vu que la fortune devait infailliblement se décider contre eux.

Le cœur plein de fierté de Cleveland, qui même dans sa dépravation conservait quelque chose encore de sa noblesse originelle, fut prêt à se briser quand il se vit renversé dans cet ignoble combat, — puis traîné à travers la ville comme un malfaiteur et forcé d'en parcourir ainsi les rues jusqu'à la maison de ville, où les magistrats du bourg se trouvaient rassemblés en ce moment. La probabilité d'un emprisonnement, avec toutes ses conséquences, se présenta alors à son esprit ; et il maudit cent fois la folie qui l'avait poussé dans ce périlleux embarras, plutôt que de se soumettre à la friponnerie du colporteur.

CHAPITRE XXXII.

Mais au moment où ils approchaient de la porte de la maison de ville, située au centre de la petite cité, un incident nouveau et inespéré vint tout à coup changer la face des choses.

Dans sa retraite précipitée, Bunce avait eu l'intention de servir son ami autant que lui-même; il s'était hâté de courir au port, où la chaloupe du corsaire était amarrée, et d'appeler le patron et tout l'équipage au secours de Cleveland. On vit donc en ce moment paraître sur la scène une troupe d'hommes déterminés, comme doivent être des gens de leur profession, et le teint bronzé par le soleil du tropique, sous lequel ils l'exerçaient habituellement. Ils fondirent tout à coup sur la foule, qu'ils dispersèrent à grands coups de bâton ; et, se frayant un passage vers Cleveland, ils l'eurent bientôt tiré des mains des officiers, qui ne s'attendaient nullement à cette attaque, aussi furieuse que soudaine. Ils l'emmenèrent en triomphe vers le quai, — deux ou trois d'entre eux se retournant de temps à autre pour contenir la populace, d'autant moins ardente à se ressaisir du prisonnier que beaucoup de marins étaient armés de pistolets et de sabres, outre les armes moins meurtrières dont jusque-là ils s'étaient bornés à faire usage.

Ils gagnèrent donc leur chaloupe sans obstacle, y firent entrer avec eux Cleveland, à qui les circonstances ne semblaient pas laisser d'autre refuge, et se dirigèrent rapidement vers le vaisseau, en chantant en chœur au bruit des rames une vieille chanson, dont les habitants de Kirkwall purent seulement entendre le premier couplet :

« Robin le pirate dit à son équipage : Amenez notre pavillon bleu et hissez le pavillon noir ; — feu du grand mât, — feu de l'avant, feu du tillac et de l'arrière ! »

Leurs accords sauvages se firent encore entendre longtemps après que les paroles eurent cessé d'être intelligibles ; — et ce fut ainsi que le pirate Cleveland fut encore involontairement jeté au milieu de ses terribles compagnons, dont il avait si souvent résolu de se séparer.

CHAPITRE XXXIII.

> L'amour paternel, mon ami, l'emporte sur la sagesse, c'est un charme qui, semblable au leurre du fauconnier, peut faire descendre du Ciel les esprits planant dans les régions supérieures. — Ainsi, quand le fameux Prospero dépouillait sa robe magique, c'était Miranda qui la faisait tomber de ses épaules.
> *Vieille Comedie*

Notre récit, après tant de digressions, doit maintenant revenir à Mordaunt Mertoun. — Nous l'avons laissé dans la périlleuse situation d'un homme qui vient de recevoir une blessure dangereuse, et nous le retrouvons en ce moment en état de convalescence, — pâle, il est vrai, et affaibli par la perte d'une grande quantité de sang, et par les ravages de la fièvre qui avait suivi le coup. Mais heureusement que l'arme, glissant sur les côtes sans atteindre aucune partie vitale, n'avait occasionné qu'une grande effusion de sang, et se trouvait maintenant presque fermée ; tant les plantes vulnéraires et les baumes employés par l'habile Norna de Fitful-Head avaient eu de vertu et d'efficacité.

La matrone et son malade étaient alors retirés dans une île éloignée. Il avait été transporté pendant sa maladie, et avant qu'il n'eût recouvré sa parfaite connaissance, d'abord à la singulière habitation de Fitful-Head, et de là au lieu où il se trouvait maintenant, par un des bateaux pêcheurs de la station de Burgh-Westra. Car tel était le pouvoir que cette femme possédait sur l'esprit superstitieux de ses compatriotes, qu'elle était sûre de trouver des agents fidèles pour exécuter ses ordres quels qu'ils fussent ; et comme ses commandements étaient toujours donnés avec l'injonction du plus grand secret, il arrivait qu'on s'émerveillait d'événements qui, dans le fait, n'étaient que le résultat du concours d'agents secondaires, et dans lesquels il ne serait rien resté de merveilleux, si ceux qu'employait Norna eussent osé se communiquer mutuellement leurs informations.

Mordaunt était assis au coin du feu, dans une chambre passablement meublée ; il tenait à la main un livre sur lequel ses yeux se promenaient nonchalamment, et de temps en temps il laissait échapper quelques signes d'ennui et d'impatience. Enfin, les sentiments qui l'agitaient le dominèrent tellement, que, jetant le volume sur la table, il fixa ses yeux sur le foyer, dans l'attitude d'un homme livré à des réflexions peu agréables.

Norna, placée en face de lui et qui paraissait occupée de la manipulation de quelque médicament, quitta son siége avec inquiétude, et s'approchant de Mordaunt, lui tâta le pouls, et lui adressa en même temps les questions les plus affectueuses, pour savoir s'il éprouvait quelque douleur subite, et quel en était le siége. Le ton des réponses de Mordaunt, et la manière dont il l'assura qu'il ne ressentait aucune espèce d'indisposition, ne parurent pas, quoique respirant un vif sentiment de reconnaissance pour ses bontés, satisfaire la py thonisse.

— Ingrat enfant, dit-elle, pour qui j'ai tant fait, vous que j'ai arraché, par mon pouvoir et ma science, des portes du tombeau, — êtes-vous donc déjà si fatigué de ma présence, que vous ne puissiez vous empêcher de montrer combien vous êtes impatient d'aller passer loin de votre bienfaitrice les premiers jours d'une vie qu'elle vous a rendue?

— Vous me faites injure, ma bonne libératrice, répliqua Mordaunt, je suis loin d'être las de votre société; mais j'ai des devoirs à remplir qui me rappellent loin d'ici.

— Des devoirs! répéta Norna; et quels devoirs peuvent ou doivent l'emporter sur la reconnaissance que vous me devez? — Des devoirs! vous ne pensez qu'à aller reprendre votre fusil, ou à retourner gravir les rochers à la recherche des oiseaux de mer. Ces exercices, vos forces ne vous les permettent pas encore; et cependant ce sont là les devoirs après lesquels vous aspirez avec tant d'impatience!

— Non, vraiment, ma bonne, mon excellente Norna; — pour vous rappeler, parmi tant d'autres, un de ces devoirs qui m'obligent de m'éloigner de vous, maintenant que mes forces le permettent, n'ai-je pas à remplir ceux d'un fils envers son père?

— Envers votre père! s'écria Norna avec un rire qui tenait de la frénésie; oh! vous ne savez pas comment nous pouvons, dans ces îles, nous affranchir d'un seul coup de tels devoirs! Et quant à votre père, ajouta-t-elle avec plus de calme, qu'a-t-il fait pour vous, qui mérite les égards et les devoirs dont vous parlez? — N'est-ce donc pas lui qui, comme vous me l'avez dit il y a longtemps, vous abandonna pendant tant d'années à des soins étrangers, sans s'informer si vous étiez mort ou vivant, et se bornant à envoyer de temps en temps quelques secours, comme on jette de loin une aumône au misérable lépreux avec lequel on craint de se trouver en contact? — Et dans ces dernières années, quand il fit de vous le compagnon de sa misère, il a été par boutades tantôt votre pédagogue, tantôt votre bourreau, mais jamais, Mordaunt, jamais il ne s'est montré votre père.

— Il y a quelque chose de vrai dans ce que vous dites : mon père n'est pas tendre, mais il est et il a toujours été réellement bon. Les hommes ne commandent pas à leurs affections, et il est du devoir d'un fils d'être reconnaissant des bienfaits qu'il reçoit, même quand ils sont froidement dispensés. Mon père m'a donné de l'instruction, et je suis persuadé qu'il m'aime. Il est malheureux ; et lors même qu'il ne m'aimerait pas...

— Et il ne vous aime *pas*, interrompit vivement Norna. — Il n'a jamais rien aimé, il n'a jamais aimé personne que lui-même. Il est malheureux ! mais ses malheurs ont été bien mérités. — O Mordaunt ! il ne vous reste au monde qu'un seul être qui tienne à vous par les liens de la nature ; — un être qui vous aime comme le sang de ses artères !

— Je sais qu'un seul être me reste au monde, répliqua Mordaunt ; ma mère est morte depuis longtemps. — Mais vos paroles se contredisent, Norna.

— Non, non, elles ne se contredisent pas ! s'écria Norna, en proie à la plus vive émotion ; il n'est au monde qu'un seul être à qui vous soyez réellement cher. — Votre mère, — votre malheureuse mère n'est point morte ; — plût au Ciel qu'elle le fût ! — mais elle n'est point morte. Oui, ta mère est le seul être dont tu sois aimé ; et c'est moi, — moi, Mordaunt, ajouta-t-elle en se jetant à son cou, c'est moi qui suis cette bien infortunée, — oh ! non, cette bienheureuse mère !

Elle l'étreignit d'un embrassement convulsif ; et des larmes, les premières peut-être qu'elle eût versées depuis bien des années, coulèrent par torrents de ses yeux, tandis qu'elle sanglotait sur sa poitrine. Étonné de ce qu'il venait d'entendre, de voir et de ressentir ; — ému de l'excès d'agitation qu'elle manifestait, et cependant porté à attribuer ce transport à la démence, Mordaunt essayait en vain de ramener le calme dans l'esprit de cette femme extraordinaire. — Ingrat enfant ! dit-elle, quelle autre qu'une mère eût veillé sur toi comme je l'ai fait ? Dès l'instant où je revis ton père, qui était loin de soupçonner quelle était celle qui l'observait, il y a de cela plusieurs années, je le reconnus aussitôt ; c'est alors aussi que je te vis, toi jeune enfant, et livré à ses soins ; — et la nature, parlant avec force dans mon sein, me dit que tu étais le sang de mon sang, la chair de ma chair ! — Souviens-toi combien de fois tu as été surpris de me trouver, quand tu t'y attendais le moins, dans les lieux de tes passe-temps et de tes promenades ! Songe combien de fois mon œil t'a suivi sur les bords des précipices escarpés ; combien de fois j'ai murmuré ces charmes par lesquels on éloigne les malins esprits qui se montrent au hardi chasseur dans les endroits les plus périlleux ; combien de fois je les ai forcés ainsi de lâcher leur proie ! N'ai-je pas suspendu à ton cou, comme gage de ta sûreté, cette chaîne d'or qu'un roi des fées donna au fondateur de notre race ? Aurais-je abandonné ce précieux talisman à tout autre qu'à l'enfant de mon sein ? — Mordaunt, mon pouvoir a fait pour toi des choses auxquelles une autre mère ne pourrait penser sans frémir. J'ai conjuré les sirènes à l'heure de minuit, afin que la barque soit heureuse sur les flots ; j'ai fait taire les vents, et les flottes ont vu leurs voiles désenflées tomber contre les mâts inactifs ; et tout cela pour que tu pusses sans danger chasser sur les rochers !

Mordaunt, voyant que son langage devenait de plus en plus exalté, chercha à lui faire une réponse qui pût la satisfaire et calmer l'effervescence toujours croissante de son imagination.

— Chère Norna, dit-il, j'ai en effet plus d'une raison de vous appeler ma mère, vous qui avez répandu tant de bienfaits sur moi, et vous trouverez toujours en moi la tendresse et le respect d'un fils. Mais la chaîne dont vous parlez, elle n'est plus à mon cou ; je ne l'ai pas vue depuis que l'assassin m'a frappé.

— Hélas ! est-ce à cela que vous deviez penser dans un pareil moment? dit Norna d'un ton douloureux. — Mais soit. — Sachez que c'est moi qui l'ai retirée de votre cou et l'ai passée au cou de la femme qui vous est chère, pour gage de votre union, le seul désir terrestre que je puisse former, et qui sera, qui doit être accomplie ; — oui, dût l'enfer s'ouvrir pour y mettre obstacle !

— Hélas ! dit Mordaunt en soupirant, vous ne songez pas à la distance qui me sépare d'elle. Son père est riche, et d'une illustre naissance.

— Il n'est pas plus riche que ne le sera l'héritier de Norna de Fitful-Head, répondit la pythonisse ; — son sang n'est ni plus pur ni plus illustre que celui qui coule dans tes veines et que tu tiens de ta mère, descendante des mêmes iarls et de ces mêmes Rois de la Mer auxquels Magnus fait, avec orgueil, remonter son origine. — Penses-tu donc, comme les fanatiques étrangers qui sont venus parmi nous, que ton sang est déshonoré parce que mon union avec ton père ne reçut pas la sanction d'un prêtre? — Sachez que nous fûmes unis, mariés d'après l'ancien rite norse ; — nos mains se joignirent dans le cercle d'Odin [1], en prononçant des vœux si solennels d'éternelle fidélité, que les lois de ces usurpateurs écossais les eussent elles-mêmes sanctionnées comme équivalant à la bénédiction de l'autel. — Magnus n'a aucun reproche à faire au fruit d'une telle union. Je fus faible, — je fus criminelle, mais la naissance de mon fils ne fut pas entachée d'infamie.

Le ton calme et posé avec lequel s'exprimait Norna fit passer dans l'esprit de Mordaunt un commencement de croyance à ce qu'elle lui disait. Elle ajouta tant de détails précis, tant de circonstances parfaitement liées entre elles, qu'il était difficile de conserver l'idée que cette histoire ne fût qu'une de ces illusions de la démence qu'annonçaient parfois son langage et ses actions. Mille idées confuses se présentèrent à lui quand il entrevit la possibilité que la malheureuse créature qu'il avait en ce moment devant les yeux eût droit de sa part au respect et à l'affection qu'un fils doit à sa mère. Il ne put les surmonter qu'en

---

[1] *Voyez* l'explication de cette promesse, note L, à la fin du volume.

tournant son esprit vers un sujet différent et qui ne l'intéressait guère moins, se réservant de prendre le temps de penser et de s'enquérir avant de rejeter ou d'admettre le titre que se donnait Norna à son affection filiale. Du moins il ne pouvait douter qu'elle ne fût sa bienfaitrice. Il ne pouvait donc se tromper en lui accordant, comme telle, le respect et la reconnaissance d'un fils envers sa mère, et il pouvait ainsi satisfaire Norna, sans courir le risque de trop s'avancer.

— Et pensez-vous réellement, ma mère, — puisque vous m'autorisez à vous donner ce nom, — qu'il y ait quelque moyen de faire revenir l'orgueilleux Magnus Troil à des préventions que depuis quelque temps il a conçues contre moi, et de l'engager à consentir à mon union avec sa fille Brenda?

— Brenda? répéta Norna. — Qui pense à Brenda? — C'était de Minna que je vous parlais!

— Mais c'était à Brenda que je pensais, répliqua Mordaunt; c'est à elle que je pense maintenant, à elle seule que je penserai toujours!

— C'est impossible, mon fils! vous ne pouvez être assez faible de cœur et assez aveugle d'esprit pour préférer la folle gaieté de la plus jeune sœur, et ses idées étroites bornées aux choses du ménage, aux sentiments élevés, à l'esprit fier et courageux de la noble Minna? — Qui voudrait s'arrêter à cueillir l'humble violette, quand, en étendant la main, il peut saisir la rose?

— Il en est qui pensent que les plus humbles fleurs ont les plus doux parfums; et je veux vivre et mourir dans cette pensée.

— Osez-vous me parler ainsi! s'écria Norna avec violence; puis tout à coup changeant de ton, et lui prenant la main de la manière la plus affectueuse, elle continua: — Vous ne devez pas, — vous ne pouvez pas me parler ainsi, mon cher enfant! — vous ne voudrez pas briser le cœur d'une mère, dès la première heure où elle a pu embrasser son enfant! — Maintenant, écoutez-moi sans m'interrompre. Vous devez épouser Minna; — j'ai placé autour de son cou une amulette fatale, sur laquelle repose votre bonheur à tous deux. — Tous les travaux de ma vie, depuis de longues années, n'ont pas eu d'autre but. Il en doit être ainsi, et non autrement; — Minna doit être l'épouse de mon fils!

— Mais Brenda ne vous est-elle pas alliée d'aussi près, ne vous est-elle pas également chère?

— Aussi proche par le sang, répondit Norna, mais non, à beaucoup près, aussi chère à mon cœur! L'âme docile de Minna, quoique exaltée et réfléchie, fait d'elle une compagne convenable pour quelqu'un dont les voies sont, comme les miennes, au-dessus des sentiers vulgaires de ce monde. Brenda est un être jeté dans le moule commun; une folle, rieuse et railleuse, qui voudrait rabaisser le savoir au niveau de son ignorance, et qui désarmerait la puissance même en tournant en ridicule et en niant tout ce qui est au-dessus de son étroite intelligence.

— Elle n'est, en effet, ni superstitieuse ni enthousiaste, et je ne l'en aime que mieux. — Et puis, songez, ma mère, qu'elle paie mon affection de retour, et que si Minna aime quelqu'un, elle aime cet étranger, ce Cleveland.

— Non, elle ne l'aime pas! — elle n'oserait l'aimer! Et quant à lui, il n'oserait près d'elle s'avancer davantage! Je lui ai dit, quand il arriva à Burgh-Westra, que je vous la destinais.

— Et c'est à cette imprudente déclaration que je dois la haine implacable de cet homme, — la blessure que j'ai reçue, et presque la perte de ma vie! — Voyez, ma mère, à quel résultat vos intrigues nous ont conduits, et, au nom du Ciel! ne les poussez pas plus loin!

On eût dit que ce reproche avait frappé Norna avec la force et la rapidité de la foudre. Elle porta la main à son front, et sembla sur le point de se laisser tomber de son siége. Mordaunt, fortement ému, se hâta de la saisir dans ses bras, et, quoique sachant à peine ce qu'il devait dire, il murmura quelques phrases incohérentes.

— Épargne-moi, juste Ciel, épargne-moi!.. furent les premières paroles qu'elle fit entendre; que mon crime ne soit point vengé par ses mains! — Oui, jeune homme, reprit-elle après une pause, vous avez osé dire ce que je n'osais me dire à moi-même! Ce que vous avez dit, je ne puis l'entendre sans mourir, si vous avez dit vrai!

Mordaunt essaya vainement de la calmer, en protestant qu'il ignorait comment il avait pu l'offenser ou lui causer quelque peine, et en lui exprimant ses regrets pour sa faute involontaire. Elle continua avec véhémence, et d'une voix tremblante :

— Oui! vous avez soulevé ce noir soupçon qui empoisonne le sentiment intime de ma puissance, — le seul don que j'avais reçu en échange de l'innocence et de la paix de l'âme! Votre voix s'est jointe à celle du démon qui, même quand les éléments me proclament leur souveraine, murmure à mon oreille : Norna, tout ceci n'est qu'illusion ; — ton pouvoir ne repose que sur la stupide crédulité des ignorants, excitée par les mille petits artifices auxquels tu as recours! — Voilà ce que dit Brenda; — voilà ce que vous voudriez dire; — et quoique ce soit une fausseté, une horrible fausseté, il n'existe pas moins là, dans ce cerveau exalté (et elle portait un doigt à son front), des pensées rebelles qui, de même que la révolte dans un pays envahi, se lèvent pour prendre parti contre leur infortunée souveraine. — Épargnez-moi, mon fils! continua-t-elle d'un ton suppliant; épargnez-moi! — la souveraineté dont vos paroles voudraient me priver n'est pas une grandeur digne d'envie. Peu ambitionneraient de régner sur les spectres plaintifs, sur les vents mugissants et les courants furieux. Mon trône est un nuage, mon sceptre un météore, mon royaume n'est peuplé que d'êtres fantastiques : mais je dois cesser de vivre, ou rester la plus puissante et à la fois la plus misérable des créatures[1] !

— Éloignez votre esprit de ces pensées sombres, ma chère et malheureuse bienfaitrice, dit Mordaunt fort affecté ; je croirai de votre pouvoir tout ce que vous voudrez que j'en croie. Mais, par intérêt pour vous-même, voyez les choses autrement, détournez vos pensées de ces études mystiques et si pénibles ; — abandonnez ces arides sujets de contemplation, pour suivre une voie meilleure : la vie aura encore des charmes et la religion des consolations pour vous.

Elle l'écoutait avec quelque tranquillité, comme si elle eût pesé ses avis et désiré se laisser guider par eux ; mais quand il eut cessé de parler elle secoua la tête et s'écria :

— Cela est impossible. Je dois rester la redoutable, — la mystérieuse, — la Reim-Kennar, — la reine des éléments, ou je dois cesser d'être ! Il n'est pour moi ni alternative ni terme moyen. Mon poste doit être au sommet des rochers escarpés où jamais ne se posa le pied d'un mortel, sauf le mien, — ou je dois m'endormir au sein des profonds abîmes de l'océan, dont les vagues écumeuses rouleront sur mon cadavre insensible. Après l'accusation d'imposture je ne dois pas attendre celle de parricide.

— De parricide ! répéta Mordaunt en reculant d'horreur.

— Oui, mon fils ! répondit Norna, avec un calme plus effrayant que ses premiers emportements ; dans l'enceinte de ces fatales murailles, mon père a trouvé la mort, et c'est moi qui la lui ai donnée ! — Là, dans une chambre, on trouva son corps livide et sans vie. — Garde-toi de la désobéissance filiale ; voilà quels en sont les fruits !

En achevant ces mots, elle se leva et quitta l'appartement, où Mordaunt resta seul à réfléchir sur l'étrange révélation qu'il venait d'entendre. Il avait été élevé par son père dans des sentiments d'incrédulité pour les superstitions vulgaires de ces îles ; et maintenant il voyait que toute ingénieuse qu'elle fût à tromper les autres, Norna ne pouvait cependant s'en imposer complètement à elle-même. C'était là une circonstance qui semblait prouver qu'elle n'avait pas l'esprit égaré ; mais, d'un autre côté, l'imputation de parricide dont elle se chargeait elle-même paraissait si étrange, si improbable, qu'elle suffisait pour faire douter Mordaunt de toutes ses autres révélations.

Il avait tout le temps de se livrer à ces diverses réflexions, car personne n'approchait de la solitaire demeure dont Norna, son nain et lui-même étaient les seuls habitants. L'île d'Hoy, où elle était située, est aride, escarpée, d'un difficile accès. Elle ne consiste presque qu'en trois montagnes, ou plutôt en une grande montagne qui se divise en trois sommets, et sillonnée de déchirements profonds et de vallées qui

---

[1] *Voyez* note O, à la fin du volume.

descendent de la cime jusqu'à la mer, tandis que la triple crête, s'élançant à une grande hauteur, est hérissée de rocs presque inaccessibles où s'arrêtent les brouillards qui s'élèvent de l'Atlantique, et, souvent voilée à l'œil humain, forme la sombre et tranquille retraite des faucons, des aigles et des autres oiseaux de proie [1].

Le sol de l'île est humide, couvert de mousse, froid et improductif, et présente un aspect aride et désolé, excepté dans quelques endroits voisins des petits cours d'eau, ou dans les ravins bordés de buissons de bouleau nain, de noisetiers et de groseilliers sauvages, quelques-uns assez grands pour être décorés du nom d'arbres, dans cette froide et stérile contrée.

Mais la vue du rivage de la mer, qui devint la promenade favorite de Mordaunt dès que son état de convalescence lui permit de prendre de l'exercice, avait des charmes qui compensaient la triste apparence de l'intérieur. Un large et beau détroit sépare cette île solitaire et montagneuse de celle de Pomona, et au milieu de ce détroit est située, semblable à une table d'émeraudes, la petite île de Graemsay, si jolie et si verdoyante. Au loin, sur l'île de Pomona, on aperçoit la ville ou le village de Stromness, avec son havre dont l'excellence est démontrée par le grand nombre de vaisseaux qui s'y pressent. La baie s'allonge ensuite en se rétrécissant, et ses eaux, contenues dans des rives plus étroites à mesure qu'elles s'avancent dans l'intérieur de Pomona, vont enfin former la belle nappe d'eau nommée le lac de Stennis.

Sur ce rivage, Mordaunt errait chaque jour, pendant de longues heures, attiré par les beautés de la perspective, quoique sans cesse agité de pensées embarrassantes sur sa propre situation. Il était décidé à quitter l'île dès que ses forces le mettraient en état de supporter le voyage ; cependant sa gratitude envers Norna, dont il était au moins l'enfant adoptif, sinon réellement son fils, ne lui permettait pas de partir sans sa permission, alors même qu'il pourrait trouver des moyens de transport : ce qui paraissait peu probable. Ce ne fut qu'à force d'importunités qu'il en arracha la promesse que, s'il voulait consentir à suivre en tout point ses directions, elle se chargerait de le conduire elle-même dans la capitale des Orcades, à l'époque prochaine de la foire de Saint-Olla.

[1] *Voyez* note P, à la fin du volume.

CHAPITRE XXXIV.

> Écoutez l'injure retentissante, le sarcasme amer, la menace féroce répondant à la plaisanterie brutale, les jurons qui se croisent comme des coups de pistolet, et les paroles de vengeance qui s'entre-choquent avec un bruit semblable au cliquetis des épées : — ces sons divers annoncent que les brigands se querellent; les honnêtes gens ont du moins la chance de demeurer en paix. *La Captivité*, poëme.

Quand Cleveland, enlevé en triomphe à ses assaillants de Kirkwall, se trouva encore une fois à bord du vaisseau pirate, son arrivée fut saluée par les acclamations d'une grande partie des hommes de l'équipage, qui accoururent lui prendre la main et le féliciter sur son retour; car son rang de capitaine flibustier ne l'élevait que fort peu au-dessus du moindre de ses matelots, qui, dans tout ce qui n'avait pas rapport au service, s'arrogeaient le droit de le traiter en égal.

Quand son parti, car ses amis peuvent être ainsi désignés, eut exprimé sa satisfaction bruyante, ils l'entraînèrent vers l'arrière, où Goffe, leur commandant actuel, était assis sur un canon, écoutant d'un air sombre et mécontent les acclamations qui annonçaient l'arrivée de Cleveland. C'était un homme entre quarante et cinquante ans, d'une taille moyenne, mais si fortement constituée, que son équipage avait l'habitude de le comparer à un vaisseau de soixante-quatre rasé. Il avait des cheveux noirs, un cou de taureau, des sourcils épais; sa force grossière et sa physionomie féroce formaient un contraste frappant avec la figure mâle et la physionomie ouverte de Cleveland, en qui l'exercice de son atroce profession n'avait pu détruire complètement la grâce et la noblesse naturelles de ses mouvements et de son expression. Les deux capitaines pirates se regardèrent quelque temps en silence, tandis que leurs partisans respectifs se rangeaient autour de chacun d'eux. La portion la plus âgée de l'équipage formait principalement le parti de Goffe; les plus jeunes, parmi lesquels Jack Bunce était un des principaux meneurs, étaient en général attachés à Cleveland.

Enfin Goffe rompit le silence : — Vous êtes le bienvenu à bord, capitaine Cleveland. — Nom d'une poupe! je suppose que vous vous croyez encore chef ici! — Mais, de par Dieu, votre titre est coulé en même temps que votre vaisseau, de par tous les diables!

Remarquons ici, une fois pour toutes, que c'était la gracieuse habitude de ce commandant, de mêler ses paroles et ses jurons en proportion à peu près égale, ce qu'il avait coutume d'appeler *lâcher ses bordées*. Comme nous nous plairions peu, cependant, aux décharges d'une telle artillerie, nous nous contenterons d'indiquer par des traits comme ceux-ci : ——— les parties de ses discours enrichies de ces ornements explétifs ; de sorte, si le lecteur veut nous pardonner un très-pauvre jeu de mots, que nous changerons la bordée de mitraille du capitaine Goffe en une innocente explosion de pièces chargées à poudre. A l'insinuation qu'il n'était revenu à bord que pour prendre le commandement en chef, Cleveland répondit qu'il ne désirait ni ne voulait accepter aucun grade, mais qu'il comptait seulement demander au capitaine Goffe de lancer une chaloupe pour le remettre à terre dans quelque autre île, ne voulant ni le commander, ni rester dans un vaisseau sous ses ordres.

— Et pourquoi pas sous mes ordres, frère ? repartit Goffe d'un ton bourru ; ——— êtes-vous trop gros seigneur, ——— avec votre mine de papier mâché et votre foc, ——— pour servir sous mes ordres, ——— quand il y a ici tant de gentilshommes qui sont de plus vieux marins et plus expérimentés que vous ?

— Je voudrais bien savoir lequel de ces marins expérimentés, dit froidement Cleveland, a placé le vaisseau sous le feu de cette batterie de six canons, qui pourrait le faire sauter, si l'envie en prenait à ces gens, avant que vous eussiez le temps de couper le câble et de gagner le large ? De plus vieux et de meilleurs marins que moi peuvent servir sous un pareil marin d'eau douce ; mais, pour ma part, je n'en ai nulle envie, si vous le voulez bien, capitaine : — c'est tout ce que j'avais à vous dire.

— Pardieu ! je crois que vous êtes fous tous les deux ! s'écria Hawkins, le maître d'équipage ; — une rencontre au sabre ou au pistolet peut être, dans son genre, un assez bon passe-temps, quand on n'a rien de mieux à faire ; mais y aurait-il le sens commun, que diable ! entre des gentilshommes de notre profession, de nous chercher querelle les uns aux autres, pour laisser à ces oies d'insulaires l'occasion de nous casser la tête ?

— Bien dit, mon vieil Hawkins ! fit Derrick le quartier-maître, officier de très-grande importance parmi ces forbans ; — je dis que si les deux capitaines ne veulent pas s'arranger pour vivre ensemble tranquillement et se réunir tous deux corps et âme pour défendre le vaisseau, eh bien, au nom du diable ! nous les déposerons tous les deux, et nous en choisirons un autre à leur place !

— Vous, par exemple, seigneur quartier-maître ! dit Jack Bunce ; mais cela ne prendra pas. Celui qui veut commander à des gentilshommes doit être gentilhomme lui-même, je pense ; et je donne ma voix au capitaine Cleveland, comme au plus brave et à l'homme de meilleure mine qui ait jamais couru le monde, — et voilà !

— Vraiment ! je parie que vous allez vous donner pour gentilhomme ? rétorqua Derrick. — Mais que le diable vous garde ! en fait de gentilhomme, un tailleur en ferait un meilleur avec la plus mauvaise guenille de votre friperie d'acteur ambulant ! — C'est une honte, pour des hommes de cœur, d'avoir à bord un pareil Jacques Dandy, véritable épouvantail d'oiseaux de mer !

Ces allusions offensantes exaspérèrent tellement Jack Bunce, qu'il porta vivement la main à son épée. Cependant le charpentier et le contre-maître intervinrent, l'un brandissant sa doloire, et jurant qu'il briserait le crâne du premier qui porterait le moindre coup; l'autre leur faisant observer que, d'après leurs règlements, toute querelle, tout combat à bord étaient strictement défendus, et que si quelque gentilhomme avait une querelle à vider, on devait débarquer et décider l'affaire au coutelas ou au pistolet, en présence de deux hommes de l'équipage.

— Je n'ai de querelle avec personne ! ——— dit Goffe d'un air sombre. — Le capitaine Cleveland s'est amusé à courir ces îles, ——— et nous, nous avons perdu notre temps et notre bien en l'attendant, tandis que nous aurions pu ajouter vingt ou trente mille dollars à la masse. Au surplus, si cela convient à tout le monde, ——— je n'aurai plus un mot à dire.

— Je propose, dit le maître d'équipage, qu'un conseil général soit convoqué à la grande cabine, selon notre règlement, afin que nous puissions décider ce que nous avons à faire dans la circonstance actuelle.

Cette proposition obtint l'assentiment universel ; car chacun trouvait son compte dans ces conseils généraux où chaque pirate avait un libre vote. La plupart d'entre eux appréciaient surtout ce droit, en ce que, dans ces occasions solennelles, l'eau-de-vie leur était distribuée à discrétion, — droit dont ils ne manquaient pas d'user largement, pour mieux éclairer leurs délibérations. Mais quelques-uns de ces hommes, qui unissaient une sorte de jugement au caractère audacieux et déréglé naturel à leur profession, avaient soin, en pareil cas, de se maintenir dans les termes d'une sobriété relative, et sous les dehors d'un vote général, tout ce qui se rapportait aux courses et aux entreprises des corsaires était réellement décidé par cette petite minorité. Le reste de l'équipage, quand il était sorti de son état d'ivresse, était aisément persuadé que les résolutions adoptées avaient été le résultat de la sagesse commune du sénat tout entier.

En cette occasion, l'orgie avait duré jusqu'à ce que la plus grande partie de l'équipage donnât le spectacle ordinaire de l'ivresse sous ses formes les plus brutales et les plus repoussantes, — proférant les blasphèmes les plus insensés, les plus extravagants ; — vomissant, de gaieté de cœur, les imprécations les plus horribles ; — hurlant des chansons dont l'obscénité ne pouvait être égalée que par leur impiété. Au milieu de cet enfer terrestre, les deux capitaines, un ou deux de leurs principaux adhérents, le charpentier et le maître d'équipage qui toujours tenaient le dé en semblable occasion, s'étaient retirés en un *pandæmonium* ou conseil privé, pour examiner ce qu'il y avait à faire ; car, comme Hawkins le fit observer dans son langage métaphorique, ils se trouvaient dans une passe étroite où ils ne devaient avancer que la sonde à la main.

Lorsqu'ils commencèrent leurs délibérations, les amis de Goffe remarquèrent, à leur grand déplaisir, qu'il n'avait pas observé la règle salutaire à laquelle nous avons fait allusion, mais qu'en essayant de noyer la mortification que lui avaient fait éprouver l'arrivée inattendue de Cleveland et la réception que lui avait faite l'équipage, le vieux capitaine avait en même temps submergé sa raison. La taciturnité chagrine qui lui était naturelle avait empêché qu'on ne le remarquât avant que le conseil eût commencé ses délibérations ; il devint alors impossible de le cacher.

Le premier qui parla fut Cleveland. Loin de souhaiter le commandement du vaisseau, dit-il, il ne désirait qu'une seule faveur : c'était d'être mis à terre sur quelque île éloignée de Kirkwall, et qu'on le laissât se tirer d'affaire.

Le maître d'équipage s'éleva fortement contre cette résolution : les matelots, dit-il, connaissaient tous Cleveland, et appréciaient sa science nautique aussi bien que son courage ; d'ailleurs, il n'avait jamais abusé du grog, et s'était toujours conservé dans son assiette naturelle, soit pour naviguer, soit pour combattre, si bien que, tant qu'il était à bord, on était sûr que le bâtiment ne resterait jamais sans guide. — Et quant au noble capitaine Goffe, continua le médiateur, c'est le plus brave marin qui ait jamais rompu un biscuit, et je lui rends cette justice ; mais, avec cela, quand il est chargé de grog, — je le lui dis en face, — c'est un si damné farceur, avec ses mauvaises plaisanteries, qu'il n'y a pas moyen de vivre avec lui. Vous vous souvenez tous comment il a fait passer le vaisseau près de ce maudit *Cheval de Copinsha*, comme on l'appelle, seulement par manière de bravade ; et vous savez aussi comment il déchargea son pistolet sous la table, tandis que nous étions au grand conseil, et blessa Jack Jenkins au genou, plaisanterie qui coûta la jambe au pauvre diable [1].

— Jack Jenkins ne s'en trouva pas plus mal, dit le charpentier ; je

---

[1] C'est un exploit réel du célèbre Avery le pirate, qui déchargea soudainement, et sans provocation, ses pistolets sous la table où il buvait avec ses matelots ; un homme fut grièvement blessé. Avery trouva cela fort plaisant. Ce qu'il y a de plus extraordinaire, c'est que son équipage vit la chose du même œil. (W. S.)

lui sciai la jambe aussi proprement qu'eût pu le faire un carabin à terre, — je chauffai ma doloire et cautérisai la plaie ; — oui, par Dieu ! et je lui fis une jambe postiche avec laquelle il courut tout aussi bien qu'auparavant, — car Jack n'avait jamais été bien ingambe [1].

— Vous êtes habile charpentier, répondit Hawkins, — diablement habile ! mais j'aimerais mieux vous voir essayer votre scie et votre doloire rougie sur la carcasse du vaisseau que sur la mienne. — Mais ce n'est pas là la question ; — il s'agit de savoir si nous devons nous séparer ici du capitaine Cleveland, qui est un homme de tête et d'action, ce qui, dans mon opinion, serait jeter le pilote à la mer quand le vent pousse le navire à la côte. Et je dois dire que ce n'est pas le fait d'un bon cœur d'abandonner ses compagnons, qui l'ont attendu jusqu'à ce qu'ils manquassent de tout : notre eau est presque épuisée et nous avons mis nos provisions au plus bas. Nous ne pourrons faire voile sans provisions ; — et il nous est impossible de nous approvisionner sans la bonne volonté des gens de Kirkwall. Si nous restons ici plus longtemps, la frégate *l'Alcyon* va arriver sur nous, — elle est depuis deux jours en vue de Peter Head, — et nous serons pendus aux vergues, pour sécher au soleil. Maintenant, si quelqu'un peut nous tirer de ce mauvais pas, c'est le capitaine Cleveland. Il peut jouer le gentilhomme avec ces gens de Kirkwall, et saura comment se conduire avec eux, soit comme ami, soit comme ennemi, suivant l'occasion.

— Ainsi vous voulez vous défaire de l'honnête capitaine Goffe, n'est-ce pas ? dit un vieux pirate usé dans son métier, et qui n'avait plus qu'un œil. Quoiqu'il ait ses caprices, et qu'il ait éteint une de mes lumières dans un jour de boutades et de folies, c'est le plus honnête homme qui ait jamais marché sur un gaillard d'arrière, et que Dieu me damne si je ne reste de son côté tant que l'autre fanal sera allumé !

— Ah ça ! voulez-vous m'entendre jusqu'au bout, reprit Hawkins ; autant vaudrait parler à des nègres ! — Je vous dis que je propose que Cleveland soit seulement capitaine depuis une heure *post meridiem* [2] jusqu'à cinq heures du matin, temps durant lequel Goffe est toujours ivre.

Ce dernier donnait en ce moment même une preuve suffisante de la vérité de ces paroles, en proférant un murmure inarticulé et en essayant de diriger un pistolet sur le médiateur Hawkins.

— Hé bien ! regardez-le maintenant ! dit Derrick ; voilà tout l'esprit qu'il a : se griser un jour de conseil comme le dernier de nos matelots !

[1] Car Jack n'avait jamais coupé une plume, dit le texte (*could never cut a feather*). On dit d'un vaisseau qui fend les eaux avec rapidité, qu'il coupe une plume, par allusion a l'écume qu'il rejette a l'avant du sillage. (L. V.)

[2] Après midi.

—Oui, dit Bunce, ivre comme la truie de Davy¹, à la face de l'ennemi, de la tempête et du sénat.

— Mais, néanmoins, continua Derrick, il est impossible d'avoir deux capitaines le même jour. Je pense qu'il vaudrait mieux que chacun eût sa semaine, — et que Cleveland prît le premier tour.

— Il y en a ici d'aussi bons qu'eux deux, dit Hawkins ; quoi qu'il en soit, je n'objecte rien contre le capitaine Cleveland, et je pense qu'il peut nous faire gagner le large tout aussi bien qu'un autre.

— Oui, s'écria Bunce, il fera meilleure figure quand il s'agira de mettre à la raison ces habitants de Kirkwall que son ivrogne de prédécesseur ! — Ainsi, vive le capitaine Cleveland !

— Un instant, messieurs, dit celui-ci, qui jusqu'alors avait gardé le silence ; j'espère que vous ne me choisirez pas pour capitaine sans mon propre consentement ?

— Par la voûte azurée du Ciel, dit Bunce, cela sera, s'il le faut, *pro bono publico*² !

— Mais du moins écoutez-moi, reprit Cleveland. — Je consens à prendre le commandement du vaisseau, puisque vous le désirez, et que vous aurez de la peine, je le vois, à sortir d'embarras sans moi.

— Eh bien ! alors, je le répète : Vive Cleveland ! exclama Bunce.

— Soyez calme, je vous prie, mon cher Bunce, mon honnête Altamont ; — j'entreprends l'affaire à cette condition, que lorsque j'aurai mis le vaisseau en état de regagner la mer, que je l'aurai ravitaillé, vous rendrez le commandement au capitaine Goffe, et comme je le disais auparavant, que vous me débarquerez quelque part, où je m'arrangerai comme je l'entendrai. — De cette façon vous serez sûrs qu'il me sera impossible de vous trahir, puisque je resterai avec vous jusqu'au dernier moment.

— Oui, et après le dernier moment aussi, par la voûte du Ciel, ou je n'y entends rien ! marmotta Bunce entre ses dents.

La question fut alors mise aux voix ; et telle était la confiance de l'équipage dans l'habileté supérieure de Cleveland, que la déposition temporaire de Goffe ne trouva que peu d'opposants, même parmi ses propres adhérents. — Il aurait bien pu, au moins, observaient ceux-ci assez judicieusement, rester à jeun pour veiller à ses intérêts. — D'ailleurs il pourra revendiquer ses droits demain matin, si cela lui plaît.

Mais quand arriva le lendemain matin, la partie la moins sobre de l'équipage, informée des délibérations du conseil auxquelles elle était censée avoir pris part, montra une si haute opinion du mérite de Cle-

---

¹ Proverbe écossais. (L. V.)
² Pour le bien public.

veland, que Goffe, tout mécontent qu'il était, jugea à propos de renfermer en lui-même son ressentiment, jusqu'à ce qu'une occasion plus favorable se présentât de le faire éclater, et de se soumettre à cette dégradation si fréquente parmi les pirates.

Cleveland, de son côté, résolut de s'acquitter avec zèle et activité de la tâche qu'on lui avait imposée de tirer l'équipage de sa position périlleuse. A cet effet, il fit mettre la chaloupe en mer, dans le dessein d'aller lui-même à terre, emmenant avec lui douze des plus braves et des meilleurs hommes de la troupe, tous bien équipés (car les succès obtenus dans leurs criminelles entreprises avaient mis le moindre des pirates à même de s'approprier des vêtements presque aussi beaux que ceux de leurs officiers); et par-dessus tout, chaque homme était parfaitement armé de sabres et de pistolets, et plusieurs de haches d'armes et de poignards.

Cleveland lui-même était élégamment paré d'un justaucorps bleu, doublé de soie cramoisie, et richement galonné d'or, d'une veste et d'une culotte de damas cramoisi, d'un bonnet de velours brodé, orné d'une plume blanche, de bas de soie blancs et de souliers à talons rouges, ce qui était le *nec plus ultrà* du bon ton parmi les élégants de l'époque. Il avait une chaîne d'or plusieurs fois tournée autour de son cou, à laquelle pendait un sifflet du même métal, signe de son autorité. Il portait en outre une décoration particulière à ces audacieux déprédateurs, qui, outre une ou même deux paires de pistolets à leur ceinture, en avaient ordinairement deux autres paires, de la plus fine monture et du plus beau travail, suspendus en sautoir par une espèce d'écharpe en ruban cramoisi. La poignée et la monture de l'épée du capitaine n'étaient pas de moindre valeur que le reste de son équipement, et sa bonne mine naturelle relevait si bien l'ensemble de son costume, que lorsqu'il parut sur le pont, il fut salué d'une acclamation générale par toute la bande, qui, comme toutes les réunions populaires, jugeait en grande partie par les yeux.

Cleveland prit avec lui dans le bateau, parmi les autres, son prédécesseur Goffe. Celui-ci était aussi très-richement vêtu ; mais n'ayant pas l'extérieur avantageux de Cleveland, il ressemblait à un paysan affublé en petit-maître, ou plutôt à un voleur de grand chemin paré des dépouilles de sa victime, et dont les droits à la propriété des vêtements qu'il porte paraissent équivoques à tous ceux qui le regardent, grâce au mélange de gaucherie, de remords, de cruauté et d'impudence qui se peint dans son air embarrassé. Il est probable que Cleveland avait pris Goffe avec lui pour l'empêcher de profiter de son absence pour débaucher l'équipage. Ce fut ainsi qu'ils quittèrent le vaisseau, accompagnant le mouvement des rames d'un chant en chœur auquel le bruit des vagues servait à son tour d'accompagnement ; et bientôt ils atteignirent le quai de Kirkwall.

CHAPITRE XXXIV.

Le commandement du vaisseau fut, dans cet intervalle, confié à Bunce, sur la fidélité duquel Cleveland savait pouvoir parfaitement compter ; et dans une assez longue conversation qu'ils avaient eue ensemble, celui-ci lui avait donné des instructions pour tous les cas qui pourraient se présenter.

Ces arrangements pris, et Bunce averti à plusieurs reprises de se tenir sur ses gardes également contre les adhérents de Goffe et contre toute tentative du côté de terre, l'embarcation s'était donc éloignée. Comme elle approchait du port, Cleveland déploya un pavillon blanc, et put observer que leur apparition causait beaucoup d'agitation et d'alarmes. On voyait le peuple courir çà et là ; plusieurs même semblaient se mettre sous les armes. La batterie fut en toute hâte garnie d'hommes, et les couleurs anglaises arborées. Ces symptômes étaient inquiétants ; d'autant plus qu'à la connaissance de Cleveland il y avait à Kirkwall, à défaut d'artillerie, des marins parfaitement en état de manœuvrer de grosses pièces, et qui se chargeraient volontiers d'un tel service en cas de besoin.

Suivant d'un œil attentif ces préparatifs hostiles, mais ne laissant aucun signe de doute ou d'inquiétude paraître dans sa contenance, Cleveland dirigea la chaloupe droit au quai, où les gens du peuple, armés, soit de mousquets, de carabines ou de fusils de chasse, soit de demi-piques et de coutelas, s'étaient rassemblés comme pour s'opposer à son débarquement. Cependant il parut qu'ils n'avaient pas positivement déterminé quelles mesures ils devaient prendre ; car, lorsque le bateau toucha au quai, ceux qui se trouvaient le plus près firent un mouvement en arrière, et laissèrent Cleveland et sa suite mettre pied à terre sans obstacle. Ceux-ci remontèrent alors le quai, à l'exception de deux hommes, qui, sur l'ordre du capitaine, étaient restés dans le bateau qu'ils tinrent à une certaine distance, manœuvre qui avait le double but de placer la chaloupe (la seule que possédât le sloop) hors du danger d'être surprise, et d'indiquer de la part de Cleveland et de sa suite une insouciance du danger faite pour intimider leurs ennemis.

Les habitants de Kirkwall, cependant, ne démentirent pas le vieux sang du Nord. Ils demeurèrent fermes en face des pirates, l'arme à l'épaule, et barrèrent l'entrée de la rue qui conduit à la ville.

Les deux partis se regardèrent quelques instants en silence ; Cleveland prit enfin la parole : — Qu'est ceci, messieurs les bourgeois ? dit-il ; les habitants des Orcades sont-ils devenus des Highlanders[1], pour être sous les armes de si bonne heure ce matin ; ou êtes-vous rassemblés en armes sur le quai pour me rendre les honneurs militaires à l'occasion de mon retour au commandement de mon navire ?

---

[1] Montagnards d'Écosse, d'un naturel belliqueux, et toujours sous les armes. (L. V.)

Les bourgeois se regardèrent entre eux, et l'un d'eux répondit à Cleveland : — Nous ne savons qui vous êtes ; c'est cet autre homme (en désignant Goffe) qui d'ordinaire venait à terre comme capitaine.

— Cet autre gentilhomme est mon second, et commande en mon absence, répliqua Cleveland. — Mais qu'importe ceci? je désire parler à votre lord-maire, ou n'importe quel titre vous lui donnez.

— Le prévôt siége en conseil avec les magistrats, répondit l'interlocuteur.

— C'est encore mieux, dit Cleveland; — où sont rassemblées Leurs Seigneuries?

— Dans la maison du conseil.

— Alors faites-nous place, messieurs, s'il vous plaît, car, mes gens et moi, nous allons nous y rendre.

Il y eut un chuchotement parmi les gens de la ville ; mais plusieurs ne se souciaient pas d'engager un conflit désespéré, et peut-être inutile, avec des hommes déterminés ; et les plus hardis firent promptement la réflexion qu'on pourrait plus aisément se rendre maître des étrangers dans la maison même du conseil, ou peut-être dans les rues étroites qu'ils avaient à traverser, que s'ils restaient rangés sur le quai et préparés pour la bataille. Ils les laissèrent donc avancer sans les inquiéter. Cleveland fit avancer ses gens à petit pas, les tenant serrés l'un près de l'autre, et ne laissant personne approcher des flancs de sa petite troupe. Quatre hommes, qui formaient son arrière-garde, se retournaient de temps à autre et faisaient face à ceux qui les suivaient, précaution qui aurait rendu fort dangereuse toute tentative d'attaque.

Ils montèrent ainsi une rue étroite et gagnèrent l'hôtel-de-ville, où les magistrats siégeaient en ce moment, ainsi que les bourgeois en avaient informé Cleveland. Ici les habitants commencèrent à les serrer de plus près, dans le dessein de faire foule à l'entrée, de séparer les pirates les uns des autres, et de s'assurer ainsi d'eux dans un passage où ils se trouveraient trop à l'étroit pour faire usage de leurs armes. Mais Cleveland avait aussi prévu ce danger, et, avant d'entrer dans la chambre du conseil, il fit dégager et assurer l'entrée, en commandant à quatre de ses hommes de faire face vers le bas de la rue, tandis que quatre autres contenaient la foule qui se pressait dans le haut. Les bourgeois reculèrent devant ces figures féroces et brûlées du soleil, aussi bien que devant les armes braquées de ces forbans résolus, et Cleveland, suivi du reste de ses hommes, entra dans la salle où les magistrats étaient assemblés avec une très-faible garde; ils se trouvèrent ainsi séparés des bourgeois qui attendaient leurs ordres, et dans ce moment ils furent peut-être plus complètement à la discrétion de Cleveland, que celui-ci, avec sa poignée d'hommes, n'était à la merci de la multitude qui les entourait.

Les magistrats semblèrent apercevoir le danger ; car ils se regardaient entre eux avec quelque inquiétude, lorsque Cleveland leur parla ainsi :

— Bonjour, messieurs ; j'espère qu'il n'y a pas de rancune entre nous. Je viens pour m'entendre avec vous au sujet des vivres dont j'ai besoin pour mon navire qui est là-bas, en rade ; — nous ne pouvons faire voile sans cela.

— Votre navire, monsieur ? répondit le prévôt, qui ne manquait ni de bon sens ni de courage ; — comment pouvons-nous savoir que vous en êtes le capitaine ?

— Regardez-moi, dit Cleveland, et vous ne renouvellerez pas, je pense, cette question.

Le magistrat le regarda, et ne jugea pas, en effet, devoir poursuivre cette partie de l'enquête ; mais il continua : — Si vous êtes le capitaine de ce bâtiment, d'où vient-il et quelle en est la destination ? Vous ressemblez à un officier d'un vaisseau de guerre plus qu'au patron d'un navire marchand, et nous savons que vous n'appartenez pas à la marine britannique.

— Il y a plus d'un bâtiment de guerre qui ne navigue pas sous le pavillon anglais, répondit Cleveland ; mais supposons que je sois ici le chef d'un navire contrebandier, disposé à échanger du tabac, de l'eau-de-vie, du gin et autres denrées de cette nature, pour du poisson fumé et du cuir, je ne vois pas que je mérite un si mauvais procédé de la part des marchands de Kirkwall, que celui de me refuser des provisions pour mon argent.

— Voyez-vous, capitaine, dit le greffier, il ne faut pas croire non plus que nous tenions la dragée si haute : — car lorsque des gentilshommes de votre étoffe viennent par ici, nous ne voyons rien de mieux à faire, comme je le dis au prévôt, que d'agir justement comme le charbonnier lorsqu'il rencontra le diable, — c'est de ne rien dire à ceux qui ne nous disent rien. — Et voici un gentilhomme, ajouta-t-il en montrant Goffe, qui était capitaine avant vous, et peut l'être après (le coquin dit vrai en cela, murmura Goffe) : — il sait comme nous l'avons bien traité, jusqu'à ce que l'idée ait pris à lui et à ses hommes de courir la ville comme des diables déchaînés ! — Eh ! tenez, j'en reconnais un ! — c'est celui-là même qui arrêta ma servante au milieu de la rue, comme elle portait la lanterne devant moi, et l'insulta à ma barbe !

— N'en déplaise à l'honneur et gloire de Votre Seigneurie, répondit Derrick, celui qu'avait désigné le greffier, je lui dirai que ce n'est pas moi qui abordai à la poupe le tendron porteur de la lanterne ; — ce fut une toute autre personne.

— Qui était-ce alors, monsieur ? dit le prévôt.

— Eh bien ! n'en déplaise à Votre Majesté, répondit Derrick en faisant force saluts, et décrivant aussi exactement qu'il le pouvait l'extérieur du digne magistrat lui-même, — c'était un homme déjà vieux, — de construction hollandaise, arrondi par la poupe, avec une perruque blanche et un nez rouge, — ressemblant tout à fait à Votre Seigneurie, si je ne me trompe. Puis, se tournant vers un camarade, il ajouta : Jack, ne trouvez-vous pas que le garçon qui voulut embrasser la jolie fille à la lanterne, l'autre soir, ressemblait beaucoup à Sa Seigneurie ?

— Pardieu, Tom Derrick, répondit la partie interpellée, je crois que c'est l'homme lui-même.

— C'est une insolence dont nous pouvons vous faire repentir, messieurs ! s'écria le magistrat justement irrité de leur effronterie ; vous vous êtes comportés dans cette ville comme si vous étiez dans un village indien de Madagascar. Vous-même, capitaine, si capitaine est votre titre, vous étiez l'instigateur d'un autre désordre, pas plus tard qu'hier. Nous ne vous donnerons pas de provisions jusqu'à ce que nous sachions mieux à qui nous les fournissons. Et ne pensez pas nous effrayer ; je n'ai qu'à secouer ce mouchoir par la croisée qui est là sous ma main, et votre vaisseau coule à fond. Souvenez-vous qu'il est placé sous le feu de notre batterie.

— Et combien de vos canons sont en état, M. le maire ? dit Cleveland. Il avait fait cette question au hasard ; mais il s'aperçut aisément, à l'embarras que le prévôt cherchait vainement à dissimuler, que l'artillerie de Kirkwall n'était pas en effet dans le meilleur ordre. Allons, allons, M. le maire, ajouta-t-il, les menaces ne nous effraieront pas plus que vous. Vos pièces là bas feront plus de mal aux pauvres vieux marins qui les manœuvrent qu'à notre sloop ; et si nous lâchons une bordée sur la ville, la vaisselle de vos femmes pourra courir quelque danger. Quant à ce que vous nous dites des marins un peu en gaieté à terre, en est-il jamais autrement, je vous prie ? Vous avez les baleiniers du Groenland qui de temps en temps font le diable chez vous ; il n'est pas jusqu'aux Hollandais qui cabriolent dans les rues de Kirkwall, comme des marsouins devant une bouffée de vent. On m'a dit que vous étiez un homme sensé, et je suis sûr que vous et moi pourrons régler cette affaire en moins de cinq minutes.

— Hé bien ! monsieur, dit le prévôt, j'écouterai ce que vous avez à me dire, si vous voulez venir par ici.

Cleveland le suivit, en conséquence, dans un petit appartement intérieur, et là il s'adressa ainsi au prévôt : — Je mettrai de côté mes pistolets, monsieur, si vous en avez peur.

— Au diable vos pistolets ! répondit le prévôt ; j'ai servi le roi, et ne crains pas plus que vous l'odeur de la poudre.

— C'est encore mieux, répliqua Cleveland, car vous m'entendrez avec plus de calme. Et maintenant, monsieur, que nous soyons ce que vous nous soupçonnez être, ou toute autre chose, que gagnerez-vous, au nom du Ciel, en nous gardant ici? des coups et du sang répandu ! ce à quoi, croyez-moi, nous sommes beaucoup mieux préparés que vous ne pouvez vous flatter de l'être. La question est bien simple : — vous désirez être débarrassés de nous, — nous voudrions être loin ; fournissez-nous les moyens de partir, et nous vous quittons sur-le-champ.

— Croyez, capitaine, que je n'ai soif du sang de personne. Vous êtes un bon garçon, comme il y en avait plus d'un parmi les pirates de mon temps ; — mais il n'y a pas de mal à vous souhaiter un meilleur métier. Vous pourriez avoir des munitions, et bon accueil pour votre argent, si vous vouliez débarrasser ces mers de votre présence. Mais ici est la difficulté : la frégate *l'Alcyon* est attendue d'un moment à l'autre dans ces parages. Quand elle entendra parler de vous, elle voudra vous joindre ; car le pavillon blanc n'aime rien tant qu'un corsaire ; vous êtes rarement sans une cargaison de dollars. Eh bien ! *l'Alcyon* vous accoste, vous prend à la remorque...

— Nous fait sauter en l'air, s'il vous plaît, interrompit Cleveland.

— Non, ce sera comme il vous plaira à *vous*, capitaine. — Et alors que deviendra la bonne ville de Kirkwall, qui aura trafiqué avec les ennemis du roi? les bourgeois seront frappés d'une bonne amende, et peut-être le prévôt ne s'en tirera pas si aisément.

— Hé bien ! alors, je vois où le bât vous blesse. Maintenant, supposez que je fasse le tour de votre île, et que je gagne la rade de Stromness? nous pouvons là nous procurer ce dont nous avons besoin, sans que Kirkwall ou le prévôt paraissent y avoir mis la main ; ou si jamais on avait quelque soupçon, votre manque de défense et notre force supérieure seront une justification suffisante.

— Cela peut être ; mais si je vous laisse quitter votre station présente pour aller ailleurs, je dois avoir quelque garantie que vous ne ferez pas de tort au pays.

— Et nous, ne nous faut-il pas aussi quelque chose qui nous garantisse que vous ne nous retiendrez pas, en nous faisant perdre du temps jusqu'à ce que *l'Alcyon* soit en vue? Au reste, je suis tout disposé à rester moi-même à terre comme otage, si vous voulez me donner votre parole de ne pas me trahir, et envoyer quelque magistrat ou personne de conséquence à bord du sloop, où sa personne répondra de la mienne.

Le prévôt secoua la tête, et fit observer qu'il serait difficile de trouver une personne qui voulût se placer comme otage dans une situation si périlleuse ; mais il ajouta qu'il proposerait cet arrangement à ceux des membres du conseil qui méritaient d'être consultés sur un sujet de cette importance.

CHAPITRE XXXV.

> J'ai laissé ma pauvre charrue pour aller labourer la mer.
> *Dibdin.*

Quand le prévôt et Cleveland furent rentrés dans la chambre du conseil, le premier se retira de nouveau avec deux de ses confrères qu'il jugeait convenable de consulter ; et, tandis qu'ils discutaient les propositions de Cleveland, des rafraîchissements lui furent offerts ainsi qu'à sa suite. Le capitaine permit à ses gens d'en profiter, mais en prenant les plus grandes précautions contre toute surprise, et en faisant relever la garde par les uns, tandis que les autres étaient à table.

Lui-même, sur ces entrefaites, se promenait çà et là dans la salle, et causait de choses et d'autres avec les personnes présentes, en homme tout à fait à son aise.

Parmi ces individus, il aperçut, non sans quelque surprise, Triptolème Yellowley, lequel, se trouvant par hasard à Kirkwall, avait été invité par les magistrats, comme représentant en quelque sorte le lord chambellan, à se joindre au conseil dans cette occasion. Cleveland s'empressa de renouer connaissance avec l'agriculteur, qu'il avait déjà vu à Burgh-Westra, et lui demanda ce qu'il faisait aux Orcades.

— J'y suis venu pour veiller à quelques-uns de mes petits plans, capitaine Cleveland. Je suis las d'être exposé aux bêtes à cette nouvelle Éphèse des îles Schetland, et j'ai voulu voir comment allait le verger que j'ai planté, il peut y avoir un an, à quatre ou cinq milles de Kirkwall, et ce que devenaient les abeilles dont j'avais importé cinq ruches pour introduire ce progrès dans le pays, et changer en cire et en miel les fleurs de ses bruyères.

— Et elles vont bien, j'espère ? dit Cleveland, qui, sans s'intéresser beaucoup à la matière, continuait la conversation, comme pour rompre le froid et embarrassant silence qui régnait dans l'assemblée.

— Allez ! répliqua Triptolème ; elles vont comme tout va dans ce pays-ci, c'est-à-dire à rebours.

— Faute de soins, je suppose ?

— Tout au contraire, monsieur ; elles sont mortes par excès de soins, comme les poulets de Lucky Christie. — Je demandai à voir les ruches ; le drôle qui devait en avoir soin se mit à sourire d'un air joyeux et content de lui-même : — Si vous aviez confié la chose à tout autre qu'à moi, me dit-il, vous auriez pu voir les *skeps*[1], comme

---

[1] Ruches. (L. V.)

vous appelez cela, je crois ; mais pas plus de mouches que sur ma main ; heureusement j'étais là! Je vous les veillais de si près, qu'un beau jour, par une matinée de soleil, je vois mes gaillardes qui s'en allaient toutes par des petits trous, et si je ne les avais bouchés bien vite avec de la terre glaise, du diable s'il serait resté dans vos *skeps* une seule mouche ou une abeille! — En un mot, monsieur, l'enragé avait bouché les ruches comme si mes pauvres abeilles eussent eu la peste, et je les ai trouvées mortes, ni plus ni moins que si on les eût enfumées! — Et ainsi finit mon espoir, *generandi gloria mellis*[1], comme dit Virgile.

— Et adieu votre hydromel! ajouta Cleveland. Mais quelle est votre chance pour le cidre? comment va le verger?

— O capitaine! ce même Salomon de l'Ophir des Orcades (je suis sûr qu'aucun homme n'aura l'idée d'y envoyer chercher ni des *talents* d'or[2] ni des talent d'esprit!), cet homme avisé, dis-je, dans son extrême tendresse, avait arrosé les jeunes pommiers avec de l'eau chaude, ce qui les fit périr, branches et racines! Mais à quoi bon se chagriner? — Apprenez-moi plutôt ce que signifie le bruit que font ces bonnes gens au sujet des pirates, et pourquoi tous ces hommes de mauvaise mine, armés comme autant de montagnards écossais, sont assemblés dans la salle du tribunal? car j'arrive de l'autre côté de l'île, et je n'ai rien entendu de clair à ce sujet. Et maintenant que je vous regarde, capitaine, je trouve que vous-même vous portez autour de vous plus de pistolets qu'il n'en faut à un honnête homme en temps de paix?

— Et moi aussi, je trouve cela, dit le pacifique Triton, le vieux Haagen, qui avait été, bien malgré lui, de la suite de l'audacieux Montrose; — si vous vous étiez trouvé, comme nous, dans la vallée d'Edderachyllis, lorsque nous fûmes si malmenés par sir John Worry...

— Vous avez oublié toute l'affaire, voisin, dit le facteur : — sir John Urry était de votre côté, et fut pris avec Montrose, à telles enseignes que cela lui coûta la tête.

— Vraiment, dit le Triton, je crois que vous pouvez avoir raison ; car il changeait de parti bien souvent, et qui sait celui dans lequel il est mort? Ce qu'il y a de certain, c'est qu'il y était, et moi aussi ; un combat eut lieu, et je ne désirerai jamais en voir un autre.

L'entrée du prévôt interrompit ici leur conversation décousue. — Capitaine, dit-il, nous avons décidé que votre vaisseau irait à Stromness ou à Scalpa-Flow, pour s'y ravitailler, afin qu'il n'y ait plus de querelles entre les gens de la foire et vos marins ; et comme vous désirez rester à terre pour voir la foire, nous avons l'intention d'envoyer un respectable gentleman à bord de votre vaisseau, pour le

---

[1] La gloire de produire le miel.
[2] Ancienne monnaie grecque. (L. V.)

conduire autour de Mainland ; car la navigation n'y est pas sans dangers.

— C'est parler comme un pacifique et sage magistrat, M. le maire, dit Cleveland; je n'attendais pas moins de vous. — Et quel est le personnage qui doit honorer de sa présence notre gaillard d'arrière, pendant mon absence?

— Nous avons réglé cela aussi, capitaine Cleveland. Soyez sûr que nous étions tous plus désireux les uns que les autres de faire un si agréable voyage, et en si bonne compagnie; mais, vu le temps de la foire, nous avons pour la plupart quelques affaires en main. Moi-même, à cause de mes fonctions, je ne puis m'éloigner; la femme du premier bailli vient d'accoucher; — le trésorier ne peut supporter la mer; — deux des baillis ont la goutte; — les deux autres sont absents de la ville, et les quinze autres membres du conseil sont tous engagés dans des affaires particulières.

— A tout cela, ce que je puis répondre, monsieur le maire, dit Cleveland en élevant la voix, c'est que j'attends...

— Un moment de patience, s'il vous plaît, capitaine, interrompit le prévôt. Nous avons donc décidé que notre honorable M. Triptolème Yellowley, qui est facteur du lord chambellan de ces îles, doit, vu sa situation officielle, être préféré pour l'honneur et le plaisir de vous accompagner.

— Moi! s'écria Triptolème étonné; que diable irai-je faire sur ce bâtiment? Ma place est sur la terre ferme.

— Ces messieurs ont besoin d'un pilote, lui répondit le prévôt bas à l'oreille, et il n'y a pas moyen d'éviter de leur en donner un.

— Ont-ils donc besoin de se briser sur la côte? dit le facteur. Comment diable leur servirai-je de pilote, moi qui de ma vie n'ai touché un gouvernail?

— Chut! chut! taisez-vous! répliqua le prévôt; si les habitants de cette ville vous entendaient tenir un pareil langage, votre emploi et le respect dû à votre rang, tout serait perdu. Un homme n'est rien pour nous autres insulaires, s'il ne sait manier les voiles et le gouvernail; en outre, ce n'est qu'une simple formalité, et nous enverrons le vieux Pate Sinclair pour vous aider. Vous n'aurez rien à faire qu'à manger, boire, et vous divertir tout le jour.

— Manger et boire! dit le facteur également incapable de comprendre exactement pourquoi cette mission lui était échue aussi inopinément, et de se tirer des filets de l'adroit prévôt; — manger et boire! cela est très-bien; mais, à vrai dire, la mer ne me va pas plus qu'au trésorier, et je n'ai bon appétit qu'à terre.

— Chut! chut! chut! fit de nouveau le prévôt en baissant la voix et du ton d'un vif intérêt; voulez-vous maintenant achever de vous perdre de réputation? Un facteur du grand-chambellan des îles Orcades et

Schetland ne pas aimer la mer! — Autant vaudrait dire que vous êtes montagnard et que vous n'aimez pas le whisky.

— Il faut en finir d'une manière ou de l'autre, messieurs, dit Cleveland ; il est temps que nous partions. M. Triptolème Yellowley, aurons-nous l'honneur de votre compagnie?

— Je vous assure, capitaine Cleveland, balbutia le facteur, que je n'aurais aucune objection à aller n'importe où avec vous ; — seulement...

— Il n'a aucune objection! dit le prévôt, s'emparant de la première partie de la phrase, sans en attendre la conclusion.

— Il n'a aucune objection! cria le trésorier.

— Il n'a aucune objection! s'écrièrent du même ton les quatre baillis ; et les quinze conseillers, saisissant tous la même phrase d'assentiment, la répétèrent en chœur avec les additions de — brave homme! bon citoyen! honorable gentilhomme! — la ville lui en aura une éternelle obligation! — où trouverait-on un si digne facteur? — et ainsi de suite.

Étonné et confus des éloges dont il était assailli de tous côtés, et ne comprenant aucunement la nature de ce dont il s'agissait, l'agriculteur, étourdi et accablé, devint incapable de repousser le rôle de Curtius de Kirkwall dont on le chargeait forcément, et fut livré par le capitaine Cleveland à sa troupe, avec les plus strictes injonctions de le traiter avec honneur et distinction. Goffe et ses compagnons l'emmenèrent au milieu des applaudissements de toute l'assemblée : de même que, dans l'antiquité, les victimes étaient parées de guirlandes et saluées des acclamations de la foule, lorsqu'on les livrait aux prêtres pour être menées à l'autel, où leur tête devait, pour le bien général, tomber sous le couteau sacré. Conduit, et pour ainsi dire poussé hors de la chambre du conseil, le pauvre Triptolème, alarmé de voir que Cleveland, en qui il avait quelque confiance, était resté en arrière de la bande, essaya, au moment de passer le seuil de la porte, l'effet d'une remontrance à haute voix : — Mais non! mais, prévôt! — capitaine! — baillis! — trésorier! — conseillers! — si le capitaine Cleveland ne vient pas à bord pour me protéger, il n'y a rien de fait, et je n'irai pas, à moins qu'on ne me tire avec des traits de charrue!

Mais ses protestations furent étouffées par le chorus unanime des magistrats et des conseillers qui le félicitaient de son dévouement à la cause publique, lui souhaitaient un bon voyage, et adressaient des vœux au Ciel pour son prompt et heureux retour. Étourdi, ahuri, et pensant, si l'on peut dire qu'il eût alors une pensée distincte, que ses remontrances étaient vaines, puisque tous, amis ou étrangers, semblaient également déterminés à ne rien entendre, Triptolème, sans plus de résistance, se laissa conduire dans la rue. — Là, l'équipage du corsaire, se groupant autour de lui, se dirigea lentement vers le quai; plusieurs habitants les suivaient par curiosité, mais sans démonstration hostile ; car le compromis pacifique conclu par le premier magistrat fut généralement approuvé, comme terminant la querelle entre la ville et les étrangers d'une manière beaucoup plus satisfaisante qu'on n'aurait pu l'attendre du succès douteux d'un appel aux armes.

Pendant ce temps, comme ils avançaient lentement, Triptolème put examiner à loisir l'extérieur, la mine et le costume des individus aux mains desquels il était livré, et commença à croire qu'il lisait dans leurs yeux non-seulement une expression générale de scélératesse, mais des intentions sinistres contre sa personne. Il fut particulièrement effrayé de la physionomie farouche de Goffe, qui, en lui tendant sa main dont l'étreinte pouvait être comparée pour la délicatesse à la pression d'un étau, lui lança du coin de l'œil un regard oblique comme celui que l'aigle jette sur la proie qu'il tient dans ses serres, avant de la déchirer. Enfin, la crainte l'emporta chez lui sur la prudence, et il demanda bravement à son terrible conducteur, d'une voix à demi étouffée : — Allez-vous m'assassiner, capitaine, au mépris de toutes les lois divines et humaines?

— Tenez-vous coi, si vous êtes sage, dit Goffe qui avait ses raisons pour se plaire à redoubler la terreur de son prisonnier ; il y a trois mois que nous n'avons tué un homme, pourquoi diable allez-vous nous remettre cela en tête?

— Ce n'est qu'une plaisanterie, j'espère, mon bon et digne capitaine ! Voilà qui est pire que les sorcières, les nains, les baleines harponnées, les barques renversées et le tout ensemble! — Ce serait du blé coupé en vert, sur ma parole ! — Au nom du Ciel ! que gagneriez-vous à me massacrer?

— Cela nous ferait au moins passer un moment agréable, répondit Goffe. Regardez-moi ces gaillards-là en face, et dites-moi s'il y en a un seul qui n'ait la mine d'aimer mieux tuer son homme que de rester les bras croisés? Mais nous en reparlerons plus à fond quand vous aurez tâté un peu des fers, — à moins cependant que vous n'exhibiez une bonne poignée de dollars pour votre rançon.

— Aussi vrai que je vis de pain, capitaine, ce maudit nain a emporté tout l'or et l'argent que j'avais dans une corne !

— Un fouet à neuf branches vous la fera retrouver, reprit Goffe brusquement ; le fouet et la marinade sont une excellente recette pour rappeler à un homme où il a mis ses écus ! — Lui rouler une bonne corde autour du crâne jusqu'à ce que les yeux lui sortent un peu de la tête est encore un très-bon moyen de lui rendre la mémoire !

— Capitaine, répondit Yellowley en faisant un effort de courage, je n'ai pas d'argent ; les faiseurs d'améliorations sont rarement à même d'en amasser. Nous changeons les prairies en guérets, l'orge en avoine, la bruyère en pelouses, les *yarpha*, comme les pauvres aveugles créatures de ce pays-ci appellent les tourbières, en beaux et bons pâturages ; mais rarement tout cela fait entrer quelque chose dans notre poche. Tout retourne aux garçons de ferme et aux charretiers, comme tout en vient, et le diable n'oublie pas sa part.

—C'est bon, c'est bon ; si vous êtes aussi pauvre que vous le prétendez, je serai votre ami ; puis, inclinant sa tête de manière à se rapprocher de l'oreille du facteur, qui se levait avec anxiété sur la pointe des pieds, il ajouta : —Si vous tenez à votre vie, n'entrez pas dans le bateau avec nous.

—Mais comment voulez-vous que je vous quitte, quand vous me tenez par le bras si serré que je ne pourrais me dégager, toute la moisson de l'Écosse en dépendrait-elle ?

—Écoute, goujon, dit Goffe ; au moment où nous allons arriver sur le bord, pendant que les camarades sauteront dans le bateau et se saisiront des rames, pivote à babord lestement, — je te lâcherai le bras ; — et alors joue des jambes si tu tiens à ta vie.

Triptolème suivit ces instructions ; la main de Goffe s'ouvrit d'elle-même, comme il l'avait promis, et l'agriculteur, lancé à distance comme une balle qui a reçu un vigoureux élan du pied d'un des joueurs, prit la fuite à travers les rues de Kirkwall, avec une célérité qui ne l'étonna pas moins que les spectateurs. L'impétuosité de sa retraite fut telle que, comme si l'étreinte du pirate était toujours prête à le ressaisir, il ne s'arrêta qu'après avoir traversé toute la ville et atteint la rase campagne qui s'étendait au delà. Ceux qui l'avaient vu ce jour-là, — le chapeau et la perruque emportés, par suite de l'effort qu'il avait fait pour se dégager, la cravate de travers, la veste déboutonnée, — et qui ensuite furent témoins du contraste qu'offraient ses formes rondes et ramassées, portées sur deux courtes jambes, avec la prodigieuse agilité de sa fuite durent convenir que si la fureur donne des armes, la peur donne des ailes. La manière même dont il courait semblait tenir de ses habitudes pastorales, car, comme un bélier au milieu de son troupeau, il s'encourageait de temps en temps en essayant de faire un grand bond, quoiqu'il ne rencontrât pas d'obstacles.

On ne songea pas à le poursuivre ; il y eut bien un ou deux mousquets mis en joue pour lui envoyer un messager de plomb ; mais Goffe, jouant le rôle de conciliateur pour la première fois de sa vie, fit une peinture si hyperbolique des dangers qui suivraient une violation de la trêve conclue avec les habitants de Kirkwall, qu'il fit renoncer l'equipage à toute démonstration hostile et décida ses gens à s'éloigner en toute hâte.

Les bourgeois, qui regardaient l'évasion de Triptolème comme un triomphe pour leur parti, envoyèrent au bateau trois hourras, en manière d'adieu insultant. Cependant les magistrats n'étaient pas sans de vives inquiétudes, relativement à cette violation du traité conclu entre eux et les pirates, et s'ils avaient pu, sans scandale, saisir le fugitif, au lieu de lui offrir une fête civique en l'honneur de l'agilité qu'il avait déployée, il est probable qu'ils auraient remis l'otage réfractaire entre les mains de ses ennemis. Mais il était impossible de donner publiquement le spectacle d'un pareil acte de violence : ils se contentèrent donc de veiller de près sur Cleveland, qu'ils étaient décidés à rendre responsable de toute aggression que pourraient tenter les forbans. Cleveland, de son côté, n'eut pas de peine à deviner que le motif de Goffe, en laissant échapper l'otage, avait été d'en faire retomber sur lui toutes les conséquences. Comptant, avant tout, sur l'attachement et l'intelligence de son ami et adhérent, Frédéric Altamont, autrement dit Jack Bunce, il attendit avec une vive anxiété le résultat de tout ceci, car les magistrats, tout en continuant de le traiter avec égards, lui déclarèrent formellement que la conduite de son équipage déterminerait la manière dont ils se comporteraient envers lui, quoiqu'il ne commandât plus à ses gens.

Ce n'était pas sans raison qu'il comptait sur le dévouement et la fidélité de Bunce ; cet ami fidèle n'eut pas plutôt appris de Goffe et de ceux qui montaient la chaloupe la nouvelle de l'évasion de Triptolème, qu'il devina aussitôt que l'ex-capitaine l'avait favorisée afin que la mort ou la reclusion indéfinie de Cleveland l'appelât à reprendre le commandement du vaisseau.

— Mais le vieil ivrogne manquera son coup, dit Bunce à son confident Fletcher, ou je veux quitter le nom d'Altamont et porter, jusqu'à la fin du chapitre, celui de Jack Bunce, ou Jack Dunce[1], comme vous voudrez.

Appelant donc à son secours une espèce d'éloquence navale, que ses ennemis appelaient du rabâchage, l'ex-comédien représenta à l'équipage, d'une manière animée, quelle honte ce serait pour eux de laisser leur capitaine dans les fers (ce fut l'expression qu'il employa) sans qu'un otage répondît de sa sûreté. Il réussit non-seulement à soulever contre Goffe le mécontentement général, mais à faire décider par l'équipage qu'on s'emparerait du premier bâtiment d'apparence passable, et que le tout, navire, équipage et cargaison, serait traité selon la manière dont on se comporterait envers Cleveland. En même temps on jugea convenable, pour éprouver la bonne foi des Orcadiens, de quitter la rade de Kirkwall et de se diriger vers celle de Stromness, où, conformément au traité conclu entre le prévôt Torfe et le capitaine Cleveland, on devait ravitailler le sloop. Il fut décidé de plus que l'intérim de la conduite du vaisseau serait confié à un conseil composé de Goffe, du maître d'équipage et de Bunce lui-même, jusqu'à ce que Cleveland fût en état de reprendre son commandement.

Ces résolutions proposées et adoptées, on leva l'ancre et l'on mit à

[1] Jeu de mots intraduisible. *Dunce* signifie sot, benêt. (L. V.)

CHAPITRE XXXVI.

la voile sans être inquiété par la batterie du fort, ce qui délivra les pirates de l'un des sujets d'alarme les plus sérieux que leur inspirait leur situation.

CHAPITRE XXXVI.

> Déployez plus de voiles, poursuivez, combattez, feu!
> — Il faut que ce navire soit à moi, ou que l'Océan nous engloutisse tous.
> *Shakspeare.*

Un fort beau brick qui, ainsi que plusieurs autres bâtiments, appartenait à Magnus Troil, le grand udaller schetlandais, avait reçu à son bord ce personnage important lui-même, avec ses deux aimables filles. Le facétieux Claude Halcro, guidé par l'amitié et par cet amour de la beauté qui est le partage des poëtes, les accompagnait dans leur voyage à la capitale des Orcades, que Norna leur avait désignée comme le lieu où s'éclairciraient enfin ses mystérieux oracles.

Ils passèrent près des écueils redoutables d'un petit coin de terre isolé, appelé Fair-isle[1], situé dans la mer qui sépare les Orcades des îles Schetland, à une égale distance de ces deux archipels; et après avoir essuyé quelques coups de vent, ils arrivèrent en vue du Start de Sanda. Après avoir doublé le cap ainsi nommé, ils furent entraînés par un courant rapide, bien connu de ceux qui fréquentent ces mers sous le nom de Roost du Start, qui les détourna beaucoup de leur chemin, et, le vent leur étant devenu contraire, ils se virent forcés de côtoyer à l'est l'île de Stronsa, et enfin de passer la nuit à l'ancre dans le détroit de Bapa, car la navigation n'est ni agréable ni sûre par un temps sombre et brumeux au milieu des îles basses de cette mer.

Le jour suivant, ils reprirent leur voyage sous de meilleurs auspices; et louvoyant le long de l'île de Stronsa, dont les rivages unis, verdoyants et fertiles formaient un contraste frappant avec les sombres montagnes et les obscurs écueils des îles Schetland, ils doublèrent le cap de Lamb-Head, et se dirigèrent sur Kirkwall.

Ils venaient à peine d'entrer dans la belle rade située entre Pomona et Shapinsha, et les deux sœurs étaient occupées à admirer l'église massive de Saint-Magnus, qui paraît tout d'abord au-dessus des constructions plus basses de Kirkwall, quand les yeux de Magnus et de Claude Halcro furent tout à coup frappés par un objet qui leur parut plus digne d'intérêt : c'était un sloop armé, avec ses voiles déployées, qui venait précisément de lever l'ancre, et allait sortir de la baie,

[1] Belle île.

poussé par le même vent contre lequel luttait le brick de l'udaller.

— Par les dépouilles de mes ancêtres, voici un joli bâtiment! dit le vieux Magnus; mais je ne puis voir de quel pays il est, car il n'arbore aucun pavillon : c'est un navire espagnol, à ce que je puis croire.

— Oui, oui, dit Claude Halcro, il en a tout l'air : il est poussé par le vent avec qui nous avons à nous débattre; ainsi va le monde, comme dit l'illustre John :

« Avec son large pont et ses puissantes batteries, dont les vagues, en s'élevant, viennent laver les bouches menaçantes, profondément enfoncé dans les eaux et belliqueux dans tout son aspect, il ressemble à une guêpe volant sur les flots. »

Brenda ne put s'empêcher de dire à Halcro, lorsqu'il eut débité cette strophe avec emphase, que bien que la description fût plutôt celle d'un vaisseau de premier ordre que d'un sloop, la comparaison avec une guêpe ne convenait guère plus à l'un qu'à l'autre.

— Une guêpe? dit Magnus surpris de voir le sloop changer de route et se diriger tout à coup sur eux; — de par Dieu, je souhaite qu'elle ne nous prouve pas tout à l'heure qu'elle a un dard!

Ce que l'udaller disait en plaisantant se confirma bientôt, car sans avoir hélé ni hissé son pavillon, le sloop lâcha deux coups de canon : l'un des boulets ricocha sur l'eau et vint se perdre dans l'avant du navire schetlandais, tandis que l'autre traversa sa grande voile.

Magnus prit le porte-voix et héla le sloop pour lui demander qui il était et ce qui avait pu motiver cette provocation inattendue. Il ne reçut d'autre réponse que cet ordre sévère : — Baissez à l'instant vos huniers et ployez votre grande voile sur le mât, — vous verrez alors qui nous sommes.

Il n'y avait pas moyen de refuser d'obéir, car une nouvelle bordée les y aurait bientôt forcés; aussi, au milieu de l'effroi des deux sœurs et de Claude Halcro, de la colère et de l'étonnement de l'udaller, le brick se mit en devoir d'attendre les ordres du vainqueur.

Le sloop mit immédiatement en mer une chaloupe avec six hommes armés, sous le commandement de Jack Bunce, qui se dirigea sur sa proie. A leur approche, Claude Halcro murmura ces mots à l'oreille de l'udaller : — Si ce que l'on dit des boucaniers est vrai, ces hommes y ressemblent fort, avec leurs écharpes et leurs vestes de soie.

— Mes filles! mes filles! se dit à lui-même Magnus avec ce sentiment d'angoisse qu'un père peut seul éprouver. — Descendez, mes enfants, et cachez-vous, tandis que moi... A ces mots, il jeta son porte-voix et s'empara d'une pique, tandis que ses filles, plus effrayées pour lui des conséquences de son caractère hardi que de toute autre chose, l'entouraient de leurs bras en le conjurant de ne pas faire résistance. Claude joignit ses prières aux leurs, en disant que le mieux était de tâcher de les prendre par les douceur. — Peut-être, ajouta-t-il, sont-ce

CHAPITRE XXXVI.

des marins de Dunkerque, ou bien n'est-ce qu'une plaisanterie de l'équipage insolent d'un vaisseau de guerre en gaieté.

— Non, non, repartit Magnus, c'est le sloop dont nous a parlé le colporteur. Mais je suivrai votre avis. J'userai de patience pour l'amour de mes filles ; et cependant...

Il n'eut pas le temps de terminer sa phrase, car Bunce monta à bord avec ses gens, et tirant son coutelas, en frappa le grand mât et le capot d'échelle, en déclarant que le vaisseau leur appartenait.

— De quel droit et en vertu de quels ordres nous attaquez-vous en pleine mer? dit Magnus.

— Des ordres? j'en ai ici une demi-douzaine à choisir, répondit Bunce en montrant les pistolets qu'il avait à sa ceinture, suivant l'usage des pirates ; choisissez, mon vieux gentilhomme, celui que vous préférez, et on vous en donnera aussitôt lecture.

— C'est-à-dire que votre intention est de nous piller? soit, — nous n'avons aucun moyen de vous en empêcher. — Seulement ayez des égards pour les femmes, et prenez ce qui vous conviendra dans le vaisseau. Il n'y a pas grand'chose, mais je vous promets que vous n'y perdrez rien, si vous vous conduisez bien avec nous.

— Des égards pour les femmes! dit Fletcher, qui faisait partie de la bande ; quand est-ce que nous en avons manqué? Oh ! oui, et de la galanterie par-dessus le marché ! — Venez voir, Jack Bunce ! — Quel joli petit minois ! — De par le Ciel, elle fera une croisière avec nous ; l'ancien dira ce qu'il voudra !

Et saisissant d'une main Brenda tremblante de frayeur, de l'autre il abattit insolemment le capuchon de son mantelet dont elle s'était enveloppée.

— Au secours, mon père ! — au secours, Minna ! s'écria la pauvre fille épouvantée, oubliant que pour le moment ils étaient dans l'impossibilité de lui prêter assistance.

Magnus leva de nouveau sa pique, mais Bunce lui arrêta le bras. — Un moment, papa ! dit-il, ou il vous en arrivera mal ; — et vous, Fletcher, lâchez cette fille !

— Et que diable ! pourquoi la lâcherais-je ?

— Parce que je vous l'ordonne, Dick, et parce qu'autrement vous aurez affaire à moi. — Et maintenant, mes jeunes beautés, apprenez-moi si l'une de vous ne porte pas cet étrange nom païen de Minna, pour lequel j'ai une sorte de vénération.

— De la galanterie ! dit Halcro ; c'est une preuve incontestable que vous avez de la poésie dans le cœur.

— Dans mon temps j'en ai eu assez sur les lèvres, répondit Bunce ; mais ces jours-là sont passés, mon vieux gentilhomme. — Au surplus, je saurai bientôt laquelle de ces deux filles est Minna. Écartez vos capuchons, et ne craignez rien, mes Lindamires; personne ici ne vous insultera. Sur mon âme, ce sont deux jolies créatures! — Je veux être en pleine mer dans une coquille d'œuf avec un rocher sous le vent, si je ne me contentais pas de la moins bien des deux! — Écoutez, mes enfants; quelle est de vous deux celle qui aimerait à se balancer dans le hamac d'un pirate? — Vous y trouveriez de l'or à récolter.

Les jeunes filles épouvantées se serrèrent l'une contre l'autre et pâlirent en entendant le langage familier et licencieux de ce hardi libertin.

— Allons! n'ayez pas peur, continua-t-il; personne ne sert sous le noble Altamont que de plein gré. — Nous ne connaissons pas la presse[1] parmi les gentilshommes de fortune. Et ne me regardez pas d'un air si étonné, comme si je vous parlais de choses toutes nouvelles pour vous. L'une de vous, au moins, connaît le capitaine Cleveland le pirate?

Brenda devint encore plus pâle, mais le sang monta au visage de Minna, en entendant prononcer si inopinément le nom de son amant; car il y avait dans cette scène une telle confusion, que personne, si ce n'est l'udaller, n'avait eu l'idée que ce vaisseau pût être le sloop dont Cleveland avait parlé à Burgh-Westra.

— Je vois ce que c'est, reprit Bunce d'un ton familier, et je me conduirai en conséquence. — Ne craignez aucune injure, papa, ajouta-t-il en s'adressant à Magnus, — et quoique plus d'une jolie fille m'ait payé son tribut dans mon temps, les vôtres seront pourtant ramenées à terre sans injure et sans rançon.

— Si vous m'en assurez, dit Magnus, je vous offre le brick et sa cargaison d'aussi bon cœur que j'offrirais un bol de punch.

— Et ce ne serait pas une mauvaise chose qu'un bol de punch, dit Bunce, si nous avions ici quelqu'un qui sût bien le préparer.

— Je le ferai, moi, dit Claude Halcro, aussi bien que quiconque a jamais pressé un citron, en exceptant toutefois Eric Scambester, le Faiseur de punch de Burgh-Westra.

— Et il n'est éloigné d'ici que de la portée d'un grapin, dit l'udaller. — Descendez, mes filles, ajouta-t-il, et envoyez-nous le bol à punch, ainsi que le vieux sommelier.

— Le bol! dit Fletcher; que diable! dites donc le baquet. — Vous pouvez parler de bol dans la cabine d'un misérable vaisseau marchand, mais non pas avec des écumeurs... je veux dire des coureurs de mer, ajouta-t-il en se reprenant, car il avait observé que Bunce avait pris un air sévère à cette parole indiscrète.

— Et j'espère que ces deux jolies filles vont remonter sur le pont et me rempliront mon verre, dit Bunce, car je mérite du moins quelques attentions pour ma générosité.

— Et elles empliront aussi le mien, dit Fletcher; — elles le rempli-

---

[1] On sait que la *presse* est une levée forcée par laquelle les bâtiments de la marine royale, en Angleterre, recrutent en certaines occasions leurs équipages. (L. V.)

CHAPITRE XXXVI.

ront jusqu'au bord! — et j'aurai un baiser pour chaque goutte qu'elles en répandront. — Je veux être grillé vif s'il n'en est pas ainsi.

— Et moi je vous dis que vous n'en ferez rien! dit Bunce, car je veux être damné s'il y a plus d'un homme qui donne un baiser à Minna, et ce ne sera ni vous ni moi; et quant à l'autre petite sœur, elle sera ménagée à cause de sa compagnie. — Il ne manque pas aux Orcades de filles de bonne volonté. — Et maintenant je pense à une chose : ces deux sœurs descendront et s'enfermeront dans la cabine, tandis que nous prendrons le punch ici sur le tillac, *al fresco*, comme le propose le vieux gentleman.

— Vous devriez bien savoir un peu ce que vous voulez, Jack, reprit Fletcher; voici deux ans que je suis votre compagnon, et aussi votre ami, et je veux être écorché comme un jeune taureau sauvage, si je ne vous ai pas toujours vu aussi capricieux qu'un singe. — Et que va-t-il nous rester pour nous amuser, maintenant que vous avez renvoyé en bas les jeunes filles?

— N'avons-nous pas ici Maître Faiseur de punch, répondit Bunce, pour nous proposer des toasts et nous chanter des chansons? — En attendant, vous allez commander la manœuvre et faire courir des bordées au bâtiment pour suivre sa route. — Quant à vous, pilote, si vous tenez à conserver votre cervelle, maintenez-le sous la poupe du sloop : — si vous essayez de nous jouer quelque tour, je vous secoue la tête comme à une vieille calebasse.

Le vaisseau se mit donc en marche, et chemina lentement dans les mêmes eaux que le sloop, qui, ainsi que l'on en était convenu auparavant, dirigea sa course, non pas sur la baie de Kirkwall, mais vers une excellente rade appelée la baie d'Inganess, formée par un cap qui s'étend à deux ou trois milles à l'est de la capitale des Orcades, et où les bâtiments pouvaient commodément rester à l'ancre, tandis que les pirates auraient avec les magistrats de la ville les communications que le nouvel état de choses semblait réclamer.

Pendant ce temps, Claude Halcro avait déployé tout son talent à faire, pour l'usage des pirates, un énorme baquet de punch. Ils le buvaient dans de grands verres que les simples matelots, aussi bien que ceux qui servaient d'officiers, comme Bunce et Fletcher, plongeaient à même le baquet, sans plus de cérémonie, tout en allant et venant pour leur besogne. Magnus, qui craignait, sur toute chose, que cette liqueur ne réveillât les passions brutales de ces bandits, fut cependant si étonné de voir que la quantité qu'ils en avaient bue ne produisait aucun effet sur leur raison, qu'il ne put s'empêcher d'exprimer sa surprise à Bunce lui-même, qui, tout rude qu'il était, paraissait de beaucoup le plus civil et le plus sociable de ses compagnons, et dont peut-être il était bien aise de se concilier la faveur, par un compliment qu'un bon buveur apprécie toujours.

— Par les os de saint Magnus! s'écria-t-il, je sais vider mon verre en bon gentilhomme; mais, capitaine, à voir vos gens avaler, on croirait que leurs estomacs n'ont pas plus de fond que le trou de Laifell dans l'île de Foula, que j'ai moi-même sondé avec un câble de cent brasses. Sur mon âme! la coupe de saint Magnus n'était qu'une coquille de noix, en comparaison.

— Dans notre genre de vie, monsieur, répondit Bunce, on ne s'arrête que lorsque le devoir nous appelle, ou bien qu'il n'y a plus de punch.

— Sur ma parole, monsieur, dit Halcro, je crois qu'il n'y a pas, dans votre équipage, un homme qui ne fût capable de vider l'énorme coupe de Scarpa, que l'on offrait toujours à l'évêque des Orcades, pleine du meilleur bummock [1] que l'on eût jamais brassé.

— S'il suffisait de boire pour devenir évêque, répondit Bunce, j'aurais un équipage de prélats; mais, comme mes hommes n'ont aucune autre qualité cléricale, je ne veux pas qu'ils se grisent aujourd'hui. Aussi, laissons là le verre pour une chanson.

— Et c'est moi qui la chanterai, de par le diable! s'écria en jurant Dick Fletcher; et il commença aussitôt cette vieille chanson :

« Il y avait un vaisseau, un vaisseau de renom, équipé et lancé pour courir la mer, avec cent cinquante braves, tous choisis avec soin. »

— J'aimerais mieux recevoir la grande cale [2] que d'entendre toujours cette chanson, interrompit Bunce; au diable votre gosier! vous ne savez pas en faire sortir autre chose.

— Au nom du diable, répliqua Fletcher, je chanterai ma chanson, qu'elle vous plaise ou non; et il recommença d'une voix lamentable, semblable au sifflement du vent du nord-est dans les cordages et les voiles :

« Glen était le nom de notre capitaine; c'était un jeune et brave marin, le plus hardi qui eût jamais traversé la mer. Nous nous dirigions vers la haute Barbarie. »

— Je vous répète, dit Bunce, que nous ne voulons pas ici de votre musique de hibou, et je veux être damné si vous restez assis avec nous pour nous faire ce bruit infernal!

— Eh bien! alors, dit Fletcher en se levant, je chanterai en me promenant, et j'espère que vous n'y trouverez pas à redire, Jack Bunce. Et quittant son siège, il commença à se promener en long et en large sur le pont, tout en beuglant sa longue et triste ballade.

— Vous voyez comme je les traite, dit Bunce d'un air content de lui; —laissez-lui prendre un pied, et vous en ferez un mutin pour la vie. Mais je le tiens de près, et il m'est aussi attaché qu'un chien de chasse

---

[1] Liqueur brassée pour un repas de Noel. (W. S.)

[2] Punition usitée dans la marine hollandaise, et qui consiste à faire faire à un homme un plongeon du haut de la grande vergue (L. V.)

qui a reçu une bonne correction. — Et maintenant, monsieur. dit-il à Halcro, voyons votre toast et votre chanson; ou plutôt votre chanson sans le toast. C'est moi qui vais le porter : Succès aux armes des pirates et confusion à tous les honnêtes gens !

— Je serais fâché de répondre à un toast semblable à moins d'y être forcé, dit Magnus Troil.

— Quoi ! vous voulez, je parie, vous compter parmi les honnêtes gens? dit Bunce ; — mais dites-moi votre métier, et je vous dirai ce que j'en pense. Quant à notre faiseur de punch, j'ai vu au premier coup d'œil qu'il est tailleur ; il ne doit donc pas avoir plus de prétentions à être honnête qu'à n'être pas galeux. Mais je parie que vous êtes un de ces armateurs hollandais qui foulent aux pieds la croix lorsqu'ils sont au Japon, et pour le gain d'une journée renient leur religion.

— Non, répliqua l'udaller, je suis gentilhomme schetlandais.

— Oh ! oh ! reprit le satirique Bunce, vous êtes de cet heureux pays où le genièvre coûte un groat la bouteille, et où le temps est toujours clair.

— A votre service, capitaine, dit l'udaller, qui réprima, non sans peine, l'envie qu'il avait de se fâcher de ces plaisanteries sur son pays, à quelque risque que ce fût et malgré tout le désavantage de sa position.

— A *mon* service ! — Oui, si un câble était tendu depuis notre bâtiment naufragé jusqu'à vos côtes, vous me rendriez le servic, de le couper, de considérer comme épaves le navire et la cargaison, bien heureux si vous ne me donniez pas un coup sur la tête du revers de votre hache; et vous vous dites honnête ! — Mais n'importe, — je maintiens mon toast. — Chantez-nous une chanson, M. le Maître des modes, et tâchez qu'elle soit aussi bonne que votre punch.

Halcro fit une oraison mentale, afin de demander au Ciel le talent d'un nouveau Timothée pour diriger sa voix et adoucir l'orgueil de son auditeur, talent que possédait si bien l'illustre Dryden. Puis il commença en ces termes sa chanson qui devait aller au cœur :

« Jeunes filles, fraîches comme la plus belle rose, prêtez l'oreille à mes chants. »

— Je ne veux entendre parler ni de jeunes filles ni de roses, interrompit Bunce ; cela me rappelle l'espèce de cargaison que nous avons à bord ; et au nom du diable, je veux être fidèle à mon camarade et capitaine aussi longtemps que je le pourrai ! — Et maintenant que j'y pense, je ne veux plus de punch non plus, — ce dernier verre a fait une révolution dans ma tête, et je ne veux pas jouer cette nuit le rôle de Cassio. — Mais si je ne bois pas, personne ne boira.

En parlant ainsi, il renversa bravement d'un coup de pied le baquet encore à moitié plein, malgré les nombreuses rasades qu'on y avait puisées, se leva de son siége, se secoua un peu pour reprendre son aplomb, comme il dit, releva son chapeau, et, arpentant le pont d'un air de dignité, donna, de la voix et du geste, des ordres pour mettre à l'ancre les deux bâtiments, ce qui fut exécuté, car Goffe probablement n'était plus en état de se mêler de rien.

Pendant ce temps l'udaller déplorait avec Halcro leur position : — Elle est assez triste, disait le rude vieillard, car nous avons affaire à de hardis coquins ; — et pourtant, si ce n'était pour mes filles, je ne les craindrais pas. Ce jeune évaporé qui semble les commander n'est pas né si méchant qu'on aurait pu le craindre.

—Son humeur est quinteuse, malgré tout, dit Halcro, et je voudrais que nous fussions hors de ses griffes. Renverser un baquet à moitié plein du meilleur punch que l'on ait jamais fait, et m'interrompre tout court au beau milieu de la plus jolie chanson que j'aie jamais composée, — cela touche de bien près à la folie, — et je ne vois pas trop ce que l'on pourrait faire de plus fort.

Cependant, les navires étant à l'ancre, le vaillant lieutenant Bunce appela Fletcher ; et, revenant s'asseoir auprès des passagers peu jaloux de sa compagnie, leur dit qu'ils verraient le message qu'il allait envoyer à ces sots bourgeois de Kirkwall, parce qu'il les concernait quelque peu. — La missive, ajouta-t-il, sera au nom de Dick et au mien. J'aime à donner de temps en temps à ce pauvre diable un peu d'importance. —N'est-il pas vrai, Dick, âne stupide ?

— Oui, oui, Jack Bunce, je ne peux pas dire le contraire, — mais vous êtes toujours à donner quelques coups de boutoir, soit sur une chose, soit sur une autre. Pourtant, d'une manière ou de l'autre, voyez-vous...

— Assez causé, — arrête ta mâchoire, Dick ; et Bunce continua d'écrire son épître, qu'il lut ensuite tout haut ; elle était conçue en ces termes : « Aux maires et aux aldermen de Kirkwall. — Messieurs, comme, contrairement à la foi jurée, vous ne nous avez pas envoyé d'otage à bord pour la sûreté de notre capitaine qui est resté à terre à votre requête, les présentes sont pour vous informer qu'on ne se moque pas ainsi de nous. Nous tenons déjà en notre pouvoir un brick avec une famille de distinction qui le montait et à qui il appartient ; et comme vous traiterez notre capitaine, ainsi les traiterons-nous de point en point. Ce sera le premier, mais non pas, soyez-en sûr, le dernier préjudice que nous causerons à votre ville et à votre commerce, si vous ne renvoyez à bord notre capitaine et si vous ne nous accordez les provisions énoncées dans notre convention.

« Fait à bord du brick *le Mergoose* de Burgh-Westra, à l'ancre dans la baie d'Inganess. — En foi de quoi nous avons signé : les commandants de *la Favorite de la fortune*, gentilshommes aventuriers. »

Il apposa lui-même au bas sa signature : Frederic Altamont, puis tendit la lettre à Fletcher, qui eut beaucoup de peine à lire cette suscription. Il trouva qu'elle sonnait bien à l'oreille, et jura qu'il voulait aussi adopter un nouveau nom, d'autant plus que Fletcher lui paraissait le nom le plus diabolique de tout le dictionnaire à épeler et à orthographier. En conséquence, il signa *Timothée Tugmutton*.

— Ne voulez-vous pas ajouter quelques lignes pour ces messieurs? dit Bunce, en s'adressant à Magnus.

— Non, répondit l'udaller, invinciblement attaché à ses idées du juste et de l'injuste, même dans une occurrence aussi critique ; — les magistrats de Kirkwall connaissent leurs devoirs, et si j'étais à leur place... Mais en ce moment l'idée que ses filles étaient à la merci de ces gens sans foi ni loi fit pâlir le mâle visage de Magnus, et retint le défi prêt à s'échapper de ses lèvres.

— Dieu me damne! dit Bunce qui devinait facilement ce qui se passait dans l'esprit de son prisonnier, — voilà une suspension qui aurait fait merveille au théâtre. — Elle aurait enlevé, ma foi, le parterre, les loges et la galerie, comme dit Bayes [1].

— Je ne veux pas entendre parler de Bayes, s'écria Claude Halcro un peu échauffé lui-même; c'est un impudent détracteur de l'illustre John; mais il sut bien rendre la pareille à Buckingham :

Au premier rang se tenait Zimri, homme si habile à se déguiser....»

— Silence! interrompit Bunce qui couvrit la voix de l'admirateur de Dryden par la véhémence et le bruit de sa réplique, — *la Répétition* est la meilleure farce qu'on ait jamais écrite ; — et je ferai baiser la bouche d'un canon à quiconque osera le nier. Que je sois damné si je n'étais pas le meilleur prince Prettyman qui ait jamais monté sur les planches :

« Prince parfois, parfois fils de pêcheur. »

Mais revenons à la question. — Écoutez, mon vieux gentilhomme, continua-t-il en s'adressant à Magnus, vous avez un air rogue pour lequel quelques gens de ma profession vous auraient déjà coupé les oreilles et vous les auraient servies assaisonnées de poivre rouge, à votre dîner. J'ai vu Goffe en faire autant à un pauvre diable qui s'était permis de le regarder d'un air irrité et menaçant en voyant son sloop s'en aller au grand magasin de Davy Jones avec son fils unique à bord. Mais je suis d'une autre pâte que cela ; et si vous ou ces dames éprouvez de mauvais traitements, ne vous en prenez qu'aux gens de Kirkwall et non à moi; et cela est juste. Ainsi vous feriez mieux de leur apprendre la position où vous êtes et tout ce qui s'ensuit, — et cela est juste aussi.

[1] Buckingham donna sa fameuse comédie de *la Répétition* sous le pseudonyme de Bayes (laurier), par allusion à la qualité de poète lauréat qu'avait son adversaire Dryden.

Sur cette exhortation Magnus prit la plume, et essaya d'écrire; mais sa fierté luttait contre ses inquiétudes paternelles, au point que sa main lui refusa son office. — C'est plus fort que moi, dit-il, après deux ou trois essais d'écriture illisible; je ne puis tracer une lettre, notre vie à tous en dépendrait-elle.

En dépit de tous ses efforts, il ne put assez maîtriser l'émotion convulsive qui l'agitait pour l'empêcher d'être visible dans toute sa personne. Le saule qui fléchit devant la tempête échappe plutôt que le chêne qui lui résiste; ainsi dans les grandes calamités, il arrive souvent que les esprits légers et frivoles recouvrent leur force et leur élasticité plus promptement que ceux d'une nature plus énergique. Dans la conjoncture présente, Claude Halcro fut par bonheur en état d'accomplir la tâche à laquelle se refusait la sensibilité plus profonde de son ami et patron. Il prit la plume, et en aussi peu de paroles qu'il lui fut possible, expliqua leur situation et les terribles dangers qui les menaçaient, insinuant en même temps aussi délicatement qu'il le put que, pour les magistrats du pays, la vie et l'honneur de leurs compatriotes devaient passer même avant la capture ou la punition des coupables; néanmoins, il prit soin d'adoucir ces dernières expressions, de peur d'offenser les pirates.

Bunce lut la lettre, qui heureusement obtint son approbation; et en voyant au bas la signature de Claude Halcro, il s'écria tout surpris et en se servant pour rendre sa pensée de termes trop énergiques pour que nous puissions les reproduire : — Eh mais! vous êtes ce petit musicien qui accompagnait avec son violon la troupe du vieux directeur Gadabout à Hogs-Norton, dans la première saison où j'en fis partie! J'aurais juré que je vous connaissais, rien qu'à votre refrain de l'illustre John.

Dans tout autre moment cette reconnaissance n'aurait peut-être pas beaucoup flatté l'amour-propre de notre ménestrel; mais dans la position où il se trouvait, la découverte d'une mine d'or ne l'aurait pas rendu plus heureux. Il se rappela aussitôt le jeune acteur de grande espérance qui jouait dans *Don Sébastien*, et ajouta judicieusement que la muse de l'illustre John n'avait jamais eu d'aussi dignes interprètes à l'époque où il était premier (il aurait pu ajouter et unique, violon de la troupe de M. Gadabout.

— Ma foi, dit Bunce, je pense que vous avez raison; — je crois que j'étais homme à brûler les planches aussi bien que Booth ou Betterton. Mais c'était sur d'autres planches que je devais figurer (et il frappa du pied le tillac), et je crois que je dois me tenir à celles-là jusqu'à ce que je n'en trouve plus pour me supporter[1]. Mais maintenant, ma vieille connaissance, il faut que je fasse quelque chose pour vous.

---

[1] Allusion à la trappe en bascule qu'on fait jouer sous les pieds de ceux qui en Angleterre sont condamnés à être pendus, au moment même de les *lancer dans l'éternité*. (L. V.)

— Venez un peu par ici, — je voudrais vous parler à part. Ils s'appuyèrent sur le couronnement de la poupe, et Bunce lui dit à l'oreille d'un ton sérieux qui ne lui était guère familier : — Je suis fâché de ce qui arrive à ce bon vieux cœur de chêne de Norvége, — que je meure si je ne dis vrai ! — et à ses filles aussi, — d'autant plus que j'ai une certaine prédilection pour l'une d'elles, et pour cause. Je puis être un mauvais sujet avec une fille de bonne volonté ; mais vis-à-vis de créatures si pures et si innocentes, — Dieu me damne ! je suis Scipion à Numance, et Alexandre sous la tente de Darius. Vous vous rappelez comment je disais ce passage du rôle d'Alexandre ? et il prit une pose héroïque :

« Ainsi je sors du tombeau pour sauver ce que j'aime ; tirez tous vos glaives contre moi, tombez sur moi comme la foudre. Je n'ai qu'a faire un pas, et nul n'osera tenir devant moi ; — la beauté m'appelle, et la gloire me montre le chemin. »

Claude Halcro ne manqua pas de donner à sa déclamation les éloges convenables, en assurant, foi d'honnête homme, qu'il avait toujours trouvé que M. Altamont donnait à cette tirade bien plus de chaleur et d'énergie que Betterton.

Bunce, ou Altamont, lui serra tendrement la main : — Ah ! vous me flattez, mon cher ami, dit-il ; pourquoi le public n'a-t-il pas su me juger comme vous ! — Je ne serais pas maintenant ici. Dieu sait, mon cher M. Halcro, — Dieu sait quel plaisir j'aurais à vous garder à bord avec moi pour avoir un ami qui aime à entendre, autant que j'aime à les réciter, les morceaux choisis de nos meilleurs auteurs dramatiques. La plupart de nos gens sont des brutes, — et pour celui qui est resté en otage à Kirkwall, il en use avec moi comme moi avec Fletcher, je pense, et plus je fais pour lui, plus il me traite avec hauteur. Mais comme il serait délicieux, par une belle nuit des tropiques, tandis que le vaisseau, les voiles tendues et immobiles, se balancerait au souffle de la brise, de réciter Alexandre, et de vous avoir à la fois pour parterre, pour loges et pour galeries ! Qui sait même (car je me rappelle que vous êtes un suivant des muses) si vous et moi ne serions pas parvenus à inspirer, comme Orphée et Eurydice, un goût plus pur à nos compagnons, et à réformer leurs mœurs en les rappelant à de meilleurs sentiments ?

Cette tirade fut débitée avec tant d'onction, que Claude Halcro commença à craindre d'avoir fait le punch trop fort, d'avoir mêlé des ingrédients trop enivrants à la dose de flatterie qu'il venait d'administrer, et que, sous l'influence de cette double ivresse, le pirate sentimental ne voulût le retenir par force, uniquement pour réaliser les scènes que rêvait son imagination. Cependant Halcro était dans une position trop délicate pour se permettre aucune tentative directe tendant à réparer sa sottise : il se borna donc à répondre à l'affectueuse pression de main de son ami, et de pousser l'interjection — Hélas ! — du ton le plus pathétique qu'il put trouver.

Bunce reprit immédiatement : — Vous avez raison, mon ami ; ce sont là de vains rêves de bonheur, et il ne reste au malheureux Altamont qu'à servir l'ami auquel il doit dire maintenant adieu ! J'ai résolu de vous débarquer, vous et les deux jeunes filles, en vous confiant à la garde de Fletcher : ainsi appelez vos deux compagnes, et qu'elles s'éloignent avant que le diable s'empare de moi ou de mes gens ! Vous porterez ma lettre aux magistrats, vous lui prêterez l'appui de votre éloquence, et vous leur déclarerez que s'ils touchent à un cheveu de la tête de Cleveland, du diable s'ils ne le paient plus cher qu'ils ne pensent !

Soulagé au fond du cœur par ce dénouement imprévu de la harangue de Bunce, Halcro descendit le capot d'échelle quatre à quatre, et, frappant à la porte de la cabine, put à peine trouver un langage intelligible pour expliquer sa mission. Les sœurs apprirent avec joie la nouvelle inespérée de leur prochain débarquement, et sur ce qu'on leur dit que la chaloupe était prête, elles se hâtèrent de monter sur le pont : ce fut là seulement qu'à leur grande consternation, elles surent que leur père devait demeurer à bord du corsaire.

— Nous resterons avec lui pour partager ses dangers ! s'écria Minna : — nous pouvons être pour lui de quelque secours, ne fût-ce que pour un instant, — et nous voulons vivre et mourir avec lui !

— Nous lui prêterons une assistance plus efficace, dit Brenda, qui comprenait mieux que Minna la nature de leur danger, en décidant les habitants de Kirkwall à satisfaire aux demandes de ces messieurs.

— C'est parler comme un ange de raison et de beauté ! dit Bunce ; et maintenant, partez vite ; car, Dieu me damne ! autant vaudrait être dans la sainte-barbe avec une mèche allumée ! — Si vous dites un mot de plus, que je sois confondu si je sais comment je pourrai me séparer de vous !

— Partez, au nom du Ciel ! dit Magnus. Je suis dans les mains de Dieu ; quand vous serez parties, j'aurai peu d'inquiétude pour moi-même ; — et tant que je vivrai, je penserai et je dirai que ce brave homme mérite un meilleur état ! Partez, partez, éloignez-vous ! répéta-t-il, car elles hésitaient encore à se séparer de lui.

— Ne vous arrêtez pas à embrasser votre père, dit Bunce, de peur que je ne sois tenté de vous en demander ma part. Allons, dans la chaloupe ! — mais un instant. Il tira à part les trois captifs : — Fletcher, dit-il, me répondra du reste de l'équipage, et vous débarquera en sûreté sur la côte ; mais qui me répondra de Fletcher ? je ne sais trop ! à moins d'offrir à M. Halcro cette petite garantie.

Il présenta au poète un petit pistolet à deux coups, chargé, dit-il, d'une couple de balles. Minna remarqua que la main de celui-ci tremblait comme il la tendait pour prendre l'arme. Donnez-la-moi,

CHAPITRE XXXVI.

monsieur, dit-elle, en la prenant elle-même des mains du forban, et fiez-vous à moi pour défendre ma sœur et moi-même!

— Bravo! bravo! s'écria Bunce, voilà qui est parlé en femme digne de Cleveland, le roi des pirates!

— Cleveland! répéta Minna; connaissez-vous donc ce Cleveland que vous avez nommé deux fois?

— Si je le connais! est-il un homme au monde qui le connaisse mieux que moi? lui, le meilleur et le plus brave marin qui ait jamais marché de l'avant à l'arrière! Dès qu'il sera hors de captivité, et plaise au Ciel que ce moment soit proche! je m'attends à vous voir venir à bord avec nous, et régner sur toutes les mers que nous parcourons. — Vous avez pris la petite sauvegarde, je suppose que vous savez vous en servir? Si Fletcher se conduit mal avec vous, vous n'avez qu'à abattre avec votre pouce ce petit morceau de fer, comme cela; — et s'il persiste, il n'y a qu'à passer votre joli doigt par là, et je perdrai le plus fidèle associé qu'on ait jamais eu! — Mais le damné chien méritera la mort s'il désobéit à mes ordres. Et maintenant, dans la chaloupe! — Mais attendez, un baiser pour l'amour de Cleveland!

Brenda, dans une frayeur mortelle, subit cette galanterie; mais Minna, se reculant avec dédain, offrit sa main au pirate. Bunce se mit à rire, et baisa d'un air théâtral la belle main qu'elle lui tendait comme rançon de ses lèvres; enfin les deux sœurs et Halcro furent placés dans la chaloupe sous le commandement de Fletcher.

Bunce resta sur le pont, faisant un monologue dans le goût de son ancienne profession : — Si l'on savait cela à Port-Royal, ou à l'île de la Providence, ou aux petits Goaves, je voudrais bien savoir ce qu'on dirait de moi! Que je suis une bonne pâte d'imbécile, — un jocrisse, — un âne! — Eh bien! qu'on dise ce qu'on voudra! c'était déjà assez que le penser au mal; c'est bien le moins que je fasse une bonne action, ne fût-ce que pour la rareté du fait, et que je me mette bien avec moi-même. Puis il ajouta en se tournant vers Magnus : — De par Dieu! vous avez là de braves filles! L'aînée ferait fortune sur les planches de Londres. La gaillarde! quelle attitude imposante elle avait en saisissant le pistolet! Dieu me damne! c'était un tableau à enlever toute une salle! Quelle Roxelane la coquine aurait faite! (Car dans son éloquence, Bunce, comme le compère de Sancho, Thomas Cecial, se servait du mot le plus énergique qui lui venait à la bouche, sans trop se soucier de l'appliquer à propos.) — Je donnerais ma part de la prochaine prise rien que pour l'entendre déclamer :

« Arriere, retirez-vous, et faites place au tourbillon, ou je vous balaie comme la poussière. — Loin d'ici! la folie ne donne qu'une faible idée de ma rage. »

Et cette jolie petite trembleuse, toute en larmes, que je voudrais l'entendre réciter les vers de *Statira* :

« Il tient un langage si tendre, il a de si doux regards, ses vœux sont tellement empreints de passion et ses serments de grâce, que c'est chose toute céleste d'être trompée par lui. »

Quelle pièce nous aurions pu monter ! — J'ai été un sot de ne pas y penser avant de les renvoyer ; — j'aurais joué Alexandre, — Claude Halcro, Lysimaque ; — ce vieux gentleman aurait fait un excellent Clytus. Quel idiot j'ai été de ne pas penser à cela !

Il y avait dans cette effusion plus d'une chose qui aurait peu flatté l'udaller ; mais, à dire vrai, il n'y fit pas la moindre attention. Ses yeux, puis sa lunette d'approche furent tout occupés à suivre le débarquement de ses filles. Il les vit mettre pied à terre sur le rivage, monter la côte, accompagnées d'Halcro et d'un autre homme, probablement Fletcher, et s'acheminer vers Kirkwall ; il put même remarquer que Minna, se considérant comme la protectrice de ses compagnons, se tenait un peu au large, et semblait en garde contre toute surprise, prête à agir selon que l'occasion l'exigerait. A la fin, au moment où l'udaller allait les perdre de vue, il eut l'inexprimable satisfaction de voir la petite troupe s'arrêter, et le pirate s'éloigner d'elle, après l'intervalle nécessaire pour prendre congé poliment, puis regagner tranquillement la baie. Bénissant le grand Être qui l'avait ainsi soulagé des craintes les plus terribles que puisse ressentir un père, le digne udaller, à partir de ce moment, fut résigné à son sort, quel qu'il pût être.

CHAPITRE XXXVII.

> A travers les montagnes et les flots, à travers les fontaines et les tombes, à travers les mers les plus profondes qui obéissent à Neptune, à travers les rocs les plus escarpés, l'amour saura se frayer un passage. *Ancienne Chanson.*

Ce qui détermina Fletcher à se séparer de Claude Halcro et des deux sœurs de Burgh-Westra de la manière que nous avons dite, fut, en partie, l'approche d'une petite troupe d'hommes armés venant de Kirkwall. L'élévation du terrain cachait cette troupe aux regards de l'udaller ; mais le pirate ne l'eut pas plutôt aperçue, qu'il se décida à pourvoir à sa sûreté en faisant une prompte retraite vers la chaloupe. Il allait donc revenir sur ses pas, lorsque Minna occasionna le court délai que son père avait remarqué :

— Arrêtez, dit-elle, je vous l'ordonne : — dites à votre chef, de ma part, que quelle que soit la réponse de Kirkwall, il dirige toujours son bâtiment le long de la côte, vers Stromness, et que, jetant l'ancre en cet endroit, il envoie à terre un bateau pour le capitaine Cleveland, lorsqu'il verra de la fumée s'élever du pont de Broisgar.

Fletcher avait songé, comme son camarade Bunce, à demander un baiser, au moins, pour la peine qu'il avait eue d'escorter les deux jolies captives; et peut-être que ni la crainte des gens de Kirkwall qui approchaient, ni le pistolet dont Minna était armée, n'auraient prévenu son insolence. Mais le nom de son capitaine, et plus encore la contenance intrépide, noble et imposante de Minna Troil, le retinrent dans les bornes du respect. Il fit un salut militaire, — promit de veiller attentivement, et, retournant à la chaloupe, revint à bord avec son message.

Comme Halcro et les deux sœurs s'avançaient vers la troupe qu'ils avaient vu venir par la route de Kirkwall, et qui, de son côté, avait fait halte, comme pour les observer, Brenda, soulagée des craintes que lui inspirait la présence de Fletcher, et qui lui avaient fait garder le silence jusqu'alors, s'écria : — Bonté du Ciel ! — Minna, en quelles mains avons-nous laissé notre père !

— Dans les mains d'hommes braves, répondit Minna avec fermeté; je ne crains rien pour lui.

— Braves tant qu'il vous plaira, dit Claude Halcro, mais ce n'en sont pas moins de dangereux coquins. — Je connais cet Altamont, comme il se fait appeler, quoique ce ne soit pas là son vrai nom : jamais plus mauvais sujet n'a fait retentir les murs d'une grange [1] de ses déclamations tragiques. Il a débuté dans *Barnwell*, et tout le monde s'attendait à le voir finir par les galères, comme dans la dernière scène de *Venise sauvée* [2].

— N'importe, dit Minna; — plus les vagues sont furieuses, plus puissante est la voix qui sait les dominer. Le nom seul de Cleveland a suffi pour imposer au plus farouche d'entre eux.

— Je suis fâché pour Cleveland, dit Brenda, si tels sont ses compagnons; — mais il me touche peu en comparaison de mon père.

— Réserve ta compassion pour ceux qui en ont besoin, dit Minna, et ne crains rien pour notre père. — Dieu sait que chaque cheveu blanc de sa tête a plus de prix à mes yeux que les plus riches trésors; mais je suis certaine qu'il est en sûreté à bord de ce vaisseau, et qu'il sera bientôt en sûreté à terre.

— Je voudrais qu'il y fût déjà, dit Claude Halcro; mais je crains que les habitants de Kirkwall, voyant dans Cleveland ce que je le soupçonne

---

[1] C'est un trait commun dans la vie aventureuse des acteurs ambulants de l'Angleterre comme de tout autre pays, que l'enceinte d'une grange est la scène assez ordinaire de leurs jeux faméliques. (L. V.)

[2] Tragédie d'Otway. — *Barnwell* est une tragédie de Lillo. (L. V.)

d'être en effet, n'osent pas l'échanger contre l'udaller. Les Écossais ont des lois très-sévères contre les déprédations des pirates.

— Mais quelles sont ces gens qui sont devant nous sur la route, demanda Brenda, et pourquoi s'arrêtent-ils d'un air aussi soupçonneux?

— C'est une patrouille de la milice, répondit Halcro. L'illustre John traite assez mal cette classe;—mais alors John était jacobite :

« Bouches sans bras, entretenues à grands frais, c'est une charge dans la paix, et pendant la guerre une faible défense. Braves une fois par mois, on les voit marcher à grand bruit; ils sont toujours sous la main, excepté quand on a besoin d'eux. »

Je m'imagine qu'ils se sont arrêtés tout à l'heure, en nous voyant sur le haut de la colline, parce qu'ils nous auront pris pour des gens de l'équipage du sloop; mais maintenant qu'ils peuvent distinguer vos jupons, les voilà qui recommencent à marcher en avant.

En effet, ils approchèrent, et il se trouva, comme l'avait pensé Claude Halcro, que c'était une patrouille envoyée pour surveiller les mouvements des pirates et les empêcher de tenter une descente au préjudice des habitants.

Ils félicitèrent cordialement Claude Halcro, bien connu de plusieurs d'entre eux, d'avoir échappé à la captivité, et le chef de la troupe, en offrant sa protection aux dames, ne put s'empêcher de déplorer avec elles les circonstances au milieu desquelles leur père se trouvait placé, insinuant, quoique délicatement et à mots couverts, que sa délivrance souffrirait bien des difficultés.

Lorsqu'ils arrivèrent à Kirkwall et obtinrent une audience du prévôt, assisté d'un ou deux magistrats, on s'expliqua plus clairement sur ces difficultés. — La frégate *l'Alcyon* est sur la côte, dit le prévôt, en vue de la pointe de Duncan's-Bay; et quoique je professe le plus profond respect pour M. Troil de Burgh-Westra, cependant j'aurais à répondre devant la justice si j'élargissais le capitaine de ce bâtiment suspect dans l'intérêt de la sûreté d'un individu quelconque que sa détention pourrait malheureusement mettre en danger. Cet homme est maintenant connu pour être le chef et l'âme de cette bande de flibustiers, et jugez si je puis le renvoyer à son bord, pour qu'il ravage le pays ou même combatte contre un vaisseau du roi? — car il ne manque pas d'impudence.

— De *courage*, voulez-vous dire, M. le prévôt? dit Minna, incapable de réprimer son mécontentement.

— Donnez à cela le nom qu'il vous plaira, miss Troil, reprit le digne magistrat; mais dans mon opinion, cette espèce de courage qui consiste à combattre un contre deux n'est guère qu'une impudence et une affaire de métier.

— Mais notre père, dit Brenda, du ton de la plus pressante prière, — notre père est l'ami, et je puis dire le père de son pays. — Lui

CHAPITRE XXXVII.

dont ses compatriotes ont si souvent réclamé les bontés et obtenu de prompts secours, — lui dont la perte serait comme l'extinction d'un fanal dans la tempête, — voulez-vous mettre en balance les dangers qu'il court avec une circonstance aussi indifférente que celle de laisser un infortuné sortir de prison et chercher ailleurs l'accomplissement de son malheureux destin?

— Miss Brenda a raison, dit Claude Halcro; je suis pour un arrangement à l'amiable, comme on dit; et sans prendre sur vous d'ordonner sa libération, prévôt, écoutez une fois le conseil d'un fou, et arrangez-vous pour que le brave homme de geôlier oublie de tirer un verrou, laisse ouvert quelque bout de fenêtre, ou quelque chose de semblable : nous serons débarrassés du pirate, et, en moins de cinq heures, nous verrons le plus honnête homme des Orcades et des îles Schetland attablé avec nous près d'un bol de punch.

Le prévôt répondit à peu près dans les mêmes termes qu'auparavant, — qu'il avait le plus grand respect pour M. Magnus Troil de Burgh-Westra, mais qu'il ne pouvait, en considération même de la personne la plus respectable, manquer à l'accomplissement de ses devoirs.

Alors Minna s'adressa à sa sœur d'un ton ironique qui annonçait un mécontentement mal contenu : — Vous oubliez, dit-elle, Brenda, que vous parlez de la sûreté d'un pauvre et insignifiant udaller des îles Schetland à une personne qui n'est rien moins que le premier magistrat de la métropole des Orcades ; — pouvez-vous croire qu'un personnage aussi important s'abaisse jusqu'à de si minces considérations? Il sera temps pour le prévôt de songer à consentir aux conditions qui lui sont offertes, car il faudra toujours en venir là, quand l'église de Saint-Magnus lui tombera sur la tête.

— Vous pouvez vous fâcher contre moi, ma belle demoiselle, dit le prévôt de bonne humeur, mais je ne puis m'offenser de vos paroles. L'église de Saint-Magnus n'est pas bâtie d'hier et nous survivra, je pense, à vous et à moi, et surtout à une bande de coquins réservés à la potence. Outre que votre père est à moitié Orcadien, puisqu'il a chez nous des propriétés et des amis, je vous jure que je serais disposé à faire autant pour un Schetlandais en détresse que pour qui que ce fût, en exceptant les habitants de Kirkwall, qui, naturellement, mériteront toujours la préférence. Et si vous voulez accepter un logement ici chez moi, près de ma femme, continua-t-il. nous tâcherons de vous prouver que vous êtes aussi bienvenues à Kirkwall que vous auriez pu l'être à Lerwick ou à Scalloway.

Minna ne daigna pas répondre à cette bienveillante invitation ; mais Brenda la refusa en termes honnêtes, s'excusant sur la nécessité d'aller loger chez une riche veuve de Kirkwall, leur parente, qui les attendait déjà.

Halcro dirigea une autre tentative sur la sensibilité du prévôt, mais il le trouva inexorable. — Le collecteur des taxes, dit-il, l'avait déjà menacé d'informer contre lui pour être entré dans le traité ou, comme il l'appelait, l'arrangement complaisant conclu avec ces étrangers, dans la seule intention de prévenir, pour la ville, une effusion de sang qui paraissait inévitable ; et si maintenant il allait laisser échapper l'avantage que lui offraient l'emprisonnement de Cleveland et l'évasion du facteur, il s'exposerait à quelque chose de pire qu'une censure. La conclusion de tout cela fut qu'il en était fâché pour l'udaller, et même pour Cleveland, qui paraissait animé de quelques sentiments d'honneur, mais que le devoir parlait et voulait être obéi. Le prévôt alors coupa court à toute nouvelle observation en déclarant qu'une autre affaire des îles Schetland réclamait son attention immédiate. Un gentilhomme du nom de Mertoun, résidant à Iarlshof, se plaignait du colporteur Snailsfoot pour avoir aidé une de ses domestiques à détourner frauduleusement des objets precieux confiés à sa garde ; il allait prendre des informations à ce sujet et faire restituer ces objets à M. Mertoun, qui en était responsable vis-à-vis du véritable propriétaire.

Dans ces détails il n'y avait qu'une seule chose intéressante pour les deux sœurs : c'était le nom de Mertoun, qui fut comme un poignard dans le cœur de Minna, lorsqu'elle se rappela les circonstances au milieu desquelles Mordaunt Mertoun avait disparu. Une émotion moins pénible, mais néanmoins d'une nature triste encore, colora légèrement les joues de Brenda et mouilla ses yeux de quelques pleurs à peine réprimés. Mais le magistrat, comme il était facile de s'en apercevoir, parlait du père et non du fils, et les filles de Magnus, que son affaire touchait peu, prirent congé du prévôt pour se rendre au logement qui les attendait.

Lorsqu'elles arrivèrent chez leur parente, Minna se chargea d'apprendre, par les questions qu'il lui était possible de faire sans exciter les soupçons, la position de l'infortuné Cleveland ; elle ne tarda pas à se convaincre qu'elle était des plus dangereuses. A la vérité le prévôt ne l'avait pas resserré étroitement, ce qui semblait d'accord avec les insinuations de Claude Halcro et était dû peut-être au souvenir des circonstances favorables dans lesquelles il s'était rendu, ainsi qu'à une sorte de répugnance à lui manquer tout à fait de foi, à moins d'impérieuse nécessité. Mais, quoique jouissant en apparence d'une certaine liberté, il était soigneusement surveillé par des gens bien armés et apostes exprès, qui avaient ordre de le retenir par force, s'il essayait de franchir les limites peu étendues qui lui étaient assignées. On lui avait donné pour logement une vaste chambre dans l'édifice qu'on appelait le Château du Roi ; la nuit, sa porte était fermée extérieurement et une garde suffisante veillait à ce qu'il ne pût s'échapper. Il jouissait donc tout juste du degré de liberté que le chat, dans ses jeux cruels, se plaît quelquefois à laisser à la souris qu'il a saisie; et cependant, malgré toutes ces restrictions, les ressources, le courage et la férocité du capitaine des pirates inspiraient une terreur si générale, que le prévôt fut blâmé par le collecteur et par les autres citoyens prudents de Kirkwall de ne pas le tenir plus resserré.

On peut aisément s'imaginer que, dans ces circonstances, Cleveland ne se souciait pas de paraître en public, sentant que sa présence était un sujet de frayeur et de curiosité tout à la fois. Sa promenade favorite était aux ailes extérieures de la cathédrale de Saint-Magnus, dont l'extrémité orientale est seule affectée au service divin. Cet antique et solennel édifice, échappé aux ravages des premières réactions de la réforme, conserve encore quelques restes de son ancienne majesté tout épiscopale. Une cloison sépare la partie destinée au culte, de la nef et de la branche occidentale de la croix, et le tout est tenu dans un état de décence et de propreté qu'on pourrait proposer pour modèle aux voûtes orgueilleuses de Westminster et de Saint-Paul.

C'était dans cette partie extérieure de la cathédrale qu'on avait permis à Cleveland de se promener, d'autant mieux que ses gardes, en veillant à l'unique porte, avaient moyen d'empêcher toute tentative d'évasion de sa part avec le moins de peine possible pour eux-mêmes. Le lieu était d'ailleurs bien choisi pour cette triste destination. La voûte élevée est soutenue par une rangée de piliers massifs d'architecture saxonne, dont quatre, de proportions encore plus gigantesques, supportaient autrefois la longue flèche, qui, depuis longtemps détruite par accident, avait été réédifiée sur un plan tronqué et disproportionné. La lumière pénètre du côté de l'est par une haute croisée gothique de dimensions convenables, et richement ornée; les dalles sont couvertes d'inscriptions en différentes langues, gravées sur les tombeaux des nobles orcadiens qui, à diverses époques, ont été déposés dans cette religieuse enceinte.

C'est là que se promenait Cleveland, méditant sur les divers épisodes d'une vie mal employée, et qui, suivant toute apparence, se terminerait, à la fleur de l'âge, par une fin violente et honteuse : — Bientôt, se disait-il en contemplant les dalles, je serai aussi au nombre des morts; — mais pas un saint homme n'aura pour moi une bénédiction; pas une main amie ne gravera une inscription sur la tombe du pirate Cleveland, où nul descendant orgueilleux ne fera sculpter ses armoiries. Mes os blanchiront suspendus au gibet sur quelque plage ou sur un cap solitaire à qui mon souvenir attachera une malédiction fatale. Le vieux marin, en passant le détroit, redira, en secouant la tête, mon nom et ma vie, comme une leçon pour ses jeunes camarades. — Mais Minna! Minna! — quelles seront tes pensées à la nouvelle de ma mort? — Oh! que cette funeste nouvelle soit engloutie dans le plus profond des abîmes qui séparent Kirkwall de Burgh-Westra, avant d'arriver jusqu'à ton oreille! — Et plût au Ciel que nous ne nous fussions jamais rencontrés, puisque nous ne devons jamais nous réunir!

En disant ces mots, il leva les yeux... Minna Troil était devant lui! Son visage était pâle, ses cheveux en désordre; mais son regard ferme et assuré conservait son expression ordinaire d'exaltation et de mélancolie. Elle était encore enveloppée dans la large mante qu'elle avait jetée sur ses épaules en quittant le vaisseau. Le premier mouvement de Cleveland fut la surprise, puis une joie mêlée de terreur. Il aurait voulu s'écrier, — se jeter à ses pieds; — mais elle lui imposa à la fois le silence et le calme en levant le doigt et lui disant d'une voix basse, mais qui commandait l'obéissance : — Soyez prudent, — on nous observe. — Il y a des hommes en dehors; — ils m'ont laissée entrer sans difficulté. mais je n'ose rester longtemps. — Ils penseraient, — ils pourraient croire... O Cleveland! j'ai tout risqué pour vous sauver!

— Me sauver! — Hélas! pauvre Minna! c'est impossible! — c'est assez que je vous aie revue encore une fois, ne fût-ce que pour vous dire un éternel adieu!

— Il faut en effet nous dire adieu, car le destin et vos crimes nous ont séparés pour toujours! — Cleveland, j'ai vu vos compagnons; — ai-je besoin de vous en dire davantage? — faut-il ajouter que je sais maintenant ce que c'est qu'un pirate?

— Vous avez été au pouvoir de ces scélérats! s'écria Cleveland avec désespoir. — Auraient-ils osé...

— Cleveland, répondit Minna, ils n'ont rien osé; — votre nom a été un talisman auprès d'eux! C'est le pouvoir de ce talisman sur ces féroces bandits, c'est lui seul qui m'a rappelé les qualités que j'aimais autrefois à reconnaître dans Cleveland!

— Oui, reprit celui-ci avec orgueil, mon nom a su et saura encore les arrêter dans leurs plus fougueuses violences! et s'ils vous avaient blessée par un seul mot grossier, ils auraient senti... Mais où m'emporte une vaine colère? — je suis prisonnier!

— Vous allez cesser de l'être! — Votre sûreté, celle de mon père chéri, tout veut que vous soyez à l'instant rendu à la liberté! J'ai conçu un plan d'évasion qui, hardiment exécuté, ne peut manquer de réussir. Le jour baisse; — enveloppez-vous dans mon manteau, et vous passerez facilement à travers les gardes : — je leur ai donné de quoi se réjouir, et ils sont tout occupés à boire. Volez au lac de Stennis, et cachez-vous jusqu'à l'aurore. Alors, faites qu'une fumée s'élève sur le point où la terre, s'étendant de chaque côté dans le lac, se divise presque en deux au pont de Broisgar; votre bâtiment, qui n'est pas loin de là, enverra une chaloupe à terre. — N'hésitez pas un instant

— Mais vous, Minna! — si ce plan téméraire réussissait, qu'adviendrait-il de vous?

— Pour la part que j'aurais prise à votre délivrance, la pureté de mes intentions serait une excuse aux yeux du Ciel, et la sûreté de mon pere, dont le destin dépend du vôtre, me justifierait devant les hommes.

En peu de mots, elle lui raconta les détails de leur capture, et ce qui l'avait suivie. Cleveland leva les yeux et les mains vers le ciel pour le remercier d'avoir permis que les deux sœurs s'échappassent des mains de ses compagnons pervers, et il ajouta précipitamment : — Mais vous avez raison, Minna, il faut absolument que je fuie; — je dois fuir dans l'intérêt de votre père. — Séparons-nous donc ici; mais, je l'espère, non pas pour toujours!

— Pour toujours! dit une voix qui semblait sortir d'une voûte sépulcrale.

Ils tressaillirent, regardèrent autour d'eux, puis jetèrent les yeux l'un sur l'autre. Il semblait que les échos de l'édifice eussent répété les derniers mots de Cleveland; mais la prononciation en était accentuée avec trop d'emphase.

— Oui, pour toujours, répéta Norna de Fitful-Head, en sortant de derrière l'un des massifs piliers saxons qui supportent la voûte de la cathédrale : — c'est ici que se sont rencontrés le pied sanglant et la main sanglante. Il est heureux pour l'un et l'autre que la blessure d'où ce sang a coulé soit guérie; — heureux pour l'un et l'autre, et plus heureux encore pour celui qui l'a versé. — C'est ici que vous vous êtes revus, — revus pour la dernière fois!

— Non, s'écria Cleveland qui sembla vouloir prendre la main de Minna; ma séparation d'avec Minna, tant que je vivrai, ne peut être l'ouvrage que de sa seule volonté.

— Arrière! dit Norna en s'avançant entre eux deux, loin de vous ces folles pensées! Ne vous bercez pas du vain rêve d'une réunion future; — vous vous séparez ici, et c'est pour toujours. L'épervier ne s'unit pas à la colombe; le crime ne s'associe pas à l'innocence. — Minna Troil, vous voyez pour la dernière fois cet homme hardi et criminel; — Cleveland, Minna paraît devant vous pour la dernière fois.

— Vous imaginez vous, dit Cleveland avec indignation, que vos momeries peuvent m'en imposer, et me comptez-vous au nombre des sots qui voient autre chose que de l'imposture dans votre art prétendu?

— Arrêtez! Cleveland, arrêtez! dit Minna, dont la vénération héréditaire pour Norna s'était encore accrue par la circonstance de son apparition soudaine. — Oh! arrêtez! — elle est puissante; — elle n'est que trop puissante. — Et vous, Norna, rappelez-vous que la sûreté de mon père est enchaînée à celle de Cleveland.

— Et il est heureux pour lui que je m'en sois souvenue, répondit la pythonisse, et que pour l'amour d'un seul je sois ici pour les aider tous deux. Et vous, avec votre projet puéril de faire passer un homme de sa force et de sa taille sous le couvert de quelques misérables plis de wadmaal, — qu'auriez-vous produit autre chose que de le faire resserrer plus étroitement avec des chaînes et des verroux ? — Je le sauverai, — je le conduirai en sûreté à bord de la chaloupe. Mais il faut qu'il renonce pour toujours à ces rivages, et qu'il porte ailleurs la terreur de son pavillon noir et de son nom encore plus terrible ; car si le soleil se lève deux fois, et le retrouve à l'ancre, que son sang retombe sur sa tête. — Oui, regardez-vous encore, c'est le dernier regard que je permets à une affection périssable, — et dites-vous, si vous le *pouvez*, dites-vous adieu pour toujours.

— Obéissez-lui, murmura Minna, obéissez-lui sans résistance.

Cleveland saisissant sa main, et la baisant avec ardeur, dit, mais d'un ton si bas, qu'elle seule pouvait l'entendre : — Adieu, Minna, mais *non* pour toujours.

— Et maintenant, jeune fille, dit Norna ; éloigne-toi, et laisse le reste à la Reim-Kennar.

— Encore un mot, dit Minna, et je vous obéis. Dites-moi seulement si j'ai bien compris vos paroles. — Mordaunt Mertoun est-il sain et sauf ?

— Sain et sauf, dit Norna ; autrement malheur à la main qui a répandu son sang !

Minna se dirigea lentement vers la porte de la cathédrale en se retournant par intervalles pour regarder la sombre figure de Norna et la taille imposante et martiale de Cleveland, à demi cachés l'un et l'autre dans l'épaisse obscurité de ces antiques voûtes. La seconde fois qu'elle se retourna, ils étaient en marche, et Cleveland suivait la vieille pythonisse, qui, d'un pas lent et solennel, semblait glisser vers l'une des ailes. Lorsqu'elle se retourna une troisième fois, elle ne les aperçut plus. Elle s'arrêta pour tâcher de se remettre, puis s'avançant vers la porte située du côté de l'orient, par laquelle elle était entrée, elle écouta un moment les gardes qui parlaient ensemble au dehors.

— La jeune Schetlandaise reste bien longtemps avec le pirate, disait l'un d'eux ; j'espère qu'ils n'ont pas à causer d'autre chose que de la rançon de son père.

— Ah dame ! répondait l'autre, les jeunes filles auront toujours plus de sympathie pour un jeune et beau pirate que pour un vieux bourgeois goutteux.

Ici leur conversation fut interrompue par celle qui en était l'objet, et comme s'ils se fussent sentis pris en flagrant délit, ils se hâtèrent d'ôter leurs chapeaux, saluèrent d'un air gauche, et ne parurent pas peu embarrassés et confus.

Minna retourna à la maison où elle logeait, vivement émue, mais en somme, satisfaite du résultat de son expédition, qui en même temps qu'elle semblait mettre son père hors de danger, l'assurait à la fois et de l'évasion de Cleveland et de la sûreté du jeune Mordaunt. Elle se hâta de faire part de ces nouvelles à sa sœur, qui se joignit à Minna pour en rendre grâces au Ciel, et qui fut presque tentée de croire au pouvoir surnaturel de Norna, tant elle était contente de l'usage qu'elle venait d'en faire. Elles passèrent quelque temps à échanger des félicitations mutuelles, et à verser ensemble des larmes d'espérance, quoique plus d'une appréhension s'y mêlât encore; et la soirée était déjà assez avancée lorsqu'elles furent interrompues par Claude Halcro, qui, tout frétillant et d'un air à la fois effrayé et important, vint leur annoncer que le prisonnier, Cleveland, avait disparu de la cathédrale où on lui avait laissé la liberté de se promener, et que le prévôt, informé de la participation de Minna à cette évasion, venait, dans une grande perplexité, faire une enquête sur les circonstances de l'événement.

Lors de l'arrivée du digne magistrat, Minna ne lui cacha pas le désir qu'elle avait eu que Cleveland s'échappât, comme le seul moyen qu'elle eût vu de sauver son père d'un danger imminent; mais elle nia positivement avoir pris part à sa fuite, et déclara qu'il y avait plus de deux heures qu'elle avait laissé Cleveland dans la cathédrale, en compagnie d'une autre personne dont elle ne se croyait pas obligée de dire le nom.

— Ce n'est pas nécessaire, miss Minna Troil, reprit le prévôt Torfe; car bien qu'on n'ait vu entrer aujourd'hui dans l'église de Saint-Magnus personne autre que ce capitaine Cleveland et vous, nous sommes sûrs que votre cousine, la vieille Ulla Troil, que vous autres Schetlandais appelez Norna de Fitful Head, a rôdé par là par mer et par terre, et peut-être à travers les airs, en barque, à cheval ou sur un manche à balai; on a vu aussi son nain muet aller et venir, espionnant tout le monde, — et c'est un bon espion, car il entend tout et ne redit rien, si ce n'est à sa maîtresse. Et nous savons aussi qu'elle peut entrer dans l'église quand toutes les portes en sont fermées, car on l'y a vue plus d'une fois, Dieu nous garde du mauvais esprit! — Donc, sans plus de questions, je conclus que c'est la vieille Norna que vous avez laissée dans l'église avec ce sabreur; — et si cela est, les attrapera qui pourra. — Je ne puis m'empêcher de dire, cependant, charmante mistress Minna, que vous autres habitants des îles Schetland paraissez oublier la loi et l'Évangile, en ayant recours à la sorcellerie pour faire sortir un coupable de la prison où il était légalement enfermé. Or, le mieux que vous, votre cousine ou votre père ayez à faire, c'est d'user de votre influence auprès de ce mécréant pour le décider à partir aussi vite que possible, sans nuire à la ville ou à notre commerce, et alors il n'y aura pas grand mal à tout ce qui est arrivé : car Dieu sait que je n'en voulais pas à la vie de ce pauvre diable, pourvu que je pusse me tirer de cette affaire les mains nettes ; bien moins encore aurais-je voulu que par son emprisonnement mal advînt au digne Magnus Troil de Burgh-Westra.

— Je vois où le bât vous blesse, M. le prévôt, dit Claude Halcro, et je crois pouvoir répondre pour mon ami M. Troil, aussi bien que pour moi, que nous dirons et ferons tout ce qui sera en notre pouvoir, à l'égard de cet homme, le capitaine Cleveland, pour lui faire quitter la côte sur-le-champ.

— Et moi, dit Minna, je suis si convaincue que ce que vous recommandez arrangera toutes les parties, que ma sœur et moi nous nous rendrons demain matin à la Maison de Stennis, si M. Halcro veut bien nous y accompagner, pour recevoir mon père quand il viendra à terre, lui communiquer vos intentions et faire de notre mieux pour déterminer cet homme infortuné à quitter le pays.

Le prévôt Torfe la regarda d'un air de surprise. — Il n'est pas beaucoup de jeunes femmes, dit-il, qui voudraient faire huit milles pour se rapprocher d'une bande de pirates.

— Nous ne courons aucun danger, dit Claude Halcro ; la Maison de Stennis est forte, et mon cousin, à qui elle appartient, a des gens et des armes à son service. — Les jeunes personnes seront aussi en sûreté là qu'à Kirkwall ; et un prompt rapprochement entre Magnus Troil et ses filles peut produire beaucoup de bien. Je suis donc fort aise de voir, relativement à vous, mon bon vieil ami, — comme dit l'illustre John :

> « Qu'après un long débat,
> L'homme ait enfin vaincu le magistrat. »

Le prévôt sourit, fit un signe de tête, et exprima, autant qu'il le pouvait avec convenance, combien il serait heureux de voir *la Favorite de la fortune* et son turbulent équipage abandonner les Orcades sans plus de relations ni de violences de part et d'autre. Il ne pouvait, dit-il, les autoriser à se fournir de provisions sur cette côte ; mais, soit par crainte, soit par faveur, ils étaient sûrs de s'en procurer à Stromness. Le pacifique magistrat prit alors congé d'Halcro et des deux sœurs, qui se proposaient, le lendemain matin, de transférer leur résidence à la Maison de Stennis, château situé sur les bords du lac d'eau salée qui porte le même nom, et à une distance d'environ quatre milles par eau de la rade de Stromness, où le vaisseau du corsaire était à l'ancre.

CHAPITRE XXXVIII.

> Fuis, Fleance, fuis, tu peux leur échapper!
> *Macbeth.*

Parmi les divers artifices auxquels Norna avait recours pour soutenir ses prétentions à un pouvoir surnaturel, un des principaux consistait à acquérir une connaissance familière et pratique de tous les passages secrets, de toutes les retraites cachées, formés par la nature ou pratiqués par l'art, que la tradition ou toute autre voie pouvait lui découvrir; et c'était cette science qui la rendait souvent capable de conduire à fin des entreprises qui, autrement, eussent été inexplicables. C'est ainsi qu'à Burgh-Westra elle s'était échappée du tabernacle de la pythonisse, par un panneau mobile qui cachait un passage secret dans le mur, passage connu d'elle seule et de Magnus, de la discrétion duquel elle était sûre. La profusion avec laquelle elle prodiguait un revenu considérable qui, sans cela, n'eût été pour elle d'aucun usage, lui donnait aussi la faculté de connaître immédiatement tout ce qu'elle désirait savoir, et, en même temps, de s'assurer de tout autre secours nécessaire à l'exécution de ses plans. En cette occasion, Cleveland eut lieu d'admirer à la fois et sa sagacité et ses ressources.

Au moyen d'une pression un peu forte, une porte qui se trouvait cachée sous une riche sculpture de bois dans le mur de séparation qui divise l'aile de l'est du reste de la cathédrale, s'ouvrit et laissa voir un passage étroit, sombre et tournant. Norna y entra, disant à voix basse à Cleveland de la suivre, et de ne pas manquer de repousser le panneau derrière lui. Il obéit et la suivit dans l'obscurité et le silence, quelquefois descendant des marches, et Norna alors avait toujours soin de le prévenir de leur nombre, quelquefois obligé de monter, et souvent de tourner court. On respirait plus librement que l'on n'eût dû s'y attendre, — le passage étant aéré en différents endroits par plusieurs soupiraux cachés à la vue et ingénieusement ménagés. Ils arrivèrent enfin au terme de leur longue course; Norna tira alors de côté un panneau glissant qui s'ouvrait derrière un de ces lits de bois qu'on appelle, en Écosse, *lits en caisse*, et qui leur donna accès dans une chambre antique de très-pauvre apparence, éclairée par une fenêtre grillée, et dont le toit était en forme de mansarde. L'ameublement était en fort mauvais état, et pour tout ornement, il y avait, d'un côté du mur, une guirlande de rubans fanés, semblables à ceux dont on décore les vaisseaux baleiniers ; de l'autre, on voyait un écusson portant des armes et une couronne de comte, entouré des emblèmes ordinaires de la mort. La pioche et la bêche qui se trouvaient dans un coin, et aussi la présence d'un vieillard qui, vêtu d'un vieux habit noir, et la tête couverte d'un grand chapeau rabattu, était occupé à lire auprès d'une table, annonçaient que l'on était dans la demeure du bedeau ou sacristain de l'église, et en présence de ce respectable fonctionnaire.

Au bruit que fit en s'ouvrant le panneau mobile, il se leva, et témoignant un grand respect, mais sans aucun signe de surprise, il ôta le chapeau qui ombrageait les touffes rares de ses cheveux gris, et resta découvert devant Norna, dans une attitude d'humilité profonde.

— Sois fidèle, lui dit Norna, et garde-toi de montrer à aucun mortel le chemin secret du sanctuaire.

Le vieillard s'inclina en signe d'obéissance et de remerciement, car Norna avait accompagné ses paroles de quelques pièces d'argent. Il lui exprima ensuite, d'une voix tremblante, l'espoir qu'elle voudrait bien se rappeler son fils, en expédition au Groenland, afin qu'il en revînt sain et sauf, et avec une bonne pêche, comme l'année précédente, « quand il a rapporté la guirlande, » ajouta le vieillard en montrant les rubans appendus au mur.

— Je ferai bouillir mon chaudron et je dirai mes vers magiques en sa faveur, répondit Norna ; Pacolet nous attend-il dehors avec les chevaux?

Le vieux sacristain fit un signe affirmatif, et la pythonisse, commandant à Cleveland de la suivre, pénétra par une porte secrète de l'appartement dans un petit jardin, qui, par sa chétive apparence, répondait bien à la demeure qu'ils venaient de quitter. Le mur bas et en partie démoli leur permit de passer sans peine dans un autre jardin plus vaste, mais non mieux entretenu. Une porte, qui se fermait par un loquet, les conduisit dans une ruelle étroite et tortueuse. Norna ayant dit à voix basse à son compagnon que c'était le seul endroit dangereux qu'ils eussent à franchir, tous deux le traversèrent en hâtant le pas. L'obscurité était alors presque complète, et les habitants des pauvres demeures qui bordaient le chemin s'étaient retirés chez eux. Une femme seulement parut : mais elle se signa et rentra précipitamment dans sa maison lorsqu'elle vit passer rapidement devant elle la haute taille de Norna. La rue les conduisit dans la campagne, où le nain muet, caché derrière le mur d'un hangar abandonné, les attendait avec trois chevaux, d'une race plus haute et plus vigoureuse que ceux qu'on élève aux Schetland. Norna se plaça aussitôt sur l'un d'eux, Cleveland monta l'autre, et suivis de Pacolet qui s'était mis sur le troisième, ils s'avancèrent avec précaution à travers l'obscurité.

Après plus d'une heure de course rapide, pendant laquelle Norna remplit le rôle de guide, ils s'arrêtèrent devant une chaumière si complétement dévastée, qu'elle ressemblait plutôt à un abri temporaire pour les bestiaux qu'à une cabane.

— Vous pouvez rester ici jusqu'au point du jour, dit Norna, en attendant le moment où votre vaisseau pourra voir votre signal. Puis, confiant les chevaux aux soins de Pacolet, elle se dirigea la première vers la misérable chaumière, qu'elle éclaira aussitôt au moyen d'une petite lampe de fer qu'elle portait d'ordinaire avec elle. — C'est, dit-elle, un lieu de refuge pauvre, mais sûr ; car si nous étions poursuivis jusqu'ici, la terre s'ouvrirait et nous cacherait dans ses retraites avant que vous ne fussiez pris : car sachez que cette terre est consacrée aux dieux de l'antique Valhalla. Et maintenant répondez-moi, homme de crime et de sang, êtes-vous ami ou ennemi de Norna, la seule prêtresse de ces divinités abandonnées?

— Comment me serait-il possible d'être votre ennemi? répondit Cleveland ; — la reconnaissance commune...

— La reconnaissance commune, interrompit Norna, est un mot banal ; — et les mots sont la monnaie courante que les sots acceptent des mains des fripons. Mais Norna doit être payée par des actions, — par des sacrifices.

— Eh bien ! bonne mère, dites ce que vous demandez.

— Que vous ne cherchiez jamais à revoir Minna Troil, et que vous quittiez cette côte dans vingt-quatre heures.

— C'est impossible, repartit le proscrit ; je ne puis me procurer en aussi peu de temps les provisions dont mon sloop a besoin.

— Vous le pouvez : j'aurai soin que vous ayez tout ce qu'il vous faudra, et le Caithness n'est pas éloigné, non plus que les Hébrides [1].
— Vous pouvez partir si vous le voulez.

— Et pourquoi partirais-je, si je ne le veux pas?

— Parce qu'en demeurant vous mettez d'autres personnes en péril, et que vous préparez votre propre destruction. Écoutez-moi avec attention. Du premier moment où je vous vis étendu sans connaissance sur la plage, au pied du Sumburgh, je lus dans vos traits quelque chose qui vous enchaînait à moi et à ceux qui me sont chers ; mais était-ce pour le bien ou pour le mal? c'est ce qui demeura caché à mes yeux. J'aidai à sauver votre vie, à mettre votre bien en sûreté. Je secondai en cela celui-là même que vous avez traversé dans ses plus chères affections, — en employant de faux rapports et la calomnie.

— Moi, calomnier Mertoun ! Par le Ciel, j'ai à peine prononcé son

---

[1] Le Caithness est la partie de l'Écosse la plus avancée au nord, et n'est séparé des Orcades que par le détroit (*frith*) de Pentland. L'archipel des Hébrides s'étend à l'ouest de la Haute-Écosse. (L. V.)

nom à Burgh-Westra, si c'est là ce que vous voulez dire. Ce colporteur, Bryce, voulant, je crois, être de mes amis, parce qu'il trouvait que je pouvais lui être bon à quelque chose, fit, comme je l'ai appris depuis, arriver aux oreilles du vieillard ce bavardage ou ce mensonge (car je ne sais quel nom lui donner), qui fut confirmé par le rapport de l'île entière. Mais, quant à moi, je le regardai à peine comme un rival : autrement j'aurais pris un moyen plus honorable pour me débarrasser de lui.

— Est-ce la pointe de votre poignard à deux tranchants, dirigée contre le sein d'un homme sans armes, qui devait vous fournir ce moyen plus honorable? dit Norna d'un ton sévère.

La voix de la conscience se fit entendre à Cleveland; il resta silencieux pendant un instant, puis répliqua : — En cela j'ai eu tort, il est vrai; mais il est rétabli, grâces au Ciel, et je suis prêt à lui donner une satisfaction honorable.

— Non, Cleveland, non! Le mauvais esprit dont vous êtes l'instrument est puissant, mais il n'en viendra pas aux prises avec moi. Vous êtes de ce caractère que les intelligences ténébreuses aiment dans leurs agents : audacieux, hautain, intrépide, dépourvu de tout principe et n'ayant pour guide qu'un sauvage sentiment d'indomptable orgueil, que vos semblables appellent honneur. Tel vous êtes, et tel a été votre passage dans la vie; — audacieux et sans frein, orageux et sanguinaire. Vous m'obéirez pourtant, ajouta-t-elle en étendant son bâton, dans une attitude d'autorité; — oui, vous m'obéirez, dût le génie du mal apparaître dans tout son appareil de terreurs.

Cleveland fit entendre un rire de dédain. — Bonne mère, dit-il, réservez un tel langage pour le grossier marin qui vous demande de lui accorder un vent favorable, ou pour le pauvre pêcheur qui vous prie de porter bonheur à ses lignes et à ses filets. Je suis depuis longtemps inaccessible à la crainte et à la superstition. Évoquez votre démon, s'il en est un qui vous obéisse, et placez-le devant moi. L'homme qui a passé sa vie dans la compagnie de diables incarnés ne peut guère craindre la présence d'un démon incorporel.

Il y avait dans le ton dont ces mots furent prononcés à la fois tant d'insouciance et d'amertume, que les illusions même dont l'exaltation enveloppait l'esprit de Norna vinrent y échouer. Aussi ce fut d'une voix creuse et tremblante qu'elle demanda à Cleveland : — Pour qui donc me prenez-vous, si vous me refusez le pouvoir que j'ai acheté si cher?

— Vous avez la sagesse, bonne mère, répondit Cleveland, ou du moins vous avez l'art, et l'art est le pouvoir. Je vous prends pour quelqu'un qui sait gouverner au milieu du courant des événements, mais je nie que vous ayez le pouvoir de le changer. Ne dépensez donc pas de paroles inutiles à m'inspirer des craintes auxquelles je suis

CHAPITRE XXXVIII.

inaccessible; mais dites-moi enfin, pourquoi voulez-vous que je m'éloigne?

— Parce que vous ne devez plus revoir Minna! — parce que Minna doit être l'épouse de celui que les hommes nomment Mordaunt Mertoun! — parce que si vous ne partez pas d'ici à vingt-quatre heures, votre perte est certaine! Dans ces paroles il n'y a ni illusion ni détours; répondez-moi de même.

— Eh bien donc! en termes clairs, *je ne veux pas* quitter ces îles, — au moins pas avant d'avoir vu Minna Troil, — et jamais, tant que je vivrai, elle ne sera l'épouse de votre Mordaunt!

— Entendez-le! s'écria Norna; — entendez un mortel mépriser les moyens de prolonger sa vie! — entendez un coupable, — le plus coupable des hommes, refuser le temps que le destin lui accorde pour se repentir et pour sauver son âme immortelle! Voyez comme le voilà fier, hardi et confiant dans la force et le courage de sa jeunesse! Mes yeux, qui ne savent plus pleurer, — mes yeux, qui ont si peu de motifs pour répandre des larmes sur lui, sont obscurcis par les pleurs, quand je pense à ce que sera un être si beau avant qu'un second soleil soit descendu sous l'horizon!

— Mère, dit Cleveland avec fermeté, et cependant avec quelque émotion et quelque tristesse, je comprends en partie vos menaces; vous en savez plus que moi sur la direction de *l'Alcyon*; — peut-être (car je sais que vous avez montré une habileté admirable à combiner de semblables affaires), peut-être avez-vous les moyens de diriger sa course dans la voie qui vous convient. Eh bien! soit; — pour un tel risque, je ne me départirai pas de mes desseins. Si la frégate vient ici, nous avons la ressource de nous jeter dans des eaux peu profondes; et je ne pense pas qu'avec leurs chaloupes ils osent nous attaquer aussi aisément que si nous étions un chebec espagnol. Je suis donc résolu à hisser encore une fois le pavillon sous lequel j'ai croisé, à nous prévaloir de mille chances qui nous ont tirés de passes plus critiques, et, en mettant les choses au pis, à combattre le vaisseau jusqu'à la dernière extrémité : au surplus, quand un homme ne peut rien de plus, un coup de pistolet dans la soute aux poudres, et nous mourons comme nous avons vécu!

Il y eut un moment de silence après ces mots; enfin, Cleveland reprit d'un ton plus calme : — Vous avez entendu ma réponse, bonne mère : ne discutons pas davantage, et séparons-nous en paix. Je voudrais vous laisser un souvenir, pour que vous n'oubliiez pas un pauvre diable à qui vos services ont été utiles, et qui se sépare de vous sans rancune, quelque hostile que vous soyez à ses plus chers intérêts. — Je vous en prie, ne refusez pas cette bagatelle, ajouta-t-il en présentant à Norna la petite boîte enchâssée d'argent qui avait été le sujet de la querelle entre Mertoun et lui; ce n'est pas pour le métal, dont je sais que vous faites peu de cas, mais seulement comme souvenir de votre rencontre avec un homme dont plus d'une étrange histoire sera racontée sur les mers qu'il a parcourues.

— J'accepte votre présent, dit Norna, en signe que si j'ai contribué en quelque chose a accélérer votre destin, je n'ai été qu'à regret l'instrument involontaire de pouvoirs supérieurs. Vous avez eu bien raison de dire que nous ne dirigeons pas le cours des événements qui nous poussent, et qui rendent nos plus grands efforts inutiles, comme les eaux de Tuftiloe[1] peuvent entraîner le plus fort vaisseau dans leurs tourbillons rapides, en dépit des voiles et du gouvernail. — Pacolet! s'écria-t-elle en élevant la voix; eh bien! Pacolet!

Elle avait à peine proféré ces paroles, qu'une large pierre qui se trouvait placée à côté du mur de la cabane, se déplaça, et qu'aux regards surpris sinon effrayés de Cleveland, parut la forme monstrueuse du nain, semblable à un énorme reptile sortant du passage souterrain dont la pierre lui avait dérobé la vue.

Norna, comme si elle était encore sous le coup des paroles de Cleveland sur ses prétentions surnaturelles, fut si loin d'essayer de se prévaloir de cette occasion pour leur donner du poids, qu'elle se hâta d'expliquer à Cleveland le phénomène dont il était témoin.

— De tels passages, dit-elle, dont l'entrée est cachée avec soin, se trouvent fréquemment dans ces îles; — ce sont les lieux de retraite des anciens habitants, où ils cherchaient un abri contre la rage des Normands, les pirates de ce temps-là. C'est afin que vous puissiez vous servir de ce refuge, en cas de besoin, que je vous ai amené ici. Si vous reconnaissiez à quelque signe que vous êtes poursuivi, vous pouvez ou vous cacher dans les entrailles de la terre jusqu'à ce que le danger soit passé, ou vous échapper, si vous voulez, par l'entrée plus éloignée près du lac, celle qui vient de servir de passage à Pacolet. — Et maintenant, adieu; — songez à ce que je vous ai dit: car aussi sûr que maintenant vous respirez, votre arrêt est fixé, si dans vingt-quatre heures vous n'avez doublé le Burgh-Head.

— Adieu, bonne mère, dit Cleveland tandis qu'elle s'éloignait en abaissant sur lui un regard où, autant que la clarté de la lampe lui permit de le voir, le chagrin se mêlait au déplaisir.

Cette entrevue laissa une trace profonde dans l'esprit de Cleveland, quelque accoutumé qu'il fût aux dangers les plus imminents. C'est en

---

[1] Le mot *well* (eau), dans le langage de ces mers, dénote un de ces gouffres ou tourbillons qui tournent et bouillonnent avec une force prodigieuse, et qui présentent un grand danger. De la, dans le vieil anglais, la distinction entre tourbillons (*wells*) et lames (*waves*), la dernière expression signifiant le cours direct et naturel de la marée, et la première, les tournants d'eau à surface unie et transparente, dont la force semble aux yeux presque irrésistible. (W. S.)

vain qu'il essaya de secouer l'impression qu'avaient laissée les dernières paroles de Norna ; elles avaient fait sur lui d'autant plus d'effet qu'elles étaient dépouillées de ce ton d'emphase qu'il méprisait. Pour la millième fois, il regretta d'avoir remis de jour en jour la résolution qu'il avait prise depuis longtemps de quitter ce terrible et dangereux métier : et comme il se l'était déjà promis à plusieurs reprises, il prit la ferme détermination, s'il pouvait voir Minna Troil une seule fois encore, et s'il pouvait lui dire un dernier adieu, de quitter le sloop aussitôt que ses camarades seraient hors de leur situation périlleuse, d'essayer d'obtenir le pardon royal, et de tâcher de se distinguer dans la profession des armes d'une manière plus honorable.

La résolution à laquelle il s'attachait de plus en plus eut enfin pour effet d'apaiser le trouble de son esprit, et, enveloppé dans son manteau, il put jouir quelque temps de ce repos agité que la nature épuisée exige de ceux même sur la tête de qui planent les plus imminents dangers. Mais en vain l'homme coupable parviendra-t-il à tromper sa conscience et à engourdir en lui le sentiment du remords par un repentir conditionnel ; c'est une question si, aux yeux du Ciel, ce n'est pas plutôt une aggravation présomptueuse de ses fautes qu'une expiation de ses erreurs.

Quand Cleveland s'éveilla, l'aurore mêlait déjà sa teinte grisâtre au crépuscule d'une nuit des Orcades. Il se trouva sur le bord d'une belle nappe d'eau qui, non loin du lieu où il avait reposé, était divisée par deux langues de terre s'approchant l'une de l'autre des deux côtés opposés du lac, et, jusqu'à un certain point, unies par le *pont de Broisgar*, longue digue dans laquelle sont pratiquées des ouvertures qui livrent passage au flux et au reflux de la marée. Derrière lui et en face du pont s'élevait ce remarquable hémicycle d'énormes pierres dressées qui n'ont pas de rivales dans la Grande-Bretagne, sauf l'inimitable monument de Stonehenge. Ces immenses blocs de pierre, qui ont tous plus de douze pieds, et dont quelques-uns ont jusqu'à quatorze et quinze pieds de hauteur, s'élevaient autour du pirate, éclairés par la lumière blanchâtre de l'aurore, comme autant de formes fantastiques de géants antédiluviens qui, revêtus de leurs linceuls, seraient revenus visiter, à cette pâle clarté, la terre qu'ils avaient fait gémir sous leur oppression et souillée de leurs crimes, jusqu'au jour où ils avaient attiré sur leurs forfaits la vengeance longtemps suspendue du Ciel [1].

Cleveland fut moins intéressé par ce singulier monument de l'antiquité que par la vue éloignée de Stromness qu'il pouvait encore discerner. Il ne fut pas long à se procurer du feu au moyen d'un de ses pistolets, et quelques feuilles humides de fougère lui servirent à l'en-

---

[1] *Voyez* note Q, à la fin du volume.

tretenir de manière à donner le signal convenu. On attendait ce signal avec impatience à bord du sloop; car l'incapacité de Goffe devenait de jour en jour plus manifeste, et ses plus fermes adhérents eux-mêmes convenaient que le mieux était de se remettre sous le commandement de Cleveland jusqu'à leur retour aux Indes occidentales.

Bunce, qui vint avec la chaloupe chercher son cher commandant, jura, cria, dansa et sauta de joie lorsqu'il le vit encore une fois en liberté. Ils ont déjà travaillé, dit-il, au ravitaillement du sloop, et ils auraient pu en faire davantage sans cet ivrogne, cette vieille éponge de Goffe, qui est à peine capable d'épisser les grands bras d'une vergue.

L'équipage de la chaloupe fut transporté du même enthousiasme, et rama si vigoureusement, que, bien qu'ils eussent la marée contre eux, et que le vent leur manquât, ils eurent bientôt ramené encore une fois Cleveland sur le gaillard d'arrière du bâtiment qu'il avait le malheur de commander.

Le premier usage que le capitaine fit de son autorité fut de faire connaître à Magnus Troil qu'il était entièrement libre de partir; — que lui, Cleveland, voulait lui donner toute espèce de dédommagement qui fût en son pouvoir, pour avoir interrompu son voyage à Kirkwall, — et que le capitaine désirait, si cela était agréable à M. Troil, lui présenter ses respects à bord de son brick, — afin de le remercier des services qu'il avait reçus de lui, et de lui offrir ses excuses de la détention qu'il avait subie.

Ce fut à Bunce, comme au plus civilisé de l'équipage, que Cleveland confia ce message, auquel le vieux et honnête udaller répondit :
— Dites à votre capitaine que je serais charmé de penser qu'aucun de ceux qu'il a arrêtés en pleine mer n'a eu à souffrir plus que moi; dites-lui aussi que si nous devons rester amis, ce sera de loin: car, en mer, j'aime aussi peu le bruit de ses boulets, qu'à terre il aimerait le sifflement des balles de ma carabine; dites-lui, enfin, que je suis fâché de m'être trompé sur son compte, et qu'il aurait mieux fait de réserver pour l'Espagnol le courage qu'il déploie contre ses concitoyens.

— Et c'est là votre message, vieux grippe-colère? Que je meure si je n'ai pas envie de jeter, dans votre intérêt, votre message par-dessus mon épaule gauche, et de vous apprendre à avoir un peu plus de respect pour des gentilshommes de fortune! Mais je n'en ferai rien, d'abord pour l'amour de vos deux jolies filles, sans parler de mon vieil ami Claude Halcro, dont la mine me rappelle mon ancien temps de changements de décoration et de moucheurs de chandelles. — Vieux pêcheur de veau marin, tout est dit entre nous; ainsi donc, adieu.

La chaloupe qui emportait les pirates et retournait vers le sloop ne se fut pas plutôt éloignée, que Magnus, ne voulant pas placer une confiance imprudente dans l'honneur de ces gentilshommes de fortune, comme ils se nommaient eux-mêmes, se hâta d'appareiller. Le vent devint favorable et augmenta au lever du soleil. Magnus fit alors force de voiles pour Scalpaflow, dans l'intention d'y débarquer et d'aller par terre à Kirkwall, où il comptait rencontrer ses filles et son ami Claude Halcro.

CHAPITRE XXXIX.

> C'est maintenant, Emma, qu'il faut faire tes dernières réflexions ; décider ce que tu veux suivre, ce à quoi tu veux renoncer : notre malheureuse destinée et le Ciel contraire ne laissent pas d'alternative à ton choix.
>
> *Henri et Emma.*

LE soleil était élevé sur l'horizon ; les barques s'empressaient d'apporter du rivage l'eau et les provisions promises, et comme plusieurs bateaux pêcheurs étaient employés à ce service, l'équipage du sloop, avec un égal empressement, les eut bientôt rentrées à bord et emmagasinées. Tout le monde travaillait avec ardeur ; car tous, excepté Cleveland, avaient hâte de quitter ces côtes où chaque moment rendait leur position plus critique, et où, ce qui les touchait plus encore, il n'y avait pas de butin à espérer. Bunce et Derrick dirigeaient cette opération, tandis que Cleveland, se promenant sur le pont, seul et en silence, s'interposait seulement de temps à autre pour donner tel ordre qu'exigeaient les circonstances, et retombait aussitôt dans ses tristes réflexions.

Il y a deux espèces d'hommes que les scènes de crime, de terreur et de perturbation font surgir comme acteurs principaux ; les premiers sont des âmes que la nature semble avoir formées et façonnées pour cette horrible mission, véritables démons qui semblent sortir de leur repaire pour agir dans leur élément natal : telle fut la hideuse apparition de l'homme à la longue barbe qui parut à Versailles dans la fameuse journée du 5 octobre 1789, et qui égorgeait avec délices les victimes que lui livrait une populace altérée de sang. Mais Cleveland appartenait à la seconde classe de ces êtres infortunés, jetés dans le crime plutôt par un concours fortuit de circonstances que par un penchant naturel. Engagé à la suite de son père, puis retenu par le désir de le venger, dans cette vie réprouvée par les lois, ces circonstances mêmes portaient avec elles quelque chose d'atténuant, et presque d'excusable ; — d'ailleurs, le coupable ne s'abusait pas sur l'horreur de sa situation, et maint effort resté infructueux avait prouvé son intention d'en sortir.

Des pensées de repentir agitaient en ce moment son esprit; et il faut lui pardonner, si le souvenir de Minna venait s'y mêler et leur donner plus de force. En même temps, il jetait autour de lui des regards sur ses compagnons, et, pervers et endurcis comme il les connaissait, il ne pouvait s'empêcher de songer au châtiment inévitable qui attendait leur obstination. — Nous serons prêts à mettre à la voile avec la marée, se dit-il en lui-même; — pourquoi exposerais-je ces hommes, en les retenant jusqu'à l'heure du péril prédite par cette femme singulière? Ses renseignements, de quelque manière qu'elle les ait acquis, se sont toujours trouvés singulièrement exacts, et son avertissement a été solennel comme celui d'une mère qui représenterait à un enfant égaré ses crimes et l'approche de l'heure du châtiment. — D'ailleurs, quelle chance y a-t-il pour moi de revoir Minna? Elle est à Kirkwall, sans doute; et me diriger de ce côté serait gouverner droit sur les écueils. Non, je ne veux pas exposer la vie de ces pauvres diables; je mettrai à la voile avec la marée, je laisserai Bunce et le brick sur les côtes désolées des Hébrides, ou sur l'extrémité nord-ouest de l'Irlande, et je reviendrai ici sous quelque déguisement. — Et encore, pourquoi revenir? pour voir peut-être Minna devenir l'épouse de Mordaunt? — Non, le vaisseau partira sans moi; je resterai, et j'attendrai mon destin.

Ici ses méditations furent interrompues par Jack Bunce, qui, le saluant du titre de noble capitaine, vint lui annoncer qu'on mettrait à la voile quand il lui plairait.

— Ce sera quand il *vous* plaira, Bunce, car je vais vous laisser le commandement et débarquer à Stromness, dit Cleveland.

— De par le Ciel! vous n'en ferez rien, répondit Bunce. — Moi commander, vraiment! Et comment diable me ferais-je obéir de l'équipage? Il n'y a pas jusqu'à Dick Fletcher qui ne regimbe de temps en temps. Vous savez bien que sans vous il ne se passerait pas une demi-heure sans que nous en vinssions à nous couper la gorge; et si vous nous abandonnez, qu'importe que nous soyons détruits par les croisières royales ou par nos propres mains? je ne donnerais pas le bout d'un câble pour avoir le choix. Allons, allons, noble capitaine, il y a assez de jeunes filles aux yeux noirs dans ce monde; mais où trouverez-vous un aussi joli bâtiment que notre petite *Favorite*, monté comme il l'est d'une troupe de compagnons déterminés,

« Faits pour troubler la paix du monde, ou pour le dominer dans ses commotions les plus terribles? »

— Vous êtes un fou comme on n'en voit guère, Jack Bunce, dit Cleveland moitié en colère, moitié riant en dépit de lui-même, du ton faux et des gestes exagérés du comédien-pirate.

― Cela peut être, noble capitaine, mais il est possible aussi que j'aie plus d'un compagnon de folie. Vous voilà, par exemple, à jouer *Tout pour l'amour, ou l'Empire du monde perdu* [1], et vous ne pouvez supporter une innocente tirade en vers blancs. ― Eh bien ! je puis vous parler en prose sur le même sujet, car j'ai assez de nouvelles à vous apprendre ; ― et d'étranges nouvelles, ― des nouvelles tout à fait extraordinaires.

― Apprends-les-moi donc, et (pour employer ton jargon) parle-moi en habitant de ce monde [2].

― Les pêcheurs de Stromness ne veulent rien accepter ni pour leurs provisions ni pour leurs peines, dit Bunce ; voilà qui n'est pas commun, j'espère !

― Et pour quelle raison, je te prie ? c'est la première fois que j'entends parler d'argent refusé dans un port de mer.

― C'est la vérité : ― ordinairement ils nous écorchent de leur mieux ; mais voici l'affaire. Le propriétaire de ce brick là-bas, le père de votre belle Imoinda [3], s'est établi maître payeur, par manière de remerciement pour la civilité avec laquelle nous avons traité ses filles, et pour nous mettre à même d'échapper, comme il dit, à la peine qui nous est due sur ces rivages.

― C'est bien là le cœur généreux du vieil udaller ! Mais est-il donc à Stromness ? je croyais qu'il avait traversé l'île pour se rendre à Kirkwall.

― Il en avait l'intention, mais bien d'autres que le roi Duncan vont ailleurs qu'où ils voulaient aller [4]. A peine était-il à terre qu'il a été abordé par une vieille sorcière de ces parages, qui se mêle de tout, et qui fourre son doigt dans le pâté de tout le monde, comme on dit ; c'est d'après ses conseils qu'il a renoncé au projet de se rendre à Kirkwall, et il est à l'ancre pour le moment dans cette maison blanche qu'avec votre lunette vous pouvez voir là-bas s'élever sur les bords du lac. On m'a dit que la vieille s'était cotisée avec lui pour payer les provisions du sloop. Pourquoi veut-elle tant de bien à notre bâtiment ? c'est ce que je ne puis comprendre, à moins qu'en sa qualité de sorcière elle ne croie devoir traiter en amis une bande de diables comme nous.

― Mais de qui tiens-tu tout cela ? demanda Cleveland, sans prendre sa lunette, et sans paraître s'intéresser à ces nouvelles aussi vivement que s'y attendait son camarade.

― Ah ! c'est que j'ai fait ce matin une petite excursion dans le village, et que j'ai bu un coup avec une vieille connaissance qui avait été envoyée par maître Troil pour veiller à l'affaire des provisions ; je

---

[1] Tragédie de Dryden. (L. V.)
[2] Allusion à une phrase d'*Hamlet*. (L. V.)
[3] Héroïne du roman et de la tragédie d'*Oroonoko*. (L. V.)
[4] Allusion au *Macbeth* de Shakspeare. (L. V.)

lui ai tiré les vers du nez, et j'en ai même appris plus que je ne me soucie de vous en dire, noble capitaine.

— Et quel est l'auteur de ces renseignements? n'a-t-il pas de nom?

— C'est une connaissance à moi, un vieux musicien, une espèce de fou nommé Halcro, puisque vous voulez le savoir.

— Halcro! répéta Cleveland, les yeux étincelants de surprise, — Claude Halcro? — mais il a débarqué à Inganess avec Minna et sa sœur. — Où sont-elles?

— C'est justement ce que je ne me souciais pas de vous dire, répliqua le confident; — mais pourtant, dussé-je être pendu, il faut que je parle, car je ne puis me résoudre à faire manquer une si belle situation; — vous avez eu un mouvement des plus dramatiques. — Ah! voilà votre lunette tournée vers la Maison de Stennis, maintenant. — Eh bien! oui, elles y sont, puisqu'il faut le dire, et assez mal gardées. Quelques-uns des gens de cette vieille sorcière sont venus de cette espèce de montagne marine qu'ils appellent l'île d'Hoy, et le vieux gentilhomme a mis lui-même quelques hommes sous les armes. Mais qu'est-ce que tout cela, noble capitaine? Dites seulement un mot, et les deux fillettes sont enlevées cette nuit; — nous les cachons dans les écoutilles; — nous mettons du monde au cabestan dès le point du jour, nous carguons les voiles, et nous partons avec la marée du matin.

— Vos honteuses propositions me font horreur, dit Cleveland en se détournant avec dégoût.

— Hum! — des honteuses propositions, et qui vous font horreur! Mais que vous ai-je proposé, je vous prie, qui n'ait été fait cent fois par des aventuriers comme nous?

— Qu'il n'en soit plus question, dit Cleveland; et il recommença à se promener sur le pont, plongé dans une méditation profonde. Enfin, revenant vers Bunce, il lui prit la main en disant: — Jack, je veux la voir encore une fois.

— De tout mon cœur, fit Bunce avec humeur.

— Oui, je veux la voir encore une fois, et ce sera pour abjurer à ses pieds ce maudit métier et expier mes méfaits...

— Sur un gibet, ajouta Bunce en complétant la phrase. — De tout mon cœur! De la confession à la potence, c'est un proverbe fort respectable.

— Mais, mon cher Jack!

— Mon cher Jack! répéta celui-ci du même ton d'humeur; — ce cher Jack ne vous a aimé que trop. Mais faites à votre tête; — je ne prendrai plus souci de vous désormais. — Je ne veux plus vous faire horreur par mes honteuses propositions.

— Allons, il faut calmer cette mauvaise tête, comme si l'on avait affaire à un enfant gâté, dit Cleveland sans s'adresser directement à Bunce; et pourtant il ne manque ni de raison ni de courage, et je le croyais assez mon ami pour savoir que dans une bourrasque on ne choisit pas ses expressions.

— Cela est vrai, Clément, dit Bunce, et sur ce voici ma main. — Maintenant que j'y pense, vous aurez votre dernière entrevue, car il n'entre pas dans mes habitudes d'empêcher une scène d'adieu ; d'ailleurs, que signifie une marée de plus ou de moins? — nous pouvons mettre à la voile avec celle de demain aussi bien qu'avec celle-ci

Cleveland soupira, car la prédiction de Norna se présenta à son esprit ; mais l'occasion d'une dernière entrevue avec Minna était une perspective trop séduisante pour qu'aucun pressentiment et aucun avis pussent l'y faire renoncer.

— Je vais aller à terre, à l'endroit où ils sont tous, dit Bunce : le paiement de ces provisions me servira de prétexte, et je porterai une lettre ou un message de vous à Minna, avec la dextérité d'un valet de chambre.

— Mais il y a des hommes armés, — tu peux courir des dangers.

— Pas le moindre ; — j'ai protégé ces jeunes filles lorsqu'elles étaient en mon pouvoir ; je réponds que leur père ne me fera pas de mal, et ne souffrira pas qu'il m'en soit fait.

— Tu dis vrai, cela n'est pas dans son caractère. Je vais écrire quelques lignes à Minna. Et à cet effet, il courut à la cabine, où il barbouilla beaucoup de papier avant de réussir, la main tremblante et le cœur agité, à rédiger une lettre telle qu'il pût se flatter qu'elle déciderait Minna à lui accorder le lendemain matin une dernière entrevue.

Pendant ce temps, son ami Bunce cherchait Fletcher, sur l'appui duquel il comptait toujours pour seconder toutes les motions qu'il avait à faire ; et suivi de ce fidèle acolyte, il se présenta au redoutable Hawkins, le maître d'équipage, et à Derrick, le quartier-maître, qui se régalaient d'un verre de grog après le service fatigant de la journée.

— Voici quelqu'un qui va nous instruire, dit Derrick. — Eh bien ! M. le lieutenant, car c'est ainsi qu'il faut maintenant vous nommer, je pense, daignerez-vous nous initier à vos résolutions? — Quand levons-nous l'ancre?

— Quand il plaira au Ciel, M. le quartier-maître, répondit Bunce, car je n'en sais pas plus que la quille du sloop.

— Comment, de par tous les diables, s'écria Derrick, est-ce que nous ne profitons pas de cette marée?

— Ou au plus tard de celle de demain? ajouta Hawkins ; c'était parbleu bien la peine de faire travailler tous nos gens comme des nègres pour arrimer toutes ces provisions !

— Messieurs, dit Bunce, il faut que vous sachiez que Cupidon a pris notre capitaine à bord, qu'il lui sert de pilote, et qu'il a cloué son esprit sous les écoutilles.

— Est-ce encore là une de vos bribes de théâtre? dit le contre-maître avec humeur. — Si vous avez quelque chose à nous dire, soyez bref, et parlez comme un homme.

— De toute manière, dit Fletcher, il m'a toujours semblé que Jack parlait en homme et agissait de même; — aussi, voyez-vous...

— Restez tranquille, mon cher Dick, la perle des braves, reprit Bunce; taisez-vous. — En un mot, messieurs, le capitaine est amoureux.

— Vraiment! s'écria le maître d'équipage; qui aurait cru cela? Ce n'est pas que je n'aie été amoureux aussi souvent qu'un autre lorsque le navire était à l'ancre...

— Fort bien, interrompit Bunce; mais enfin le capitaine Cleveland est amoureux. — Oui, — le prince Volscius est amoureux; et, bien qu'au théâtre cela prête à rire, ici ce n'est pas le cas. Il compte voir la belle demain matin pour la dernière fois; mais après ce rendez-vous, un autre, comme vous savez, puis encore un autre, et ainsi de suite, jusqu'à ce qu'enfin *l'Alcyon* nous tombe sur les bras, et alors,... alors il pleuvra sur nous plus de coups que d'or.

— De par..., s'écria Hawkins avec un juron énergique, il faut nous révolter et l'empêcher d'aller à terre. — Derrick, qu'en dis-tu?

— Je dis que c'est ce qu'il y a de mieux à faire, répondit celui-ci.

— Qu'en pensez-vous, Jack Bunce? dit Fletcher, à qui cet expédient paraissait fort sage, mais qui, avant d'énoncer son opinion, interrogeait du regard les yeux de son compagnon.

— Écoutez-moi, messieurs, reprit Bunce; je ne veux point de mutinerie, et que je meure si je souffre qu'un de vous se révolte!

— Eh bien! dit Fletcher, pour moi je ne me révolterai point, soit. Mais alors que faire? puisque de toute manière...

— Retenez votre langue, Dick, dit Bunce, faites-moi ce plaisir; — maintenant, maître, je partage à moitié votre avis, en ce sens qu'il faut agir sur la raison du capitaine par quelque petit moyen de rigueur salutaire. Mais vous savez tous qu'il a le cœur d'un lion, et que si on ne le laisse faire à sa guise, on ne viendra pas à bout de lui. Eh bien! je vais tout à l'heure fixer là bas le moment de l'entrevue. La belle vient au rendez-vous demain matin, et le capitaine se rend à terre; — nous prenons la chaloupe bien garnie d'hommes, de manière à marcher contre vent et marée; à un signal donné nous débarquons, et bon gré mal gré, nous enlevons le capitaine et sa belle. L'enfant ne nous boudera pas, puisque nous l'emmenons avec son joujou. D'ailleurs s'il boude, nous levons l'ancre sans ses ordres; et il aura le loisir de revenir à lui-même, et de mieux apprécier ses amis.

— Eh mais! voilà qui me semble assez raisonnable, maître Derrick, dit Hawkins.

— Jack Bunce a toujours raison, ajouta Fletcher; mais de toute manière le capitaine brûlera la cervelle à quelqu'un de nous, voilà qui est certain.

— Tenez donc votre langue, Dick, reprit Bunce; qui diable s'inquiète, je vous le demande, de savoir si l'on vous brûlera la cervelle ou si vous serez pendu?

— Oh! répliqua Dick, je ne veux pas discuter là-dessus; mais de oute manière...

— Encore une fois, taisez-vous et écoutez-moi, dit l'inexorable lieutenant; — nous le saisirons à l'improviste, et sans lui donner le temps de faire usage de son poignard ou de ses pistolets. Moi-même, pour l'amour que je lui porte, je serai le premier à l'étendre sur le dos. Il faut vous dire aussi qu'avec la pinasse à laquelle notre capitaine donne la chasse, il y en a une autre qui marche de conserve avec elle, une fine voilière! — si j'en trouve l'occasion, je me réserve de me l'adjuger.

— Oui, oui, dit Derrick, vous n'avez besoin de personne pour penser à vos profits.

— En vérité, dit Bunce, je n'y songe que lorsqu'ils sont sous ma main, ou qu'il faut les acquérir par quelque invention de mon génie. Certes, personne d'entre vous n'eût trouvé celle-ci. Nous conserverons le capitaine, bras, tête et cœur, et par-dessus le marché, nous aurons une scène de dénouement de comédie! Ainsi donc, je me rends à terre pour arranger l'entrevue, et vous, occupez-vous de chercher quelques-uns de nos gens dont la tête soit encore saine, et que nous puissions mettre dans notre confidence.

Bunce s'éloigna, accompagné de son ami Fletcher; les deux vieux pirates se regardèrent en silence, jusqu'à ce qu'enfin le maître d'équipage s'écria : — Que je sois foudroyé, Derrick, si ces deux jeunes fats me conviennent! ce n'est pas de la bonne souche. Ils ressemblent autant à nos anciens écumeurs de mer, que ce sloop ressemble à un vaisseau de ligne. — Et le vieux Sharpe, qui lisait les prières à l'équipage tous les dimanches, qu'aurait-il dit, s'il eût entendu cette proposition d'amener deux filles à bord?

— Et le vieux Barbe-Noire, ajouta Derrick, qu'aurait-il dit, lui aussi, s'ils avaient voulu les réserver pour eux seuls? Ils mériteraient qu'on les chassât du bord pour leur impudence, ou qu'on les liât dos à dos pour leur faire faire le plongeon; et je ne vois pas pourquoi ce ne serait pas le plus tôt possible.

— D'accord, dit Hawkins; mais alors qui commandera le sloop?

— As-tu donc oublié le vieux Goffe?

— Ah bah! il a si longtemps et si souvent caressé la bouteille, qu'il n'est plus bon à rien. A jeun, il ne vaut guère mieux qu'une vieille femme; ivre, c'est un véritable enragé. — Nous avons assez de Goffe.

— Eh bien! que dis-tu de toi ou de moi? fit le quartier-maître. Pile ou face, si tu veux.

— Non, non, répondit le maître d'équipage après un moment de réflexion ; si nous étions à la portée des moussons [1], nous serions en état tous deux de faire à notre tête ; mais, pour y arriver, il faut toute l'expérience de Cleveland. Ainsi donc, je pense que, quant à présent, nous n'avons rien de mieux à faire qu'à suivre le projet de Bunce. — Écoute ! il demande la chaloupe. — Il faut que je monte sur le pont et que je la fasse mettre à flot pour sa seigneurie, — que le diable l'étouffe !

La chaloupe fut mise à la mer, vogua paisiblement sur le lac et débarqua Bunce à quelques centaines de pas du vieux manoir de Stennis. En arrivant à la façade du château, il vit qu'on avait pris à la hâte quelques mesures pour le mettre en état de défense. Les fenêtres des étages inférieurs avaient été barricadées, et l'on avait ménagé des ouvertures pour le service des armes à feu. Une pièce de marine défendait l'entrée de la porte, gardée par deux sentinelles. Bunce demanda qu'on lui ouvrît, ce qui lui fut refusé tout net ; et on lui conseilla en même temps d'aller à ses affaires, s'il ne voulait que mal lui en prît. Cependant, comme il continuait ses instances avec opiniâtreté pour voir quelqu'un de la famille, et qu'il assurait que l'affaire était très-urgente, Claude Halcro parut enfin, et lui demanda, avec une aigreur qui ne lui était pas habituelle, les motifs de sa folle insistance.

— Vous êtes, lui dit-il, comme ces moucherons qui voltigent imprudemment autour d'une lumière ; vous finirez, comme eux, par vous y brûler les ailes.

— Et vous, répliqua Bunce, vous êtes une nichée de bourdons sans dards que nous délogerons quand il nous plaira avec la fumée d'une demi-douzaine de grenades.

— Enfumez votre tête de fou ! dit Halcro. Croyez-moi, pensez à vos affaires, ou vous trouverez ici des gens qui pour l'exemple vous enfumeront vous-même. Partez, ou dites-moi en deux mots ce que vous voulez ; car vous n'aurez probablement ici d'autres saluts que ceux des mousquets. Nous sommes en nombre, et nous avons avec nous le jeune Mordaunt Mertoun, que votre capitaine a assassiné récemment, et qui arrive de l'île d'Hoy.

— Allons donc, brave homme, dit Bunce, il n'a fait que lui tirer un peu de mauvais sang.

— Merci de vos saignées ! reprit Claude Halcro ; nous n'en avons que faire. Et puis votre victime va bientôt nous appartenir de plus près que nous ne le pensions les uns et les autres. Ainsi je vous laisse à

---

[1] Vents reglés et périodiques de la mer des Indes. Ces vents soufflent pendant six mois ou trois mois dans la même direction, puis ils changent brusquement et soufflent dans une direction tout opposée pendant le même espace de temps. De là, probablement, la designation qui leur a été donnée par les Anglais, *trade-winds*, vents du commerce. (L. V.)

juger de quel œil le capitaine ou les gens de son équipage peuvent être vus ici.

— C'est bon ; mais enfin, si j'apporte de l'argent pour payer les provisions envoyées à bord ?

— Gardez cet argent jusqu'à ce qu'on vous le demande. Il y a deux sortes de mauvaises payes : — ceux qui payent trop tôt, et ceux qui ne payent pas du tout.

— Mais au moins laissez-moi faire mes remercîments à l'auteur de cette générosité.

— Gardez aussi vos remercîments jusqu'à ce qu'on vous les demande, répondit le poëte.

— Ainsi voilà l'accueil que je reçois d'une ancienne connaissance ?

— Mais que puis-je faire pour vous, maître Altamont ? dit Halcro quelque peu ébranlé. — Si le jeune Mordaunt avait été le maître, il vous aurait souhaité la bienvenue tout autrement, et vous n'en auriez pas été quitte à si bon marché. Pour l'amour de Dieu, retirez-vous ; autrement ce sera comme au théâtre : *Des gardes arrivent et saisissent Altamont.*

— Je ne veux pas vous laisser prendre cette peine ; je vais à l'instant quitter la scène. — Mais un moment, — j'allais oublier que j'ai un chiffon de papier pour la plus grande de vos jeunes filles, — Minna, je crois ; oui, c'est ce nom-là. Ce sont les adieux du capitaine Cleveland. — Vous ne me refuserez pas cette commission ?

— Ah ! le pauvre garçon ! — Je comprends, — je comprends : — Adieu, belle Armide,

« Au milieu des lances et des boulets, au milieu du feu et des tempêtes, le péril est moins grand qu'un désir sans espoir ! »

Dites-moi, seulement, — y a-t-il des vers dans ce billet ?

— Des vers ? il y en a d'un bout à l'autre : chanson, sonnet, élégie ; mais il faut le remettre en secret et avec précaution.

— Allons donc ! — m'apprendrez-vous à remettre un billet doux ? — moi qui hantais le café des Beaux-Esprits, et qui ai assisté à tous les toasts du club de Kit-Cat[1] ! Minna aura ce billet ; je le lui remettrai, en considération de notre vieille connaissance, M. Altamont, et aussi par égard pour votre capitaine, qui a du diable moins qu'il n'en faut dans son métier. D'ailleurs il ne peut y avoir de danger, puisque c'est une lettre d'adieux.

---

[1] Fameux club où se réunissaient les hommes d'esprit et les politiques les plus notables parmi les whigs. Kit Cat (Christophe Cat) était le nom d'un pâtissier fameux par ses *patés de mouton*, mets obligé d'un repas des membres du club, qui prit son nom dudit Kit Cat. Le lieu de réunion de ce club était dans Drury-Lane. Le peintre Kneller avait peint dans un tableau tous les membres de ce club, cités souvent dans les mémoires du temps. (*Note du premier Traducteur.*)

— Adieu donc, mon vieux camarade, adieu pour toujours! s'écria Bunce. Et en même temps il saisit la main du poète et la lui serra de si bon cœur, qu'il le laissa secouant le poignet et hurlant comme un chien sur la patte duquel a roulé un tison enflammé.

Laissons le pirate retourner à bord, et revenons à la famille de Magnus Troil, qui se trouvait réunie dans le manoir de Stennis, garanti contre toute surprise par une surveillance vigilante et continue.

Magnus Troil avait fait le plus bienveillant accueil à Mordaunt Mertoun, lorsqu'il était accouru à son secours avec la petite troupe rassemblée par Norna et dont elle lui avait confié le commandement. Il avait été aisé de convaincre l'udaller que les dénonciations secrètes du colporteur n'avaient aucun fondement : ses calomnies contre Mertoun s'expliquaient par le désir d'augmenter son crédit auprès de Cleveland, qui était pour lui une meilleure pratique. A la vérité, elles avaient été répétées par l'excellente lady Glowrowrum et par le public, qui s'étaient plu à représenter Mordaunt Mertoun comme le présomptueux prétendant des deux sœurs de Burgh-Westra, hésitant seulement, comme un pacha, à laquelle des deux il jetterait le mouchoir. Mais la renommée, avait pensé Magnus, est souvent menteuse, et il savait qu'en fait de médisance l'excellente lady Glowrowrum était un peu cousine de la renommée. Il avait donc rendu à Mordaunt toutes ses bonnes grâces, et appris, avec autant de surprise que d'intérêt, les droits que Norna prétendait avoir sur ce jeune homme, ainsi que le projet qu'elle avait formé de lui abandonner les biens considérables que lui avait laissés son père. Et même il est probable, malgré le silence qu'il opposa aux insinuations de sa parente sur un mariage entre sa fille aînée et le nouvel héritier, qu'il n'était pas éloigné de regarder cette alliance comme convenable, tant à cause du mérite personnel du jeune homme que par l'espoir de réunir les vastes possessions qui avaient été partagées entre son père et celui de Norna. A tout événement, l'udaller reçut son jeune ami avec beaucoup de bonté, et, de concert avec le propriétaire du manoir, il le chargea, comme le plus jeune et le plus actif, du soin de commander la garde de nuit et de relever les sentinelles en faction autour de la Maison de Stennis.

CHAPITRE XL.

> Voici l'arrêt de ceux qui sont hors la loi. Qu'on les saisisse, qu'on les charge de fers, et qu'on les pende sans pitié pour que leurs corps deviennent le jouet des vents.
>
> *Ballade de la jeune Fille aux yeux noirs.*

Mordaunt avait fait relever avant le point du jour les sentinelles placées à minuit, et ayant donné l'ordre de remplacer les dernières avant le lever du soleil, il s'était retiré dans une petite salle : là, ayant placé ses armes près de lui, il commençait à s'endormir dans le large fauteuil sur lequel il s'était étendu, lorsqu'il se sentit tirer par le manteau dont il était enveloppé.

— Le soleil paraît-il déjà? s'écria-t-il ; et, se levant, il vit poindre à l'horizon les premières lueurs de l'aube.

— Mordaunt! dit une voix dont l'accent vibra dans son cœur.

Il jeta les yeux sur la personne qui venait de prononcer son nom; avec autant de joie que de surprise, il vit devant lui Brenda Troïl. Déjà il se hâtait de lui adresser la parole ; mais il resta muet lorsqu'il vit les signes de douleur et de trouble que trahissaient la pâleur de ses joues, le tremblement de ses lèvres, et les pleurs dont ses yeux étaient chargés.

— Mordaunt, lui dit-elle, il faut que vous nous accordiez une grâce à Minna et à moi; — il faut que vous nous laissiez sortir du château secrètement et sans alarmer personne, pour que nous puissions nous rendre jusqu'aux Pierres-Levées de Stennis.

— Quelle est cette fantaisie, chère Brenda? dit Mordaunt, vivement étonné de cette demande : — quelque pratique superstitieuse des Orcades, peut-être ; mais les circonstances sont trop critiques, et les ordres de votre père trop rigoureux, pour que je vous permette de sortir sans son consentement. Réfléchissez, chère Brenda, que je suis ici un soldat en service, et que je dois suivre ma consigne.

— Mordaunt, reprit Brenda, il n'y a pas ici matière à plaisanterie. La raison, la vie de Minna dépendent de votre consentement à ce que je vous demande.

— Mais dans quel but? du moins, apprenez-le-moi.

— Dans un but insensé et désespéré : elle veut voir Cleveland.

— Cleveland! s'écria Mordaunt. — Que le traître vienne à terre, et, pour bienvenue, il recevra une grêle de balles; que je l'aperçoive à cent pas de moi, ajouta-t-il en saisissant violemment sa carabine, et une once de plomb sera le contre-poids de tout le mal qu'il m'a fait.

— Sa mort rendrait Minna folle; et celui qui ferait le malheur de Minna n'a pas à espérer un seul regard de Brenda.

— Quelle folie! — quelle insigne folie! — Songez à votre honneur; — songez à votre devoir.

— Je ne puis songer qu'aux dangers de Minna, dit Brenda en fondant en larmes; sa dernière maladie n'est rien auprès de l'état où elle a été toute la nuit. Elle tient sa lettre où il l'implore, en termes brûlants, de lui accorder une entrevue pour un dernier adieu, si elle veut sauver un corps périssable et une âme immortelle; il lui garantit qu'elle n'a rien à redouter, et lui déclare qu'aucun pouvoir humain ne lui fera quitter la côte avant qu'il ne l'ait vue. Il faut que vous nous laissiez sortir.

— C'est impossible, reprit Mordaunt dans le plus grand embarras. — Le misérable n'est pas avare de serments, sans aucun doute; — mais quelle garantie plus solide peut-il offrir? — Je ne saurais consentir à ce que Minna sorte.

— Je vois, dit Brenda d'un ton de reproche, en essuyant ses larmes, mais sans pouvoir contenir ses sanglots, qu'il y a quelque chose de vrai dans ce qu'a dit Norna de Minna et de vous; vous êtes trop jaloux de ce pauvre malheureux pour lui permettre d'avoir avec elle un moment d'entretien avant son départ.

— Vous êtes injuste, dit Mordaunt, que les reproches de Brenda blessaient et flattaient tout à la fois; — vous êtes aussi injuste qu'imprudente. Vous savez, — vous ne pouvez ignorer que si Minna m'est chère, c'est surtout parce qu'elle est votre sœur. Dites-moi, Brenda, — mais dites-le-moi sincèrement, — si je prête les mains à votre folle entreprise, n'avez-vous aucun soupçon sur la bonne foi du pirate?

— Aucun; si j'en avais eu, croyez-vous que je vous eusse fait de telles instances? Il est farouche et désespéré, mais je crois que nous pouvons nous fier à lui sur ce point.

— Et le lieu du rendez-vous est aux Pierres-Levées, et l'heure est le lever du soleil?

— Oui, s'écria Brenda, et cette heure est arrivée! — Pour l'amour du Ciel, laissez-nous partir.

— Je vais, dit Mordaunt, remplacer pendant quelques instants la sentinelle qui est en faction à la porte d'entrée, et je vous laisserai passer. — Mais vous ne prolongerez pas cette entrevue si aventureuse?

— Non, répondit Brenda; mais vous, de votre côté, vous ne profiterez pas de l'imprudence que commet ce malheureux en se hasardant à venir, pour le maltraiter ou l'arrêter?

— Reposez-vous sur ma parole ; — on ne lui fera aucun mal, s'il n'en fait à personne.

— Je vais donc chercher ma sœur, dit Brenda en sortant à l'instant de l'appartement.

Après avoir réfléchi un moment, Mordaunt alla vers la sentinelle qui était à la porte d'entrée, et lui enjoignit de se rendre au poste pour faire prendre les armes à toute la troupe, de veiller à ce que cet ordre fût exécuté, et de revenir dès qu'ils seraient prêts ; ajoutant qu'il prendrait sa place pendant ce temps.

Pendant l'absence de la sentinelle, la porte d'entrée s'ouvrit doucement. Minna et Brenda parurent enveloppées dans leurs mantes. La première était appuyée sur sa sœur, la tête penchée vers la terre, et comme honteuse de sa démarche. Brenda passa aussi silencieusement devant son amant; mais elle jeta sur lui un regard de reconnaissance et d'affection qui redoubla, si c'était chose possible, sa sollicitude pour leur sûreté.

Les deux sœurs furent bientôt hors de la vue du château : alors Minna, dont la contenance avait été jusqu'à ce moment abattue et languissante, releva la tête et se mit à marcher d'un pas si ferme et si rapide que Brenda, qui la suivait avec peine, ne put s'empêcher de lui représenter son imprudence, d'épuiser ainsi ses forces par une précipitation sans nécessité.

— Ne craignez rien, ma chère sœur, dit Minna ; la force que je ressens maintenant doit me soutenir et me soutiendra dans cette redoutable entrevue. Je devais marcher la tête baissée, et d'un pas mal assuré, tant que je pouvais être aperçue d'un homme aux yeux duquel je dois paraître bien à plaindre ou bien à mépriser. Mais vous le savez, chère Brenda, et Mordaunt l'apprendra, l'affection que je ressentais pour cet homme infortuné était aussi pure que ces rayons de soleil que les vagues réfléchissent en ce moment. Oui, je prends à témoin ce brillant soleil et ce ciel éclatant, que, si ce n'eût été pour le conjurer d'abandonner la misérable vie où il est engagé, je n'aurais jamais consenti à le revoir, pour aucun motif d'intérêt humain.

Tandis qu'elle parlait ainsi d'une voix dont la fermeté était propre à donner de la confiance à Brenda, les deux sœurs atteignaient le sommet d'une petite élévation d'où elles découvrirent les Pierres-Levées des Orcades, masse circulaire de pierres, dont la teinte grisâtre commençait en ce moment à s'éclairer des rayons du soleil levant, et dont les ombres gigantesques se projetaient au loin vers le couchant. Dans une autre circonstance, ce spectacle aurait agi puissamment sur l'esprit enthousiaste de Minna, et aurait intéressé tout au moins la curiosité de sa moins impressionnable compagne. Mais en ce moment ni l'une ni l'autre n'avait le loisir de se livrer aux impressions que ce monument colossal de l'antiquité est si propre à produire sur ceux qui le contemplent; car elles avaient aperçu sur le lac qui se développait à leurs pieds, du côté de l'endroit qu'on appelle le Pont de Broisgar, une barque habilement dirigée, et montée par des gens armés. L'un d'eux, déposé à terre, s'avança seul, enveloppé d'un manteau de marin, vers le monument circulaire dont les deux sœurs s'approchaient du côté opposé.

— Ils sont nombreux, et ils ont des armes, dit Brenda tremblante, à l'oreille de sa sœur.

— C'est une mesure de prudence, répondit Minna, que leur position, hélas! ne rend que trop nécessaire. Ne craignez point de perfidie de sa part. C'est là un vice que du moins on ne lui reprochera point.

En ce moment, elles arrivaient au centre du cercle. Là gît, environnée de blocs gigantesques encore debout, une pierre plate et horizontalement superposée sur de petites pierres en forme de fûts, dont on voit encore quelques débris aujourd'hui, et qui peut-être avait jadis servi d'autel.

— C'est ici, dit Minna, que dans les temps du paganisme (s'il faut en croire les légendes dont je paie bien cher, hélas! la connaissance) nos ancêtres offraient des sacrifices à leurs idoles; — c'est ici que je veux abjurer du fond de mon cœur, et, en présence du Dieu miséricordieux qui leur était inconnu, offrir en holocauste les vaines rêveries qui ont égaré ma jeunesse et mon imagination.

Elle se tenait debout devant la table de pierre: Cleveland s'avançait vers elle d'un pas timide, le regard abattu. Sa physionomie, sa contenance, différaient autant de celles qui lui étaient habituelles, que l'air majestueux et l'attitude calme et méditative de Minna différaient de la contenance de la pauvre jeune fille au cœur brisé qui, en sortant du château de Stennis, avait eu besoin de tout l'appui du bras de sa sœur. S'il est vrai que ces singuliers monuments soient l'œuvre des Druides, Minna pouvait paraître une *haxa* ou grande-prêtresse, dont quelque chef de tribu attendait la consécration. Si ces pierres monumentales ont une origine gothique ou scandinave, elle pouvait ressembler à l'ombre de Freya, épouse du Tonnerre descendue du ciel, et devant laquelle se courbait rempli de terreur quelque chef audacieux ou quelque Roi de la Mer. Brenda, oppressée par des sentiments inexprimables de crainte et d'inquiétude, se tenait à quelque distance en arrière, observant avec anxiété les mouvements de Cleveland, et n'ayant d'attention que pour lui et pour sa sœur.

Cleveland s'approcha de Minna à la distance de quelques pas, et inclina la tête vers la terre. Il y eut un moment de morne silence; enfin Minna, d'une voix assurée, mais mélancolique, lui dit : — Homme infortuné, pourquoi as-tu cherché à aggraver encore **nos** douleurs? Éloigne-toi de ce pays de paix, et puisse le Ciel te diriger dans une meilleure voie que celle où ta vie a été engagée jusqu'ici !

— Le Ciel, répondit Cleveland, ne peut m'aider que si vous lui servez d'interprète. Je suis arrivé grossier et farouche dans ce pays, sachant à peine si mon métier, mon misérable métier, était plus criminel aux yeux de Dieu et des hommes que les entreprises des corsaires dont vos lois reconnaissent la légitimité. Je suis né dans ce métier, et peut-être, sans les désirs que vous avez excités dans mon âme, y serais-je mort dans l'endurcissement et l'impénitence. Oh ! ne me rejetez pas loin de vous ! Permettez-moi de réparer un jour le mal que j'ai fait, et n'abandonnez pas encore une œuvre à moitié terminée !

— Cleveland, reprit Minna, je ne vous reprocherai point d'avoir abusé de mon inexpérience, d'avoir profité de ces illusions dont ma jeunesse crédule s'était environnée, et qui ne m'ont pas permis de distinguer votre funeste carrière, des exploits de nos anciens héros. Hélas ! j'eus à peine aperçu vos compagnons, que ces illusions s'étaient évanouies ! Mais je ne veux point vous accuser de les avoir entretenues. Partez, Cleveland ; séparez-vous de ces misérables auxquels vous vous êtes associé, et croyez-moi, si le Ciel vous accorde la faveur d'illustrer votre nom par quelque action glorieuse ou honorable, il y aura dans ces îles reculées des yeux qui verseront alors des larmes de joie, — comme ils en versent maintenant de douleur.

— Et c'est là tout ce que je puis attendre ! s'écria Cleveland. Ne puis-je donc espérer que si je me sépare de mes compagnons actuels, — si je puis acheter mon pardon par une ardeur à faire le bien égale à celle que j'ai trop souvent mise à faire le mal, — si après un délai, peu m'importe son terme, pourvu qu'il en ait un cependant, — si je puis enfin me glorifier d'avoir racheté mon déshonneur, — ne puis-je, oh ! ne puis-je espérer que Minna oublie ce que le Ciel et la patrie auront pardonné?

— Jamais, Cleveland, jamais ! répondit Minna de l'air le plus résolu ; c'est ici le lieu de notre séparation éternelle, d'une séparation que nous ne devons pas différer plus longtemps. Pensez à moi comme on pense aux morts, si vous persistez dans votre fatale vie ; mais si vous l'abandonnez (que le Ciel permette qu'il en soit ainsi !) pensez à moi comme à un être qui matin et soir conjurera le Ciel de vous accorder un bonheur qu'il a perdu pour jamais. — Adieu, Cleveland.

Il s'agenouilla, en proie aux plus amères émotions, pour prendre la main qu'elle lui présentait : en ce moment, son confident Bunce s'élança du large pilier derrière lequel il s'était caché, en s'écriant les larmes aux yeux :

— Jamais je ne vis sur aucun théâtre une pareille scène d'adieux ! Mais que Dieu me damne si je vous la laisse terminer comme vous le pensez !

A ces mots, et avant que Cleveland eût pu lui opposer la moindre résistance ou lui faire aucun reproche, avant même qu'il se fût relevé, Bunce s'était assuré de lui en le renversant sur le dos ; deux ou trois hommes de l'équipage le saisirent par les bras et par les jambes, et se dirigèrent vers le lac. Minna et Brenda, poussant des cris de désespoir, cherchèrent à fuir ; mais Derrick enleva la première avec la facilité d'un faucon qui emporte une colombe, tandis que Bunce se saisissait de Brenda, non sans quelques jurons qu'il crut de nature à la consoler ; et les ravisseurs, suivis de deux ou trois autres pirates qui les avaient accompagnés à l'embuscade et s'étaient cachés du côté opposé au lac, se mirent à fuir précipitamment vers la chaloupe, laissée sous la surveillance de deux d'entre eux. Leur fuite, cependant, fut interrompue d'une manière tout à fait inattendue, et qui déjoua leur projet criminel.

Lorsque Mordaunt Mertoun avait fait mettre sa troupe sous les armes, il avait eu naturellement pour but de veiller à la sûreté des deux sœurs : aussi, les mouvements des pirates furent-ils observés avec attention. Lorsqu'il les vit débarquer en si grand nombre, et se glisser vers l'endroit du rendez-vous assigné à Cleveland, Mordaunt se douta de quelque trahison, et sa troupe, à l'aide d'un chemin creux, ou tranchée, qui peut-être avait été jadis une dépendance du monument circulaire, put, sans être aperçue, se jeter entre les pirates et la chaloupe. Aux cris des deux sœurs, elle se montra tout à coup, et barra le passage aux bandits en les couchant en joue, mais sans oser faire feu sur eux, de crainte de blesser les deux jeunes femmes que les ravisseurs tenaient dans leurs bras. Cependant Mordaunt, avec la rapidité du daim, s'était précipité sur Bunce, qui, jaloux de conserver sa proie, et incapable d'ailleurs de se défendre autrement, faisait volte-face de tous les côtés, opposant Brenda aux coups dont Mordaunt le menaçait ; mais ce genre de défense ne pouvait réussir contre un jeune homme doué d'une légèreté et d'une vigueur qu'aucun Schetlandais n'avait jamais surpassée, et, après quelques feintes, Mordaunt renversa le pirate avec la crosse de sa carabine, dont il n'avait point osé faire un autre usage. Pendant ce temps, ceux qui n'avaient point rencontré un genre de défense semblable firent feu sur les forbans qui emportaient Cleveland, et qui le lâchèrent aussitôt pour pourvoir à leur défense et à leur retraite. Mais ils ne firent qu'augmenter par là le nombre de leurs ennemis ; car Cleveland, apercevant Minna entre les bras de Derrick, la lui arracha d'une main, et de l'autre l'étendit raide à ses pieds d'un coup de pistolet. Deux ou trois autres pirates furent tués ou faits prisonniers ; le reste s'enfuit vers la chaloupe, et, prenant le large, tourna son bâbord au rivage, et échangea avec les Orcadiens un feu assez vif qui, néanmoins, fit peu de mal de part et d'autre. Alors Mordaunt, voyant les deux sœurs en liberté se réfugier

CHAPITRE XL.

vers le château, s'avança vers Cleveland, le sabre à la main. Le pirate lui présenta son pistolet : — Mordaunt, lui dit-il, je n'ai jamais manqué mon but; et, en même temps, il le déchargea en l'air et le lança dans le lac : puis, tirant son sabre et le brandissant autour de sa tête, il l'envoya dans la même direction, aussi loin que son bras put le lui permettre. Telle était pourtant l'opinion générale qu'on s'était formée de la vigueur et des ressources du pirate, que Mordaunt, en s'approchant de Cleveland, eut encore la précaution de lui demander s'il se rendait.

— Je ne me rends à aucun homme, répondit-il; mais vous voyez que j'ai jeté mes armes.

Il fut aussitôt saisi par quelques Orcadiens auxquels il ne fit pas la moindre résistance; mais il fallut l'intervention active de Mordaunt pour empêcher qu'il ne fût maltraité ou garrotté. Les vainqueurs l'emmenèrent au château de Stennis, et l'enfermèrent dans une chambre élevée et sûre, à la porte de laquelle ils placèrent une sentinelle. Bunce et Fletcher, qui durant l'escarmouche étaient restés couchés sur le champ de bataille, furent transportés dans cette même chambre, et deux autres pirates d'un rang inférieur furent relégués dans une cave du château.

Nous ne chercherons pas à peindre la joie de Magnus Troil lorsque, réveillé par le tumulte et le bruit des armes à feu, il retrouva ses filles en sûreté et son ennemi prisonnier; nous dirons seulement que sa joie fut si grande, qu'il oublia, dans le premier moment, de s'informer des événements qui avaient pu les mettre en danger, qu'il serra cent fois Mordaunt entre ses bras, en l'appelant le libérateur de ses filles, et qu'il jura autant de fois par les os de son vénéré patron qu'eût-il un millier de filles, un si brave jeune homme, un ami si fidèle, aurait le droit de choisir entre elles, malgré tous les caquets de lady Glowrowrum.

Une scène bien différente se passait dans la chambre qui servait de prison au malheureux Cleveland et à ses compagnons. Le capitaine, assis près de la fenêtre, les yeux dirigés vers la haute mer, paraissait tellement attentif au spectacle qu'elle lui offrait, que la présence de ses compagnons semblait être oubliée de lui. Jack Bunce se tenait près du capitaine, cherchant quelques bouts rimés pour préparer sa réconciliation avec lui; car il commençait à se douter, d'après les suites de l'événement, que le rôle qu'il avait pris vis-à-vis de lui, malgré ses excellentes intentions, n'était ni fort heureusement joué, ni de nature à recevoir son approbation. Son admirateur et fidèle partisan, Fletcher, paraissait dormir sur le lit de camp où il était couché; du moins ne manifesta-t-il aucun désir de prendre part à la conversation que nous allons rapporter.

—Allons, Clément, adressez-moi la parole, dit le lieutenant d'un air contrit, ne dussiez-vous le faire que pour jurer contre ma stupidité.

« Quoi ! pas un juron ? — Oh ! l'univers va mal, si Clifford ne trouve plus un juron pour ses amis. »

— Taisez-vous, je vous prie, et laissez-moi, dit Cleveland ; j'ai encore là un ami de cœur, et vous me forcerez à l'utiliser contre vous ou contre moi-même.

— J'y suis, continua Bunce, j'y suis ; et il s'écria avec toute la chaleur de Jaffier[1] :

« Non, par l'enfer que je mérite, je ne te quitterai point, jusqu'à ce que du moins tu te sois réconcilié avec moi-même, malgré tout le ressentiment que tu éprouves contre moi. »

— Encore une fois, taisez-vous, dit Cleveland ; — n'est-ce point assez de m'avoir perdu par votre perfidie ? faut-il encore que vous me fassiez subir toutes vos plates bouffonneries ? — De tous les hommes ou démons de ce malheureux bâtiment, *vous* étiez le dernier, Jack, que j'aurais pu soupçonner de vouloir seulement lever un doigt contre moi.

— Moi ! s'écria Bunce ; moi, lever un doigt contre vous ! — mais si je l'ai fait, c'était par pure affection, c'était pour vous rendre le plus heureux des mortels qui aient jamais marché sur un tillac, votre maîtresse à vos côtés, et cinquante braves garçons à vos ordres. Voici Dick Fletcher, qui pourrait vous dire que j'ai tout fait dans les meilleures intentions, s'il lui plaisait de parler, au lieu de rester là étendu comme un dogre hollandais qu'on radoube. — Levez-vous, Dick, ne parlerez-vous pas pour moi ?

— Oui, sans doute, Jack Bunce, répondit Fletcher d'une voix faible et en se soulevant à grand'peine ; je le ferai si je le puis ; — j'ai toujours reconnu que vous parliez et que vous agissiez pour le mieux ; — mais de toute manière, voyez-vous, cela a mal tourné pour moi cette fois-ci : car je suis frappé à mort, à ce que je crois.

— Vous ne seriez pas assez âne pour cela, s'écria Bunce en courant à lui en même temps que Cleveland ; mais tout secours humain était désormais inutile. — Le malheureux était retombé sur le lit ; et détournant la tête, il expira sans pousser un gémissement.

— Je l'ai toujours regardé comme un damné fou, dit Bunce en essuyant une larme qui s'échappait de ses yeux ; mais je ne l'aurais jamais cru assez idiot pour quitter ainsi son perchoir. — J'ai perdu le plus dévoué compagnon ; — et il essuya encore ses yeux.

---

[1] Dans la *Venise sauvée* d'Otway. (L. V.)

CHAPITRE XL.

Cleveland examinait le cadavre et cette physionomie farouche que les angoisses de la mort n'avaient point altérée : — Un vrai boule-dogue de race anglaise, dit-il, et qui, avec un meilleur conseiller, aurait pu devenir un brave homme.

— Vous pourriez en dire tout autant de quelques autres, capitaine, si vous étiez disposé à leur rendre justice.

— Cetainement je puis le dire, répondit Cleveland, et surtout de toi.

— Eh bien! alors, dites-moi : Jack, je te pardonne; il n'y en a pas long, et ce sera bientôt dit.

— Je te pardonne de tout mon cœur, Jack, dit Cleveland qui avait repris sa place près de la croisée ; et je le fais d'autant plus volontiers que ta folie n'a pas changé grand'chose à notre destin, — car voici le jour qui devait nous perdre tous.

— Quoi! pensez-vous à la prédiction de la vieille femme dont vous m'avez parlé?

— Elle va s'accomplir, dit Cleveland. Approche-toi; que penses-tu de ce grand vaisseau gréé carrément, que tu vois doubler le promontoire du côté de l'est, et prêt à entrer dans la baie de Stromness?

— Je ne sais trop qu'en penser; mais voilà le vieux Goffe qui le prend sans doute pour un bâtiment de la Compagnie des Indes chargé de rhum et de sucre, car Dieu me damne s'il ne file pas son câble pour aller à sa rencontre !

— Au lieu de se jeter du côté des eaux basses, ce qui était son seul moyen de salut! s'écria Cleveland. — Le fou, l'imbécile, l'idiot, la brute d'ivrogne ! — on va lui servir son punch assez chaud, car c'est *l'Alcyon!* — Vois ! il arbore son pavillon et lâche sa bordée ! — Voici la fin de *la Favorite de la Fortune!* Au moins, je l'espère, ils vont défendre jusqu'à la dernière planche : le maître d'équipage est brave et résolu, et Goffe aussi, quoique ce soit un véritable démon ! — Ah! *la Favorite* riposte en s'éloignant à toutes voiles, voilà qui prouve quelque bon sens !

— On arbore le *jolly-hodge*, le vieux pavillon noir à tête de mort et à sablier; voilà qui prouve aussi quelque résolution ! ajouta Bunce.

— Le sablier, Jack, va marquer notre fin; notre sable s'écoule avec rapidité ! — Feu, mes braves ! la mer ou les airs ! Mieux vaut cela qu'un chanvre au bout d'un mât !

Il y eut un moment de morne et profond silence; le sloop, quoique vivement poursuivi, faisait sa retraite en combattant, et la frégate, lui donnant toujours la chasse, lui rendait à peine le feu. Enfin les deux bâtiments s'approchèrent tellement, qu'il devint évident que la frégate avait résolu l'abordage, au lieu de chercher à couler le sloop, probablement afin de conserver le butin que le corsaire était présumé contenir.

— Allons, Goffe ! — allons, contre-maître ! s'écria Cleveland dans une impatiente exaspération, et comme si ses ordres eussent pu être entendus ; — attention aux voiles et à la manœuvre ! — Lancez votre bordée pendant que vous êtes sous son avant ; — puis virez de bord, et disparaissez, les ailes déployées, comme une oie sauvage ! — Ah les voiles fasient ; — la barre est sous le vent ! — Que la mer engloutisse les idiots ! — ils ont manqué le mouvement, et la frégate les aborde !

Les différentes manœuvres de cette chasse avaient tellement rapproché les deux navires, que Cleveland put, à l'aide de sa lunette, apercevoir l'équipage de *l'Alcyon* s'élancer en foule à l'abordage, et les sabres étinceler aux rayons du soleil. En ce moment critique, les deux bâtiments disparurent sous une épaisse fumée qui s'était élevée tout à coup du bord du sloop capturé.

— *Exeunt omnes*[1] ! dit Bunce en joignant les mains.

— Ainsi finit *la Favorite de la Fortune*, corps et biens ! dit en même temps Cleveland.

Mais aussitôt la fumée, en se dissipant, montra que le dommage n'avait été que partiel, et que, faute d'une quantité suffisante de poudre, les pirates avaient manqué leur tentative désespérée de faire sauter leur bâtiment avec *l'Alcyon*.

Un peu après la fin de l'action, le capitaine Weatherport, de *l'Alcyon*, envoya un officier et une troupe de marins à la Maison de Stennis pour sommer la petite garnison de remettre les pirates qu'elle avait faits prisonniers, et spécialement Cleveland et Bunce, qui avaient agi en qualité de capitaine et de lieutenant de la bande.

Il n'y avait pas moyen de résister à cette injonction, quoique Magnus Troil eût désiré bien sincèrement que le toit qu'il habitait fût un lieu d'asile, au moins pour Cleveland. Mais les ordres de l'officier étaient péremptoires ; et il ajouta que l'intention du capitaine Weatherport était de débarquer les autres prisonniers, et de les envoyer tous, sous bonne escorte, à travers l'île, à Kirkwall, pour être soumis à une première enquête devant les autorités civiles, avant d'être transférés à Londres, à la Haute Cour de l'Amirauté. Magnus ne put donc qu'intercéder pour que Cleveland fût traité avec égards, et qu'il ne fût ni pillé ni dépouillé : l'officier, frappé de la bonne mine de Cleveland et touché de sa situation, s'y engagea volontiers. L'honnête udaller aurait voulu trouver des paroles de consolation pour ce malheureux ; mais il ne put en venir à bout, et se borna à secouer tristement la tête.

— Mon vieil ami, dit le pirate, vous pourriez vous plaindre de moi.— et cependant, loin de triompher de ma défaite, vous me témoignez de la pitié ! — Pour l'amour de vous et des vôtres, je jure de

---

[1] Sortie générale ; termes consacrés sur le théâtre anglais. (L. V.)

ne plus faire de mal à une créature humaine! Prenez ceci; — c'était ma dernière espérance, ce sera aussi ma dernière mauvaise pensée! — Il tira de son sein un pistolet de poche, et le donna à Magnus. — Rappelez-moi au souvenir de... Mais non, — que tout le monde m'oublie!
— Je suis votre prisonnier, monsieur! dit-il alors à l'officier.

— Et moi aussi, ajouta le pauvre Bunce; et, prenant une attitude théâtrale, il déclama, sans que sa voix parût sensiblement altérée, les vers de Pierre :

« Capitaine, vous devez être un homme d'honneur; tenez la populace à distance, que j'aie de la place pour subir mon sort d'une manière convenable, et que je meure avec décence. »

CHAPITRE XLI.

<blockquote>Joie, joie à Londres maintenant! SOUTHEY</blockquote>

La nouvelle de la capture du corsaire parvint à Kirkwall vers une heure avant midi, et remplit chacun d'étonnement et de joie. On fit ce jour-là peu d'affaires à la foire, car une foule d'individus de tout âge et de toute profession s'en éloignaient à la hâte pour se porter à la rencontre des prisonniers qu'on amenait à Kirkwall, et pour jouir du contraste que présentait leur contenance actuelle avec celle qu'ils déployaient naguère quand ils faisaient les turbulents, les fanfarons et les tapageurs dans les rues de la ville. Bientôt on vit reluire au soleil les baïonnettes des troupes de la marine, et s'avancer le lugubre cortége des captifs enchaînés deux à deux. Leurs beaux habits, en partie arrachés par leurs vainqueurs, pendaient sur eux en lambeaux. Plusieurs étaient blessés et couverts de sang, d'autres brûlés et noircis par suite de l'explosion qui avait eu lieu lorsque les plus désespérés avaient vainement tenté de faire sauter le navire. La plupart avaient l'air endurci et indifférent à leur situation; quelques-uns laissaient paraître des sentiments plus convenables à leur position actuelle; un petit nombre affectaient de la braver et entonnaient les mêmes chants licencieux dont ils faisaient retentir les rues de Kirkwall dans leurs jours de débauche.

Le maître d'équipage et Goffe, accouplés ensemble, s'épuisaient en menaces et en imprécations réciproques : le premier accusait l'autre d'ignorance de la manœuvre; le second prétendait que c'était le maître d'équipage qui l'avait empêché de mettre le feu aux poudres en réserve à l'avant, et de leur faire faire à tous deux, par ce moyen, un voyage dans l'autre monde. Le cortége était fermé par Cleveland et Bunce, à qui l'on avait permis de marcher sans menottes. L'air calme, quoique triste, du premier formait un singulier contraste avec la démarche théâtrale et l'air fanfaron que le pauvre Jack avait cru devoir affecter, pour dissimuler des émotions d'un genre un peu moins noble. On regardait l'un avec compassion, l'autre avec un mélange de mépris et de pitié; leurs compagnons, pour la plupart, inspiraient l'horreur et même la crainte par leurs regards et leurs discours.

Un seul individu, à Kirkwall, était tellement éloigné de l'idée de courir assister au spectacle qui attirait tous les yeux, qu'il ne se doutait pas même de l'événement qui agitait la ville. Cet individu était le vieux Mertoun, qui était à Kirkwall depuis deux ou trois jours ; une partie de ce temps avait été occupée par une instance judiciaire entamée à la requête du procureur fiscal contre le respectable Bryce Snailsfoot ; par suite d'une enquête sur les faits et gestes de ce digne commerçant, la caisse de Cleveland, avec ses papiers et les autres effets qu'elle contenait, avait été remise entre les mains de Mertoun, en qualité de gardien judiciaire, jusqu'à ce que le légitime propriétaire fût en demeure d'établir ses droits sur ces objets. Mertoun, au premier moment, eut envie de rejeter sur la justice le fardeau qu'elle voulait lui déférer ; mais après avoir parcouru quelques-uns des papiers, il changea subitement de résolution, demanda au magistrat d'autoriser le transport de la caisse dans son logement, courut chez lui, s'enferma dans sa chambre pour examiner plus à l'aise les renseignements singuliers que le hasard venait de lui fournir, et dont la découverte le rendait dix fois plus impatient d'avoir une entrevue avec la mystérieuse Norna de Fitful-Head.

On n'aura pas oublié que lors de leur rencontre dans le cimetière de Saint-Ninian, elle lui avait recommandé de se trouver dans l'aile gauche de la cathédrale de Saint-Magnus, à midi, le cinquième jour de la foire de Saint-Olla, lui prédisant qu'il y rencontrerait une personne par qui les destinées de Mordaunt lui seraient dévoilées. — Ce ne peut être qu'elle, se dit-il, et il serait indispensable que je la visse à l'instant même ; mais comment la rejoindre avant le moment qu'elle m'a désigné ? je l'ignore. Il vaut mieux perdre quelques heures à l'attendre que de l'offenser en cherchant trop tôt à me trouver en sa présence.

Longtemps donc avant midi, longtemps avant que la ville de Kirkwall fût agitée par la nouvelle des événements qui venaient de se passer de l'autre côté de l'île, le vieux Mertoun parcourait à grands pas l'aile solitaire de la cathédrale, attendant, dans une anxieuse inquiétude, la réalisation des promesses de Norna. La cloche sonnait douze coups : — la porte ne s'ouvrit pas ; — on ne vit personne entrer dans la cathédrale ; mais les derniers tintements n'avaient pas encore cessé de vibrer sous

CHAPITRE XLI.

les voûtes de l'édifice que, sortant d'un des bas-côtés, Norna parut devant lui; Mertoun, sans s'inquiéter du mystère apparent de sa soudaine apparition (mystère dont le secret est déjà connu du lecteur), alla droit à elle, en s'écriant avec force : — Ulla, — Ulla Troil, — aidez-moi à sauver notre malheureux fils !

— Ulla Troil! répéta Norna ; je ne connais plus ce nom ; je l'ai abandonné aux vents dans la nuit qui m'a coûté un père !

— Ne rappelle pas cette nuit d'horreur ; nous avons besoin de toute notre raison. Ne nous livrons pas à des souvenirs qui nous la feraient perdre; mais aide-moi, si tu le peux, à sauver notre enfant infortuné !

—Vaughan, répondit Norna ; il est sauvé, — sauvé depuis longtemps. Croyez-vous donc que la main d'une mère, — et d'une mère telle que moi, — puisse attendre une assistance faible, tardive, inefficace comme la vôtre? Non, Vaughan ; — si je me fais connaître de vous, ce n'est que pour vous rendre témoin de mon triomphe. — C'est la seule vengeance que la puissante Norna veuille tirer des injures faites à Ulla Troil.

— L'avez-vous véritablement sauvé, — sauvé d'une horde d'assassins? s'écria celui à qui Norna donnait le nom de Vaughan ; répondez ! — dites la vérité. — Je veux tout croire, — tout ce qu'il vous plaira de m'ordonner de croire ! — mais prouvez-moi qu'il leur a échappé, qu'il est en sûreté.

— Échappé et en sûreté, grâces à mon pouvoir ; — en sûreté, et assuré d'une alliance aussi heureuse qu'honorable. Oui, homme incrédule ! — oui, homme sans foi et qui placez toute votre confiance en vous-même ! — voilà ce qu'a fait Norna ! Il y a bien des années que je vous connais ; mais je n'ai voulu me faire connaître à vous que triomphante de la certitude d'avoir dompté les destinées qui menaçaient mon fils. Tout se réunissait contre lui : — planètes qui lui prédisaient la mort au fond des eaux ; —constellations qui le menaçaient d'une fin sanglante ; — mais ma science a été supérieure à tout. — J'ai travaillé, — j'ai combiné, — j'ai découvert des ressources, — je les ai mises en usage : — il n'est pas un désastre qui n'ait été détourné. Quel est l'infidèle sur la terre, quel est le démon habitant au-delà des limites de ce monde, qui désormais osera nier ma puissance?

L'enthousiasme farouche empreint dans ces paroles ressemblait si fort au triomphe de la démence, que Mertoun répondit : — Si vos prétentions étaient moins élevées et votre langage moins exalté, je serais plus rassuré sur le sort de mon fils.

— Continuez donc à douter, vain sceptique! s'écria Norna ; — mais sachez cependant que non-seulement notre fils est sauvé, mais que je suis vengée, alors que je ne cherchais pas la vengeance: — oui, vengée de l'instrument puissant des ténébreuses influences qui souvent ont renversé mes projets, et même mis en danger les jours de mon enfant. — Considérez comme un gage de la vérité de mes paroles que Cleveland, — le pirate Cleveland, — dans cet instant même, entre prisonnier à Kirkwall, et bientôt paiera de sa tête le crime d'avoir versé le sang qui venait de Norna.

— Qui as-tu nommé? qui est prisonnier? s'écria Mertoun d'une voix de tonnerre ; qui, dis-tu, femme, va par sa mort expier ses crimes?

— Cleveland, — le pirate Cleveland! et c'est moi, dont il méprisait les conseils, qui ai permis qu'il subît sa destinée.

— Eh bien, la plus misérable des femmes! s'écria de nouveau Mertoun en grinçant des dents, —.tu as tué ton fils, comme tu avais tué ton père!

— Mon fils! — quel fils? — que voulez-vous dire? — Mordaunt est votre fils, — lui seul est votre fils! — Ne l'est-il donc pas? Répondez vite ; — ne l'est-il pas?

— Mordaunt est *mon* fils; les lois, du moins, lui donnent ce titre; mais, malheureuse Ulla! notre fils commun, c'est Cleveland, — le sang de notre sang, la chair de notre chair ; et si vous l'avez conduit à la mort, je veux finir en même temps que lui ma déplorable vie!

— Arrêtez, Vaughan! — un instant! — un instant encore! je ne suis pas vaincue. — Prouvez-moi seulement la vérité de ce que vous avez dit, et je trouverai du secours, dussé-je évoquer l'enfer! — Mais prouvez-moi vos paroles, avant que je puisse y croire.

— *Toi*, venir à son secours! Présomptueuse et misérable femme! — A quoi t'ont servi tes combinaisons et tes stratagèmes, — les momeries de la démence, — le charlatanisme de la folie? — vois où tout cela t'a conduite! — Je te parlerai pourtant encore comme à un être raisonnable; — oui, je consens à admettre ta puissance. — Écoutez donc, Ulla, les preuves que vous demandez, et si vous le pouvez, trouvez un remède.

— Lorsque je m'enfuis des îles Orcades, continua-t-il après une pause de quelques instants, — il y a de cela vingt-cinq ans, — j'emportai avec moi le malheureux enfant auquel vous aviez donné le jour. Il m'avait été envoyé par une de vos parentes, qui m'informait de l'état déplorable de votre santé; la nouvelle généralement admise de votre mort suivit de près. Il est inutile de vous dire dans quelle affliction je quittai l'Europe; je trouvai un asile à l'île Saint Domingue, où une Espagnole jeune et belle entreprit de me consoler. — Je l'épousai ; — elle devint mère de l'enfant appelé Mordaunt Mertoun.

— Vous l'avez épousée! s'écria Norna d'un ton de vif reproche.

— Oui, Ulla ; mais vous fûtes vengée. Elle trahit sa foi, et son infidélité me laissa douter si l'enfant qu'elle mit au monde avait le droit de m'appeler son père. — Mais je fus vengé à mon tour.

CHAPITRE XLI.

— Vous l'avez tuée? dit Norna en poussant un cri d'effroi.

— Ce que je fis, continua Mertoun sans répondre directement à la question de Norna, me força de m'éloigner pendant quelque temps de Saint-Domingue. J'emmenai votre fils avec moi à l'île de la Tortue, où nous avions un petit établissement; Mordaunt Vaughan, l'enfant issu de mon mariage, de trois ou quatre années plus jeune que notre fils, fut placé à Port-Royal pour y recevoir une éducation anglaise; bien déterminé à ne jamais le revoir, je continuai cependant à pourvoir à son existence. Notre établissement fut pillé par les Espagnols, lorsque Clément n'avait encore que quinze ans. — Le besoin vint en aide au désespoir et aux agitations d'une conscience bourrelée; je me fis corsaire, et entraînai Clément dans cette carrière maudite. Sa capacité et sa bravoure, quoique ce ne fût encore qu'un enfant, lui valurent bientôt un commandement séparé. Au bout de deux ou trois ans, pendant lesquels nous fîmes différentes courses, mon équipage se souleva contre moi, et me laissa pour mort sur les côtes d'une des îles Bermudes : j'en revins cependant, et mes premières recherches, après une longue convalescence, eurent pour objet Clément. J'appris que lui aussi avait été la victime de son équipage révolté, et qu'on l'avait jeté dans une île déserte, pour l'y laisser mourir de faim. — Je crus qu'il avait ainsi péri.

— Et qui vous donne l'assurance du contraire? comment savez-vous que Clément Vaughan et Cleveland sont la même personne?

— Un changement de nom est chose commune parmi ces aventuriers, et Clément avait apparemment trouvé que celui de Vaughan avait acquis une trop fâcheuse célébrité; — ce fut ce changement qui m'empêcha d'être instruit de son sort. Ce fut alors que le remords s'empara de moi, et que prenant en horreur la nature entière, et surtout le sexe auquel appartenait Louisa, je résolus de faire pénitence dans les régions sauvages des îles Schetland pendant le reste de ma vie. Les vénérables prêtres catholiques que je consultai me conseillèrent les austérités du jeûne et les rigueurs de la discipline : mais, moi, je conçus une pénitence plus noble; — je pris la détermination d'emmener avec moi Mordaunt, ce misérable enfant, et de garder constamment devant mes yeux ce témoignage vivant de mon malheur et de ma faute; cette détermination, je l'ai tenue, et je me suis tellement absorbé dans cette double contemplation que plus d'une fois chez moi la raison a tremblé sur son trône. Et maintenant, pour mettre le comble à mon désespoir, mon Clément, — mon propre enfant, mon véritable enfant ressuscité, et c'est pour être livré à une mort infamante par suite des manœuvres de sa propre mère!

— Arrière, arrière! s'écria Norna avec un rire frénétique, lorsqu'elle eut entendu ce récit; c'est une histoire fabriquée par le vieux corsaire pour m'intéresser en faveur d'un camarade coupable. Comment aurais-je pu prendre Mordaunt pour mon fils, si la différence des âges eût été si grande?

— Son teint bruni et sa haute taille peuvent y avoir contribué pour beaucoup, répondit Basile Mertoun; une imagination ardente aura fait le reste.

— Mais donnez-moi des preuves, — prouvez-moi que ce Cleveland est mon fils, et, croyez-moi, le soleil qui nous éclaire ira se coucher à l'orient avant qu'on puisse arracher un cheveu de sa tête.

— Ces papiers, ces journaux, dit Mertoun en lui présentant le portefeuille...

— Je ne puis les lire, répondit-elle après un effort; ma vue est troublée.

— Clément avait aussi des signes de reconnaissance dont vous pourriez vous souvenir; mais ils seront tombés avec lui au pouvoir de ses vainqueurs. Il avait une boîte d'argent avec une inscription runique, qu'en d'autres temps vous me donnâtes avec un chapelet d'or.

— Une boîte! s'écria vivement Norna; Cleveland m'en a donné une hier, — je ne l'ai pas encore regardée.

Elle la tira de sa poche d'une main tremblante, — examina la légende gravée sur le couvercle, et s'écria : — C'est maintenant qu'on peut réellement m'appeler la Reim Kennar, car je vois par ces vers que je suis la meurtrière de mon fils, comme j'ai été celle de mon père!

La conviction de l'erreur profonde à laquelle elle avait si longtemps obéi la frappa avec tant de force qu'elle tomba à la renverse au pied de l'un des piliers. — Mertoun appela au secours, bien qu'il désespérât d'en recevoir. Le sacristain cependant accourut; mais renonçant à trouver aucune aide dans Norna, le père, hors de lui-même, s'élança hors de l'église. pour aller s'informer du sort de son fils.

CHAPITRE XLII.

> Hâtez-vous, et tâchez d'obtenir un sursis.
>
> *L'Opéra du Gueux.*

LE capitaine Weatherport s'était déjà rendu en personne à Kirkwall, et y avait été accueilli avec des témoignages de joie et de reconnaissance par les magistrats assemblés pour sa réception; le prévôt, en particulier, lui exprima combien il était heureux que la Providence l'eût envoyé avec *l'Alcyon* au moment même où le pirate ne pouvait lui échapper. Le capitaine le regarda d'un air de surprise, et lui dit: — Quant à cela, monsieur, vous pouvez en rendre grâces aux renseignements que vous-même m'avez fournis.

— Que je vous ai fournis? s'écria le prévôt étonné.

— Oui. monsieur; n'êtes-vous pas George Torfe, premier magistrat de Kirkwall, dont voici la signature au bas de cette lettre?

Le prévôt, au comble de l'étonnement, prit la lettre adressée à M. Weatherport, capitaine de *l'Alcyon,* et indiquant l'arrivée du sloop, sa force, etc.; mais ajoutant que les pirates avaient appris la présence de la frégate anglaise sur la côte, qu'ils étaient sur leurs gardes et disposés à lui jouer quelque tour en se retirant au milieu des bancs de sable, des îles et des rescifs où il ne serait pas possible à un vaisseau de les suivre aisément, et qu'à toute extrémité ils étaient assez déterminés pour faire échouer le sloop et le faire sauter, ce qui ferait perdre une capture précieuse en marchandises et en argent. La lettre, en conséquence, insinuait que *l'Alcyon* ferait bien de croiser entre la pointe de Duncansbay et le cap Wrath pendant deux ou trois jours, pour laisser aux pirates le temps de se remettre de l'alarme causée par le voisinage de la frégate, et leur inspirer toute sécurité; d'autant plus, ajoutait la lettre, que leur intention, si la frégate s'éloignait de la côte, était d'entrer dans la baie de Stromness, et d'y déposer à terre leurs canons pour quelques réparations indispensables, ou même pour radouber leur navire s'ils en trouvaient les moyens. La lettre finissait en donnant au capitaine Weatherport l'assurance que s'il pouvait se trouver avec son bâtiment dans la baie de Stromness le 24 août dans la matinée, il aurait bon marché des pirates; — que plus tôt, il courrait risque de les manquer.

— Cette lettre n'est pas de mon écriture, et ce n'est pas moi qui j'ai signée, dit le prévôt; je n'aurais pas pris sur moi de vous fixer un délai pour retarder votre arrivée.

Le capitaine fut surpris à son tour. Tout ce que je sais, dit-il, c'est que cette lettre m'est parvenue tandis que j'étais dans la baie de Thurso, et que j'ai donné à l'équipage du bateau qui me l'a apportée cinq dollars pour la peine d'avoir traversé le détroit de Pentland par un très-mauvais temps. Ils avaient pour patron un nain muet, le plus hideux hérisson que j'aie vu de ma vie. J'ai mis toute confiance dans des renseignements qui paraissaient si exacts, M. le prévôt.

— Il est heureux que les choses se soient passées ainsi, car je me demande si l'auteur de cette lettre n'avait pas plutôt envie que vous trouvassiez le nid froid et les oiseaux envolés.

En disant ces mots, il passa la lettre à Magnus Troil, qui la lui rendit en souriant, mais sans faire d'observation; comprenant bien sans doute, comme l'a déjà compris le lecteur, que Norna avait de bonnes raisons de calculer avec tant d'exactitude l'époque de l'arrivée de *l'Alcyon*.

Sans s'arrêter davantage à une circonstance qui paraissait inexplicable, le capitaine requit qu'on procédât aux interrogatoires; Cleveland et celui qui se faisait appeler Altamont furent traduits en tête de l'équipage, sous la prévention d'avoir rempli les emplois de capitaine et de lieutenant. On venait de commencer l'interrogatoire, lorsqu'après quelques altercations avec les officiers qui gardaient la porte, Basile Mertoun se précipita dans l'appartement en s'écriant: — Je vous apporte une victime pour celle que vous menacez! — je suis Basile Vaughan, — dont le nom n'a été que trop célèbre dans les mers des Antilles; prenez ma vie et épargnez celle de mon fils!

La surprise fut générale, mais personne ne fut plus étonné que Magnus Troil; il se hâta de représenter aux magistrats et au capitaine Weatherport que ce gentleman vivait depuis bien des années d'une manière paisible et honorable dans la principale des îles Schetland.

— En ce cas, dit le capitaine, je m'en lave les mains; cet homme est en sûreté sous la garantie de deux proclamations d'amnistie; et sur mon âme, quand je les vois tous deux s'embrasser si tendrement, je voudrais de tout mon cœur en pouvoir dire autant du fils!

— Mais comment cela se fait-il? — comment cela se peut-il faire? dit le prévôt; nous avons toujours donné au plus vieux le nom de Mertoun et à l'autre celui de Cleveland, et voilà que maintenant il paraît qu'ils se nomment tous deux Vaughan!

— Vaughan, répondit Magnus, est un nom dont j'ai quelques raisons de me souvenir, et que, suivant ce que m'a dit récemment ma cousine Norna, le plus vieux a droit de porter.

— Et le jeune aussi, je crois, ajouta le capitaine, qui venait de parcourir un mémorandum. Écoutez-moi un instant, continua-t-il en s'a-

CHAPITRE XLII.

dressant au jeune Vaughan, qu'il avait jusque-là appelé Cleveland. On dit que votre nom est Clément Vaughan, monsieur ; — êtes-vous le même qui, encore fort jeune, commandiez une bande de pirates qui, il y a huit ou neuf ans, pilla un village espagnol appelé Quempoa, sur les côtes de la Nouvelle-Espagne, dans le but d'y saisir un trésor?

— Il ne me servirait à rien de le nier, répondit le prisonnier.

— Non, reprit le capitaine Weatherport, mais il peut vous être utile de l'avouer. — Eh bien, les muletiers se sauvèrent avec le trésor, pendant que vous étiez occupé, au péril de vos jours, à protéger l'honneur de deux dames espagnoles contre la brutalité de vos compagnons. Vous rappelez-vous quelques-uns de ces faits?

— Parfaitement, pour *mon* compte, dit Jack Bunce ; car notre capitaine fut, à cette occasion, jeté dans une île déserte pour prix de sa galanterie, et peu s'en est fallu que je ne fusse fouetté et passé à la grande vergue pour avoir pris son parti.

Ces points établis, continua le capitaine Weatherport, Vaughan a la vie sauve ; — les dames dont il fut le libérateur étaient des personnes de qualité, filles du gouverneur de la province, et depuis longtemps cet étranger reconnaissant s'était adressé à notre gouvernement pour lui recommander le sauveur de ses filles. Je reçus des instructions spéciales relativement à Clément Vaughan, lorsque j'eus une commission pour croiser contre les pirates dans les Indes Occidentales, il y a six ou sept ans. Vaughan n'existait pas, du moins sous ce nom, parmi eux ; mais, en revanche, on parlait assez de Cleveland. Cependant, capitaine, que vous soyez Cleveland ou Vaughan, je crois pouvoir promettre un plein pardon, lors de votre arrivée à Londres, au héros de l'affaire de Quempoa.

Cleveland s'inclina, et le sang lui monta au visage. Mertoun tomba à genoux et adressa au Ciel de ferventes actions de grâces. On les éloigna au milieu de l'émotion générale.

— Et maintenant, M. le lieutenant, qu'avez-vous à dire pour votre propre défense? demanda le capitaine Weatherport au ci-devant Roscius.

— Ma foi, rien ou peu de chose, n'en déplaise à Votre Honneur ; si ce n'est que je voudrais que vous eussiez aussi trouvé mon nom dans le livre de grâces que vous tenez à la main, car j'étais auprès du capitaine Clément à l'affaire de Quempoa.

— Vous vous appelez Frédéric Altamont, reprit le capitaine Weatherport. Je ne trouve pas ici de nom semblable ; j'y vois seulement celui d'un John Bounce ou Bunce que cette dame avait mis sur ses tablettes.

— Mais c'est moi, — c'est moi-même, capitaine, — je puis le prouver ; et je suis bien décidé, quoique le son de mon premier nom soit un peu vulgaire, à vivre plutôt Jack Bunce qu'à être pendu comme Frédéric Altamont.

— En ce cas, continua le capitaine, si vous êtes Jack Bunce, je puis vous donner quelque espoir.

— Grâces en soient rendues à votre noble seigneurie! s'écria Bunce ; puis, changeant de ton, il ajouta : — Puisqu'un second nom a tant de vertu, ce pauvre Dick Fletcher aurait peut-être échappé sous celui de Timothée Tugmutton ; mais, voyez-vous, de toute manière, pour employer sa phrase favorite...

— Qu'on fasse retirer le lieutenant, dit le capitaine, et qu'on amène Goffe avec le reste des prisonniers. Il faudra faire provision de cordes pour un bon nombre d'entre eux, je pense. Et cette prédiction promettait d'être amplement réalisée, tant les preuves produites contre eux étaient accablantes.

L'*Alcyon* eut ordre de transporter tous les prisonniers à Londres, et deux jours après mit à la voile.

Tant que le malheureux Cleveland resta à Kirkwall, il fut traité avec civilité par le capitaine de *l'Alcyon* ; et la bienveillance de sa vieille connaissance, Magnus Troil, qui savait que des nœuds étroits l'unissaient à sa famille, eut soin qu'il ne manquât de rien et lui prodigua toutes sortes d'attentions.

Norna, dont l'intérêt au sort du malheureux prisonnier était encore plus vif, se trouvait en ce moment hors d'état de l'exprimer. Le sacristain l'avait trouvée gisante et sans sentiment sur les dalles de l'église, et lorsqu'elle revint à elle, elle avait complétement perdu la raison. Il fallut la faire surveiller avec soin.

Quant aux sœurs de Burgh-Westra, tout ce que Cleveland apprit d'elles, c'est qu'elles étaient encore malades de la frayeur qu'elles avaient eue ; mais, le soir du jour qui précéda le départ de *l'Alcyon*, il reçut par une voie détournée le billet suivant : — « Adieu, Cleveland ; — nous nous séparons pour toujours, et il est juste qu'il en soit ainsi. — Puissiez-vous connaître la vertu et le bonheur ! Les illusions qu'une éducation solitaire et une connaissance incomplète du monde tel qu'il est aujourd'hui avaient créées autour de moi, se sont évanouies et dissipées sans retour. Mais en ce qui vous concerne, au moins, je suis sûre de ne m'être pas trompée en pensant que vous êtes naturellement porté au bien plutôt qu'au mal, et que la nécessité seule, l'exemple et l'habitude vous ont jeté dans le genre de vie que vous avez mené jusqu'ici. Pensez à moi comme à un être qui n'existe plus pour vous, à moins que vous ne deveniez l'objet de la louange générale, comme vous l'êtes maintenant de la réprobation universelle ; et, alors, souvenez-vous qu'il y aura au monde une femme qui se réjouira de cette heureuse réhabilitation, quoiqu'elle ne doive jamais vous revoir ! » — Ce billet était signé M. T., et Cleveland, en proie à une émotion profonde qui lui arracha des larmes, le lut et le relut cent fois avant de le serrer dans son sein.

CHAPITRE XLII.

Mordaunt Mertoun reçut aussi une lettre de son père, mais elle était d'un style bien différent. Basile lui disait adieu pour toujours, et le dispensait dorénavant des devoirs d'un fils envers celui qui, malgré les efforts de plusieurs années, s'était trouvé incapable d'éprouver pour lui l'affection d'un père. La lettre lui désignait une cachette dans le vieux manoir de Iarlshof où Mertoun avait déposé une quantité considérable d'argent et d'objets précieux dont il désirait que Mordaunt se servît comme de choses à lui appartenantes. — « Vous ne devez craindre, portait la lettre, ni de m'en avoir obligation, ni de prendre part à des gains de piraterie. Ce que je vous abandonne en ce moment est presque entièrement la propriété de votre défunte mère Louisa Gonzague, et par conséquent la vôtre à juste droit. Pardonnons-nous l'un à l'autre, disait-elle en terminant, comme des gens qui ne doivent jamais se revoir. » — Et en effet, ils ne se revirent plus; car le vieux Mertoun, contre lequel il ne fut intenté aucune poursuite, disparut dès qu'on eut statué sur le sort de Cleveland, et l'on crut généralement qu'il s'était retiré dans un couvent étranger.

La destinée de Cleveland se trouve expliquée en peu de mots dans une lettre que Minna reçut deux mois après que l'*Alcyon* eut quitté Kirkwall. La famille se trouvait alors assemblée à Burgh-Westra, et Mordaunt s'y trouvait en ce moment réuni; car le bon udaller croyait ne pouvoir jamais assez payer le zèle qu'il avait montré pour la défense de ses filles. Norna, qui commençait à revenir d'un égarement d'esprit passager, logeait aussi à Burgh-Westra, et Minna, prodiguant les soins les plus attentifs à cette malheureuse victime d'une imagination abusée, était assise près d'elle, épiant chaque symptôme du retour de sa raison, lorsque la lettre dont nous venons de parler lui fut remise.

« Minna, y était-il dit, chère Minna! — adieu, et pour toujours! Croyez-moi, je n'ai jamais eu de mauvaise pensée à votre égard, — non, jamais! — Dès le premier moment que je vous vis, je résolus de me séparer de mes odieux compagnons, et je formai une foule de plans, qui se sont trouvés aussi vains qu'ils méritaient de l'être. — Car pourquoi ou comment le sort d'un être si aimable, si pur et si innocent, aurait-il été associé à celui d'un homme si criminel? — Il ne sera plus question de ces rêves. Ma situation est beaucoup plus douce que je ne l'espérais et que je ne le méritais, et le peu de bien que j'ai pu faire l'a emporté, dans l'esprit miséricordieux de mes honorables juges, sur les nombreux méfaits dont je m'étais rendu coupable. Non-seulement j'ai échappé à la mort ignominieuse qu'ont subie plusieurs de mes complices; mais le capitaine Weatherport, sur le point de faire voile encore une fois pour les mers d'Espagne, dans la prévision d'une guerre immédiate avec ce pays, a généreusement sollicité et obtenu la permission de m'employer au service de l'état, avec deux ou trois des moins coupables de mes compagnons, faveur que lui a suggérée sa généreuse compassion, et qui nous a été accordée en considération de notre connaisance de la côte et des localités. Quels que soient les moyens par lesquels nous avons obtenu ces renseignements, nous espérons qu'ils serviront désormais aux intérêts de notre pays. Minna, si désormais vous entendez prononcer mon nom, ce sera avec honneur. Si la vertu peut donner le bonheur, je n'ai pas besoin de vous le souhaiter, car il est déjà votre partage. — Adieu, Minna ! »

Minna, en lisant cette lettre, versait des larmes si amères, qu'elle excita l'attention de Norna convalescente. Elle la lui arracha des mains, et la parcourut d'abord de l'air égaré d'une personne en qui cette lecture ne réveillait aucune idée. — Une seconde lecture sembla faire jaillir une lueur de mémoire ; — puis enfin, en la relisant encore, elle laissa éclater à la fois des transports de joie et de douleur, au milieu desquels le papier s'échappa de sa main. Minna le ressaisit, et se retira avec son trésor dans son appartement.

A partir de ce moment, Norna parut devenir tout autre ; elle changea son costume pour des vêtements plus simples et moins imposants. Son nain fut congédié avec une somme suffisante pour le faire jouir, à l'avenir, d'une honnête aisance. Elle ne témoigna jamais le désir de reprendre sa vie errante, et donna des ordres pour démolir ce qu'on pouvait nommer son observatoire de Fitful-Head. Elle ne voulut plus qu'on l'appelât Norna, et ne répondit désormais qu'à son véritable nom d'Ulla Troil. Mais un changement plus important encore s'accomplit en elle. Jusqu'alors, sous l'inspiration fatale de son désespoir, et sous l'impression des circonstances qui avaient accompagné la mort de son père, elle avait semblé se regarder comme exclue de la grâce divine ; toute préoccupée, d'ailleurs, des sciences occultes auxquelles elle se croyait initiée, ses études, comme celles de l'alchimiste de Chaucer, « s'étaient peu portées sur la Bible : » maintenant, le livre sacré était rarement hors de ses mains, et lorsque de pauvres ignorants venaient, comme autrefois, invoquer son pouvoir sur les éléments, elle se contentait de répondre : — *Les vents sont dans la main du Seigneur.* — Peut-être toute sa raison ne présidât-elle pas à cette conversion, car l'état de son esprit, dérangé par une telle complication d'événements horribles, devait naturellement s'y opposer ; mais elle parut sincère, et eut certainement de salutaires effets. Ulla Troil sembla profondément repentante de ses tentatives présomptueuses pour s'immiscer dans le cours des événements humains, dirigés, comme ils le sont, par une main bien autrement puissante, et témoigna une componction amère toutes les fois qu'on rappelait à son souvenir, de quelque manière que ce fût, ses anciennes prétentions. Elle ne cessa jamais de montrer à Mordaunt une prédilection qui prenait peut-être sa source principalement dans l'habitude, et il n'était pas facile de démêler jusqu'à quel point ses souvenirs des incidents compliqués auxquels elle avait pris part étaient précis ou confus. Lors de sa mort, qui arriva environ quatre ans après les événements que nous venons de retracer, on apprit que, conformément aux instantes et spéciales prières de Minna Troil, elle avait légué à Brenda ses biens, qui étaient considérables. Une clause de son testament portait expressément que tous les livres, tous les instruments qui garnissaient son laboratoire, et autres objets se rapportant à ses anciennes études, seraient livrés aux flammes.

Environ deux ans avant la mort de Norna, Brenda était devenue l'épouse de Mordaunt Mertoun. Il fallut quelque temps avant que le vieux Magnus Troil, malgré toute son affection pour sa fille et son amitié pour Mordaunt, pût s'habituer franchement à l'idée de cette alliance; mais les qualités de Mordaunt avaient toute la sympathie de l'udaller, et le vieillard sentit si bien l'impossibilité de le remplacer dans la famille, qu'à la fin l'orgueil du vieux sang norse céda devant les sentiments naturels du cœur. D'ailleurs il se consola lorsqu'en regardant autour de lui il vit les envahissements de la gentilhommerie d'Écosse dans *le pays;* c'est ainsi que les Schetlandais aiment à nommer leur île. Autant vaut, dit-il, que ma fille épouse le fils d'un pirate anglais que celui d'un voleur écossais; allusion méprisante aux familles des montagnes et des frontières, d'où sortaient plusieurs propriétaires respectables de ces îles, mais dont les ancêtres étaient généralement plus cités pour l'ancienneté de leur race et pour leur courage, que pour un respect bien rigoureux de la distinction futile entre *le mien* et *le tien.* Le jovial udaller vécut jusqu'à un âge fort avancé, heureux de la nombreuse descendance que lui avait donnée sa plus jeune fille, et voyant sa table tour à tour égayée par les chants de Claude Halcro et éclairée par les élucubrations de M. Triptolème Yellowley. Celui-ci, à mesure qu'il devint plus familier avec les mœurs des insulaires, mit de côté ses hautes prétentions, et se rappelant les nombreux mécomptes qui avaient suivi ses essais prématurés de réforme, il devint un honnête et digne représentant du lord chambellan; il n'était jamais si heureux que quand il pouvait échapper au régime parcimonieux de sa sœur Barbara, pour aller s'asseoir à la table abondante de l'udaller. Le caractère de Barbara elle-même sembla un peu s'adoucir lorsqu'à sa grande surprise elle se retrouva en possession de la fameuse corne remplie d'argent : c'était la propriété de Norna, qui l'avait cachée dans le vieux manoir de Stourburgh, pour l'accomplissement de quelques-uns de ses plans mystérieux. Elle le rendit à ceux qui l'avaient découvert par hasard, mais toutefois avec un avis portant qu'il disparaîtrait de nouveau si une portion raisonnable n'était consacrée aux besoins de la famille, précaution à laquelle Tronda Dronsdaughter, qui probablement avait servi d'agent à Norna, eut sans doute l'obligation de ne pas mourir lentement d'inanition.

Mordaunt et Brenda furent aussi heureux que le permet notre condition mortelle, s'aimant tendrement, — jouissant des douceurs de l'aisance, — se faisant un bonheur de l'accomplissement de leurs devoirs. La conscience nette et légers de cœur, ils riaient, chantaient, dansaient, et leurs jours s'écoulèrent doucement dans leur île, sans souci du reste du monde.

Mais Minna, — avec son imagination exaltée, — Minna, douée de tant de sensibilité et d'enthousiasme, et condamnée à les voir l'un et l'autre se flétrir dans la fleur de sa jeunesse, parce que dans son inexpérience romanesque elle avait bâti l'édifice de son bonheur sur le sable et non sur le roc, — Minna était-elle, pouvait-elle être heureuse? Oui, lecteur, elle *était* heureuse; car bien qu'en puissent dire l'ironie et le scepticisme, à chaque devoir accompli est attachée une satisfaction intérieure; et plus la tâche que nous avons à remplir est difficile, plus ce sentiment intime nous récompense des efforts qu'elle nous coûte. Le repos du corps qui succède à un travail dur et pénible n'est pas à comparer au calme dont jouit l'esprit dans de semblables circonstances. Néanmoins, la résignation de Minna, les soins assidus qu'elle rendait à son père, à sa sœur, à l'affligée Norna, à tous ceux enfin qui les réclamaient, n'étaient pas la source unique ni la plus douce de son bonheur. Comme Norna, mais avec un jugement plus calme, elle apprit à faire succéder aux visions de l'enthousiasme, qui avaient épuisé et si longtemps égaré son imagination, une connaissance plus exacte et plus saine du monde qui nous environne, connaissance que ne pouvaient lui donner ni les sagas des bardes païens, ni les rêveries des poëtes plus modernes. Ce fut avec le secours de ces nouvelles pensées qu'elle put, après de nombreux récits de l'honorable et brave conduite de Cleveland, apprendre avec résignation, et même non sans une certaine douceur mêlée de chagrin, qu'il avait enfin succombé dans une honorable et courageuse entreprise, heureusement accomplie par ses compagnons, auxquels sa bravoure avait montré le chemin. L'étourdi Bunce, qui le suivait maintenant dans la voie du bien comme il l'avait jadis suivi dans celle du mal, transmit à Minna les détails de ce triste événement, en termes qui prouvaient que si sa tête était faible, son cœur n'avait pas été entièrement corrompu par la vie déréglée qu'il avait menée autrefois, ou du moins qu'un heureux changement s'était opéré en lui. Il s'était distingué dans la même action, et avait obtenu de l'avancement; mais ces avantages semblaient l'avoir peu touché après une perte aussi sensible que celle de son ancien capitaine et camarade [1]. Minna, à cette lecture, rendit

---

[1] Nous n'avons pu nous procurer de renseignements positifs sur le sort de Bunce; mais notre ami, le docteur Dryasdust, croit l'avoir reconnu dans un vieillard qui, dans les premières années du règne de Georges Ier, fréquentait le café de la Rose, allait régu-

grâces au Ciel, vers lequel elle levait des yeux baignés de larmes, de ce que Cleveland était mort au champ d'honneur. Elle eut même le courage de lui exprimer sa gratitude d'avoir permis qu'il fût soustrait aux tentations de rechute, qui auraient pu être bien fortes pour un cœur encore si neuf dans la pratique de la vertu. Cette réflexion eut sur son esprit un effet si salutaire que, la première impression une fois dissipée, elle sembla aussi résignée et même plus gaie qu'auparavant. Mais ses pensées étaient détachées du monde, et semblable à un ange gardien, elle ne les y reportait que par un tendre intérêt pour les êtres qui lui étaient chers et pour les pauvres dont elle pouvait soulager la misère. Ainsi s'écoula sa vie, au milieu de l'affection et du respect de tous ceux qui l'approchaient; et quand ses amis eurent à pleurer sa mort, qui n'arriva qu'à un âge assez avancé, ils purent se consoler en songeant que l'enveloppe mortelle dont elle venait de se dépouiller était le seul point par lequel, pour nous servir des paroles de l'Écriture, elle se trouvât placée « un peu au-dessous des anges ! »

lièrement au théâtre tous les soirs, racontait sans pitié de longues histoires sur la Nouvelle-Espagne, contrôlait la carte avec soin, jurait après les garçons, et était généralement connu sous le nom de *Capitaine Bunce*. (W. S.)

FIN DU PIRATE.

NOTES
DU PIRATE.

(A) Page 15.

FRAGMENTS-NORSES.

Vers la fin du chapitre II, il est dit que les anciennes sagas norvégiennes s'étaient conservées parmi les pêcheurs des Orcades et des îles Schetland, qui les répétaient souvent à l'époque où cette langue n'était pas encore tout à fait oubliée. M. Baikie de Tankerness, l'un des notables habitants de Kirkwall et propriétaire aux Orcades, m'a certifié le fait curieux que je vais rapporter.

Un ecclésiastique, mort depuis peu de temps, se rappelait très-bien qu'il restait encore des vestiges de la langue norse dans l'île appelée North Ronaldshaw. Lorsque l'ode de Gray, intitulée *les Sœurs fatales*, fut publiée, ou du moins lorsque la connaissance en arriva dans cette île lointaine, le révérend gentleman eut la curiosité bien inspirée de la lire à quelques-uns des anciens de l'île, comme un poëme qui avait rapport à l'histoire de leur pays. Ils écoutèrent avec grande attention les stances préliminaires :

« L'orage gronde : hâte tes apprêts infernaux ; les flèches d'airain de la tempête s'entre-choquent dans l'air obscurci. »

Mais lorsqu'ils eurent entendu encore un vers ou deux, ils interrompirent le lecteur, lui disant qu'ils connaissaient bien la chanson en langue norse, et qu'ils la lui avaient souvent chantée lorsqu'il leur demandait quelque vieille ballade. Ils l'appelaient *les Magiciennes* ou *les Enchanteresses*. L'élégant traducteur aurait été bien étonné si, au moment où il composait sa version d'après le texte de Bartholin, on lui eût appris que l'original norse était encore conservé par tradition dans un coin reculé de l'empire britannique. Les faits viendront probablement justifier ce qu'on dit dans le texte, relativement aux traditions des Schetlandais au commencement du dix-huitième siècle.

Aujourd'hui même que la langue norse est entièrement tombée en désuétude, sauf un petit nombre de mots et de phrases, les pêcheurs de l'*Ultima Thule* sont encore fort attachés à ces anciennes légendes. L'auteur en a entendu citer un exemple singulier.

Il y a environ vingt ans, un missionnaire entreprit de parcourir ces îles sauvages, où il supposait que le besoin d'instruction religieuse devait se faire sentir, besoin qu'il se crut capable de satisfaire. Après avoir erré quelques jours sur l'océan dans une barque sans pont, il arriva à North Ronaldshaw, où sa présence excita une grande sensation. C'était un homme de très-petite taille, au teint basané : après des courses multipliées d'une île à l'autre, il parut devant eux avec une barbe longue et des vêtements en désordre. Les habitants le prirent pour un des anciens Pictes, ou *Peghts*, comme ils articulent avec l'accent fortement guttural qui leur est propre. D'après cette idée, on pouvait douter de ce que serait leur accueil à l'égard du pauvre prédicateur, et le maître d'école de la paroisse, qui avait hébergé le voyageur fatigué, alla prendre conseil de M. S..., l'habile et ingénieux directeur du service des fanaux d'Écosse, qui se trouvait par hasard dans l'île. Comme il était cité pour son habileté et ses connaissances, on pensa qu'il déciderait tout d'abord si l'étranger était un Peght et devait être traité comme tel. M. S... fut assez complaisant pour obtempérer à cette requête, dans le but de rendre quelque service au prédicateur. Le pauvre missionnaire, qui avait veillé trois nuits, dormait alors d'un profond sommeil, ne songeant guère aux étranges soupçons suscités par sa présence. Les habitants étaient assemblés devant la porte; M. S..., reconnaissant la condition du voyageur, se défendit de troubler son repos. Alors les insulaires produisirent une paire de bottines en assez mauvais état, avec des semelles prodigieusement épaisses, et l'adjurèrent de déclarer s'il était possible qu'un pareil article d'habillement appartînt à un autre qu'à un Peght. M. S..., trouvant les préjugés des habitants si opiniâtres, se décida enfin à entrer dans la chambre où reposait le mystérieux inconnu, et fut surpris de reconnaître, dans le prétendu Peght, une personne qu'il avait vue autrefois exercer le commerce à Édimbourg avant qu'elle n'eût cédé à sa vocation actuelle. Comme on le pense bien, il n'eut pas de peine à dissiper tous les soupçons sur sa véritable qualité.

(B) Page 16.

MONSTRES DES MERS DU NORD.

J'ai dit dans le texte que les récits merveilleux de Pontoppidan, archevêque d'Upsal, trouvent encore des croyants dans l'archipel du Nord. C'est en vain qu'on les a effacés, même dans la grammaire de Guthrie, ouvrage instructif dont ils formaient le chapitre le plus attrayant pour de jeunes lecteurs. Mais les mêmes causes qui vraisemblablement donnèrent lieu aux légendes concernant les sirènes, les serpents de mer, les krakens et autres hôtes fantastiques de l'océan du Nord, subsistent encore dans les climats qui les ont vus naître. Probablement ils tirent leur origine de cette curiosité inquiète exprimée par la muse élégante de notre poëte, mistress Hemans :

« Quels trésors renfermes-tu dans tes cavernes profondes, ô mer retentissante et mystérieuse ? »

Ajoutez-y le demi-jour incertain qui plane sur cet océan septentrional pendant la moitié de l'année, et qui, ne laissant entrevoir les objets qu'à une lueur douteuse, encourage les esprits timides ou rêveurs à se laisser aller à leur imagination, et souvent à forger une histoire particulière pour chacun des objets indistinctement aperçus et mal examinés. C'est ainsi que dans le beau golfe de Scalloway, aux îles Schetland, on observa, il y a quelques années, une masse énorme si ressemblante au kraken, d'après l'opinion vulgaire, que dans l'espace de plusieurs jours, si l'on peut appeler ainsi la transition des ténèbres au crépuscule, pendant lesquels on put distinguer cet objet inconnu, les plus hardis marins tremblèrent d'en approcher, de peur d'être entraînés au fond de la mer par l'espèce d'aspiration qu'il devait former en plongeant. C'etait probablement la carcasse de quelque bâtiment échoué.

La croyance aux sirènes, si riante et si flatteuse pour l'imagination, est rafraîchie de temps à autre par quelque récit étrange apporté des lointains rivages de quelque île solitaire.

L'auteur a entendu un marin jouissant d'une certaine considération parmi les hommes de sa classe, affirmer qu'il avait vu le fameux serpent de mer. Autant qu'il avait pu conjecturer, ce monstre lui parut avoir environ cent pieds de long, avec la crinière effrayante et les yeux farouches que les vieux auteurs lui attribuent; mais il semble assez probable qu'à la clarté incertaine du jour, notre observateur aura été trompé par la vue de quelque arbre des forêts de Norvége flottant sur les eaux. J'ajouterai seulement que l'on se souvient encore, aux îles Schetland, d'avoir vu les restes d'un animal poussés sur la plage, et qu'on supposait appartenir à cette dernière espèce. On envoya à Londres une partie de ses os, que sir Joseph Banks déclara être ceux d'une espèce de requin; cependant il semble que les pêcheurs du Nord n'auraient pas dû se méprendre sur l'identité d'un animal aussi connu.

(C) Page 66.

COMMERCE DES VENTS.

Le roi de Suède, ce même Éric dont parle Mordaunt, passait de son temps, dit Olaüs Magnus, pour ne le céder à personne dans la science de la magie; et il était si familier avec les mauvais esprits, auxquels il rendait un culte, que, toutes les fois qu'il tournait son bonnet, le vent soufflait immédiatement de ce côté. On l'appelait, pour cette raison, *Windy Cap* (celui dont le bonnet fait souffler les vents). *Historia de gentibus septentrionalibus*. **Romæ, 1555.** On sait que les vents sont en Laponie une branche de commerce très-profitable; mais ce qui est moins connu peut-être, c'est qu'il y a peu d'années on jouissait du même avantage sur le territoire britannique, où cet article devait naturellement être fort recherché. Au village de Stromness, dans la principale des Orcades, nommée Pomona, vivait, en 1814, une femme âgée que l'on appelait Bessie Millie, et qui n'avait d'autre moyen d'existence que celui de vendre aux marins des vents favorables. C'était un patron bien hardi que celui qui osait quitter la rade de Stromness sans payer son offrande pour se rendre propice Bessie Millie. Son tarif était extrêmement modéré, car il était fixé invariablement à six pence, moyennant lesquels, comme elle le déclarait elle-même, elle faisait bouillir sa marmite et donnait à l'embarcation le secours de ses prières, car elle désavouait tous moyens illégitimes. Le vent invoqué de cette manière venait indubitablement, disait elle, quoique parfois les marins l'attendrissent un peu longtemps. L'habitation et la tournure de cette femme étaient en harmonie avec ses prétentions ; sa maison, située sur le front de la colline qui sert de base à Stromness, n'était accessible que par une série d'affreux défilés bordés de précipices, et sa position pouvait la faire prendre pour le séjour d'Éole lui-même, dont les faveurs y étaient un objet de trafic. La dame du lieu, nous a-t-on dit, sèche et ridée comme une momie, était âgée de près de cent ans. Un mouchoir couleur de terre glaise, roulé autour de sa tête, se mariait bien à la nuance cadavéreuse de son teint. Deux yeux d'un bleu clair qui brillaient d'un éclat semblable à celui de la démence, un débit d'une prodigieuse rapidité, un nez et un menton près de se rencontrer, et une hideuse expression de malice, la faisaient ressembler à Hécate. Elle se rappelait Gow le pirate, natif de ces îles, où il avait terminé sa carrière, comme il est dit dans la préface. Telle était Bessie Millie, à qui les marins, moitié de bonne foi, moitié par plaisanterie, payaient une sorte de tribut.

(D) Page 72.

RÉPUGNANCE A SAUVER UN HOMME QUI SE NOIE.

Il est remarquable que dans un archipel où tant de personnes sont exposées aux dangers de la mer, une maxime si étrange et si inhumaine se soit enracinée dans l'esprit d'un peuple bon d'ailleurs, moral et hospitalier. Mais tous ceux avec qui j'en ai parlé s'accordent à dire que ce préjugé, dans le commencement du dix-huitième siècle, était presque général, et que, pour l'extirper, il ne fallut pas moins que les instructions multipliées du clergé et les injonctions rigoureuses des propriétaires. On ne peut guère douter que ce n'ait été dans le principe une excuse pour laisser périr sans secours ceux qui cherchaient à se sauver du naufrage, afin que, dans l'absence de tout survivant, les débris en fussent considérés comme légalement dévolus au pillage. On m'a raconté l'anecdote suivante, que j'aime à croire fausse : Un navire ayant échoué sur les brisants d'une des îles Schetland, cinq ou six malheureux, composant en totalité ou en partie l'équipage, s'efforçaient d'aborder à l'aide d'un câble qu'ils étaient parvenus à fixer à un rocher. Les habitants étaient assemblés et regardaient cette scène, un peu embarrassés de ce qu'ils devaient faire. Tout à coup un vieillard s'écrie : « Camarades ! si ces hommes prennent terre, ce sera un surcroît de bouches qui dévoreront toutes nos provisions pour l'hiver ; et alors comment vivrons-nous ? » Un jeune homme, emporté par cet argument, coupa le câble d'un coup de hache, et les infortunés marins, entraînés au milieu des brisants, y trouvèrent la mort.

(E) Page 76.

D'AUTRES NAUFRAGES AVANT L'HIVER.

Les anciens Schetlandais regardaient la mer comme chargée de pourvoir à leur subsistance, non-seulement par les poissons qu'elle leur fournissait en abondance, mais encore par les dépouilles des bâtiments naufragés. Certaines îles ont perdu une grande partie de leurs revenus, depuis que les commissaires de la société des phares en ont fait poser sur les côtes de Sanda et de Pentland. Un gentleman, habitué de ces parages, exprimait sa surprise à un fermier d'une des îles de voir à son bateau une vieille paire de voiles. « Si la Providence, répondit cet homme avec une déférence affectée pour ses décrets, peu en harmonie avec le sentiment qui lui dictait ces paroles, si la Providence n'avait pas voulu qu'un phare fût posé là-bas, je n'aurais pas manqué de voiles neuves l'hiver dernier. »

(F) Page 108.

MOULINS SCHETLANDAIS.

C'est, sans contredit, quelque chose de fort extraordinaire pour un étranger, que les moulins des îles Schetland : ils sont de la plus petite dimension possible ; les roues qui les font mouvoir sont horizontales, et les dents tournées diagonalement du côté de l'eau ; l'arbre est placé perpendiculairement, et enfoncé dans la meule de pierre façonnée à l'ancienne mode, qu'il fait tourner ; c'est ainsi que la machine fonctionne. Si Robinson Crusoé eût visité les îles Schetland, il n'aurait pas eu de peine à inventer une machine pour moudre son blé dans son île déserte. Ces moulins sont renfermés dans une petite hutte qui a tout à fait l'air d'un toit à porc. Il peut y avoir, dans une île, cinq cents de ces moulins, et pas un n'est en état de moudre plus d'un sac de blé à la fois.

(G) Page 147.

DANSE DES ÉPÉES.

La danse des épées est rappelée, en termes généraux, par *Olaüs Magnus*. Il paraît avoir regardé cette danse comme particulière à la Norvége, d'où elle se serait répandue avec d'autres coutumes du Nord chez les habitants des Orcades et des îles Schetland. Voici ce qu'il en rapporte :

DE LEURS DANSES EN ARMES.

« Les Goths du Nord et les Suédois avaient encore une autre espèce de jeu pour exercer la jeunesse ; c'était de danser et de sauter au milieu d'epées nues et d'armes dangereuses. Ils se livraient à cet exercice selon les règles de l'escrime ; car ils recevaient, dès leur enfance, les leçons d'habiles professeurs qui dansaient devant eux en chantant. Cet exercice avait lieu principalement aux approches des fêtes nommées en Italie Macchararum. Avant le carnaval, toute la jeunesse réunie dansait pendant huit jours; ils commençaient par élever en l'air leurs glaives dans le fourreau, en tournant trois fois sur eux-mêmes; puis ils faisaient le même geste avec leurs épées nues ; ensuite, modérant leurs mouvements circulaires, chacun prenait l'épée de son voisin par la pointe, et changeait de rang de manière à former une figure triangulaire qu'ils appelaient *Rosam*. Bientôt après, ils se séparaient en tirant de nouveau leurs épées en l'air, de manière à répéter la même figure au dessus de leur tête; puis, brandissant vivement leurs épées presque horizontalement, ils sautaient en arrière, et finissaient leur jeu au son des flûtes ou des chansons. Leur danse, modérée d'abord, s'accélérait peu à peu, et finissait par devenir un violent exercice. Mais personne ne peut se rendre compte de ce spectacle, à moins d'avoir vu combien il a de grâce et de dignité, lorsqu'à un seul mot de commandement toute la multitude armée reçoit l'ordre de commencer le combat. Les prêtres peuvent eux-mêmes se mêler aux joûteurs, et prendre part à cet exercice; car la plus grande décence y préside depuis le commencement jusqu'à la fin. »

A ce récit du primat sur la danse des épées, je puis ajouter les paroles déclamées ou chantées à l'occasion de cette danse, telle qu'elle est encore exécutée dans Papa-Stour, une des îles Schetland les plus reculées, seul pays où cette coutume ait conservé son empire. Les antiquaires remarqueront que c'est une espèce de drame ou mystère, dans lequel les sept champions de la chrétienté figurent, comme dans la moralité *Tout est bien qui finit bien*. Cette curiosité dramatique m'a été communiquée complaisamment par le docteur Scott, de l'hôpital d'Hazlar, fils de mon ami M. Scott de Mewbie, aux îles Schetland. M. Hibbert, dans sa description de ces îles, a donné aussi une relation de la danse des épées; mais elle est moins complète que celle qui suit :

PAROLES QUI SERVENT DE PRÉLUDE A LA DANSE DES ÉPÉES, BALLET DANOIS OU NORVÉGIEN, COMPOSÉ IL Y A PLUSIEURS SIÈCLES, ET ENCORE USITÉ DANS PAPA-STOUR, UNE DES ÎLES SCHETLAND.

PERSONÆ DRAMATIS [1].

(*Entre le maître représentant* SAINT GEORGES.)

Braves seigneurs, qui êtes en cette enceinte,
Si vous vous plaisez à prendre quelque délassement,
Venez me voir danser sur cette scène;
Vous y trouverez tous du plaisir
Je danserai de telle facon
Qu'il me sera possible de le faire.
Vous, ménestrel, jouez-moi une *porte* [2],
Afin que je prouve sur cette scène que je suis un homme.

(*Il salue, et danse en suivant une ligne droite.*)

Maintenant j'ai dansé de tout cœur,
Braves seigneurs, vous l'avez vu;
Car j'ai fait mes preuves en plus d'un pays :
C'est une vérité qui peut être attestée;

---

[1] *Personnages du Drame.* Nous citons textuellement le vieux manuscrit.

[2] Morceau de musique pour la cornemuse, ancien instrument d'origine scandinave, et pour lequel la danse des épées peut avoir été composée.

NOTE G.

En Angleterre, en Écosse, en Irlande, en France, en Italie, en Espagne,
J'ai fait mes preuves avec cette bonne épée d'acier.

(*Il tire son épée, et la brandit en l'air.*)

Aussi, je soutiens que personne ne peut me vaincre,
Car mon corps est rempli de vigueur
Ainsi que le prouvent mes membres nerveux :
Avec cette bonne et longue épée,
J'ai affronté mille périls,
Et suis devenu le roi des champions.
Par la force de mon bras
Je tuai jadis en un jour quinze ennemis,
Et les laissai morts sur la place.
Adonc, brave ménestrel, ne t'inquiète pas,
Et joue-moi une *porte* plus légère,
Afin que je ne me repose pas plus longtemps,
Et que je danse a la vue de tous ces braves seigneurs :
Bien que ma vigueur doive vous faire baisser pavillon,
Braves seigneurs, ne vous effrayez point;
Il y a la avec moi six champions intrépides,
Que j'ai formés par ma valeur.   (*Il danse.*)

Maintenant que j'ai dansé, je crois qu'il serait bien
D'appeler mes frères devant vous
Pour que je puisse prendre un peu de repos,
Pendant qu ils déploieront leurs forces dans la danse,
De tout cœur, comme de vrais chevaliers;
Et que, croisant leurs épées de brillant acier,
Ils développeront sous vos yeux leur formidable valeur.
Car nous avons plus d'un autre exercice
Avant de sortir de cette enceinte.
Adonc, brave ménestrel, ne t'inquiete pas,
Et joue-moi une *porte* plus légère,
Afin que je ne me repose pas plus longtemps,
Et que je danse a la vue de tous ces braves seigneurs.

(*Il danse, et introduit ses chevaliers, ainsi qu'il suit*)

Superbe Jacques d'Espagne, a la valeur éprouvée et puissante,
Dont les exploits retentissent partout;
Et toi, Denis, champion et chevalier de France,
A la démarche audacieuse et fière;
David le Gallois,
De lignage illustre;
Et toi aussi, Patrice, chevalier de l'Irlande,
Qui sais donner du cor dans les forêts;
Brave Antoine, l'Italien;
André, roi d'Écosse;
Saint Georges d'Angleterre, aussi,
Vous tous, la terreur des juifs,
Comparaissez... Entrons en lice,
Puisque vous avez l'intention de combattre,
Et que vous avez accepté le défi.
Allons, venez combattre sans crainte.

NOTE G.

Adonc, brave ménestrel, ne t'inquiète pas ;
Joue-moi une *porte* plus légère,
Afin que je ne me repose pas plus longtemps,
Et que je danse a la vue de tous ces braves seigneurs.

(*Il danse, et Jacques d'Espagne s'avance.*)

Superbe Jacques d'Espagne, à la valeur puissante et éprouvée,
Dont les exploits retentissent partout,
Parais à notre vue
Sans crainte et sans effroi.
Ne compte point sur la faveur ou l'indulgence,
Puisque tu es sûr de toi-même.
Brave Jacques d'Espagne, je veux te présenter
Pour que tu prouves ici ta vigueur.   (*Jacques danse.*)

Denis, brave champion, chevalier de France,
A la démarche audacieuse et fière,
Parais en notre présence ;
Toi, brave chevalier de France,
Qui t'es montré si vaillant,
Puisque tu as fait de si valeureux exploits,
Que ta courtoisie, brave chevalier de France,
Nous permette d'en admirer quelques-uns ;
Tire ta noble épée aux brillants reflets.

(*Denis danse, les autres se retirent de côté.*)

Le brave David va tendre son arc, et avec modestie
Il placera un bâton qui lui servira de but ;
Puis le brave David le fendra en deux [1].   (*David danse seul.*)

Voici, je pense, un chevalier d'Irlande,
Qui ne connaît ni la peur, ni l'effroi ;
Pour prouver ton mérite,
Comme tu l'as fait maintes fois d'une manière si brillante,
Brave Patrice, danse, si tu le peux.   (*Il danse.*)

Toi, fier Italien, approche ici.
Ton nom est Antoine, nom redouté ;
Tire ton epée si brillante,
Et combats sans hésiter ;
Agite ta jambe, baisse la tête,
Et fais preuve de courtoisie sur cette scène ;
Car nous avons encore plus d'un exercice
Avant de sortir de cette enceinte.
Et toi, généreux Écossais, approche aussi ;
Ton nom est André de la belle Écosse.
Tire ton épée si brillante ;
Que ton bras droit défende ton roi ;
Tant que tes forces te le permettront,
Combats pour lui de toute ton ardeur ;

---

[1] Il y a ici quelque chose d'oublié ou d'omis. David faisait probablement quelque exploit d'archer. (W. S.)

NOTE G.

Et pour raffermir sa puissance,
Réduis tous ses ennemis en poussière.   (*Il danse.*)

(*La musique commence.*)

PANTOMIME.

« Les six champions se mettent en rang, les épées reposant sur l'épaule. Le maître (saint Georges) danse, et frappe l'épée de Jacques d'Espagne qui le suit. Jacques d'Espagne danse à son tour et frappe l'épée de Denis qui est derrière lui; ainsi de suite. — La musique joue, — les épées reprennent la même position. Lorsque les six champions ont quitté leurs rangs, ils forment un cercle avec le maître, et chacun prend l'épée de son voisin par la pointe. Ils dansent en cercle deux fois. Puis toute la troupe, conduite par le maître, passe successivement sous les épées, tenues en l'air en forme de voûte. Ils sautent ensuite par-dessus les épées. Par suite de ce mouvement, elles se trouvent naturellement en travers, et pour les dégager, chaque champion passe sous l'épée de droite. Ensuite ils réunissent les sept épées, et forment un cercle dans lequel ils dansent en rond.

« Le maître passe en courant sous une épée qui est placée devant lui, et il la franchit en sautant en arrière. Les autres répètent cet exercice. Il passe ensuite sous l'épée qui se trouve à sa droite; les autres le suivent en dansant; bientôt après, sur le commandement du maître, ils se forment de nouveau en cercle, et dansent en rond comme auparavant. Alors chacun d'eux saute par-dessus le glaive qui est à sa droite; ce mouvement leur fait tourner le dos au cercle, les mains croisées par-derrière. Ils dansent en rond dans cette position, jusqu'à ce commandement du maître : « Lâchez! » A ce mot ils se retournent en s'inclinant sous l'épée de droite, et reforment le cercle régulièrement.

« Le maître baisse son glaive, et saisit la pointe de celui de Jacques. Puis il range Jacques et les autres champions en peloton, dont il est lui-même la tête. Dans cette position, il passe sous l'épée en sortant du cercle et suivi de tous les autres. Puis ils répètent les mêmes sauts que ci-dessus. Après plusieurs autres évolutions, ils se précipitent en cercle les bras croisés sur la poitrine. Ensuite ils unissent leurs épées de manière à figurer un bouclier, si solidement formé que le maître et ses chevaliers le portent alternativement sur leurs têtes en dansant. Enfin ce bouclier est placé à terre; chaque chevalier, croisant les mains, saisit, l'un la poignée, l'autre la pointe des épées, et au moyen d'une pantomime diamétralement contraire à celle qui avait servi à former le bouclier, ils parviennent à dégager leurs épées, — ce qui termine le ballet.

ÉPILOGUE.

Mars règne, il fronce le sourcil,
Il nous rend pâles de terreur;
Après les courts instants que nous venons de passer ici,
Vénus règnera aussi à son tour.

Adieu, adieu, vous tous, braves seigneurs
Qui êtes en cette enceinte;
Je vous souhaite santé et bonheur
Jusqu'à notre retour.   (*Ils sortent.*)

Le manuscrit d'où le passage ci dessus a été tiré fut copié d'après un autre manuscrit très-ancien par M. William Henderson, le jeune, de Papa-Stour. La copie de M. Henderson n'est pas datée, mais elle porte sa propre signature, et d'après diverses particularités, on voit qu'elle a été écrite environ vers l'an 1788.

(H) Page 189.

LE ROCHER DU NAIN.

C'est une des merveilles des Orcades, bien que leur dernier historien, M. Barry, en ait parlé avec assez peu d'enthousiasme. L'île d'Hoy semble surgir du sein des flots, tandis que les autres Orcades présentent une surface plate et des contours gracieux. Elle consiste en une montagne hérissée de plusieurs eminences ou pics. Escarpée et sillonnée de ravins, elle semble disposée tout exprès pour servir de réceptacle aux brouillards de l'Océan occidental, et présente, dans tous ses points de vue, un effet imposant et pittoresque. Le pic le plus élevé est séparé d'une autre éminence, nommée le Ward-Hill, par une longue vallée marécageuse remplie de tourbières. Sur la pente de cette dernière colline, et précisément à l'endroit où la principale montagne d'Hoy aboutit à une fondrière ou *corrie*, on aperçoit le rocher du Nain, ou, comme on l'appelle, le *Dwarfie-Stone*. C'est un énorme bloc de grès composant une masse solide détachée depuis longtemps d'un amas de pierres semblables qui couronnent l'éminence située au-dessus de l'endroit où il gît maintenant; de là il a glissé jusqu'à l'emplacement qu'il occupe aujourd'hui. Le roc a environ sept pieds de hauteur, est long de vingt-deux et large de dix sept. La partie supérieure en a été creusée avec des outils de fer dont les marques sont encore visibles, et l'on en a fait une espèce d'appartement, contenant deux couches de pierre avec un passage entre les deux. La première et la plus élevée a cinq pieds huit pouces de long sur deux de large : on suppose qu'elle était habitée par le nain lui-même; la couche inférieure est plus courte et arrondie, au lieu de se terminer carrément par les coins. L'ouverture a trois pieds et demi carrés, et l'on voit auprès une pierre qui s'y adapte. Une sorte de fenêtre, en forme d'abat-jour, éclaire l'intérieur. On ne peut que former des conjectures sur la destination de ce monument, et il existe à ce sujet plusieurs opinions diverses. Quelques-uns supposent qu'il est l'ouvrage de quelque maçon voyageur; resterait à expliquer le *cui bono* [1]. M. Barry conjecture que c'est la cellule d'un hermite, mais on n'y retrouve aucun symbole du christianisme, et l'entrée est tournée vers le couchant. Suivant les traditions des Orcades, ce serait l'œuvre d'un nain à qui elles donnent le pouvoir surnaturel et le caractère malin qu'on attribue à cette race dans la mythologie norse. L'habitant de cette singulière caverne, quel qu'il fût, dut avoir

« Froid oreiller et draps glacés. »

J'ai observé une infinité de petits amas de pierres ou *cairns* qui commencent précisément vis-à-vis du Dwarfie-Stone, et s'étendent en ligne jusqu'à la baie,

[1] L'utilité

comme pour unir le rocher principal avec un autre *cairn* près duquel nous étions débarqués. On peut en conclure que ce curieux monument a été élevé pour servir de temple aux dieux mânes du Nord, et que les *cairns* servaient à l'indiquer aux adorateurs.

(I) Page 189.

ESCARBOUCLE DU WARD-HILL.

« A l'ouest du Dwarfie-Stone s'élève une haute montagne escarpée qu'on appelle le Ward-Hill d'Hoy, vers le sommet de laquelle, dans les mois de mai, de juin et de juillet, on aperçoit vers minuit quelque chose qui jette une lumière vive et étincelante, souvent visible à une grande distance. Cette lumière était plus vive autrefois que maintenant; plusieurs personnes ont gravi la montagne pour chercher ce qui la produisait, mais elles n'ont rien trouvé. Le vulgaire en parle comme d'une escarboucle magique, mais je serais plutôt tenté de croire que c'est de l'eau glissant sur la surface unie d'un roc, et dont la réverbération produit cet éclat merveilleux. » *Description des Orcades,* par le docteur Wallace, in-12, 1700, page 52.

(K) - Page 213.

VERS PROPHÉTIQUES.

L'auteur a supposé dans le chapitre précédent qu'une très-ancienne coutume norse, en usage parmi les femmes regardées comme prophétesses, pouvait avoir subsisté, plutôt par plaisanterie que sérieusement, parmi les Schetlandais leurs descendants. Le récit suivant, retraçant une scène semblable, montrera quelles étaient anciennement l'importance et les conséquences d'un caractère prophétique comme celui que s'attribue Norna.

Il y avait dans le Groenland une femme nommée Thorbiorga, qui était devineresse, et qu'on nommait la petite Vola (ou la sœur fatale), la seule qui avait survécu de neuf sœurs. Thorbiorga avait l'habitude, pendant l'hiver, de fréquenter les fêtes, invitée par ceux qui désiraient connaître leur avenir et les événements futurs dont ils étaient menacés. Torquil, homme notable du pays, fut chargé de demander combien devait encore durer la famine dont le pays était alors affligé; il invita donc la prophétesse à venir chez lui, après avoir fait comme de coutume les préparatifs convenables pour recevoir un hôte de cette distinction. Le siége de la devineresse était placé dans un endroit élevé, et couvert d'oreillers remplis de duvet et de l'édredon le plus doux.

Elle arriva dans la soirée avec une personne qui avait été envoyée à sa rencontre pour lui montrer le chemin de l'habitation de Torquil. Voici quel était son habillement : elle avait une tunique bleu de ciel dont le devant était orné de pierreries depuis le haut jusqu'en bas; elle portait autour de son cou un collier de grains de verre [1]. Sa coiffure était faite de peau d'agneau noir, doublée avec la

---

[1] Nous supposons que les grains étaient de ce puissant bézoard auquel on attribuait tant de vertus.

fourrure d'un chat sauvage blanc. Elle s'appuyait sur une canne surmontée d'une boule [1]. La canne était ornée de cuivre, et la boule de pierreries ou de petits cailloux. Elle portait une ceinture hongroise, à laquelle était attachée un grand sac où elle mettait tout son attirail de magie. Ses souliers de peau de veau marin, avec le poil en dehors, étaient garantis par de longues et épaisses courroies attachées avec des agrafes de cuivre. Elle portait des gants de peau de chat sauvage, avec la fourrure en dedans. Quand cette vénérable personne entra dans la salle, tout le monde la salua avec le respect qui lui était dû. Mais elle ne rendit le salut qu'à ceux qui lui avaient plu. Torquil la conduisit avec respect au siége qui lui avait été préparé, et la sollicita de vouloir bien purifier l'appartement et la société en jetant seulement les yeux sur eux. Elle n'était nullement avare de ses paroles. Enfin, lorsque la table fut préparée, on plaça devant Thorbiorga les viandes qui pouvaient convenir à son caractère de devineresse; c'étaient une préparation de lait de chèvre et un plat composé des cœurs de plusieurs espèces d'animaux. La prophétesse se servit d'une cuillère de cuivre et d'un couteau sans pointe dont le manche était fait avec une dent de baleine et orné de deux anneaux de cuivre. Lorsque la table fut enlevée, Torquil, s'adressant à Thorbiorga, lui demanda son opinion sur sa famille et sa société, et en même temps lui fit connaître le sujet sur lequel lui et sa compagnie désiraient la consulter.

Thorbiorga répliqua qu'il lui était impossible de répondre à ses questions jusqu'à ce qu'elle eût dormi une nuit sous son toit. Le lendemain, aussitôt qu'elle eut préparé l'appareil magique, elle demanda, comme une chose nécessaire pour la cérémonie, s'il n'y avait pas une femme, parmi celles qui étaient présentes, qui pût chanter une chanson magique appelée *Vardlokur*; mais elle ne put trouver une chanteuse comme elle le désirait. Alors Gudrida, la fille de Torquil, dit : « Je ne suis ni sorcière ni devineresse; mais quand j'étais en Islande, ma nourrice Haldisa m'apprit une chanson qu'elle appelait *Vardlokur*. — Alors vous en savez plus que je ne le croyais, dit Torquil. — Mais comme je suis chrétienne, continua Gudrida, je considère ces pratiques comme dangereuses à propager, et la chanson elle-même comme une chose défendue.

— Malgré cela, dit la devineresse, tu peux nous aider sans qu'il en résulte aucun mal pour ta religion, puisque c'est Torquil qui restera chargé de pourvoir à tout ce qui est nécessaire dans la circonstance actuelle. » Torquil sollicita vivement Gudrida, jusqu'à ce qu'elle consentît à lui accorder sa demande. Alors les femmes entourèrent Thorbiorga, qui prit place sur un siége élevé, et Gudrida chanta la chanson magique d'une voix si douce et si harmonieuse, que rien de pareil n'avait jamais été entendu par aucune des personnes présentes. La sibylle, enchantée de cette mélodie, remercia la chanteuse, et dit : « Maintenant je connais la cause de la famine et de la maladie qui désolent ce pays, et plusieurs choses qui tout à l'heure m'étaient inconnues me sont maintenant éclaircies. La famine ne sera pas de longue durée; au printemps l'abondance succèdera à la disette actuelle. Les maladies contagieuses dont le pays est affligé depuis quelque temps disparaîtront bientôt. Et toi, Gudrida, je puis, en récompense de l'assistance que tu m'as prêtée en cette occasion, t'annoncer une destinée au-dessus de tout ce qu'on aurait pu prévoir : tu seras mariée à un Groënlandais de haute

---

[1] Semblable à celles qu'avaient autrefois les concierges de qualité, comme insigne de leurs fonctions.

NOTE M.

distinction, mais tu ne jouiras pas longtemps de cette union, car ton destin t'appelle en Islande, où tu deviendras mère d'une famille nombreuse et honorable qui sera éclairée par un rayon lumineux de bonheur. Ainsi, ma fille, je te souhaite une bonne santé, et te dis adieu. » La prophétesse, après avoir répondu à toutes les questions qui lui furent faites par Torquil et ses convives, partit pour montrer sa science à une autre fête, à laquelle elle avait été invitée dans ce but. Mais tout ce qu'elle avait prédit concernant les choses publiques et particulières arriva exactement.

La narration qui précède est empruntée à la Saga d'Erick Renda, rapportée par le savant Bartholin dans son curieux ouvrage. Il cite des faits analogues, particulièrement de la part d'une certaine Heida, fameuse devineresse, qui assistait à toutes les fêtes pour prédire l'avenir, avec une suite joyeuse composée de trente hommes et de quinze femmes.

Voyez *De causis contemptæ à Danis adhuc gentilibus mortis.* (Traité des causes du mépris des Danois, encore païens, pour la mort.) Liv. III, chap. IV.

(L) Page 222.

PROMESSE D'ODIN.

Quoique le père de la mythologie scandinave ait été une divinité longtemps oubliée dans l'archipel qui formait autrefois une très-petite partie de son royaume, son nom a néanmoins continué jusqu'à ce jour d'être invoqué pour garant d'une promesse.

Une remarque curieuse, c'est que les formes que l'on emploie encore aux Orcades pour de semblables attestations sont analogues à celles usitées par les anciens Northmans. Plusieurs autorités nous attestent que, suivant le rituel norse, lorsqu'un serment était imposé à une partie, celui à qui on le déférait passait sa main, en le prononçant, dans un anneau massif d'argent disposé pour la circonstance [1]. C'était ainsi que deux personnes, le plus souvent deux amants, voulant prendre Odin à témoin de leurs promesses, comme un lien plus fort que tous les autres, joignaient leurs mains dans le trou circulaire d'une pierre à sacrifices que l'on voit dans le cercle de Stennis, véritable Stonehenge des Orcades, dont nous parlerons ci-après. Il n'y a plus guère maintenant que les classes inférieures qui engagent ainsi leur foi; mais à une époque moins avancée, il est permis de supposer que, même dans une position sociale plus élevée, ce serment n'était pas sans influence sur un caractère comme celui de Minna.

(M) Page 266.

LE BURGH DES PICTES.

Le Burgh des Pictes, fort dont Norna est supposée avoir fait sa demeure, a complétement décrit dans les notes sur *Ivanhoe*, pag. 424 de cette édition. On

---

[1] *Voyez* l'Eyrbiggia Saga.

a donné la description du célèbre château de Mousa, afin qu'il fût possible de le comparer avec le château saxon de Coningsburgh. On aurait dû cependant y mentionner que le château de Mousa a subi des réparations considérables à une époque comparativement plus récente. Aussi Torfæus nous assure-t-il que ce vieux pigeonnier, construit en pierres sèches, était une fortification suffisante, non pour soutenir un siége de dix ans, comme la ville de Troie, en de pareilles circonstances, mais pour lasser la patience des assiégeants. Erland, fils d'Harold le Bien-Nommé, avait enlevé une femme d'une grande beauté, mère d'un comte norvégien aussi appelé Harold, et s'était retiré avec son précieux butin dans le château de Mousa. Le comte Harold le poursuivit avec une armée, et, trouvant la place trop forte pour la prendre d'assaut, essaya de la réduire par la famine. Mais ce siége traînait tellement en longueur, que le comte offensé jugea à propos de terminer le tout par un arrangement et un traité, et consentit à ce qu'un mariage en règle vînt réhabiliter l'honneur de sa mère. On place la date de cet événement au commencement du treizième siècle, sous le règne de Guillaume le Lion d'Écosse[1]. Il est probable que les améliorations que fit Erland dans cette circonstance consistèrent à terminer les parapets du château, en leur donnant une position saillante; aussi la tour de Mousa présente-t-elle quelque analogie avec un cornet à dés, tandis que tous les autres édifices du même genre ont la forme d'un cône tronqué. Il est aisé de reconnaître combien de hauts parapets en saillie devaient faciliter la défense et la rendre efficace.

(N) Page 291.

ANCIENNES PIÈCES DE MONNAIE TROUVÉES DANS LES ÎLES SCHETLAND.

Tandis que ces feuilles étaient sous presse, j'ai reçu d'un honorable et savant ami une lettre contenant le passage suivant, relatif à une découverte faite dans les îles Schetland : — « Il y a quelques semaines, des ouvriers occupés à relever les fondations d'un vieux mur découvrirent la pierre d'un âtre sous laquelle se trouvait une corne entourée de cercles d'argent massif, assez semblables à des bracelets, et remplie de pièces de monnaie du temps de l'Heptarchie, dans un état de parfaite conservation. Cette découverte eut lieu à très-peu de distance de la résidence supposée de Norna de Fitful-Head. » — Ainsi se trouve réalisée, par une singulière coïncidence, une des fictions les plus invraisemblables du roman.

(O) Page 326.

CARACTÈRE DE NORNA.

Le caractère de Norna est placé ici comme un exemple de ce singulier genre d'aliénation, pendant laquelle le malade conserve assez d'adresse et de subtilité pour en imposer aux autres, tandis qu'il est encore plus ingénieux dans ses efforts

---

[1] Voir *les Orcades* de Torfæus, page 131.

pour s'en imposer à lui-même. De sorte que les maniaques de ce genre paraissent souvent posséder un double caractère : dans l'un, ils sont le personnage que leur imagination leur crée; dans l'autre, ils ne montrent que leur propre naturel, tel qu'il apparaît aux yeux des autres. Cette espèce de double conscience travaille d'une rude manière l'imagination du patient; lorsqu'on s'en sert judicieusement, elle est peut-être un des plus salutaires moyens de ramener la lucidité de l'intelligence. Les circonstances extérieures, en frappant les sens, ont souvent un pouvoir immense pour miner et renverser les visions que la folie a créées.

Un médecin, mon ami intime, me raconta dernièrement le cas d'un lunatique enfermé dans l'hôpital d'Édimbourg. Il avait le bonheur que son aliénation mentale fût d'un caractère gai et plaisant, et lui fît donner une bonne et joyeuse explication à tout ce qui l'entourait. Il considérait la vaste maison, les nombreux domestiques de l'hôpital, comme choses et dépendances appartenantes à son propre établissement, de sorte qu'il ne conservait aucun doute sur sa richesse et sa propre grandeur. Une seule chose mettait en peine notre homme au milieu de sa richesse : quoiqu'il fût pourvu d'un cuisinier du premier mérite et des aides convenables, et quoique sa table fût régulièrement servie avec le plus grand goût et suivant les exigences de la saison, cependant il avoua à mon ami que par quelque extraordinaire dépravation de son palais, tout ce qu'il mangeait n'avait pour lui que le goût de potage. Cette particularité venait de ce qu'en effet le pauvre homme ne mangeait rien autre chose, et que son estomac n'était pas aussi facilement induit en erreur que ses autres sens.

(P) Page 327.

OISEAUX DE PROIE.

Les îles d'Hoy offrent une si favorable retraite aux oiseaux de proie, que des exemples de leurs ravages, qui se montrent rarement dans les autres parties du pays, y sont fréquents. On voyait, il y a fort peu de temps, aux Orcades un homme qui, étant encore au maillot, avait été emporté par un aigle dans son aire au haut de la montagne d'Hoy. Heureusement la place étant connue, et l'oiseau ayant été immédiatement poursuivi, l'enfant fut trouvé sain et sauf, et jouant avec les jeunes aiglons. — Une histoire d'un plus singulier enlèvement m'a été racontée par le révérend ministre pasteur de l'île. Un jour, entendant un étrange grognement, il pensa que ses servantes avaient laissé sortir de la basse-cour la truie et ses petits, et qu'ils étaient entrés dans sa grange pour manger son orge. Ayant en vain cherché les maraudeurs sur la terre ferme, il jeta enfin les yeux vers le toit, et alors il découvrit un des petits suspendu aux serres d'un gros aigle qui reprenait son essor, emportant vers son nid, au sommet du pic d'Hoy, le malheureux animal, qui, de terreur, jetait des cris effrayans.

(Q) Page 377.

LES PIERRES-LEVÉES DE STENNIS.

Les Pierres-Levées de Stennis, comme on appelle, avec un léger pléonasme, ce monument remarquable, fournissent une réfutation sans réplique de l'opinion des antiquaires qui ont prétendu que ces pierres disposées en cercle, et que l'on nomme ordinairement druidiques, étaient particulières à cette caste de prêtres. Il y a tout lieu de croire que cet usage existait aussi bien en Scandinavie qu'en Gaule ou en Bretagne, et qu'il était également commun à la mythologie d'Odin et aux superstitions druidiques ; il y a même des raisons de penser que les Druides n'occupèrent jamais aucune partie des Orcades, et la tradition, comme l'histoire, attribue les pierres de Stennis aux Scandinaves. Deux vastes nappes d'eau, communiquant avec la mer, sont unies par une digue qui, par des ouvertures, laisse la marée monter et descendre, et qui reçoit le nom de pont de Broisgar. Sur la langue de terre située à l'est, paraissent les Pierres-Levées, disposées en forme de demi-cercle, ou plutôt en fer à cheval ; la hauteur de ces blocs est de quinze pieds et plus. Dans ce cercle se trouve une pierre destinée probablement aux sacrifices. Un des blocs, un peu à l'ouest, est percé d'une ouverture circulaire à travers laquelle les couples amoureux ont coutume de joindre leurs mains, lorsqu'ils s'engagent par la *promesse d'Odin*, comme on l'a plus d'une fois mentionné dans le texte. Tout cet espace est environné de tertres, et sur l'isthme opposé, en avançant vers le pont de Broisgar, il y a un autre monument du même genre, mais tout à fait circulaire. Là, les pierres sont moins hautes que celles du côté est du lac, leur hauteur variant seulement de dix à quatorze pieds. Le cercle est entouré d'un fossé profond qui est creusé à l'extérieur des blocs, et je remarquai quatre *tumuli* ou tertres disposés régulièrement à l'entour. Stonehenge surpasse ce monument des Orcades ; mais celui de Stennis est, je pense, le seul, en Bretagne, que l'on puisse comparer à Stonehenge. Toutes les nations du Nord marquaient, par ces enclos élevés, les lieux de réunion du peuple, soit pour le culte religieux, soit pour les affaires publiques de nature temporelle. Les *Antiquites populaires du Nord* contiennent, dans un extrait de l'Eyrbiggia Saga, un récit particulier de la manière dont l'Helga Fels ou Roc-Saint était réservé par le pontife Thorolf pour les occasions solennelles.

J'ai seulement besoin d'ajouter qu'à la différence du monument de la plaine de Salisbury, les pierres employees dans le cercle des Orcades semblent avoir été tirées sur place d'une carrière, ce que l'on peut reconnaître à des signes évidents.

FIN DES NOTES.

www.ingramcontent.com/pod-product-compliance
Lightning Source LLC
Chambersburg PA
CBHW070544230426
43665CB00014B/1806